王凤青 著

积极表达与
消极回应：
国民参政会提案研究
（1938—1945）

张海鹏题署

人民出版社

目　录

序一

张海鹏*

　　王凤青新著《积极表达与消极回应：国民参政会提案研究（1938—1945）》值得一读。这是作者在前些年出版的《黄炎培与国民参政会》之后推出的又一本力作。国民参政会研究，学术界早有人着手。把黄炎培与国民参政会的关系，把国民参政会的所有提案做总的研究，王凤青还是有独创的。

　　国民参政会自 1938 年 7 月 6 日召开第一次大会，到 1948 年 3 月 28 日结束，共历四届，举行大会 13 次。本书研究的提案只包括抗战期间召开 11 次会议，此后的四届二次、三次会议，已经超出了抗战范围，而且中共参政员已退出，国民参政会的性质起了变化，这两次会议不在本书研究范围之内。

　　根据本书作者的概括，抗战期间国民参政会是一个带有民意色彩的中央最高咨议机构。抗战期间，参政员的提案，主要围绕军事国防方面提高军队战斗力、加强防务建设等，外交方面改善外交工作、注重侨务工作等，政治方面维护团结统一的抗战局面、推动国民政府政治进步、促进地方自治、动员救济民众等，财经方面调节财税政策、稳定战时经济、推动战时经济建设等，文教方面推动教育发展、复兴民族文化、促进边疆文教工作等问题展开。总之，参政员的提案大体围绕一个中心主题：抗战，或者团结抗战，或者抗战到底。

---

* 张海鹏，中国社会科学院学部委员。

本书最后一章专门讨论中共参政员与国民参政会的关系，这是恰到好处的。在一定意义上，这一章是本书的点睛之笔。没有这一章，国民参政会提案研究的意义就少得多了。

中共是重视国民参政会的。中共在推进抗日民族统一战线之初，就曾设想，抗日民族统一战线应该要有一定的组织形式，中共提出的组织形式最初是统一的国防政府、统一的国防军，有时又称作抗日救国政府、抗日联军，或者国防政府、抗日联军。毛泽东也说过，召集真正代表人民的国民大会，通过真正的民主宪法，决定抗日救国方针，选举国防政府，设立经常的国防会议，讨论和决定国防计划和作战方针[1]。西安事变后，中共代表周恩来等与蒋介石等在庐山、杭州等地多次谈判，都涉及抗日民族统一战线，要求通过共同的抗日救国纲领，在这一纲领下形成抗日民族统一战线组织形式，两党还成立了国共两党关系委员会，经过多次谈判，由于国民党坚持一党政治，提出中国只应有国民党一个大党，要求共产党加入国民党，等于取消共产党，当然未达成协议。红军改编为八路军、新四军，勉强可算统一的国防军的建立。1937年12月25日，中国共产党发表对时局宣言，仍提出了建立中国统一的国民革命军和中国统一的国民政府的主张。这是对国民党当局的一种督促。1938年2月，国民政府军事委员会成立政治部，周恩来任政治部副部长。周恩来就任政治部，并主持过几次政治部部务会议，周恩来和叶剑英等还参加过蒋介石召集的高级将领会议。

在这种形势下，中共思考过民意机构问题。就在1937年9月23日蒋介石发表对中国共产党宣言的谈话后两天，中共通过了中央关于参加政府问题的决定草案，这是一份规范党的行动准则的党内文件。这份文件里提到："共产党在没有公开参政以前，参加全国国民大会之类的商讨民主宪法与救国方针的代议机关，在原则上是许可的。因此共产党应力争自己的党员当选，到大会中去，利用国民大会的讲台，宣传共产党的主张，用以达到动员

---

[1] 参见毛泽东：《为动员一切力量争取抗战胜利而斗争》，《毛泽东选集》第二卷，人民出版社1991年版，第354—355页。

人民与组织人民在共产党周围，推动统一的民主政府之建立。"① 这份党内文件形成了原则上可以参加代议机关的意见。

1938 年 3 月国民党召开临时全国代表大会前夕，中共中央对这次大会，提出了一系列建议。其中的一项是："关于健全民意机关问题。为增强政府与人民之间的互信与互助，为增加抗战救国的效能，健全民意机关的建立已经成为刻不容缓的当务之急。民意机关的形式，或为更扩大的国防参议会，或为其他形式均无不可，最主要的在于此机关要真能代表四万万五千万同胞公意的人才；同时此机关要真有不仅建议和对政府咨询的作用，而且能有商量国是和计划内政外交的权力。"② 这个提议，是在上述党内文件基础上进一步发展了的公开建议，除了国民参政会五个字以外，关于国民参政会的性质和作用已经提得很明确了。应该说，这次大会基本上接受了中共的提议。大会做出了《抗战建国纲领决议案》，该决议案作出了"组织国民参政机关，团结全国力量，集中全国之思虑与识见，以利国策之决定与推行"的规定。会后，国民党当局即颁布了《国民参政会组织条例》。显然，国民参政会的成立与中共的建议与推动有密切关系。虽然，《国民参政会组织条例》有关国民参政会性质的规定并未完全接受中共的提议，总算有了一个准民意性质的中央代议机构。

我认为，在抗战救国的前提下，中共积极推动国防政府、国防军以及民意机关，主要目的是要争取共产党和红军的合法化、公开化。十年内战，国民党污蔑共产党和红军是"匪党""匪军"，派大军"围剿"红军，非要把共产党和红军赶尽杀绝，把共产党与全国人民隔绝起来，使得中共难得有一个面对全国人民的公开舞台。国民参政会成立，中共参政员可以合法进入发表意见，提出提案与建议，这个讲台可以面对全国人民的代表，各方面人士直接讲话，可以讲出中共对于动员全国人民开展抗日战争的各种主张，可以公

---

① 《中央关于共产党参加政府问题的决定草案》，中央档案馆编：《中共中央文件选集》（第 11 册），中共中央党校出版社 1991 年版。

② 《中国共产党中央委员会对中国国民党临时全国代表大会的提议》（1938 年 3 月 1 日），《六大以来》，人民出版社 1981 年版。

开揭露国民党当局片面抗战的错误，可以直接影响各抗日民主党派和民主人士。中共参政员的言论可以得到新闻媒体的公开报道。通过红军改编为八路军、新四军，通过国民参政会的建立，争取共产党和红军合法化、公开化这个目的，实际上完全达到了。

中共参政员的加入，还有中共驻会参政员的活动，效果是明显的。随着抗日战争的进展，国民参政会中的民主党派和无党派民主人士，从拥护蒋介石，逐渐转移到同情、支持共产党。这种转变由于皖南事变的发生变得特别明显。就是国民党参政员中的一些人士，也逐渐了解了中共的主张，态度有同情中共的一面。共产党参政员在这个舞台上可以说游刃有余，可以宣布拥护蒋介石抗日，可以大声批判汪精卫叛国，也可以批评蒋介石和国民党，阐述中共主张。依照国民党当局的态度，中共参政员可以出席会议发表演讲，也可以表达抗议甚至退席，在一定的时候，国民党当局还要求中共参政员出席会议。

按照《国民参政会组织条例》规定，国民参政会的成员在各省市公私机关服务三年以上，在蒙古、西藏地方公私团体和海外侨民居留三年以上以及重要文化团体服务三年以上著有信望人员中选出。中共参政员只能算是重要文化团体中著有信望的人士。中共不是文化团体，而是"武化团体"，但中共不拘小节，还是接受以文化团体名义加入。实际上，国民党中常会通过的中共参政员七人也是与中共商量的结果。毛泽东是七名参政员之一，从来没有出席过参政会，但他坐镇延安，对出席会议的其他中共参政员的言行经常发出指示。谁都知道，中共参政员出席会议就是代表中共出席会议。除了国共参政员以外，还有其他各民主党派和无党派民主人士出席。这是国共谈判的结果。就人数而言，中共参政员七人比例是不高的，但他们是中共的领袖人物。参政员多数还是国民党人士。实际上，国民参政会的会议，往往是围绕国共议题展开的。中共参政员出席会议是整个国民参政会的核心。这是由中共是"武化团体"决定的。国民党也是"武化团体"，但它是"以党领政"

的执政党，他虽然坚持反共，抗日还是第一位的，破坏抗日的大局，国民党是要承受社会舆论的谴责的。

总之，研究国民参政会，研究国民参政会的提案，撇开中共的参与，肯定是不成功的。我对王凤青的研究结论是赞赏的。

王凤青曾经在我指导下完成博士学位论文，如今已成为中共山东省委党校教授，又有新著出版，可喜可贺！只要多学点马克思主义，坚持研究工作不放松，必能取得更可观的成就，愿与作者共勉。

2021 年 1 月 14 日于北京东厂胡同一号

序二

周　勇[*]

王凤青同志的新著即将出版，嘱我作序，我乐观其成。

我是 1984 年开始研究国民参政会的。那是根据邓颖超同志的指示，重庆市政协组织开展"国民参政会历史资料"的搜集、整理、编纂工作，我有幸应召加入。那是一个拓荒的年代，我们的任务是在系统搜集整理史料的基础上，从宏观性、整体性上去重新认识国民参政会。即：以抗日民族统一战线为主题，以国共关系为主线，考察其性质、分期、作用，进而考察战时中国政治的变动和它对中国政治进程发展的影响，属于宏大叙事的范式。从 1984—1987 年，我们编纂了《国民参政会纪实》上下卷和续编，撰写了几篇论文，后来又写了一部专著《国民参政会》。这就等于把湮没在历史风尘中的"国民参政会"拎了出来，重回学术和社会的视野。

近些年来，学界对国民参政会的历史依然关注，特别是抗战时期国民参政会对两次宪政运动的推动，中共、中间力量及其代表人物与国民参政会的关系，国民参政会自身的一些重要领域，对某个具体问题或某一时期、某一领域提案文本的阐述和梳理等。但呈现出分散、细碎的状况，而对国民参政会提案这个核心议案的具体研究，尤其是其背后的复杂原因很少触及，至于其折射出来的抗战时期中国政治、经济、军事、文化、外交等领域的复杂面相，更是涉及甚少，研究不足。

非常欣喜，在时隔 30 多年后，我终于看到这样一部著作——《积极表

---

*　周勇，中国抗日战争史学会副会长。

达与消极回应：国民参政会提案研究（1938—1945）》，这是国民参政会领域学术研究的新进展，足以看作是关于国民参政会研究新的里程碑。

作者紧紧把握抗日民族统一战线这个主题，立足于国共关系这条主线，认真考察国民参政会这个国共合作、统一战线的政治舞台的成败得失。其内容着重研究抗战时期国民参政会召开的 11 次会议中，与抗战建国问题密切相关、比较有特点和价值且讨论问题相对集中的提案内容、国民政府对提案的回应情况及实施效果、影响提案作用发挥的原因及对当前政治建设的启发借鉴等。

本书对于国民参政会四届二次、三次大会的提案内容则没有包括。这是因为这两次会议都是在抗战胜利以后召开的，这一时期的国民参政会已沦为国民党鼓动内战、制造分裂、实现一党专政的御用工具，其曾经作为全民族团结抗战的重要象征、体现与维护第二次国共合作和抗日民族统一战线的功能和作用已荡然无存。

作者比较好地继承了在此之前学术界的丰硕成果，在此基础上更创新创造，比如：第一次还原了国民参政会缘起的历史渊源与复杂面相，第一次对国民参政会的组织及职能进行整体研究，第一次对国民参政会参政员进行群体性分析等等。

该书的"问题"很聚焦，着眼于抗战时期召开的 11 次国民参政会大会中提出的 1803 件提案。

作者对这 1803 件提案进行了完整的收集与系统的整理，围绕抗战建国亟待解决的中心问题，如军事国防方面的提高军队战斗力、利用沦陷区武装力量、加强防务建设等；外交方面的改善外交工作、注重侨务工作等；内政方面的维护团结统一的抗战局面、推动国民政府政治进步、促进地方自治、动员救济民众等；财经方面的调节财税政策、稳定战时经济、推动战时经济建设等；文教方面的推动教育发展、复兴民族文化、促进边疆文教工作等，分军事、外交、内政、财经、文教五个大类，第一次全面展示了国民参政会提案的整体面貌。

在这种扎实研究的基础上，作者提出了可靠的创新性的论述，比如：纠正前人的一些偏颇认识。传统观点认为国民政府对国民参政会财经、文教领域的提案"比较合作"，军事及内政领域的提案则"很难受到采用"。本书通过定量分析与定性分析的研究，认为实际情形并非如此。

既往的研究常常囿于类型考察、内容分析，而对政府的回应未能考察分析，这是史料所限、思维局限，更是论题宏大、力不能逮所限。本书作者知难而进，努力追踪国民参政会提案的办理情况及实际效果，成为本书的一大特色。作者努力将研究视角转向实践层面，考察国民政府对提案建议主张的采纳施行情况及实际效果。这是难能可贵的。

作者能够科学把握国民参政会提案实施情形与国民政府政治合法性的内在逻辑。作者以实事求是的态度，客观冷静地分析国民党及其政府的作为——不是一味地批判，而是分析其执政理念的局限、国家制度的缺陷，特别是由于战时执政资源的限制而造成的执政能力的低下等方面的原因。因此，作者分阶段对国民政府采纳国民参政会提案的作为进行了中肯的评述。对中共和中间力量参政员对国民党的政治态度亦由支持、拥护到不满、疏离，再到不合作乃至公开的对抗进行了完整的研究。

作者聚焦于提案，但并不局限于个案，而是具有宏大的视野，既有国民党及其政府的视角，还有中国政治发展的视角、中国政治制度发展的视角，更有对中国政治建设借鉴的视角。这种视野的大大拓展，便催生了研究的创新。

在完整系统地研究提案的基础上，作者提出了在新的时代条件对国民参政会研究新的整体性认识。认为，国民参政会是在全面抗战爆发的特殊环境下全民族团结抗战的产物，是体现、维护第二次国共合作和抗日民族统一战线的重要组织；国民参政会的制度安排在当时的历史条件下基本上吸纳了不同党派、不同阶层、不同领域、不同行业的精英力量；国民政府对国民参政会提案的回应，体现出国民党在以党治国的模式下，力图在不同意识形态和利益诉求的政党之间通过协商建立一种共识机制的尝试与努力。这在抗战前期是较为成功的，在中期和后期是不成功的；对不同领域、不同内容的提案，国民政府的回应方式是多种多样的。既在前期有积极的回应，也有在中后期对政治革新、触及国民党自身利益等方面的搪塞敷衍、不予采纳甚至不让其通过情况。这是国民党及其政府政治合法性资源逐渐流失，并对抗战胜利后中国政局演变产生深远影响的过程；当国民参政会提案的建议主张得以落实，并在实践中产生良好效果时，国民参政员对国民党政权的认可度就高，国民党的执政权威就增强；反之，国民参政员对国民党政权的认可度就低，国民党的执政权威就弱；影响国民参政会提案作用发挥的因素是多方面的，不可一概而论。

本书的贡献还在于其附录的珍贵。包括：《国民参政会历次大会会期、地点、出席人数（1938—1945）》，《历年来对〈国民参政会组织条例〉的修正要点（1938—1945）》，《参政员个人情况及提案数量一览表（1938—1945）》。事非经过不知难。我知道，这是需要付出巨大努力才会有的结果。它的面世，对后来者是极大的福音。

"新松恨不高千尺"。王凤青同志是近年来崭露头角的年轻学者。她师从张海鹏先生，既得真传，学有功力，但更有定力。从2007年开始，她即聚焦于国民参政会，承担过国家课题，已经发表了有关国民参政会的20多篇论文，她从国民参政会的制度设计开始研究，涉及毛泽东、黄炎培、傅斯年、邹韬奋等重要的国民参政员和中国共产党参政员群体，涉及少数民族、边疆文化教育等提案研究，研究广泛，类型众多，尤其是其博士论文《黄炎培与国民参政会》值得称道。正是在十多年踏踏实实、扎扎实实研究的基础上，才向"国民参政会提案"这个重要领域攻坚，方才取得如此喜人的成果。

国民参政会既是中国近现代史上的重要领域，也是党史研究的重要课题。非常欣慰的是，我曾经和她一样，都是党校的老师。纵观王凤青同志的上述学术成果，可以清晰地看到，她既在努力提高党史工作的科学化水平，又在努力提高党史研究的学术化水平。这在当下，是难得的，是可贵的。

一代人有一代人的责任，一代人更要有一代人的担当。

我认为，国民参政会是抗日战争时期由国民政府成立，包括国民党、共产党及其他抗日党派和无党派人士代表的全国最高咨询机关，是第二次国共合作的产物，是抗日民族统一战线的重要政治舞台，更是记录中国政治民主化艰难前行的历程的阶梯，它的存在及其演变在中国现代史，特别是抗日战争史上具有重要的影响。

不断推进和深化研究国民参政会历史，是中国现代史、抗战史、国共党史、统一战线史学者的重要责任。在当下，可研究的领域还相当广阔：需要对国民参政会十年历史作进一步、深层次的整体研究，需要作分期、分届（第一、二、三、四届）的研究，需要作国民参政会与抗战时期及其后来历史的分类研究（与中国政治、军事、外交、财经、文教、后方建设），需要作参政员的整体和个体研究，以及对国民政府提出的议案研究、从中外视野的角度对国民参政会的研究，等等。

上述这些问题，在我们的既往研究和王凤青同志的研究中，多有涉及，但还需要深入下去，延展开来，持续推动，并带动更多的学人投入其中。

这是我对王凤青同志的希望，也是对青年学人们的建议。

是为序。

2021 年 2 月 18 日

绪　论

　　本书主要研究抗战期间召开的 11 次国民参政会大会中与抗战建国[①]问题密切相关、比较有特点和价值且讨论问题相对集中的提案内容、国民政府对提案的回应情况及实施效果、影响提案作用发挥的原因及对当前政治建设的启发借鉴等内容，不包括国民参政会四届二次、三次大会的提案内容。这主要是因为抗战胜利后，国民参政会已成为国民党鼓动内战、制造分裂、实现一党执政的御用工具，其作为全民族团结抗战的重要象征、体现与维护第二次国共合作和民族统一战线的功能和作用已无从发挥。

　　成立于 1938 年 7 月抗战严峻形势下容纳了不同党派、不同阶层、不同领域、不同行业精英力量的国民参政会，是在中共倡导的抗日民族统一战线影响下，国民党、共产党与中间力量共同努力的结果，是一个带有民意色彩的中央最高咨议机构。国民参政会自 1938 年 7 月 6 日召开第一次大会，到 1948 年 3 月 28 日结束，共历四届，举行大会 13 次，横跨抗日战争和解放

---

① 1937 年 8 月中共提出《抗日救国十大纲领》，1937 年 9 月以国共两党为核心的抗日民族统一战线正式形成。为了应付国内舆论，国民党于 1938 年 3 月底 4 月初召开了临时全国代表大会，通过了《抗战建国纲领》，提出以三民主义及孙中山遗教为最高准绳，从外交、军事、政治、经济、民众、教育等方面制定了抗战时期的纲领，要求把全国力量统一在国民党及蒋介石领导之下进行"抗战建国"。国民党提出抗战建国主张，有凝聚全民族力量抵抗日本侵略的现实需要，有一定的积极意义。中共当时是肯定这个纲领的，指出其基本精神与中共的主张是一致的，表示中共是实施这一纲领最积极的力量。中共对党内的文件指出，要发挥其中一切进步的东西，并根据它反驳一切对我党的攻击。

战争，在抗战期间召开 11 次，抗战胜利后召开 2 次。其中，国民参政会第一届大会共召开 5 次，一届一次于 1938 年 7 月 6 日至 15 日在汉口召开，一届二次到五次都在重庆召开，时间分别是 1938 年 10 月 28 日至 11 月 6 日、1939 年 2 月 12 日至 21 日、1939 年 9 月 9 日至 18 日和 1940 年 4 月 1 日至 10 日；国民参政会第二届大会共召开两次，时间分别是 1941 年 3 月 1 日至 10 日和 1941 年 11 月 17 日至 30 日，地点都在重庆；国民参政会第三届大会共召开 3 次，地点也都在重庆，时间分别是 1942 年 10 月 22 日至 31 日、1943 年 9 月 18 日至 27 日及 1944 年 9 月 5 日至 18 日；国民参政会第四届大会共召开 3 次，四届一次和二次在重庆召开，时间分别是 1945 年 7 月 6 日至 20 日和 1946 年 3 月 20 日至 4 月 2 日，四届三次召开于国民政府还都南京后，召开时间是 1947 年 5 月 20 日至 6 月 2 日（正文中涉及国民参政会大会召开时间的地方不再重复）。

根据《国民参政会组织条例》的规定，"提出建议案于政府"[1] 是国民参政会的职权之一。后来，《国民参政会组织条例》虽经多次修改[2]，但"提出建议案于政府"这一点则始终没有变。根据这一规定，历届历次国民参政会大会都有多件提案提出。据统计，在抗战时期召开的 11 次国民参政会大会

---

[1] 《国民参政会组织条例》，四川大学马列主义教研室编：《国民参政会资料》，四川人民出版社 1984 年版，第 7 页。

[2] 《国民参政会组织条例》全文共 15 条，上述所说为第 6 条。该条例自 1938 年 4 月 12 日公布，后作局部修正的有：同年 6 月 16 日修正第 3 条；1939 年 4 月 28 日修正第 9 条；1940 年 4 月 16 日修正第 8 条。作全面修正后重新公布的时间分别是 1940 年 9 月 26 日、1942 年 3 月 16 日、1944 年 9 月 16 日和 1947 年 3 月 1 日。需要指出的是，在前三届国民参政会大会中，国民参政员向国民参政会大会提出提案，必须有 20 人联署才能提出，到了第四届国民参政会大会时，改为 5 人联署即可。

中，共有 1803 件提案提出①。就提案内容看，主要围绕军事国防方面的提高军队战斗力、利用沦陷区武装力量、加强防务建设等，外交方面的改善外交工作、注重侨务工作等，内政方面的维护团结统一的抗战局面、推动国民政府政治进步、促进地方自治、动员救济民众等，财经方面的调节财税政策、稳定战时经济、推动战时经济建设等，文教方面的推动教育发展、复兴民族文化、促进边疆文教工作等问题展开。

一、研究价值与意义

孟广涵指出："研究国民参政会的性质、作用和演变，对于研究抗日战争史、总结第二次国共合作的历史经验，有着十分重大的历史意义和现实意义。"②周永林等认为："研究国民参政会的历史，对于研究抗日战争史和第二次国共合作史，研究国民党、共产党及其他党派对抗日战争的政治主张、军事策略、经济政策，研究中国近代史、中共党史、中华民国史都有十分重

---

① 根据《国民参政会第一次大会纪录》、《国民参政会第二次大会纪录》、《国民参政会第三次大会纪录》、《国民参政会第四次大会纪录》、《国民参政会第五次大会纪录》、《国民参政会第二届第一次大会纪录》、《国民参政会第二届第二次大会纪录》、《国民参政会第三届第一次大会纪录》、《国民参政会第三届第二次大会纪录》、《国民参政会第三届第三次大会纪录》、《国民参政会第四届第一次大会纪录》中所收录提案统计而来。这一数据与秦孝仪主编的《中华民国重要史料初编——对日抗战时期·第四编：战时建设》（一）、（二）（台北中国国民党中央委员会党史委员会 1988 年版）中所列提案目录稍有出入。其中，《国民参政会第三次大会纪录》收录提案96件，秦著列出了 97 件；《国民参政会第五次大会纪录》收录提案78件，秦著列出了 75 件；《国民参政会第二届第一次大会纪录》收录提案155件，秦著列出了 148 件；《国民参政会第二届第二次大会纪录》收录提案115件，秦著列出了 118 件；《国民参政会第三届第一次大会纪录》收录提案226件，秦著列出了 221 件。由于国民参政会大会纪录为原始文献，秦著为第二手资料，本著作以国民参政会大会纪录中收录提案为依据。
② 孟广涵：《总结历史经验促进祖国统一——为〈国民参政会纪实〉出版而作》，重庆市政协文史资料研究委员会、中共重庆市委党校、中国第二历史档案馆编：《国民参政会纪实》（续编），重庆出版社 2016 年版，第 5 页。

要的价值。"①周勇也指出："国民参政会的历史是中国现代史、抗战史、国共党史、统一战线史研究不可或缺的领域，具有重要价值。"②

近年来，随着相关档案资料的陆续发掘，学术界对国民参政会的研究视角发生了转变，逐步由 20 世纪主要从国民党一党专政和国共两党政治博弈为切入点探讨国民参政会的历史地位及作用影响，延伸至 21 世纪以来关注国民参政会对抗战时期两次宪政运动③的推动、中间力量与国民参政会的关系及国民参政会自身的重要工作。在此背景下，以国民参政会提案为研究对象的成果也不时出现。但现有研究成果多是对中共、中间力量及其代表人物、某个具体问题或某一时期、某一领域提案文本的阐述和梳理，基本上没有挖掘提案背后的复杂原因，也很少触及提案背后折射出来的抗战时期中国政治、经济、军事、文化、外交等领域的复杂面相。通过本书的研究，有利于丰富国民参政会的研究内容，弥补学术界对国民参政会研究的薄弱环节，为深化中国近代政治史、抗日战争史、国共关系史、民主党派史及相关研究提供新的视角，拓展新的领域。

从国民党的视角看，国民参政会作为国民党构建战争动员体制的重要形

---

① 周永林等：《论国民参政会》，重庆市政协文史资料研究委员会、中共重庆市委党校、中国第二历史档案馆编：《国民参政会纪实》（续编），重庆出版社 2016 年版，第 1 页。

② 周勇：《国民参政会是第二次国共合作的一个侧面（代绪论）》，周勇主编：《国民参政会》，重庆出版社 1995 年版，第 2 页。

③ 在历史上，宪政运动是反对封建专制的进步运动。宪政观念传入中国后，成为中国人民反对封建专制体制、争取民主自由的武器。抗战期间，中共和中间力量主张全面抗战和民主抗战，表达了要求实行民主宪政的诉求。国民参政会成立后，中共和中间力量以国民参政员身份，要求国民政府修改"五五宪草"，主张国民党开放党禁，呼吁给抗战党派以合法地位和言论自由等。对此，1939 年 11 月，国民党五届十一中全会被迫提出在 1940 年 11 月召开国民大会，制定宪法。1943 年 9 月，国民党五届十一中全会再次决议"战争结束一年内召集国民大会"。抗战时期的两次宪政运动即由此而来。1940 年 3 月，中国共产党在延安也召开了各界宪政促进会，毛泽东发表讲话，明确宪政"就是民主的政治……是新民主主义的政治，是新民主主义的宪政。他不是旧的、过了时的、欧美式的、资产阶级专政的所谓民主政治"，正确引导了争取宪政民主的政治方向。由于这些建议主张不符合国民党的政治意图，抗战时期的两次宪政运动都无疾而终。

式之一，是将不同党派、不同阶层、不同领域、不同行业的精英力量笼络在由其领导的抗战旗帜下，并构建起其执政所需要的民意支持。在此过程中，尽管国民政府的执政能力表现出了捉襟见肘和低效无能的一面，但还是在尽可能的情况下，对提案中的一些建议主张进行了选择实施，使国民参政会成为集聚人心、维护抗战的重要象征。但到了抗战中后期，特别是抗战胜利后，国民党未能根据国际国内形势的变化，及时增强这一组织的凝聚力、包容力、吸纳力和整合力，反而使国民参政会的形式民主压制了它的实质民主，导致其通过国民参政会建构其所需民意支持的目标未能实现。通过本研究，具体呈现中共和中间力量参政员对国民政府由拥护、支持到不满、疏离，再到公开对抗、拒绝合作的变化过程，总结国民党借国民参政会构建民意支持的成败得失，可以为当前党和国家在立法工作中争取民意支持工作提供一定意义的历史借鉴。

从政治发展的视角看，国民参政会是近代中国政治发展进程中的一次重要突破，是反映抗战时期中国政治发展的一个重要尺度。它记录了抗战时期中国政治发展演变的基本趋向，揭示了国共两党在第二次合作中，既团结又斗争的历史进程和经验教训，揭示了中间力量的抗争与分化、其中一部分由右倾而中立、最后向左转成为与中共共同建立新中国的民主党派的过程。通过本研究，立体呈现中共和中间力量利用国民参政会维护团结抗战、民主抗战的艰辛历程，有利于充分认识中共对抗战的中流砥柱作用，有利于深刻理解中共在抗战大后方的历史地位，进而从学理上深刻把握历史选择中国共产党领导的必然性。

从政治制度发展的视角看，国民参政会形式上容纳了中国各抗日党派，客观上承认了中共和中间力量等抗日党派的合法地位，为他们提供了一个阐述各自政见的合法讲坛，从而为中共维护、巩固和扩大抗日民族统一战线提供了合法平台，为中国共产党领导的多党合作和政治协商制度提供了实践的契机，为各中间党派参政提供了可能。通过剖析国民参政会在国民政府政治体制中所处的地位、权力来源、组织构成、职权范围及职权行使方式及由此引起的中国政治制度的发展演变，有利于深化对中国共产党领导的多党合作和政治协商这一基本政治制度由来的认识，有利于增强对党的统一战线工作和中国共产党领导的多党合作和政治协商这一基本政治制度的自信。

从对中国政治建设借鉴的视角看，国民参政会在国共合作的基础上产生，在抗日民族统一战线的旗帜下运行，集中了战时中国各主要政治派别、各社会阶层的重要代表，动员了全国人力、物力、财力，实现了对日抗战的基本任务。在一定意义上，它集中体现了不同党派、不同阶层、不同区域、不同行业人民对国家独立富强和统一团结的衷心拥护和热烈期盼。通过本研究，具体展现中共和中间力量运用国民参政会这一合法阵地，拥护并推动国民政府领导抗战到底，抵制汪精卫妥协投降阴谋，严惩汉奸组织，化解国民党顽固派分裂和倒退的企图，有助于认识国民参政会在抗战中的地位和作用。

国民参政会既是在抗战爆发的特殊环境下成立的一个"制度性的中央政治参与机构"[1]，也是"一个战时政治协商机关"[2]，其作用既体现为凝聚全民族力量共赴国难，又体现为通过行使议决权、建议权、询问权，甚至对某些重大国事问题提出临时动议等方式，向国民政府提出建议主张以供其采择施行。其中，国民参政员提出提案是行使建议权和议决权的重要方式。提案提

---

[1]　赵祖平：《抗战时期的政治参与》，中国工人出版社 2011 年版，第 81 页。

[2]　黄国华等：《中国社会主义协商民主史稿》，西南交通大学出版社 2013 年版，第 125 页。目前已有学者从协商民主的视角对国民参政会进行研究。除黄国华外，刘德学认为国民参政会是"中国协商民主的胚胎"或"萌芽"，"具备了现行的政治协商制度的初步内容"（刘德学：《从国民参政会、旧政协、新政协看中国共产党与中国协商民主的发展》，中国人民政协理论研究会秘书处编：《中国人民政协理论研究会 2011 年度论文集》（上），中国文史出版社 2012 年版，第 611—612 页）。另外，黄福寿的《中国协商政治发生与演变逻辑》（上海人民出版社 2009 年版）、刘俊杰的《当代中国党际协商民主研究》（江苏大学出版社 2013 年版）等专著，詹松的《国民参政会与人民政协——兼论国民参政会之性质》（《重庆社会主义学院学报》2005 年第 3 期）、童庆平的《当代中国政党协商民主的制度建设研究》（华东师范大学 2011 年博士学位论文）等论文，也涉及了国民参政会在中国协商民主形成进程中的地位、作用及与 1946 年政治协商会议、1949 年中国人民政治协商会议的关系，但没有展开具体论述。

出后，国民政府怎样看待、如何处理落实、实际效果怎样，决定了国民参政
会的功能和效用能否充分发挥及抗战能否顺利进行。通过考察国民政府对国
民参政会提案的态度与采纳落实情况及由此引起的对国民党执政合法性的影
响，可以揭示国民政府在回应民意过程中的经验教训和成败得失，有一定的
历史和现实意义。

二、国内外研究现状述评

由于国民参政会在国民政府政治体系运作中的独特功能和对抗战时期中
国政治发展演变的特殊作用，学术界对它一直有较为强烈的关注，并取得了
较为丰硕的成果。

笔者经过梳理发现，国内外涉及国民参政会研究的专著有多部，论文数
百篇，内容涉及诸多领域，但专门研究国民参政会提案的成果不多。就对国
民参政会提案进行专门研究的成果来看，主要内容有以下几个方面：

一是对抗战时期国民参政会提案内容的整体概要研究。黄利新的《抗日
战争时期国民参政会提案研究》（首都师范大学 2005 年硕士学位论文）重点
梳理了抗战时期国民参政会提案中对边疆民族、沦陷区、弱势群体、海外华
侨、国际因素、基层政治等问题的看法和主张。该文注重对抗战时期的国民
参政会提案进行整体研究，但基本上是对提案文本的梳理和概括，国民政府
对提案的采纳落实情况也涉及较少。因此，还有很大的拓展空间。后来，在
该文的基础上，作者陆续发表了《抗战时期的国民参政员对海外华侨的统战
思想》（《华侨华人历史研究》2005 年第 3 期）、《抗战时期国民参政会对东
北问题的关注——以关于东北问题的提案为中心》（《辽宁大学学报》2006
年第 4 期）、《抗战时期国民参政员的政治外交思想——以参政会关于外交问
题的提案为中心》（《湖北社会科学》2014 年第 2 期）、《抗战时期国民参政
会对边疆少数民族的关注》（《兰台世界》2013 年第 31 期）等文，但都是其
硕士学位论文的拓展和深化，研究内容没有超出上述范围。

二是对国民参政会提案所关注的某一领域、某个具体问题的研究。孙宏
年的《国民参政会与国民政府的治藏政策——以治藏议案为中心》（《中国边

疆史地研究》2002 年第 3 期）对国民参政会的治藏提案内容进行了整理和分析，并用一定篇幅探讨了国民政府对治藏提案的采纳施行情况及其作用和效果。陈国勇的《抗战时期国民参政会财政经济提案研究》（西南大学 2010 年硕士学位论文）梳理了抗战时期国民参政会财经提案的主要内容及国民政府的办理情况。其另一文《论国民参政会对抗战经济的贡献》（《学理论》2009 年第 19 期）是对其硕士学位论文部分内容的概括和提炼。这些研究成果为本研究提供了可资借鉴的思路。

三是对国民参政会民主政治提案的研究。闻黎明的《"国民大会议政会"刍议——抗战时期改革中央政治体制的重大设计》（《抗日战争研究》1996 年第 3 期）考察了"国民参政会宪政期成会"在国民参政会一届五次大会上提出"国民大会议政会"这一政治体制改革设计的形成、内容、目的及夭折的来龙去脉。兰芳的《1939 年中间党派的宪政提案评述》（《历史教学》2002 年第 7 期）对国民参政会一届四次大会上中间党派参政员提出的宪政提案内容及其背后的政治诉求、实际效果与社会影响进行了评析。其另一文《1940 年中间党派与"期成会修正案"》（《历史教学》2004 年第 5 期）对中间党派参政员提出的"期成宪草"内容及表现出的宪政思想、宪政理念进行了探讨。

四是对某位国民参政员提案的研究。在这方面，陈嘉庚的提案研究是重点。周勇的《陈嘉庚斥汪电报提案考证》（《近代史研究》1987 年第 5 期）根据原始档案并参考部分文献资料和回忆录，指出陈嘉庚的"十一字提案"的说法并不准确。肖用的《陈嘉庚在国民参政会上的电报提案》（《文史精华》1996 年第 6 期）在延续周勇说法的同时，详细介绍了陈嘉庚这一提案内容的演变过程；赵映林的《傅斯年揭露孔祥熙鲸吞美金公债案》（《民国春秋》1997 年第 3 期）、马亮宽的《傅斯年揭露美公债舞弊案述论》（《聊城大学学报》2005 年第 2 期）对傅斯年以提案方式揭露孔祥熙鲸吞美国公债的来龙去脉进行了论述；鲍和平的《王造时在第一届国民参政会中的提案评析》（《淮南工业学院学报》2002 年第 2 期）梳理了救国会参政员王造时在第一届国民参政会历次大会上的提案内容，认为这些提案表现了王造时高昂的爱国热情，对抗战有一定的积极作用。

虽然学术界专门研究国民参政会提案的成果不多，但与国民参政会研究有关的成果却汗牛充栋。这些成果尽管未直接以国民参政会提案为研究对象，但大都涉及国民参政会职权的行使情况，因此，大都对国民参政会的某件、某类、某领域、某一时期或某位国民参政员的提案内容有所涉猎，特别是一些从民主政治、国共关系、中间力量等视角研究国民参政会的成果，大都注意到了中共和中间力量参政员及其一些重要人物的提案，从而为本书的写作提供了坚实的基础。这些成果数量极多，为尽可能清晰全面地呈现学术界的相关研究状况，将这些成果分为三类，分别予以评介。

（一）文献、史料类成果

这方面的成果主要分为三类：

1. 专门的国民参政会史料。大陆方面主要有《国民参政会资料》（四川人民出版社 1984 年版）、《国民参政会纪实》（上、下）（重庆出版社 1985 年版）、《国民参政会纪实》（续编）（重庆出版社 1987 年版）。其中，《国民参政会纪实》（上、下）和《国民参政会纪实》（续编）于 2016 年由重庆出版社再版，具体内容没有变化；台湾方面主要有《国民参政会史料》（台北兴台印刷厂 1962 年版）、《中华民国重要史料初编——对日抗战时期·第四编：战时建设》（一）、（二）（台北中国国民党中央委员会党史委员会 1988 年版）等。这些资料对国民参政会历届历次大会开会经过、相关法规、国民参政员名单、大会宣言、开幕式、闭幕式报告、国民政府各行政部门施政报告之决议，国民参政员提案目录、重要提案内容、国民参政会驻会委员会工作情况以及时人的社会舆论等，有较为详细的整理。这为本研究奠定了坚实的史料基础。

2. 涉及国民参政会的史料。主要有荣孟源主编的《中国国民党历次代表大会及中央全会资料》（光明日报出版社 1985 年版）、孔庆泰主编的《国民党政府政治制度档案史料选编》（安徽教育出版社 1994 年版）、章伯锋和庄建平主编的《抗日战争》（第 3 卷）（四川大学出版社 1997 年版）、中国第二历史档案馆主编的《中华民国史档案资料汇编》（第 5 辑第 2 编）（凤凰出版社 1997—1999 年版；江苏古籍出版社 1997—1998 年版）、夏新华等编的《近代中国宪政历程：史料荟萃》（中国政法大学出版社 2000 年版）、周天度主编的《救国会史料集》（中央编译出版社 2006 年版）等。这些史料丰富了本研究的资料来源。

3. 相关当事人的文集、年谱、日记、回忆录、传记等。文集主要有《陶行知全集》（第 3 卷）（湖南教育出版社 1985 年版）、《张澜文集》（四川教育出版社 1991 年版）、《沈钧儒文集》（人民出版社 1994 年版）、《梁漱溟全集》（第 5、6 卷）（山东人民出版社 1994 年版）、《韬奋全集》（第 8、9、10 卷）（上海人民出版社 1995 年版）、《章乃器文集》（下）（华夏出版社 1997 年版）、《傅斯年全集》（第 3、4 卷）（湖南教育出版社 2003 年版）、《张申府文集》（第 1 卷）（河北人民出版社 2005 年版）、《薛明剑文集续编》（下）（凤凰出版社 2007 年版）等；年谱主要有《黄炎培年谱》（文史资料出版社 1985 年版）、《沈钧儒年谱》（文史资料出版社 1992 年版）、《蒋介石年谱》（中共党史出版社 1995 年版）、《周恩来年谱》（1898—1949）（中央文献出版社 1998 年版）、《董必武年谱》（文史资料出版社 1998 年版）、《梁漱溟先生年谱》（广西师范大学出版社 2003 年版）、《张君劢年谱长编》（中国社会科学出版社 2016 年版）等；日记主要有《王世杰日记》（上）（台北"中央研究院"近代史研究所 2012 年版）、《黄炎培日记》（第 6、7、8 卷）（华文出版社 2008 年版）等；回忆录主要有王云五的《岫庐八十自述》（台北商务印书馆 1967 年版）、陈启天的《寄园回忆录》（台北商务印书馆 1972 年版）、李璜的《学钝室回忆录》（台北传记文学出版社 1978 年版）、黄炎培的《八十年来》（中国文史出版社 1982 年版）、梁漱溟的《我的努力与反省》（漓江出版社 1987 年版）、谢泳的《罗隆基：我的被捕的经过与反感》（中国青年出版社 1999 年版）、叶永烈的《王造时：我的当场答复》（中国青年出版社 1999 年版）、梁漱溟的《忆往谈旧录》（金城出版社 2006 年版）等；传记主要有中央文献研究室编的《周恩来传》（上、下）（中央文献出版社 1998 年版）、《董必武传》撰写组撰写的《董必武传》（中央文献出版社 2006 年版）、金凤的《邓颖超传》（人民出版社 1993 年版）、戴茂林的《王明传》（中共党史出版社 2009 年版）、薛毅的《王世杰传》（武汉大学出版社 2010 年版）、周天度的《七君子传》（中国社会科学出版社 1988 年版)、俞润生的《邹韬奋传》(山东人民出版社 1998 年版)、郑大华的《张君劢传》(中华书局 1997 年版)、许纪霖的《无穷的困惑——黄炎培、张君劢与现代中国》(上海三联书店 1998 年版)、郑大华的《梁漱溟传》(人民出版社 2001 年版)、焦润明的《傅斯年传》(人民出版社 2002 年版)、周天度等的《沈钧儒传》(人民出版社 2006 年版)、马亮宽和李泉的《傅斯年传》(红旗出版社 2009 年版)等。这些资料同样为本研究提供了丰富的史料来源。

(二)专著类成果

这些成果主要分为四类:

1. 专门研究国民参政会的专著。蓝绸的《国民参政会对我国民主宪政的贡献》(台北黎明文化实业股份有限公司 1988 年版)是台湾地区第一部专门探讨国民参政会对中国战时民主宪政贡献的专著。它较为详细地考察了国民参政会成立的历史背景、预期目的、国民参政会的组织、职权与性质、各党派对国民参政会推行民主宪政与政治革新的看法、国民参政会表达民意的方式方法、各党派行使国民参政会职权的情况及国民参政会对战时民主宪政的贡献等内容,但主要是文本的罗列与梳理,研究内容需进一步深化。周勇主编的《国民参政会》(重庆出版社 1995 年版)是大陆第一部专门研究国民参政会的专著。它以国共两党关系的演变为主线,将国民参政会的历史分为初期、中期与后期三个阶段,比较全面地勾勒了国民参政会的发展演变历程;王丰的《国民参政会与抗日民族统一战线》(华文出版社 2008 年版)同样以国共两党关系的演变为主线,探讨了国民参政会与抗日民族统一战线的关系。这些研究涉及了中共和中间力量部分参政员的提案,对其他领域的提案内容及国民政府的回应情况关注不多。

2. 对国民参政会研究着墨较多的专著。闻黎明的《第三种力量与抗战时期的中国政治》(上海书店出版社 2004 年版)用相当篇幅考察了抗战时期第三种力量通过国民参政会反对国民党一党专政,反对国共摩擦,要求实行民主宪政的过程,并指出在此过程中,第三种力量经历了从分散到聚合、政治主张从温和到激烈、政治倾向从近国民党到近共产党的转变。石毕凡的《近代中国自由主义宪政思潮研究》（山东人民出版社 2004 年版）探讨了自由主义知识分子利用国民参政会推动抗战时期两次宪政运动的兴起及提出的"期成宪草"所反映的宪政模式；常保国的《中间党派与中国二十世纪四十年代宪政运动》（中国政法大学出版社 2008 年版）用一定篇幅考察了 20 世纪 40 年代中间党派在与国民参政会关系密切的几次较有影响的宪政运动中的立场、理念及效果影响；祝天智的《战争·党争与"宪争"：抗战时期宪政运动研究》（中国社会科学出版社 2011 年版）用相当多的笔墨考察了国民参政会在抗战时期两次宪政运动中的主要工作及作用、中间党派参政员提出"期成宪草"、中共提出"联合政府"主张的来龙去脉及影响。这些研究涉及了中共和中间力量参政员及其代表人物有关宪政问题的提案，对其他领域的提案没有触及。

3.有一定篇幅涉及国民参政会的专著。马起华的《抗战时期的政治建设》（台北近代中国出版社 1986 年版）设专章梳理了国民参政会在支持抗战建国、维护团结统一、促进民主政治方面的积极作用，认为国民参政会在抗战史和宪政史上都有很大的贡献。邓野的《联合政府与一党训政——1944—1946 年间国共政争（修订本）》（社会科学文献出版社 2011 年版）对 1944 年至 1946 年国共围绕中国政治前途进行的谈判与斗争时国民参政会所起的作用进行了论述。黄福寿的《中国协商政治发展与演变逻辑》（上海人民出版社 2009 年版）着眼于中国近代协商政治的发展历程，指出国民参政会是协商政治的典型形态，并对其功能和作用进行了概括性描述；谢慧的《西南联大与抗战时期的宪政运动》（社会科学文献出版社 2010 年版）对西南联大教授参政员在国民参政会中争取民主政治的活动和斗争进行了较为系统的考察；赵祖平的《抗战时期的政治参与》（中国工人出版社 2011 年版）用一定篇幅探讨了国民参政会与抗战时期政治参与的关系。在这些研究中，国民参政会提案不是研究重点。

4.综合性、专题类的专著。这方面的著作较多，包括这样几类：

（1）近代通史类专著。主要有张宪文主编的《中华民国史》（南京大学出版社 2006 年版）、李新主编的《中华民国史》（中华书局 2011 年版）、张海鹏主编的《中国近代通史》（江苏人民出版社 2013 年版）等。这些成果或多或少涉及国民参政会的历史地位、作用及对抗战时期中国政治社会发展演变的影响，但多是宏观性扫描，缺乏系统论证；即使有的用一定篇幅探讨国民参政会，也主要集中在国民参政会的性质、地位及国民参政会第一届大会的主要工作上，提案内容及行使情况没有引起关注。

（2）政治发展史、政治制度史、政治体制演变史类专著。主要有林代昭的《中国近代政治制度史》（重庆出版社 1988 年版）、徐矛的《中华民国政治制度史》（上海人民出版社 1992 年版）、孔庆泰的《国民党政府政治制度史》（安徽教育出版社 1996 年版）、史远芹等的《中国近代政治体制的演变》（中共党史资料出版社 1990 年版）、石柏林等的《中国近代政治体制的演变与发展》（河南人民出版社 1991 年版）、王永祥的《戊戌以来的中国政治制度》（南开大学出版社 1991 年版）、闾小波的《中国近代政治发展史》（高等教育出版社 2003 年版）等。这些研究基本上着眼于国民参政会的历史地位及对近代中国政治发展演变的影响，在肯定国民参政会推动了近代中国政治发展的同时，又认为由于国民党的一党专制统治，其积极作用有限。

（3）国民党史、共产党史及国共关系史类专著。在国民党史方面，主要有宋春主编的《中国国民党史》（吉林文史出版社 1990 年版）、刘健清等主编的《中国国民党史》（江苏古籍出版社 1992 年版）、肖效钦的《中国国民党史》（安徽人民出版社 1994 年版）、张同新的《中国国民党史纲》（人民出版社 2012 年版）、茅家琦等的《中国国民党史》（鹭江出版社 2012 年版）等；在共产党史方面，主要有郭德宏主编的《中国共产党的历程》（河南人民出版社 2001 年版）、中共中央党史研究室的《中国共产党历史》（第 1 卷）（中共党史出版社 2002 年版）、杨凤城主编的《中国共产党历史》（中国人民大学出版社 2010 年版）等；在国共关系史方面，主要有王功安等的《国共两党关系史》（武汉出版社 1988 年版）、温贤美等的《抗战时期的国共关系》（北京出版社 1997 年版）、王功安和毛磊主编的《国共两党关系通史》（武汉大学出版社 2001 年版）、黄修荣的《国共关系史》（广东教育出版社 2002 年版）等。这些研究主要探讨国民党对国民参政会的控制、中共在国民参政会的工作及国共政治博弈对国民参政会的影响，有的涉及了国民参政会政治领域中的提案内容，但较为笼统，大多是泛泛而谈。

（4）民主党派史、中间党派史、政党史及共产党与民主党派关系史类专著。在民主党派史方面，主要有姜平的《中国民主党派史》（武汉大学出版社1987年版）、邱钱牧的《中国民主党派史》（浙江教育出版社1987年版）、窦爱芝的《中国民主党派史》（南开大学出版社1992年版）、徐文生的《中国民主党派革命斗争史》（西南交通大学出版社2002年版）、张军民的《中国民主党派史》（黑龙江人民出版社2006年版）等；在中间党派史方面，主要有赵锡骅的《民盟史话：1941—1949》（中国社会科学出版社1992年版）、中国民主同盟委员会的《中国民主同盟史》（群言出版社2012年版）等；在政党史方面，主要有朱建华等的《中国近现代政党史》（黑龙江人民出版社1984年版）、邱钱牧的《中国政党史》（山西人民出版社1991年版）等；在共产党与民主党派关系史方面，主要有王卫方的《中国共产党与民主党派关系史》（湖南师范大学出版社1997年版）、张忆军的《风雨同舟七十年：中国共产党与民主党派关系史》（学林出版社2001年版）等。这些研究涉及了中间力量参政员及其代表人物与国民参政会的关系，对他们以提案方式推动民主政治的情况也有关注，但主要集中在为数不多的几个代表人物身上，忽略了其他国民参政员有见地的提案。

（5）抗战史类研究专著。主要有军事科学院历史研究部主编的《抗日战争史》（解放军出版社1991年版）、王桧林的《中国抗日战争全书》（山西人民出版社1995年版）、王秀鑫等的《中华民族抗日战争史》（中共党史出版社2005年版）、何理的《中国人民抗日战争史》（上海人民出版社2005年版）、中国抗日战争史编写组编的《中国抗日战争史》（人民出版社2011年版）、步平主编的《中国抗日战争史》（社会科学文献出版社2016年版）、袁旭等的《中国民主党派与抗日战争》（北京燕山出版社1997年版）、李蓉等的《抗战时期大后方的民主运动》（华文出版社1997年版）、陈雁的《抗日战争时期中国外交制度研究》（复旦大学出版社2002年版）、周勇主编的《重庆抗战史》（重庆出版社2013年版）及《西南抗战史》（重庆出版社2013年版）、吴锦旗的《抗战时期大学教授的政治参与研究》(南京大学出版社 2012 年版)、谢慧的《知识分子的救亡努力——〈今日评论〉与抗战时期中国政策的抉择》(社会科学文献出版社 2010 年版)等。这些研究从不同视角、不同层面、不同领域涉及了国民参政会在抗战时期的作用和影响,对国民参政会政治领域的提案有所关注,对其他领域的提案没有涉及。

(三)论文类成果

公开发表在学术刊物上的国民参政会研究论文从 20 世纪 80 年代开始出现。通过对《中国期刊全文数据库》的检索发现,截止到 2019 年底,有 130 余篇以国民参政会为标题的论文。研究内容主要包括以下几个方面:

1. 国民参政会的整体历史、性质及其下设机构的工作。章红的《国民参政会述论》(《抗日战争研究》1996 年第 3 期)考察了国民参政会产生、发展演变及其战后异化这样一个充满内在矛盾的过程。周勇的《论国民参政会在抗日战争时期的地位与作用》(《探索》2005 年第 5 期)从宏观视角分析了国民参政会的历史地位。陈一容、张国镛的《国民参政会性质研究述评》(《抗日战争研究》2009 年第 2 期)对学术界关于国民参政会性质的三种代表性观点:"代表人民参政的民意机关(或准民意机关)"、"供国民政府进行咨询的最高机关"、"具有双重性质的咨议机关"进行了梳理,并进行了较为客观的评价。黄天华的《国民参政会川康建设期成会述论》(《四川师范大学学报》2007 年第 2 期)、刘春艳的《国民参政会川康建设视察团研究》(吉林大学 2009 年硕士学位论文)等初步探讨了国民参政会下设的川康建设期成会、川康建设视察团的主要工作及成效。这些研究概括性地提到了国民参政会个别提案的内容,没有进行更为深入、详细的探讨。

2. 不同政治力量在国民参政会中的主张、活动及影响效果。张毛毛的《国民参政会与中国共产党争取民主政治的斗争》(《近代史研究》1986 年第 2 期)、梁华栋的《董必武与抗日战争时期的国民参政会》(《中共党史研究》1993 年第 4 期)、苟翠屏的《邓颖超与抗日战争时期的国民参政会》(《西南师范大学学报》1997 年第 1 期)、杨五星的《中国共产党在国民参政会的工作与斗争》(中共中央党校 2005 年硕士学位论文)、余俊的《董必武在国民参政会的宪政思想与革命实践》（《董必武学术研究会论文集》，中国文史出版社 2011 年版）等探讨了中共参政员在国民参政会中的言行表现与影响效果。李萍、齐欣的《论抗战初期中间党派在国民参政会上的合作及其影响》（《哈尔滨学院学报》2010 年第 8 期）、周兴龙的《张澜在国民参政会期间的思想主张和品格》（《上海市社会主义学院学报》2013 年第 6 期）、孙明理的《民盟与国民参政会》（西南大学 2014 年硕士学位论文）等对中间党派及代表人物在国民参政会中争取民主政治的努力及影响等进行了宏观性概括。闻黎明的《王世杰与国民参政会》（《抗日战争研究》1993 年第 3 期）深入考察了国民参政会秘书长王世杰在国民参政会中实践其政治理想的努力及失败的过程。这些研究注意到了中共参政员、民盟及中间力量重要参政员的提案，对其他提案没有涉及。

3. 国民参政会与抗战时期两次宪政运动的关系。这一问题是宪政史研究的热点问题。陈波的《"期成宪草"探微——抗战时期民主宪政运动的重要成果》（《湖北大学学报》2000 年第 3 期）认为"期成宪草"的实质是以西方议会制度改革中国政治体制，起到了宪政思想启蒙和阻止战后中国法制向封建专制体制倒退的作用。陈雷、陈闪的《试论国民参政会在战时民主宪政运动中的作用》（《历史档案》2005 年第 4 期）和陈雷的《国民参政会与战时第一次民主宪政运动》（《贵州社会科学》2006 年第 2 期）认为国民参政会推动了抗战时期民主宪政运动的发展，提高了人们的民主宪政意识，使人们更加清楚地认识到了国民党反动独裁统治的本质。这些研究对国民参政会宪政提案内容及影响作用有较为详细的阐述，为本研究提供了较好的借鉴和启示。

4. 国民参政会与抗战时期的中国政治、军事、经济、文化、外交等方面的关系。周勇的《抗战时期国民参政会与陕甘宁边区参议会比较研究——兼论抗战时期中国政治民主化的正确方向》（张宪文等编：《民国档案与民国史学术讨论会论文集》，档案出版社 1988 年版）从性质、作用、历史地位三个方面对国民党领导的国民参政会与中共领导的陕甘宁边区参议会进行了比较研究。李原昭的《三届三次国民参政会前后的国内政治走向》（兰州大学 2007 年硕士学位论文）考察了国民参政会三届三次大会召开前后的国际国内形势、国民参政会三届三次大会重要提案内容及国共双方的报告，指出经过这次大会，国共双方的政治地位逐渐走向对等，中国未来政治权力的角逐已逐渐代替中日民族矛盾这样一个转折。宿凌的《论皖南事变与国民参政会内政治格局的变化》（吉林大学 2008 年硕士学位论文）通过梳理皖南事变前后国民党、中共和中间力量在国民参政会中的表现和相互斗争的情况，考察了这一特殊时期给三种政治力量带来的不同变化及其对中国政局的深远影响。这些研究涉及了国民参政会政治领域中的提案内容，对其他领域的提案没有涉及。

就笔者目力所及，国外尚未有以国民参政会或国民参政会提案为研究对象的专著，但有几篇关于国民参政会研究的论文，主要集中在探讨国民参政会的功能及作用。加拿大徐乃力（Lawrence N.Shyu）的《国民参政会与中国战时问题（1937—1945）》（哥伦比亚大学 1972 年博士学位论文）是目前西方学界研究国民参政会最为深入细致的著作。它对国民参政会的产生、发展、演变等历史进行了较为清晰的勾勒，对国民参政会对抗战建国重要问题提出的若干提案进行了较为详细的考察。其另一文《中国的"战时国会"：国民参政会》（薛光前主编：《八年对日抗战中之国民政府——一九三七至一九四五》，台北商务印书馆 1976 年版）将国民参政会视为"战时国会"，对其在战时团结、人力及资源动员、战时民主运动等方面的作用进行了高度评价；韩国柳镛泰的《国民参政会和战时民主主义：1938—1948》（韩国《中国近现代史研究》第 27 辑，2005 年 9 月）对国民参政会促进战时民主政治的活动进行了分析和研究。其另一文《从国民会议到国民参政会——职业代表制的持续与变化》（《南京大学学报》2006 年第 3 期）认为国民参政会在代表构成和民意的集结方式上，继承了 20 世纪 20 年代的国民会议，从而对国民参政员的职业构成进行了全新的解读。日本西村成雄的《民国政治与合法化危机——国民参政会历史再定位》（《现代中国变动与东亚新格局》第 1 辑，社会科学文献出版社 2012 年版）认为国民参政会开创了国民党政治合法性重构的新路径，尽管它对国民政府不具法律约束力，但是积攒了不容忽视的政治实力，奠定了抗战时期政治民主化的社会基础。此外，澳大利亚冯兆基（Edmund S.K.Fung）在《寻求中国民主》（江苏人民出版社 2012 年版）一书中设专章梳理了国民参政会与战时民主政治的关系，认为国民参政会体现了"民主突破"（democratic breakthrough）这一主题，是一次民主试验。在上述研究中，国民参政会提案不是研究的重点，即使有所涉及，也主要集中在与宪政或民主政治有关的内容上，因此还有继续研究的空间。

综上所述，尽管学术界对国民参政会提案有一定的关注，并已发表了一些原创性研究成果，但也存在一些问题和不足：第一，多在相关研究中予以提及，专门以国民参政会提案为研究对象的成果相对匮乏，难以揭示国民参政会提案的整体面貌和对抗战建国的重要价值。第二，基本上集中于对中共、中间力量参政员及其代表人物、某一领域、某个具体问题及某一时期提案文本的梳理，对提案所关注领域和关注问题的广泛性、复杂性及持续性研究不足，亦未能将不同领域的提案视为一个有机联系的整体，进行全面、系统、微观的内部审视和深入的学术探索。第三，一些研究成果缺乏实证支撑，偏重于从文本到文本的简单罗列，对提案背后的复杂逻辑及与国民政府施政方针之间的冲突、互动与影响的多维、复杂关系缺乏深度的历史把握。

三、创新之处与主要认识

本书在既有研究成果的基础上，试图在以下方面有所创新：

1.追踪国民参政会提案的办理情况及实际发挥的作用。本书将政治史和社会史研究结合起来，不仅系统梳理国民参政会提案在军事国防、外交、内政、财经、文教等领域提出的与抗战建国密切相关的建议主张，而且还将研究视角转向实践层面，考察国民政府对提案建议主张的采纳施行情况及实际效果。

2.把握国民参政会提案实施情形与国民政府政治合法性的内在逻辑。在抗战前期，在民族危机的空前压力面前，国民政府较为重视采纳国民参政会提案的建议主张，其与国民参政会的互动呈现出一种较为良性的状态；到1941年以后，国民党既无法有效解决国民政府行政机关职能涣散、效率低下、对基层缺乏控制力、官员贪腐、不作为等问题，亦不愿认真面对中共与中间力量的政治诉求，对国民参政会提案的回应大多以搪塞敷衍为主，有的建议主张即使体现在了国民政府的施政方针中，其积极效果也很难显现。中共和中间力量参政员对国民党的政治态度亦由支持、拥护到不满、疏离，再到不合作乃至公开的对抗，这对国民政府的执政合法性及战后中国政局的演变产生了深远的影响。

3. 纠正前人的一些偏颇认识。传统观点认为国民政府对国民参政会财经、文教领域的提案"比较合作"，军事及内政领域的提案则"很难受到采用"。本书通过定量分析与定性分析的研究，认为实际情形并非如此。大体来看，对于抗战建国亟待解决、符合国民党政治需要、本身有针对性与可行性的提案，不论提案属于军事国防、外交，还是内政、财经、文教领域，国民政府都给予了一定程度的重视，但由于动乱的战争环境、国民政府自身面临的困境和存在的不足等因素，导致提案的实施效果不明显。

本书通过研究，得出了以下几点认识：

1. 国民参政会是在全面抗战爆发的特殊环境下全民族团结抗战的产物，是体现、维护第二次国共合作和抗日民族统一战线的重要组织，它在存在近十年的时间里，通过行使包括提案权在内的各种职权，始终以一种建议、协商或备国民政府进行咨询的姿态存在。

2. 国民参政会的制度安排基本上保证了国民参政员都是来自不同党派、不同阶层、不同领域、不同行业的精英力量，他们丰富的社会阅历和较高的知识视野，保证了国民参政会提案建议主张的针对性和可行性，但由于国民参政员之间有着不同的利益诉求及政见歧异，也使提案内容呈现出不同程度的矛盾性和复杂性。

3. 国民政府对国民参政会提案的回应，体现出国民党在以党治国的模式下，力图在不同意识形态和利益诉求的政党之间通过协商建立一种共识机制的尝试与努力，这既是抗战形势的特殊需要，也是构建其所需要的民意支持的重要表现。国民党的这种尝试和努力，在抗战前期是较为显著的，在抗战中期和后期是不成功的。

4.从某种程度上说，国民政府对国民参政会提案回应的"有与无""多与少"和"质与量"，直接决定着国民党政治合法性的"优与劣""好与坏"和"成与败"。当国民参政会提案的建议主张得以落实，并在实践中产生良好效果时，国民参政员对国民党政权的认可度就高，国民党的执政权威就会增强；反之，国民参政员对国民党政权的认可度就低，国民党的执政权威就会减弱。

5.影响国民参政会提案作用发挥的因素是多方面的。日本侵略形成的全民族团结抗战共赴国难的有利形势、提案关注的问题是亟待解决的、提案本身具有极强的针对性和可操作性、中共和中间力量参政员坚持不懈的推动与抗争、国民党基于政治利益考量而做出的适时和适度的妥协等因素有利于国民参政会提案作用的发挥。缺乏必要的妥协的能够包容各方的政治生态、国民党缺乏有效的国家治理能力、不同精英力量之间存在着较为严重的政治分裂、国民参政会自身存在着无法克服的内在矛盾和困境等因素限制了国民参政会提案作用的发挥。

6.符合时代潮流的制度一旦被设计出来，就要不断增强制度的凝聚力、包容力、吸纳力和整合力，抵制各种颠覆性力量的侵蚀，归拢各种有利因素，谋求政治发展的动力与空间，以实现国家建构与有效治理的目标。

第一章　国民参政会的成立及基本情况

国民参政会是卢沟桥事变以来国民党探索集中全民族力量应对民族危机、维护自身执政合法性而进行政治调适的产物，是中共倡导建立抗日民族统一战线和第二次国共合作的产物。国民参政会成立后，国民政府通过一系列制度安排，保证了国民参政员都是各党派、各阶层、各领域、各行业的精英力量，他们开阔的视野、卓越的学识及丰富的社会阅历，保证了提案建议主张的前瞻性、针对性与可行性。但由于不同党派、不同阶层、不同领域、不同行业国民参政员的利益诉求及政见主张不同，也使提案内容呈现出涉及领域的广泛性、涉及问题的复杂性及建议主张相互之间的矛盾性和冲突性，以及不同的现实关怀。

第一节　国民参政会的成立缘起

鸦片战争之后，中国传统的专制集权的政治架构已很难满足应对民族危机的需要，迫切需要通过制度创新集聚全民族之力共同抵御外侮。但由于中国政治传统的巨大惯性，国人对这一问题的探索异常艰难。洋务运动时期冯桂芬提出的"公黜陟""复乡职""复陈诗"，呼吁重视下层民众意见，戊戌维新期间梁启超提出的"强国以议院为本"，清末新政时期以解决"君民隔膜"为目标的资政院、咨议局的设立，民国初年国会的成立等，但因种种原因，它们虽发挥了一定的政治效能，却最终失败。国民政府成立后，虽承诺要通过制度安排吸纳其他政治力量参与国家政治生活，抵抗外来侵略，但在政治层面始终没有采取实际举措。卢沟桥事变后，面对日寇的疯狂进攻和国内风起云涌的抗战热潮，中共基于民族复兴的强烈使命感，亦积极倡导建立抗日民族统一战线，呼吁实现第二次国共合作，以凝聚起全民族绝大多数政治力量进行抗日。国民党在仅靠一己之力无法抵御日本强大军事进攻的情况下，终于认识到只有动员全国人民抗战才能阻止日本的侵略，才能维护自身的政治利益。在此情形下，兼具民意和咨询建议功能的中央最高咨议机构——国民参政会得以成立。

一、国民党面对民族危机的政治调适

1927 年 4 月南京国民政府成立后，民族危机因日本的侵略逐渐严重。1928 年 5 月，日本在济南制造了五三惨案。6 月，日本关东军制造了皇姑屯事件。1931 年 9 月，日本关东军发动了九一八事变，占领了东三省。1932 年 1 月 28 日，日本精心策划了一·二八事变。3 月，日本扶植成立了伪"满洲国"。1933 年 3 月，日军长驱进犯滦平地区，威逼平津。5 月，日本政府强迫国民政府签订了《塘沽协定》，承认日本占领东三省和热河。1935 年 6 月至 7 月，日本通过《秦土协定》《何梅协定》等，控制了河北和察哈尔大部分地区的主权。10 月至 12 月，日本制造了"华北事件"，企图推动华北五省"自治"。1936 年 3 月，日本广田弘毅上台组阁，加紧了侵华步伐。5 月，日本和亲日派汉奸殷汝耕主持的冀察政务委员会秘密签订华北防共协定，规定中国军队不得驻冀察两省。与此同时，日本关东军策动少数蒙古上层分子，成立伪"蒙古军政府"，不断增兵华北，并于 1937 年 7 月 7 日制造了震惊中外的"卢沟桥事变"。

日本日益嚣张的侵略行为，使国民党在不触及自身执政地位的前提下，也在尝试通过制度创新延揽不同政治力量参与救国大业，特别是九一八事变爆发后，随着民众抗日情绪的高涨，更是推动了国民党在此方面的步伐。1931 年 11 月 12 日在南京召开的国民党第四次全国代表大会决定："现在国难正急，中央亟应延揽各方人才，于中央执行委员会领导之下，组织一国难会议，以期集思广益，共济时艰。"①12月28日，国民党四届一中全会通过了《第四届中央执行委员会第一次全体会议宣言》，决定"立即召集国民救国会议与国难会议，以定救国之根本方针"，并指出召开这两个会议的目的：一是"为集中全国专门人才之计划，使成一整个的准备"；二是"为集中全国人民之意见，使成一整个的表现。"②1932年1月18日，国民政府颁布召集令，决定于2月1日在南京召开国难会议。后由于"一·二八"事变爆发，国民政府忙于西迁洛阳，这次会议到4月7日在洛阳召开。

根据国难会议会员姓名录，此次会议应有416位人员参加，包括了不同党派、不同阶层的精英力量。但是，于国民党而言，与不同政治力量合作只是为了应对日本侵略，而非与其分享政权③。因此，尽管汪精卫声称国民党没有"不允许其他政治集团存在"，但会议成员并不包括一直与其兵戎相见的中共和与中共关系较为密切的第三党，会议内容也只限于御侮、救灾和绥靖等三项，中间力量关注的开放政权、还政于民、实施宪政等议题亦不在讨论之列。对于国民党的这种政治安排，很多被邀参会代表通过拒绝出席的方式表达了不满。会议召开后，在沪国难会议代表发表声明，指出中华民族之所以积弱积贫以至于濒于危亡，"唯一症结，确在不能合作"④，因为国民党"立一党专政之制，杜绝多数民众政治上合作之途"，对于这种不能努力"化除杜绝合作之党治，实现全民协力之宪政"的会议，"与其徒劳往返，无补艰危，不如谢绝征车，稍明素志"。潘光旦则指出，国难会议"只教大家叫，不许大家跳"，"不啻对于民族的政治人格，多一层剥削，对于民族的文化身

①　荣孟源主编：《中国国民党历次代表大会及中央全会资料》（下），光明日报出版社1985年版，第37页。
②　荣孟源主编：《中国国民党历次代表大会及中央全会资料》（下），光明日报出版社1985年版，第115—116页。
③　[澳]冯兆基：《寻求中国民主》，刘悦斌等译，江苏人民出版社2012年版，第91页。
④　穆藕初：《留沪国难会议代表致国民政府电》，穆家修等编：《穆藕初文集·增订本》，上海古籍出版社2011年版，第251页。

分，加一级降落！"① 因此，本来应有416人出席的会议到最后仅有144人参加，且80%以上是国民党人。但参会代表中主张改革的人士还是提出了要求国民政府提前结束训政，进行政治改革的提案。该案虽被否决，但通过了在国民大会未召开前设立中央民意机关，"俾训政期内人民有参政并监督机会"的决议②。

根据上述决议，1932年5月，国民党中央执行委员会政治会议第309次会议决定，将训政期间的中央民意机关定名为国民参政会。12月19日，国民党四届三中全会通过了《请定期召集国民参政会并规定组织要点，交常会切实筹备以期民意得以集中训政早日完成案》，决定于1933年召开国民参政会，国民参政员由选举和延聘两种方法产生；职权以训政时期约法为基础，参酌中央政治会议及国难会议所列举各点规定；法规由国民党中央执行委员会常务会议在两个月内，按照立法程序颁布施行③。根据这一决议，1933年2月23日，国民党第四届中央执行委员会第59次会议通过了《国民参政会组织法》。3月2日，第60次会议通过了《国民参政会会员选举办法》。根据以上两法，国民参政员总额为160人，其中150人由各省市职业团体、蒙古、西藏及华侨分别选举产生，其余10人由国民政府从全国各界富有学识资望者中聘任；党政要员皆得列席；每年开常会两次，国民政府认为必要时召开临时会，职权主要有四项：1.审议国民政府交议的预算案、宣战案、媾和案及其他重要国际事项；2.关于政治设施，建议于国民政府或请求国民政府说明；3.提出法律案于国民政府；4.接受人民请愿④。

国民党尽管承诺成立民意机构以动员全民族力量进行抗战，但基于对异见政治力量进行压制的本能，导致其对成立国民参政会的态度并不积极，设

---

① 潘光旦：《国难会议所暗示的真国难》，潘乃穆、潘乃和编：《潘光旦短评集》，群言出版社2014年版，第40页。
② 《国难会议今晨闭幕》，《大公报》1932年4月12日。
③ 荣孟源主编：《中国国民党历次代表大会及中央全会资料》（下），光明日报出版社1985年版，第181页。
④ 孔庆泰等：《国民党政府政治制度史》，安徽教育出版社1994年版，第336页。

立国民参政会事宜迟迟未进入实际的操作层面。实际上，这个时期国民党和国民政府的主要精力正用在"剿共"和对付反蒋势力上，仅仅对付中共的革命根据地就组织了五次大"围剿"，动用兵力最多时达到百万。1934 年中央红军长征过了湘江后，蒋介石判断中共力量将近消灭。1935 年 11 月，国民党第五次全国代表大会决议于 1936 年 11 月召开国民大会，制定宪法并决定宪法实施日期，结束训政。在此情形下，属于训政时期民意机关的国民参政会召开事宜亦不了了之。当国民党下决心成立国民参政会，以"集中全国之思虑与识见，以利国策之决定与推行"时，已经是在全面抗战爆发后次年 3 月召开的国民党临时全国大会上的事了。

二、中共倡导抗日民族统一战线

就在国民党为是否成立民意机构动员民众进行抗战踌躇犹豫之际，中共表现出了集中全民族之力"共赴国难"的迫切愿望。

九一八事变爆发后不久，中共迅速意识到，"满洲事变对于中国事变发展的前途，将给予决定的影响"①。革命根据地正在闽赣以及湘鄂等地区建设中。在事变爆发后的 10 天内，它接连三次发表宣言，指出事变的本质是日本占领整个满洲及东蒙企图的最露骨表现，号召全国工农劳苦民众，"坚决一致在争取工农革命胜利自求解放的利益之下，实行反帝国主义反国民党的斗争"②，主张"参加斗争的群众，必须普遍的组织起来，成立反帝反国民党各民众团体的会议，来集中领导"③，并派出中共党员深入东北，组织抗日义勇军，进行艰苦卓绝的斗争。1932 年 10 月 5 日，旨在调查九一八事变真相的《国联调查团报告书》发表后，中共在斥其为"最

---

① 《中共中央关于日本帝国主义强占满洲事变的决议》，中央文献研究室、中央档案馆编：《建党以来重要文献选编》（第 8 册），中央文献出版社 2011 年版，第 563 页。
② 《中国共产党为日本帝国主义强暴占领东三省事件宣言》，中央档案馆编：《中共中央文件选集》（第 7 册），中共中央党校出版社 1991 年版，第 398 页。
③ 《中国共产党中央委员会为目前时局告同志书》，中央档案馆编：《中共中央文件选集》（第 7 册），中共中央党校出版社 1991 年版，第 547 页。

公开，最无耻，最不要脸的文件"的同时，呼吁"创立广大的反帝运动中的统一战线，密切地同工农劳动者的日常要求的争斗联结起来"①。不过，由于受"左"倾思想的影响，这一时期中共对中国革命联合力量问题的思考带有关门主义的倾向。它曾不止一次地说，像改组派、国家主义派、社会与教育派、新月人权派是"在野的反革命派"②，"应该集中来反对一切在野的反革命的改良主义的派别，最无情的揭破他们领袖们的无耻的帝国主义走狗作用"③。面对国民党政府的全力"围剿"，中共强调，"只有打倒国民党，才能胜利的进行民族革命战争，才能保得住中国和中国民族的生存"④。

然而，日趋严重的民族危机使中共逐渐改变了这种认识。1931 年 11 月，张闻天批评了中共在抵制日货运动、学生义勇军、抗日救国会组织中的"关门主义"错误⑤。1933 年 1 月，中共首次提出中国工农红军愿在三个条件下与任何武装部队订立作战协定：一是停止进攻苏维埃区域；二是保证民众的集会、结社、言论、罢工、出版自由等权利；三是武装民众创立武装的义勇军。1934 年 1 月，在为国民党绑架上海学生发表的宣言中，中共指出："我们愿意同一切真正反帝国主义和法西斯主义的分子，结合战斗的统一战线，发动广大的群众的抗议。"⑥2 月，中共在给满洲省委的指示信中，批评了满

---

① 《中央关于李顿调查团的报告及加强反帝群众斗争的决议》，中央档案馆编：《中共中央文件选集》（第 8 册），中共中央党校出版社 1991 年版，第 507 页。

② 《中国共产党中央委员会为目前时局告同志书》，中央档案馆编：《中共中央文件选集》（第 7 册），中共中央党校出版社 1991 年版，第 546 页。

③ 《中央关于李顿调查团的报告及加强反帝群众斗争的决议》，中央档案馆编：《中共中央文件选集》（第 8 册），中共中央党校出版社 1991 年版，第 506 页。

④ 《中国共产党中央委员会为"五卅"运动八周年纪念告中国劳苦民众书》，中央档案馆编：《中共中央文件选集》（第 9 册），中共中央党校出版社 1991 年版，第 189 页。

⑤ 张闻天：《为中国民族的独立与解放而斗争》，中共党史研究室张闻天选集传记组编：《张闻天文集》（第 1 卷），中共党史出版社 1995 年版，第 171 页。

⑥ 《中共中央、共青团中央关于国民党法西斯蒂绑架上海各校学生宣言》，中央文献研究室、中央档案馆编：《建党以来重要文献选编》（第 11 册），中央文献出版社 2011 年版，第 26 页。

洲省委在实行统一战线策略时，将"活动限制在极狭小的一部分比较先进的工人农民和城市小资产阶级的群众之中"的错误做法①。1935 年 6 月，中共在认为华北事变引起中国新危机的同时，明确指出"下层统一战线"由于"不能吸收广泛的力量开展全国更大规模的更大威力的武装反日的群众"②，已不适应抗日形势的发展。

1935 年 7、8 月间，对中国革命具有重大影响的共产国际七大在莫斯科召开。在这次大会上，面对反法西斯战争的严重任务，季米特洛夫提出在殖民地半殖民地的国家，共产党和工人阶级的首要任务，在于建立广泛的反帝民族统一战线。中共代表团据此拟定了《中国苏维埃政府、中国共产党中央为抗日救国告全体同胞书》（即《八一宣言》），并于 10 月 1 日发表在法国巴黎的《救国报》上。这个宣言最大的特点在于将抗日民族统一战线的力量扩展到了除国民党蒋介石、少数卖国贼汉奸之外的所有政治力量，"无论各党派间在过去和现在有任何政见和利害的不同，无论各界同胞间有任何意见上或利益上的差异，无论各军队间过去和现在有任何敌对行动，大家都应当有'兄弟阋墙外御其侮'的真诚觉悟"，"以便集中一切国力（人力、物力、财力、武力等）去为抗日救国的神圣事业而奋斗。"③ 在这个宣言中，中共还提出成立国防政府作为救亡图存的临时领导机关，由各党派、团体、名流学者、政治家及地方军政机关等通过民主方式产生，主要任务在于抗日救国。10 月，中共在抗日反蒋的秘密指示信中进一步指出："不管什么党（自生产党至社会党，民主党，国家主义派止），若果他们愿意作任何反日反蒋的活动，有一点救国救亡的情绪时，中国共产党都愿意很诚意诚恳的与之统一战

---

① 《中共中央给满洲省委的指示》，中央档案馆编：《中共中央文件选集》（第 10 册），中共中央党校出版社 1991 年版，第 123 页。

② 《中共临时中央局关于最近华北事变与党的紧急任务》，中央统战部、中央档案馆编：《中共中央抗日民族统一战线文件选编》（中），档案出版社 1986 年版，第 5 页。

③ 《中国苏维埃政府、中国共产党中央为抗日救国告全体同胞书（八一宣言）》，中央档案馆编：《中共中央文件选集》（第 10 册），中共中央党校出版社 1991 年版，第 521—522 页。

线以共同担负起救中国的责任。"①11 月，中华苏维埃共和国中央政府、中国
工农红军革命军事委员会联合发表宣言再次指出："不论任何政治派别，任
何武装队伍，任何社会团体，任何个人类别，只要他们愿意抗日反蒋者，我
们不但愿意同他们订立抗日反蒋的作战协定，而且愿意更进一步地同他们组
织抗日联军与国防政府。"②12 月 25 日，毛泽东在中共中央召开的瓦窑堡会
议上进一步强调："党的任务就是把红军的活动和全国的工人、农民、学生、
小资产阶级、民族资产阶级的一切活动汇合起来，成为一个统一的民族革命
战线。"③大会据此通过的《关于目前政治形势与党的任务决议》明确提出："不
论什么人，什么派别，什么武装队伍，什么阶级，只要是反对日本帝国主义
与卖国贼蒋介石的，都应该联合起来开展神圣的民族革命战争，驱逐日本帝
国主义出中国……只有最广泛的抗日民族统一战线（下层的和上层的）才能
战胜日本帝国主义与其走狗蒋介石"④。决议还提出将"苏维埃共和国"的称
号改为"苏维埃人民共和国"，采取措施保护民族工商业，保护富农除封建
剥削部分外的土地和财产等具体政策，以使抗日民族统一战线具有更广泛的
政治基础。

　　1935 年 10 月，中央红军到达陕北，建立了比较稳固的陕甘根据地。12
月中共中央政治局在瓦窑堡召开会议，确定了建立广泛的抗日民族统一战线
的方针。1936 年 9 月 1 日，中共中央书记处就逼蒋抗日问题向党内发出指
示，指出"目前中国人民的主要敌人，是日本帝国主义，所以把日本帝国

---

① 《中共中央关于反日讨蒋的秘密指示信》，中央档案馆编：《中共中央文件选集》（第
　　10 册），中共中央党校出版社 1991 年版，第 565—566 页。
② 毛泽东：《中华苏维埃共和国中央政府、中国工农红军革命军事委员会抗日救国宣
　　言》，《毛泽东文集》第一卷，人民出版社 1993 年版，第 361 页。
③ 毛泽东：《论反对日本帝国主义的策略》，《毛泽东选集》第一卷，人民出版社 1991
　　年版，第 151 页。
④ 《中央关于目前政治形势与党的任务决议（瓦窑堡会议）》，中央档案馆编：《中共中
　　央文件选集》（第 10 册），中共中央党校出版社 1991 年版，第 604 页。

主义与蒋介石同等看待是错误的"①。在此情形下，中共不再提"反蒋抗日"。
1936年3月1日，中国人民红军抗日先锋军发布布告指出："我中华最大敌
人为日本帝国主义，凡属食毛践土之伦，炎黄华胄之族，均应一致奋起，团
结为国。"②4月25日，中共首次把国民党蒋介石在内的所有爱国政治力量都
纳入到了抗日民族统一战线的范围之内，"为抗日救国而大家联合起来，为
抗日救国而共赴国难，是所有我们中国人的神圣的义务！"③5月5日，面对
红军准备东出河北与日作战但被国民党军队挡住去路的情形，中共指出：
"国难当前，双方决战，不论胜负属谁，都是中国国防力量的损失，而为日
本帝国主义所称快"④，呼吁国共双方停止内战，不要做让亲者痛仇者快的事
情。6月20日，中共在致国民党五届二中全会的电文中，指出国共应停止
"互相残杀的内战及一切仇杀的行为，并立即联合起来，为挽救中国民族的
灭亡进行神圣的抗日民族革命战争"。电文还指出，只要国民党停止进攻红
军和苏区，动员全国抗战，中共红军愿"用一切力量援助"国民党，和国民
党密切合作⑤。8月25日，中共再次向国民党发出呼吁，指出和平已经绝望，
牺牲已到了最后关头，"只有国共的重新合作，以及同全国各党各派各界的
总合作才能真正的救亡图存"⑥。中共领导人还利用私人关系向国民党军事将
领或行政长官、社会名流致信，表达了联蒋抗日的真诚愿望。毛泽东先后

① 《中央关于逼蒋抗日问题的指示》，中央统战部、中央档案馆编：《中共中央抗日民族统一战线文件选编》（中），档案出版社1986年版，第251页。
② 毛泽东：《中国人民红军抗日先锋军布告》，《毛泽东文集》第一卷，人民出版社1993年版，第383页。
③ 《中国共产党中央委员会为创立全国各党各派的抗日人民阵线宣言》，中央档案馆编：《中共中央文件选集》（第11册），中共中央党校出版社1991年版，第18页。
④ 毛泽东：《停战议和一致抗日通电》，《毛泽东文集》第一卷，人民出版社1993年版，第385页。
⑤ 《中共中央致国民党二中全会书——提议停止内战一致抗日》，中央统战部、中央档案馆编：《中共中央抗日民族统一战线文件选编》（中），档案出版社1986年版，第166—167页。
⑥ 《中国共产党致中国国民党书》，中央档案馆编：《中共中央文件选集》（第11册），中共中央党校出版社1991年版，第86页。

向阎锡山、高桂滋、杨虎城、宋哲元、宋子文、傅作义、王以哲、宋庆龄、蔡元培、张学良等发去信函，表示愿与国民党停止军事对立，"复归于联合战线"。

西安事变后，中国国内政治形势出现了可喜的变化，蒋介石承诺"停止内战，一致抗日"，国共谈判进程大大加快。1937 年 2 月在给国民党五届三中全会的电文中，中共主动提出，在全国范围内取消暴力对抗国民党的方针；将苏维埃政权改名为中华民国特区政府，红军改名为国民革命军，直接受南京国民政府及军事委员会领导；在特区政府内，实施普选的彻底民主制度；停止没收地主土地政策，以便国共"抛弃一切成见，亲密合作，共同奔赴中华民族最后解放之伟大前程"①。5 月至 6 月，毛泽东先后在中共全国代表会议和中共白区工作会议上作了《中国共产党在抗日时期的任务》和《为争取千百万群众进入抗日民族统一战线而斗争》的报告，指出中日民族矛盾已成为中国社会的主要矛盾，国内矛盾降到次要和服从的地位，由此建立的抗日民族统一战线是"包括资产阶级及一切同意保卫祖国的人们的，是举国一致对外的"②，"我们的正确的政治方针和坚固的团结，是为着争取千百万群众进入抗日民族统一战线这个目的"，并指出要通过这一努力，"将确定地打倒日本帝国主义，并实现全部的民族解放和社会解放"。③

全面抗战爆发后，应对民族危机成为压倒一切的任务。卢沟桥事变后第二天，中共发表的《中国共产党为日军进攻卢沟桥通电》指出："全中国同胞、政府与军队团结起来，筑成民族统一战线的坚固长城，抵抗日寇的侵略！""国共两党亲密合作抵抗日寇的新进攻！""驱逐日寇出中国！"④7 月 14

---

① 《中共中央给中国国民党三中全会电》，中央档案馆编：《中共中央文件选集》（第 11 册），中共中央党校出版社 1991 年版，第 158 页。

② 毛泽东：《中国共产党在抗日时期的任务》，《毛泽东选集》第一卷，人民出版社 1991 年版，第 253 页。

③ 毛泽东：《为争取千百万群众进入抗日民族统一战线而斗争》，《毛泽东选集》第一卷，人民出版社 1991 年版，第 278—279 页。

④ 《中国共产党为日军进攻卢沟桥通电》，中央档案馆编：《中共中央文件选集》（第 11 册），中共中央党校出版社 1991 年版，第 275 页。

日，中共中央向国民政府表示，愿在蒋介石指挥下努力抗战，红军准备随时出动抗日。同日，中共代表周恩来、秦邦宪、林伯渠与国民党代表蒋介石、邵力子、张冲在庐山举行谈判。次日，周恩来代表中共向国民党递交了《中共中央为公布国共合作宣言》，表达了与国民党合作抗战的真诚态度："一、孙中山先生的三民主义为中国今日之必需，本党愿为其彻底的实现而奋斗。二、取消一切推翻国民党政权的暴动政策及赤化运动，停止以暴力没收地主土地的政策。三、取消现在的苏维埃政府，实行民权政治，以期全国政权之统一。四、取消红军名义及番号，改编为国民革命军，受国民政府军事委员会之统辖，并待命出动，担任抗日前线之职责。"[1]中共主动放弃阶级斗争方针、表示愿意接受国民党领导抗战的态度，加快了第二次国共合作的步伐。8月19日，在平津已经沦陷，上海形势日趋紧张的情况下，国共就红军改编问题迅速达成协议。22日，国民政府军事委员会发布命令，将红军改编为国民革命军第八路军，朱德、彭德怀分任正副总指挥。9月12日，国民政府军事委员会按照全国统一战斗序列，将八路军改称为第十八集团军。22日，国民党中央通讯社公开发表了《中共中央为公布国共合作宣言》。次日，蒋介石就国共合作宣言发表谈话，以第二次国共合作为基础的抗日民族统一战线正式建立。

中共在推动建立抗日民族统一战线、拥护国民政府领导抗战的同时，特别希望成立民意机关，以动员全民族所有爱国政治力量取得抗战胜利。1937年11月，它向国民党提议召开临时国民大会，使其成为"真正代表民意的机关"、"国家的最高权力机关"，而非"少数人包办的机关""政府的咨询机关"。[2]12月，中共中央在对时局宣言中提出，希望国民政府"吸收坚决参加抗战的各党派各团体的有威望、有能力的代表，参加政府工作，刷新各省吏治，肃清贪污腐化分子，使政府一切机构和施政方针，能适应抗战胜利

---

① 周恩来：《中共中央为公布国共合作宣言》，《周恩来军事文选》第二卷，人民出版社1997年版，第2页。
② 《中国共产党中央委员会对于召集临时国民大会的提议》，中央档案馆编：《中共中央文件选集》（第11册），中共中央党校出版社1991年版，第382页。

的需要"①。它还再次呼吁成立"战时的民意机关"②，使国民政府通过制度化渠道从民间收集政策建议以推动抗战顺利进行。1938 年 3 月，中共中央向即将召开的国民党临时全国代表大会又一次提出成立民意机关。"为增强政府与人民间的互信和互助，为增加抗战救国的效能，健全民意机关的建立已经成为刻不容缓的当务之急。"与此同时，它还指出了民意机关的组织形式和具体职权，"民意机关的形式，或为更扩大的国防参议会，或为其他形式均无不可，最主要的在于此机关要真能包括各抗日党派、各军队、各有威信的群众团体的代表，即包括真能代表四万万五千万同胞公意的人才"；此机关"要真有不仅建议和对政府咨询的作用，而且能有商量国事和计划内政外交的权力"③。

可见，九一八事变后，中共推动建立抗日民族统一战线、集聚全民族之力进行抗战的呼声一直没有停止过。在这期间，由于中日民族矛盾日趋尖锐，特别是"卢沟桥事变"爆发造成的空前严重的民族危机，中共主动表示拥护国民政府领导抗战，一再提出成立民意机关的呼吁。在日本侵略的严重威胁下，在亟须动员全民族力量才能确保抗战顺利进行的情况下，国民党自然不能漠视这一呼声。因此，成立一个政治组织将中共及其他爱国政治力量纳入国民政府的政治架构之中，使其既成为抗战建国的积极力量，又能够巩固国民党的执政权威，成为国民政府迫切需要思考与解决的问题。

三、汉奸伪组织争夺政治合法性

日本在对中国进行军事打击的同时，也在其控制的沦陷区内着手网罗汉奸组织伪政权，一方面从经济上、资源上掠夺中国，实行其"以战养战""以

---

① 《中国共产党对时局宣言》，中央档案馆编：《中共中央文件选集》（第 11 册），中共中央党校出版社 1991 年版，第 412 页。
② 梓年：《抗战的现阶段》，《群众周刊》（南京）第 1 号，1937 年 12 月 11 日。
③ 《中国共产党中央委员会对中国国民党临时全国代表大会的提议》，孟广涵主编：《国民参政会纪实》（上），重庆出版社 2016 年版，第 4 页。

华制华"的阴谋，另一方面则图谋以这种方式迅速击溃进行抗战的国民政府，实现控制中国的野心。日本这种对沦陷区"一箭双雕"的控制策略给国民党的统治造成了巨大的冲击，迫使其不得不思考如何加强其政治合法性的塑造问题。

九一八事变后不久，日本先后在吉林、辽宁、奉天、黑龙江等地，或成立了"长官公署"，或成立了"地方自治维持会"，并相继宣布"独立"，拼凑成立东三省伪政权。1932 年 3 月 1 日，日本又以所谓"满洲国"政府的名义，发表了"建国宣言"，宣布成立伪"满洲国"，"领土"包括辽宁、吉林和黑龙江三省（不包括旅顺、大连）及内蒙古东部与河北承德。1934 年 3 月 1 日，伪"满洲国"改名为伪"满洲帝国"。热河失陷后，日军先后策动吴佩孚、孙传芳、张敬尧等旧军阀，企图建立所谓"新政权"，排挤国民政府在华北的势力。由于这些人的拒绝，日本的阴谋未能得逞。《塘沽协定》签订后，日本在内蒙古利用德王的政治野心，积极推动内蒙古实行"高度自治"。1934 年 4 月 23 日，"蒙古地方自治政务委员会"在绥远省百灵庙成立。1935 年 11 月 25 日，土肥原等策动殷汝耕在河北通县宣布成立"冀东防共自治委员会"，实行"自治"，是为"日本在关内扶植的第一个傀儡政权"①。

全面抗战爆发后，日寇凭借其暂时的军事优势，相继在蒙古地区搜罗汉奸成立伪政权。9 月 4 日，在日本的控制下，"察南自治政府"成立，设于河北张家口，辖察哈尔南部 10 县，这是全面抗战爆发后日寇建立的第一个汉奸政权。10 月 15 日，"晋北自治政府成立"，设于山西大同，辖雁门关以北 13 个县。与此同时，日本关东军还组织了"大青山盟"，并将 1936 年 5 月 12 日成立的伪"蒙古军政府"改组为伪"自治政府"，它还将乌蒙、伊盟和宁夏方面的伪政府组织纳入伪"蒙古自治政府"，成立了所谓的"蒙古自治联盟"。后来，"大青山盟""蒙古自治联盟"与山西大同的"治安维持会"

---

① 中国社会科学院近代史研究所：《日本侵华七十年史》，中国社会科学出版社 1992 年版，第 400 页。

合并成立"蒙疆联合委员会"，由三个政权分别派人组成委员会，日本人担任顾问，操纵该组织的运行。12 月 28 日，日本占领了绥远省的平遂，成立了"蒙古联盟自治政府"，经日本关东军指定，云王任伪"自治政府"主席，德王任副主席，日本人宇山兵士为最高顾问。

随着京津等广大华北地区与山东、南京等地区的相继陷落，日寇又开始在这些地区策动成立汉奸伪组织。1937 年 7 月底，日寇占领了北平，随即成立了以北洋军阀、汉奸江朝宗为主席的"北平地方治安维持会"。天津陷落后，8 月 1 日，"天津市地方治安维持会"随即成立。9 月 22 日，以直系军阀、政客、汉奸高凌霨为首的"平津地方治安维持会联合会"正式成立。9 月 28 日，日本又派出喜多诚一为北平特务机关长，筹备建立华北伪政府。他还指出："北方应当树立的新政权，不是作为华北的地方政权，而是作为取代南京政府的中央政府，使之在日本军势力范围内的全部地区普及其政令。"[①]12 月，以汉奸王克敏为首的"中华民国临时政府"在北平成立，辖河北、山西、山东、河南四个省和北京、天津两个市。1938 年 3 月 18 日，在日寇的扶持下，以梁鸿志为行政院长的伪"中华民国临时政府"在南京成立。伪"中华民国临时政府"在政治体制上承袭了北洋政府的旧制，"国旗"采用北洋政府的五色旗，"国歌"《卿云歌》是北洋政府的国歌。对此，蒋介石认为，"倭寇制造南京伪组织，将为终止军事行动之预备乎？"[②] 这对蒋介石的心理冲击可想而知。

汉奸伪组织成立后，不仅在政治上与国民政府直接对峙，而且打着"维护民众利益"的幌子，积聚民意，欺骗民心。如"察哈尔统辖委员会"成立后，就指出"新政权之政治工作，目前以确立治安、安定民心……尽力协助当地居民实施自治政治，增进其福利，使群众从军阀政治和容共政策中觉醒

---

① 转引自蔡德金：《历史的怪胎——汪精卫国民政府》，广西师范大学出版社 1993 年版，第 5 页。

② 吕芳上主编：《蒋中正先生年谱长编》（第 5 册），台北"国史馆"、中正纪念堂、中正文教基金会 2014 年版，第 499—500 页。

起来"①。"蒙古自治联盟政府"成立后，则规定"同意设立中央国民大会"②，直接与国民政府争夺民意。这种迎合普通民众心理"釜底抽薪"式的宣传策略对国民党政权造成了直接的冲击。在这种情况下，如何通过制度创新，积聚民意资源，获得民众支持，成为国民政府抗战过程中迫切需要解决的问题。

四、国民参政会的筹备及其成立

全面抗战爆发后，国民党蒋介石深知原有的政治体制已不能适应战争的需要。在此情形下，7月16日，他邀请了政、经、学、教各界，包括了中国青年党、国社党、村治派、职教社、救国会等各党派和无党派人士158人，在庐山举行谈话会，被外界认为是"执政党首次表示与党外人士的妥协"③。8月11日，国民党中央政治委员会召开第51次会议，决议成立国防参议会，任务为听取国民政府关于军事、外交、财政等报告，若有意见，制成意见书上报，并进行国民团结的宣传，"以期一心一德，达到抗战胜利之目的"④。国防参议会成立后，国防参议员围绕民众动员、兵役实施等问题提出了不少意见。但是，国防参议会成立后，在实际运行中面临一些问题。如国防参议会在召开第一次会议时，张伯苓曾问及参议员的选任标准，胡适提出国防参议会的运行机制问题。梁漱溟则指出国防参议会民意性不够的问题，"参议会也起了一些作用，但大家总不满意这一机构，而要求成立正式的民意机构。当时提出成立正式民意机构的方案，据说有

① 中央档案馆、中国第二历史档案馆、吉林省社会科学院合编：《汪伪政权》，中华书局2004年版，第8页。
② 中央档案馆、中国第二历史档案馆、吉林省社会科学院合编：《汪伪政权》，中华书局2004年版，第25页。
③ 李云汉主编：《中国国民党临时全国代表大会史料专辑》（下），台北中国国民党中央委员会党史委员会出版、近代中国出版社发行，1991年，第1339页。
④ 转引自闻黎明：《第三种力量与抗战时期的中国政治》，上海书店出版社2004年版，第9页。

七件之多"①，以至于国防参议会代主席汪精卫不得不特意解释成立正式民意机构的困难。

随着抗战形势的日趋严峻，中共和中间力量成立正式民意机关的呼声愈来愈强烈，国民党开始思考在体制层面解决这一问题。1938年3月29日，中国国民党临时全国代表大会在武汉召开。在这次大会上，国民党中央执行委员会提出的《国民参政会组织法大要案》和胡建中等37人提出的《组织非常时期国民参政会以统一国民意志增加抗战力量案》被列入了讨论议程。据主持讨论的汪精卫说，国民政府之所以决定讨论这一问题，"是因为国民政府一面鉴于敌军大举入侵，国民代表大会不能依照预定计划即行召集，同时鉴于值此非常时期，必需团结全国力量，广集全国之思虑与识见，以利国策之决定与推行"②。这里透露出两点信息：一是在正式民意机构国民大会不能召开的前提下，国民政府决定成立国民参政会以弥补中国没有民意机构的不足；二是为了国民政府方针政策的决定与推行。

从大会讨论的情况看，国民党普通党员和高层党员形成了两种截然不同的意见。普通党员更倾向于成立真正的民意机构。如有人指出，胡建中提出的国民参政会职权，"抗战时期政纲政策之初步决定权""预算决算之初审权""对行政院长、副院长及各部部长行使同意权""其他有关国家大计之建议权、质询权"等，国民参政会如果不是正式民意机关，前两项职权"仍须送请中央党部为最后之决定"③，这本是立法院的职权，"那就没有设立国民参政会的必要"。这种认识并非没有道理，负责筹备国民参政会的国民党中央宣传部长王世杰就曾指出："今日午后在汪先生寓所，续商国民参政会权限与产生方法等事。立法院既尚存在，参政会如成立，院会之间权限问题

---

① 梁漱溟：《忆往谈旧录》，金城出版社2006年版，第182页。

② 李云汉主编：《中国国民党临时全国代表大会史料专辑》（上），台北中国国民党中央委员会党史委员会出版、近代中国出版社发行，1991年，第240页。

③ 荣孟源主编：《中国国民党历次代表大会及中央全会资料》（下），光明日报出版社1985年版，第505页。

颇不易解决。"①"假使现在需要民意机关的话，我们只有召集国民代表大会，才能够真正代表民意。"②

但是，国民党高层党员却主张成立这样一个组织，他们甚至把成立"民意机关"作为国民党临时全国代表大会的两大议题之一③。对此，国民党中央执行委员会秘书长叶楚伧讲得非常含蓄，他说之所以决定成立国民参政会，"是为了我们谋抗战最后的胜利所需要的，如果不是为了抗战胜利，就没有这个需要"。他还特别强调，"这个案并不是冒失提出来的"，已经在国民党中央常务委员会经过几次详细的讨论。国民党元老、时任考试院院长的戴季陶也说："本案是经过政治、军事负责的人多少的考虑才有这一个意见提出大会"。他要求："为了国家与本党的前途，抗战的胜利，民族的复兴，建国的成功，我们应该把这个案看得重些。"④

其实，这次大会决定要成立国民参政会，主要是蒋介石的意见发挥了主导作用。王世杰曾在日记中写道，蒋介石之所以决定成立国民参政会，"一在调和党外分子不平之气，一在预防华北伪组织假借民意名义，成立某种组织，以反抗党治"⑤。国民党高层党员比普通党员更了解蒋介石的真实态度，因而也更明白如何去做才能体现蒋介石的意志。当然，国民党对国民参政会的这种定位，与中共和中间力量的期待有相当大的差距，这也预示了国民参政会曲折多舛的命运。

① 林美莉编辑校订：《王世杰日记》（上），台北"中央研究院"近代史研究所2012年版，第98页。
② 李云汉主编：《中国国民党临时全国代表大会史料专辑》（上），台北中国国民党中央委员会党史委员会出版、近代中国出版社发行，1991年，第247页。
③ 王世杰指出："此次召集临时代表大会，原以决定本党与共产党之合并，暨民意机关设置两问题为目的。"见林美莉编辑校订：《王世杰日记》（上），台北"中央研究院"近代史研究所2012年版，第98—99页。
④ 李云汉主编：《中国国民党临时全国代表大会史料专辑》（上），台北中国国民党中央委员会党史委员会出版、近代中国出版社发行，1991年，第249页。
⑤ 林美莉编辑校订：《王世杰日记》（上），台北"中央研究院"近代史研究所2012年版，第89页。

大会对上述两件提案经过讨论，决定"在非常时期，应设一国民参政会，其职权及组织方法，交中央执行委员会详细讨论，妥订法规"①。据此，4月1日通过的《抗战建国纲领》关于政治的第一条即规定："组织国民参政机关，团结全国力量，集中全国之思虑与识见，以利国策之决定与推行。"② 相较于以前国民党对社会舆论含糊其词的应付，这一规定终于使民意机关的成立有了实质依据，这是国民党回应中共和中间力量要求政治民主化的重要体现，也得到了社会舆论的高度肯定。以自由主义倾向著称的《大公报》指出："纲领中关于政治，特宣布组织国民参政机关，又于民众运动项下，特声明在抗战期间，于不违反三民主义最高原则及法令范围内，对于言论、出版、集会、结社，当予以合法之充分保障。这两点，尤关重要。"③ 代表知识分子思想的《文化日报》认为，"组织国民参政会以团结全国力量，为本纲领中政治设施一大特色"④。中共机关报《新华日报》亦指出，国民党临时全国代表大会是"最近十年来国民党最有历史意义的一个会议"，希望"用最大的力量"，实现"组织国民参政机关"等内政政策⑤。

国民党临时全国代表大会闭幕后，4月6日，国民党五届四中全会在武汉召开。7日，大会制定并通过了《国民参政会组织条例》及各省市应出国民参政员名额。12日，国民政府公布了《国民参政会组织条例》，规定了国民参政会的性质、职能、国民参政员任职资格及职能行使机构。从国民参政员的任职资格看，它聚集了不同党派、不同阶层、不同领域、不同行业的精

① 荣孟源主编：《中国国民党历次代表大会及中央全会资料》（下），光明日报出版社1985年版，第506页。
② 荣孟源主编：《中国国民党历次代表大会及中央全会资料》（下），光明日报出版社1985年版，第486页。
③ 《全代会之决议及宣言》，《大公报》1938年4月4日。
④ 李云汉主编：《中国国民党临时全国代表大会史料专辑》（上），台北中国国民党中央委员会党史委员会出版、近代中国出版社发行，1991年，第401页。
⑤ 《国民党临时全国代表大会的成就》，《新华日报》1938年4月4日。

英力量，"颇能包容党外一时之彦"①。中共和中间力量也较为满意，国社党的罗隆基认为国民参政会"社会各方面都有人士参加，这可以说是中国完成民主政治过程中的一大进步"。救国会的沈钧儒指出"各方的人士、全国的老成朔望已经有不少包容在内"，符合国民党临时代表大会宣言中的集合全国有志之士以共同救国的宗旨，他本人对国民参政员人选亦"尚觉满意"②。中共指出了国民参政会的进步性，"虽然这次的国民参政员都不是人民选举的，从国民参政员的成分上来说，或可成为战时相当民意机关"③。但需要指出的是，国民党并不承认各党派的合法地位，它们的代表并非以党派身份而是以经济文化团体的身份被遴选为国民参政员，中共就曾对作为"文化团体"而不是作为"武化团体"参加国民参政会表示过不满。这说明国民党政治路线的调整，宣传性大于实践性，保守性大于创新性，国民党领导一切、决定一切的本质没有改变。

6 月 16 日，国民党中央执行委员会第 81 次会议对《国民参政会组织条例》第三条及第四条加以修正，将国民参政会人数由 150 名增加至 200 名，并于 21 日公布。24 日，国民政府开始筹备秘书处，决定谷锡五、孟广厚、李浩驹为秘书处秘书。依据秘书处组织规则第十一条规定，在开会期间，秘书处可以向各机关调用工作人员，端木恺为文书组主任，雷震为议事组主任，潘光迥为总务组主任，金巨堂为警卫组主任，正副秘书长办公处及文书总务组设于汉口福煦路 19 号，议事、警卫两组设于汉口两仪街 17 号及汉口市立第一女中，即日开始办公。29 日，国民参政会颁发国民参政会印、国民参政会秘书处印及正副秘书长官章，30 日开封启用。随后，国民政府公布了国民参政

---

① 林美莉编辑校订：《王世杰日记》（上），台北"中央研究院"近代史研究所 2012 年版，第 121 页。

② 孟广涵主编：《国民参政会纪实》（上），重庆出版社 2016 年版，第 36—38 页。

③ 《对国民参政会的希望》，《新华日报》1938 年 6 月 23 日。

会正副议长人员①和国民参政员名单。7月6日，经过近3个月的筹备，国民参政会一届一次大会在汉口两仪街举行，自此开始了其近10年的历史。

第二节　国民参政会的组织及职能

国民参政会的组织及职能主要反映在《国民参政会组织条例》及以后的修改、《国民参政会议事规则》《国民参政会秘书处组织规则》《国民参政会驻会委员会规则》等规章制度中。国民参政会大会的召开、国民参政员的任职资格及产生方式、国民参政会大会期间各种委员会、特别组织的设立及其国民参政员职权的行使等，都是以此为依据的。

一、各种委员会

根据《国民参政会组织条例》及《国民参政会议事规则》的规定，国民参政会设有五种委员会。

一是各种提案审查委员会。国民参政会大会召开时，要设立提案审查委员会。其中，第一审查委员会审查军事及国防提案；第二审查委员会审查外交及国际提案；第三审查委员会审查内政提案；第四审查委员会审查财政经济提案；第五审查委员会审查教育文化提案。各委员会的人数、人选及召集人，由国民参政员自行选定，议长或主席团指定三人为召集人，再由议长或

① 国民参政会领导最初实行议长制，1938年底汪精卫叛国投敌后，改以蒋介石为议长。第二届国民参政会废议长制，改为主席团制，由国民参政会选举五人组成，"其人选不以参政员为限"。1941年3月第二届国民参政会预备会议选出蒋介石、张伯苓、左舜生、张君劢、吴贻芳等五人组成主席团。第三届国民参政会主席团成员为蒋介石、张伯苓、吴贻芳、莫德惠、李璜等五人。1943年9月，蒋介石因任国民政府主席，辞国民参政会主席团职，补选王宠惠、王世杰、江庸三人入主席团。第四届国民参政会主席团成员为张伯苓、王世杰、吴贻芳、莫德惠、李璜、江庸、王云五等七人。抗战胜利后，王世杰、王云五分别担任行政院外交、经济部长，辞国民参政会主席团成员职，改选张君劢、林虎两人入主席团。

主席团提交大会通过。在国民参政会历届历次大会中，都设有这样五个审查委员会审查国民参政员的提案。

二是特种审查委员会。为草拟或审查特种事项，国民参政会大会设有特种审查委员会。委员的人数、人选及召集人，也是由议长或主席团提交大会通过。如国民参政会一届四次大会成立的"改善司法制度特种委员会"，就是由议长指定对法律有专门研究的国民参政员周览、褚辅成、沈钧儒、陆鼎揆、章士钊、谢健、陶百川、周炳琳、孔庚、罗文干、史良等11人组成，专门审查国民参政会一届三次大会中司法院提出的《改善司法制度方案》及国民参政员孔庚提出的《改良司法制度案补充意见书》①。再如国民参政会一届五次大会召开时，由于针对物价高涨问题的专门提案有十几件，大会特设"检讨物价之特种委员会"，并以第四审查委员会全体国民参政员为中心，其他国民参政员自由参加共同研究；这次大会还设立了"审议加强团结各案之特种委员会"，专门审查有关加强团结的提案②。又如在国民参政会二届一次大会上，由于"物价及粮食问题，关系人民生活至巨，且收到关于此类提案甚多"，经国民参政员陈博生等临时动议，组织了"物价问题特种审查委员会"，专门审查这类提案，以国民参政员杨端六、王志莘、张肖梅为召集人，以第四审查委员会为委员，原提案人及联署人等其他国民参政员皆可参加③。

三是全体审查委员会。特别重要的提案，组织全体审查委员会，所有国民参政员都可参加审查讨论。凡是提案经国民参政员依据《国民参政会议事规则》规定程序提出，或议长认为有必要时，都可交由全体审查委员会审查。全体审查委员会的开会，不受大会法定出席人数的限制，决议以出席人员的多数意见为准。如在国民参政会一届四次大会召开时，有关宪政的提案共有7件，这7件提案本应由审查内政提案的第三审查委员会审查，后来在部分国民参政员的强烈要求下，决定召开审查宪政提案的"扩大会议"，除第三

① 国民参政会秘书处编印：《国民参政会第四次大会纪录》，1939年11月，第44页。
② 国民参政会秘书处编印：《国民参政会第五次大会纪录》，1940年8月，第1页。
③ 国民参政会秘书处编印：《国民参政会第二届第一次大会纪录》，1941年10月，第2页。

审查委员会成员参加外，其他国民参政员亦可参加①。又如在国民参政会四届一次大会召开时，由于有关国民大会问题的提案有 23 件之多，大会决定组织国民大会问题审查委员会，以国民参政员邵从恩等 30 人为委员，其他国民参政员亦可参加，由主席团召集②。

四是调查委员会。1940 年 9 月 26 日，国民政府颁布了修正后的《国民参政会组织条例》，决定由国民参政会组织调查委员会，"调查政府委托考察事项"③，调查结果由国民参政会或国民参政会授权调查委员会提请国民政府核办。需要指出的是，国民参政会的这一职权虽然在 1940 年 9 月才以文件形式出现，但该项职权此前已在实施。就具体情况来看，主要是在经济方面组织了川康建设期成会及视察团与经济动员（建设）策进会。

川康建设期成会的任务为"督促政府推进川康建设，以增强抗战及建国之力量"④。蒋介石任议长，由国民参政员 25—30 人组成。会内设秘书处，置主任秘书 1 人，干事 1 人，书记若干人，处理经常事宜；为增进工作效能，特聘任顾问会员 10 人。为推进工作，川康建设期成会成立了川康建设视察团，"赴川康各地视察实况，将视察团所得制成报告，并拟具川康建设具体意见书送期成会，由期成会根据此项报告及意见书拟定建设方案，建议采纳施行"。视察团成员由 21 人组成，青年党李璜为团长，职教社黄炎培为副团长，分川东、川西、川南、川北和西康五组，他们于 1939 年 3 月下旬分别进行视察。后来，视察团根据考察川康各地所得编成《川康建设视察团报告书》呈报国民参政会。国民参政会根据该报告制成《川康建设方案》报送国民政府参考。

国民参政会经济动员策进会是在国民参政会三届一次大会上决定成立的，以全体国民参政员为会员，设会长 1 人，由国民参政会主席团推定，主

---

① 重庆市政协文史资料研究委员会、中共重庆市委党校编：《国民参政会纪实》（上），重庆出版社 2016 年版，第 340 页。
② 国民参政会秘书处编印：《国民参政会第四届第一次大会纪录》，1946 年 1 月，第 1 页。
③ 四川大学马列主义教研室编：《国民参政会资料》，四川人民出版社 1984 年版，第 14 页。
④ 国民参政会秘书处编印：《国民参政会第四次大会纪录》，1939 年 11 月，第 9 页。

要任务为辅助实施国家总动员法令及战时经济法令；协助推动各级业务，切实管制物价，巩固经济基础。工作内容主要有平定物价与工资实际业务之研究并建议其改进；增加生产与节约消费之促进与宣传；一般战时生活之推动；公债储蓄及征收实物之协助；增进税收、便利运输及实施粮政之协助；推行兵役及协助改进役政与协进优待抗战军人家属；协助推行工役及提倡义务劳动；协助禁止走私与取缔战时暴利；调查与考察战时经济法令推行情况；考察总动员法令中一切舞弊情事等。对于调查结果的处理，重要者提请会长转咨政府采行；可就地商办者，由各区办事处依照规定手续，商请地方军政长官或各级主管机关办理①。

国民参政会经济建设策进会由经济动员策进会改组而成，亦以全体国民参政员为会员，会长由国民政府主席蒋介石担任，有常务委员 41—49 人。该会主要任务有两项：一为辅助实施国家总动员法令，协助推进其各级业务，切实管制物价，巩固经济基础；二为调查有关经济建设资料，研究设计具体方案，建议政府督促实施。为了工作便利，该会设有经济动员组和经济建设组两个机构，其中，原来国民参政会经济动员策进会的工作专由经济动员组负责。经济建设组的工作主要有，战时战后经济建设问题的调查与研究；战时战后经济建设的设计与建议；一切经济建设之宣传及其实施的协助等事项②。

五是国民参政会驻会委员会。国民参政会驻会委员会为国民参政会大会闭会期间的常设机构，由全体国民参政员在大会召开期间互选 15—25 人组成，分为军事国防组、外交组、财政经济组、内政与教育文化组。每组由驻会委员自行选择，兼任两组；每组至少 5 人，互推 1 人为召集人；议长（后来改为主席团）认为有必要时，可以对各组人选酌量分配。其任务最初为"听取政府各种报告及决议案之实施经过"③，后经修正改为："（一）听取政府

① 秦孝仪主编：《中华民国重要史料初编——对日抗战时期·第四编：战时建设》（二），台北中国国民党中央委员会党史委员会 1988 年版，第 1150—1152 页。
② 秦孝仪主编：《中华民国重要史料初编——对日抗战时期·第四编：战时建设》（二），台北中国国民党中央委员会党史委员会 1988 年版，第 1228—1234 页。
③ 四川大学马列主义教研室编：《国民参政会资料》，四川人民出版社 1984 年版，第 7 页。

报告。（二）促进业经成立决议案之实施，并随时考核其实施之状况。（三）在不违反大会决议案之范围内，得随时执行本会建议权暨调查权。"①

二、特设组织

国民参政会成立后，为了进行某种特别工作，又设置了特别组织。这类组织主要分为两大类：一类是为了督促宪政实施而设立的宪政期成会及宪政实施协进会；一类是为了完成临时任务而设立的华北慰劳视察团、中国访英团及延安视察团。

国民参政会宪政期成会是在国民参政会一届四次大会上决定成立的。该组织由19名国民参政员组成，后扩充至25人，张君劢、黄炎培、周览为召集人，主要任务为协助政府促成宪政。宪政期成会成立后，一面搜集关于"五五宪草"②的各项资料，一面推定会员拟具有待研究的问题。1940年3月，宪政期成会针对国民参政员及重庆、成都、上海等地各团体对于宪草的意见，依据"五五宪草"全文，逐条讨论，分别修改，将"五五宪草"8章147条，改为8章138条，定名为《国民参政会宪政期成会草拟之中华民国宪法草案修正草案》，提交国民参政会一届五次大会讨论。

宪政实施协进会是在国民参政会三届二次大会上决定成立的，蒋介石任会长，主要任务为：一、向政府提出与宪政筹备有关的建议；二、考察地方民意机关的设立情形；三、考察与促进宪政有关法令的实施状况；四、沟通政府与民间团体关于宪法问题及其他相关政治问题的意见；五、依政府委托

---

① 四川大学马列主义教研室编：《国民参政会资料》，四川人民出版社1984年版，第15页。
② "五五宪草"又称"五五宪法草案"，是指国民党立法院于1936年通过的《中华民国宪法草案》，因公布日期为5月5日，所以称为"五五宪草"。这部宪法草案是国民党在1932年12月开始筹备宪政活动的具体成果，主要内容有："中华民国之主权属于国民全体"，人民享有广泛的"民主""权利""自由"。同时又规定，为"保障国家安全，避免紧急危难，维持社会秩序或增进公共利益所必要"，可以对这些"民主""权利""自由"加以限制。见夏新华等整理：《近代中国宪政历程：史料荟萃》，中国政法大学出版社2004年版，第983—984页。

审议一切与宪政实施有关的事项①。该会每两个月开会一次,必要时召开临时会议;开会时,由会长主持,会长缺席时,由召集人互推1人主持。

华北慰劳视察团②缘起于国民参政会一届四次大会上沈钧儒提出的《组织华北慰劳视察团案》。该案针对华北沦陷区国共军事摩擦时有传闻影响抗战的消息,要求组织华北慰劳视察团,以明了国共冲突真相,寻求解决办法③。大会结束后不久,《华北慰劳视察团组织规则》即颁布。根据《华北慰劳视察团组织规则》的规定,该团的主要任务"为宣达中央意旨,慰问军民,并视察军民状况,及其他文化、宣传、交通、经济等事项"④。该团于1940年1月30日出发,3月17日回到重庆,其考察成果制成了《华北慰劳视察团报告书》,在国民参政会一届五次大会上提出。

中国访英团⑤起因于1942年秋英国国会组织议员团来中国访问。为回报英国的友好行为,国民参政会三届一次大会通过了《中国应组织访英团赴英报聘由本会主席团会同政府商酌办理决议案》。访问团由王世杰、王云五、胡霖、杭立武、温源宁等五人组成。1943年冬出发,1944年春回国,除访英外,还访问了美国、加拿大、土耳其、伊朗、伊拉克等国家。该组织在中国抗战时期对外关系史上具有重要意义,对争取国际友谊与物质援助有一定作用。

延安视察团缘起于国民参政会三届三次大会。林伯渠、张治中在这次大会上所做的关于国共谈判经过的报告引起了强烈反响,国民参政员纷纷要求了解国共冲突真相,解决国共争端。在此情形下,国民参政会主席团临时动议组织延安视察团,并推荐王云五、胡霖、冷遹、傅斯年、陶孟和等为视察团团员赴

---

① 秦孝仪主编:《中华民国重要史料初编——对日抗战时期·第四编:战时建设》(二),台北中国国民党中央委员会党史委员会1988年版,第1782—1783页。

② 关于该团成立的缘起、中共的反应及该团未起作用的原因,见拙文:《国民参政会华北慰劳视察团述论》,《青海社会科学》2009年第3期,第118—121页。

③ 国民参政会秘书处编印:《国民参政会第四次大会纪录》,1939年11月,第148页。

④ 《国民参政会华北慰劳视察团报告书节要》,国民参政会编纂委员会编:《国民参政会史料》,台北兴台印刷厂1962年版,第180页。

⑤ 关于访英团的由来、成员的选定、访英的准备、访问期间的主要工作及成效,见丁兆东:《中国访英团述评》,《抗日战争研究》1999年第2期,第23—47页。

延安视察。1945 年 7 月 1 日，由褚辅成、黄炎培、冷遹、傅斯年、左舜生、章伯钧等六位国民参政员组成的延安视察团乘飞机抵达延安，毛泽东等中共领导人到机场迎接。延安视察团在延安期间，与中共进行了广泛而深入的商谈，并达成了两点一致意见："一、停止国民大会进行；二、从速召开政治会议"①。

三、国民参政会秘书处

国民参政会秘书处是根据 1938 年 7 月 1 日公布的《国民参政会秘书处组织规则》成立的，是维持国民参政会正常运转的一个重要机构，设正、副秘书长各 1 人，主要工作为"承议长之命，处理本会事务"（1940 年 9 月修正《国民参政会组织条例》时将前半句删掉）。秘书处分为文书组、议事组、总务组、警卫组。其中，文书组负责文电收发，撰拟缮校、编译及报关、典守印信等事项。议事组负责议事日程、会议记录、各种议案文件的编辑、提案决议案及审查报告整理、会议及各委员会开会的准备及通知、出席缺席表决计数及其他协助议事日程、新闻发表、新闻记者接洽等事项。总务组负责大会经费预算决算的编制、各类款项出纳、物品购置及保管、出席列席旁听等证章之制发、国民参政员报到、印刷等事项。警卫组掌管会场所在地交通限制警戒、会场出入警戒、防空消防等事项。各组之下根据工作性质，再各设数科，分掌各科事务。秘书处人员除必须常驻会工作者，以向各机关调用为原则。在国民参政会大会开会期间，若有必要，可遴任额外人员，帮助处理秘书处特种事务；但以向各机关调用为限。

第三节　国民参政员群体分析

国民参政会提案的提出者是国民参政员，因此，要分析国民参政会提

---

① 金城：《六参政员延安去来》，重庆市政协文史资料研究委员会、中共重庆市委党校、中国第二历史档案馆编：《国民参政会纪实》（续编），重庆出版社 2016 年版，第 307 页。

案，就必须对国民参政员群体进行分析。《国民参政会组织条例》对国民参政员的名额分配、任职资格、产生方式的安排，在体现国民党意志的同时，也照顾到了各党派、各阶层、各领域、各行业的精英力量。

一、任职资格、名额分配及产生方式

在任职资格上，根据《国民参政会组织条例》规定，具有下列资格者之一，可被遴选为国民参政员：甲、曾在各省市（指行政院直辖市而言）公私机关或团体服务三年以上，著有信望之人员，并以有该省市籍贯者为原则（1942年3月16日修正为"各省市参政员不以具有各该省市籍贯者为限"[①]）；乙、曾在蒙古西藏地方公私机关或团体服务，著有信望；或熟谙各该地方政治社会情形，信望久著（1940年9月26日修正为"须服务三年以上"[②]）；丙、曾在海外侨民居留地工作三年以上著有信望，或熟谙侨民生活情形，信望久著；丁、在各重要文化团体或经济团体服务三年以上，著有信望，或努力国事信望久著。从形式上看，国民参政员的产生兼顾了地域与行业的代表性，"著有信望""信望久著"的规定，表明国民参政员一般是该地域、该行业德高望重，有社会影响、有领导地位的人。

在名额分配上，第一届国民参政员总额为150名，到6月修正为200名[③]；第二届国民参政员名额修正为220名（实际公布时，增加至240名）[④]；第三届国民参政员为240名[⑤]；第四届国民参政员名额增加至290名[⑥]。

国民参政员的产生方式，各届有所不同。第一届国民参政员全部采取遴

① 四川大学马列主义教研室编：《国民参政会资料》，四川人民出版社1984年版，第17页。
② 四川大学马列主义教研室编：《国民参政会资料》，四川人民出版社1984年版，第12页。
③ 四川大学马列主义教研室编：《国民参政会资料》，四川人民出版社1984年版，第9页。
④ 四川大学马列主义教研室编：《国民参政会资料》，四川人民出版社1984年版，第12页。
⑤ 四川大学马列主义教研室编：《国民参政会资料》，四川人民出版社1984年版，第17页。
⑥ 四川大学马列主义教研室编：《国民参政会资料》，四川人民出版社1984年版，第23页。

选方式产生。到第二届国民参政会及以后，随着县各级民意机关的陆续设立，省市参政员改为由各省市临时参议会直接选举产生；蒙藏、华侨和文经参政员依然用遴选方式产生。根据1938年4月公布的《国民参政会组织条例》的规定，国民参政员的具体产生方式为：

1. 候选人的推荐。甲项参政员候选人由各省市政府及各省市党部联席会议，按本省市应出国民参政员名额加倍提出，国防最高会议①亦提出同额候选人。在敌人完全占领之省市，甲项参政员候选人由国防最高会议按照各该省市应出国民参政员名额加倍提出（1940年9月26日，国民政府公布了修正后的《国民参政会组织条例》。关于甲项参政员的推荐，修改为"由各省市临时参议会用无记名连记投票法选举之，以得票较多者为当选。政府召集国民参政会时，各省市临时参议会如在休会期间，且因离会期间尚远，不能于国民参政会召集期限前完成选举时，其选举得以通讯方式行之。"②临时参议会未成立之省市，各项参政员的选举方式照旧）；乙、丙两项参政员候选人分别由蒙藏委员会和侨务委员会按照应出国民参政员名额加倍提出；丁项参政员候选人由国防最高会议按照应出数额加倍提出。

2. 资格审查。依据上述方式推出国民参政员候选人后，由国防最高会议汇送国民党中央执行委员会，提付国民参政会参政员资格审议会审议。审议结束后，将结果报告中国国民党中央执行委员会。

3. 选定国民参政员。国民党中央执行委员会在接受国民参政会参政员资格审议会报告后，按照各项应出国民参政员名额，提出具体意见交中国国民党中央执行委员会会议决定③。

---

① 国防最高会议于1939年1月在国民党五届五中全会上改为国防最高委员会，此后，国防最高会议关于国民参政会的工作由国防最高委员会负责。

② 四川大学马列主义教研室编：《国民参政会资料》，四川大学出版社1984年版，第13页。

③ 四川大学马列主义教研室编：《国民参政会资料》，四川人民出版社1984年版，第6—7页。

表 1—1　国民参政员名额分配一览表

（单位：人）

届次	甲省市代表	乙蒙藏代表	丙华侨代表	丁文经代表	总额
一	88	6	6	100	200
二	90	6	6	138	240
三	164	8	8	60	240
四	199	8	8	75	290

由表 1—1 可以看出，国民参政员数量变化幅度不大的是蒙藏参政员和华侨参政员，他们由第一、第二届国民参政会时的 6 名，增加到了第三、第四届的 8 名。变化幅度较大的是省市参政员代表和文经参政员代表。省市参政员代表的名额是逐步上升的，由第一届国民参政会时的 88 名，增加到了第四届国民参政会时的 199 名[①]，占到了国民参政员总数的 68.6%。由于省市临时参议会基本上由各省的国民党控制，因此通过这种方式选出来的国民参政员也以国民党居多，其他党派想通过这种方式当选较为困难。对于这一点，时人颇有异议。如乡村建设派的梁漱溟认为："一方面在形式上作些零

---

① 根据《国民参政会组织条例》最初规定，各省市应出国民参政员名额情况如下：(1) 江苏、浙江、安徽、江西、湖北、湖南、四川、河北、山东、河南、广东等各出 4 人；(2) 山西、陕西、福建、广西、云南、贵州等各出 3 人；(3) 甘肃、察哈尔、绥远、吉林、新疆、南京市、上海市、北平市等各出 2 人；(4) 青海、西康、宁夏、黑龙江、热河、天津市、青岛市、西京市等各出 1 人。后来有所变动。对于 (1) 项，在 1942 年 3 月 16 日修正公布的组织条例，修正为各出 8 人。1944 年 9 月 16 日修正公布的条例增至 10 人，但不包括江苏、河北两省；对于 (2) 项，1942 年 3 月 16 日修正公布的条例，修改为各出 6 人，但不包括山西、贵州两省。1944 年 9 月 16 日修正后改为各出 8 人，但增加了江苏、河北两省，减去了山西、贵州两省，改为贵州、甘肃两省各出 6 人；对于 (3) 项，1942 年 3 月 16 日修正公布的条例修改为：甘肃、辽宁、贵州、山西各出 4 人；察哈尔、绥远、新疆、上海市、重庆市各出 3 人。南京市、北平市不包括在此列；对于(4) 项，1942 年 3 月 16 日修正公布的条例修改为青海、西康、宁夏、黑龙江、热河等五省与南京市、北平市各出 2 人。天津市、青岛市、西京市仍各出 1 人。1944 年 9 月 16 日修正公布的条例中，除前述修正外，并作如下调整：山西、辽宁、吉林、新疆、重庆市各出 4 人；察哈尔、绥远、上海市、青海、西康、宁夏各出 3 人；黑龙江、热河、南京市、北平市各出 2 人；天津市、青岛市、西京市各出 1 人。见四川大学马列主义教研室编的《国民参政会资料》（四川人民出版社 1984 年版，第 5—28 页）中《国民参政会组织条例》的历次修改内容。

碎功夫，一方面更向形式上追求不已。我生怕愈弄离题愈远，将力气皆用在不必要的争执上。"① 当然，通过这种方式产生的其他党派参政员也有一些。职教社的冷遹、江恒源都是以省市参政员代表的身份当选为国民参政员的，青年党的左舜生，国社党的梁实秋、王幼侨，救国会的陶行知、王造时，无党派的傅斯年、光昇等也曾以省市参政员代表的身份当选过国民参政员。

文经参政员的名额，先是增加，后又大幅度减少，而后又小幅度回升。由于中共、青年党、国社党、职教社、乡建会、第三党、救国会等党派及颇具影响力的自由主义知识分子、社会活动家大都以该项资格被遴选为国民参政员，因此可以推知，国民政府对这类群体的态度是有变化的。客观地说，第一届国民参政员中，这些人之所以能占到国民参政员总额的一半，是国民党在民族危机压力下的一种被动选择。全面抗战爆发后，日寇狂妄叫嚣"三个月内灭亡"中国，并倾全国之力对中国进行军事打击。西方国家虽表示同情中国，但除了苏联，大部分国家对中国抗战并没有实质上的援助。在外患空前、外援无力的情况下，只有通过集聚全民族之力，才能应对这场战争。因此，国民政府对国民参政员人选的遴选，表现出了从未有过的开明。但在它的内心深处，并不愿其他党派发展，更不愿它们与其分享政权。到抗战中后期，随着国际、国内形势的变化以及抗战压力的减弱，国民党排斥异己、企图消灭其他政治力量的思想又占了上风，因而造成了这类国民参政员名额的下降②。后来，这类国民参政员数量虽有提高，但占国民参政员总数的比例是下降的。

二、国民参政员出身背景分析

根据《国民参政会资料》一书中列出的国民参政员名单，本书共收录了

---

① 梁漱溟：《从国民参政会说到民意机关》，中国文化书院学术委员会编：《梁漱溟全集》（第6卷），山东人民出版社1993年版，第303页。

② 梁漱溟曾指出："廿九年12月24日二届（国民参政会）名单公布。是晨愚手持报纸，目睹名单，心中感慨不平，踌躇无计甚久甚久。名额既随便增加，曾无凭准，而党外在野人士转见减少。尤其敢言之士多遭排斥。"见梁漱溟：《答国讯记者问》，中国文化书院学术委员会编：《梁漱溟全集》（第6卷），山东人民出版社1993年版，第312页。

470①名国民参政员的资料，从中可以发现他们的出身背景有以下几个特点：

（一）地域分布

根据《国民参政会组织条例》最初及后来的修正规定，所有国民参政员都要求"久著信望"、"著有信望"或"努力国事，信望久著"，因此，国民参政员基本上都是各党派、各阶层、各领域、各行业的精英力量。其中，乙项参政员有明确的地域要求。甲项参政员在第一届和第二届"以有各该省市籍贯者为原则"②，到了第三届、第四届则修改为"不以各该省市籍贯者为限"③。丁项参政员没有地域限制。这导致了国民参政员在地域上的巨大差异。

从表1—2的情况看，在470名国民参政员中，来自四川、广东、湖南、江苏等省的人数最多；其次为福建、湖北、河南、山东、江西等省；人数较少的有西藏、黑龙江、察哈尔、宁夏、西康、热河等。天津、上海、北平属于沦陷区，人数也不多。这主要是因为各省文化经济教育水平差异较大，像广东、福建、湖南等省份，经济发达，文风较盛，国民参政员人数自然较多；西藏、西康、宁夏等边远省区，文化经济相对滞后，国民参政员人数也相对较少。四川经济文化虽不甚发达，但属于抗战大后方，被誉为"民族复兴的根据地"，得天时地利之便，国民参政员人数也较多。

---

① 具体见附录二：本书共收录了抗战时期召开的11次国民参政会大会470名国民参政员的资料，国民参政会四届三次大会召开之前临时增补的107名国民参政员的资料及蒋介石、汪精卫、王世杰、彭学沛、雷震、邵力子（他们或是国民参政会主席、议长，或是国民参政会秘书长、副秘书长）等人的资料未收录。资料来源主要有两方面：一是重庆市政协文史资料研究委员会等编的《国民参政会纪实》（续编）（重庆出版社2016年版）；二是吴永芳的《国民参政会之研究》（台湾政治大学1983年硕士学位论文）。

② 四川大学马列主义教研室编：《国民参政会资料》，四川人民出版社1984年版，第9、12页。

③ 四川大学马列主义教研室编：《国民参政会资料》，四川人民出版社1984年版，第17、23页。

表1—2　国民参政员地域来源一览表

（单位：人）

省份	数额	省份	数额	省份	数额
四川	38	云南	14	西藏	4
广东	38	贵州	12	黑龙江	4
湖南	32	广西	12	察哈尔	4
江苏	30	辽宁	11	西康	3
福建	29	甘肃	11	天津	3
湖北	23	新疆	8	上海	3
河南	23	绥远	8	热河	3
山东	21	青海	8	宁夏	3
江西	20	吉林	8	北平	1
安徽	18	山西	7	不详	1
河北	15	蒙古	7	总计	470

（二）学历背景

从掌握的材料看，有72名国民参政员的学历背景不详，除此之外，还有398人，大体可以反映国民参政员的学历背景。从图1—1的情况看，国民参政员的学历背景较为复杂，大体上可以分为六类①：一是具有传统功名者；二

（单位：人）

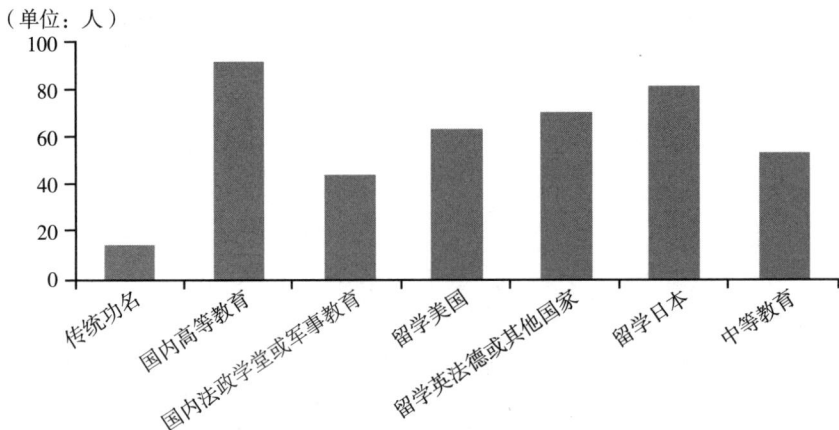

图1—1　国民参政员学历背景图

---

① 需要说明的是，有些国民参政员既在国内接受高等教育，又有留学经历，比如傅斯年、周炳琳等，既在北京大学毕业，后又到国外多个国家进行留学，就归到了前者里面；另有个别先留学日本，又留学其他国家的，就归到了留学日本的里面。

是接受国内高等教育者；三是接受国内法政学堂或军事教育者；四是留学日本者；五是留学英、美、法、德及其他国家者；六是学历较低或不详者。

在这 398 名国民参政员中，除了具有传统功名或在地方师范、法政学堂或军事专门学校等接受过中等教育外，其余大都接受了新式高等教育，其中不乏留学者。这些人要么在国内北京大学、复旦大学、东南大学等著名高校接受过教育，要么在国内接受高等教育后又赴国外留学。这些人所占比例极高，占到了国民参政员总数的 74.37%。在这其中，又以到日本留学的人数最多，其次为美国，再次为英法。当然，在这些人中，一部分人就读的学校不详，很可能是在一些速成学校学习，所受的教育是短期的和不完整的。但是，毫无疑问，他们远比那些没有走出国门的人学识更渊博、视野更开阔、思想更活跃，也更能真切地感受到中国在抗战中存在着的亟待解决的问题，从而保证了他们的提案内容有较强的针对性和可行性。

（三）主要经历

国民参政员的阅历大都比较丰富，大体分为在政府、教育新闻界、军界、商界任职四类。其中，多数国民参政员的经历有交叉，比如有的既在政府部门中任职，又从事教育文化活动，有的还是著名的社会活动家，参加了不同的党派和政治团体，并在其中担任重要职务。

在政府任职者，主要分为两类：一是在国民政府相关部门中任职者，由于"现任官吏，不得为参政员"① 的规定，这部分人数不多，即使有此类情况，亦是属于咨询、顾问、秘书之类的职务，能够进入政府核心部门的不多；二是在地方政府、国民党地方党部及三青团组织任职者，有的是国民党全国代表大会的地方党部代表，这部分人在国民参政员中的比例较高。

---

① 四川大学马列主义教研室编：《国民参政会资料》，四川大学出版社 1984 年版，第 8 页。到第二、三、四届遴选国民参政员时，该条修订为："现任官吏不得为国民参政会参政员，但各地方自治机关及各教育学术机关服务人员，不在此限。"见《国民参政会组织条例》(1940 年 9 月 26 日国民政府修正公布)、《国民参政会组织条例》(1942 年 3 月 16 日国民政府修正公布)、《国民参政会组织条例》(1944 年 9 月 16 日国民政府修正公布)，四川大学马列主义教研室编：《国民参政会资料》，四川大学出版社 1984 年版，第 15、20、27 页。

在教育新闻界中任职者也不少。这部分群体大体分为两类：一类具有扎实的传统文化根底，同时也接受了西方文化陶冶；一类留学海外，深受西方自由主义思想的影响。这部分人是社会精英和学术精英，在国民参政会中有较大影响。如救国会参政员邹韬奋所提到的第一届国民参政会中的教授参政员，他们在政学两界都有较高的声望，学识渊博，见解卓越，且对现实政治保持着一定的距离，因此很容易认识到现有社会的问题和不足，并能提出真知灼见。再如一些自由主义知识分子，如被时人誉为"傅大炮"的傅斯年，其在国民参政会中对国民政府财政部长孔祥熙等人贪污腐败行为的揭露①，表现了知识分子"以天下为己任"的爱国情怀，对于澄清吏治、遏制国民政府官员的腐败行为，有一定作用。

（四）党派背景

从图1—2所反映的情况看，国民党参政员占比最大，接近二分之一；其次为无党派参政员，占32.55%。这些人在国民参政会中影响较大，比如西南联大的十几位教授参政员，他们深受西方自由主义思想影响，且敢于揭露国民政府的黑暗面，"在参政会上比较活跃"②，抗战期间两次宪政运动的兴起与他们通过国民参政会的推动有很大的关系；再次为党派不详者，占10.64%。其他如中共、青年党、国社党、救国会、职教社、第三党、农民自由党、洪门民治党共47人，占国民参政员总数的10%。这部分人人数虽少，但注重表达政治诉求且积极从事实践活动，在国民参政会中的影响很大，如职教社的黄炎培，虽秉持"外圆内方"的政治理念，但在国民参政会历届历次大会中都认真履行职责③。又如中共参政员把国民参政会视为维护抗日民族统一战线和第二次国共合作的重要组织，并在其中努力维护团结统一抗战的局面。国民参政会能够发挥作用，与这部分人的努力有很大关系。

---

① 田巍：《从傅斯年攻倒孔祥熙看国民参政会的民主监督作用》，中国政法大学2010年硕士学位论文。

② 谢慧：《西南联大与抗战时期的宪政运动》，社会科学文献出版社2011年版，第214页。

③ 见拙著：《黄炎培与国民参政会》，社会科学文献出版社2011年版。

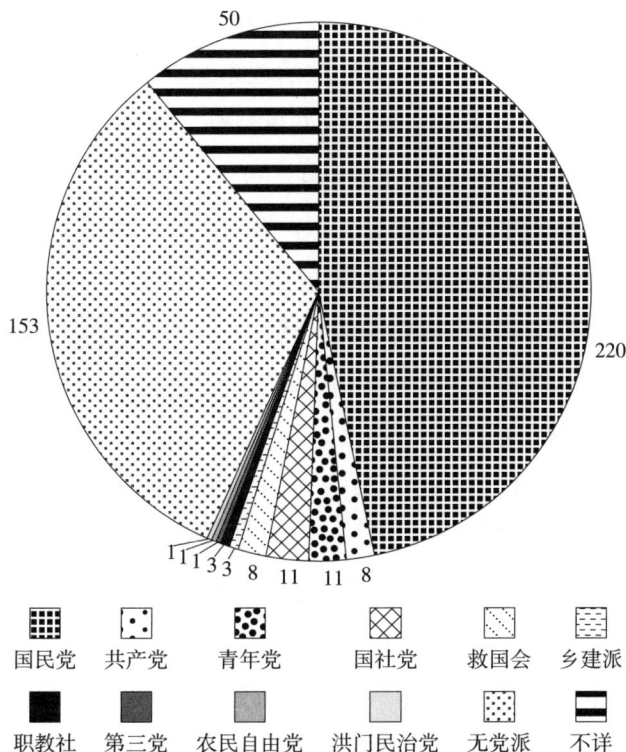

图1—2 国民参政员党派情况图[①]

就具体人员构成看，尽管国民党参政员所占比例最大，但也基本上吸收了各党派、各阶层、各行业、各领域的精英分子。如中共的毛泽东、林祖涵、吴玉章、邓颖超、陈绍禹、秦邦宪、董必武、周恩来等，青年党的曾琦、左舜生、李璜、余家菊、陈启天等，国社党的张君劢、张东荪、罗隆基、罗文干、胡石青、徐傅霖，第三党的章伯钧，救国会的沈钧儒、邹韬奋、王造时、史良、陶行知、张申府、杜重远，职教社的黄炎培、冷遹、江恒源，乡建派的梁漱溟、晏阳初等都被容纳其中。此外，大批无党派重要人物如胡适、傅斯年、张奚若等，国民党内自由主义知识分子周炳琳、钱端

① 这个数据采用的是中国台湾学者吴永芳的说法。她通过研究指出，在第一届、第二届、第三届、第四届国民参政员中，党派背景资料不详者分别是0人、2人、4人和44人。参见吴永芳：《国民参政会之研究》，台湾政治大学历史研究所1983年硕士学位论文，第145—148页。

升、许德珩等也都参加了国民参政会。另外，由于国民参政会中党派、阶层、行业众多，人员繁杂，相互之间政治理念、政治倾向及利益诉求存在着诸多差异，国民党又未能通过有效的制度创新，将这些差异、分歧融合汇通，从而导致相互之间的提案内容既有一致性，也存在一定程度的矛盾性。与此同时，国民参政员提出提案后，国民政府以何种方式回应，如何整合提案中的合理建议，将其吸纳进入政府决策，体现在施政方针中，体现出提案的积极效果，这不仅对国民政府的政治智慧是个考验，亦从某种程度上决定了国民参政会咨询建议功能能否得到有效发挥。

（五）被遴选届次情况

从表1—3情况看，有86人被选为四届国民参政员，占国民参政员总数的18.3％；有176人被选为两届或三届国民参政员，占国民参政员总数的37.45％。这两项加起来，占国民参政员总数的一半多，表明国民参政员有一定的连续性，相对比较稳定；同时，每次换届给国民参政会注入一些新鲜血液，也利于协调中央与地方的关系，增加国民参政员的参政经验。

表1—3　国民参政员被遴选届次一览表

（单位：人）

被选为四届者	被选为三届者	被选为两届者	被选为一届者
86	66	110	208

但是也要看到，有44.26％的人只参加过一届国民参政会，这里面的情况大致上分为三类：一是有些国民参政员言辞过于激烈[①]，不被国民党所容纳，而在下一届国民参政会落选；二是一些国民参政员因公务在身不能继续担任；三是到国民参政会四届一次大会召开时，国民参政员名额大幅提高，仅国民参政会四届一次大会就新增国民参政员105位，占参加过一届国民参

---

① 如到第二届国民参政会时，第三党的章伯钧、救国会的张申府及杜重远就因言辞激烈被取消参政员资格。

政会参政员总数的一半还多。

（六）提案数量

国民参政员的提案数量与担任国民参政员的届次多少并没有必然联系，有的虽担任多届国民参政员，但没有 1 件提案提出，有的虽然只担任过一届或两届国民参政员，但提案数量并不少。

从图 1—3 内容看，在 470 名国民参政员中，有 132 人没有提出提案，占国民参政员总数的 28.09%；提出 1 件到 10 件提案的有 297 人，占国民参政员总数的 63.20%；提出 11 件到 20 件提案的有 33 人，提出 21 件到 35 件提案的有 8 人，这两项共有 41 人，占国民参政员总数的 8.72%。

（单位：人）

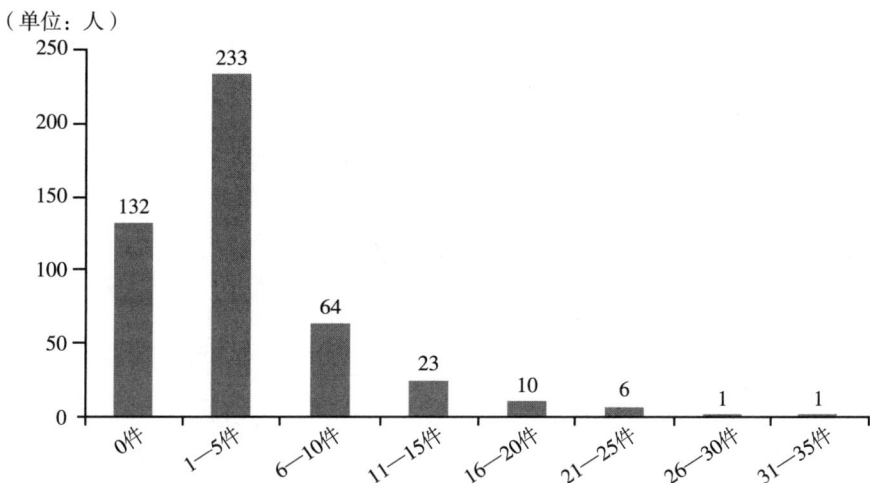

图1—3　国民参政员提案数量图

就没有提出提案的国民参政员情况看，原因大致有几种情况：一是一些人虽然被选为国民参政员，但因交通不便、身体疾病、公务缠身或其他方面的原因，一直没有出席国民参政会大会[1]；二是虽然出席了国民参政会大会，但没有提案提出。这一方面与国民参政员自身的素质有关，另一方面也与其

---

[1]　如胡适，虽然在第一届和第四届都被遴选为国民参政员，但并没有与会。

他国民参政员提出提案后，国民政府的回应不积极而不愿提出提案有关①。大部分国民参政员还是提出了提案，其中一些提案也引起了国民政府的重视并推动了问题的解决，这是国民参政会积极作用的重要体现。

第四节 提案基本情况分析

在抗战时期召开的 11 次国民参政会大会中，共有 1803 件提案提出（表1—4）。其中，国民政府提出 20 件，国民参政会主席团提出 3 件，国民参政会审查委员会提出 14 件，国民参政会议长交议 6 件，行政院提出 1 件，司法院提出 1 件，其余全部由国民参政员个人或与其他人联合，或以临时动议的方式提出。

表1—4 国民参政会提案情况一览表

（单位：件）

会议届次	一般	军事国防	外交国际	内政	财经	教育文化	会务	宪政	国民大会	总计
一届一次	8	18	10	38	37	12	6			129
一届二次	8	17	4	24	24	14	1			92
一届三次	5	15	5	33	21	17				96
一届四次	6	11	2	42	20	6	3			90
一届五次	3	6	3	24	25	14		3		78
二届一次	3	16	6	46	54	30				155

① 如谢冰心担任了第二届、第三届、第四届国民参政员，但没有一件提案由她领衔提出。熊飞宇在研究中提及在 1986 年，冰心曾以一种怨怼的语气谈到国民参政会："我这个以'社会贤达'的名义被塞进'参政会'的参政员，每月的'工资'也只是一担白米。"1946 年 3 月，冰心在给朋友赵清阁的信中提到了对国民参政会的态度。后来，赵清阁对此有所演绎说："她虽被选为国民党参政会的参政员，可她除了每年不得不出席开会外，却没有参政权，所以她和朋友们谈起，常自嘲为'参而不政'，这也是对参政会的讥讽。"这可从侧面解释她为什么参加国民参政会而没有提案提出。见熊飞宇：《冰心与国民参政会述略》，《福州大学学报》2015 年第 2 期，第60—61 页。

（续表）

会议届次	一般	军事国防	外交国际	内政	财经	教育文化	会务	宪政	国民大会	总计
二届二次	4	8	3	38	37	25				115
三届一次	7	13	15	62	85	44				226
三届二次	6	8	10	58	80	19				181
三届三次	2	29	10	59	68	34				202
四届一次	1	37	23	143	156	56			23	439
总计	53	178	91	567	607	271	10	3	23	1803

一、各届次提案数量

在抗战时期召开的 11 次国民参政会大会中，四届一次大会的提案数量最多，为 439 件，占到提案总数的 24%，这主要是因为：一是随着抗战胜利的临近，中国国内形势因战场失利而呈现出很多难以克服的困难，引起了国民参政员的高度重视；二是到国民参政会四届一次召开之前，《国民参政会组织条例》在提案提出条件上进行了修改，由原来的 20 人联署才能提出，更改为只要有 5 人联署即可提出，从而增加了提案提交大会的可能性。其次是国民参政会三届一次和三届三次大会，分别为 226 件和 202 件。提出提案数量最少的是国民参政会一届五次大会，为 78 件（图 1—4）。

二、提案基本内容

从图 1—5 内容看，财经类提案数量最多，其次为内政类提案，再次为文教类提案，军事国防和外交类提案数量最少。

就军事国防类提案来看，历次大会的着重点虽不相同，但基本上集中在提高军队战斗力、利用沦陷区武装力量两大方面。前者包括改善征兵流弊、改善士兵待遇、严肃军风军纪等内容。后者包括增强沦陷区抗击日寇力量、策动伪军反正等方面。国防方面主要集中在加强防务建设，围绕增强防空力量和强化边疆防务两个方面提出。其他方面则有伤兵善后、军人子女教育、准备反攻等内容。

外交国际类提案虽然数量最少，但提出了不少有价值的建议，主要围绕改善外交工作和加强侨务工作两个方面展开。改善外交工作主要集中在第一

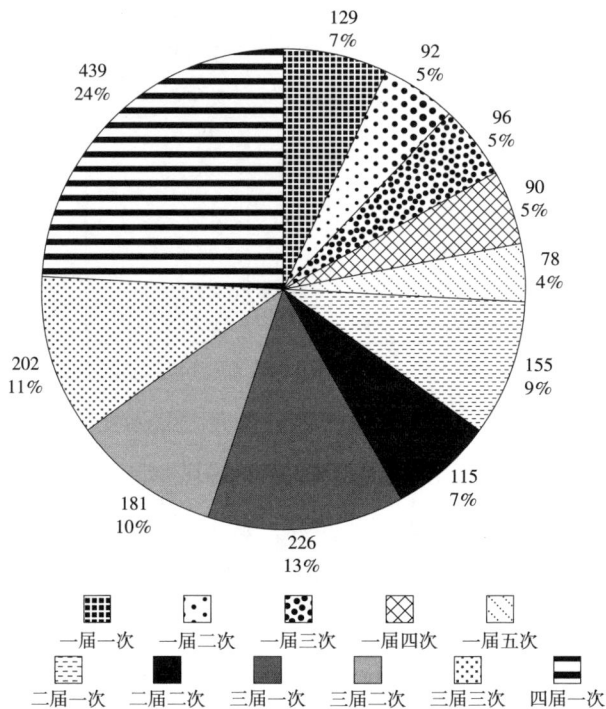

图1—4　各届次提案数量图

图例：
一届一次　一届二次　一届三次　一届四次　一届五次
二届一次　二届二次　三届一次　三届二次　三届三次　四届一次

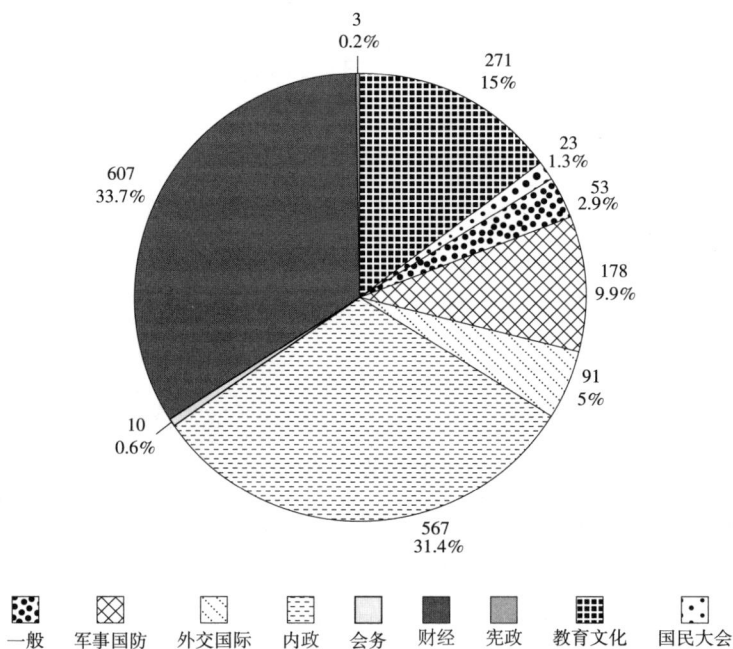

图例：
一般　军事国防　外交国际　内政　会务　财经　宪政　教育文化　国民大会

图1—5　各领域提案数量图

届国民参政会时期，主要内容有调整外交机构、加强国际宣传、访问各国争取国际支援等。加强侨务工作的提案主要由华侨参政员提出，基本上集中在第二届及其以后的国民参政会大会中，大体围绕支持华侨发展、协助华侨战后复兴产业等展开。

内政问题是抗战能否顺利推进的关键，国民参政员对此深切关注，建议主要集中在维护团结统一的抗战局面、推动国民政府进行政治改革、地方自治及动员救济民众等方面，地政、边政、社会福利、妇女权利等问题也有涉及。其中，推动国民政府政治进步的提案，历次国民参政会大会关注的内容虽有不同，但它们是中共和中间力量参政员核心利益的集中表现；动员救济民众的提案也较受注目，国民参政员在此方面提出的提案数量也较多。

财经类提案涉及的范围相当广泛，国民参政员对此特别关注。除个别提案内容较为琐碎，没有显著的建议事项外，大体上围绕调整财经政策、稳定战时经济、推动战时经济建设等层面展开。其中，调整财经政策主要包括税制、币制、金融、外汇等问题；平抑物价为稳定战时经济类提案的重要内容，自国民参政会一届五次大会由罗衡、褚辅成、黄元彬、沈钧儒、钱端升等国民参政员提出后，后来在国民参政会大会中都有类似提案提出。在推动战时经济建设方面，国民参政员围绕发展工业、农业和民营企业等问题贡献了一些有价值的建议和主张。

文教类提案的数量虽少一些，但由于国民参政员大都具有强烈的民族意识，因此围绕战时教育发展、复兴民族文化及推动边疆少数民族文教发展提出了不少真知灼见。另外，国民政府在国民参政会一届一次与一届三次大会中分别提出教育实施方案与计划，交给国民参政员讨论，产生了较好的效果。如在国民参政会一届一次大会上，国民参政员经过对国民政府交议的教育提案经过讨论后形成决议，建议国民政府召开全国教育会议，以解决战时教育的各种问题。对此，国民政府于1939年召开了第三次全国教育会议，对于抗战时期的教育发展起到了一定的推动作用。

三、提案回复情况

《国民参政会组织条例》只是规定了"国民参政会提出建议案于政府"，提案提出后，国民政府如何因应则没有具体规定。在具体的实践操作中，一般来说，提案提出后，首先须经各专门审查委员会审查；经专门审查委员会审查通过或主席同意后的提案提交大会讨论；经大会讨论通过的提案提交国防最高会议；国防最高会议将之交行政院；行政院根据提案内容性质交各部会办理；各部会将提案办理情形反馈汇总到行政院；行政院将提案办理情形向国民参政会驻会委员会汇报；国民参政会召开下次大会时，驻会委员会向国民参政员报告提案实施情形。

根据国民政府行政院对国民参政会提案的回复情况看，除了对国民参政会一届一次、一届二次大会会务提案、国民参政会一届五次大会宪政提案的回复率为 0，对国民参政会一届四次大会会务提案的回复率为 100%，对国民参政会四届一次大会国民大会提案的回复率为 4.4%，其他提案的回复情况如表 1—5 所示。

表 1—5　提案回复情况一览表

（单位：%）

会议届次	一般	军事国防	外交国际	内政	财经	教育文化	总计
一届一次	37.5	94.4	100.0	94.7	81.1	75.0	81.4
一届二次	0	100.0	100.0	83.3	91.7	100.0	83.7
一届三次	20.0	100.0	100.0	97.0	90.5	100.0	92.7
一届四次	33.3	45.5	50.0	47.6	90.0	100.0	61.1
一届五次	33.3	100.0	100.0	83.3	64.0	100.0	76.9
二届一次	66.7	100.0	66.7	95.7	98.1	100.0	96.1
二届二次	75.0	50.0	100.0	84.2	97.3	96.0	88.7
三届一次	14.3	84.6	86.7	85.5	89.4	93.2	86.3
三届二次	50.0	75.0	60.0	86.2	97.5	100.0	89.5
三届三次	100.0	55.2	90.0	91.5	97.1	91.2	88.1
四届一次	0	56.8	95.7	90.9	98.1	98.2	87.0

本章小结

近代以来，如何应对帝国主义列强的侵略，使中华民族摆脱亡国灭种的危机，是不同阶层不同政治力量迫切需要解决的重大问题。这种情形随着九一八事变及其后日本对华侵略的步步加深更趋严重。在此情形下，执政党国民党在维护一党执政地位的前提下，从政治层面上进行了调适，中共倡导成立抗日民族统一战线，主张集聚全民族最大多数的抗日力量进行抗战；日本在其所控制的沦陷区域成立各种汉奸伪逆组织，不仅从经济上、资源上掠夺中国，而且企图通过这种方式与国民政府争夺政治合法性，击溃国民政府的防卫心理。在双重压力下，为了稳定抗战局面，维护国家意志，国民政府在加强中央集权的同时，也表现出了前所未有的开明色彩，推动了国民参政会的诞生。国民参政会成立后，国民政府通过一系列制度安排，对国民参政会的成员构成、职权范围、职权行使方式、运行机制等进行了较为详细的规定。国民参政会的制度安排保证了国民参政员都是来自各党派、各阶层、各领域、各行业的精英力量，他们较高的学识、开阔的视野、丰富的社会经历及政治经验，使其所提出的提案能够反映中国抗战存在的真实问题及提案内容更具针对性与可行性。但是，由于国民参政员分属于不同党派、不同阶层、不同领域、不同行业，其政治理念、政治倾向及利益诉求存在较大差异，从而使提案的建议主张既有一致性、相似性，也呈现出相当程度的复杂性与歧异性，甚至在同一次国民参政会大会中，就有提案建议主张相互矛盾但同时通过送交国民政府采择实施的情形。从国民参政会提案的数量与内容来看，国民参政员最为关注财经问题，它是抗战能否顺利进行的基础和保证，其次为内政问题，再次为文教问题，军事国防和外交问题关注较少，但提出的建议主张大都具有真知灼见，体现了国民参政会为国民政府抗战建国方针政策的实施提供咨询和参考的重要功能。就国民政府对提案的回应情况而言，回复率还是相当高的，回复率最高的是国民参政会一届三次大会，为92.7%；回复率最低的是国民参政会一届四次大会，但也达到了61.1%，表明国民政府还是比较重视利用国民参政会这个平台构建战争动员体制、构建其所需要的意识形态的。当然，回复率高并不意味着对提案建议主张就能够采纳施行和落实，这一点在国民政府对提案采择实施的情形及实际效果中可以得到印证。但无论如何，在抗战时期，国民参政会作为集思广益、团结全国力量进行抗战的产物，作为体现、维护第二次国共合作和抗日民族统一战线的重要象征，始终以建议、协商和备国民政府进行咨询的姿态存在，国民参政会的部分提案也进入了国民政府相关部门的视野，有的还发挥了一定的作用。就此而言，国民参政会完成了它应该承担的历史使命。

第二章　军事国防提案分析

在战争环境下，战场上的一举一动历来为人们所关注。国民参政会成立后，有关军事国防问题的提案经常被提出讨论。从具体内容看，提案主要根据抗战军事形势的发展，围绕提高军队战斗力，增加对敌抗战力量、加强防空、边疆防务建设等方面提出建议和主张。

第一节　提高军队战斗力

提高军队战斗力是抗战顺利进行的关键因素，它是一项复杂的系统工程，既涉及国民政府提供的客观条件，又涉及与提高军队战斗力密切相关的各种要素的协调配合。对此，国民参政会提案从不同角度提出了看法和主张。[1]

一、力避征兵流弊

全面抗战爆发后，经过几次较大规模的战役，中国兵力损耗很大。[2] 为保证抗战顺利进行，1937 年 8 月 30 日，国民政府颁布征兵法令，规定凡

---

[1] 在抗战时期，国民参政会共提出 179 件军事国防提案，涉及提高军队战斗力的有 44 件，约占军事国防提案总数的 24.6%。

[2] 仅抗战第一年，中国兵员损失就多达 1044204 人。其中，从抗战爆发到南京失陷，损失官兵 447114 人；从南京失陷到徐州会战，损失官兵 597090 人。参见张燕萍：《抗战时期国民政府兵员动员述评》，《抗日战争研究》2008 年第 4 期。

是适龄男子，符合服役条件者，都要依法服兵役。1938 年 1 月，国民政府颁布了《战时征兵统制办法》，制定了征兵的具体办法，规定战时兵员的征集，由军政部统筹办理，军、师管区负责具体承办。3 月 30 日，国民党临时全国代表大会通过了《为达成长期抗战之目的，必须一致努力推行兵役制度案》，要求健全县以下区乡（镇）保甲组织迅速调查户口，限期举办户籍；公务员党员应劝勉子弟服兵役；党政机关、学校法团协同宣传兵役并协同防止办理兵役人员舞弊。① 征兵制度由募兵制改为征兵制是适应战争需要的进步之举，但由于缺乏实施的保障条件，如没有必要的社会宣传②、没有完整的户籍资料③ 等，特别是负责征兵事宜的基层组织执行兵役法不力，导致在征兵过程中出现了很多流弊，极大地影响了征兵效果。

在国民参政会一届一次大会上，部分国民参政员注意到了执行征兵事宜的基层组织，区乡（镇）保甲长贪污受贿、徇私枉法、强拉硬抓壮丁等问题。褚辅成忧心忡忡地指出："不肖之乡保长，乘机敛钱，有钱者买放，无钱者强拉，以如此恶劣手段逼迫而来之壮丁，输送前线，安望其激发敌忾心，加强战斗力乎。"④ 董必武痛心地指出："被征调之兵员，既非志愿，有为捆绑而来者，有为冒名顶替者，有为临时拉夫凑数者"；"政府需要之兵额，分至各县区乡，并不为大，而地方上征调于民者甚至数倍其数，形成骚扰现象"；"地方官吏豪绅联保甲长，利用兵役法为其敛钱敲诈报复之门径，甚至警察

---

① 荣孟源主编：《中国国民党历次代表大会及中央全会资料》（下），光明日报出版社 1985 年版，第 495—496 页。

② 曾给陆军大学讲授兵役课程的徐思平教授曾指出，抗战爆发后，国民政府颁布了几十种兵役法令，"民间不易家喻户晓，即专门役政人员，非有较长时间之研讨实验，亦不亦得一有系统之观念。徒见皇皇法令，盈尺累牍，错综辩护，复杂琐冗，而茫然莫得要领也"。见徐思平编著：《中国兵役行政概论》，文治出版社 1945 年版，第 2 页。

③ 中国的"人口户籍一向虚伪造报，无可依据"。见梁漱溟：《抗战与乡村——我个人在抗战中的主张和努力的经过》，中国文化书院学术委员会编：《梁漱溟全集》（第 6 卷），山东人民出版社 1993 年版，第 91 页。

④ 褚辅成：《改善征兵办法实施志愿制俾可加强抗战力量案》，国民参政会秘书处编印：《国民参政会第一次大会纪录》，1938 年 9 月，第 117 页。

团保也有从中敲诈分肥的"。①

对于如何解决这些问题，两案都从激发民众自觉自愿服兵役的视角，提出根据各地不同情况，在一定地区实施募兵制。褚辅成建议，除了义务征兵工作较好的地区外，其他地区由国民政府军事委员会通令各省市，实行征募志愿兵法，征募数额由中央派定令省市政府分配到各市县，由乡镇保甲长会同书记具体办理。董必武也主张在地方自治未完成、征兵流弊甚多及沦陷区或邻近沦陷区省份，改义务兵役为志愿兵役，但为了保证兵员数量，建议规定在一定时期完成一定征兵数额。另外，他还根据中共动员民众的经验，主张在征募兵役省区，设立战区、省、县（市）、区（城）四级动员委员会，充分发挥县（市）、区（城）、乡（街道）各级民众职业团体（如商会、工会、农会、学生会、文化团体、自由职业团体、青年妇女团体、社会宗教团体等）的作用，动员民众自觉自愿服兵役。这些建议主张也得到了其他国民参政员的呼应。②

国民政府对两案实施情形的回复虽然是"留作参考"③，但它对征兵过程中乡镇保甲长的营私舞弊现象也时有所闻。军政部长何应钦在给各兵役管区的电令中就指出："各乡区长多上下其手，藉兹渔利，富者赎金可免，或贿买乞丐、无赖代役，故所征皆愚鲁懦弱之辈"④。为此，国民政府一方面承诺要"严惩办理""舞弊及虐待"情形⑤，一方面决定在一定范围实行募兵制。1939 年 8 月，国民政府颁布了《管区募集志愿兵办法》，确定了征募并行的原则，要求各兵役管区尽量招募志愿兵；在未设兵役管区的地方，部队可自

① 董必武：《改善兵役法案》，国民参政会秘书处编印：《国民参政会第一次大会纪录》，1938 年 9 月，第 118—119 页。
② 陶行知：《建立志愿兵区以补兵役法之不足案》，国民参政会秘书处编印：《国民参政会第二次大会纪录》，1938 年 12 月，第 53 页；陶行知：《扩大壮丁志愿应征入伍运动以增强抗战力量案》，国民参政会秘书处编印：《国民参政会第四次大会纪录》，1939 年 11 月，第 82—84 页。
③ 国民参政会秘书处编印：《国民参政会决议案实施情形一览》，1939 年 8 月，第 3 页。
④ 转引自王成城：《论兵役法之推行》（上），《国是公论》1938 年第 17 期。
⑤ 国民参政会秘书处编印：《国民参政会决议案实施情形一览》，1939 年 8 月，第 88 页。

行招募志愿兵。据此，一些省份设立了募兵处，开始办理募兵事宜。该办法实施后，在一定程度上暂时遏制了征兵过程中营私舞弊现象的发生，也在相当程度上激发了民众服兵役的积极性。如湖北省竹山县 1938 年服兵役的人数为 1255 人，1939 年则达到了 2055 人[①]，增幅近 64%。

凡事有利有弊，募集征兵办法虽在一定程度上有利于遏制征兵过程中的不法行为，但它需要雄厚的财力作支撑，在军费支出已远远超过财政收入[②]、沦陷区域不断扩大、政府财政收入难以增长的情况下，再要增加这方面的开支，无疑是非常困难的。在此情形下，国民政府开始在一些省份尝试推行"纳金缓役"办法，即准许有财力但不愿服兵役的适龄壮丁缴纳一定数额的金钱，缓期服兵役。1938 年 10 月，浙江省政府率先颁布了《战时纳金缓役暂行办法》，规定凡适龄壮丁缴纳一定数量的现金，可缓服兵役；缴纳标准为总财产未满 1 万元的交现金 200 元，总财产 1 万元以上的依次递加。该办法实施后，国民政府的财政收入一时骤增。

"纳金缓役"办法的试行，暂时缓解了因基层保甲组织不法行为导致的征兵流弊，也在一定程度上增加了国民政府的财政收入，国民政府开始考虑在更多地区推行这一办法。为此，在国民参政会一届三次大会上，国民政府作为提案人提出了《推行纳金缓役办法普遍施行以利兵役案》，建议以国民参政会大会的名义通过"普遍推行纳金缓役办法"，"凡不愿服兵役者准纳相当金钱，特予缓役"[③]。黄炎培基于对浙江省"纳金缓役"办法实施情形的了解，认为"依现时各省办理兵役实际状况，为谋人力财力支配适当，适应有力出力，有钱出钱之原则，便利役政之推行起见，认规定缓役金问题，有复

---

① 湖北省竹山县地方志编纂委员会编：《竹山县志》，方志出版社 2002 年版，第 582 页。

② 有学者做过统计，1937 年国民政府的军费开支占财政收入的 248.3%，1938 年为 235.0%，1939 年为 162.4%，1940 年为 297.0%，1941 年为 558.9%，1943 年为 260.0%，1944 年为 361.9%，1945 年为 706.5%。见姜鲁鸣等：《中国近现代国防经济史》，中国财政经济出版社 2012 年版，第 192 页。

③ 政府交议：《推行纳金缓役办法普遍施行以利兵役案》，国民参政会秘书处编印：《国民参政会第三次大会纪录》，1939 年 4 月，第 55 页。

加考虑之必要"①。大会在讨论这两案时，认为"纳金缓役"办法有利于减少征兵流弊，但为杜绝殷实子弟借此逃避兵役，以致"转滋其他流弊"，建议纳金额每期至少应为200元，并按财产累进增高，"庶几不致人人存有缓役心理"②。据此，国民政府一方面制定了"纳金缓役"办法实施的指导原则，一方面函令已实行"纳金缓役"办法的广东、广西、湖南、湖北、浙江、四川、贵州、西康、陕西、江苏等省就纳金数额、缓役期限、缓役次数及人数比例拟定具体实施办法。③

　　然而，任何一种制度要落实到实践中，体现出制度设计者的初衷，总会遇到很多意想不到的问题。从理论上看，"纳金缓役"办法符合"有钱出钱，有力出力"的抗战原则，但违背了"三平"的兵役原则，有钱者"光明正大"逍遥"役"外，贫穷子弟当然也不甘心服兵役，有的甚至通过"自残"手段逃避兵役。对此，该办法实施之初，就有舆论认为"纳金缓役"办法不仅"易使人民互为嫉恨转而怨妄政府也"，而且"影响出征军人之勇气也"。④ 不仅如此，在国民参政会一届四次大会上，胡景伊指出，政府虽三令五申严禁区联保甲人员徇情贿纵捉拉买替，"而区联保甲人员之徇情贿纵捉拉买替依然如故"⑤。

　　为了防止这些流弊，国民政府也采取了一些措施。1940年6月29日，《妨害兵役治罪条例》颁布，针对"纳金缓役"办法实施中的弊端，它规定："对于应服兵役壮丁隐匿不报者，处三年以下有期徒刑或拘役"；"对于缓役、免役、停役、禁役、除役为虚伪证明者，处五年以下有期徒刑"；"办理兵役人

---

① 黄炎培：《协助改善兵役建议案》，国民参政会秘书处编印：《国民参政会第三次大会纪录》，1939年4月，第58—59页。

② 国民参政会秘书处编印：《国民参政会第三次大会纪录》，1939年4月，第24页。

③ 行政院秘书处编：《第一届国民参政会第三、四次大会决议案继续办理情形报告表》，1941年2月，第20页。

④ 侯少文：《对于国民参政会通过之纳金缓役办法之意见》，《中央周刊》第1卷第35期，1939年4月6日。

⑤ 胡景伊：《依据各地兵役实施之流弊建议应行改进诸端以利兵役之推进案》，国民参政会秘书处编印：《国民参政会第四次大会纪录》，1939年11月，第80页。

员对于职务上之行为，要求、期约或收受贿赂，或其他不正当利益者，处三年以上十年以下有期徒刑，得并科七千元以下罚金"。① 它还派出专门人员赴各地调查"纳金缓役"办法实施的具体情形，办法实施过程中的舞弊案件也相继浮出水面。如曾任国民政府军政部兵役署上校兵役视察员的江声煌在广西玉林县玉贵师管区视察兵役实施情形时就发现，村民"每年一到征兵时，就用钱贿赂乡村长，以逃避兵役。乡村长也因此发了兵役财"。有的一个乡村，兵役舞弊案就有 200 多件②。可见，"纳金缓役"办法实施后，不仅没有杜绝征兵流弊，由之产生的问题更为严重。

面对"纳金缓役"办法实施后征兵流弊继续增多的实际，国民政府不得不考虑废除这一办法。在国民参政会二届一次大会上，提出了《为请确定各省施行纳金缓役办法应否继续办理或改为征收免缓役证书费案》，指出"纳金缓役"办法已成为"富有之家属享之特殊权利"，"贫苦无钱者则只有望洋兴叹"，"无钱者，因羡于有钱者之独享缓役权利，于是百端借贷，或倾所有家产变卖，以图其避免服役之私愿"，建议"纳金缓役"办法"即行废止"。③邵从恩则针对部分官员富有子弟借"纳金缓役"办法逃避兵役的现象，强烈主张"由中央通令全国文武官吏子弟家属，在适龄期限之壮丁，而无合法缓役之资格者，一律入营"④。大会经过讨论作出决定，"纳金缓役办法应予废止"⑤。国民政府军政部后在回复两案办理情形时指出："各省实施纳金缓役

① 中国人民大学法律系法制史教研室编：《中国近代法制史资料选编》（第 2 分册），1980 年版，第 688 页。

② 江声煌：《广西兵役舞弊真相》，文芳主编：《兵祸》，中国文史出版社 2004 年版，第 160 页。

③ 政府交议：《为请确定各省施行纳金缓役办法应否继续办理或改为征收免缓役证书费案》，国民参政会秘书处编印：《国民参政会第二届第一次大会纪录》，1941 年 10 月，第 123 页。

④ 邵从恩：《改善役政藉利抗战建国案》，国民参政会秘书处编印：《国民参政会第二届第一次大会纪录》，1941 年 10 月，第 126 页。

⑤ 国民参政会秘书处编印：《国民参政会第二届第一次大会决议案实施情行一览》，1941 年，第 1 页。

办法，应即废止，并将废止情形具报。"① 至此，实行了一年多的"纳金缓役"办法被废止。

"纳金缓役"办法被废止后，为了应对战争对兵员的巨大消耗，国民政府采取了一种特殊的征兵方式——征额配赋制度，即确定每年的征兵数额，按照人口、现役及适龄壮丁人数和交通状况确定各省每年的应征兵额。1941年1月，国民政府军政部公布了《民国三十年度征补兵员实施办法》，规定1941年的征兵数额为200万，分为4期，3个月征集一次，以3、6、9、12各月的1日为征补交接期，因特殊情形而延长交接日期者，以不超过一旬为限，并规定"对届期未能将需要兵额征齐贻误补充者分别议处"②。从理论层面看，征额配赋制度有利于保证兵员供应，但由于征兵事宜依然由乡镇保甲等基层组织具体负责实施，在基层组织行政执行能力未得到根本改善的情形下，"征来征去，富人不当兵，穷人就是独子、残废、重病、超龄等适合缓役免役的，由于没有钱买通乡村长和接兵人员，只有被拉来充壮丁"③ 的现象同样不能得到有效遏制。

为了遏制豪门富家子弟逃避兵役、兵役"三平"原则等于具文的现象，保证兵员供给，在国民参政会二届二次大会上，孔庚提出以"有丁出兵"为号召，使"人人乐于当兵"，"公务人员除依国家官制由中央或地方政府授予委任以上之现任官吏者，一律不准缓役"，各级官吏士绅贤达应"率先将自家之及龄子弟，参加抽签，或自动请求服兵役，以资表率，而树风气"④。社会舆论对此亦有同感，认为"士绅及一般知识分子倡导不力并多方规避"是

---

① 秦孝仪主编：《中华民国重要史料初编——对日抗战时期·第四编：战时建设》（一），台北中国国民党中央委员会党史委员会1988年版，第997页。

② 《民国三十年度征补兵员实施办法》，《训练月刊》第2卷第3期，1941年3月1日。

③ 江声煌：《广西兵役舞弊真相》，文芳主编：《兵祸》，中国文史出版社2004年版，第161页。

④ 孔庚：《为加强兵役推行请缩减兵役范围修正兵役法令并极力倡导有丁出兵以裕兵源而利抗战由》，国民参政会秘书处编印：《国民参政会第二届第二次大会纪录》，1942年9月，第67—68页。

兵役工作不能顺利推进的原因之一[①]，《兵役法》中"凡是独子、机关职员、学校教师、高中以上学生、毕业生、残疾者，以及一些必须维持家庭生活者可以免缓役"的规定已成为豪门巨贾子弟的护身符。国民党中央宣传部长兼国民参政会秘书长王世杰也认为，富家子弟向兵役官员行贿，顺理成章就免去了兵役，以至于"此次中日战事，有资产与政治地位者之子弟，罕有服兵役者，社会渐感不平"。他力言"应使在政府中服务人员之子弟，实际上亦不能免役"[②]。

国民政府对士绅子弟服兵役者甚少的现象也有关注。针对这一现象，1939年1月，国民党五届五中全会通过的《党政军各级人员应率先遣送应服兵役之子弟入营服役，以资倡导而利抗战案》规定："所有党政军各级人员有合于兵役年龄（满十八岁至四十五岁）合格之子弟（免缓禁役除外）应率先遣送入营役任现役，其在缓役之列者，亦应自动应征，或入军事学校受训服役，为民表率。"[③]1942年11月16日，国民政府颁布的《党员公务员及士绅子弟调查征集办法》提出，党员公务员及士绅子弟应"应征入营参加作战"，要"亲送其子弟应征者"；符合条件但"逾期或逃避者，其父兄开除党籍，停止其工作，并予究办"。[④]与此同时，国民政府也着手对《兵役法》进行修订。遗憾的是，由于没有相应的落实保证机制，这些规定大部分仅限于纸面上。

面对国民政府为对征兵过程中富家子弟轻而易举躲开兵役、贫弱无钱者被强拉进军队、经办人员将征兵视为中饱私囊手段拿不出有力举措的现象，在国民参政会三届一次大会上，张炯愤怒地指出，一些不肖区长及保甲长，相互之间"因缘为奸，每以财贿之有无为壮丁去取之标准。其适龄与否不问，

---

① 徐思平编著：《中国兵役行政概论》，文治出版社1945年版，第171页。

② 林美莉编辑校订：《王世杰日记》（上），台北"中央研究院"近代史研究所2012年版，第164—165页。

③ 浙江省中共党史学会编印：《中国国民党历次会议宣言决议案汇编》（第2分册），第428页。

④ 中国第二历史档案馆编：《中华民国史档案资料汇编·第五辑·第二编：军事》（一），凤凰出版社1998年版，第439页。

应否缓役免役不问也"①。王隐三认为，征兵"执行者之不尽得人，以至弊窦丛生，贻害所至，非特良法失其公允，人民受扰，驯至绑架壮丁，凌辱虐待"。"因之丧失生命者，亦所在多有。"值得注意的是，王隐三提出了利用地方民意机关监督征兵工作，"并听人民公开检举违法失职人员"的设想②。这不失为减少征兵流弊的一个重要方法。

不过，利用地方民意机关监督征兵工作，需要国民政府对乡村政权具有极强的控制能力。其实，国民政府成立伊始，就致力于将国民党党治系统向乡村渗透，但由于地方党部的软弱涣散，其在乡村的影响力和动员能力非常有限，以至于不得不依靠那些将"个人的财富转化及影响力转化为自己的政治资本"的所谓乡村精英，或依靠"靠自己的暴力来统治村庄"的"一些地方恶棍"③，由此导致了与该群体"无穷无尽的妥协"，甚至为了实现自己的政治意图，在某种程度不得不赋予他们更大的权力④。正因如此，1943年3月颁布修订后的《兵役法》虽规定"除身体畸形、残疾或有痼疾不堪服役"，"判处有期徒刑或褫夺公权终身"及为数甚少的缓役服役、缓征者外，"中华民国男子依本法皆有服兵役之光荣义务"⑤，但并没有规定要建立征兵监督机构监督征兵工作。在此情形下，抽签成为演戏，征兵成为抓丁，有钱买壮丁，无钱去当兵成为常见之事，征兵过程中的营私舞弊现象已呈积重难返之势。

在国民参政会三届三次大会上，要求改善兵役的提案无一例外都提到了

① 张炯：《改善征兵办法以利抗战案》，国民参政会秘书处编印：《国民参政会第三届第一次大会纪录》，1943年8月，第124页。
② 王隐三：《请政府改善兵役制度并注意弊端以便征兵顺利而利抗战案》，国民参政会秘书处编印：《国民参政会第三届第一次大会纪录》，1943年8月，第124—125页。
③ ［美］杜赞奇：《文化、权力与国家：1900—1942年的华北农村》，王福明译，江苏人民出版社2010年版，第127、186页。
④ 张鸣：《乡村社会权力和文化结构的变迁（1903—1953）》，陕西人民出版社2013年版，第110页。
⑤ 中国第二历史档案馆编：《中华民国史档案资料汇编·第五辑·第二编：军事》（一），凤凰出版社1998年版，第440页。

征兵人员违法舞弊的现象。褚辅成认为，"今日役政所以成为严重问题者，纯由主办人员事事违法，层层舞弊所造成"，有些预先没有配赋兵额的乡镇，"辄任乡镇保强拉买卖，顶替充数。而经办人员复多徇私舞弊，从中勒索。有权者既可免役，有金钱者复可贿放，有知识技能者更可缓召"。一些征兵人员甚至"黑夜破门，登梯入堂，遇人即绑，见钱复放"①。陈逸云指出："现行保甲长，均由县市政府委任。其不肖者，设法行贿，运动委任，办理征调事宜，常藉此舞弊受贿，习为风气。"②张烱指出，由于不肖官吏虐待新兵，"致有子弟者，宁肯倾家荡产。运用种种方法，以避免兵役为得计，本身不以为耻，社会亦寄以同情"，以致"买卖顶替，事属公开，卖放贿赂，成为利薮，兵源日削"。③

对于如何解决这些问题，提案分别从治标和治本两个方面提出了建议主张。在治标方面，提案再次主张严惩兵役经办人员的不法行为。但懋辛建议："严令各省市县政府征兵官，切实督促各乡镇保甲办理役政，不得任意伸缩法令。严定赏罚，密布调查网，查获违法者，务须尽法惩办"。陈逸云主张"惩办贪污及不法，征兵机构，上自师管区及补充团，下至保甲长，对于办理征兵多属营私舞弊，各地相习成风，应从严惩办，以儆效尤，而利役政"。在治本方面，建议主张改良基层政治。但懋辛认为应该将征兵好坏"列为主办役政人员考绩之最"④。陈逸云指出要调整保甲制度：一是提高保甲长职权，以免其"为土劣所左右"，"使土劣有些畏惧"；二是改变保甲长由县市政府委任，实行保甲长"改为民选制，由保甲公民选举并罢免"，使保甲长对人民负责。

---

① 褚辅成：《请政府改善征兵办法以充实兵源并提高素质案》，国民参政会秘书处编印：《国民参政会第三届第三次大会纪录》，1945年3月，第137—138页。

② 陈逸云：《改善兵役办法加强抗战力量案》，国民参政会秘书处编印：《国民参政会第三届第三次大会纪录》，1945年3月，第140页。

③ 张烱：《澈底改善兵役以利抗战而安国本案》，国民参政会秘书处编印：《国民参政会第三届第三次大会纪录》，1945年3月，第142页。

④ 但懋辛：《为建议政府改善兵役案》，国民参政会秘书处编印：《国民参政会第三届第三次大会纪录》，1945年3月，第140页。

　　为了平息国民参政会及社会舆论的不满情绪，国民政府不得不有所回应。如针对建议考核征兵负责人员的建议，拟定了《征兵监督委员会组织规程》，成立了征兵监督委员会，将壮丁调查、检查、抽签、征集及接送新兵的监督事宜交由征兵监督委员会负责；对于保甲长民选的建议，它也在1032个县成立了保民大会直接选举保甲长①。与此同时，在1944年11月的全国兵役会议上，国民政府决定裁撤兵役署，成立兵役部，以统筹全国征兵事宜。遗憾的是，这些措施大都未能落到实处。如兵役部成立后，国民政府针对征兵流弊采取的措施并未发挥作用，征兵过程中强拉壮丁、敲诈勒索等现象也没有减轻。时任兵役部部长的鹿钟麟无奈地指出："征一次兵，便是给那些县、区、乡、保、甲人员多一次鱼肉人民的机会"，"当征兵开始之后，据派往各地的督察报告，依然是'闾阎骚然，鸡犬不宁'，贪污舞弊层出不穷。有的县虽然在形式上办理了'壮丁登记'，举行了'抽签'，但实际上'中签'的都是穷苦人家的子弟，有钱有势的地主豪绅不仅其子弟可以逃避兵役，甚至还可以包庇别家壮丁；有的县连形式上的'壮丁登记'和'抽签'也未举办，索性就是乱抓乱拉一通，甚至把行路的旅客和访亲拜友的人，都拉来充壮丁。在紧急的时候，竟闹到路上行旅裹足，乡与乡之间断绝了往来"。②

　　在国民参政会四届一次大会上，由于抗战胜利的形势已非常明朗，军事提案数量并不多，但改进征兵流弊依然是提案关注的重要问题之一。叶道渊指出："有权势财力者，虽各有壮丁五六人，可不受征调，而贫穷无告者，虽独子或有疾病及独负家庭生计者，亦不得免役或缓役。"他还指出，兵役部成立后，在兵役机构设置、运作方面存在诸多问题，各省兵役机关"虽以各省主席兼司令"，"但经费多由中央直接发给，人事亦多由中央直接委派"，导致"主席既无权支配其财政，又无权支配其人事"，"县长虽兼国民兵团团

---

① 行政院秘书处编：《国民参政会第三届第三次大会行政院办理情形报告表》，1945年6月，第11—12页。

② 鹿钟麟：《我当国民党兵役部长见闻》，文芳主编：《兵祸》，中国文史出版社2004年版，第128页。

长，然副团长为师管区所派，只知师管区命令，而不服从县长"。① 他主张各省只设军管区，师管区、国民兵团等一律撤销；各县设立兵役征集联合委员会，各乡设立兵役募集委员会分支会，以保证征兵机构上下衔接、左右互动，征兵体制机制合理顺畅。王枕心也建议，取消军管区司令部、师团管区司令部，由"县政府设国民兵团，办理征集及编练事宜"②。两案经讨论决议修正通过。抗战胜利后，国民政府明令停止征兵一年③，两案亦失去了时效性。

二、保障士兵权益

要提高军队战斗力，仅通过改进征兵流弊让民众自觉自愿服兵役还远远不够，还要保障他们的正当权益，使其安心在前线与敌作战。从当时的情况看，士兵的权益保障主要有服兵役期间家属的生计、个人在部队的待遇、受伤后的生活保障、退役后的生计等问题。国民参政会提案对这些问题都有关注，但主要集中在两大方面：一是出征抗敌军人家属的优待问题；二是部队官兵的生活待遇问题，并就如何解决这些问题提出了一些建议和主张。

优待士兵家属与抗战胜败有直接联系，士兵家属生活如无确切保障，士兵就会有后顾之忧，就很难在前线奋勇杀敌。全面抗战爆发后，国民政府先后颁布了《优待抗敌军人家属办法》《慰问出征军人家属办法》《应征（召）入营士兵家庭救济暂行办法》《陆军阵亡官兵抚恤条例》等法规，对优待军人家属办法作了较为详细的规定。如《优待抗敌军人家属办法》规定，出征抗敌军人家属除担负法定赋税外，免除各项临时捐款，酌量减免服劳役；凡

① 叶道渊：《改良征兵方法及新兵待遇以裕兵源案》，国民参政会秘书处编印：《国民参政会第四届第一次大会纪录》，1946 年 3 月，第 147—148 页。

② 王枕心：《改善兵役机构及征集办法并确实估计各省壮丁配额以根绝役政弊端而固兵源案》，国民参政会秘书处编印：《国民参政会第四届第一次大会纪录》，1946 年 3 月，第 149 页。

③ 行政院秘书处编：《国民参政会第四届第一次大会决议案行政院办理情形报告表》，1946 年 2 月，第 62 页。

家庭赤贫不能维持生活、患病无力治疗、死亡不能埋葬、子女无力抚养、遭遇意外灾害，经优待委员会查明属实后，酌量予以金钱或物品帮助；因作战阵亡或受重伤成残废者，按照《陆海空军抚恤条例》进行抚恤[①]。但由于种种条件限制，这些法规颁布后，并未得到切实遵行，"好多地方没有按照规定办理"[②]。

在国民参政会一届一次大会上，国民参政员就如何落实优待出征抗敌军人家属提出了建议。黄同仇主张从两个方面进行落实：一是中央指定专款对于生活不能自给的士兵家属给予补助金；有力不能自耕的家属，由同保甲村民轮流帮耕，出征士兵家属免除一切公役，子女所入公私学校免征学费；二是组织优待征兵家属及抚恤阵亡官兵遗属委员会，负责统筹优待士兵家属的具体事宜。褚辅成建议士兵家属的赡养费用由市政府通过自治经费统筹解决；董必武要求县区动员委员会派人在街道及村民大会中动员街道和村民分担优待出征军人家属的义务，有钱的分担一定数目的粮款和救济，有力而没有去前线的，分担一些义务劳动，县区乡长及民众团体给出征军人家属以荣誉旗帜和奖状，激励军人在前线杀敌。[③]三案经合并讨论后被"交军事委员会尽量采择施行"[④]。遗憾的是，由于国民政府能力所限，"优待出征军人家属办法，地方官吏多未能切实推行，致入伍壮丁，后顾多忧；影响军心，殊非浅鲜"[⑤]。

优待出征抗敌军人家属办法能否得到落实，直接影响到抗战军人的作战情绪，在国民参政会一届二次大会上，史良认为，国民政府颁布《优待抗敌

①　《优待抗敌军人家属办法》，湖北政法史志编纂委员会编：《武汉抗战法制文献选编》，农村读物出版社1987年版，第75—76页。

②　秦孝仪主编：《革命文献·第97辑：抗战建国史料：社会建设》（二），台北中国国民党党史委员会1983年版，第184页。

③　董必武：《改善兵役法案》，国民参政会秘书处编印：《国民参政会第一次大会纪录》，1938年9月，第120—121页。

④　国民参政会秘书处编印：《国民参政会决议案实施情形一览》，1939年8月，第3页。

⑤　冯玉祥：《致蒋介石密电》，冯玉祥选集编辑委员会编：《冯玉祥选集》（下卷），人民出版社1998年版，第432页。

军人家属办法》，目的在"励人民服兵役"，但"迄今已阅八月，各地并未切实执行，以致服兵役者有家庭后顾之忧，不能将整个身心贡献国家。甚且想尽种种方法逃避兵役"。她再次主张国民政府通令各地政府切实执行《优待抗敌军人家属法令》，"以便人民安心服兵役"①。该案经讨论照原案通过，"送请政府切实施行"②。国防最高会议将之"送政府切实执行，并将办理情形报告"，但后来没有办理情形的回复③。在国民参政会一届四次大会上，胡景伊再次指出，"出征抗敌军人家属，政府虽明令优待，而考诸实际，能受其惠者，尚不及抗属总数十分之一"。他主张，第一，通令各省县（市）所需优待经费，随田税营业税房捐附征；第二，发动全国各县（市）学校机关团体，查明本县（市）内所有出征抗属住址及经济情形；第三，发动相关机构讨论改进出征抗属生活，修改优待出征抗属条例，增设联保及保出征抗属优待委员会，委员会须有三分之一的代表为抗属。④

其实，国民政府也认识到"优待军人家属之办法，于兵役关系尤大"。1939年11月的国民党五届六中全会通过的《对于政治报告之决议案》指出："优待军人家属不仅纾出征者内顾之忧，亦以励在乡者请缨之志，急应以有效方法普遍实施。"在此情形下，它在一些条件具备的省份做了一些优待抗敌军人家属的工作。如据四川省民政厅《民国二十九年度民政统计》的记载，从1938年10月到1940年4月，四川省各行政督察区所属县拨用优待出征军人家属积谷1563822石。⑤ 不过，由于国民政府掌控的资源匮乏，它同时指出："中央法令虽周，而地方情形各殊，自应由地方政府根据法令妥

① 史良：《请政府切实执行〈优待抗敌军人家属法令〉以便人民安心服兵役案》，国民参政会秘书处编印：《国民参政会第二次大会纪录》，1938年12月，第53页。
② 国民参政会秘书处编印：《国民参政会第二次大会纪录》，1938年12月，第32页。
③ 国民参政会秘书处编印：《国民参政会决议案实施情形一览》，1939年8月，第87页。
④ 胡景伊：《依据各地兵役实施之流弊建议应行改进诸端以利兵役之推进案》，国民参政会秘书处编印：《国民参政会第四次大会纪录》，1939年11月，第81—82页。
⑤ 李忠杰主编：《四川省抗日战争时期人口伤亡和财产损失》，中共党史出版社2015年版，第155页。

定办法，务期军人家属普沾实惠。"① 在中央政府都无法落实出征抗属优待办法的情况下，由地方政府自行解决这个问题，效果可想而知。如在云南省开远市，这一条例基本上没有被执行。② 陕西省石泉县政府虽严令对伤亡军人及其家属给予抚恤和优待，"但均无实效"③。

在国民参政会一届五次大会上，梁上栋再次指出："优待出征军人家属查各地表面上均有优待办法，不但未能一致，且多系有名无实"，要求国民政府"督饬全国，对于出征军人家属，必须按期给与赡养费用，以维持最低生活之需要"。④ 对于该案，军政部在回复时仅指出："本部现正会同各部厅修正优待出征抗敌军人家属条例"⑤。针对这种情形，在国民参政会二届一次大会上，吕云章指出："为鼓励前方士气及补偿其因出征所受物质上之损失，对出征军人家属之优待，谊（刻）不容缓。"他主张，第一，由县政府、县教育团体、县党部，详细调查出征军人家属经济状况，按情况拟具优待办法；第二，农业改进所推广优良种子种畜，或各银行及合作金库农村放款等，征人家属有优先获得权；第三，政府平价米谷，或其他物品，征人家属有优先购买权；第四，国营商工业，征人家属有优先服务权；第五，大学中学广设征属子女公费名额；第六，设立出征军人子女教养院。⑥ 这一办法较前几案更为具体，也更有针对性。

国民政府也深知，"士兵多为贫寒农民，全家靠其生活者，为数甚多。

---

① 荣孟源主编：《中国国民党历次代表大会及中央全会资料》（下），光明日报出版社 1985 年版，第 604 页。

② 云南省开远市地方志编纂委员会编纂：《开远市志》，云南人民出版社 1996 年版，第 585 页。

③ 石泉县地方志编纂委员会编：《石泉县志》，陕西人民出版社 1991 年版，第 495 页。

④ 梁上栋：《改善兵役法规及办法案》，国民参政会秘书处编印：《国民参政会第五次大会纪录》，1940 年 8 月，第 73—74 页。

⑤ 秦孝仪主编：《中华民国重要史料初编——对日抗战时期·第四编：战时建设》（一），台北中国国民党中央委员会党史委员会 1988 年版，第 838 页。

⑥ 吕云章：《厉行优待从征军人家属案》，国民参政会秘书处编印：《国民参政会第二届第一次大会纪录》，1941 年 10 月，第 127 页。

因本身入伍，以致家庭生计无法维持，地方当局又未能切实实施救济及奖励出征军人家属办法。因家计无法维持，精神自难安定，逃亡之心，亦渐发生"①。针对优待出征抗属办法"有未能尽善之处"②的实际，1941年12月，国民政府公布了修订后的《优待出征抗敌军人家属条例》。与此前的《优待抗敌军人家属办法》相比，该条例对优待出征军人家属的范围更加广泛，优待方式、具体措施也更为细化。如扩大了筹集优待出征军人家属的资金与物品的来源，指出无出征壮丁及免役缓役之户应缴纳优待金或谷物，地方公产公款及公营事业利益、地方事业专款已停止支付，地方救济金、地方积谷、违反兵役罚款、逆产汉奸敌货及资敌物品罚金、筵席捐娱乐捐等的提拨，庙会财产、宗庙财产、殷实富户等之乐捐以及游艺会义卖现金等方式的募金，各种日常需要物品的劝募捐输等，都可作为筹集优待资金的来源等③。此后，军政部又相继颁布了《征属田地义务代耕办法》《现职军官家属在抗战期间无力求学子女救济办法》《出征抗敌军人家属免派积谷办法》《出征抗敌军人对合作社借款展期偿还救济办法》《抗战功勋子女就学免费条例》等单行法规。遗憾的是，由于缺乏足够的财源和强有力的行政支撑，这些措施成效不大。④对此，有学者指出，国民政府颁布的优待出征抗属办法"固属完备，但是由于政府财政困难，往往无法实施，即使实施，真能受惠者，也不及十分之一"⑤。

---

① 柳岳生：《如何防止逃亡》，《军事杂志》1940年6月第6期，转引自［日］笹川裕史、奥村哲：《抗战时期中国的后方社会——战时总运员与农村》，林敏等译，社会科学文献出版社2013年版，第117页。

② 行政院秘书处编：《第二届国民参政会第一次大会决议案行政院办理情形报告表》，1941年10月，第15页。

③ 《优待出征抗敌军人家属条例》，中央训练团兵役干部训练班编：《兵役法规汇：役务》（一），1942年，第262—267页。

④ ［日］笹川裕史、奥村哲：《抗战时期中国的后方社会——战时总运员与农村》，林敏等译，社会科学文献出版社2013年版，第120—132页。

⑤ 张瑞德：《山河动：抗战时期国民政府的军队战力》，社会科学文献出版社2015年版，第86页。

进入抗战中后期以来，随着战争的巨大消耗，国民政府的财政收入日趋捉襟见肘。"1941年，政府收入仅占政府支出的13%。当年政府支出为100.3亿元，政府收入为13.10亿元，赤字达86.93亿元"①。巨大的财政赤字只能靠发行钞票来弥补，由此造成的通货膨胀极大地降低了士兵的生活水平②，严重影响了部队的战斗力。在国民参政会二届一次大会上，国民参政员在审查国民政府的军事报告时指出："近来物价日涨，生计日艰，将校薪饷所入，不足以仰事俯畜，士兵给养，不足温饱，亦应妥为安置，以固军心。"③在国民参政会二届二次大会上，国民参政员在审查国民政府的军事报告时再次指出："新给与规定主食为大米二十二两，或面粉二十六两，故不虞不足，然如何使每一士兵虽在穷乡僻壤，亦必能实得此数量。又副食虽已按照各地情形分别规定，惟物价增涨，与时俱进，如何使规定数合乎士兵营养之要求，适应全年度之标准；衣履军毯，如何使足敷分配；野战阵地医药之实施，如何能更加改善，凡此均望政府深加注意。"④话虽说得比较委婉，但要求国民政府改善士兵生活待遇的愿望却显而易见。

在国民参政会二届二次大会上，国民参政员还从不同方面就提高士兵待遇提出了建议和主张。王卓然指出："我国官兵待遇，平夙已极菲薄，今日物价高涨，由数倍至数十倍。三等兵月饷十元，其购买力已不足一元，且尚须扣去菜金。故士兵月饷，实等于零。而官之待遇，以少将论，月薪为

---

① 周春主编：《中国抗日战争时期物价史》，四川大学出版社1998年版，第14页。

② 著名历史学家张荫麟经过浙赣、湘赣和粤汉铁路一带时，发现从前线下来的士兵，"多数没有充分的寒衣，在车厢里瑟缩着"。他问其中一个士兵，"在更冷的地方、更冷的时候又怎么办？"士兵的回答竟然是"吃枪弹里的火药"（张荫麟：《抗战的中心问题》，[美]陈润成、李欣荣编：《张荫麟全集》（下卷），清华大学出版社2013年版，第1670页）。也有学者指出："1941年少尉42元，下士20元，还要扣除副食费，而在街上吃碗面，即需3元"（张瑞德：《山河动：抗战时期国民政府的军队战力》，社会科学文献出版社2015年版，第30页）。

③ 国民参政会秘书处编印：《国民参政会第二届第一次大会纪录》，1941年10月，第78—79页。

④ 国民参政会秘书处编印：《国民参政会第二届第二次大会纪录》，1942年9月，第44页。

一百八十元，发实后购买力不过十八九元而已。虽有平价米之救济，实亦杯水车薪，不够仰事俯畜"，要求"按各地生活指数，不论官兵，除基本薪饷外，一律给以生活补助费，务使官之俸足以养廉，兵之饷足以自给"。① 张之江指出："现因经济种种关系，对于士兵生活未能改善，已显然昭著无可讳言"，"天天终日不得一饱，以致士兵一般营养不足，多有饥色，易罹疾病"，"长此以往，不设法改善，则对抗战前途，不无影响"。他也要求"对于士兵本身方面，应当提高待遇。最低限度须做到衣暖食饱之程度"②。

面对物价高涨特别是粮价上涨造成士兵生活水平下降的情形，国民政府采取了一些措施。1940 年 1 月公布的《军政部暂行军粮经理大纲》规定："关于士兵给养定量，暂按每人每日发给大米二十四两或面粉二十四两，所有各部队暨各军事机关，学校均需遵照此项规定办理，不得参差。"③1942 年粮食部召开全国粮政会议，进一步要求"除驻在非粮食征购区的游击部队，归军粮总局发给代金，由当地政府协助抢购战区粮食以资补给外，其余各部队及军事机关学校，一律供给粮食现品"④。这些规定改变了 1938 年《各战区粮食管理办法大纲》中军粮可以"代金补给"的规定，在一定程度上避免了因通货膨胀造成士兵生活水准下降的情况。后来，国民政府回复上述两案的办理情形时指出："查三十一年度起，官兵待遇已普遍改善，给与亦已增加。"⑤

但是，由于各地情况不同，军粮征收方式各异，部分省份遭遇灾荒，粮食歉收，加上征收上来的粮食数量不足、质量参差不齐等因素，要做到按照

---

① 王卓然：《请提高士兵待遇厉禁走私以严军纪而励士气案》，国民参政会秘书处编印：《国民参政会第二届第二次大会纪录》，1942 年 9 月，第 69 页。

② 张之江：《整饬征兵练兵办法及改善士兵生活以固国防基础案》，国民参政会秘书处编印：《国民参政会第二届第二次大会纪录》，1942 年 9 月，第 70 页。

③ 中国第二历史档案馆编：《中华民国史档案资料汇编·第五辑·第二编：军事》（一），凤凰出版社 1998 年版，第 449—450 页。

④ 郝银侠：《抗战时期国民政府田赋征实制度之研究》，华中师范大学 2008 年博士学位论文，第 249 页。

⑤ 行政院秘书处编：《第二届国民参政会第二次大会决议案办理情形报告表》，1942 年10 月，该文件为油印字，没有编排页码。

规定足额足量保质供应军粮，难度非常大。与此同时，随着军队长官贪污中饱、吃空缺、克扣军饷之风愈演愈烈，士兵缺衣少食，营养不良，有病不能医治的现象日趋普遍。如当时部队军粮标准为每日每兵 24 两大米，"但这个标准能落实到连排等基层伙食单位，是很不容易的"①。对此，在国民参政会三届二次大会上，吴沧州指出，由于给养不足，部队官兵"均有饥色"，甚至出现了"不怕战死，怕饿死"的说法②。这一点，对士兵待遇十分熟悉的胡宗南也是承认的。他指出："军人的待遇还比不上苦力或车夫"，士兵的社会地位"同于乞丐"③。1944 年的豫湘桂战役大溃败，虽说有国民党军队调往缅甸、中国战场上军事力量不足等原因，但士兵生活水准过低影响了战斗力也是重要原因之一。对此，有学者指出："造成国民党军事战斗效能减弱的首要问题并非武器短缺，而是食物短缺。"④

　　在国民参政会三届三次大会上，共有 29 件军事提案，与改善士兵待遇有关的有 9 件，被认为是"各决议案之最重要者"⑤。赵澍指出："东西各国，战时士兵生活，享受最优，均在一般人民生活水准之上。唯有我国不然，战时士兵生活，享受最劣，反在一般人民生活水准之下。"他描述了士兵悲苦的现状，"菜尤恶劣，经常无油，有时盐亦缺乏，而以辣椒粉和白水代之。平时饮料，多系生水，甚不清洁"；"士兵衣服大多破烂露体，污垢满衣，甚有冬着夏衣，夏穿棉服"；"士兵饮食难饱腹，衣服复不周身，夜间更难安眠"；"士兵生病，只有活活等死，决无诊治之机会。甚有尚未绝气，即剥去

---

① 刘永国：《随枣会战——抗日战争转折点的大会战》，湖北人民出版社 2013 年版，第 251 页。

② 吴沧州：《请维持军食并严厉实行征兵条例以巩固抗战力量而纾民困案》，国民参政会秘书处编印：《国民参政会第三届第二次大会纪录》，1944 年 8 月，第 114 页。

③ 胡宗南上将年谱编纂委员会编：《胡宗南上将年谱》，台北"国防部"1972 年印制，第 144 页；转引自张瑞德：《山河动：抗战时期国民政府的军队战力》，社会科学文献出版社 2015 年版，第 83 页。

④ 〔美〕费正清、费维恺编：《剑桥中华民国史（1912—1949）》（下卷），刘敬坤等译，中国社会科学出版社 1994 年版，第 570 页。

⑤ 国民参政会秘书处编印：《国民参政会第三届第三次大会纪录》，1945 年 3 月，第 2 页。

其军服，投弃于荒郊，而任其日晒夜露，鸟啄狗食，血肉淋漓，肌体离异，偶过道旁，触目皆是"。[1] 褚辅成也揭露了士兵"生而不得衣食，病而不得医药，死而不得安葬"的悲惨景象。"新兵饭食，米多砂石，菜少油盐，有时仅以辣椒粉和白水代之。甚至故意克扣掺杂，缩短吃饭时间，限制吃饭碗数，使其饥而不得果腹，食而不能下咽"；"新兵被毯，多未发给，常睡湿地。衣服多已破烂，污秽不堪，甚有冬着单衣，夏穿棉服。每以寒热不均，而生伤寒症疾等病，已成普遍现象"；"生病以后，既无药来调治，又须力疾前进，常有病势已沉，步行不得，而领队者竟忍心枪杀，遗弃道旁。甚有气未绝而衣已剥光，人未死而身已掩埋"，士兵死后，"大多陈尸野外，暴骨路旁。即有已经埋葬者，亦以棺木未备，掩土过薄，多为乌鸦野犬所啄食，血肉淋漓，肢体分裂，其惨痛实不忍睹"。[2] 这样的部队，还谈何战斗力？针对这种情况，提案提出了不少建议和主张。赵澍建议整顿军队，"严禁虚报吃空""提高官兵待遇，按人发给实物"。[3] 王亚明主张由"中央统筹财源"[4]。但懋辛主张士兵"粮饷与副食费，悉由国库支给"，他还建议设法"充实设备补充团队医药卫生"。[5] 陈逸云则呼吁"惩办贪污及不法""动员民众捐助军工副食物"[6] 等。

面对士兵生活待遇过低导致豫湘桂战役大溃败的情形，蒋介石不得不承

---

① 赵澍：《请政府迅速改善士兵生活以加强战力实行反攻案》，国民参政会秘书处编印：《国民参政会第三届第三次大会纪录》，1945 年 3 月，第 135—136 页。

② 褚辅成：《请政府改善征兵办法以充实兵源并提高素质案》，国民参政会秘书处编印：《国民参政会第三届第三次大会纪录》，1945 年 3 月，第 138 页。

③ 赵澍：《请政府迅速改善士兵生活以加强战力实行反攻案》，国民参政会秘书处编印：《国民参政会第三届第三次大会纪录》，1945 年 3 月，第 136 页。

④ 王亚明：《改善国军官兵人马待遇应请政府统筹财源以免加重人民重复负担案》，国民参政会秘书处编印：《国民参政会第三届第三次大会纪录》，1945 年 3 月，第 137 页。

⑤ 但懋辛：《为建议政府改善兵役案》，国民参政会秘书处编印：《国民参政会第三届第三次大会纪录》，1945 年 3 月，第 139 页。

⑥ 陈逸云：《改善兵役办法加强抗战力量案》，国民参政会秘书处编印：《国民参政会第三届第三次大会纪录》，1945 年 3 月，第 141 页。

诺"要增加部队官兵待遇，提高士兵生活，至少与后方国民一样"①。国民政府向大会提交的《三十四年度国家施政方针》也明确规定，要"改善陆军各项给予，务使官兵待遇提高，以达到增强战力之目的，并厉行军需独立，实施财务监督，使经费支出合法有效"②。行政院就保证官兵生活经费来源提出了专门提案：一是核实部队官兵实际数目，解决吃空饷问题；二是发动征献粮食运动，鼓励地主富户捐献余粮；三是开辟可靠税源。③ 后来，国民政府就增加士兵的食盐、大米、面粉、副食马干等费用也作了明确规定，并规定由国防最高委员会具体负责解决吃空饷问题。但需要指出的是，国民政府提高士兵生活待遇的承诺，更大程度上是一种无奈之举，敷衍搪塞的意味颇浓。当时国民政府控制的川、黔、滇、桂、湘等西南五省，物资统制与税收基本上已达到"涸泽而渔""山穷水尽"的地步，要增加官兵生活待遇经费和其他方面的开支，只能靠发行大量的纸币，由之带来的通货膨胀更为严重，从而陷入了"官兵待遇虽已提高，而物价升涨甚速，本已改善之生活，瞬又趋于困窘"的恶性循环之中④。"饮鸩止渴"式提高士兵生活待遇的举措，不仅没有达到应有的目的，反而使国民政府"处于一种崩溃的先期状态"⑤，埋下了失败的种子。

尽管国民参政员的建议主张很难在实践中发挥作用，但他们还是不愿放弃通过国民参政会这一制度化管道向国民政府建言献策的机会。在国民参政会四届一次大会上，又出现了要求改善士兵待遇的提案。张作谋指出，国民

① 秦孝仪主编：《中华民国重要史料初编——对日抗战时期·第四编：战时建设》（二），台北中国国民党中央委员会党史委员会1988年版，第1340页。

② 国民政府交议：《三十四年度国家施政方针》，国民参政会秘书处编印：《国民参政会第三届第三次大会纪录》，1945年3月，第125页。

③ 行政院：《为改善部队官兵生活筹措专款来源咨询大会意见并请赞助案》，国民参政会秘书处编印：《国民参政会第三届第三次大会纪录》，1945年3月，第134页。

④ 国民参政会秘书处编印：《国民参政会第四届第一次大会纪录》，1946年1月，第15页。

⑤ ［美］易劳逸：《毁灭的种子：战争与革命中的国民党中国（1937—1949)》，王建朗等译，江苏人民出版社2009年版，第140页。

政府虽对于改善士兵待遇制定了详细办法，但士兵生活"与前初无二致，改善徒具虚名而已"。他建议，按照各省军队的不同情况，给士兵提供不同的装备，如在棉衣使用期限上，"应按布质优劣及服用时间长短"重新规定，气候严寒省区士兵，冬季应发外衣、棉被、军毯、棉鞋、棉袜、护耳等，"以资御寒"；再如小麦折合面粉，应按实出数目计算，以免无形短少。行军作战期间，应增加面粉及副食费，"以资鼓励"。各部队要充实卫生设备，"增加医药费，或充分发给医药现品"①。薛明剑则从分配、运输、储藏、采集及补充、加工、人造肉制作及管理等七个方面，提出了改善部队食品营养的具体办法。② 两案后被交"军政部酌办"③。考虑到抗战期间国民政府改善士兵待遇的措施及实际效果，提案效果不难想象。

三、严明严肃军纪

严明的军队纪律是提高军队战斗力的重要保证。1937 年 8 月，国民政府颁布了《战时军律》，规定凡有不奉命令放弃守地、临阵退却、贻误战机、降敌、破坏军用设施、反抗命令、不听指挥、动摇军心、纵军殃民、劫夺或强奸等行为的，一律判处死刑。④ 次年 2 月，它又颁布了《国军抗战连坐法》，规定参与作战的每一士兵、每一部队在战场上要全力以赴，争取胜利。⑤ 与之相适应，国民政府军事委员会成立了军法执行总监部，具体负责军纪及军

---

① 张作谋：《请政府按照各省实际情形确切改善士兵待遇以减少死亡而免影响兵源案》，国民参政会秘书处编印：《国民参政会第四届第一次大会纪录》，1946 年 1 月，第 143—144 页。
② 薛明剑：《拟请政府改进作战部队食品营养而利反攻案》，国民参政会秘书处编印：《国民参政会第四届第一次大会纪录》，1946 年 1 月，第 151—154 页。
③ 国民参政会秘书处编印：《国民参政会第四届第一次大会决议案行政院办理情形报告表》，1946 年 2 月，第 66 页。
④ 中国第二历史档案馆编：《中华民国史档案资料汇编·第五辑·第二编：军事》（一），凤凰出版社 1998 年版，第 178 页。
⑤ 中国第二历史档案馆编：《中华民国史档案资料汇编·第五辑·第二编：军事》（一），凤凰出版社 1998 年版，第 179—180 页。

法审判与执行事务。军法执行总监部成立后，处置了影响非常恶劣的李服膺、韩复榘等人，对于约束军队纪律，坚定军队抗战意志发挥了重要作用。但随着抗战的进行，军纪软弱松弛的现象再次显现，对于抗战的顺利进行造成了不利的影响。

在国民参政会一届一次大会上，张振鹭指出，抗战爆发以来，"作壮烈牺牲之将士固属不少，而弃城失地者亦不乏其人，曾未闻某将死守某地某官与城存亡"，他认为之所以如此，"盖退而奔逃，无诛戮之及，今儿效死，有生命危险，何苦而求危险乎"。他认为，要改变这种局面，必须"转移社会风气，使人人知奋勇杀敌为荣，退缩贪生为耻"。具体而言，是由国民政府"明令悬不次之赏，严退后之诛，再由军委会严令各部长官分守汛地，誓与存亡"，"其有奋勇杀敌保全要隘或克复失地者，立即升赏，以资鼓励。其有固守土地作壮烈之牺牲者，明令褒奖，抚恤遗属，以资观感"。[1]

面对节节溃退的战场形势，在武器落后弹药缺乏的情形下，严肃严明军纪更为必要。因此，该案后来被军事委员会"告诫全国将士"[2]。与此同时，1938年8月13日，蒋介石致电军法执行总监部总监何成浚，要求加强军纪。11月2日，他又致电李品仙，指出"如有不遵命令擅向后方行动或逗留不前者"，"不分阶级一律收容，送归第五战区司令长官依法惩处，或发回原属部队服务，其有情节重大者，着迳电本会严惩"。[3]9日，他电令李品仙、李延年、汤恩伯、张冲等人，指出"凡无令擅退，不论各级官长，均照连坐法严厉执行"[4]。同日，针对国民党军队从新店镇、崇阳败退一事，蒋介石电令陈诚彻查。在国民政府多次要求严厉执行军纪的督促下，绝大多数官兵都能

---

① 张振鹭：《申明赏罚以肃军威而振士气案》，国民参政会秘书处编印：《国民参政会第一次大会纪录》，1938年9月，第129—130页。

② 秦孝仪主编：《中华民国重要史料初编——对日抗战时期·第四编：战时建设》（一），台北中国国民党中央委员会党史委员会1988年版，第228页。

③ 中国第二历史档案馆编：《中华民国史档案资料汇编·第五辑·第二编：军事》（三），凤凰出版社1997年版，第85页。

④ 中国第二历史档案馆编：《中华民国史档案资料汇编·第五辑·第二编：军事》（三），凤凰出版社1997年版，第91页。

够不怕牺牲，殊死与日寇作战。1940 年 10 月 17 日，陈诚在给蒋介石的密电中就指出，襄西之役虽然失利，但"各部队军纪良好为过去所少见，亦为年来整饬军风纪之一试验也"①。

不过，在严明军纪的过程中，蒋介石囿于个人私利的考量，过分依赖传统御人术，导致擅自加大惩处力度者有之，随意减轻惩罚者亦有之。如刘峙，虽"恇怯畏死"，"未经激战，遂下令退却，一溃直至石家庄，致使全冀皆失，而豫、晋两省受其祸，今又退至彰德矣"②，但并没有受到应有的处罚，反因与蒋介石的私人关系被擢升为第一战区副司令官。这也导致执行军纪成了领袖个人意志的体现，军纪松弛现象日趋严重。特别到了抗战中后期，在国民党腐败之风的带动下，军队中官兵走私、吃缺中饱等造成的军纪软弱涣散现象大肆蔓延，对战场局势造成了直接的影响。1941 年 5 月中条山战役惨败就是一个很明显的例子。中条山战役之前，敌人已在该地区活动，但是驻守河南陕县黄河南岸的第 38 集团军总司令李家钰在明知有敌人活动的情况下，仍不思防守大计，而与走私商杨庆亭勾结在一起贩卖毒品。当司令长官卫立煌打电话询问前线情况时，正在杨庆亭家赌博的李家钰竟答以"无事"。在他的带动下，军队上下唯利是图，"走私风炽，战斗力削弱"，哪里还有心思与敌作战？当时集结在这个地区的国民党军队约有十五六万人，却在三个星期内损失了七万余人，被认为是"上海战役以来最大损失"③。

针对中条山战役失利问题，在国民参政会二届二次大会上，一些国民参政员提出了提案。王卓然认为："最近中条山之失守，与郑州之一度沦陷，社会上一致舆论，皆认为军官走私实为最大原因。"他认为，前方官兵

---

① 中国第二历史档案馆编：《中华民国史档案资料汇编·第五辑·第二编：军事》（三），凤凰出版社 1997 年版，第 333—334 页。

② 中国第二历史档案馆编：《中华民国史档案资料汇编·第五辑·第二编：军事》（二），凤凰出版社 1997 年版，第 175 页。

③ 中共中央文献研究室编：《毛泽东年谱（1893—1949》（修订本）（中册），中央文献出版社 2013 年版，第 307 页。

肆行走私，后方史牟兼营商业等情事，"影响士气，败坏军纪，莫此为甚"，主张"严禁官兵走私，凡有犯者，不论官阶高低，一律按责任论罪，以肃军纪"①。后来，国防最高委员会分析中条山战役失利的原因时，也指出"中条山失利原因之一为敌人贬价输送敌货毒品"，"尤以走私贩毒为最大之原因"。分析还指出："战区走私非独中条山为然，豫省沿黄河之郑州、汜水、陕州均为走私据点。"②国民政府对该案没有具体办理情形③，但它也深知军队走私对军纪的严重破坏。1942 年 11 月国民党五届十中全会强调指出："严明军纪，统一军令，尤为克敌制胜之要素"，今后如"再有违法乱纪、走私牟利者应执法严绳，毋稍瞻顾"。④1942 年 4 月 4 日颁布的《中华民国战时军律》增加了"包庇走私者，处死刑"及"贻误军事或妨害抗战者，处死刑或无期徒刑"等规定。⑤ 在同年 9 月召开的西安军事会议上，蒋介石也把军队走私列为军队 12 项缺点中的一项，要求严禁。⑥

但是，如同其他法令一样，这些规定除了短期内有所威慑外，很快就形同虚设。加之日本故意策动中国军队参与走私，借以削弱中国军队的战斗力，并乘虚而入⑦，由此造成的军纪废弛现象更加不可收拾。1944 年豫湘桂

---

① 王卓然：《请提高士兵待遇厉禁走私以严军纪而励士气案》，国民参政会秘书处编印：《国民参政会第二届第二次大会纪录》，1942 年 9 月，第 69 页。

② 中国第二历史档案馆藏：《国防最高委员会秘书厅关于调查卅八集团军总司令李家钰走私贩毒等事项的文书》，全宗号：43（国防最高委员会），案卷号：830。

③ 笔者经过查阅，发现没有对该案办理情形的回复。见行政院秘书处编：《第二届国民参政会第二次大会决议案办理情形报告表》，1942 年 10 月，该文件为油印字，没有编排页码。

④ 荣孟源主编：《中国国民党历次代表大会及中央全会资料》（下），光明日报出版社1985 年版，第 744 页。

⑤ 《国民政府公报》（第 80 册），渝字第 454 号法规，河海大学出版社 1989 年版；转引自范连生：《抗战时期国民政府惩治腐败问题研究》，河北师范大学 2005 年硕士学位论文，第 18 页。

⑥ 秦孝仪主编：《先总统蒋公思想言论总集》（第 19 卷），台北中国国民党中央委员会党史委员会 1984 年版，第 271 页。

⑦ 齐春风：《没有硝烟的战争：抗战时期的中日经济战》，湖南师范大学出版社 2015 年版，第 264—265 页。

战役的大溃败再次将严重恶化的中国军队军纪败坏问题呈现在国人面前。在豫湘桂战役中，作为战役总司令的汤恩伯，没有将主要精力放在防守日军的进攻上，而是醉心于贩卖私货，热衷于聚敛钱财。在他的带动下，绝大多数官兵都参与毒品走私，有的甚至公然吸毒，失去了作战能力。他甚至把层层加码收上来的数十万军队粮饷的多余部分，倒卖给日本人，以至于社会舆论有"敌以机械化部队来，我以商业化部队应"的讥讽。

在国民参政会三届三次大会上，受战事失利的影响，国民参政员纷纷抨击军队经商走私、军心涣散、军纪废弛导致的战事失利现象。胡秋原指出："军人不务正业，或干政，或经商，不仅使军官心志他分，且造成各种之裂痕"①。王普涵认为："我军近来之腐化与夫整军之失败，虽不能以一部分军队概括国军全体，然此一部分军队者固国军之精锐，国人所属望者也，属望愈殷，失望亦愈甚"②。马乘风认为："作战以来，为国捐躯者，固大有人在；而平时擅作威福，战时毫无功绩者，亦不乏其人，政府未能全般采取公正之赏罚，因之国人不免疑虑。"③韩兆鹗指出："未有赏罚失当，而军纪能维持良好，军民合作能无间者。亦未有军纪不良，而能获得民众帮助，以争取抗战胜利者。"④针对这些问题，提案大都主张"严禁军人经营商业"；"贪污中饱之恶习，应绝对改除"；"应明是非，正赏罚，有功者虽疏必赏，有过者虽亲必罚，以树立大公无私之威信"；"厉行赏罚，务须避免同功异赏，同罪异罚之流弊"等。

值得一提的是，河南籍参政员郭仲隗提出了严惩汤恩伯的提案。他用铁

---

① 胡秋原：《建立统一的现代国防军确立军人不干政治之制度以保障国家之统一与民主基础案》，国民参政会秘书处编印：《国民参政会第三届第三次大会纪录》，1945 年 3 月，第 144 页。

② 王普涵：《请整理军事预备反攻以期早日收复失地案》，国民参政会秘书处编印：《国民参政会第三届第三次大会纪录》，1945 年 3 月，第 150 页。

③ 马乘风：《谨拟具整军意见请政府采择施行案》，国民参政会秘书处编印：《国民参政会第三届第三次大会纪录》，1945 年 3 月，第 146 页。

④ 韩兆鹗：《请严明赏罚并加强军民合作以利抗战案》，国民参政会秘书处编印：《国民参政会第三届第三次大会纪录》，1945 年 3 月，第 151 页。

一般的事实揭露了汤恩伯在河南驻军的诸多罪行：一是"素日不留心军政，而假借地位，经营商业，以至上行下效，大小军官腰缠累累，战斗意志消耗净尽"；二是"克扣军饷，士不素饱，士兵名额不及半数，各部队领不到给养，向民间征食苞谷等杂粮，士兵营养不足，影响作战"；三是仓库沦陷时，能够供20万部队食用一年的100万袋面粉被日军掠去；四是当敌人渡黄河进犯郑县时，他不仅不亲自到前线指挥作战，反而逃匿于鲁山西四十里之下汤，徜徉沐浴于下汤之温泉。不仅如此，事后他还捏造虚假信息向中央报告说自己的部队正在某处与敌激战。① 另一河南籍参政员徐炳昶则痛哭流涕表示，只要枪毙汤恩伯，他宁愿去陪斩。对此，王世杰不无感慨地指出："参政员之责问军事当局，以此次为最烈，而尤以国军在河南作战不力，汤恩伯等未受严厉处分为责难之中心。"②

面对因"国民党军队不战而溃无不愤懑异常"的不满情绪③，1944年10月，国民政府军事委员会决定授以各战区军风纪巡察团以惩处与审讯军纪败坏之权。但这一机构可以说是"雷声大，雨点小"。在国民参政会四届一次大会上，徐炳昶指出，军事委员会虽成立了军风纪巡察团，但并没有发挥多少作用，巡察团中"铁面无私，执法如山者，故属有人；而徇于私情，不肯检举者，亦复不少"④。他提议除请军事委员会再下令各巡察团严格巡察之外，请政府迅速成立战地秘密巡察团，专门负责各部队在地方上肆意摊派、扰民伤民的监察之事。杨一如则建议国民政府将用于惩治后方及文官的相关法规，应用于对前方贪赃枉法军人的惩治。两案经讨论通过送交了国防最高委员会。抗战胜利后，军事形势发生了急剧变化，国民

---

① 郭仲隗：《请申明军令严惩失机将领以明责任而利抗战案》，国民参政会秘书处编印：《国民参政会第三届第三次大会纪录》，1945年3月，第152页。

② 林美莉编辑校订：《王世杰日记》（上），台北"中央研究院"近代史研究所2012年版，第634页。

③ 《国民参政会上政府各报告掩盖错误　参政员严厉抨击》，《解放日报》1944年9月12日。

④ 徐炳昶：《请政府整饬战地军风纪案》，国民参政会秘书处编印：《国民参政会第四届第一次大会纪录》，1946年1月，第145页。

政府对此没有回应。①

第二节　利用沦陷区武装力量

全面抗战爆发后，随着大片国土的沦陷，许多地方被日寇控制。如何利用沦陷地区的力量牵制、消耗日寇有生力量，阻止日寇对这些地区进行全面统治与物资掠夺，粉碎日寇"以华制华、以战养战"的阴谋，争取抗战胜利的早日到来，成为国民参政会军事提案关注的重要问题之一。

一、利用游击力量

全面抗战爆发初期，国民政府几乎把全部兵力都用在了正面战场，对沦陷区的游击力量没有给予足够的重视。随着战事的发展，部分滞留于沦陷区的国民党军队及中共领导的八路军、新四军开展的敌后游击斗争，牵制了部分日军力量，在一定程度上遏制了日军的攻势，这使部分国民党高级将领认识到利用沦陷区游击力量的重要性。白崇禧就曾建议蒋介石，"一面在前线发动有限攻势，与在敌后发动广泛之游击战，消耗敌人之实力，并加强沦陷区之管制，尽全力阻止资助敌人之物质，迫使敌人困守点、线，破坏其以战养战之策略"②。1938 年 3 月，国民党临时全国代表大会通过的《抗战建国纲领》也提出，要"在敌人后方发动普遍的游击战，以破坏及牵制敌人之兵力"③。随后，国民政府军事委员会在汉口召开会议，确定了"以游击战配合正规战"的作战方针④。

---

① 笔者经过查阅发现，没有对这两件提案的回复。见行政院秘书处编：《国民参政会第四届第一次大会决议案行政院办理情形报告表》，1946 年 2 月。
② 白崇禧：《白崇禧口述自传》（上），中国大百科全书出版社 2013 年版，第 70 页。
③ 荣孟源主编：《中国国民党历次代表大会及中央全会资料》（下），光明日报出版社 1985 年版，第 486 页。
④ 张宪文主编：《中国抗日战争史(1931—1945)》，南京大学出版社 2001 年版，第 751 页。

在国民参政会一届一次大会上，基于《抗战建国纲领》规定利用沦陷区武装力量，"惟敌人已深入，抗战将届最后时期，此项工作尚无相当之成绩"的实际①，部分国民参政员就如何利用沦陷区游击力量提出了提案。王仲裕主张招募曾与敌人作过战的游击青年壮丁，根据他们的知识程度分别加以训练，训练完毕后，或将之分配到正式队伍中与敌作战，或让其回到原籍担任游击战、运动战的负责人。许德珩建议招抚湘、鄂、赣等沦陷省份的地方武装头目，对他们按照正式军队予以物质给养和军事补充，并配备有知识有经验的下级军官对他们进行训练与整顿，进行必要的政治教育，灌输民族意识与抗战必胜的坚强信念，以与敌作战。国民政府较为重视王仲裕的提案，据此制定了《沦陷区域征募壮丁实施办法》②。1938年11月下旬召开的南岳军事会议提出要"加强敌后方之控制与袭扰，化敌后方为前方，迫敌局促于点线，阻止其全面统制与物资掠夺，粉碎其以华制华、以战养战之企图"③。与此同时，"国民党派遣约60个师的兵力进入敌后，分别开辟了华北、华中、华东、华南的敌后游击战场"④，对于打击、牵制、消耗日寇有生力量发挥了一定作用。

在国民参政会一届三次大会上，重视利用沦陷区武装力量再次成为军事提案的重点问题之一。在这次大会上，共有15件军事国防提案提出，关于加强沦陷区游击力量的有6件。这6件提案虽都以密案形式出现，但通过标题可知是围绕如何利用敌后游击力量展开的。⑤国民政府对这几件

① 周士观：《抗战建国纲领迅速推动完成案》，国民参政会秘书处编印：《国民参政会第一次大会纪录》，1938年9月，第104页。
② 秦孝仪主编：《中华民国重要史料初编——对日抗战时期·第四编：战时建设》（一），台北中国国民党中央委员会党史委员会1988年版，第225页。
③ 秦孝仪主编：《中华民国重要史料初编——对日抗战时期·第二编：作战经过》（一），台北中国国民党中央委员会党史委员会1988年版，第586页。
④ 程舒伟等：《抗日战争重要问题研究》，东北大学出版社1997年版，第164页。
⑤ 这6件提案分别是陈石泉的《加强敌后工作以充实长期抗战力量案》、褚辅成的《游击战区施政纲要建议案》、骆力学的《普遍推动敌人后方抗敌工作案》、程希孟的《请政府迅速增强各战地（即以前所谓沦陷区域）游击力量案》、马乘风的《加紧推行"游击区域"抗敌工作案》及王葆真的《击队并普遍加强战地民众之军事训练案》，见国民参政会秘书处编印：《国民参政会第三次大会纪录》，1939年4月，第57—58页。

提案虽没有回复采纳实施情形①，但于 1939 年 3 月成立了统筹沦陷区党政军行政的战地党政委员会，具体负责发动和组织沦陷区民众，建立游击根据地，扩大游击战争②。5 月，它颁布了《游击队调整办法》，规定"在正规军未与敌决战之前，采柔性的游击战术，在政治方面达成巩固的沦陷区内的政权，组训民众，组织谍报网，破坏敌伪组织、经济结构及敌一切谍报机关之任务；在军事方面，随时随处破坏敌后交通，夺取其稻种，焚毁其仓库，袭击敌小部队，犯击敌指挥官，封锁敌占领城市，使深入之敌生步步荆棘之感"③。7 月，它又颁布了《游击战区募集壮丁办法》，提出使"游击战区（拉锯战区）和沦陷区的壮丁，免资敌伪利用"④。国民党重视运用沦陷区游击力量，对于抗战前期国共合作对日作战，迟滞日本对华的猛烈军事攻势发挥了重要作用。

抗战进入相持阶段后，日寇改变了对国民政府以军事打击为主的方针，逐渐将主要精力放在了中共领导的敌后武装力量上。随着军事压力的暂时缓解和日本帝国主义诱降政策的实施，国民党一党专政的固有思维又占了上风，其战略重心也由对外转向对内，由积极抗战转向消极抗战。1939 年 1 月召开的国民党五届五中全会，抗战和反共成为主要议题，标志着国民党对国共合作共同抗战的态度发生了重大转变，导致沦陷区内国民党领导的抗战力量与中共领导的武装力量不断发生摩擦。如 6 月 12 日，根据蒋介石的秘密命令，国民党第 27 集团军派兵包围了新四军驻湖南平江嘉义镇的通讯处，惨杀了新四军参议涂正坤、八路军少校副官罗梓铭等 6 人，史称"平江惨案"。为此，中共曾专门向国民参政会致电要求严惩制造"平江惨案"的

---

① 国民参政会秘书处编印：《国民参政会决议案实施情形一览》，1939 年 8 月，第 151 页。

② 张宪文等主编：《中华民国史大辞典》，江苏古籍出版社 2001 年版，第 1360 页。

③ 沈致金等主编：《中华民国实录》第 3 卷（上），吉林人民出版社 1997 年版，第 2314 页。

④ 河南省地方史志办公室编纂：《河南省志·军事志》，河南人民出版社 1995 年版，第 389 页。

凶手。①

国共在沦陷区武装力量冲突公开化，削弱了对日抗战的力量，引起了国民参政员的担忧。在国民参政会一届四次大会上，共提出 11 件军事国防提案，主张利用沦陷区武装力量进行抗战的有 4 件，分别是无党派的李鸿文、救国会的张申府、中共的秦邦宪和国民党的程希孟，说明各党派对该问题都有关注。从具体内容看，4 件提案虽都主张加强沦陷区武装力量建设，但不同政治力量之间的建议有微妙差别。中间力量希望集中沦陷区所有武装力量进行抗战，但希望有一个统一的领导组织。如李鸿文主张成立军政民联合会议，以使"军政民力量化合为一，打击敌人"②。张申府也建议"速在敌后分区成立中心机关（即如党政委员会分会之类），以对国事热诚素著，及在各区抗战有力之人员组织之，作为各区与中央联系之枢纽"。但是，由于当时国共军事摩擦已表面化，中间力量不愿引起纷争，故没有提及谁为沦陷区武装力量的领导者，只是提出"对在敌后各区域从事抗战之力量，不问其为正规军或游击队，一律看待，均予以适切之指导与充分之接济。并一方使其分区工作，一方使其密切联络，互相呼应，严禁争权夺利，磨擦纠纷；更禁因争讦而相攻讦"③，表达了希望国共以民族大义为重，团结抗战的良好愿望。

秦邦宪的提案主要表达了两个层面的思想：一是希望国民党以抗战大局为重，减少中共在沦陷区发展武装力量的阻力；二是提出让有能力者担任沦陷区武装力量的指导者。他首先分析了加强沦陷区武装力量建设对于粉碎日寇"以华制华""以战养战"阴谋的重要性。其次，他指出了国民党压制沦陷区中共武装力量对抗战造成的不利影响。如国民党某些部队长官或党政人

① 中国第二历史档案馆藏：《延安各界追悼平江惨案诸烈士大会请国民参政会惩办凶手并取消限制异党办法以利抗战案》，1939 年 8 月，全宗号：416（国民参政会），案卷号：8。
② 李鸿文：《各沦陷区域内拟请赶速建立普遍而巩固的游击根据地区以图摧毁敌伪政权增加抗战力量案》，国民参政会秘书处编印：《国民参政会第四次大会纪录》，1939 年 11 月，第 85 页。
③ 张申府：《加强敌后工作案》，国民参政会秘书处编印：《国民参政会第四次大会纪录》，1939 年 11 月，第 86—87 页。

员"心怀成见，专事磨擦，以致或则部队遭受损失，或则给敌人以可乘之机"，致使中共领导的沦陷区武装力量遭受严重的困难和阻碍。最后，他认为要纠正此种现象，除了按照《抗战建国纲领》及各游击区域的具体情况，制定和实行游击地区施政纲领、选派"有坚持在敌后作战之决心，有游击战术之素养的部队"以增强沦陷区军力外，还应统一敌后游击区域领导权，力求游击区域军政权的统一，游击区域实行民主主义，行政机关由民选产生，各省县成立能真正代表民意的省县参议会①。

程希孟分析了沦陷区武装力量存在的问题。他指出沦陷区武装力量主要有两个方面的不足：一是沦陷区范围广泛，但有的游击部队在分布上拘泥于省份，"致地理形势未能完全利用"；二是沦陷区武装力量纷繁复杂，在事权上"职责欠明，致分工合作，犹多表现缺点"。他认为，出现这些问题的原因在于战地党政委员会未尽其责。对此，1939年11月国民党五届六中全会也认为，"战地党政委员会及分会之建制已有成议，而战区党政军工作应如何适当配合，职权如何明晰确定，计划如何督促实施，亟应加以切实调整，俾有紧急之联系，齐一步骤，工作效率日益加强"②。针对上述问题，他提出了两点建议：一是将所有各战区所辖游击区域，"不拘省界，划分为较小之游击单位"；二是"从速成立战地党政委员会各级分会，以实现战地党政军工作之统一；并在战地施政总方案之下，一方面予战地党政委员会分会以一定之权责，俾得各就当地特殊情形，推行中央之政令。一方面严格考核各分会之功过得失，分别奖惩，以期战地各种抗战工作能如预定之计划，一一完成"。③可见，该案倾向于分散沦陷区中共领导的武装力量及强化国民党领导的战地党政委员会的权限。

---

① 秦邦宪：《加强敌后游击活动以粉碎敌寇以战养战之阴谋案》，国民参政会秘书处编印：《国民参政会第四次大会纪录》，1939年11月，第86页。

② 荣孟源主编：《中国国民党历次代表大会及中央全会资料》（下），光明日报出版社1985年版，第557页。

③ 程希孟：《请划分游击战区建立"游击准备区"并加强战地各种抗战建国工作案》，国民参政会秘书处编印：《国民参政会第四次大会纪录》，1939年11月，第87页。

可见，国共两党虽都主张加强沦陷区武装力量建设，但对如何加强却存在着根本分歧。就事实而言，只有统一沦陷区武装力量的领导权，才能更好地利用沦陷区武装力量。但对国共而言，要求任何一方统一到另一方的领导下，无疑是冰炭不洽，水火不容，根本不可能。从国民政府对这6件提案回复的情况看，它更多地采纳了程希孟的建议，而对秦邦宪主张平等对待沦陷区各种抗战力量、实行民主主义等建议则采取了回避的处理方式。它将上述提案交内政、财政、经济、教育四部门联合研究，后决定由财政部、经济部具体办理。经济部、财政部的举措基本上集中在增加沦陷区游击力量活动经费及加强沦陷区经济建设方面，如"办理低放贷及重帖现金"、"增发钞券收购物资以扶助战地生产"、"加紧堵塞"私货、"废除一切游击区内捐税"等①，对沦陷区武装力量在政治上如何发展则没有制定具体措施。这当然与国民党的政治考量有关。中共参政员所提建议不失为利用沦陷区武装力量的有效办法，但若采纳中共的主张，擅长运用游击战术在敌后进行作战的中共就不可避免会发展壮大。国民党并不想让中共在沦陷区的力量过于发展，但自身又不具备实力单独领导沦陷区的武装力量。因此，它在对提案的回复上，故意避重就轻，绝口不提加强沦陷区武装力量需要解决的统一领导权这一关键问题，而只是就加强政治色彩不明显的沦陷区的经济、文化建设作出了回应。

随着抗战形势的进一步发展，国共军事摩擦进一步加剧，这使部分国民参政员认识到，"国共摩擦，几如阴阳两极，根本调和不可能"②。因此，在此后的国民参政会大会中，有关利用沦陷区武装力量进行抗战的提案再没有被提出。在国共就如何利用沦陷区武装力量进行抗战未能达成协议的情形下，中共本着依靠人民进行抗战的理念，积极发动组织沦陷区民众进行抗日。到抗战胜利前夕，中共领导的沦陷区武装力量先后创建了晋察冀、晋绥、晋冀豫、山东、华中、湖南、苏北、苏中、苏浙皖、淮北、淮南、皖江、浙东、

---

① 行政院秘书处编：《国民参政会第四次大会决议案行政院办理情形一览表》，1940年3月，第8—9页。

② 徐汉三编：《黄炎培年谱》，文史资料出版社1985年版，第135页。

河南、鄂豫皖、湘鄂、东江、琼崖、邱北等一系列敌后抗日根据地，地域遍布华北、华中与华南19个省区，人口达到9550万以上，正规军队达91万，民兵达220万。① 抗战胜利后，国民党为了主导战后中国的政治局势，不得不与中共就解决这一问题进行磋商。在此过程中，由于国民党始终不肯放弃消灭中共而后快的想法，致使双方在一些关键性问题上未能达成一致性意见，也使国民党在解决这一问题时更为棘手，国共之间的历史命运在此过程中发生了颠覆性的变化。

二、策动伪军反正

抗战相持阶段到来后，特别是1940年3月汪精卫在南京成立伪"国民政府"与重庆国民政府争夺政治合法性以来，日寇在沦陷区不仅大肆掠夺资源、倾销商品、发行伪钞，实行其所谓"以华制华""以战养战"的阴谋，而且成立了各种伪军组织，以增加对中国的作战力量，伪军数量因之"从1938年的10万余人激增到1943年的80万人"②。但这部分人中，被迫依附日军的也占有相当比例。为争取这部分力量，国民政府曾颁布了《策动伪军反正条例》，但由于种种原因，该条例并未真正得到实行，对伪军反正的影响不大。这引起了国民参政员的注意。

在国民参政会一届四次大会上，部分国民参政员提出了策动伪军反正的提案。徐傅霖等69人临时动议，主张对东北3800万同胞，"加强其对于祖国胜利之信念，以鼓励其反抗敌寇之行动，以坚定伪军反正之志愿"③。于明洲指出，自抗战以来，东北伪军"多被迫前来应战，因伪军怀祖国观念情切，及不堪倭寇压迫虐待，自动率部反正，虽为数颇多，而意存观望，踌躇不前者，亦复不少"。之所以如此，主要是因为"我方对于收容反正之各伪军部队，未能按照反正条例待遇，切实施行"。他认为，"为吸收大批伪军积极反

---

① 中共中央党史研究室：《中国共产党历史》第1卷（下），中共党史出版社2002年版，第633页。

② 刘威：《伪军反正研究》，《沧桑》2008年第2期。

③ 国民参政会秘书处编印：《国民参政会第四次大会纪录》，1939年11月，第45页。

正，加强抗战力量起见，亟应通饬前方抗战各部队，切实遵照反正条例，对于反正素质优良装备齐全之各部队，亦应予以相当调整训练，并应对于率部来归之官长，予以奖饰，而示鼓励，以广招来，免为敌寇所利用"①。

国民政府也注意到了这一问题。1939年9月，国民政府在第三战区长官部情报室设立了专门机构，具体负责策动伪军反正业务。同年10月，国民政府又决定由战地党政委员会专门负责策反伪军工作。② 由于国民政府的重视，这一时期的伪军反正工作取得了一定成绩。据国民党五届九中全会报告，仅1939年一年，就先后有张砚田、张庆余、吴朝翰、黄宇宙、金宪章、井得泉、吕存义、王子修、慕新亚、刘盛五、刘金山等部约266000多人被策反；1940年，又有张岚峰部三个师、黄大伟部三个团及鲁南刘桂堂、张步云、赵保原、绥省邬青云、兰瑞、高振兴、李兆兴等部约90000余人被策反。这些部队或被编为正规部队赴前线抗敌，或被编为地方保安部队维持社会治安，或被编为游击队深入敌后进行扰敌，较为有力地牵制了日寇力量。

1941年6月，苏德战争爆发，德国敦促日本北上进攻苏联。为配合这一战略，日本在吉林、黑龙江两省边界地区布置了重兵守卫，强迫东北人民入伍，但东北人民不愿为日军效力，有些青年学生为反抗日本征兵甚至逃到了河南洛阳。针对这一情形，在国民参政会二届二次大会上，王寒生建议辽宁、吉林、黑龙江、热河四省政府每省各选派三名干练人员，组成"东北义军招致委员会"，在外蒙及热河边界设置招致站，招致东北四省"衔恨敌人之情绪与日剧增"的20余万伪军和东北青年。③ 鉴于东北伪军数量庞大，策反招致及之后的善后事宜都颇为不易，而青年学子人数较少，大都怀有爱国之心，只要给其提供一个学习安身之处即可满足其需求，招致相对容易的实际，国民政府相关部门经多次研究，于1942年11月颁布了《战地失学失

---

① 于明洲：《请切实实施反正条例多吸收伪军反正而加强抗战力量案》，国民参政会秘书处编印：《国民参政会第四次大会纪录》，1939年11月，第88页。

② 戚厚杰等编著：《国民革命军沿革实录》，河北人民出版社2001年版，第502页。

③ 王寒生：《请中央政府令辽吉黑热四省政府派员招致东北伪军案》，国民参政会秘书处编印：《国民参政会第二届第二次大会纪录》，1942年9月，第71页。

业青年招致办法》，将辽宁、吉林、黑龙江、热河等四省作为东北招致区域，负责这几省失学失业青年的救济及收容工作。① 次年 9 月召开的教育部战区教育指导委员会第三届第一次会议在报告东北青年处工作时指出："招致东北青年予以救济，最近已由处派定二员前往东北招致青年。"② 东北青年的招致工作虽然进展缓慢，但毕竟进入了实践操作层面。

在这次大会上，莫德惠还建议成立东北战区，充实辽、吉、黑、热四省政府政治机构，并把"招抚安辑工作"作为重要任务。③ 该案虽被认为可行，但国民政府能力有限，因此它对该案指出要"遂军事情形"，将来"审度环境逐渐充实"④。不过，基于对东北地区的战略考量，军统局于 1943 年成立了界首特别站，由陈旭东任站长，具体负责"策动东北伪军投靠蒋介石及筹建军统在东北组织"⑤。界首特别站成立后，在策反与东北军有历史关系的汉奸组织和对日作战方面做了一些工作。如 1945 年 1 月，该组织通过秘密组织"爱国委员会"，买通了日本茂川特务机关的内部人员，将日本军队对南阳、老河口一带的作战计划全部搞到手，从而使第五战区有了充分的作战准备。⑥

到 1944 年，在德意法西斯败局已定的大环境下，为防止日寇溃退到东北地区负隅顽抗，在国民参政会三届三次大会上，王寒生主张国民政府派专员赴东北策动伪军反正，"一俟国军进至榆关时，使东北军民在内部暴动，

---

① 中国第二历史档案馆编：《中华民国史档案资料汇编·第五辑·第二编：教育》（二），凤凰出版社 1997 年版，第 333 页。

② 中国第二历史档案馆编：《中华民国史档案资料汇编·第五辑·第二编：教育》（二），凤凰出版社 1997 年版，第 318 页。

③ 莫德惠：《请设置东北战区并充实辽吉黑热四省政府实力案》，国民参政会秘书处编印：《国民参政会第二届第二次大会纪录》，1942 年 9 月，第 71 页。

④ 行政院秘书处编：《第二届国民参政会第二次大会决议案办理情形报告表》，1942 年 10 月，该文件为油印字，没有编排页码。

⑤ 徐远举等：《军统局、保密局、中美特种技术合作所内幕》，全国政协文史资料委员会编：《文史资料存稿选编》第 13 辑（上），中国文史出版社 2002 年版，第 504 页。

⑥ 陈旭东：《抗战胜利后我在东北的特务活动》，全国政协文史资料委员会编：《文史资料存稿选编》第 14 辑（下），中国文史出版社 2002 年版，第 432 页。

起而杀贼，使敌人纵有顽抗之意而无隙可负矣"①。席振铎则提议国民政府颁布《奖励伪军反正办法》，吸引伪军主动投诚，"查明反正伪军首领，其有死亡者，核其事实，从优给恤，或予以明令褒扬"②。对于前案，国民政府回复声称东北各省策反伪军事宜已由辽、吉、黑、热等省负责办理，且"工作从未中断"，"无须另派大员"③；对于后案没有回复。这一方面是因为豫湘桂战役失利，国民政府不得不将主要力量用于正面战场，以挽救军事溃败之势，另一方面也与在沦陷区的国民党党务组织涣散无力④，策反伪军工作成效不彰有关。

到抗战胜利前夕，按照正规编制组建的伪军数量已近120万，策动伪军反正已成为瓦解日寇斗志、争取抗战胜利尽快到来的重要条件。在国民参政会四届一次大会上，马乘风指出伪军数量虽多，但除少数利欲熏心、甘心附敌者外，多数都不是想要当伪军到底的，特别是在日寇已处于困兽犹斗的绝境时期，他们更愿意找个机会，"重返祖国的怀抱"，希望国民政府把握时机，给那些愿意反正的伪军以自新的机会，"迅速择派与伪军已往有深切关系之人，掺入伪军策反"，给那些自告奋勇愿赴伪军组织内做策反工作的人员"予以奖励"。该案后被"送请政府参考"⑤。国民参政会一届四次大会结束后不久，日寇即宣布投降。在新的形势下，国民政府对于伪军的考虑已经不是如何策反，而是如何收编利用以用于与中共的内战了，该案所提建议亦不了了之。

---

① 王寒生：《请政府速派专员分别潜入东北四省联络伪满军民以利反攻案》，国民参政会秘书处编印：《国民参政会第三届第三次大会纪录》，1945年3月，第154页。

② 席振铎：《请政府相机策动伪军反正配合争取胜利案》，国民参政会秘书处编印：《国民参政会第三届第三次大会纪录》，1945年3月，第156页。

③ 行政院秘书处编：《国民参政会第三届第三次大会决议案行政院办理情形报告表》，1945年6月，第8页。

④ 刘志鹏：《华北沦陷区国民党研究》，山东大学2014年博士学位论文，第285页。

⑤ 马乘风：《请政府派员积极策动伪军反正案》，国民参政会秘书处编印：《国民参政会第四届第一次大会纪录》，1946年1月，第165页。

第三节　加强防务建设

全面抗战爆发后，日寇不仅利用其强大的陆军优势，大肆侵占中国领土，而且借助其在空军、海军方面的绝对优势，对中国领土进行无情的摧残。为此，1938 年 3 月召开的国民党临时全国代表大会指出，要"从根本上树立'国防第一'之精神，以全民觉醒之努力，创建保卫国家民族之新武力"[①]。国民参政会在这方面也提出了一些提案，虽然数量不多，但对督促国民政府重视并解决一些防务问题，有一定的积极意义。

一、增强防空力量

著名历史学家吕思勉曾指出："我国陆军，苦于兵多而不能战；海、空军则为力甚微，殊不足以御外侮"[②]。全面抗战爆发前，国民政府已认识到空军力量在国防中的重要地位，并采取了一些措施加强空军建设。[③] 全面抗战爆发后，国民政府颁布了《防空法》，规定"人民参加防空工作及防空设备"，"依法征用或征收人民之土地及建筑物"，"命令人民参加防空工作及防空设备"，"征收人民防空附捐"[④]，以推进防空建设。但与强大的日本空军相比，刚刚起步的中国防空能力处于明显的劣势。如 1937 年 8 月 31 日，在淞沪会战激战正酣之际，日军派出 9 架飞机袭击了广州。自此，到次年 10 月 21 日广州沦陷，日本对广州进行了长达 14 个月的狂轰滥炸，其轰炸密度仅次于后来的陪都重庆。当时，中国空军把有限的力量都用在了淞沪、徐州和武汉的防守，未能对广州进行支援，广州遭受了巨大损失。

---

① 荣孟源主编：《中国国民党历次代表大会及中央全会资料》（下），光明日报出版社 1985 年版，第 494 页。

② 吕思勉：《中国通史》，华中科技大学出版社 2016 年版，第 265 页。

③ 袁成毅：《全面抗战前国民政府空军建设评析》，《杭州师范大学学报（社会科学版）》2013 年第 2 期。

④ 中国第二历史档案馆编：《中华民国史档案资料汇编·第五辑·第二编：军事》（一），凤凰出版社 1998 年版，第 176 页。

　　面对日寇空袭广东造成的巨大损失，部分广东籍参政员深以为忧。在国民参政会一届一次大会上，钟荣光指出，日寇对广州的大举狂袭，造成"平民生命财产之损失，不能统计，外侨损失，亦属不少"。他认为，广州作为全国军用品进口重地、南华唯一的交通口岸，"稍有差池，大足以牵动全局"。他建议国民政府统筹兼顾，"派遣常备机队若干"，"强固广州空防"，"以达最后抗战建国之目的"。① 该案被"原案通过，建议政府，从速见诸实施"。后来航空委员会回复称，对该案所提主张"俟新部队成立时，再行增强"②。后来，在国民参政会一届三次大会上，黄建中也提出了《加紧扩大空军建设以资规取最后胜利案》。它虽被"密送政府从速统筹办理"，并"交军委会统筹办理具复"，但国民政府对该案亦没有实施情形的回复③，表明国民政府尚没有能力顾及这一问题。

　　随着战区的扩大，江南、华北等重要城市的工厂企业、文化机关及难民纷纷转移迁徙到川、滇、黔等边远省份或湘、鄂、赣、陕、桂等尚未被日军占领的内地省份，导致这些地区人口急剧增加。但是，这些地区极为薄弱的防空力量，却给日军利用空军优势进行轰炸提供了可乘之机。像贵州的贵阳、四川的万县、江西的吉安、万载等都遭受过日军的狂轰滥炸，不仅给当地的物质和文化建设带来了不可估量的损失，而且严重削弱了人们的抗战信心。在国民参政会一届三次大会上，许德珩要求国民政府"加强后方城市防空设备，从速灌输人民防空知识"，"挖壕避难"；他还提出在文化中心、人烟稠密的城市、工业重镇等人民生命财产聚集的地方，"装置高射炮"，以"重民生，固国脉，而利抗战"④。从后来的回复情况看，该案应该是引起了

---

①　钟荣光：《请政府加强广州防空实力以利全面抗战案》，国民参政会秘书处编印：《国民参政会第一次大会纪录》，1938年9月，第127页。

②　国民参政会秘书处编印：《国民参政会决议案实施情形一览》，1939年8月，第7页。

③　国民参政会秘书处编印：《国民参政会决议案实施情形一览》，1939年8月，第151页。

④　许德珩：《加紧后方重要城市及工业文化区域之防空设备及减少牺牲增强抗战建国之基本力量案》，国民参政会秘书处编印：《国民参政会第二次大会纪录》，1939年4月，第58页。

国民政府的重视，但由于涉及军事机密，实施情形以"密"字代替①，具体情形不得而知。

第二次世界大战爆发后，日寇大力推进南进政策，严重威胁到了美国在这些地区的利益，加剧了日美关系的紧张②，美国因此加大了对中国抗战的支持力度。1940年12月，罗斯福总统批准了对华援助计划，并从预计拨给英国的飞机份额中抽出100架P-40战斗机给中国。1941年3月，美国国会通过了《租借法案》，决定向"对美国国防至关重要的任何国家出售、转让、交换、租借或以其他方法处理……任何国防物资"③，从而为美国援华和中美军事合作扫清了障碍。4月，罗斯福总统签署了秘密命令，允许美国陆、海军的预备役航空人员参加美国志愿航空队赴中国参战。7月，他又批准了根据蒋介石、陈纳德少将拟定的中国空军发展计划，为一支有500架飞机的中国航空部队提供装备和人员。④这对于亟须加强空军力量的中国来讲，无疑是一个利好消息。

尽管美国对中国空军进行了一定的援助，但对于亟待加强防空力量的中国来讲，无疑还远远不够，而且，由于种种因素的制约，美国的一些承诺"很少能达到预定目的"⑤。如按照《租借法案》的规定，美国应先期给中国提供100架飞机，但这一承诺迟迟没有兑现。对此，在国民参政会三届一次大会上，石磊督促国民政府按照《租借法案》中先期供给中国100架飞机的

---

① 秦孝仪主编：《中华民国重要史料初编——对日抗战时期·第四编：战时建设》（一），台北中国国民党中央委员会党史委员会1988年版，第542页。

② 方连庆主编：《现代国际关系史（1917—1945）》，北京大学出版社1990年版，第478—482页。

③ "Mr.Lauchlin Currie to President Roosevelt, March 15, 1941", FRUS, 1941, Vol.4, *The Far East*, pp.94-95；转引自李江胜：《美国对华军事战略》，时事出版社2013年版，第30页。

④ 陶文钊等：《抗日战争时期中国对外关系》，中共党史出版社1995年版，第265—266页。

⑤ 世界知识出版社编：《中美关系资料汇编》（第1辑），世界知识出版社1957年版，第101页。

规定，尽快向美国交涉，以"维后方空运畅通"①。该案经讨论通过，但没有实施情形的回复。这与美国"先欧后亚"的战略考量有关。

太平洋战争爆发后，中国成为世界反法西斯阵营的重要组成部分，中国战场重要性日渐凸显，美国对包括中国空军在内的支持力度也越来越大。1942年初，中国空军各大队逐渐换上了经过美国志愿队在华作战检验成功的寇蒂斯P-40战斗机，还接收了美国高速战斗机共和P-43。此外，根据与美国达成的协议，中国新飞行员先去印度进行初级训练，然后前往美国接受系统、先进的高级训练。② 这对增强中国的防空力量具有一定的作用。

二、强化边疆防务

全面抗战爆发后，随着国民政府西迁至重庆，西南、西北等边疆地区成为"民族复兴"和"抗战建国"的基地和大后方，这些地区军事防务的重要性也日渐凸显。但是，由于国人长期以来受"重核心，轻边陲"和"弱国无边防"思想的影响，占全国领土60%以上的边疆地区防务力量非常薄弱。鉴于日趋严重的边疆危机，国民政府开始重视边疆防务建设③，但边防线过长、边情复杂，边疆防务薄弱的情形并不能很快得到根本改观。

在国民参政会一届一次大会上，潘秀仁和李永新分别提出了《加强绥蒙防务巩固西北门户案》和《即机组训蒙藏骑兵增强抗战力量并充分表现民族抗战精神案》。两案虽以密案形式出现，但通过标题可知，前者是针对加强绥蒙防务而提，后者是就加强蒙藏骑兵军事训练而提。由于两案分别由深谙边情且生活在边疆地区的国民参政员提出，因此建议主张应具有较强的针对性和可行性，也引起了国民政府的重视。如潘秀仁的提案送交国防最高会议后，国民政府就要求"军事委员会尽量计划施行，并将办理情形于十一月一日以前报告"。李永新的提案则直接促成了军事委员会办理蒙藏骑兵训练

---

① 石磊：《补充飞机数量加强后方空运案》，国民参政会秘书处编印：《国民参政会第三届第一次大会纪录》，1943年8月，第130页。

② 姜根金：《民国空军》，中国文史出版社2017年版，第182页。

③ 郑汕：《中国边疆学概论》，云南人民出版社2012年版，第373—374页。

事宜①。此外，张振帆的《充实西南防空力量巩固后方营垒坚持抗战到底案》虽没有提出充实西南防空力量的具体建议，但意在提醒国民政府注意这一问题，也具有重要意义。

在国民参政会一届二次大会上，周士观和茹欲立分别提出了《拟请从速加强西北防务建设军事根据地案》和《请加强西北军事力量以固全局案》。其中周士观的提案以密案形式出现，茹欲立的提案内容虽然是公开的，但和前面张振帆的提案用意一样，意在提醒国民政府注意加强西北军事力量的建设，没有提出具体建议。由于西北防务关系到整个抗战的全局安危，因此，这两案经讨论决议，"即送军事委员会统筹兼顾，加强军事力量，迅速采取施行"②。从后来的情况看，国民政府不仅采纳了他们的意见，还在周士观加强西北防务军事建设建议的基础上，又补充了四点建议：一是加强潼关及晋陕黄河防御工事及守卫力量；二是从速加紧组织民众，健全地方武力；三是对抗日蒙军积极加以补充，以增强西北抗日力量，并积极策动伪蒙军反正；四是加强第二、第八战区军事防务建设。③ 这对加强西北防务建设，积极进行军事配备、军事部署具有一定意义。

日本占领中国沿海各地之后，中国从海上得到国外支援的路线几乎完全被封锁。但是，中国从西北、西南等地依然可以得到国际援助，特别是由缅甸到云南的滇缅公路运输还一度相当活跃，"据统计，当时仅一个滇缅公路，1940年6月一个月的输入量，就占中国方面当月输入总量的16%"④。为了阻滞中国从滇缅公路得到补给，日本一方面向控制缅甸的英国施加压力，要求封闭滇缅公路，另一方面则利用强大的空军优势对滇缅公路进行猛烈轰炸。日本对滇缅公路的空袭，使部分国民参政员意识到了加强云南防务建设的重要性。在国民参政会二届一次大会上，李中襄提出了《巩固滇防以争取胜利案》。该案虽以密案形式出现，但引起了国民参政员的高度关注，经讨

---

① 国民参政会秘书处编印：《国民参政会决议案实施情形一览》，1939年6月，第8页。
② 国民参政会秘书处编印：《国民参政会第二次大会纪录》，1939年4月，第26页。
③ 国民参政会秘书处编印：《国民参政会决议案实施情形一览》，1939年8月，第89页。
④ 陶文钊等：《抗日战争时期中国对外关系》，中共党史出版社1995年版，第265页。

论决议"送请政府切实采纳，分别施行"①。鉴于滇缅公路对抗战的特殊意义，同年 11 月，军令部根据蒋介石的旨意，拟定了保卫滇缅公路的计划，卢汉、关麟征两集团军分别进至滇越铁路蒙自、河口段以西及以东地区，对于巩固云南防务起到了非常重要的作用。

太平洋战争爆发后，为配合太平洋战场和东南亚战场的作战，动摇中国军民的抗战意志，1942 年 2 月，日军集结五六万的兵力从乡宁至孝义一带围攻吕梁山根据地，企图占领晋西。从 1942 年春天开始，它对晋西北发动了历时 1 个月的"扫荡",5 月，又对太行山、太岳区发动了两次大"扫荡"②。在日军的强大攻势下，西北战场形势陷入危急状态。西北地区一旦被日军攻破，后果不堪设想。针对这种情形，在国民参政会三届一次大会上，郭仲隗提出了两点建议：一是加强原有驻军装备以增强抗战能力；二是增派有力部队前往太行山区的重要据点。该案在大会讨论时，被认为"极关重要，应作为密案，请政府切实办理"③。遗憾的是，国共两党在该区域的对峙非常激烈，"当地人民最迫切的情绪就是唯恐中国发生内战"④，国民政府并没有认真对待该案，亦未及时派遣有力部队前去支援，致使西北战场形势一度岌岌可危。

本章小结

综上所述，我们可以看出：

1. 军事国防提案主要从三方面展开：一是提高军队战斗力；二是利用沦陷区武装力量；三是加强防务建设。就提高军队战斗力来看，主要集中在改

---

① 国民参政会秘书处编印：《国民参政会第二届第一次大会决议案实施情行一览》，1941 年，第 2 页。

② 张海鹏主编：《中国近代通史》(第 9 卷)，江苏人民出版社 2013 年版，第 385—389 页。

③ 郭仲隗：《请充实北战场兵力以确保陕洛而奠反攻基础案》，国民参政会秘书处编印：《国民参政会第三届第一次大会纪录》，1943 年 8 月，第 127 页。

④ [美]费正清：《费正清对华回忆录》，陆惠勤等译，知识出版社 1991 年版，第 273 页。

进征兵弊端、提高士兵待遇、严肃严明军纪三个方面。这三方面的提案贯穿在抗战时期召开的历届历次国民参政会大会中，说明国民参政员对这些问题非常关注。就利用沦陷区武装力量来看，主要围绕利用沦陷区游击力量和策动伪军反正两方面展开，从利用沦陷区游击力量方面的建议来看，主要集中在第一届国民参政会前四次大会中，主要是因为国共两党对该问题的看法存在根本分歧，且都不愿作出过多的让步，随着国共军事摩擦的加剧，其他政治力量难以有提出建议主张的空间，因此不愿在此方面再提出提案。策动伪军反正的提案数量不多，主要是要求国民政府落实《策动伪军反正条例》与策动东北伪军以为收复东北早做准备。就加强防务建设来看，主要关注中国防空力量的建设及西南、西北、云南等地区的防务建设等，建议主张主要针对具体问题提出，系统性不强。

2. 就提案的领衔者来看，军事国防是抗战的中心问题，所有党派都对该领域的问题有所关注，且基本上都能站在国家民族大义的立场，克服党派歧异，真诚贡献自己的意见，有些意见和建议还在不同党派之间达成了共识，体现了中华民族儿女团结一致、共赴国难、抵御外侮的坚强决心与信心。另外，由于国民参政员都是不同党派、不同阶层、不同领域、不同行业的精英力量，有的本身就在军事学校接受过正规的军事教育与军事训练，有的则处于对日抗战的第一线，对中国军事国防方面存在的问题有更为深刻的了解和体会，因此提案所提建议主张大都是针对军事国防中存在的具体问题而提出，宏观层面的建议主张虽然也有一些，但数量较少，基本上只是为了引起国民政府的重视，没有提出具体的解决办法。

3. 就国民政府的回应情况来看，国民政府对军事国防提案的回应及落实情况，关系到中国抗战能否顺利进行。在此过程中，国民政府既表现出力图采纳民意以推动战争顺利进行的积极一面，也表现出应对战争力不从心、捉襟见肘的一面。具体而言，在改进征兵流弊方面，为了遏制基层组织在征兵过程中的营私舞弊、强拉壮丁等现象，国民政府先是积极施行"纳金缓役"办法，后又在国民参政会的建议下废止；对于要求根据"三平"原则执行《兵役法》以解决兵员巨大缺口的建议，国民政府亦有相关法规颁布施行，但对赋予民意机关监督征兵过程的要求没有回应。在此过程中，由于国民政府缺乏对基层社会的控制力，征兵过程中的流弊并未得到有效遏制，反呈积重难返之势。对于保障士兵权益的建议，在抗战前期，国民政府的回应较为积极，且采取了具体措施改善士兵待遇，也取得了一定的成效。到抗战中后期，随着战争的巨大消耗，加上有限的财力和部队管理出现的漏洞，它已无力改变士兵待遇低下的状况。在严明严肃军纪问题上，总体来看，国民政府较为重视这方面的提案，也制定了一系列严明军纪的保证措施，但未能杜绝军队中官兵走私、经商、吃缺中饱等黑暗现象，其采取的一些措施，如强化战区军风纪考察团的职能，亦没有取得应有的成效。在利用沦陷区武装力量问题上，从国民政府的回应情况来看，它认识到沦陷区武装力量对于打击日寇的重要作用，也采纳了提案提出的部分建议主张，但出于防范中共的考虑，它没有直面正视横亘在国共之间的沦陷区武装力量领导权这一敏感问题，而是采取了淡化提案政治色彩而仅从文化、经济方面"做文章"的做法，片面的抗战路线使它在沦陷区发展游击力量受到了较大的限制，而中共领导的抗日武装力量则在此过程中迅速发展壮大起来，使其在抗战胜利后解决横亘在国共之间的这一问题时更为棘手，最后不得不诉诸军事暴力。就策动伪军反正来看，在抗战前期，国民政府对该方面提案的建议主张较为重视，也取得了积极效果。到了抗战中后期，对东北籍参政员要求设立东北地区招抚机构、加强对东北地区伪军和青年学生的招抚、策动东北伪军反正等建议，国民政府虽囿于财力和人力所限，还是采取了一些举措，也取得了一定成效。在防务建设方面，提案所提出的问题大都是亟待解决的，国民政府也认识到了这些问题的严重性，并尽可能采纳了其中的一些建议主张，但由于国民政府能力所限，致使一些提案只是停留在纸面上，未能发挥应有的作用。就加强边疆防务来看，在抗战前期和中期，提案的一些建议主张引起了国民政府的重视，有的则被直接采纳，推动了抗战的顺利进行。到抗战中后期，国民政府将主要兵力放在西南战场，加之受国共政争的影响，对于支援西北战场的建议没有回应。另外，一些提案建议主张虽有很强的针对性和时效性，但随着抗战胜利，已不具备实施条件，对于这类提案，国民政府没有采纳实行。

第三章　外交提案分析

与其他领域的提案数量相比，国民参政会在外交领域的提案数量是最少的，但从具体内容看，提案也讨论了不少重要的问题，对于推动国民政府的外交工作，保证抗战的顺利进行，发挥了较为积极的作用。[①]

第一节　改善外交工作

要保证抗战的顺利进行，除了军事上的积极抵抗，获取国际社会的广泛支持也是必不可少的。全面抗战爆发后，国民政府决定"苦撑待变"，并制定了较为务实的外交政策，"谨慎处理与各国的关系，力求多寻友国，减少

[①] 目前学术界对国民参政会外交问题的研究，主要有陈雁的《抗日战争时期的中国外交制度研究》（复旦大学出版社 2002 年版）和黄利新的《抗战时期国民参政员的政治外交思想——以参政会关于外交问题的提案为中心》（《湖北社会科学》2014 年第 2 期）、《抗战时期的国民参政员对海外华侨的统战思想》（《华侨华人历史研究》2005 年第 3 期）。前者将国民参政会视为战时外交的民意机构，对国民参政会行使外交权力、外交问题的提案及国民参政会访英团进行了研究；后者从统一战线的视角，以太平洋战争爆发为界，将抗战时期国民参政员对华侨问题的关注分为两个时期，指出"在太平洋战争爆发以前，提案的主题主要围绕怎样发动华侨支持抗战而展开；在太平洋战争爆发以后，提案的主题主要转变为怎样支持华侨及准备支持华侨的复员工作"（黄利新：《抗战时期的国民参政员对海外华侨的统战思想》，《华侨华人历史研究》2005 年第 3 期）。本书关注外交提案提出后国民政府的回应情况，以窥视国民参政会对国民政府外交决策的影响及实际效果。

敌国，搁置分歧，求同存异，使国际环境于中国有利"①。但在实施过程中，由于中国自身力量的弱小、外交工作本身存在的问题和极为不利的国际局势，一些政策的落实面临很多困难。国民参政会成立后，对如何解决这些问题和困难，从不同角度提出了建议和主张。

一、调整外交机构

外交工作的顺利开展需要有健全的外交机构。但就当时的实际情况看，中国外交机构并不健全，亟待充实与完善。对于这一点，著名外交家蒋廷黻深有体会。全面抗战爆发前，他在谈到近代中国外交存在的问题时，就指出"外交机构的不健全"是中国外交失败的重要原因之一。②

在国民参政会一届一次大会上，程希孟指出："我国丁兹全面抗战，争取国家民族生存时期，军事而外，外交实据首要地位，而外交之运用，端赖机构之健全与人选之得宜。"他建议对使领人员的职务进行明确划分，随时撤职不称职人员；驻外大使应选择对国际政治、经济有专门研究的人员担任；对外交人员实行考绩制度，以考察其是否称职。另外，提案对充实外交人才也有关注，主张国民政府应慎重遴选那些声望卓著、品格高尚、富有政治经济知识、手腕灵活的人担任使领馆人员，对他们的升降黜陟，应以品格才能为标准。③ 该案旨在健全外交机构，充实外交人才，对外交机构进行系统化改革，以使外交工作适应抗战形势。在提交大会讨论时被认为"所举办法甚中肯，交主管机关尽量施行"，国民政府深知当时中国外交弊端所在，因此极为重视该案，要求于1938年10月1日前将该案施行计划及办理情形向国防最高会议报告。④ 可能因为看到了这个提案，蒋介石才决定任命没有

---

① 陶文钊等：《抗日战争时期中国对外关系》，中共党史出版社1995年版，第5页。

② 马勇：《蒋廷黻论近代中国外交》，马勇：《中国历史的侧面》，光明日报出版社2014年版，第248页。

③ 程希孟：《调整外交机构刷新外交阵容案》，国民参政会秘书处编印：《国民参政会第一次大会纪录》，1938年9月，第135页。

④ 国民参政会秘书处编印：《国民参政会决议案实施情形一览》，1939年8月，第11页。

政治、外交经验的胡适担任驻美大使①，希望利用其国际学术声望及与美国知识界的密切联系，促使美国改变对中日战争的中立态度，早日采取实质性措施援助中国抗击日本。

调整改善外交机构不仅是以程希孟为代表的国民党参政员的心愿，也是中共和中间力量等绝大多数国民参政员的共同心愿。在国民参政会一届二次大会上，国民参政员在审查外交工作报告时指出："上届大会决议调整外交机构刷新外交阵容决议案，尤应责成外交当局迅速切实施行。"②审查外交提案的第二审查委员会还专门提出了《培养及充实外交人才案》和《调整驻外使馆案》，将程希孟所提建议和主张进一步细化和深化。如在使领馆人员升降黜陟标准问题上，提案提出要成立考绩委员会，聘请部外专家学者参与考核，破除情面，严格执行；又如，在培养外交人才方面，提案提出各大学要尽最大努力充实外交师资及设备，以培养造就外交人才。③这种由审查某一领域提案的委员会就解决某一问题专门提出提案的情形，在国民参政会大会中是很少见的。这既反映出国民参政员对调整外交机构的重视，也反映出当时外交机构不能适应抗战需要的严峻形势。

两案经大会讨论通过提交国防最高会议后，决议"并送外交部"，要求外交部"参酌第一次大会调整外交机构案办理"，并"将办理情形呈报"。后从提案办理的回复情形看，两案引起了外交部的重视，并据此制定了一些改进措施。如在驻外使领人员的任用方面，外交部会同铨叙部制定了《现任使馆人员甄别委员会简章》和《驻外使馆办理会计事务规则》，规定对于不称职或品行不佳的驻外人员，随时根据其主管长官的报告，经调查核实后调回国，另派合格人员接任；在驻外使领馆机构的调整方面，按照各馆事务的繁

---

① 1937年9月至次年9月，胡适在美国、加拿大、英国、瑞士等西方国家宣传中国抗战实情，积极寻求西方援助，只不过那时是以"非正式外交使节的身份"出访西方的。见［美］莫高义：《书生大使：胡适出使美国研究》，广东人民出版社2006年版，第66页。

② 国民参政会秘书处编印：《国民参政会第二次大会纪录》，1938年12月，第26页。

③ 第二审查委员会提：《培养及充实外交人才案》，国民参政会秘书处编印：《国民参政会第二次大会纪录》，1939年4月，第57—58页。

简情形，酌量增减人员及经费。外交部还决定设立外交训练所训练驻外使领馆职员；举行外交官领事官特种考试，将录取人员加以训练再行任用；定期派员视察各使领馆馆务；举行驻外使领馆人员考核。①

尽管国民政府对于国民参政会提案建议调整外交机构、充实外交人才的建议颇为重视，也采取了一些改善措施，但在西方对中日战争立场未作根本性改变的情况下，这种努力在短时期内很难取得明显成效。对此，在国民参政会一届三次大会上，第二审查委员会在审查外交工作报告时，再次指出："外交部对于本会第一、第二两次大会议决各案，虽业已开始实施，但未能按照决议案之精神切实执行者，仍属不少；关于机构与人事之调整充实，以及宣传与情报之改善，迄今实际办理情形，去本会之期望尚远"②，希望外交部斟酌实际情形，通盘筹划，制定切实可行的计划，依法颁布实施。他们还对新拟任外交人员的考试、升迁、罢免、考核、任用等问题提出了更为翔实的主张。

在这次大会上，鉴于抗战形势对外交工作的严峻挑战，外交部也提出了题为《外交部第二期战时行政计划》的提案。由于该案是密案，具体内容不得而知，但从讨论后形成的决议看，国民参政员关注的焦点在于如何采取切实可行的外交举措，打开不利于中国抗战的外交局面，"应审度国际情势，采取有效步骤，切实推行"③。该案后经国民政府决议"交行政院转饬办理具复，并交外交专门委员会参考"④。1939 年 9 月 7 日，国民政府公布了修正后的外交部组织法，决定外交部设置总务司、亚东司、亚西司、欧洲司、美洲司、条约司、情报司等七个司，由总务司具体负责外交部所属各机关职员的任免、迁调、考绩及训练等事项⑤，这在一定程度上体现了国民参政员要求

---

① 国民参政会秘书处编印：《国民参政会决议案实施情形一览》，1939 年 8 月，第 95—96 页。

② 国民参政会秘书处编印：《国民参政会第三次大会纪录》，1939 年 4 月，第 25 页。

③ 国民参政会秘书处编印：《国民参政会第三次大会纪录》，1939 年 4 月，第 21 页。

④ 国民参政会秘书处编印：《国民参政会决议案实施情形一览》，1939 年 8 月，第 157 页。

⑤ 中国第二历史档案馆编：《中华民国史档案资料汇编·第五辑·第二编：外交》，凤凰出版社 1997 年版，第 1—2 页。

调整外交机构与充实外交人才的精神。

随着世界反法西斯战争形势的发展，中国抗战逐渐成为世界反法西斯阵营的重要组成部分，国民政府通过外交工作获得国际支援的空间大大增加，有些方面甚至取得了骄人的成绩。在此情形下，国民参政员呼吁调整改进外交机构的呼声已不如抗战前期那样强烈，自国民参政会一届四次大会到三届三次大会，国民参政员没有就该问题专门提出提案。当国民参政员再次关注该问题时，已经到了抗战胜利前夕召开的国民参政会一届四次大会。在这次大会上，刘真如基于战后中国塑造大国国际地位的考量，认为外交机构过于简单，建议调整充实外交部各司并力求使其分工缜密、工作灵活。具体来说，是在外交部中增设政治、工商参赞、海陆空武官及文化专员以适应战后国际经济工商往来的需要，实行驻外使馆人员定期回国以及定期外交旅行制度以便相关人员了解国内外情势。① 这对于外交机构适应战后形势，有的放矢开展外交工作不无裨益。抗战胜利后，国民政府的外交政策发生了变化，该案建议未被采择施行。②

二、扩大国际宣传

现代化的战争，不仅是武力的战争，也是宣传的战争。但国民政府成立后，最初并没有认识到这一点③。全面抗战爆发后，国民政府开始重视国际宣传，并在国民党临时全国代表大会上通过了《请加紧实施国际宣传案》，但它将宣传对象仅限于苏、英、美、法等几个大国，这与日本不仅注重对欧美国家，而且注重对南洋等国家的宣传，以减低这些国家对中国抗战同情

---

① 刘真如：《刷新外交机构充实人力物力以利外交活动案》，国民参政会秘书处编印：《国民参政会第四届第一次大会纪录》，1946年1月，第168页。

② 行政院秘书处编：《国民参政会第四届第一次大会决议案行政院办理情形报告表》，1946年2月，第16页。

③ 有研究指出，"中国国民党到了1930年代才再度认识到对外宣传的重要性，并设置了专门办理对外宣传工作的机构"。见［日］土田哲夫：《抗战初期中国的对美"国民外交工作"》，中国社会科学院近代史研究所民国史研究室、四川师范大学历史文化学院编：《一九三〇年代的中国》（下），社会科学文献出版社2006年版，第474页。

和支持的做法，形成了鲜明对照。针对这方面的问题，国民参政员提出了提案。

在国民参政会一届一次大会上，国民参政员在审议外交工作报告时指出："我国国际宣传，尚嫌散漫，应请政府统一宣传方针并调整其工作，以期增进效能。"① 在这次大会中，外交提案共有 10 件，涉及扩大国际宣传的就有 6 件。其中，王造时、王冠英、陈守明等或从扩大宣传机构职能，或从增加宣传经费，或从注重某一地区的宣传入手，分析了中国在外交宣传方面存在的问题，并提出扩大国际宣传、增强国际宣传效果的具体主张。如王造时指出，全面抗战爆发以来，世界舆论虽多同情中国，但由于国际宣传未能深入各国民间，致使"各国政府能以实际行动援助我方者，尚不多见"。他提出要扩大现有的国际宣传机关如中央宣传部国际宣传处及外交部情报司、中央通讯社等机构的权力，充实宣传内容②，以增强宣传效果。王冠英基于"抗战发生以来，日本即派出大批人员，分赴欧美各国宣传，期减低国际对我之同情"的情形，提出增加国际宣传经费、选派各界负有盛名并熟悉国际情形者前往欧美各国，宣传中国英勇抗战的事迹及敌人暴行。③ 陈守明提出请中央注意对南洋地区的宣传工作，增加南洋宣传专款；分区指派专人指导宣传；各领馆人员应设法组织时事座谈会，并出席作种种系统报告；出版载有当地文字的刊物进行宣传④，以抵制日寇在南洋对中国抗战不利宣传的影响。他还根据在暹罗的所见所闻，指出日本为了争得南洋各民族的同情与支持，对中国抗战"极力行其勾结破坏之谋"，建议由外交部侨务委员会及有关机关派高级人员组成一个常设机构，商议如何联合南洋各民族抵制日本

① 国民参政会秘书处编印：《国民参政会第一次大会纪录》，1938 年 9 月，第 50 页。

② 王造时：《统一国际宣传工作增加国际宣传经费并多派各界领袖不时访问欧美各国藉以增加宣传效力案》，国民参政会秘书处编印：《国民参政会第一次大会纪录》，1938 年 9 月，第 139 页。

③ 王冠英：《在抗战期间应扩大国际宣传案》，国民参政会秘书处编印：《国民参政会第一次大会纪录》，1938 年 9 月，第 140 页。

④ 陈守明：《请中央增加南洋宣传费以增外人同情而利抗战案》，国民参政会秘书处编印：《国民参政会第一次大会纪录》，1938 年 9 月，第 141 页。

宣传的不良影响；各地使领馆人员要切实研究当地土著人的语言文字，与当地社会领袖联络，组成促进友好交往机关；注重对各地侨民的教育生活进行指导。①

这几案经合并讨论形成三点决议：一是扩大现有宣传机构的权力，"充实其内容"并统一宣传领导机关，"以收事权之统一"；二是增加宣传经费；三是选派各界有声望的人士，"访问欧美各国及南洋各地"②。这些建议和主张，一方面有利于增加其他国家对中国抗战的同情与支持，一方面有利于纠正国民政府仅重视英、法、美等大国国际宣传，而忽视对南洋等小国宣传不足的缺陷，对于这些地区了解并进而支持中国抗战，无疑是一个巨大的促进。后来，国民政府对派遣人员赴海外宣传有所重视，并拟定了具体办法。③

国民参政员对于国际宣传的具体方法也提出了具体建议。如将敌人在中国的暴行编译成英、法、德、意、俄等文字广为传播，以唤起全世界对中国抗战的同情；摄制抗战及敌人暴行影片，并配以各国语言文字加以说明，分别送欧美各国及南洋各地放映；将领袖一年来关于抗战的言论，选译成各国文字，分别送往欧美及南洋各地进行宣传。④ 这些建议引起了国民政府的重视，1938年10月，国际宣传处迁至重庆后，开始用英、法、德等语言播送中国战时新闻和消息，后又增加了俄语和日语广播。到国民参政会一届三次大会时，陈守明又提议把领袖言论及抗战建国方面的重要事实与可供宣传的文件或材料，用英、法、德、俄、暹⑤、印等各种文字，"广发海外，使外国

① 陈守明：《请政府注重联络南洋诸民族案》，国民参政会秘书处编印：《国民参政会第一次大会纪录》，1938年9月，第144页。
② 国民参政会秘书处编印：《国民参政会第一次大会纪录》，1938年9月，第141—142页。
③ 国民参政会秘书处编印：《国民参政会决议案实施情形一览》，1939年8月，第15—16页。
④ 国民参政会秘书处编印：《国民参政会第一次大会纪录》，1938年9月，第141—142页。
⑤ 暹，即暹罗，中国对泰国的古称。1939年6月，改国号为泰国。

朝野，得以普遍阅读"，以"纠正敌方宣传，增加国际同情"①。这对于西方国家了解日本在中国的暴行，同情并支持中国抗战发挥了积极作用。

值得注意的是，在国民参政会一届三次大会上，国民党参政员李圣五提出了《对德意外交采取分化方略案》②。该案要求国民政府注意充实驻德意使馆的活动能力；派遣熟悉德意两国国情的人员赴德意宣传日本侵略的暴行，以事实反证日本宣传的虚伪。为免除国民误会，它还建议国民政府采取妥善办法让民众知晓中德、中意邦交的实际情形。③过去学术界普遍认为该案是汪精卫借国民参政会制造"和平"舆论，为德意出面调停中日关系制造舆论氛围④，但考虑到当时英、美、法等国和德国对中日冲突的立场及对中国抗战援助的实际情况⑤，它提出的建议主张还是应该肯定的。

抗战相持阶段到来之后，日本为了获得对中国侵略的有利国际环境，极力恶化越南、缅甸、泰国等东南亚国家与中国的关系。针对这种情况，在国民参政会一届三次大会上，李中襄指出，泰国、越南、缅甸等国家原为中国藩属，与中国历史关系悠久，且人文风俗受中国熏陶甚多，如果注意加紧外交宣传，"未始不可改变其人民及政府之趋向"。他建议由国民政府组成佛教

---

① 陈守明：《请中央广印外国文宣传品以利海外宣传案》，国民参政会秘书处编印：《国民参政会第三次大会纪录》，1939年4月，第60页。

② 在提交国民参政会大会讨论时改为《对德意外交应积极注意案》。

③ 李圣五：《对德意外交应积极注意案》，国民参政会秘书处编印：《国民参政会第一次大会纪录》，1938年9月，第142页。

④ 杨五星：《中国共产党在国民参政会的工作与斗争》，中共中央党校2005年硕士学位论文，第11页。

⑤ 全面抗战爆发后，"让中日冲突引起国际社会的关注，使国际社会来参与中日冲突的解决，成了中国政府所追求的目标"。但无论是国联还是九国公约会议，都未能达成这一目的，英美等国在对日态度上，仍然采取了妥协的绥靖政策。而德国由于战前和中国的友好关系，则主动承担起了调解中日冲突的任务，并由德国驻华大使陶德曼具体负责调停事宜。调停失败后，德国基于其远东战略的考虑，逐渐向日本靠拢，但是直到1938年7月国民参政会一届一次大会召开时，中国政府仍然力图尽可能地维系日趋冷淡的中德关系，"以图继续秘密地得到的一些德国的物资"。见陶文钊等：《抗日战争时期中国对外关系》，中共党史出版社1995年版，第43、109页。

团体及学术团体组织访问团，分赴越南、缅甸及泰国各地，"宣传日本对亚洲各地之整个阴谋，及日寇侵华以来之残暴事实"，以激发当地僧众对日寇暴行的痛恨。[①] 该案被"交行政院切实注意"。由于能力所限，国民政府没有采取具体措施。[②] 日本在这些地区的行为也更加有恃无恐，它甚至在缅甸煽动当地土著居民阻滞滇缅公路的修筑，在越南威胁法军阻滞对中国的军火运输。由于"日本人到处宣传，许多缅甸人错把日本人当救星"，甘愿为日本做事，根本谈不到对中国抗战的同情与支持，这给后来入缅作战的中国远征军带来了极大的麻烦。泰国的情况更为恶劣，它甚至在政治上倾向日本。1941 年被日本占领后，它宣布加入轴心国；太平洋战争后，它又和日本签订了《日泰攻守同盟条约》，并于 1942 年 1 月向英美宣战。这也从侧面说明了这一提案的重要性。

三、争取国际支援

全面抗战爆发后，国民政府一直努力争取英、法、美、苏等国家支援中国抗战。但除了苏联给中国提供了实际的援助外，其他国家基于战略利益及国内舆论的多重考虑，对中国抗战仅限于道义支持，并无多少实际的援助措施。[③] 为了打破中国孤立抗战的局面，促成这些国家支援中国抗战，国民参政会提出了一些建议和主张。

在国民参政会一届一次大会上，曾创办中英文化协会的杭立武建议发挥民间外交优势，由国民参政会推选富有政治、经济、财政学识与经验并明了国际政治情形的国民参政员，组成访问团体访问欧美各国，使这些国家政府和人民了解日寇暴行及中国的抗战情形。[④] 该案经讨论修正通过，并提出了

---

① 李中襄：《请政府注重暹罗安南缅甸各地外交宣传工作案》，国民参政会秘书处编印：《国民参政会第三次大会纪录》，1939 年 4 月，第 59—60 页。

② 国民参政会秘书处编印：《国民参政会决议案实施情形一览》，1939 年 8 月，第 157 页。

③ 陶文钊等：《抗日战争时期中国对外关系》，中共党史出版社 1995 年版，第 30—90 页。

④ 杭立武：《拟请本会推派参政员五人至七人前往欧美各国从事访问案》，国民参政会秘书处编印：《国民参政会第一次大会纪录》，1938 年 9 月，第 137—138 页。

五点参考意见：一是人选在国民参政员中推定，但须与政府商定；二是草定具体宣传方案，由国民参政会搜集相关材料，并随时供给材料；三是确定代表团人选与使领馆的具体联络方式；四是与政府商定经费问题；五是人选须客观，不全凭票选。黄建中提出了对英、法、美、苏等国外交活动"齐头并进"的主张，建议国民政府派遣位高望重的人为特使，并遴选专家数人，赴英、美等国向其朝野进行外交活动；加派特使赴法、苏"推进与法苏合作"①。

对于前案，外交部后来回复该案"在酌办中"②，具体情形不得而知，但部分国民参政员却利用自身影响力开展了这一工作。如 1938 年 8 月，由西南联大教授兼国民参政员张彭春等领导的"美国不参加日本侵略委员会"，在纽约正式设置办公处，"开始了公开的活动"，并出版了第一本宣传小册子《日本战争犯罪中的美国份额》；另外，该委员会"还大量发行了各种小册子、传单、新闻报导等印刷品，以此进行宣传活动"③。这对于推动英、美等国改变对中日战争的态度，及早支持中国抗战，发挥了一定作用。对于后案，国民政府不仅派孔祥熙为特使赴英参加英王加冕典礼，访问欧美朝野要人，而且还派宋子文到欧美各国加强宣传活动。④ 这无疑有助于英、法、美等国朝野了解中国进而支持中国抗战。

对于如何争取国际支援，中共参政员也有积极思考。全面抗战爆发后，中共虽然不是执政党，但它着眼于世界大势的发展演变，对外交工作重要性的认识却极为清晰和全面。基于这种认识，1939 年 4 月，周恩来领导的中共中央南方局在重庆设立了对外宣传小组（1940 年 9 月改为南方局外事组），

---

① 黄建中：《请政府加派特使赴美转英多方接洽与法苏方面之活动齐头并进以期促进法苏英美各民主国家之积极行动案》，国民参政会秘书处编印：《国民参政会第一次大会纪录》，1938 年 9 月，第 143 页。

② 国民参政会秘书处编印：《国民参政会决议案实施情形一览》，1939 年 8 月，第 14 页。

③ 〔日〕土田哲夫：《抗战初期中国的对美"国民外交工作"》，中国社会科学院近代史研究所民国史研究室、四川师范大学历史文化学院编：《一九三〇年代的中国》（下），社会科学文献出版社 2006 年版，第 479 页。

④ 国民参政会秘书处编印：《国民参政会决议案实施情形一览》，1939 年 8 月，第 18—19 页。

是"为中共历史上最早的外事机构"①。在外交工作所倚重的力量思考上，中共与国民党注重加强与外国官方层面的宣传交往不同，它更为注重对普通民众的宣传，希冀通过普通民众影响官方。它还积极向国际友人、国际组织及华侨华人宣传中共抗战理念，从而影响西方国家对中国抗战的认识，扩大中共在国际上的政治影响力。② 吴玉章在国民参政会一届二次大会上的提案就反映了中共的这种理念。

在这次大会上，吴玉章指出，国联虽然达成了盟约第 16 条规定③ 适用于调解中日战争的共识，但"结果恐不生实效"，因为各大国都"不想给自己负上采取实际行动的义务，不肯抛头露面，走在别人前面，惟恐招来日本的怨恨"④。然而，这些国家的民众却表现出了对中国抗战的坚定支持立场。如英国利物浦和加拿大码头的工人拒绝为日本船装卸货物，法国公会联合会为中国抗战积极捐助，美国人民节衣缩食援助中国，印度人民组织了救护队来中国服务，世界和平大会和青年大会都决议援助中国抗战。他认为这些因素是中国开展国民外交的极好基础，提议国民政府选派农、工、商、学、妇

① 张寿春等：《周恩来与创建新中国》，中央文献出版社 2013 年版，第 206 页。
② 朱蓉蓉、顾宝惠、王玉贵：《抗战时期中共的民间外交》，江苏省哲学社会科学联合会编：《牢记历史 振兴中华——江苏省纪念抗日战争暨世界反法西斯战争胜利 60 周年论文集》，中共党史出版社 2006 年版，第 142—149 页。
③ 《国际联盟盟约》第 16 条规定：1. 联盟会员国如有从事战争者，则据此事实，应视为对于联盟所有其他会员国有战争行为。其他会员国应即与之断绝各种商业上或财政上之关系，禁止其人民与破坏盟约国之人民之各种往来，并阻止其他任何不论其为联盟会员国或非会员国之人民与该国人民之财政上、商业上或个人之往来。2. 如遇此情形，理事会有向各有关政府建议之责任，俾使联盟会员国严格地派遣路海空军，组织军队以维护联盟盟约。3. 又联盟会员国约定，如按照本条规定采取财政上及经济上之措施时，应彼此互相援助，使因此所受到之损失与困难减至最低限度。如破坏盟约国对于盟约中之一会员国实行任何特殊措施，亦应互相援助以制止之。其协同维护联盟盟约之任何联盟会员国之军队，经过他国国境时，该国应采取必要措施，予以假道之便利。4. 联盟任何会员国，如违反联盟盟约中之一项，经出席理事会所有其他联盟会员国之代表投票表决，即可宣告将其开除出盟。见胡永龄编著：《战时国际公法》（下册），中华书局 1948 年版，第 754 页。
④ 陶文钊等：《抗日战争时期中国对外关系》，中共党史出版社 1995 年版，第 50 页。

女、职业民众代表及世界知名人士，搜集日寇暴行及中国英勇抗战的事迹，如电影、图片、照片、歌曲、文字及胜利品等材料，分赴这些国家"切实联络，实行国民外交"，供各友邦民众阅览。① 该案可以说是独辟蹊径，为国民政府摆脱过度依赖政府层面进行外交提供了重要参考，引起了国民政府的重视，被"交外交部议复"②。在此情形下，中国掀起了一股国民外交的热潮。除了上述提到的张彭春在美国发起组织"不参加日本侵略委员会"外，身为中国伊斯兰教领袖之一的昊建勋也于1941年访问了南洋和中东10余个伊斯兰教国家，目的即在"推进国民外交，联络民族感情"③。

四、加强国际交往

抗战中后期以来，随着中国抗战胜利的前景日趋明朗，如何通过加强国际交往，为中国抗战争取有利的国际环境，成为国民参政会外交提案关注的重要问题之一。这方面的提案重点关注两个方面的问题：一是废除列强强加给中国的不平等条约；二是如何处理与英、美、苏等大国的关系。

自1842年英国强迫中国签订《南京条约》后，到全面抗战爆发前夕，西方列强挟持武力和欺骗手段与中国签订了上千项不平等条约，成为中国人民的沉重枷锁，废除这些不平等条约也因之成为近代以来中华儿女的共同愿望。全面抗战爆发后，英、美政府为了表示对中国抗战的道义支持和精神支援，曾声明在远东战争结束后与中国讨论废约问题。太平洋战争爆发后，随着中国战场日益重要，为了让中国牵制更多的日本兵力，英、美等国决定提前放弃在华特权，并开始与国民政府进行谈判缔结新约。

当国民政府与英、美等国就废约问题进行谈判时，中国社会上掀起了一股要求废约的热潮，这股热潮也体现在了国民参政会中。在国民参政会

---

① 吴玉章：《加强国民外交推动欧美友邦人士敦促各该国政府对日寇侵略者实施经济制裁案》，国民参政会秘书处编印：《国民参政会第二次大会纪录》，1938年12月，第58页。

② 国民参政会秘书处编印：《国民参政会决议案实施情形一览》，1939年8月，第97页。

③ 印少云：《抗日战争时期的国民外交》，《东岳论丛》2008年第5期。

三届一次大会上，废约范围成为外交提案的重要内容。陈时指出，英、美放弃在华特权应该是广义的，像领事裁判权、租界期限、租界特权、通商、交通、财政、军事及势力范围等，都在废除之列。[①] 马宗荣提出，凡与国际公法平等原则不相容之权益，都应在取消之列。他还特别列举了15项应该取消的特权，分别是领事裁判权、租界、租借地、驻兵权、废弃要塞、北平使馆区、天津白河及上海黄浦水道由国际经营、内河航行并用外籍引水、沿岸贸易、军舰游弋停泊权、在中国通商口岸设外籍工厂、海关税务司邮局邮务长暨若干铁路俱用客卿、经管邮电权、经管铁路及开采矿山、其他片面最惠国条款等。[②] 可见，国民参政员要求废除在华特权的范围是非常广泛的，反映出国人急于摆脱列强侵略给中国人民带来巨大灾难的迫切心情。

两案后交国民政府外交部"参考并斟酌办理"，没有回复办理情形。[③] 就后来的实际情形看，这一时期国民政府的外交方针虽带有明显的弱国外交的烙印，但由于中国战场日趋重要这一有利因素的存在，所取得的成效还是比较显著的。如就中美的谈判情况看，美国基本上接受了中国提出的意见。它还主动宣布废除《辛丑条约》，将天津、广州的英租界及北平使馆区的权益归还中国。[④] 与英国的谈判，虽然暂时搁置了九龙问题，但两国签署的《关于取消英国在华治外法权及处理有关特权之条约》则规定英国在华特权，像在华领事裁判权、通商口岸特别法庭权、使馆区及一些铁路沿线的驻兵权、

---

① 陈时：《美英宣布放弃在华特权本会宜有表示谈判缔结新约应有准备谨拟要点提请公决案》，国民参政会秘书处编印：《国民参政会第三届第一次大会纪录》，1943年8月，第131页。

② 马宗荣：《盟国与我举行放弃特权谈判时请政府注意凡与国际公法平等原则不符之权益均应在取消之列案》，国民参政会秘书处编印：《国民参政会第三届第一次大会纪录》，1943年8月，第131—132页。

③ 行政院秘书处编：《第三届国民参政会第一次大会决议案行政院办理情形报告表》，1943年8月，第12页。

④ 陶文钊等：《抗日战争时期中国对外关系》，中共党史出版社1995年版，第341—365页。

沿海贸易与内河航行权、外人引水权、英籍海关税务司权等，均在废除之列。对此，蒋介石认为"所有百年来不平等条约的文字和精神，从这一天起可以说是根本扫除了"[①]。这对于鼓舞中国人民的抗战士气意义非凡。

在这次大会上，国民参政员对废约后如何加强与英、美、苏等大国交往问题也有关注。王亚明指出，在英、美宣布对中国废除不平等条约，战争胜负即将进行决定阶段之际，应该由国民参政会或民众外交团体，组织访英、访美、访苏团，进行宣传活动，"促成国际合作之动力"[②]。龙文治指出，英、美两国自动提议废除一切在华特权，且美国总统与英国国会还先后派代表来华访问，为了表示友情，应该由国民参政会遴选五人至七人，访问英、美，亦可兼访问其他国家。王冠英认为英国议会访华团来华，表示了"侵略与反侵略阵线，业已明朗"，根据礼尚往来的原则，中国亦应有所答聘。他亦主张从国民参政员中选择熟悉英、美、苏三国情形者若干人，组织英、美、苏访问团，分别前往上述国家进行访问。[③]三案经合并讨论修正通过，虽没有促成访美、访苏团的成立，但访英团却因此成行。访英团访问英国之行，虽然"其象征意义远远大于实际意义"[④]，但在一定程度上达到了"宣传中国抗战、增进中英关系的效果"[⑤]。

在中国与英、美等国家关系急剧"升温"的同时，中苏关系却因新疆问题降到了自日本发动九一八事变以来的"最低点"[⑥]。1944年下半年，苏联趁

① 蒋介石：《中国之命运》，张其昀主编：《先总统蒋公全集》（第1册），台北中国文化大学、中华学术研究院，1984年，第157页。

② 王亚明：《加强国际合作与宣传案》，国民参政会秘书处编印：《国民参政会第三届第一次大会纪录》，1943年8月，第134页。

③ 王冠英：《请推选参政员五人组织本会英美苏三国访问团分赴各该国访问以资沟通中外朝野情感加增盟国联系案》，国民参政会秘书处编印：《国民参政会第三届第一次大会纪录》，1943年8月，第135页。

④ 丁兆东：《中国访英团述评》，《抗日战争研究》2008年第1期。

⑤ 陈雁：《抗日战争时期中国外交制度研究》，复旦大学出版社2002年版，第101页。

⑥ 沈志华：《中苏结盟与苏联对新疆政策的变化（1944—1950）》，《近代史研究》1999年第3期。

中国在豫湘桂战役中失利，国民政府四面楚歌之际，又开始染指新疆[①]，加上国民党敌视苏联与中共的密切关系，中苏关系呈现出自全面抗战爆发以来的最紧张局面。但在另一面，苏德战争中德国溃败的迹象日趋明显，苏德战事结束后，苏联必将加入东方战场对日作战。在此情形下，如何处理渐趋紧张的中苏关系成为国民参政会三届三次大会外交提案关注的重点问题。

在这次大会上，国民参政员本着联合苏联抗击日本的考虑，建议国民政府通过发挥国民参政会的作用加强与苏联的交往。魏元光指出，国民政府应从民族大义出发，以谅解互惠为基础，加强与苏联的交往。荣照提出，按照国民参政会访英团的先例，组织国民参政会苏联访问团访问莫斯科，以增进彼此了解。王冠英认为，苏联曾给予中国很大的"同情与援助"，且两国都是"东西遭受侵略祸害最烈，抗拒侵略最久之国家"，不能因小异放弃了大同，他也主张由国民参政会组织赴苏访问团，"以坦率之态度与真诚之热情，求得两国国民相互之接近与了解，以增进中苏两国邦交"[②]。三案经合并讨论修正通过，分别送请国民政府及国民参政会主席团办理。对如何处理中苏关系，国民政府当然有着自己的逻辑，尽管它不满意苏联染指新疆和苏联对中共的支持，但也深知要解决这两个问题，必须得到苏联的配合。因此，在对三案的回复上，它指出要"积极推行"与苏合作，对于组织国民参政会访苏团事宜，也承诺在"适当时期"进行组织。[③]此后，中苏关系虽有曲折，但还是保持了联合对日的态势，对于共同抗击日寇推动抗战胜利的到来具有重要作用。

到抗战胜利前夕，随着美国对中国抗战支援力度的加大，国民政府对美国的依赖也达到了前所未有的程度，中美两国结成的战略同盟关系使蒋介

[①] 邓野：《联合政府与一党训政：1944—1946年间国共政争》，社会科学文献出版社2003年版，第105页。

[②] 王冠英：《请加强对苏国民外交活动以坦率之态度与真诚之热情求得两国国民相互之接近与了解而增进中苏邦交案》，国民参政会秘书处编印：《国民参政会第三届第三次大会纪录》，1945年3月，第169—170页。

[③] 行政院秘书处编：《国民参政会第三届第三次大会决议案行政院办理情形报告表》，1945年6月，第9页。

石"要求美国建立一个庞大的援华体系，解决中国的政治、军事、经济危机以维持他的政权"的思想更为严重①。然而，中国要在战后建设成为一个现代化的、独立的国家，仅仅只与美国加强友好合作是远远不够的。对此，在国民参政会四届一次大会上，对外交问题颇有研究的钱端升指出，中国要想战后成为现代化的进步国家，必须"先有确实之安全保障。睦邻为最好之安全保障，故尤须与苏、英、法三邦树立最友好互尊互信之关系"。他建议国民政府以1942年英苏二十年盟约及1944年法苏盟约为蓝本，参照旧金山联合国宪草关于区域安全的相关规定，分别与英、法、苏三国商订互助条约，"并请即日发动磋商"②。这种旨在提醒政府同时加强与英、美、法、苏等国关系的建议，对于纠正国民政府过分倚重美国、忽视与其他三国特别是苏联关系的思维，具有重要的意义。国民政府在回复该案办理情形时指出："查我国与苏联已于本年（三十四年）8月14日订立30年之友好同盟条约，对于英法二国当详察时势斟酌办理。"③这虽然是事实，但含有搪塞之意。抗战胜利后，国民政府延续了倚重美国的外交方针，企图借重美国军事支援消灭中共，导致了与苏联关系的恶化，极大地影响了新中国成立后的中国外交格局。

第二节　注重侨务工作

据粗略统计，在88件外交提案中，有关侨务工作的提案有43件，接近抗战时期召开的国民参政会大会外交提案的一半。这些提案或从动员华侨捐

① 张祖龚：《蒋介石与战时外交研究（1931—1945）》，浙江大学出版社2013年版，第196页。
② 钱端升：《请政府速与苏英法商订中苏中英中法二十年互助盟约案》，国民参政会秘书处编印：《国民参政会第四届第一次大会纪录》，1946年1月，第170页。
③ 行政院秘书处编：《国民参政会第四届第一次大会决议案行政院办理情形报告表》，1946年2月，第17页。

款捐物支持抗战，或从改善华侨处境，或从战后发展华侨事业等方面，提出了一些建议和主张。

一、鼓励捐款捐输

全面抗战爆发后，华侨对祖国抗战表现出了极大的热情，他们或捐款捐物、购买公债，或抵制日货，积极开展对日不合作运动，或回国直接参加抗战。如在捐款方面，据大略统计，从全面抗战爆发到抗战胜利，海外华侨的捐款数额达到了 13.2 亿元，在这其中，还不包括对中共领导的敌后抗日根据地的捐款。尽管华侨对中国抗战给予了巨大的支持，但与抗战所需的庞大财力、物力相比，还有很大的差距。

在国民参政会一届一次大会上，部分国民参政员提出了鼓励华侨捐款捐输的主张。这些提案全部由华侨参政员提出，反映出华侨愿为祖国抗战做出牺牲的崇高精神。陈守明主张在华侨中"普遍推行经常月捐运动"，并"由使领馆联络各地华侨领袖提倡节约运动"，限制消费，节约所得，贡献祖国[1]。张振帆提议发动广大华侨积极"认购救国公债"，并规定"长期月捐办法"[2]，海外各地华侨领袖或中华总商会要切实负起责任，为祖国抗战贡献一切。显而易见，这些建议一旦实施，能有效缓解国民政府的财政压力，国民政府也非常重视。侨务委员会后来回复称，"已遵照节约运动大纲及参酌海外情形，通令各地侨团积极推行"，"分令各领馆督促办理"[3]。广大华侨积极响应，"在抗战的初三年，中央每年抗战经费的支出，海外华侨差不多负担四分之一(二十亿元国币)"[4]。"到太平洋战争爆发前，海外各地华侨的

---

[1] 陈守明：《推行华侨节约运动以增加经济力量案》，国民参政会秘书处编印：《国民参政会第一次大会纪录》，1938 年 9 月，第 145 页。

[2] 张振帆：《推行海外华侨长期月捐令各地华侨或中华总商会督饬以接济长期抗战案》，国民参政会秘书处编印：《国民参政会第一次大会纪录》，1938 年 9 月，第 145 页。

[3] 秦孝仪主编：《中华民国重要史料初编——对日抗战时期·第四编：战时建设》（一），台北中国国民党中央委员会党史委员会 1988 年版，第 241—242 页。

[4] 王纪元：《再论如何保侨》，王依夏编：《王纪元文选》，世界图书出版广东有限公司 2013 年版，第 94 页。

月捐达到1350万元"①。纽约华侨"平均每人就捐献了670—1000美元"②。加拿大华侨的捐款也达到了500万美元。美国华侨兼国民参政员司徒美堂领导的"纽约华侨救济总委员会"在不到6个月的时间里，"就募集了100万美元"③。从1938年10月到1941年12月，南洋各属华侨筹赈祖国难民总会交给国民政府的捐款也达到了国币4亿元。不仅如此，华侨还捐献各种抗战物资。在全面抗战爆发后短短一年多的时间里，"仅菲律宾华侨即捐献飞机50架，缅甸19架"。从1937年下半年到1940年初，"华侨经由水路、陆路运回国内的各种捐赠物品，总数在3000批以上，平均每月100批左右。仅救护车，纽约华侨一次就赠送100辆"④，对于支持中国抗战发挥了重要作用。

尽管华侨满怀爱国热情，但他们的生活也非常不易，华侨在海外发展，大都是由于生活所迫，且大都靠亲朋好友的关系。他们到海外后，大都十分勤劳、刻苦、简朴，"稍有资产之人，皆须经数十年之刻苦奋斗，或至一二代人之粒（累）积而后乃得积些财产"。不仅如此，"抗战两年以来，各地华侨中下层社会之捐输能力，已经达到顶点的程度"。为进一步激发华侨支持祖国抗战的热情，在国民参政会一届四次大会上，秦望山主张根据华侨捐输数额给予华侨名誉奖励，对于抗战以来捐款数目已达一千以上的个人或公司，由国民政府按照捐输情形予以奖励；奖状及征信录均记明该华侨原籍省县份，"以激励华侨同乡互相督促捐输"；在各属建筑纪念馆，将华侨捐款人姓名、籍贯、捐款数目，刻在碑上存于馆内，"以垂久远"；对于各地侨领中有总领袖资格特别予以崇高名义的奖励。⑤ 这种旨在通过树立榜样、教育和激励其他人效仿的做法，对激发华侨捐款捐输的积极性，具有重要作用。国

① 张海鹏主编：《中国近代通史》（第9卷），江苏人民出版社2013年版，第159页。
② 张兴汉：《热血注侨情　丹心写春秋：华侨华人研究文集》，暨南大学出版社2013年版，第5页。
③ 冯子平：《华侨华人史话》，天马图书有限公司2004年版，第230页。
④ 李蓉：《抗日民族统一战线史》，团结出版社2015年版，第181页。
⑤ 秦望山：《为鼓励华侨继续捐输拟请政府应依侨情先予划期给奖案》，国民参政会秘书处编印：《国民参政会第四次大会纪录》，1939年11月，第90—91页。

民政府对该案亦有关注，"交财政部侨务委员会迅行会同议复"[①]。

1938 年底，国民党二号人物汪精卫在越南河内发表"艳电"，这对艰难抗战的中国而言，不啻是投下了一颗炸弹，不仅极大地影响了国内民众的抗战信心，而且在华侨中引起了很大的波澜，对祖国抗战前途失望悲观者不乏其人，也因此影响了华侨支援中国抗战的热情。在国民参政会一届四次大会上，宋渊源指出路透社发表汪精卫主张和平的谈话，"致各埠侨胞殊失望"[②]，华侨捐款捐输效率亦因之大大降低。他建议国民政府采取一些宣传手段增加侨界对祖国的感情，如"由政府选派人才往办，或先出版《英文杂志》"，使侨胞了解祖国抗战的基本情形；组织"巡回指导队"，前往各地宣传，"以振起侨生界之爱国热诚"；联络华侨家属，"使从中感化促进之"。[③] 国民政府也知道汪精卫妥协卖国言行对华侨支持抗战带来的负面影响，因此，对该案非常重视，将之"交外交、经济、财政三部及侨务委员会迅行核办具复"。[④] 此后不久，侨务委员会将《华侨动员》杂志改为《现代华侨》，不仅开辟了华侨动态、华侨抗声、专题报道、国际要闻等栏目，还设置了"抗日讨汪"专栏，在广大华侨中揭露汪逆汉奸的卑鄙行径，对于加强华侨与祖国的感情，支持中国抗战发挥了一定作用。

1941 年前后，国际国内形势发生了巨大变化。一方面，华侨向国内的捐款捐输对其所在地经济造成了严重的影响，引起了当地政府的阻挠；另一方面，由于捐款捐输的数额过大、次数过多，华侨自身生活受到了严重影响，华侨的捐款捐输因之急剧减少，到 1943 年，华侨的捐资仅占国民政府

---

① 行政院秘书处编：《国民参政会第四次大会决议案行政院办理情形一览表》，1940 年 3 月，第 15 页。

② 宋渊源：《慰问南洋华侨并宣传抗战报告书》，《民锋半月刊》1939 年第 1 卷第 4 期。

③ 宋渊源：《增进南洋华侨之战时筹款与投资案》，国民参政会秘书处编印：《国民参政会第四次大会纪录》，1939 年 11 月，第 132—133 页。

④ 行政院秘书处编：《国民参政会第四次大会决议案行政院办理情形一览表》，1940 年 3 月，第 15 页。

财政收入的0.6%①。在国民参政会二届一次大会上，李仙根提议以国民参政会大会名义通电慰勉海外华侨，表彰他们为祖国抗战作出的贡献。邝炳舜主张，"凡在抗战期间出钱出力之华侨，请中央从速按照已颁条例予以奖励"，"凡在抗战期间不肯出钱出力报效国家者，得由当地侨团予以劝告"。②为了解除华侨晚年生活的后顾之忧，他还提议在海外设立颐养院，"年老华侨，以六十岁以上确不能操作，在海外既无生活，在家乡复无直系亲属者"，由"驻当地之中国领事及华侨团体会同审定之"，经审定后认为应回国休养者，由当地华侨团体或亲友资助舟车旅费，不足之数由国民政府拨给；华侨颐养院经费，除由政府指拨外，得接收海外华侨及各界之援助③。

　　这些提案所提建议一旦被采纳实施，将会极大鼓励华侨支持祖国抗战的热情，因此国民政府对这些提案有所重视，如对于在海外成立华侨颐养院的建议，由于材料限制，具体情形不得而知，但侨务委员会却对此进行过专门研究，并拟定了相关章程及预算书，并决定先收容300人进行尝试④；对于制定条例奖励华侨捐款捐输的建议，行政院制定了《非常时期捐献款项及承购国债奖励条例》及《非常时期劝募捐献及劝募国债奖励办法》两个草案，后来国防最高委员会在讨论这两个草案时，将其合并改为《非常时期捐献款项承购国债及劝募捐款国债奖励条文》予以通过⑤。这对于鼓励华侨支援祖国抗战不无意义。

---

① 叶振鹏主编：《中国财政通史·第8卷：中华民国财政史》（下），湖南人民出版社2015年版，第805页。

② 邝炳舜：《请从速奖励抗战期间出钱出力之侨胞以资激励案》，国民参政会秘书处编印：《国民参政会第二届第一次大会纪录》，1941年10月，第135页。

③ 邝炳舜：《请设华侨颐养院收容海外老华侨案》，国民参政会秘书处编印：《国民参政会第二届第一次大会纪录》，1941年10月，第134页。

④ 秦孝仪主编：《中华民国重要史料初编——对日抗战时期·第四编：战时建设》（一），台北中国国民党中央委员会党史委员会1988年版，第1006页。

⑤ 国民参政会秘书处编印：《国民参政会第二届第一次大会决议案实施情行一览》，1941年，第8—9页。

二、改善生存处境

华侨远离祖国，不免受到当地土著居民的排斥，尤其在南洋地区，由于日本居民"在南洋住居者亦不少，其意见影响其本国内之人心"[1]，导致南洋华侨处境非常艰难。为保护这一地区华侨的正当权益，在国民参政会一届一次大会上，陈守明建议"由外交部侨务委员会及有关系机关，派定高级负责专员，合组常设机构"，对南洋华侨问题进行统筹规划[2]。该案后被"密交外交部侨务委员会议复"[3]。从后来的情况看，该案应该是被讨论过，但没有具体措施。

随着抗战形势的发展，特别是随着日军南进路线的推行，南洋一些国家为避免得罪日本，对生活在当地的广大华侨极尽排挤打压之势，南洋华侨的处境"已达异常困难之处境"[4]。在国民参政会一届三次大会上，伍智梅基于她对华侨因"各种拘束备受痛苦"现状的了解，建议国民政府"通令驻外各使领调查该使领馆所在地各华侨状况，在可能范围设法予以便利"[5]。该案说出了广大华侨的心声，但所提建议有些笼统，大会经过讨论补充了三点办法：一是请政府通令驻外各使领调查该使馆所在地华侨状况，根据条约及国际公法条例，予以保护及便利。二是请政府在外交上设法增进华侨在条约上应享之权利。三是请政府训令华侨严格遵守居住国法律及国际惯例，使领馆

---

[1] 陈守明：《请中央增加南洋宣传费以增外人同情而利抗战案》，国民参政会秘书处编印：《国民参政会第一次大会纪录》，1938年9月，第141页。

[2] 陈守明：《请政府注重联络南洋诸民族案》，国民参政会秘书处编印：《国民参政会第一次大会纪录》，1938年9月，第144页。

[3] 秦孝仪主编：《中华民国重要史料初编——对日抗战时期·第四编：战时建设》（一），台北中国国民党中央委员会党史委员会1988年版，第240页。

[4] 《远东剧变中的南洋华侨》，蔡仁龙等主编：《华侨抗日救国史料选辑》（福建党史资料），中共福建省委党史工作委员会、中国华侨历史学会1987年版，第170页。

[5] 伍智梅：《拟请政府通令驻外使馆对于各该地华侨尽力予以便利案》，国民参政会秘书处编印：《国民参政会第三次大会纪录》，1939年4月，第60页。

依上述旨趣随时予以开导。该案被"交外交部注意办理具复"①。显而易见，要落实该案的建议，必须得到华侨居住国政府的配合与支持，但这对国民政府来说，有很大难度，因此该案没有回复实施情形。

到了抗战中后期，日本将战火扩大到了东南亚地区，这一地区的华侨生存状况也受到了严重威胁。为此，1941年4月7日，国民政府颁布了《回国侨民事业辅导委员会组织规程》，决定筹设"回国侨民事业辅导委员会"，负责办理、指导、扶助战时回国侨民事业的经营和发展，救济归侨等事宜②。但是，该规程只注意到了归侨权益的保障，而未顾及滞留在海外华侨的权益。为此，在国民参政会二届一次大会上，改善海外华侨生存处境成为外交提案的重点。高廷梓指出，由于缺乏统一指导，各地华侨组织"派别对立，复杂分歧，有时工作复杂，有时发生纠纷，不肖分子挑拨离间，致我侨胞共患难共生死之精神，受其摧残侮辱"，"此种情形在平时已是极端痛惜，方今民族正在苦斗之时，尤宜化除成见，集中力量，以求得最后之胜利"。他建议国民政府切实检讨主管侨务及与侨务有关之各级行政机关，"如有不健全之处，拟请下最大决心，严格整顿"，"请政府注意调剂华侨派别，设法消除其纠纷，加强其团结"。③为配合该建议切实得到落实，他在另一案中主张国民政府详细调查各地华侨经济情况，"从速筹划发展华侨经济办法"，"有需政府辅助者，应由主管机关切实予以有效之扶助"④。

两案后都被"交行政院采择实行"，国民政府对于后案回应较为积极。据侨务委员会的回复声称，已"拟定华侨经济状况调查纲要，商取经济财政

---

① 秦孝仪主编：《中华民国重要史料初编——对日抗战时期·第四编：战时建设》（一），台北中国国民党中央委员会党史委员会1988年版，第545页。

② 中国第二历史档案馆编：《中华民国史档案资料汇编·第五辑·第二编：政治》（四），江苏古籍出版社1997年版，第574页。

③ 高廷梓：《请政府加强华侨组织以增厚抗战力量案》，国民参政会秘书处编印：《国民参政会第二届第一次大会纪录》，1941年10月，第133页。

④ 高廷梓：《请政府发展华侨经济案》，国民参政会秘书处编印：《国民参政会第二届第一次大会纪录》，1941年10月，第135页。

外交各部同意后依照办理"。①1941 年 4 月，国民党五届八中全会通过了国民党中央海外部提出的《请设法交涉荷印华侨法律地位案》，针对荷印华侨未能享受"最惠国条款之待遇，致有种种不平与歧视之苛例"的情形，要求国民政府向荷印当局"提出交涉，务达提高我华侨法律地位之目的，或根据平等互惠之原则，修订中荷条例"②。国民党五届八中全会通过了《制定统一方法切实护导侨民以应付敌寇南进案》。12 月，国民党五届九中全会通过的《对于党务报告之决议案》指出："太平洋战事发生以后，侨胞之老弱妇孺，或有不免因战事而流离失所者，本党同志自应尽全力，充分援助，此为吾人服务之天职，责无旁贷。"③这表明国民政府已注意到了海外华侨的生存状态，也采取了一些措施，对于改善华侨的生存境遇，增加其对祖国抗战的向心力具有一定的作用。

太平洋战争爆发后，中国在世界反法西斯战争中的地位日益提高，与英、美等国的联系也日益密切。但由于历史原因，华侨在这些国家的发展还是受到诸多限制。特别是美国，在很长一段时间内都实行排华政策，严格限制华侨在当地的发展。在国民参政会二届二次大会上，来自美国的华侨参政员谭赞提议请国民政府外交部与美国当局交涉改善华侨待遇事宜，"以改进侨胞地位，解除华侨痛苦，使能安心乐业，平稳发展"④。该案被决议"原案通过，送请政府切实办理"⑤。马景常提出的《交涉废止华人入境案》也在讨论时顺利通过。后来，国民政府就此问题与美国进行了艰难的谈判。美国基于对中国抗战作用的考虑，于1943 年废除了1882 年通过的排华法令，是为

① 国民参政会秘书处编印：《国民参政会第二届第一次大会决议案实施情形一览》，1941 年，第 8 页。

② 浙江省中共党史学会编印：《中国国民党历次会议宣言决议案》（第 3 分册），第 158 页。

③ 荣孟源主编：《中国国民党历次代表大会及中央全会资料》（下），光明日报出版社1985 年版，第 739 页。

④ 谭赞：《请转咨政府向美国交涉改善美国华侨待遇以示政府德意而利侨务案》，国民参政会秘书处编印：《国民参政会第二届第二次大会纪录》，1942 年 9 月，第 72 页。

⑤ 秦孝仪主编：《中华民国重要史料初编——对日抗战时期·第四编：战时建设》（二），台北中国国民党中央委员会党史委员会 1988 年版，第 1276 页。

国民政府在改善华侨处境方面取得的重要成绩。

除了美国，东南亚一些国家也多采取"歧视华侨政策"，国民参政员对这些问题也极为关注。在国民参政会三届一次大会上，何葆仁建议国民政府"与各国交涉订立平等条约，承认华侨在各殖民地，得与其他民族，获取平等地位，享受同等权益"，反映出华侨渴望国民政府通过外交努力，改善生存处境的强烈愿望。他还从政治、经济、社会、教育等方面列举了南洋华侨在当地应享受的具体权利。如政治方面，华侨"有参政权"，"与其他民族平等"，"废除一切歧视华侨之苛例"，"未经法庭审判，认为罪状成立者，不得驱逐出境"；经济方面，华侨"与其他民族，享受均等经营之机会"，"不得课以繁重关税"，"不得征收人口费"，"所得税之税率，不得过高"，"遗产税之税率，不得过高"；社会方面，华侨设立的社团及文化机关，"不得因举行爱国运动，而受取缔或封闭"，当地政府为之设立医院、养老院、孤儿院、保育院、博海院等。[①] 对于该案，外交部后来回复指出，已"密切注意"，"可望交涉改善"。[②]

到抗战胜利前夕，大后方的通货膨胀极为严重，汇率很难跟上法币贬值的速度，这对华侨的劳动成果不仅是一种变相剥削，也是对依赖侨汇为生的国内侨眷的一种剥削。这个问题也引起了国民参政员的关注。在国民参政会四届一次大会上，苏瑛要求"参照市价，迅即将侨汇比率提高或增进津贴"[③]。黄范一提出请国民政府根据物价上涨的程度，"增加侨汇补助"[④]，使侨眷少蒙受损失。陆宗骐基于他对广东省侨汇汇率现状的了解，提出"侨

---

① 何葆仁：《争取南洋各民族权益平等案》，国民参政会秘书处编印：《国民参政会第三届第一次大会纪录》，1943 年 8 月，第 132—133 页。

② 行政院秘书处编：《第三届国民参政会第一次大会行政院办理情形报告表》，1943 年 8 月，第 17 页。

③ 苏瑛：《提高侨汇比率以救济侨眷生活案》，国民参政会秘书处编印：《国民参政会第四届第一次大会纪录》，1946 年 1 月，第 174 页。

④ 黄范一：《请政府在华侨侨居各地增设领事以维护侨胞利益并提高侨汇补助以奖励侨资内移案》，国民参政会秘书处编印：《国民参政会第四届第一次大会纪录》，1946 年 1 月，第 174 页。

汇补助费应参酌市价，分别提高……以维护侨胞利益"①。三案经合并讨论决议，"送交行政院统筹办理"。国民政府也较为重视，如针对苏案，决定自1945年7月16日起，"每一美元加发国币补助金480元，即一美元兑付国币500元"。对于黄范一的提案，外交部"分令驻各该地领事馆，就目前情形详查具报后，再凭办理"。对于陆宗骐的提案，国民政府不仅派银行人员抵达广州筹备短期拨款事宜，而且专门拿出5000万美元作为贷款补助侨汇费用②。这些措施虽对于提高侨汇的实际购买力作用不大，但在通货膨胀无法遏止的情形下，国民政府的这种努力还是值得肯定的。

另外，在法属大溪地，当地官吏"不特禁绝华侨汇款回国，即邮电通讯，亦遭检查不发"，致使"侨胞呼吁无门，与祖国不通音讯者数年"，在国内生活的侨眷因此既要忍受物质的痛苦，亦要忍受精神上挂念亲人的痛苦。针对这一问题，曾在法国帝雄大学求学的张良修建议国民政府向驻渝法国大使提出严正交涉，"废止苛待，立准大溪地华侨通邮通汇"③。冯灿利针对中国沿海各省陷落后南洋侨眷生活无着落的现实，主张国民政府拨定专款，筹运粮食，以解决他们的生活困难。国民政府对这两案较为重视。针对前案，经过艰难谈判，国民政府在法属大溪地设立了领事馆，"派姚定尘为总领事"，由其具体交涉"废止邮政检查"④。对于后案，粮食部、侨务委员会及善后救济总署联合办理的情形为，"粮食部对于侨眷食粮早经随时注意办理，现善后救济物资即将运到广东，善后救济总署已令广东分署对于侨眷应一视同仁，

---

① 陆宗骐：《拟请沟通粤省侨汇提高侨汇补助额并加拨巨款办理侨贷以惠侨胞案》，国民参政会秘书处编印：《国民参政会第四届第一次大会纪录》，1946年1月，第175页。

② 行政院秘书处编：《国民参政会第四届第一次大会决议案行政院办理情形报告表》，1946年2月，第12页。

③ 张良修：《请政府向法国交涉恢复南太平洋法属失地大溪地华侨汇款通邮以维华侨利益救济侨眷生活案》，国民参政会秘书处编印：《国民参政会第四届第一次大会纪录》，1946年1月，第176页。

④ 行政院秘书处编：《国民参政会第四届第一次大会决议案行政院办理情形报告表》，1946年2月，第15页。

妥筹救济"①。这在一定程度上缓解了华侨及侨眷的艰难处境。

三、协助战后发展

太平洋战争爆发后，特别是 1942 年以来，中国抗战虽然还处于相当艰难的阶段，但最终会取得胜利的前景已日趋明朗。如何扶持、帮助战后华侨发展随之成为国民参政会外交提案关心和思考的重要问题。

在国民参政会三届一次大会上，共有 15 件外交提案提出，专门建议帮助华侨发展的有 4 件。从具体内容看，大体集中在两个方面：一是要求国民政府帮助华侨在海外生存、立足与发展；二是制定优惠政策吸引华侨回国参加经济建设。连瀛洲针对华侨"所创农矿工商各业规模较大者，每值发达时期多被外人收买垄断"的不合理现象，主张国民政府运用国家力量，向海外派遣商务专员"协助侨胞计划发展海外农矿工商事业"；尽速成立海外金融机关，"办理侨商贷款予以实在帮助"等②。何葆仁主张动用国家力量扶助华侨在国内发展生产，如"立法院通过保障华侨事业之法律"，"行政院订定优待华侨回国投资方案"；财政部、经济部及各有关团体给予华侨切实协助指导，并提供技术人才支持等③；许文顶指出南洋华侨数量虽多，但文化知识大都比较低下，且对当地政令以及风俗习惯了解不多，这给他们的事业发展造成了巨大的阻碍，他建议"设立华侨服务团，协助侨众，解决其困难问题"④。这几件提案无一例外都希望在国民政府的帮助下，或改变华侨在异乡遭受歧视的命运，或积极参与国内经济建设，也引起了国民政府的重视。如根据连瀛洲的建议，财政部命令中国银行办理侨商贷款业务，经济部亦派

---

① 行政院秘书处编：《国民参政会第四届第一次大会决议案行政院办理情形报告表》，1946 年 2 月，第 14 页。

② 连瀛洲：《运用国家力量辅导华侨发展海外实业案》，国民参政会秘书处编印：《国民参政会第三届第一次大会纪录》，1943 年 8 月，第 136—137 页。

③ 何葆仁：《辅导归国华侨发展生产建设事业案》，国民参政会秘书处编印：《国民参政会第三届第一次大会纪录》，1943 年 8 月，第 137 页。

④ 许文顶：《请于战后在南洋各地设立华侨服务社案》，国民参政会秘书处编印：《国民参政会第三届第一次大会纪录》，1943 年 8 月，第 142 页。

人前往南洋等地协助当地华侨办理企业注册登记事宜；对于何葆仁的提案，侨务委员会通过与经济部协调，推动了 13 家华侨企业回国投资，"办理尚有成效"[①]。

在国民参政会三届二次大会上，协助战后华侨发展依然是外交提案的重点问题之一。这次大会共提出 10 件外交提案，与战后华侨发展有关的有 4 件。连瀛洲从长远视角考虑，指出战事结束后，华侨工作千头万绪，非有专门机构与学术团体专门研究不能解决，建议政府与华侨有关之党政机关及公私学术团体，"共同组织统一机构，以专门研究战后华侨复员种种问题"[②]，他还建议国民政府提高侨务机构的行政级别，将侨务委员会改组为侨务部。这对于改变侨务委员会"形同虚设"的弊病不无裨益[③]。何葆仁建议国民政府"组织战后南洋各属华侨经济复员委员会"，研究拟订战后南洋华侨经济复员的具体方案[④]。胡木兰指出，太平洋战事爆发后，南洋侨胞生命财产惨遭摧残，战事结束后，政府"应设法予以积极救济，以期恢复我侨胞千辛万苦所创造之基础"[⑤]。这些提案都着眼于华侨或某一地区华侨事业的长远发展，要求国民政府尽早进行统筹规划，从长远布局。国民政府根据自身能力和政治的考量，对这几件提案所提建议主张进行了选择性采择。如对胡木兰的提案，侨务委员会拟具了战后侨务复员及发展计划、战后归侨重返南洋计划、战后南洋各地华侨救济善后计划等。对连瀛洲提出的将侨务委员会改组为侨务部的建议，行政院的回复则是"查侨务行政计划洵属重要，惟改部现非其时，应

---

① 行政院秘书处编：《第三届国民参政会第一次大会行政院办理情形报告表》，1943 年 8 月，第 17—18 页。

② 连瀛洲：《统一研究战后华侨复员案》，国民参政会秘书处编印：《国民参政会第三届第二次大会纪录》，1944 年 8 月，第 116 页。

③ 《远东剧变中的南洋华侨》，蔡仁龙等主编：《华侨抗日救国史料选辑》（福建党史资料），中共福建省委党史工作委员会、中国华侨历史学会 1987 年版，第 170 页。

④ 何葆仁：《请政府迅速规划战后南洋华侨经济复员案》，国民参政会秘书处编印：《国民参政会第三届第二次大会纪录》，1944 年 8 月，第 120 页。

⑤ 胡木兰：《确定战后侨政实施纲领以增国力案》，国民参政会秘书处编印：《国民参政会第三届第二次大会纪录》，1944 年 8 月，第 118 页。

俟战后再行考虑"①。

到 1944 年，尽管中国抗战面临着前所未有的困境，但世界形势已经发生了有利于中国的根本性变化。因此，在国民参政会三届三次大会上，针对战后华侨生产事业发展问题，又有多件提案提出。何葆仁针对华侨在南洋投资虽多，但"其组织，则非常脆弱，是以一遇打击，则生挫折"的现实，主张国民政府召开专门会议，"商讨一切关于南侨经济善后及经济发展问题"；筹划创办一个规模宏大的南侨企业公司，"开发南洋资源，兴办工业"，"推销国货，经营南洋土产，及发展中南交通"，"鼓励南侨各行业，集资设立股份有限公司，以谋各行业之发展"。他还提议筹设南洋资源研究委员会、开设经济人员及艺术人员养成所等②，以推动战后南洋华侨经济发展。胡木兰提议在行政院下设立华侨复产准备委员会，协助战后华侨经济恢复发展，委员会的主要职责为，"根据调查及登记结果，研究其资料之确否，以为取舍根据"；"厘定战后向各当地主权国家交涉复产之方法与步骤"；"处理各该地华侨复产事宜"。③ 连瀛洲基于国民政府不准备调整侨务委员会的现实，主张将原有华侨机构的职能进行扩充，"聘请专家及平日研究南洋有素之人士，常用研究，暨归国华侨分别提供意见，作成具体计划，以供实施之用"④。

这些提案或主张召开专门会议，或提请筹设新的侨务机构，或要求扩充原有侨务机构的职能，以利于战后侨务工作的开展，体现了国民参政员要求运用国家力量扶助华侨发展事业的强烈愿望。对于上述提案中的一些建议，国民政府根据自身能力进行了采择。如对何葆仁的提案，侨务委员会拟定了《战后华侨事业复兴贷款办法》；对于胡木兰的提案，决定由战后侨务筹划委

① 行政院秘书处编：《国民参政会第三届第二次大会决议案行政院办理情形一览表》，1944 年 8 月，第 6 页。
② 何葆仁：《战后应发展南侨经济以巩固其地位案》，国民参政会秘书处编印：《国民参政会第三届第三次大会纪录》，1945 年 3 月，第 171—172 页。
③ 胡木兰：《请政府迅设华侨复产准备委员会以协助战后华侨重整旧产案》，国民参政会秘书处编印：《国民参政会第三届第三次大会纪录》，1945 年 3 月，第 172—173 页。
④ 连瀛洲：《请加强战后侨务筹划委员会组织案》，国民参政会秘书处编印：《国民参政会第三届第三次大会纪录》，1945 年 3 月，第 173 页。

员会统筹办理华侨复产事宜，所需人员及经费也在努力筹备；对于连瀛洲的提案，也在战后侨务委员会下增设了设计组[1]。1945 年 5 月，国民党六大又通过了《关于侨务行政各提案之审查意见请公决案》和《关于华侨善后救济事业办法案》，表明国民政府在尽可能的条件下，还是注意到了华侨事业的发展问题。

到国民参政会四届一次大会召开时，随着抗战胜利在望，战后华侨事业如何发展再次成为外交提案的重点内容之一。这次大会共提出 23 件外交提案，涉及战后华侨发展的有 8 件。从具体内容看，建议主张主要集中在两个方面：一是再次呼吁成立专门机构统筹华侨发展事宜。如许文顶主张由侨务委员会、海外部、外交部、财政部、交通部、教育部、经济部、振济委员会、中国善后救济总署等机构联合成立侨务专门机关，"专责办理"战后华侨在国外发展事宜，"确定华侨复员之具体方案"[2]。郑振文也认识到了加强侨务行政机构建设的重要性，但他着重于加强侨务委员会的行政职能，主张调整侨务委员会，"增加其经费，充实其组织，健全其人事"，以切实负起"复兴战后华侨事业之责任"。[3] 二是给华侨发展生产事业提供便利。李鉴之指出，日寇投降后，为使逃回国内的缅甸华侨恢复工作，国民政府应与有关国家交涉，简化他们出国手续，华侨若由陆路出国，政府应在沿途各站设立招待所，给予提供便利；在侨胞所在地设置银行，满足侨胞资金需要；侨胞出国的外汇应按照官价供给；恢复侨胞所在地使领馆。胡木兰提出根据中国与同盟国订立平等新约的精神要求，"力促其嗣后对华侨应予平等待遇，不得再有无理之限制与歧视"[4]。薛明剑从解决华侨战后经济发展所需资金的角

---

① 行政院秘书处编：《国民参政会第三届第三次大会决议案行政院办理情形报告表》，1945 年 6 月，第 9 页。

② 许文顶：《为催请迅即设立专责机构确定华侨复员方案及时施行案》，国民参政会秘书处编印：《国民参政会第四届第一次大会纪录》，1946 年 1 月，第 177 页。

③ 郑振文：《请政府迅谋调整与加强侨务行政机构以促进战后华侨事业之复兴案》，国民参政会秘书处编印：《国民参政会第四届第一次大会纪录》，1946 年 1 月，第 177 页。

④ 胡木兰：《确定华侨经济复兴计划并立付实施以利战后经济建设案》，国民参政会秘书处编印：《国民参政会第四届第一次大会纪录》，1946 年 1 月，第 178 页。

度出发，提出"发行华侨复兴公债若干万美元"，"贷与侨胞，限定作复业之用"。①

这几件提案后来都被"交行政院统筹办理"。从实施情况看，对许文顶成立战后侨务专门机构的建议，侨务委员会回复称，蒋介石曾于1945年4月13日下发文电，指出"海外华侨善后救济委员会无庸组织"②，因此该机构并未成立。对于胡木兰要求华侨应受平等待遇的要求，外交部回复说，"随时与有关国家提出交涉，力促改善"，并指出对古巴、菲律宾"对我劳工及零售上限制之提案"，经"先后交涉获有效果"；在与哥斯达黎加及多米尼加两国所订的新约中，也规定了"彼此人民入境旅行居住经商等享有最惠国之待遇"③。对于郑振文加强侨务行政机构职能的建议，国民政府也有所重视，提出由"海外部召集各有关机关商讨其实施方案与步骤"④。这反映出国民政府对国民参政会有关这一问题的提案还是给予了一定程度的重视。

本章小结

综上所述，可以得出如下几点结论：

1. 外交提案的内容主要从两方面展开：一是改善外交工作；二是加强侨务工作。就前者来看，主要集中在调整外交机构、扩大国际宣传、争取国际支援和加强国际交往等四个方面，其中，调整外交机构、扩大国际宣传和争取国际支援主要集中在国民参政会的前期和中期，加强国际交往主要集中在国民参政会的后期；就后者来看，提案内容经历了从最初关注动员侨胞通过

① 薛明剑：《拟请政府发行华侨复业公债协助侨胞恢复原有事业案》，国民参政会秘书处编印：《国民参政会第四届第一次大会纪录》，1946年1月，第181页。
② 行政院秘书处编：《国民参政会第四届第一次大会决议案行政院办理情形报告表》，1946年2月，第11页。
③ 行政院秘书处编：《国民参政会第四届第一次大会决议案行政院办理情形报告表》，1946年2月，第37页。
④ 行政院秘书处编：《国民参政会第四届第一次大会决议案行政院办理情形报告表》，1946年2月，第14页。

捐输支持中国抗战，到太平洋战争爆发后主张改善侨胞在海外的生存处境，再到抗战后期关注华侨在战后如何发展的转变，既反映出国民参政员随着抗战形势变化对华侨工作的关注亦随时变化的趋势，也反映出华侨的处境和命运是与祖国紧密联系在一起的。

2. 就提案的领衔者来看，这方面的提案大都由熟悉、研究或直接从事这一领域工作的国民参政员提出。就前者来看，由于外交工作对抗战的重大影响，几乎所有党派都对该问题有所关注，且关注的问题基本上是国民政府亟待解决的，所提建议主张也有相当强的针对性和可行性，特别是中共参政员提出的建议加强国民外交的主张，不失为对国民政府过于注重官方外交的有益补充，有利于打开中国不利的外交局面。有的提案甚至未雨绸缪，提醒国民政府要注意加强与苏联的外交关系，这对国民政府的外交方针不失为一个善意的提醒。就后者来看，提案大都由华侨参政员或熟悉华侨事务的国民参政员提出，他们对侨情非常了解和熟悉，能够提出广大华侨切实关心和迫切需要解决的问题。这些提案内容体现了广大华侨与国内民众同呼吸、共命运，团结一致、共同抗击日寇的精神，也反映出广大华侨希望国家能作为他们的坚强后盾，为他们在国外生存发展提供有力支持的迫切愿望。

3. 就国民政府的回应情况来看，与其对军事提案回应的无力与低效相比，国民政府对外交提案的回应还是较为积极的，特别是那些在当时条件下能够解决且也迫切需要解决、解决之后能够推动抗战顺利进行的提案，国民政府大都非常重视，也采取了一定的措施，并取得了较为明显的效果。具体而言，国民政府对提案在外交机构调整、扩大国际宣传、加强国际交往等方面的建议主张，有较多采择和实施，这对于国民政府克服外交工作中的不足、推动中国战时外交工作的顺利开展和争取国际社会同情支持中国抗战，发挥了积极作用。如，对调整外交机构的建议，国民政府制定了相关条例规则，并采取了一定的措施；又如，对中共参政员提出的加强国民外交的建议，国民政府也较为重视，并通过采取措施掀起了一股"国民外交热"；在鼓励华侨捐款捐输问题上，提案主张较好地契合了国民政府动员各种资源进行抗战的迫切需求，因此被国民政府高度重视。没有回应、回应较为消极或实施效果不明显的提案主要集中在加强与苏联交往、改善华侨生存处境及协助华侨发展事业等方面。就加强与苏联交往的提案来看，到抗战后期，国民参政员站在国家民族长远发展的高度，建议国民政府摆脱意识形态的束缚，确立与苏、英、法、美等国交往并重的外交思维，对国民政府无疑是一个非常重要的提醒。遗憾的是，国民政府虽然在抗战期间保持了与苏联的交往，但鉴于压制乃至消灭中共的考虑，并没有真正重视这个问题，也没有改变过分倚重美国的外交思维，对于自身和战后中国的政治走向都产生了深远影响。就改善华侨处境和协助华侨发展事业来看，大部分提案的诉求是国民政府没有能力解决的，所以在对提案的回应上，虽决议"交外交部办理"，却没有真正落实，大都采取了敷衍搪塞等没有实质性内容的回复方式，有的甚至没有回复，与国民参政会的互动较为被动。当然，国民政府对这方面的个别提案也进行了积极回应，也取得了较为显著的效果。

第四章　内政提案分析

内政问题一直是国民参政会提案密切关注的问题，也是中共和中间力量向国民政府表达自身利益诉求、维护抗日民族统一战线、主张团结抗战、民主抗战的重要方式，历届历次大会都有不少这方面的提案提出。从具体内容来看，内政提案所涉及的问题相当广泛，诸如对维护团结和统一、推动国民政府政治革新、促进地方自治、动员救济民众等，都有强烈的关注，并提出了很多有价值的建议主张，体现了国民参政员推动抗战顺利进行的强烈愿望，也从侧面展现了抗战时期中国政局发展演变的某种趋势。

第一节　维护团结和统一

中国内部政治力量的团结和统一是争取抗战胜利的必要条件。国民参政会成立后，中共和中间力量努力使国民参政会成为体现、维护全民族团结抗战的重要象征，成为维护以第二次国共合作为基础的抗日民族统一战线的重要机构，并在此方面提出了一些提案。

一、拥护政府抗战

全面抗战爆发后，为促使国民党政权垮台，日本除积极策划军事进攻，大力筹划建立伪中央政权外，还极力分化、瓦解中国抗战阵营。在此情形下，中国抗战阵营内部出现了一股妥协投降逆流。国民参政员对此坚决反对，他们以提案表示拥护国民政府领导抗战、长期抗战、彻底抗战。这些提案主要出现在国民参政会第一届大会期间，中共参政员在此过程中发挥了重要作用。

在国民参政会一届一次大会上，国民党参政员郑震宇、王家桢和中共参政员陈绍禹等分别领衔提出了《精诚团结拥护〈抗战建国纲领〉案》《拥护〈抗战建国纲领〉案》《拥护国民政府实施〈抗战建国纲领〉案》。三案虽然都以拥护《抗战建国纲领》的形式出现，但对国民政府领导抗战的支持则是毋庸置疑的。三案连署人加起来有116人次之多，考虑到这次大会只有200名国民参政员，又有少部分因种种原因未能到会，应该说这些建议代表了绝大多数国民参政员的心声，对于增强蒋介石领导抗战的决心与信心不无裨益。特别是在十年内战时期一直被国民党"围剿"的中共，通过提案表达了对加强国共合作抗战到底的诚意和立场，它的提案也因此成为此次大会中"联署人数最多、代表性最广的提案"①。

国民参政会一届二次大会召开时，正是武汉即将失守、中国抗战压力最为严峻之际。为坚定国民政府的抗战信心，形成全国上下精诚团结的抗战局面，在大会开幕之日，毛泽东致电国民参政会议长汪精卫，指出中国人民首要的任务为"坚持抗战，坚持持久战"，"坚持举国上下精诚团结之民族统一战线"。陈绍禹在大会上领衔提出的提案痛斥了汉奸亲日派的投降言论，重申"蒋委员长为领导抗战建国的民族领袖，国民政府为领导抗战建国的最高行政机关，我全国军民一致信任和拥护"②。无党派的胡景伊也提出，"吾人只须于最高领袖率导之下勇力以赴，则抗战建国之目的，终有达成之一日"③。救国会的王造时则临时动议："参政会应发表宣言拥护蒋委员长告全国国民书，并号召全国同胞一致奋起继续抗战，以争取最后胜利。"这几件主张相似的提案经合并讨论形成决议："拥护蒋委员长所宣示全面抗

① 周勇主编：《国民参政会》，重庆出版社1995年版，第64页。
② 陈绍禹：《拥护蒋委员长和国民政府加紧民族团结坚持持久战争取最后胜利》，国民参政会秘书处编印：《国民参政会第二次大会纪录》，1938年12月，第49页。
③ 胡景伊：《拥护蒋委员长持久抗战宣言案》，国民参政会秘书处编印：《国民参政会第二次大会纪录》，1938年12月，第49页。

战持久抗战争取主动之政府既定方针。今后全国国民应在蒋委员长领导之下坚决抗战，决不屈服，共守弗渝，以完成抗战建国之任务。"① 在"政府中人仍对抗战全局多作悲观"，日寇以蒋介石下野为诱饵分化中国抗战阵营的情形下②，国民参政员表示坚决拥护蒋介石领导抗战，于蒋介石而言，不啻是巨大的鼓舞，他"乃重修告国民书"③，并指示张群在重庆以其名义发表，"示敌以我之决心"④。

尽管国民参政员表现出了拥护国民党蒋介石领导抗战的坚强决心，但战场上的军事失利还是导致国民党内部纷争、对抗战前途失去信心。其中，以汪精卫为首的亲日派最为典型。由于汪精卫同时兼任国民参政会议长，其散布的抗战悲观论调影响更大。汪精卫的妥协投降言论在国民参政会一届一次大会召开时就被国民参政员所注意。在这次大会上，当讨论汪精卫亲信陶希圣提出的《对德意外交采取分化方略案》时，中共参政员董必武就直截了当地指出，在德意与日本关系日益密切，与中国日渐疏远的情况下，建议国民政府加强与德意等国家的外交，无疑是向日本表示妥协。为此，双方"争执甚力"，"几闹翻"⑤。广州、武汉失守后，中国抗战进入了一个更为艰难的阶段，日寇加紧了对国民党的诱降活动，汪精卫等亲日派也更"倾向于和平"⑥。他连续对海通社、路透社记者宣扬中日"和平"只是迟早而已，并表示"吾人愿随时和平"。这种言论影响很大，甚至"漂洋过海"被在新加坡不能出席国民参政会大会的陈嘉庚知悉，引起了他的

---

① 国民参政会秘书处编印：《国民参政会第二次大会纪录》，1938年12月，第21页。

② 林美莉编辑校订：《王世杰日记》（上），台北"中央研究院"近代史研究所2012年版，第156页。

③ 台湾政治大学人文中心主编：《民国二十七年之蒋介石先生》，台湾政治大学人文中心2016年版，第563页。

④ 《蒋介石日记》（手稿），1938年10月30日，美国斯坦福大学胡佛研究院档案馆藏。

⑤ 《黄炎培日记》（1938年7月13日），中国社会科学院近代史研究所整理：《黄炎培日记》（第5卷），华文出版社2008年版，第323页。

⑥ 林美莉编辑校订：《王世杰日记》（上），台北"中央研究院"近代史研究所2012年版，第154页。

忧虑。他在不能出席大会的情况下，提出了"日寇未退出我国土前不得言和"的提案①。该案说出了广大国民参政员的心声，被认为是"古今中外最伟大的一个提案"②。中共参政员林祖涵也提出提案，指出对与日言和的"为虎作伥之辈"，要"加以严惩"，"削除其国籍，并公告全国人民，人人得诛之"③。

尽管国民参政员对以汪精卫为首的亲日派的言行进行了严厉抨击，但他"基于一种必败论的政治见解"④，还是在1938年12月19日逃离了重庆，并于29日公开发表"艳电"响应近卫声明，成为中华民族的头号汉奸。在随后不到一个月召开的国民参政会一届三次大会上，国民参政会虽没有发表驳斥汪精卫"艳电"声明的通电⑤，但解除了汪精卫国民参政会议长的职务。不仅如此，林祖涵、王卓然和褚辅成分别提出了拥护国民政府领导抗战的提案，分别代表了中共、中间力量和国民党参政员拥护国民政府抗战到底的坚定立场。其中，林祖涵领衔提出的《拥护蒋委员长严斥近卫声明并以此作为今后抗战国策之唯一标准案》指出，蒋介石驳斥近卫声明的训词，"不仅为全国军民所一致拥护，且亦为国际舆论同情"，提议将其"作为抗战国策的

---

① 陈嘉庚：《日寇未退出我国土前不得言和案》，国民参政会秘书处编印：《国民参政会第二次大会纪录》，1938年12月，第50页。

② 邹韬奋：《来宾放炮》，重庆市政协文史资料研究委员会、中共重庆市委党校编：《国民参政会纪实》（上），重庆出版社2016年版，第185页。

③ 林祖涵：《严惩汉奸傀儡民族叛徒以打击日寇以华制华之诡计而促进抗战胜利案》，国民参政会秘书处编印：《国民参政会第二次大会纪录》，1938年12月，第72页。

④ 李志毓：《汪精卫的性格与政治命运》，《历史研究》2011年第1期。

⑤ 一些学者曾对"国民参政会在一届三次会议召开之前直至一届四次会议召开前近十个月的时间，对于汪精卫叛国投敌这一重大历史事件，没有任何以国民参政会和国民参政员的名义发表声讨的通电"的原因进行过分析，认为主要是三个方面的原因造成了这种现象：一是国民党新闻检查机关的阻挠；二是国民党当局采取"谨慎"处置方针；三是民主党派对蒋介石本质缺乏清醒认识。见阎玉田：《国民参政会与汪精卫叛国投敌》，《河北大学学报》2009年第4期。

唯一标准"①。大会对三件提案进行了热烈讨论，形成了一致决议："抗战既定方针，必须坚持到底，我全国国民应竭诚拥护政府执行第二期抗战国策。我政府通令全国军民服膺蒋委员长在去年十二月二十六日宣言中所宣示之大义，坚其信心，齐其步伐，一心一德，澈始澈终，以复我领土主权与行政之完整，而完成抗战建国之大业。"②

汪精卫逃离重庆后，国民党蒋介石也曾采取一些措施促其回心转意③，但是汪精卫并不打算回头。1939年4月初，他在香港报刊公开发表谈话，再次申述与日本言和的立场，"意谓前年十二月德使陶德曼所提之和平条件，现经蒋先生认为非亡国条件，可作讨论基础，何以近卫宣言，不能作为和议基础"④。5月初，他又从日本返回上海，"出面领导和平运动"，进行组织伪政府的准备工作。在此情形下，国民党蒋介石知道汪精卫已经不可能回头了，于是密令各报刊对其进行"声讨"。

---

① 林祖涵：《拥护蒋委员长严斥近卫声明并以此作为今后抗战国策之唯一标准案》，国民参政会秘书处编印：《国民参政会第三次大会纪录》，1939年4月，第54页。其实，董必武原拟在这次大会上提出"惩汪案"，但由于国民党对汪没有明确态度，董必武在与蒋介石协商是否提出该案时，结果被"取消"。林美莉编辑校订：《王世杰日记》（上），台北"中央研究院"近代史研究所2012年版，第182页。

② 国民参政会秘书处编印：《国民参政会第三次大会纪录》，1939年4月，第24页。

③ 汪精卫发表"艳电"后，国民党中央党部曾召开中央执行委员谈话会讨论如何处置汪精卫，蒋介石主张"拟先以私人名义去电劝告；或由中央决议予以警告；对于通缉则语为无意义"（林美莉编辑校订：《王世杰日记》（上），台北"中央研究院"近代史研究所2012年版，第171页）；有学者指出："蒋介石对汪的周围采取恐怖行动，是为了将汪派势力切割，孤立汪，迫使其放弃'和平运动'而出国流亡"（李志毓：《汪精卫的性格与政治命运》，《历史研究》2011年第1期）；还有学者指出，国民党之所以对汪精卫叛逃处置非常谨慎，主要是因为三个方面的原因："第一，在抗战的关键时刻，汪氏猝然叛逃，蒋介石缺乏思想准备，应对措手不及。第二，国民党在处理汪案时，顾及汪氏面子，措辞十分谨慎，定性是个人'叛离'行为，同时，示以抗战决策的坚定性，促请汪氏回归国民党。第三，汪氏的叛逃可能会引起中央分裂，蒋介石意在稳住汪氏，以维持战时国民党团结大局。"（崔之清主编：《国民党结构史论：1905—1949》（下），中华书局2013年版，第729页）

④ 林美莉编辑校订：《王世杰日记》（上），台北"中央研究院"近代史研究所2012年版，第190页。

在国民参政会一届四次大会上，专门建议对汪精卫及其附逆组织进行声讨的提案共有 5 件。建议主要集中在三个方面：一是明确表达拥护国民政府抗战到底的决心和信心，以中共参政员董必武的提案最具代表性。他提出要揭露汪精卫叛国本质、声讨其"认贼作父"行为、肃清其妥协投降论调的同时，又主张拥护蒋介石在抗战二周年纪念日发表《告全国军民书》中所提"反对中途投降，坚持抗战到底"的口号①。由于此时国民党内部已经出现了反共妥协的苗头，中共采用"顺水推舟"式的统战策略，无疑使其不敢公开与汉奸同流合污。二是揭露汪精卫叛国投敌、与日媾和的投降本质。张一麟指出汪逆"怙恶不悛""奴颜婢膝""乞降虏廷"，是"卖身，卖党，卖国家，卖民族"的行为②；郭英夫认为汪精卫的叛敌投国行为"颠倒是非，淆乱视听""利欲熏心，廉耻道丧，人神共愤，天地不容"③。三是主张对汪精卫"认贼作父"的叛国行为进行严厉声讨。王卓然提出对汪精卫的行为要有集体表示，要共同声明不承认汪逆伪组织，否认他的伪组织以任何名义进行的行动。胡元倓提出请国民政府公告国内外：中华民国以国民政府公布的法令为准，凡叛逆汉奸集团僭发之文告，概无效力；中华民国以国民政府缔结的条约为准，凡叛逆汉奸集团与任何国家订立的文件，全国国民概不承认。邹韬奋从新闻报人的视角要求肃清汪精卫散播妥协投降的论调，主张"通讯社，新闻从业者，文化工作者，拒绝一切合作。如有以电报、通讯、文字供给该项报纸者，应根据《惩治汉奸条例》及《修正危害民国紧急治罪法》"进行惩治；对于汪逆及其党徒的一切著作，交有关机关详细审查④。

---

① 董必武：《拥护抗战到底反对妥协投降声讨汪逆肃清汪派活动以巩固团结争取最后胜利案》，国民参政会秘书处编印：《国民参政会第四次大会纪录》，1939 年 11 月，第 124 页。

② 张一麟：《请用大会名义通电全国声讨汪逆兆铭及附逆诸奸以示坚持抗战国策案》，国民参政会秘书处编印：《国民参政会第四次大会纪录》，1939 年 11 月，第 123 页。

③ 郭英夫：《拟用本会同人全体名义通电声讨汪逆兆铭以正视听而利抗战国策案》，国民参政会秘书处编印：《国民参政会第四次大会纪录》，1939 年 11 月，第 123 页。

④ 邹韬奋：《严加肃清汪派卖国活动与汉奸言论案》，国民参政会秘书处编印：《国民参政会第四次大会纪录》，1939 年 11 月，第 125 页。

这几件提案经合并讨论形成决议，决定"用大会名义通电全国声讨汪逆兆铭及附逆诸汉奸，并否认其一切伪组织与行动，以彰民意案"，各案所列具体办法交国民政府参考采纳。据此，大会通过了《声讨汪逆兆铭电》："本会顷开第四次大会，经全体一致通过声讨，并以二义昭告全国：一、忠奸不两立。汪兆铭及附逆诸奸，卖国求荣，宜膺显戮，以彰国法。二、汪兆铭等出卖祖国，已自绝于人类。凡其所言所行，悉为无耻罔义之言行；凡其所组织之机关，全为敌人所制造之傀儡。我全国国民，应洞察奸隐，一致斥责，以昭大义。"① 声讨汪精卫通电的发表，表明了国民参政员坚决执行抗战到底国策，非达到驱逐敌寇及恢复中国领土主权完整、决不中途妥协的坚强决心。

国民参政会一届五次大会召开时，正是汪精卫在南京成立伪"新中央政府"举行"还都"典礼之时，曾被无数人敬仰的汪精卫此时已变成了中国人民的公敌。在这次大会上，经国民参政员一致决议通过了《声讨汪逆兆铭南京伪组织通电》，指出汪精卫"背叛民国，觍颜事仇"，"在暴敌军阀卵翼之下，于南京成立傀儡组织，盗用国旗，僭窃名位，蒙混欺骗，无所不至"，要求全国人民提高警惕，认识他的阴谋诡计，"凡傀儡组织在国际间有所发表或活动，一概无效"②。可见，汪精卫的叛国投敌言行，不仅没有达到迫使国民政府向日本求和的目的，反而"统一了国人抗战的意志，澄清了国内对于和战的矛盾、庞杂且不健全的思想与看法，并改善了友人对我国的观念"③。在此过程中，国民参政员通过提案方式表达拥护国民政府抗战到底及与汪精卫不共戴天、势不两立的坚定立场，发挥了重要作用。

二、严惩汉奸组织

全面抗战爆发后，除了从重庆分裂出来的汪精卫叛国组织，日寇还在其占领区操纵成立了许多大大小小的汉奸组织。在这其中，以王克敏、王揖唐

---

① 国民参政会秘书处编印：《国民参政会第四次大会纪录》，1939年11月，第49页。

② 国民参政会秘书处编印：《国民参政会第五次大会纪录》，1940年8月，第61—62页。

③ 钱端升：《对于六中全会的企望》，《今日评论》第1卷第3期，1939年1月15日。

为首的伪"华北政务委员会"、以德穆楚克栋鲁普为首的伪"蒙古联合自治政府"和以梁鸿志、温宗尧为首的伪"维新政府"势力最大，影响也最为恶劣。他们借助日寇在沦陷区的势力，狐假虎威，为虎作伥，甘当民族败类。为惩治这些民族败类，国民政府于1937年12月公布了《惩治汉奸条例》。次年8月，它又公布了修正后的《惩治汉奸条例》，规定"通敌或帮助敌国，或其官民，有左列行为之一者为汉奸，处死刑或无期徒刑"，该条例还详细列举了汉奸行为的14种表现，如"图谋反抗本国者""图谋扰乱治安者""煽惑军人、公务员或人民逃叛通敌者"等①。国民参政会提案对此也有关注。

在国民参政会大会中，建议惩治汉奸的提案最早由中共参政员提出，表明了中共坚持抗战到底的一贯立场。在国民参政会一届二次大会上，林祖涵指出："抗战年余，全国军民莫不忠勇奋发，前仆后继，为民族之独立生存而奋斗，不幸有少数丧心病狂之徒，甘为日寇利用，粉墨登场，僭称政府"，对抗战造成了极为不利的影响。他主张国民政府"明令宣布一切参加南北及各省傀儡组织之民族败类，削除其国籍，并公告全国人民，人人得诛之"；"没收此类傀儡之一切财产，以充实抗战军费"；"对被迫参加伪组织之人员，国民政府应明令劝告限期脱离伪组织，容其自新"，否则，即按前面办法严惩不贷②。该案经讨论决议"通过，送请国民政府切实办理"。1939年1月1日，国民政府"重申"按照惩治汉奸条例对汉奸予以严惩，并将该案交军委会查明办理③。

在国民参政会一届四次大会上，部分提案除了要求对汪精卫及其附逆组织进行通电声讨外，也呼吁要严惩汉奸伪组织。谭文彬提议"对于下列概举之人员，无论其行为是否消极或积极，均应以汉奸论罪，而处以严刑峻法"，如窃用公物者（如汽油等类）、故意损坏有关军事方面之一切物品者、于空

---

① 中国第二历史档案馆编：《中华民国史档案资料汇编·第五辑·第二编：政治》（一），江苏古籍出版社1998年版，第153—154页。
② 林祖涵：《严惩汉奸傀儡民族叛徒以打击日寇以华制华之诡计而促进抗战胜利案》，国民参政会秘书处编印：《国民参政会第二次大会纪录》，1938年12月，第72页。
③ 国民参政会秘书处编印：《国民参政会决议案实施情形一览》，1939年8月，第108页。

袭时打信号或以其他方法指示敌机轰炸目标者、割窃电线或破坏公路与交通器材者、私行运售钢铁食粮棉花等类物品于敌人者、私行破坏法币信用扰乱金融者、用各种方法供给敌人情报者、宣传反动言论鼓动罢工怠工消减抗战力量者①，都在严惩之列。王卓然主张动员民众，"奖励人人锄奸，使汉奸感觉草木皆兵，天罗地网，不能幸免"，并建议国民政府把汉奸姓名、作恶情形公布于众，"昭告人民任便诛之"②。这对于震慑汉奸组织及汉奸行为，使其收敛不法活动有重要作用。可惜的是，抗战相持阶段到来后，国民党出于利用汉奸分子防范中共的企图，虽表面声称要严厉惩治汉奸组织及汉奸行为，实际上却采取了操纵利用以为它服务的策略。上述两案在讨论时，亦被"保留"，没有通过，未能提交国防最高委员会。

不仅如此，在国民党的默许下，一些汉奸投机分子，不仅没有受到惩治，反而在向国民党表示要悔过自新、重新做人后，又在国民政府的一些行政部门中担任了重要职务。这些人在谋取官位后，"不知检点，又四出活动"，借以获得更多利益。这种现象引起了一些有正义感的国民参政员的不满。在国民参政会三届一次大会上，张邦珍指出："抗战以来，不少投机分子，觍颜事仇，一朝失意，又藉口悔悟，幡然来归。中央准其投诚，不咎既往，已属宽大。乃彼辈不知检点，又四出活动，或放言以饰其非，或因缘得充要职，实足使爱国志士寒心，天地正气消沉"，要求国民政府"明令禁止曾有汉奸劣迹者担任国家要职，以正纲纪，而励士气！"遗憾的是，该案虽经讨论"修正通过，送请政府切实办理"③，但最后不了了之④。

---

① 谭文彬：《请用重典惩治汉奸以利抗战建国案》，国民参政会秘书处编印：《国民参政会第四次大会纪录》，1939 年 11 月，第 127 页。

② 王卓然：《请政府制定奖励人民锄汉奸条例以绝乱源案》，国民参政会秘书处编印：《国民参政会第四次大会纪录》，1939 年 11 月，第 128 页。

③ 张邦珍：《请政府明令禁止曾有汉奸劣迹者担任国家要职以振纪纲而励士气案》，国民参政会秘书处编印：《国民参政会第三届第一次大会纪录》，1943 年 8 月，第 156 页。

④ 笔者查阅了国民政府行政院对此次大会提案实施情形的回复报告，发现对该案的实施情形没有回复。见行政院秘书处编：《第三届国民参政会第一次大会决议案行政院办理情形报告表》，1943 年 8 月。

　　进入 1944 年以来，中国抗战胜利的前景日趋明朗，如何根据汉奸的不同情况进行惩治成为国民参政员思考的问题之一。在国民参政会三届三次大会上，奚伦指出，抗战以来，中国出现了很多汉奸，"甘心作贼者，固不在少，然亦有迫于环境，不得不虚与敌伪周旋者。甚至有藉与敌伪往来，直接间接得以保障地方安全，或居间拯救爱国志士及被害同胞者。是在表面上，固同为汉奸，而在实际上，则罪有等差"，若一律同样予以惩处，"不惟法难持平，且亦事有未当"。他主张组织汉奸罪行调查委员会，"精密调查全部汉奸名单暨每一汉奸充当汉奸之原因，与其充当汉奸期中之公私罪行"。他还提出了具体的惩治办法：第一，凡曾负党国重要职责及曾任政府官吏而在抗战中背党叛国甘心做贼匪迹昭著者，应处以极刑。虽被迫附逆，但公私罪行一般可考者，应按其罪行分别予以应得之惩处。确系被迫附逆而有罪恶行为，并有确实证据者，应酌予减轻。第二，凡绅商士庶于抗战中甘心附逆为虎作伥者，应处以极刑。虽被迫附逆，但事后逆迹昭著可予证实者，应处以无期徒刑。确系被迫参加汉奸组织，而事后并无逆迹者，应永远剥夺其公民权。第三，无论官民，虽参加汉奸阵营，但因别有用心与苦衷，意图从中保障地方安全，或从事拯救爱国志士及被害同胞，经地方多数民众团体出为证实，或有其他证据者，得免予议处。如确有保障地方安全或从事拯救爱国志士及被难同胞之事实，经民众团体证实或有其他切实证据者，得以反汉奸或特务工作论。[①] 该案提出了根据充当汉奸原因及实际危害采取不同惩处措施的建议，有利于促使那些被迫当汉奸、对抗战危害不大的人重新站到抗战的队伍中来。行政院军事委员会在回复该案办理情形时指出："投身伪政府之官吏，无论原因如何，如构成《修正惩治汉奸条例》之罪行，应依该条例论处。至以往被迫附逆之伪官吏，如愿乘机自首，尽可依照汉奸自首条例办理。"[②] 这对于瓦解汉奸首鼠两端的心理有一定作用。

---

① 奚伦：《拟请组织汉奸罪行调查委员会案》，国民参政会秘书处编印：《国民参政会第三届第三次大会纪录》，1945 年 3 月，第 205 页。

② 行政院秘书处编：《第三届国民参政会第三次大会决议案行政院办理情形报告表》，1945 年 6 月，第 31 页。

国民参政会四届一次大会召开时，抗战胜利的趋势更为明显，惩治汉奸再次成为国民参政员关心的问题之一。黄范一指出："对忠烈者敬崇之，对奸恶者痛恨之，此正我民族绵延不绝之主要原因，亦为我致胜克敌之主要原因。"他认为附敌汉奸虽或为生活所迫，或为环境所驱，"但战后应一律严厉处分，方足以彰国法而申正义"①。他建议，第一，抗战结束后迅即成立审判附逆分子之特别法庭，"凡抗战期间曾充任伪职者，一律由特别法庭审判，分别依法严厉惩处，其罪行显著，一律处以极刑"；第二，凡曾充当伪军而未参加反正者，全部充配垦荒；第三，凡附逆分子，不论其职位高低，一概裭除充当公教人员资格；第四，附逆分子之全部财产切实调查清楚，不论其旧有或系附逆期间所置，一律由政府没收，拨充殉国官兵之抚恤基金。伍肇煦建议组织汉奸罪行调查委员会，将各地汉奸查明公布，以便军政机关及民众查拿他们。苏珽提出严密侦查各地汉奸之姓名及罪行，编成名录，"使将来无漏网之鱼，一律绳之以法，按其情节轻重，施以应得之处分"②。

值得注意的是，曾任中央日报社社长的陈博生提出了惩治文化汉奸的提案，这也是国民参政会要求惩治文化界败类的唯一一件提案。全面抗战爆发后，日寇在网罗汉奸、组织傀儡政权为己所用的同时，也着手搜罗知识分子中的败类，推行所谓的"中日文化提携"政策，以树立中日亲善形象，迷惑普通民众。1938年8月，日本外务省在北平组织了汉奸文化团体东亚文化协会，由医学教育家汤尔和担任会长。日军占领平、津、沪、宁之后，前华北大学校长何克之、清华大学教授钱稻荪以及周作人等也先后接受日寇邀请，在伪临时政府教育部成立的"北京大学"中担任要职③。这些汉奸文人为虎作伥，推波助澜，奴颜婢膝，甘受利用，对抗战的顺利进行造成了严重

---

① 黄范一：《附敌汉奸战后应严厉处分以彰国法而伸正义案》，国民参政会秘书处编印：《国民参政会第四届第一次大会纪录》，1946年1月，第187—188页。

② 苏珽：《应迅速调查及编造汉奸题名录并厘定惩治办法案》，国民参政会秘书处编印：《国民参政会第四届第一次大会纪录》，1946年1月，第189页。

③ 王金锷等：《中国现代知识分子的历史轨迹》，吉林教育出版社1989年版，第309页。

危害①。在提案中，陈博生提出了惩治文化汉奸的五项具体办法：一是在沦陷区供敌伪驱策，印刷敌伪教科书的书局出版社、电影公司、戏剧社等，没收财产，严惩其负责人；二是由伪官荐任的，一律严惩不贷，但对于在事实上为中央从事掩护工作人员，应由沦陷区党政军机关密报，以免混淆；三是在文化界人士中，有以私人名义经常向敌伪报章杂志投稿者，根据情节轻重予以惩治；四是令检察官严密查缉混入内地的汉奸，依法从严检举治罪；五是尽快遴选最高检察官及有关机关负责人员，成立"文化汉奸"调查委员会，搜集各方面证据，确定汉奸名单，作为惩治参考。② 不仅如此，他还指出要对那些替敌宣传的新闻汉奸予以严惩，所有资产由国家全部没收，汉奸报人由国家依法审判严予惩处。他还特别强调倘有中央要员甘受贿赂代为托辞请求，冀图幸免，即对那些要员以贪污及庇护汉奸论罪③。

这几件提案代表了国民参政员的心声，经讨论决议要求国民政府"根据各案要旨，修订惩治汉奸条例，并从速组织汉奸罪行调查委员会"④。在社会舆论的强烈关注下，国民政府于11月23日公布了修正后的《处理汉奸案件条例》，规定民众"厉行检举"汉奸，范围包括曾任伪组织简任职以上公务员，或荐任职之机关首长者；曾任伪组织特任工作者；曾任其他伪组织文武职公务员，凭借敌伪势力侵害他人、经告诉或告发者；曾在敌人之军事、政治、特务或其他机关工作者；曾任伪组织所属专科以上学校之校长或重要职务者；曾任伪组织所属金融或实行机关首长或重要职务者；曾在伪组织管辖范围内任报馆、通讯社、杂志社、书局、出版社社长、编辑、主笔或经理，替敌伪宣传者；曾在伪组织管辖范围内主持电影、制片厂、广播台、文化团体，替敌伪宣传者；曾在伪党部、新民会、协和会、伪参议会及

---

① 赵超构：《铲除文化汉奸》，《赵超构文集》（第2卷），文汇出版社1999年版，第19页。
② 陈博生：《从严惩办文化汉奸建议案》，国民参政会秘书处编印：《国民参政会第四届第一次大会纪录》，1946年1月，第189页。
③ 陈博生：《为惩附逆报馆案》，国民参政会秘书处编印：《国民参政会第四届第一次大会纪录》，1946年1月，第189页。
④ 国民参政会秘书处编印：《国民参政会第四届第一次大会纪录》，1946年1月，第190页。

类似机关，参与重要工作者；敌伪管辖范围内之文化、金融、实业、自由、职业、自治或社会团体人员，凭借敌伪势力侵害他人，经告诉或告发者①。12月6日，修正后的《惩治汉奸条例》公布，增加了"曾在伪组织或其所属之机关、团体服务，凭借敌伪势力，为有利于敌伪，或不利于本国或人民之行为"的惩治办法②。这对于抗战胜利后将一批在抗战期间祸国殃民、为日寇服务的汉奸绳之以法，提供了重要的法律依据。遗憾的是，抗战胜利后，出于与中共争夺政治主导权的需要，国民政府在惩治汉奸的措施上可以说是"雷声大，雨点小"，一些罪大恶极的汉奸不仅没有受到惩罚，反而还受到了重用。这不仅引起了社会舆论的强烈不满，也使国民党政权的公信力大打折扣。

三、主张党派合法

"详细地讨论和决议关于保障人民出版言论集会结社之自由"和"保障各抗战党派合法存在"，"直接地关系着抗日民族统一战线的巩固和发展，直接地关系着全国人民的动员和组织，直接地关系着抗战胜利的争取"。③ 但国民党固守一党专政的思维，不愿其他政治力量染指政权，因此并未在法律上明确各党派的合法地位，并对中共和中间力量采取了限制、打击甚至消灭而后快的态度，致使各抗日党派毫无人权保障，阻碍了党派团结。对此，中共和中间力量是深有体会的。国民参政会成立后，他们利用这一合法平台，积极主张各抗日党派地位合法。

在国民参政会一届一次大会上，沈钧儒指出，尽管国民政府已明令保障人民权利，但因为党派地位不合法，地方官吏多借口"异党分子"随便加以打压拘禁，导致"有毫无罪嫌之人民，亦遭逮捕；有无法律根据之机关，

---

① 中国第二历史档案馆编：《中华民国史档案资料汇编·第五辑·第三编：政治》（一），江苏古籍出版社1998年版，第337页。
② 中国第二历史档案馆编：《中华民国史档案资料汇编·第五辑·第三编：政治》（一），江苏古籍出版社1998年版，第339—341页。
③ 《祝国民参政会成功》，《新华日报》1938年7月6日。

亦执行拘捕禁押之权。因而人民有忽然失踪者；有受私刑拷打者，有已判决徒刑而又遭杀戮者"的情形时常发生。他提出了保障人身自由的11条主张，较为重要的有：凡中央颁布的全国通用的法规，地方政府不得变更或违背；除法律赋有权限的机关外，绝对不许拘捕、禁押、审判、处罚人民；严行查禁非法律上有权限执行拘提禁押的机构；通令各级军事机关，除戒严时期外，不得拘禁审判非现役军人；非违反军事法规的人民，现在拘禁中的，应立即解送司法机关；通令全国各司法及公安机关，拘捕嫌疑犯，必须于24小时内送审判机关；凡非依法律手续逮捕者，应立即移送审判机关；通令全国严禁刑讯；凡人民团体及言论、出版，非依法律不得解散、封闭、扣押、没收；通令全国人民得依刑诉法举发公务员及公务机关，违法滥权，妨害人民自由权利之行为，惟挟嫌诬告者，应作同等之罪①。这些都是针对国民党实行一党专政，不予其他党派合法地位提出来的。

大会在讨论该案时，考虑到国民党的接受程度，对其中的一些词句进行了酌情修改，将其"修正通过"交国防最高会议办理。在当时抗战形势空前严峻、亟须动员各种力量进行抗战的情形下，国民政府表现出了一定程度的开明姿态。该案后被国民政府通令全国各军政机关"依法办理"，"如有违法滥授权侵害人民权利情事，除由人民依法告诉告发诉愿外，主管机关应注意监督，随时纠正"。行政院后来回复声称，国民政府各部门已"通令遵照"②。需要指出的是，国民政府对该案的回复更大程度上只是一种姿态，从内心深处，它是不愿中共和中间力量有合法地位的。因此，它虽承诺要保障各党派的人身自由，但"决议者尽管决议，执行者尽管不执行"的现象依然非常严重③。

抗战相持阶段到来后，随着军事上压力的暂时减轻，国民党加大了对中

---

① 沈钧儒：《切实保障人民权利案》，国民参政会秘书处编印：《国民参政会第一次大会纪录》，1938年9月，第183—184页。

② 国民参政会秘书处编印：《国民参政会决议案实施情形一览》，1939年8月，第29页。

③ 周鲠生：《所望于国民参政会第三届会议者》，重庆市政协文史资料研究委员会、中共重庆市委党校编：《国民参政会纪实》（上），重庆出版社2016年版，第222页。

共和中间力量的打击力度。1939 年 6 月 12 日，国民党顽固派制造了针对中共的"平江惨案"。邹韬奋主持的生活书店则被国民党特务以经销"反动书刊""诋毁政府"为罪名捣毁多处。李公朴和沙千里亦因作抗战演说，被造谣说故意煽动工人罢工而遭拘押①。针对这些问题，在国民参政会一届四次大会上，中共和中间力量参政员分别提出了保障抗日党派地位合法、实施宪政的提案②。

中共参政员陈绍禹鉴于国民党颁布《防止异党活动办法》以来，国共军事摩擦增多，非国民党派爱国青年遭受压迫甚至无端失踪的现象，要求国民政府"明令保障各抗战党派之合法权利"，"明令取消各种所谓防制异党活动办法"，严禁对人民和青年"施行非法压迫之行为"③。沈钧儒再次痛斥了国民政府无视人民人身自由而使党派地位无法得到合法保障的现象，一些所谓"异党分子"被"任意拘捕至于数月逾年之久，不予审问，或忽然遂无消息，或幸邀释出，而终茫然不知其所以被捕之由，或知之矣，而腐心啮指，申诉无门"。他主张"政府必须痛下决心，期于澈底之改善"，严令各主管机关监督所属机关，不得再有违法滥权情事；凡经中央发觉或由人民告发告诉及诉愿事件，除依照法定手续交法院侦讯外，若情节特别重大，应由中央遴派著名廉政人员驰赴查办；严禁用"反动嫌疑""土匪""逃兵""汉奸"等名目"任

---

① 张忆军：《中国民主党派史（新民主主义时期）》（修订版），华夏出版社 2006 年版，第 211 页。

② 学术界对国民参政会一届四次大会有关保证抗日党派地位合法、结束国民党一党专政、实施宪政问题的提案已有不少成果，比较重要的有：闻黎明：《第三种力量与抗战时期的中国政治》，上海书店出版社 2002 年版；闻黎明：《抗日战争时期的中间势力》，《近代史研究》1997 年第 5 期；黄敏：《中间党派与抗战时期的民主宪政运动》，《惠州大学学报》1996 年第 3 期；王永祥、王丽华：《论中间党派在 1939—1945 年宪政运动中的宪政设计》，《南开学报》1998 年第 1 期；邓正兵：《1939—1940 年关于民主宪政的争论述评》，《郧阳师范高等专科学校学报》2002 年第 5 期；兰芳：《1939 年中间党派的宪政提案评述》，《历史教学》2002 年第 7 期等。

③ 陈绍禹：《请政府明令保障各抗日党派合法地位案》，国民参政会秘书处编印：《国民参政会第四次大会纪录》，1939 年 11 月，第 92 页。

意栽害青年及一般良民，如有此类案情发党，尤应依法加重惩处"①。该案表达了对国民党以抗战为名随意处置与其有分歧的其他抗日党派的强烈不满。

在对这几案进行审查的会议上，国民党参政员和其他抗日党派参政员形成了两大阵营，发生了激烈的争论。黄炎培对此有较为详细的记载，"上午八时半，第三次审查会。审查张君劢等，左舜生等，江恒源等，张申府等，孔庚等，王造时等，陈绍禹等七案，皆关于请政府结束党治，施行宪政，及用人不问党派，免除党员磨擦事，请各提案人出席说明，自十时至十二时未有结果，定晚续会扩大讨论。……夜八时半，扩大审查会审查七案，仍是余主席，发言者三十八人。至（自）二时半计亘六小时之久。其间争辩甚烈，屡濒破裂"②。会议经过两天一夜的激烈讨论，通过了《召集国民大会实行宪政决议案》，规定了结束党治、实施宪政的治标、治本办法。治标办法为：一、请政府明令宣布全国人民除汉奸外，在法律上政治地位一律平等。二、为适应战时需要，政府行政机构应加充实并改进，以集中全国各方人才，从事抗战建国工作，争取最后胜利。治本办法为：一、请政府明令定期召开国民大会，制定宪法，实行宪政。二、由议长指定国民参政员若干，组织国民参政会宪政期成会，帮助政府促成宪政。抗战期间的第一次宪政运动由此兴起。

这次大会虽将"请政府明令定期召开国民大会，制定宪法，实行宪政"明确写进了决议中，为大后方的民主宪政运动提供了合法依据，但在国民党参政员的操纵下，又删除了中间党派提案中关于"结束党治"的要害内容，被讥讽为"就文字的表面上看来，冠冕堂皇，似乎应有尽有，而戏法人人会变，各有巧妙不同，讲到实行，那却是另一问题"。尽管如此，国民参政员仍不愿放弃争取党派合法地位的机会。在国民参政会一届五次大会上，邹韬奋以亲身经历指出，《中华民国训政时期约法》和《刑事诉讼法》虽已明确

---

① 沈钧儒：《请政府重申前令切实保障人民权利案》，国民参政会秘书处编印：《国民参政会第四次大会纪录》，1939年11月，第106—107页。

② 《黄炎培日记》（1939年9月15日），中国社会科学院近代史所整理：《黄炎培日记》，华文出版社2008年版，第179页。

规定要保障人民身体自由，但事实上，"全国各处，并未完全切实遵行，无逮捕人民职权之机关，往往越权。虽有逮捕人民职权之机关，亦往往滥用职权"，造成遭迫害者含冤莫白，呼吁无门，这种情形如不迅速补救，人民的人身自由将被剥夺殆尽，党派团结抗战也终将成为一句空话。他认为，1935年颁布的《提审法》①虽不甚完善，但如能切实执行，对保障抗日党派的合法地位还是有利的②。该案意在提醒国民政府尽快实施《提审法》，以解决民众及抗日党派被捕后不在时限内提审，从而被无限期拘押而遭受极大痛苦的问题。该案后经国民政府中央政治委员会第八次会议讨论，指出《提审法》应该在宪法颁布之日起施行③。在宪法未颁布更谈不到实施的情形下，该案"送请政府切实执行"的决议仅停留在纸面上。

在多次要求国民政府保障抗日党派合法地位无效的情形下，部分国民参政员将目光转向了1931年6月1日颁布的《中华民国训政时期约法》。在他们看来，"今天要我们研究宪草，但是宪法有效，恐怕至少要在战后两三年之后。在宪法未生效之前，现在不是还有政府所颁布的临时约法吗？约法虽然不够完备，但关于人民的权利和义务，也规定了的。人民义务尽了，权利应不应该享受呢？因此我们有权利要求政府，切实履行临时约法，保障人民的基本权利"④。《中华民国训政时期约法》虽是在国民党控制、包办下产生

---

① 1935年6月21日，国民政府颁布了《提审法》，但到1946年3月15日才正式实施。《提审法》共11条，较为重要的规定有："人民被法院以外之任何机关非法逮捕拘禁时，本人或其亲属，得向逮捕拘禁之地方法院，或其所隶属之高等法院申请提审"；"人民被逮捕拘禁时，其执行机关应立即将逮捕拘禁之原因，以书面示知本人及其最近亲属"。同时对申请提审书状的书写内容，法院受理后的裁定、提审、提审票的记载事项，执行逮捕拘禁机关对于被逮捕拘禁人的解送及其时限，被逮捕拘禁人的释放，移付侦查等均作出明文规定。见张宪文等主编：《中华民国史大辞典》，江苏古籍出版社2001年版，第1740页。

② 邹韬奋：《严禁违法拘捕迅速实行提审法以保障人民身体自由案》，国民参政会秘书处编印：《国民参政会第五次大会纪录》，1940年8月，第84页。

③ 秦孝仪主编：《中华民国重要史料初编——对日抗战时期·第四编：战时建设》（一），台北中国国民党中央委员会党史委员会1988年版，第847页。

④ 《宪政月刊社座谈会：在抗战期间更需要实施宪政》，《新华日报》1944年1月5日。

的，但它是国民政府颁布的第一个宪法性文件，且对保障人身自由有明确规定，倘能真正实施，对于抗日党派地位合法化，未尝不是一件好事。因此，当 1943 年国民政府决定成立宪政实施协进会，讨论宪政实施问题时，推动国民政府实行《中华民国训政时期约法》就成为中间力量参政员争取的目标。①

在中间力量参政员及社会舆论的强烈呼吁下，加上豫湘桂战役失利带来的政治阴影，国民政府虽没有明确提出要实行《中华民国训政时期约法》，但对保障人身自由的建议被迫有所回应。1944 年 5 月，国防最高委员会对宪政实施协进会就保障人民身体自由，提前实行提审制度一事，承认"各地维护治安与检查非法各种机构……相随增多；其间若干下级人员，滥用职权，捕押人民，久禁不放，此种情形，亦属常有，自有切实整肃之必要"②。7 月，国民政府公布了《保障人民身体自由办法》，并决定自公布之日起正式实行。③ 中间力量参政员呼吁保障人身自由的建议终于以法律形式作了规定。遗憾的是，国民政府虽然颁布了《保障人民身体自由办法》，但它从内心深处不愿除自身之外的其他抗日党派地位合法，因此，该办法的实施效果

---

① 见拙著：《黄炎培与国民参政会》，社会科学文献出版社 2011 年版，第 91—96 页。闻黎明亦对职教社参政员黄炎培在抗战时期第二次宪政运动中通过呼吁国民政府实施《中华民国训政时期约法》保障人身自由的努力进行过探讨（闻黎明：《黄炎培与抗战时期的第二次宪政运动》，《近代史研究》1997 年第 5 期）。

② 秦孝仪主编：《中华民国重要史料初编——对日抗战时期·第四编：战时建设》（二），台北中国国民党中央委员会党史委员会 1988 年版，第 1792 页。

③ 该办法共有 9 条，较为重要的规定有：非有检查审判职权的机关，不得逮捕拘禁处罚或审问人民；有审判检查职权的机关依法逮捕人民时，应即讯问，而讯问结果，认为误行逮捕或嫌疑不足者应不待取保即行释放，认为管辖错误者应于二日内移送有管辖权的机关；受有检查审判职权机关的嘱托或依上级机关的命令而逮捕人民者，应于二日内移送嘱托机关或呈报上级机关核办；被逮捕的本人或亲属得请求执行逮捕的机关示知被逮捕原因，并得请求移送有管辖权的机关处理；执行逮捕的机关，应将逮捕人民及处理经过汇报上级机关；执行逮捕的人员及其长官违反本办法之行为应受惩戒；行政院与军事委员会应责成司法行政部与军法执行总监部等机关考核所辖机关有无违反本办法的行为。见蔡翔等主编：《20 世纪中国通鉴·第 2 卷（1927—1949）》，改革出版社 1994 年版，第 673 页。

可想而知。

四、争取言论自由

"舆论有广泛影响社会成员的优点"①，国民政府也深知这一点。全面抗战爆发后的第二天，它就公布了修正后的《出版法》，对新闻报纸、杂志、书籍及其他出版品在登载内容方面均作了明确规定：意图破坏中国国民党或违反三民主义者；意图颠覆国民政府或损害中华民国利益者；意图破坏公共秩序者；妨害善良风俗、公开诉讼事件的辩论等，都在禁止之列。它还强调指出："有关政治之传单或标语，非经地方主管官署许可不得印刷发行。"②这些规定体现了国民政府企图通过荡涤不利于抗战的舆论，将民众思想统一到由其领导的抗战旗帜之下的考虑，也有借机打压、钳制异派政治势力以控制舆论的考量。遗憾的是，该办法在实施过程中，更多的用于了防范异派政治势力，对一些挑拨离间、不利于抗战的言论则疏于管理，严重动摇了人心，破坏了团结抗战的局面，影响了抗战的顺利进行。

在国民参政会一届一次大会上，邹韬奋基于多年从事报刊新闻行业的感受，指出《抗战建国纲领》虽规定只要不违反三民主义的最高原则及在法令范围内，言论、出版、集会、结社等自由就都得到充分保障，但由于没有具体的审查标准，导致各地检查机关在进行图书杂志审查工作时，"各自为政，流弊百出"，妨碍了抗战文化的发扬光大，有悖于国民政府领导抗战的积极精神。他主张国民政府应根据《抗战建国纲领》保障言论自由的规定，公布图书杂志审查标准③。该案本意在于督促国民政府纠正图书审查"混乱的情形"，但后来据说却成了国民政府制定"原稿审查"办法的依据④，可谓是"弄

---

① ［美］E.A.罗斯：《社会控制》，秦志勇等译，华夏出版社1989年版，第71页。

② 中国第二历史档案馆编：《中华民国史档案资料汇编·第五辑·第二编：文化》（一），凤凰出版社1998年版，第276页。

③ 邹韬奋：《具体规定检查书报标准并统一执行案》，国民参政会秘书处编印：《国民参政会第一次大会纪录》，1938年9月，第186页。

④ 邹韬奋：《抗战以来》，中国韬奋基金会韬奋著作编辑部编：《韬奋全集》（第10卷），上海人民出版社1995年版，第220页。

巧成拙"，邹韬奋希望通过该案争取言论自由的目的没有达到。

不仅如此，国民政府加强了对舆论的钳制。1938 年 7 月，国民党五届中央委员会第八十六次会议通过了《战时图书杂志原稿审查办法》，提出将"采取原稿审查办法，处理一切关于图书杂志之审查事宜"，要求各地书店及出版机关在刊物出版前，"须捡送原稿一份或清样二份"呈送地方审查机关审查①。7 月 21 日，国民政府又颁布了《图书杂志审查委员会组织大纲》，决定成立中央图书杂志审查委员会，负责对图书杂志的审查工作②。同时颁布的《修正抗战期间图书杂志审查标准》则对图书审查标准作了更为苛刻的规定，"立场态度完全以派系私利为立场，足以妨碍民族利益高于一切之前提者"，"恶意诋毁及违反三民主义与中央历来宣言政纲政策者"，"恶意抨击本党，诋毁政府，污蔑领袖与中央一切现行设施者"，"鼓吹偏激思想，强调阶级对立，足以破坏集中力量抗战建国之神圣使命者"等，都在禁止出版之列③。

由于新的图书杂志审查办法对事前审查做了严格的规定，导致一些有利于抗战的图书、杂志不能及时和广大读者见面。为此，商务、中华、开明、世界、生活等 15 家书店曾联名上呈国民政府宣传部，列举了事前审查的八大缺点，要求取消事前审查。不仅如此，审查机关人员审查时的随意性也让出版人左右为难，倍感气愤。邹韬奋曾指出，送审文章在审查人员"认为必要的时候，他可以把你的文章随便删去几句，使你的上下文脱节，连贯不上"④。针对这些问题，在国民参政会一届二次大会上，他建议原稿审查办

① 中国第二历史档案馆编：《中华民国史档案资料汇编·第五辑·第二编：文化》（一），凤凰出版社 1998 年版，第 550 页。

② 中国第二历史档案馆编：《中华民国史档案资料汇编·第五辑·第二编：文化》（一），凤凰出版社 1998 年版，第 551 页。

③ 中国第二历史档案馆编：《中华民国史档案资料汇编·第五辑·第二编：文化》（一），凤凰出版社 1998 年版，第 553 页。

④ 邹韬奋：《抗战以来》，中国韬奋基金会韬奋著作编辑部编：《韬奋全集》（第 10 卷），上海人民出版社 1995 年版，第 225 页。

法由出版前审查改为"出版后审查"①。

由于该案涉及了对图书杂志审查办法的根本调整，因此，大会在讨论该案时，掀起了一场大论战，形成了两种截然对立的观点。商务、中华、开明、世界、生活等书店的负责人强烈要求改为出版后审查，以童蒙圣为代表的国民党参政员则认为战时不比平时，并指出英美等国在战时也有检查制度，坚持维持出版前审查②。邹韬奋详细记载了这一提案的讨论情况。据他回忆，在讨论他的提案时，因为标题中"撤销"二字太过尖锐，被改成了"改善"二字。在辩论阶段，国民党参政员刘百闵说图书杂志原稿审查办法是王云五向政府要求的，暗指该办法是接受了国民参政员的建议。为此，邹韬奋特意给在香港的王云五打电话询问此事③。在确认了王云五的真实态度后，他据理力争将提案标题恢复了"撤销"二字，并使该案在讨论中修正通过。面对邹韬奋的坚持力争，国民政府指出《战时图书杂志原稿审查办法》在实行过程中，虽"尚无若何窒碍"，但为便利出版界，决定将"审查范围及送审手续酌予修正"④。国民参政员的努力终于有了些许效果。

国民政府对战时图书杂志审查办法的规定，隐含着通过对异派政治势力的拉拢，使其向国民党政权靠拢，服从其统治的考量，但中间力量不愿过度依附于国民党政权。在此情形下，国民党开始对中间力量中一些比较有影响的人及其所经营的事业采取了限制、打压甚至摧残的措施。如邹韬奋主

---

① 邹韬奋：《请撤销图书杂志原稿审查办法以充分反映舆论及保障出版自由案》，国民参政会秘书处编印：《国民参政会第二次大会纪录》，1938年12月，第61页。

② 张九如：《战时言论出版自由》，独立出版社1939年版，第28—41页。

③ 王云五的回电是这样的："图书杂志原稿审查，弟去年绝未向政府请求举办。反之，力子（指邵力子）先生初长中宣部时，曾以应否恢复审查见商，弟详举窒碍情形，力劝不可，兹当交通梗滞之时，如欲审查原稿，更无异禁止一切新刊物，或使新刊物绝迹于内地，窒碍尤多，务望先生等坚持撤销。"见邹韬奋：《抗战以来》，中国韬奋基金会韬奋著作编辑部编：《韬奋全集》（第10卷），上海人民出版社1995年版，第220—221页。

④ 国民参政会秘书处编印：《国民参政会决议案实施情形一览》，1939年8月，第100页。

持的生活书店重庆分店出售的《中国不亡论》《救亡手册》《抗战中的西北》《抗战歌曲二集》等书，本已经内政部登记，属于合法书刊，但却被图书审查委员会"列入查禁书籍表内，通令全国各地搜查禁止"，致使书店"损失颇巨"。①5月，生活书店陕西分店因"在该店暗室内检获有离间政府与人民感情、公开诋毁政府及三民主义等书籍颇多"，且发现该店为"共党交通机关及西安反动组织"而被"暂予查封"②。与此同时，1939年4月的国民党第五届中央委员会第一百一十九次会议通过的《未送审图书杂志原稿审查办法》规定："各地印刷所对于未取有中央或地方图书杂志审查委员会审查证之图书杂志或原稿及清样未盖有当地审查机关签盖之'审讫'图记者，不得印刷"③。可见，国民政府承诺"酌予修正"图书杂志"事前审查"办法只是为了应付社会舆论。

针对上述现象，在国民参政会一届四次大会上，邹韬奋再次指出，书报审查在实施中有两大缺点：一是审查机关不将书报不能出版的理由据实告知出版机关或著作人，出版界只能"在暗中摸索"，著作人即使"含冤莫白"，亦"无从申诉"；二是有些书报虽通过了审查，却得不到合法保障，"各种机关仍任意没收"；三是搜查人员在搜查时，"每多超越范围"且没有统一的检查机关。他主张查禁书报必须由负责机关将书单及理由通知出版者及著作人，如有不合审查标准之处，应给出版者及著作人以申诉的机会；搜查时须出示负责机关的证明文件及公开颁布的查禁书单，对于未经查禁的书报不得任意取去，禁止阅看；检查书报须有统一的机关负责执行，书报经过合法审查机关的许可通过，给与审查证或注册证后，须予以统一的合法保障，不能再任意扣留没收；检查书报须根据出版法处理，不得横加苛虐，任意拘押人

---

① 中国第二历史档案馆编：《中华民国史档案资料汇编·第五辑·第二编：文化》（二），凤凰出版社1997年版，第155页。

② 中国第二历史档案馆编：《中华民国史档案资料汇编·第五辑·第二编：文化》（二），凤凰出版社1997年版，第157页。

③ 中国第二历史档案馆编：《中华民国史档案资料汇编·第五辑·第二编：文化》（一），凤凰出版社1998年版，第556页。

员。该案经讨论决议"送请政府切实改进"①，但不符合国民政府的政治意图，没有得到回应。

1941年前后，国民党进一步加强了对思想领域的控制，特别是皖南事变发生后，为了争取舆论主导权，国民政府一方面借"履行思想领导责任"，"统一各地文化领导机构"为由，成立了"中央文化运动委员会"，主要任务为"振响全国，以期各地文化界一致动员"②；另一方面组织国民党参政员暗中成立了国民党党团指导委员会及其干事会，"对于各党各派之应付工作亦当预为准备，借收先发制人之效"；"注重情报工作，指定人选刺探各党各派参政员之动静，并须留意游离分子好为本党张目者之言论行动"③，钳制舆论的倾向更为明显。面对国民党日益反动的舆论政策，一些中间力量参政员开始通过与中共参政员某种形式上的合作，表达对国民党的不满。如在"皖南事变"发生后不久召开的国民参政会二届一次大会上，鉴于"皖南事变"善后工作没有做好，中共参政员没有出席这次大会，救国会的沈钧儒等几位中间力量参政员也没有出席这次大会④，邹韬奋则在此次大会召开前夕，直接给国民参政会秘书处寄去信函，辞去了国民参政员的职务⑤。

面对中共和中间力量参政员某种形式上"拒绝"合作的态度，国民党对舆论的控制不仅没有放松，反而变本加厉，甚至连国民党内的一些正直人士都不放过。国民党党员柳亚子就因在香港的刊物及公开场合发表了一些同情中共的言论，而被国民党认为是"污蔑中央，作种种违反国策之言论"，被

① 邹韬奋：《改善审查搜查书报办法及实行撤销书报寄费以解救出版界困难而加强抗战文化事业案》，国民参政会秘书处编印：《国民参政会第四次大会纪录》，1939年11月，第104—105页。

② 唐润明主编：《抗战时期国民政府在渝纪实》，重庆出版社2012年版，第19页。

③ 《国民参政会第二届第一会议党团干事会第一次会议记录》，重庆市政协文史资料研究委员会、中共重庆市委党校、中国第二历史档案馆编：《国民参政会纪实》（续编），重庆出版社2016年版，第103—104页。

④ 李勇等编著：《抗日民族统一战线大事记》，中国经济出版社1988年版，第300页。

⑤ 邹韬奋：《致国民参政会辞去参政员职务电》，《新中华报》1941年4月10日。

要求"开除党籍"①。1941年3月，行政院第504次会议公布了修正后的《省市图书杂志审查会对于县市图书杂志审查分处组织通则》，对县市图书审查机构的职权、业务、组织等作了明确规定②，图书审查的标准比以前更为严厉，更为苛刻。据中央图书杂志审查委员会的报告，在1942年审查的图书杂志中，准予发售者238种，查禁196种，停止120种，就地取缔32种，不准再版14种，准予备查472种，在1072种图书中，审查合格准予发售的仅占五分之一③。

　　面对国民党的压制，中间力量开始走向联合。1941年3月19日，由国民参政会内"三党三派"（中国青年党、国家社会党、第三党、中华职业教育社、乡村建设派及救国会，其中救国会在1942年加入）联合成立的具有中间党派性质的政治联盟——中国民主政团同盟秘密成立。同年10月，中国民主政团同盟在香港发表正式成立宣言。11月16日，在国民参政会二届二次大会召开的前一天，黄炎培、张君劢、左舜生、沈钧儒等宴请国民参政员，宣告中国民主政团同盟成立，中国民主政团同盟自此作为独立的党派开始公开活动。在随后的国民参政会二届二次大会上，黄炎培、左舜生、张君劢、沈钧儒等经过商议，决定向大会提出关于"结束党治"的提案。他们还向外界透露，"如大会不获通过，则全体退席"④。但由于蒋介石的坚决反对，该案被迫"予以保留"，未能在大会上公开讨论。当然，中间力量的联合也给国民党造成了一定的压力。在随后的国民党五届八中全会上，蒋介石也承

① 荣孟源主编：《中国国民党历次代表大会及中央全会资料》（下），光明日报出版社1985年版，第704页。
② 中国第二历史档案馆编：《中华民国史档案资料汇编·第五辑·第二编：文化》（一），凤凰出版社1998年版，第563—565页。
③ 中国第二历史档案馆编：《中华民国史档案资料汇编·第五辑·第二编：文化》（一），凤凰出版社1998年版，第823页。
④ 中国第二历史档案馆藏：《国民党在参政会二届二次大会时期编印之"参字情报"》，全宗号：416（国民参政会），案卷号：151。

认，"国民和舆论对我们有许多指责"①。

抗战时期的第二次宪政运动兴起后，特别是随着国民参政会宪政实施协进会的成立，一些中间力量参政员在要求言论自由方面作出了更加积极的努力。黄炎培就利用其为宪政实施协进会召集人的便利条件，推动公开讨论言论出版自由问题。在他的努力下，1943 年 11 月 25 日，国民参政会宪政实施协进会召开会议，专门讨论新闻检查和图书杂志的审查办法。经过讨论，参会人员一致认为，在抗战时期，报刊言论与战局人心息息相关，检查制度未便遽行取消，但"现行检查方法，究应如何改善"，"须慎重研究"。他们认为应该对出版的图书杂志进行分类，凡是不以论述军事、政治、外交、新闻为目的的图书杂志，在出版前可以不进行"原稿送检"，"自愿先以原稿送检者，仍由图书杂志委员会予以审查"；国民政府对于"图书杂志中应行禁载之标准，应予重行明白规定"②，表达了要求废除与政治关联性不大的图书杂志事前审查的强烈愿望。12 月 25 日，宪政实施协进会再次召开会议，在中央图书审查委员会副主任印维廉"报告审查工作之困难"时，黄炎培建议"废止事前检查与改善两项并提"③，并再次表达了废除图书杂志事前审查办法的强烈意愿。

面对中间力量参政员争取言论自由"不屈不挠"的努力及正面战场形势恶化造成的尴尬局面，国民政府决定采取措施安抚社会舆论。1944 年 5 月的国民党五届十二中全会通过了《改善出版检查制度案》，决定"改善出版检查制度，局部废止事前检查"，它还决定"将现有各出版审查机关合并，设立战时出版指导机关隶属于行政院"；"出版指导机关设立时，将应行裁并之出版检查机关原有经费及公粮等，一并划归该出版机关"，以

---

① 荣孟源主编：《中国国民党历次代表大会及中央全会资料》（下），光明日报出版社 1985 年版，第 666 页。

② 秦孝仪主编：《中华民国重要史料初编——对日抗战时期·第四编：战时建设》（二），台北中国国民党中央委员会党史委员会 1988 年版，第 1793 页。

③ 《黄炎培日记》（1943 年 11 月 25 日），中国社会科学院近代史所整理：《黄炎培日记》（第 8 卷），华文出版社 2008 年版，第 183 页。

避免出版检查机关过多、自行其是使出版单位应接不暇的弊端①。7月，修正后的《战时出版品审查办法及禁载标准》与《战时书刊审查规则》公布，国民参政会宪政实施协进会的部分意见被吸纳其中，如将审查方式由原来的原稿审查（即事前审查）改为"采用事前审查与事后审查两种"，同时规定"凡图书及不以论述军事、政治、外交为目的之杂志，由著作人或发行人自行审查"②。国民参政会在争取言论自由问题上，终于迈出了艰难的一步。

第二节　推动政治进步

国民政府的成立，虽然结束了自民国以来军阀割据的混乱局面，形成了相对有控制力的单一政府体制，但由于它脱胎于旧军阀，内部派系林立，没有强大的社会控制力，但又采取了一党治国、以党统政的治国模式，不允许其他党派参与国家政治生活，从而使其缺乏足够的资源及动员能力聚合全民族力量进行抗战。国民参政会成立后，国民参政员对国民政府的这种政治体制进行了反思，并提出了一些具体的改进建议。

一、调整行政机构

全面抗战爆发后，国民政府调整了部分行政机构，力图使之"简单化、合理化，并增高行政效率，以适应战时需要"③。但在此过程中，一些职能相似的机构被合并后，又出现了一些新的行政机构，导致新旧行政机构之间

---

① 浙江省中共党史学会编印：《中国国民党历次会议宣言决议案汇编》（第3分册），第403页。
② 中国第二历史档案馆编：《中华民国史档案资料汇编·第五辑·第二编：文化》（一），凤凰出版社1998年版，第570页。
③ 荣孟源主编：《中国国民党历次代表大会及中央全会资料》（下），光明日报出版社1985年版，第486页。

"重复与事权冲突不断出现"①的问题始终没有得到有效解决。

在国民参政会一届一次大会上，专门建议国民政府调整行政机构的提案有两件。深谙西方政治运行机制的罗隆基指出，国民政府一些行政机构，"在组织上，职权不分明，职务不清楚，责任综错，系统纷乱。同一机关，可以事事都管；同一事件，可以机关重重。机关既无事不办，彼此间不能分工；机关复各行其是，彼此间不能合作"的现象相当普遍。他建议国民政府尽快成立调整行政委员会，负责行政机构调整事宜，调整原则为："凡同性质之事务及工作，应完全划归同一机关"；"凡一机关之事务与工作，与另一机关之事务与工作，性质重复者，应立即将机关裁并"；"任何机关，不得从事职权范围以外之事务与工作"；"凡因人设事之骈枝机关，或工作受战事影响，不能进行之机关，应立即停办或撤消"②。该案经讨论修正通过后，被分别提交内政部、外交部、财政部、经济部、教育部、交通部、蒙藏委员会、侨务委员会、振济委员会讨论。从后来的情况看，这些机构大都认为罗案所提办法"确中时弊"，但认为在抗战紧急时期，"对于目前行政上存留之缺点，似宜逐渐设法徐图补救，不宜多所更张，致滋纷扰"。根据该案组织调整行政委员会的建议，行政院拟定了《行政院效率促进委员会组织规程》，决定成立效率促进委员会，考核中央及地方各行政机关之组织与职权分配并调整其相互间关系；考核中央及地方各行政机关财务、收支并促进其合理化与经济化；考核中央及地方各行政机关官吏任用、奖惩办法及办事效率，并督促其改进。③遗憾的是，该组织后来并未成立。

与罗隆基关注中央层面的行政机构调整不同，王造时就省以下行政机构的调整提出了独到的看法。他指出，"地方行政机构，为执行中央政府法令

---

① 刘大禹：《抗战时期国民政府行政院的机构调整与改革》，《抗日战争研究》2009 年第 3 期。

② 罗隆基：《调整机构集中人才以增行政效率案》，国民参政会秘书处编印：《国民参政会第一次大会纪录》，1938 年 9 月，第 157—158 页。

③ 中国第二历史档案馆编：《中华民国史档案资料汇编·第五辑·第二编：政治》（一），江苏古籍出版社 1998 年版，第 43—44 页。

之手足，如中央政府健全，而无干练有为之地方政府，则中央一切法令与施政计划，仍不免成为具文"。他提出了调整省以下行政机构的具体办法：一是省政府废除委员制，改用省长制，设省长一人，由中央政府任免，"以收事权集中，责任分明之效"；二是"行政督察专员之下，设民政、财政、教育、建设、保安技术员各一人，行政督察专员及技术员，应巡回其所辖之各县，协助指导并监察各县县长"；三是县长及县佐治人员"以考试方法录用，惟考试须兼重笔试与口试"；四是"取消区公署，由县政府设民政、教育、经济及警卫、辅导员各一人，巡回各乡镇，辅助及指导乡镇长工作，均以考试方法录用"；五是"充实乡镇组织，设乡镇长一人，政治干事一人，军事干事一人，均以考试方法录用"①。这种重在充实下级行政机构、提高下级行政人员素质以提高行政效率的思想，有利于纠正国民政府只重视省及以上行政机构的偏颇思维，改变国民政府对基层控制软弱无力的现状，同时也有利于灵活发挥省以下行政机构对抗战的推动作用②。但大会在讨论该案时，以一、二、四、五各点在国民政府颁布的《各级行政机构案》中已有决议，第三点政府也已颁布法规实行为由，决议将该案"送政府参考，勿庸讨论"。后来，该案被"交行政院军委会酌量办理"，没有具体办理情形③。

国民党不愿其他党派染指政权的思维根深蒂固，因此，它对国民参政员调整行政机构的主张一开始便带有消极回应、搪塞应付的意味。1939年9月22日，国民党中央机关报《中央日报》发表社论，在指出"时下谈论行政机构问题的，在政府方面可以说是容纳各种意见的"同时，强调调整行政机构不是"猝然可以做得到的事情"，"行政机构的改造，必须先注意政治上的环境，又必须注意那眼前政治流露的弱点，是不是在机构本身或别有所

---

① 王造时：《调整省以下行政机构案》，国民参政会秘书处编印：《国民参政会第一次大会纪录》，1938年9月，第160—161页。

② [日] 笹川裕史、奥村哲：《抗战时期中国的后方社会——战时总动员与农村》，林敏等译，社会科学文献出版社2013年版，第6页。

③ 国民参政会秘书处编印：《国民参政会决议案实施情形一览》，1939年8月，第24页。

在，这就是调整的前提"。① 国民党中宣部《中央周刊》也声称，要进行行政机构改革，必须"从行政改革行政技术与行政心理做起"②，绝非仅调整行政机构本身而能达到目的。这种认识虽有一定的合理性，但国民参政会有关这一问题提案的命运却由此不难推测。

国民参政员调整行政机构的提案虽没有得到国民政府的回应，但"我国行政效能，未达现代国家水准，乃不容隐讳的事实"。在国民参政会一届三次大会上，罗隆基再次指出："现有各机关，职权与工作，尚有未能澈底划分清楚之处，尚有待于调整者甚多"，"倘不立即加以补救，实不足以健全行政组织，发挥抗战力量"。他主张，第一，充分利用原有机关办理各项新兴事业，严格限制添设无急切需要之新机关；第二，凡职务与工作相同之重复机关立即合并，按其性质分别划归行政各部直接管辖；第三，凡机关之职务与工作，因受战事影响，实际已停顿者，应立即裁撤，并停止经费③。国防最高委员会后来回复该案办理情形时称，"本案所举事例未尽确实，所拟原则三项与国民参政会第一次大会调整机构集中人才建议案及第二次大会保障各级机关公务员之地位建议案性质相同，该两案已由法制专门委员会审查提出报告后，并案核定"。措辞虽然比较委婉，但指出该案"所举事例未尽确实"，无异于从根本上否定了该案。

尽管国民政府漠视国民参政员调整行政机构的建议，但"行政的改善，比大计的树立更是重要"④ 已成为时人的共识。在国民参政会一届四次大会上，范予遂指出，国民参政会对调整中央政治机构、提高行政效率的建议，或仅提出了原则，未提办法；或虽提出了办法，但又过于笼统；或仅对于提高中央政治机构某一部门的效率提出建议，而忽略了整体性。他提议由国民

---

① 《行政机构调整的前提》，《中央日报》1938 年 9 月 22 日。
② 焘之：《政府实行改进行政效率》，《中央周刊》第 1 卷第 16 期，1938 年 11 月 24 日。
③ 罗隆基：《调整政治机关之职权与工作以增加行政效能案》，国民参政会秘书处编印：《国民参政会第三次大会纪录》，1939 年 4 月，第 62—63 页。
④ 钱端升：《建设期内的行政改善》，孙宏云主编：《中国近代思想家文库·钱端升卷》，中国人民大学出版社 2014 年版，第 203 页。

政府组织"中央政治机构调查委员会",专门就调整中央行政机构进行系统、全面、整体的调查与研究,并制成报告书,提供给主管机关,"主管机关根据报告书所陈事实与意见,再加斟酌,可采择者则采择之,不可采择者,亦不受报告书之拘束"①。周士观再次指出国民政府行政机构存在着"组织重复,职权未清"的弊端,主张对行政机构"分清权限,付以全权,专其责任,而严密考绩,明定赏罚,而收切实之效能"②。范予遂是国民党参政员,提案建议更多的是站在国民政府的立场上,而且"可采择者则采择之,不可采择者,亦不受报告书之拘束"的主张使国民政府的选择具有很大的灵活性和伸缩性,应该容易被国民政府所接受。周士观是无党派参政员,曾留学美国,对国民政府行政机构存在的问题有更深刻的体会,所提建议"事权统一"的原则能够有效解决国民政府行政机构中职、责不符,权、利不明的问题。遗憾的是,两案虽经讨论决议"送请政府切实办理",但没有引起国民政府的重视③。

尽管国民党不愿采纳国民参政会有关行政机构改革的建议,但面对行政机构"组织仍不免有重复繁冗之处,其职权亦难免划分未清之弊",以致影响抗战顺利进行的情形④,它也在思考如何调整行政机构以提高行政效率。国民参政会一届四次大会结束后不久召开的国民党五届六中全会,通过了《对于政治报告之决议案》,提出国民政府行政机构调整需要注意的四个方面:一是"凡事业及工作相同之机关宜尽量合作,俾专责成,而免重复";二是"各机关内之人事工作与经费须严密审核,务使职有专司,款无虚糜,以矫正浪费泄沓之弊";三是抗战前后颁布的法令,"未宣告废止者,自应力求

---

① 范予遂:《拟请政府设立中央政治机构调查委员会案》,国民参政会秘书处编印:《国民参政会第四次大会纪录》,1939 年 11 月,第 95—96 页。

② 周士观:《拟请调整机构提高职权以专责成案》,国民参政会秘书处编印:《国民参政会第四次大会纪录》,1939 年 11 月,第 96 页。

③ 行政院秘书处编:《国民参政会第四次大会决议案行政院办理情形一览表》,1940 年 3 月。

④ 荣孟源主编:《中国国民党历次代表大会及中央全会资料》(下),光明日报出版社 1985 年版,第 556 页。

贯彻"，"有因应战时需要，宜加斟酌损益者，自当重加检讨；然一加厘定，即应一律遵循，不可稍涉纷歧自紊乱系统"；四是彻底执行公务人员考绩奖惩各项法令①。

与此同时，为提高行政效能以应战时需要，1939 年 11 月，蒋介石取代孔祥熙兼任行政院院长，开始构思"行政三联制"的行政运行架构。1940 年 3 月，蒋介石在国民党中央人事行政会议上发表了《行政三联制大纲》的训词，提出了"行政三联制"的具体设想。所谓"行政三联制"，就是行政机构的运转，按照设计、执行、考核三个程序进行，以使人、时、地、财、物发挥最大功效，这标志着国民政府对行政机构的调整由此前注重理清党政关系转向廓清事权关系。在此情形下，本着为国民政府提供建议的良好愿望，在国民参政会一届五次大会上，王云五提出了调整行政机构及人事行政改革的九大原则，较为重要的有：一种业务原则上应由一个机关单独负责；每个机关应赋予应有之职权；各级厉行层层负责、级级节制制度；上级机关一元化；事权划一，职权分明；取消一切骈枝机关；同一机关内，厉行亲属回避制度；厉行一人一职制；按期考绩，厉行赏罚②。后来该案"交行政院及国防最高委员会秘书厅暨各专门委员会切实注意"③，没有办理措施。这表明在行政机构改革这一问题上，国民政府不愿接受国民参政会的主张。

《行政三联制》发表后，根据蒋介石的指示，1940 年 7 月召开的国民党五届七中全会决定以国民政府党政机关为执行机关，同时"设置中央设计局，主持全国政治、经济、建设之设计及审核。另设置党政工作考核委员会，主持党政机关工作、经费、人事之考核，与中央设计局确切联系，以矫正设

---

① 荣孟源主编：《中国国民党历次代表大会及中央全会资料》（下），光明日报出版社 1985 年版，第 604 页。

② 王云五：《请确立调整行政制度之原则以增进行政制度效率案》，国民参政会秘书处编印：《国民参政会第五次大会纪录》，1940 年 8 月，第 80 页。

③ 秦孝仪主编：《中华民国重要史料初编——对日抗战时期·第四编：战时建设》（一），台北中国国民党中央委员会党史委员会 1988 年版，第 843 页。

计、执行、考核分立之弊端，而树立行政三联制之基础"①。据此，10月，国防最高委员会增设了中央设计局和党政工作考核委员会，与党政军机关分掌设计、实施、考核事宜，从而构成了"行政三联制"的机构基础，"行政三联制"正式进入实施阶段。

国民参政会二届一次大会是国民政府推行"行政三联制"后召开的第一次国民参政会大会。这次大会共提出 44 件内政提案，与调整行政机构有关的有 6 件，主要集中在行政机构调整原则、官员考核与任用两大方面。就前者来看，陆宗骐指出，行政机构调整要遵循"简单化、标准化、合理化之原则"，主张"省以上之行政机构，组织务求统一，工作务求集中"；"省以下之行政机构，除新县制所规定者外，其余分别归并"②。张维桢也提出了类似的建议，认为"凡原有机关应办之事，如认其力量不够，不妨充实加强其组织，责成办理，不必另设机关"；"原有分隶各机关之事，不妨归并集中，交一机关办理"③。就后者来看，光昇建议制定官吏考核办法，改变"全国上下大小官吏，皆成为无责任"者的情形。他还特别强调，"中央各部会长官及各省行政长官，于主管事务办理贻误、成绩不良及有违法情事，应有一定之处分"；"有监督责任之上级官吏，属僚违法失职，须分别连带受处"④。王卓然主张"仿各国成例，施行人事定期调动制度"，"增加各个人工作上之效率"，"打破自成系统及门户派别之见"⑤。仇鳌建议制

① 荣孟源主编：《中国国民党历次代表大会及中央全会资料》（下），光明日报出版社 1985 年版，第 661 页。

② 陆宗骐：《拟请政府从速改善各级行政机构使符简单化标准化合理化之原则以增进行政效率案》，国民参政会秘书处编印：《国民参政会第二届第一次大会纪录》，1941 年 10 月，第 140 页。

③ 张维桢：《请少添机关简化系统以资节约而增效率案》，国民参政会秘书处编印：《国民参政会第二届第一次大会纪录》，1941 年 10 月，第 141 页。

④ 光昇：《请政府严定各级官吏责任课以赏罚以促进政治效率案》，国民参政会秘书处编印：《国民参政会第二届第一次大会纪录》，1941 年 10 月，第 143 页。

⑤ 王卓然：《建立人事定期调动制度案》，国民参政会秘书处编印：《国民参政会第二届第一次大会纪录》，1941 年 10 月，第 143 页。

定内官外用、外官内调条例，改变"中央认地方重敷衍，推行政令，不按法令规章，地方认中央尚空谭（谈），发布政令，多不合实际需要"的上下脱节问题①。萨孟武也主张制定中央与地方官吏互调办法，以使"居内者知地方之情况，而能制定地方需要之法令，居外者知中央之宗旨，而能施行中央要求之政策"②。

这些提案呼应了国民政府推行"行政三联制"的目的。如调整行政机构的原则着眼于行政制度的近代化建设趋向，有利于实现"要使政府有能，要使中央以下各级政府，成为万能的政府"的目标③；制订官员互调办法则有利于避免官员贪腐、慵懒、行政效率低下等现象的发生。但从国民政府对这几件提案的回复情形来看，效果依然不如人意。如对陆宗骐的提案，行政院虽指出已将其"通饬所属一体采择施行，并将办理情形具报"，但实际上并无具体举措④；对于加强对官员的监督考核、建立官员互调制度等建议，则或以"送国民政府分饬各机关注意"，或以正"拟案实施"⑤作为回应，具体情形无从知晓。1945年4月25日，国民政府颁布了《公务员内外调任条例》，规定了公务人员内外调任的原则、任用资格及程序⑥，不过这距离国民参政会提出这一建议的时间已过去了四年。

"行政三联制"的推行并没有出现蒋介石期待的效果，"国民党中央各

① 仇鳌：《请制定内官外用外官内调条例即予施行案》，国民参政会秘书处编印：《国民参政会第二届第一次大会纪录》，1941年10月，第144页。

② 萨孟武：《中央与地方官吏应制定互调办法以沟通上下察知民隐案》，国民参政会秘书处编印：《国民参政会第二届第一次大会纪录》，1941年10月，第144页。

③ 蒋介石：《建设基本工作——行政三联制大纲》，张其昀主编：《先总统蒋公全集》（第1册），台北中国文化大学中华学术院1984年版，第1463页。

④ 国民参政会秘书处编印：《国民参政会第二届第一次大会决议案实施情行一览》，1941年，第11页。

⑤ 秦孝仪主编：《中华民国重要史料初编——对日抗战时期·第四编：战时建设》（一），台北中国国民党中央委员会党史委员会1988年版，第1012—1015页。

⑥ 中国第二历史档案馆编：《国民党政府政治制度档案史料选编》（下），安徽教育出版社1994年版，第97—98页。

机关对此反应甚为冷淡"①。中央设计局在编制年度行政计划上"未能汇齐核编","执行机关对设计与考核之表格，未能按时造送"，执行机关"不遵送计划与遵照计划执行"的情形还较为普遍②。另外，"行政三联制"也并没有从根本上改变国民政府行政机构臃肿、骈枝机关过多、行政效率低下这一根本弊病。在国民参政会二届二次大会上，张九如分析了骈枝机关过多的危害，主张"中央及地方各种同性质同业务之机关，切实分别归并裁撤"；一种业务散隶各种机关者，宜"将其分别归并"；分隶于各机关之事归并集中后，"宜即充实其必要之组织，责令其完成应办之业务"；于1941年召开裁并骈枝机关会议，"严议裁并，切实执行"③。国民政府虽也认识到"如何使行政机构简单，命令有效，实为目前急切之图"，但对该案则仅以"饬属均已注意"作为回复④，效果可想而知。

国民政府也深知行政机构调整"未臻完善"影响抗战顺利进行的情形。1941年12月的国民党五届九中全会通过了行政机构改革的原则，决定"所有现存之政府各种机构及国营省营事业机关，有业务性质相同而系统分歧者合并之；业务因战时原因而失去原来对象者裁撤之；业经与抗战无重要关系者缩编之……既经调整之后，无论中央地方任何部门，非经特许，不得擅行添置机构。其各种业务性质相近，权责连带之机关，应根据事实需要与法律规定，确定其职责，划分其权限"⑤。与此同时，这次大会又通过了《加强国家总动员实施纲领》，决定设置"全国总动员机构，综理推动各项动员

---

① 周勇主编：《重庆抗战史》，重庆出版社2013年版，第119页。
② 荣孟源主编：《中国国民党历次代表大会及中央全会资料》（下），光明日报出版社1985年版，第799—800页。
③ 张九如：《请克日厉行裁并骈枝机关节俭不急政令以节约人力物力财力充实军事需要并增进行政效率案》，国民参政会秘书处编印：《国民参政会第二届第二次大会纪录》，1942年9月，第85页。
④ 行政院秘书处编：《第二届国民参政会第二次大会决议案办理情形报告表》，1942年10月，该文件为油印字，没有编排页码。
⑤ 荣孟源主编：《中国国民党历次代表大会及中央全会资料》（下），光明日报出版社1985年版，第751页。

业务"①。在此情形下，一些旧有的职能重复的机构还未来得及撤销，新的行政机构又纷纷设立，国民政府确定的行政机构改革原则还未落地即遇到了新的挑战。

到抗战中后期，国民政府行政机构臃肿、人浮于事、效能低下的状况已严重影响到了抗战的顺利进行。在国民参政会三届一次大会上，王冠英指出，国民政府行政机构冗员充斥，"若非澈底予以改革，抗建前途，实有极大障碍"②。他主张，召集中央党政军各机关最高长官举行简政会议，将中央所属各机关职员，重行厘定，重加调查；凡属职权重叠及对国防无关之新机关，一律裁撤；存留机关内部组织，力求缩小，不在组织法规定内的人员，一律裁去，停职人员，根据其志愿能力，派往地方政府，担任实际工作；停止不必要建设事业；各机关所用工役减至最低人数；各机关之事务文书人事各机构及工作减至最低限度。严立三建议理顺中央与省政的关系，将省政划归内务行政范围，专门办理警察推行地方自治，县长由中央严加甄选；乡长由省切实训练。对于这两案，国民政府回复时声称都已正在实施。如对王冠英削减行政开支的主张，它指出已"核定31年度预算时对于一切不必要之支出均已逐一删削"，其他方面则"由国民政府转饬各机关随时注意"。对于严立三的提案，它指出"各级干部人员之训练，曾颁订县各级干部人员训练大纲，督促各省政府积极举办"；"又曾令饬各省主席将冗杂机构予以缩并，并将冗员裁汰，中央方面已按照裁员四分之一原则办理"③。但冠冕堂皇的纸面话语并不能掩盖国民政府行政机构的真实状况。

尽管国民参政会对国民政府调整行政机构的影响不大，但部分国民参政员仍本着认真履行职责的良好愿望，在国民参政会三届二次大会上，又提

---

① 荣孟源主编：《中国国民党历次代表大会及中央全会资料》（下），光明日报出版社1985年版，第747页。
② 王冠英：《厉行裁员减政以节开支而利行政效率案》，国民参政会秘书处编印：《国民参政会第三届第一次大会纪录》，1943年8月，第159页。
③ 行政院秘书处编：《第三届国民参政会第一次大会决议案行政院办理情形报告表》，1943年8月，第8—9页。

出了类似的提案。张定华严厉批评了各级行政机构"执掌重复，事权不一，骈枝错杂"的流弊①。许文顶批评国民政府的行政机构改革导致"机关重复，徒靡国帑；权责不清，侵权推责"②，没有取得应有的效果。至于如何改变这种现状，张定华倾向于慎重考虑各级机关的增设问题，徐文顶则催促国民政府采纳国民参政会此前所提有关该问题的建议主张，"痛下决心，迅速切实调整并裁并各骈枝机关"。对于这两案，行政院后来以"通饬知照"予以回复③，没有具体举措。

二、培养法治意识

要确保抗战顺利进行，除了调整行政机构提高行政效能以外，政府法治意识的提高也是必不可少的，"如果在这抗战的时期，政府没有法治精神，那么，官吏的贪污，乡村长的剥削，是无法根绝的"；"我们不可把法治在抗战时的责任看轻，我们应知道，抗战是集中全民族的力量和日本帝国主义相对抗，要全民族的力量集中，必先从力行法治做起"④。国民参政会成立后，特别是随着抗战时期两次宪政运动的兴起，一些具有自由主义意识的中间力量参政员多次呼吁国民政府培养法治意识，厉行法治建设。

在国民参政会一届一次大会上，胡石青指出，国民大会虽因抗战爆发的特殊环境不能如期召开，但宪法为国家组织之根本大法，是抗战建国的最重

---

① 张定华：《请政府慎重各机关之增设裁并及更改名称以重国家制度而增行政效率案》，国民参政会秘书处编印：《国民参政会第三届第二次大会纪录》，1944年8月，第138页。

② 许文顶：《请政府迅速施行本会上届决议请调整并裁并骈枝重复机关划清权责以增绩效而免虚靡案》，国民参政会秘书处编印：《国民参政会第三届第二次大会纪录》，1944年8月，第139页。

③ 行政院秘书处编：《第三届第二次国民参政会大会决议案行政院办理情形报告表》，1944年8月，第15页。

④ 居正：《法治精神与抗战建国》，范忠信等编著：《为什么要重建中国法系——居正法政文选》，中国政法大学出版社2009年版，第268页。

要基础，建议将"五五宪草"交国民参政会"重加审查"①，对其进行讨论、修改，以使国家走上法治化轨道。该案延续了全面抗战爆发前中间力量批评国民党垄断制宪权条件下产生的"五五宪草"的一贯立场②，与国民参政会成立伊始表现出的"举国一致协助政府抗战"，要求以"宗教的信仰拥戴"国民政府的氛围有些不相称③。因此，该案在讨论时没有通过，决议结果为"保留"④，未能提交国防最高会议。

在国民政府的行政机构中，地缘关系、学缘关系、血缘关系、姻亲甚至结拜兄弟关系等不良政治文化，极大地影响了行政机构的正常运转⑤，由此导致的以权谋私、权钱交易、权权交易等现象严重阻碍了国民政府法治意识的培养，特别是一些居高位者，利用手中掌握的资源，与下属沆瀣一气，狼狈为奸，对官场政治生态造成了极为恶劣的影响。身为监察委员的王子壮就曾在日记中写道："现在的政治是互相交换的，商品式的，同恶相济。"⑥为此，在国民参政会一届三次大会上，周览指出政治良性运转的关键因素，在于"居上者如何使其能负责任"，"守法固应为上下一致之习惯，而在位者之大员，尤应以身作则"。至于从何处入手建立法治制度，他提出了三个方面的建议：一是政府行动"应法律化"；二是政府设施"应制度化"；三是政府体制"应民主化"⑦，希望通过建立法治化的政府，达到政治民主化的目的。

---

① 胡石青：《拟请政府准将宪法草案提交本会研究具复早日完成建国大法建议案》，国民参政会秘书处编印：《国民参政会第一次大会纪录》，1938年9月，第214页。

② 石毕凡：《近代中国自由主义宪政思潮研究》，山东人民出版社2004年版，第151—157页。

③ 《参政会的成就》，《中央日报》1938年7月15日。

④ 国民参政会秘书处编印：《国民参政会第一次大会纪录》，1938年9月，第215页。

⑤ 刘云虹：《国民政府监察院研究（1931—1949）》，生活·读书·新知三联书店2012年版，第217页。

⑥ 《王子壮日记》（第2册），台北"中央研究院"近代史研究所2001年版，第307页；转引自刘云虹：《国民政府监察院研究（1931—1949）》，生活·读书·新知三联书店2012年版，第218页。

⑦ 周览：《请确立民主法治制度以奠定建国基础案》，国民参政会秘书处编印：《国民参政会第三次大会纪录》，1939年4月，第61页。

傅斯年虽然没有在国民参政会大会中提出有关这一问题的提案，但在《今日评论》上发表了《政治之机构化》一文，提出了"政治之非个人化"的主张①，与周览的建议有异曲同工之妙。

周览的提案提出后，在国民参政会和社会舆论中都引起了强烈反响，国民党机关报《中央日报》不得不将其全文刊出。但是，"蒋介石的统治模式以个人关系、信任和忠诚为基础"②，而非法治，因此，尽管社会舆论对该案强烈关注，国民政府还是采取了"冷处理"的方式。国民党中央执行委员会回复该案实施情形时指出："依训政约法第三十条之规定，在训政时期本党系代表国民大会行使中央统治权，政府应对党负责，乃无可疑义者；至政府如有举措失当，或不能尽职时，本党当然有改正或改组之权"，"毋庸另有规定"；"人民行使政权，应由政府予以训导，亦为约法所明定而其方法当从地方自治立其基础，政府现正遵照总裁指示，计划县政之改进，其目的即在促成地方自治之实施，至现制之国民参政会，原为抗战时期团结全国力量而设，虽未明付以监督行政之权力，然依建议质询等方式，亦能收集思广益之效，在此抗战时期，无庸多所更张"③。与回应国民参政员调整行政机构的提案一样，国民政府不愿其他政治力量染指在它看来只能按照自己意志来解决的政治问题。

抗战时期的第一次宪政运动兴起后，政府法治意识的培养再次成为国民参政会提案关心的重要问题。在国民参政会一届五次大会上，光昇对国民政府各级官吏不遵守法纪的行为进行了严厉批评，"政府任何涣汗大号（作者按：原文如此），奉行者每视为公事具文，不务忠于执行法令，而但工于造作报告"。他还举例说国民政府对征工征兵虽已有详明法令，但"结果只办

---

① 傅斯年：《政治之机构化》，欧阳哲生主编：《傅斯年全集》（第4卷），湖南教育出版社2003年版，第129页。

② 周锡瑞等主编：《1943：中国在十字路口》，陈骁译，社会科学文献出版社2016年版，第29页。

③ 国民参政会秘书处编印：《国民参政会决议案实施情形一览》，1939年8月，第162—163页。

到拉夫"；户口册、户口异动表、选民册等都可以"虚造，而皆曰依法办理"；根据新县制要求设立乡公所及召开乡民大会，"亦取旧有保甲改头换面以应之"，"本未选举而曰依法投票，本未召集而曰依法开会"等情形，"无一不可以为之"。他认为培养政府的法治意识，决非像"新年桃符"一样，"一贴上就可以万事大吉"，主张由国民政府特颁明令，以"确定法治宣告全国，树立法信"，"废除妨碍法治之权制，严禁官吏一切非法处置，而使监察及司法机关切实行使职权，以增强法治保证"①。该案经讨论"送请政府切实注意"，国民政府对该案实施情形的回复是"业经陈奉国民政府，通令各机关一体注意"②。可见，与对周览提案的态度一样，国民政府对该案以敷衍搪塞为主，没有实际举措。

尽管国民政府在培养法治意识方面不愿接受国民参政会的建议，但它对于官员违法乱纪的行为是心知肚明的。1940年9月，蒋介石在征粮通告中指出："此次视察各省所得关于征粮之实际情形，竟发现有若干在中央或地方服务之军政高级人员，尚有不脱旧时恶习，对其乡里所有之产业不纳赋税，不缴余粮，甚且以自炫其尊严，而地方政府及乡镇保甲长，亦遂不敢过问，置不追科，如此牟法，玩视国际，不惟玷辱其从公服官之地位，实属丧失其国民之资格，法理两无可恕，耻辱莫遭于兹。"③针对这一现象，在国民参政会二届一次大会上，吴道安指出："社会秩序为社会进步之必要基础，而社会秩序之确立，则有赖于法治。"中国尚未步入法治正轨，要完成抗战建国的使命，必须厉行法治建设：一是监察院各监察委员会及各监察使对于各级行政人员，切实考查，认真弹劾；二是各级民意机关要认真检举官吏不法行为；三是奖励人民揭发；四是司法机关及官吏惩戒机关，对于违法乱纪者，无论何人，必须依法制裁，不许有例外，以实现"法律面前人人平等之

---

① 光昇：《请政府从速建立民治及法治信条以为施行宪政准备案》，国民参政会秘书处编：《国民参政会第五次大会纪录》，1940年8月，第85—86页。

② 秦孝仪主编：《中华民国重要史料初编——对日抗战时期·第四编：战时建设》（一），台北中国国民党中央委员会党史委员会1988年版，第846—847页。

③ 转引自少峰：《如何革新政治风尚》，《新华日报》1942年10月26日。

精神"；五是凡有违法渎职或贪污案件发生，其直属之上级机关或监察机关，要以大公无私的态度依法处理，避免包庇徇私情事；六是学校当局及各种团体负责人要严格教育学生与一般公民，使其通过集体生活，养成守法习惯；七是各级行政机关要充分利用各种机会，向人民阐释一切重要法令，使一般国民得了解现行各种法律之梗概，并易于遵守①。与此前有关这一问题的提案相比，该案主张更为全面、具体、系统，也更有针对性。1941 年 5 月 8 日，国民政府专门召开会议讨论该案，决议结果依然是"转饬所属一体注意"，"交行政、司法、监察三院注意"②，没有具体措施。

当然，国民政府也深知"全国之党政官吏军人以及全国之国民，必使人人皆能守法行令，使家庭社会国家民族之一切一切，咸能纳于法令之轨道中，国家始能成治化致太平，四万万五千万之主人始克享受政治之福利安乐"③。然而，实际情形却是各级政府公务人员"未能完全积极名副其实奉行法令也"。在国民参政会三届一次大会上，黄炎培基于对各地调查了解到的情况，再次要求国民政府厉行法治。他认为"执行法令特别注重官吏，尤其使上级率先守法，以为提倡"是政府法治化的前提和基础，主张由"最高领袖特颁训词，以恳切严正之精神昭告全国，厉行法治，任何人在法律面前一律平等"；"凡负检举职责者，务令发挥其独立之精神，俾充分行使其职责"；"尽可能使执法者独立发挥其所有权能，严禁行政官吏参加意见，以免失出或失入"等④。在这里，黄炎培认为法律既然明确了政府和人民的权利和义务，政府就应率先垂范，在法律范围内活动，不要作违反法律的事情，惟其如此，全社会的法治意识才能培养起来。考虑到黄炎培的社会影响力，

---

① 吴道安：《请厉行法治以奠国基而期郅治案》，国民参政会秘书处编印：《国民参政会第二届第一次大会纪录》，1941 年 11 月，第 149—150 页。

② 中国第二历史档案馆藏：《国民参政会第二届第一次大会建议厉行法治原案及有关文书》（1941 年 5 月），全宗号：4（经济部），卷宗号：15174。

③ 浙江省中共党史学会编印：《中国国民党历次会议宣言决议案》（第 3 分册），第 144 页。

④ 黄炎培：《厉行法治以清正本定人心案》，国民参政会秘书处编印：《国民参政会第三届第一次大会纪录》，1943 年 8 月，第 148—149 页。

国民政府曾就该案召开过专门会议①，并将其"交司法、行政两院注意"②，也曾转送四川省第三行政督察员公署注意③，但在实际中成效甚微。国民政府的这种态度，使国民参政员失去了关注该问题的热情，此后到国民参政会四届一次大会，国民参政员再没有这方面的提案提出。

三、强化监察效能

全面抗战爆发后，为确保各项政令顺利实施，国民政府于 1937 年 12 月颁布了《非常时期监察权行使暂行办法》，明确规定监察院除依法继续行使弹劾与审计职权外，为适应抗战需要，以迅速、简捷之程序与手续，行使纠举与建议两项职权④。但该条例只是增加了监察院的职权，并没有改变监察机构"头重脚轻""监察院对地方监察失控"等情形⑤，监察效能低下的问题并没有解决。

在国民参政会一届一次大会上，虽没有专门针对监察问题的提案提出，但在论及其他问题的提案中，有些内容涉及了这个问题。如周士观在建议迅速实现《抗战建国纲领》中所规定各项任务的提案中就指出，"现时监察机关与人员为展其效能与职责，亟应加以调整，务期有充分之职权与灵活

---

① 中国第二历史档案馆编：《国民参政会各项建议及各部审核案》（1943 年），全宗号：12（6）（内政部），案卷号：7023。

② 行政院秘书处编：《第三届国民参政会第一次大会决议案行政院办理情形报告表》，1943 年 8 月，第 5 页。

③ 重庆市档案馆藏：《关于办理国民参政会第三届第一次大会建议厉行法治案给四川省第三区行政督察专员公署的训令》（1943 年 3 月），档号：0055000200392000047000。

④ 该办法对纠举、建议两权的规定是这样的："监察院对于公务员违法或失职行为而应急速处分者，得以书面向其主管长官或其上级长官径行纠举"，"监察院对于非常时期内一切应办事项认有奉行不力或奉行失当者，得以书面向该主管机关或其上级机关提出建议"。见孔庆泰等：《国民党政府政治制度史》，安徽教育出版社 1998 年版，第 527 页。

⑤ 刘云虹：《国民政府监察院研究（1931—1949）》，生活·读书·新知三联书店 2012 年版，第 272 页。

之运用"①。他认为要实现这一目标，监察人员的来源应由原来的监察院长提请②改为由民众直接选举产生。这反映出国民参政员希望通过直选监察员的方式改变"国民党对监察院的控制"导致效能低下的情形③。该案在当时未被采纳。1947 年 1 月 1 日，国民政府公布的《中华民国宪法》规定监察委员由各省市议会、蒙古与西藏地方议会及华侨团体选举产生，任期六年，连选连任④。这距离该案提出的时间已过去了近 10 年。

　　为进一步推动国民政府改善监察工作，在国民参政会一届三次大会上，张元夫提出了实行"行政监察"的设想。所谓"行政监察"就是由有专门学识的人才组成监察委员会，在中央"援现行兵役监督之办法，由监察院、国民参政会合组一中央行政监察委员会，监察抗战期间各种行政之责"，省以下由"参事会同党部监察委员合组一地方行政监察委员会，负监察抗战期间各地方官行政之责"⑤。该案体现了从纵向上把监察职权分为中央和地方以及中央监察与地方监察并重的思想，有利于纠正过去监察工作偏重中央忽视地方的弊端。国防最高委员会决议认为"本案原则赞成，送请政府妥为计划"。但行政院后来对该案实施情形的回复是"留会参考"⑥。

---

① 周士观：《抗战建国纲领迅速完成推动案》，国民参政会秘书处编印：《国民参政会第一次大会纪录》，1938 年 10 月，第 104 页。

② 1928 年 10 月公布的《监察院组织法》规定：监察院设正、副院长各 1 人，均由国民党中央执行委员会选任国民政府委员担任，任期无限制。1931 年 12 月修正的《国民政府组织法》又规定，监察委员"由监察院长提请国民政府主席依法任命之。前项委员之半数由法定人民团体选举。其选举法另定之"。但此法并未实行。1947 年 1 月 1 日，国民政府颁布了《中华民国宪法》规定：监察委员由各省市议会、蒙古与西藏地方议会及华侨团体选举产生（其名额分配依宪法规定），任期六年，连选连任。

③ 刘云虹：《国民政府监察院研究（1931—1949）》，生活·读书·新知三联书店 2012 年版，第 144 页。

④ 彭明主编：《中国现代史资料选辑》（第 6 册），中国人民大学出版社 1989 年版，第 239 页。

⑤ 张元夫：《为发挥行政之效力应注重行政之联系案》，国民参政会秘书处编印：《国民参政会第三次大会纪录》，1939 年 4 月，第 63 页。

⑥ 国民参政会秘书处编印：《国民参政会决议案实施情形一览》，1939 年 8 月，第 165 页。

当然，国民政府也知道监察效能低下的情形，表示要"排除监察职权之障碍，保障平时及非常时期各种监察法规之充分实施。各机关对于监察院之调查、视察、纠举、建议等事项，当予以精密之注意与翔实之答复，俾便监察效能得以增进"①，但纸面上的规定很难落到实践层面。对此，在国民参政会二届一次大会上，光昇痛心地指出："中国年来，百废具（俱）举，法制章则设计，殆应有尽有，诸新兴之机关，亦所在皆是。然一问其实际，是否事事确切周到，办到矣是否皆能如法，卒鲜闻有若干负责人受一定之考成，因其成绩不良或违法而受一定之处分。"他主张"政府特颁明令，申明各地监察使及法院之职权，遇有官吏违法渎职情事，即应依法检举，并受人民之合法告发或告诉，违者科以瞻徇或怠职之处分"②。吴道安在要求政府法治化的提案中，主张提高监察职权的建议占了很大篇幅，如监察院各监察委员会及各监察使对于各级行政人员，应切实考查，认真弹劾；各级民意机关应认真检举；奖励人民举发；司法机关及官吏惩戒机关对于违法乱纪者，无论何人，必须依法制裁，不许有例外；遇有违法渎职或贪污案件发生，其直属之上级机关或监察机关，要以大公无私之态度依法处理，以免有包庇徇私等情事。两案经讨论决议"送请政府切实注意"③，国民政府没有采取具体措施。

监察效能不能彰显，官吏就可以为所欲为，违法乱纪、贪污腐败的现象就会愈演愈烈。在国民参政会二届二次大会上，阳叔葆指出，国民政府虽有监察院执行监督功能，但"缺点仍多，权力不够，即职司人员亦自叹为告朔之馂羊，不特不能打老虎，且不能打苍蝇"。之所以如此，他认为主要有三大原因：一是监察机关权限不大；二是监察机构重复；三是经费不足。他主张，第一，监察机关在现有弹劾审计两权之外，再增加考核行政之权、审判

---

① 荣孟源主编：《中国国民党历次代表大会及中央全会资料》（下），光明日报出版社1985年版，第561页。

② 光昇：《请政府严定各级官吏责任课以赏罚以促进政治效率案》，国民参政会秘书处编印：《国民参政会第二届第一次大会纪录》，1941年10月，第142页。

③ 国民参政会秘书处编印：《国民参政会第二届第形一览一次大会决议案实施情行一览》，1941年，第12页。

行政诉讼权和惩戒违法官吏权；第二，将类似监察机构但未能发挥监察作用的政务官惩戒委员会、中央公务员惩戒委员会、行政院地方公务员惩戒委员会等机构加以调整、废止及合并。该案主张改善现有的监督监察效能，对于纠正国民政府监察效能低下不无裨益。但遗憾的是，该案经过讨论决议"送请政府采纳施行"①，之后就没有了下文。

当然，国民政府也深知只有提高监察效能，才能保证风清气正，官吏廉洁。1941 年 12 月召开的国民党五届九中全会通过了《增进行政效能厉行监察制度以修明政治案》，规定"监禁（察）院应依照治权行使规律，充分行使职权，监察委员对于违法失职官吏，应无所瞻徇，严正纠弹，各监察使应以时出巡，监察官应充分行使其检举职权，务使贪劣者无以幸存，廉能者更知自励"②，明确了要强化监察院职权的意识。但正如有学者所言，国民政府监察院成立以来，一直未能解决好三大矛盾③，这既限制了监察院职权的有效行使，也导致提高监察效能的很多规定形同虚设，无法在实践层面发挥作用。而它对国民参政会有关这一问题提案的漠视态度，更导致其无法从根本上解决影响监察效能的桎梏，只能在既有的轨道上进行改革，但这种改革大都流于表面，未能真正取得实效。

四、惩治贪污腐败

全面抗战爆发后，国民政府虽通过制定颁布一系列规章制度，表现了要惩治腐败的决心，但"无官不贪，有吏皆污"的情形并未明显改变，"一

---

① 阳叔葆：《强化监察制度以肃清官邪》，国民参政会秘书处编印：《国民参政会第二届第二次大会纪录》，1942 年 9 月，第 86 页。

② 浙江省中共党史学会编印：《中国国民党历次会议宣言决议案汇编》（第 3 分册），第 252 页。

③ 这三大矛盾分别是：监察院弹劾权之行使只能提出和向惩戒机关移付，不能宣泄、披露、公诸社会；监察委员视察和监察使在各该管监察区内巡察之时可接受人民诉状，但不能作批答；监察机关与惩戒机关分设，惩戒机关另属司法系统，监察院对惩戒机关所为之决议无法置词。见孔庆泰等：《国民党政府政治制度史》，安徽教育出版社 1998 年版，第 532 页。

部分贪污土劣及冥顽不灵的分子，或明或暗地否认《抗战建国纲领》，有意无意地把《抗战建国纲领》当作具文"①；"在抗战期间，前方将士浴血拼命，后方难民忍饥挨饿，仍有许多上层分子过着奢侈放纵的腐化生活，这是很痛心的"②。国民参政会对这一问题亦有关注③。

在国民参政会一届一次大会上，要求惩贪的提案共有3件。吴绪华指出："中央对于贪污大吏，经监察使署弹劾复经审查而有确据者，或仅予撤职，或因运动而调任他省，若辈恬不知耻，腰缠累累，反趾高气扬。"在此情形下，"一吏如此，他吏效尤，一省如此，他省可知"。他建议国民政府严定规则，"凡官吏贪污查有实据者，重者免职而交法院讯究；轻则明予停委若干年月"④。周士观提出，要切实执行《惩治贪污条例》，"执行严厉，方有实效"，才能保证"贤能在位，贪污绝迹"⑤。罗文干认为国难当头，一些公务员借职位便利之际，经常出境，对抗战非常不利。他提出，没有主管机关的同意，公务人员不得擅自出境，违者撤职；各机关没有事实需要，亦不得派遣所属人员至境外；设立于境外的机关办事处，必须有中央的批准；私人前往境外的，必须证明确实有事业上的必要，否则要缴纳出境费，加重税收；政府公布一个日期，谕令已往境外之人员须于限期内回国，可以免税，逾期之后，则须按照税则加倍补纳出境税。三案经合并讨论通过提交国防最高会议，国民政府对此有所重视，但实际作用不大，以至于有人戏言"贪赃

---

① 《国民参政会第一次大会的成功》，《新华日报》1938年7月16日。

② 邹韬奋：《参政会第一届大会的总结》，重庆市政协文史资料研究委员会、中共重庆市委党校编：《国民参政会纪实》（上），重庆出版社2016年版，第130页。

③ 已有学者从国民参政会的视角研究抗战时期国民政府反腐败斗争，这些研究提到了部分国民参政会提案对反腐的建议和主张，但总体来看，不够系统、全面和深入，大部分提案仅列出了标题，对提案提出的背景、主要建议及国民政府的回应情况涉猎不多。见范连生：《抗战时期国民政府反腐败斗争的历史考察——以国民参政会为视角》，《天中学刊》2013年第3期。

④ 吴绪华：《严惩贪污秉公任用官吏案》，国民参政会秘书处编印：《国民参政会第一次大会纪录》，1938年9月，第163页。

⑤ 周士观：《抗战建国纲领迅速推动完成案》，国民参政会秘书处编印：《国民参政会第一次大会纪录》，1938年9月，第104页。

枉法，官升财发；埋头苦干，撤职查办"①。

在当时的政治、军事、经济、文教等领域中，以经济领域的腐败最为严重。在国民参政会一届四次大会上，褚辅成指出："国家之败，由于官邪，官邪之兴，成于宠赇"，他认为国民政府虽颁布了惩治贪污条例，但并未真正实行，"三令五申，而卒无裨于事实，不肖官吏坐拥巨资，腰缠累累"。他认为惩治贪污腐败，"立法虽严，惩之于事后，不若防之于事先也"，主张"由国家特订官吏私有财产制法，以杜其微渐"。具体建议分为六个方面：官吏于就任前，将原有财产，无论动产不动产都须向主管官署登记；官吏不得兼营商业与民争权；官吏私有财产遇有变更时，应列表登记，即无变更，每年至少列表向主管官署登记一次；凡审计机关审核其官吏私产，如查有越出其官吏俸给者，应详密审究，如查有贪污嫌疑，即令管辖法院侦查；官吏私有财产，无论为商业所得或官俸所积，并其利息，须限制一最高数额，若越过一定限度，其溢出之部分，应悉数没收入官；官吏私有财产限制，以该限制之官吏死亡后继承开始时十年为度。这些办法可以说是标本兼治，特别是官吏不得兼营商业的规定，有利于遏止当时已非常严重的官商勾结现象。因此，大会在讨论该案时，特意强调了这一点，并将之修正为："现任官吏不得兼营商业与民争利，请政府明令严禁。"②官吏经营商业直接影响民生，间接危害抗战。国民政府对该案虽没有回应③，但在1940年7月的国民党五届七中全会上通过了《严防官僚资本主义之发展以免影响民生主义之推行案》，指出"严防官僚资本主义之发展实为目前一重大问题"，并"重申前令，严禁官吏经营商业，最低限制亦不许经营与职务有关商业"④。可惜的是，这些

① 喻育之：《第二次国共合作和国民参政会》，中国人民政治协商会议武汉市委员会文史资料委员会编：《武汉文史资料》1984年第2辑，第14页。

② 褚辅成：《订立专法限制官吏私有财产以杜官邪案》，国民参政会秘书处编印：《国民参政会第四次大会纪录》，1931年11月，第97—98页。

③ 行政院秘书处编：《国民参政会第四次大会决议案行政院办理情形一览表》，1940年3月。

④ 浙江省中共党史学会编印：《中国国民党历次会议宣言决议案汇编》（第3分册），第75页。

规定实际作用微乎其微。

在国民参政会一届五次大会上，梁上栋指出，国民政府颁布的《惩治贪污暂行条例》"法意至善"，"惟各地奉行不力"，致使贪污案件"层出不穷，对抗建前途，影响甚大"，主张用严刑峻法惩治贪腐官吏。具体来说，主要包括由政府通令全国，凡违反惩治贪污暂行条例第二至第五条各款者，直接交由军法职权机关审判；判处徒刑之贪污犯，不得缓刑、假释或赦免，剥夺其为公务员之权利终身；判处徒刑者服刑期满出狱后，如更易姓名蒙混录用，其援引之直接长官，应受严厉处罚①。蒋介石在此次大会闭幕式上也强调指出："贪污在所必惩，怠惰在所必弃。"② 该案后被"交法制专门委员会审议具复"③。随后7月的国民党五届七中全会也通过了《禁绝贪污，整饬纪纲，厉行计划，革除弊端，以改进一切政务案》，表明了惩治腐败的立场。

然而，国民政府的惩贪措施大都是纸上谈兵，难以落到实处。到抗战中后期，贪腐之风愈演愈烈，已呈难以遏止之势。在国民参政会三届二次大会上，韩兆额对国民政府惩治贪腐不力的情形进行了激烈的抨击。"年来贪污之风，虽在政府的关注之下，未或稍息。""囤积居奇，走私贩毒，盗卖公粮，偷贩官盐，甚至偷藏鸦片等案，不知凡几"；"官绅结连，朋比为奸，举凡役政、粮政、禁政、运输，无不包庇，无不诈取，贪污成风，贿赂公行"，以至于"人民视政府机构官吏为残害人民之工具"。他主张，严密考核机构主管长官及行政人员的品质，严格调查各机关贪污官员数量，彻查严办囤积居奇妨害市场正常流通的人员，枪决贪污数量极大、影响极为恶劣的人员，组织监察委员会监察乡镇保甲长等④。后来行政院对该案实施情形的回复是"存

---

① 梁上栋：《严惩贪污案》，国民参政会秘书处编印：《国民参政会第五次大会纪录》，1940 年 8 月，第 84 页。

② 《议长蒋中正闭幕词》，重庆市政协文史资料研究委员会、中共重庆市委党校编：《国民参政会纪实》（上），重庆出版社 2016 年版，第 398 页。

③ 秦孝仪主编：《中华民国重要史料初编——对日抗战时期·第四编：战时建设》（一），台北中国国民党中央委员会党史委员会 1988 年版，第 846—847 页。

④ 韩兆额：《再请从严惩办贪污以利抗战建国案》，国民参政会秘书处编印：《国民参政会第三届第二次大会纪录》，1944 年 8 月，第 165—166 页。

备参考"①，未采取任何有实质意义的措施。

在这次大会上，部分国民参政员还提出彻查中央信托局。中央信托局为当时国民政府设立的六大金融机构之一，主要业务为办理公务员、军人储蓄及其他储蓄事项；办理人身保险及损失保险；保管重要文件及契据；经营国营事业或公私企业债券股票之募集与发行；保管各种证券票据及法定保证准备金；承收公私机关或个人的法定保证金或准备金；经收公私机关或公共团体之信托存款；代理运用、承办公私机关购料及对外贸易事项；办理各种保证事项以及其他关于政府或公共机关委托代理事项等②。但该局在孔祥熙的控制下，几乎成为孔氏家族的"私家领地"。如在中央信托局负责的国立科研机关向国外购置图书仪器一事上，他就借机牟利，却未将购置图书仪器事宜放在心上，这让中央研究院历史语言研究所所长傅斯年十分不满。在国民参政会三届一次大会上，他联合中央研究院史学研究所所长徐炳昶提出了《请中央澈查中央信托局历年办理各国立院校及研究机关机构之情形并速谋改善方法案》，指出抗战爆发以来，国民政府给国立院校及研究机构虽拨有巨款，但"图书十之九买不到，仪器则绝迹矣"③。之所以如此，他们认为负责购置图书仪器的中央信托局负有重大责任，建议国民政府清查中央信托局关于国立院校及研究机关购置图书仪器的经费使用情况。该案经讨论决议"送请政府澈查办理"，后被交"教育、财政两部会同时查明办理"，"两部会同派员侦查"④。但由于孔祥熙与蒋介石的关系，该案不了了之。

国民政府漠视社会舆论、掩盖政府官员腐败的态度，使一些政治立场不怎么激进的国民参政员也加入到了"讨伐"贪腐的行列。如黄炎培，他本属

---

① 行政院秘书处编：《第三届国民参政会第二次大会行政院办理情形报告表》，1944 年 8 月，第 44 页。

② 张宪文等主编：《中华民国史大辞典》，江苏古籍出版社 2001 年版，第 256 页。

③ 徐炳昶：《请中央澈查中央信托局历年办理各国立院校及研究机关之购置情形并速谋改善方法案》，国民参政会秘书处编印：《国民参政会第三届第一次大会纪录》，1943 年 8 月，第 246 页。

④ 行政院秘书处编：《第三届国民参政会第一次大会决议案行政院办理情形报告表》，1943 年 8 月，第 70 页。

于国民参政员中的温和派，坚持"外圆内方"的处世哲学，不愿与国民政府过于对立，但在经营职业教育的过程中，对国民政府的贪腐问题深有感触。在国民参政会三届三次大会上，他批评了国民政府主管的茶叶公司自成立以来"工作颟顸，流弊百出"的情形。"运赴西北之茶，到达广元，忽发见所运不是砖茶而是绿茶。而运赴缅印者，中途亦发现所运不是绿茶而是砖茶。某次，美国发见运到者，不是制成品，而是毛茶。"之所以如此，他认为主要原因是"公司职员之徇私舞弊"，"最近衡阳陷敌，该公司在衡阳，有经美方鉴定合格之绿茶五万箱，运输部派车前往抢运，乃该职员接受商家厚酬，全部车辆，私运商货南下，所有存茶，全部未曾运出，美方代表某洋行，据以交涉，至感严重困难"，"假公济私，只图私人厚利，而置公务于不顾，其丧心病狂，有如此者"。他强烈要求对舞弊职员依法严重惩办，并彻底整顿改组该公司，以肃法纪而清政象[1]。该案后被"交行政院澈查严办"，由财政部具体负责。在社会的强大压力下，加上黄炎培的社会声望，财政部不得不针对该案做了一些工作：一是调整茶叶公司的上层领导机制，将经理制改为董事长制；二是财政部与贸易委员会相关人员同时进驻茶叶公司，"澈查所有舞弊嫌疑案件"；三是将茶叶公司总经理李泰初、协理朱义农解聘，并将当时经办人员"有勾结舞弊嫌疑"者"饬送重庆实验地方法院讯办，并提起公诉，正在审讯中"[2]。这对惩治贪腐多少算是发挥了一点作用。

与此同时，尽管国民政府对徐炳昶和傅斯年提出彻查中央信托局的提案，采取了"冷处理"的方式，但傅斯年并未就此罢休。在国民参政会四届一次大会上，他指出，由于中央银行直隶于国民政府，不属于财政部或行政院，致使"历年以来，以主持者特具权势，道路虽啧啧烦言，政府并无人查问。而一有事实暴露，即为触犯刑章"。中央信托局亦是如此，"亦每以触犯刑章闻"，"此等机关如不澈查严办，必不足以肃国家之政纪"。他主张，第

---

① 黄炎培：《澈查中国茶叶公司颟顸狂报并严惩职员舞弊案》，国民参政会秘书处编印：《国民参政会第三届第三次大会纪录》，1945 年 3 月，第 182—183 页。

② 行政院秘书处编：《第三届国民参政会第三次大会决议案行政院办理情形报告表》，1945 年 6 月，第 15—16 页。

一，由国民政府派定大员会同专家、监察院委员、国民参政会公推的代表（为国民参政员）彻查其积年之账目与事项，有涉及犯罪嫌疑者，分别轻重移送法院或文官惩戒委员会。第二，改组。中央银行改隶财政部或行政院，取消中央信托局。两者历年主持者，在其主持下产生的触犯刑章之事，一齐罢免。有牵涉刑事者，一并送交法院。①

由于中央信托局存在的诸多积弊，社会舆论对该案非常关注。在社会舆论的强大压力下，蒋介石不得不亲自召见傅斯年，并承诺要严肃彻查与孔祥熙有密切关系的美金公债案。②据此，监察院、最高法院立案侦查此事。最高法院亦致函傅斯年请其出庭作证，并提供相关证据。检察长郑烈亲自拜访傅斯年调查相关资料。1944年8月8日，傅斯年将收集到的所有关于美金公债案内幕资料包括孔祥熙、吕咸等人的舞弊行为、资料来源、法院、监察院关于此事和他本人的接洽情况，详细写成了《傅斯年在本届参政会中提案及询问有涉中央银行国库局舞弊事说明书》的提案，交国民参政会四届一次大会主席团，敦促国民政府从速办理该案。③在如山的铁证面前，孔祥熙除了下台已别无选择。

在这次大会上，国民参政员还就中国农业银行的贪腐及官吏兼任工商机

---

① 傅斯年：《澈查中央银行信托银行局历年积弊严加整顿惩罚罪人以重国家之要务而肃官常案》，国民参政会秘书处编印：《国民参政会第四届第一次大会纪录》，1946年1月，第183—184页。

② 1941年太平洋战争爆发后，罗斯福总统决定向中国提供5亿美元的借款。孔祥熙找财政部、中央银行和四联总处的负责人，共同拟订运用方案，决定以3亿美金向美国购买黄金存在美国，1亿美金作为发行美金储蓄券的准备，1亿美金作为美金公债的准备。1942年春，美金债券发行开始，国人对美金公债认识不足，一般平民百姓囊空如洗，心有余而力不足，买者很少。到1943年秋，实际售出的美券数不到一半。后因通货膨胀，官价已达40元法币兑美金1元，黑市上则高到250多元法币购买美金1元，孔祥熙见有利可图，便利用职权将尚未售出的350万美元储蓄券按官价购进，归入他的私囊；还有799.5万美元的储蓄券则由中央银行其他人员购进私分。此案被称为美金公债案。

③ 田巍：《从傅斯年攻倒孔祥熙看国民参政会的民主监督作用》，中国政法大学2010年硕士学位论文，第27页。

关职务产生的弊病等问题提出了提案。就前者来看，黄宇人愤懑地指出，中国农民银行中不少主管人员，"利令智昏，阳奉阴违，驯至不顾法令，不遵规定，巧立名目，为所欲为，以致经济状况日趋恶劣"。他还指出了重庆市农业银行人员营私舞弊的具体表现：一是贷放方法不依国家规定，"迂回取巧，或由一人分觅数户出具承兑票据，或由一户出具票据而分列三四笔乃至十笔"，以"逃避限制自由贷放巨资之法令"；二是违反中央法令，截留资金，拒不存放中央银行；三是出售黄金从中牟利，助长囤积。他要求财政部、四联总处、审计部"迅即会同严密澈查。如有不遵法令违背规定情事，显见营私舞弊，应立即送法院办理"①。他还对中国农民银行私自运盐、售油、屯糖以谋取利益的违法行为进行了揭露，要求国民政府"迅交有关机关会同切实查办。如已触犯刑章，应即移交法院办理"②。就后者来看，武肇煦指出，政府虽已有现任官吏不得兼营商业的规定，但该规定形同具文，"现任官吏兼充工商业机关之经理董事者，仍数见不鲜"，物价上涨、囤积居奇、黄金涨价、泄露消息等，都与此有关。他建议：一是由财政部及各级政府调查各大工商业机关经理、董事及股东姓名，送交国民政府文官处查封，如有"前项兼职人员，应一律罢免其官职"；二是制颁办法奖励民众检举。③

这几件提案在大会中引起了强烈反响，经讨论决议，前两案送"送请政府迅速澈查严办"。后来这两案被交行政院、财政部"迅速查明办理"，发挥了一定作用。如后经调查发现，中国农民银行韶关分行前经理王君恪"有越权失职情事"，"饬由董事会照章议处"；又如中国农民银行滥事投资一事，

---

① 黄宇人：《中国农民银行违反本身专业贷放大宗商业款项影响市面并有营私舞弊重大嫌疑拟请政府速即澈查依法办理案》，国民参政会秘书处编印：《国民参政会第四届第一次大会纪录》，1946年1月，第184—185页。

② 黄宇人：《查中国农民银行运盐售油囤粮违反法令有营私舞弊嫌疑拟请政府澈查案》，国民参政会秘书处编印：《国民参政会第四届第一次大会纪录》，1946年1月，第186页。

③ 武肇煦：《请政府确实制止现任官吏兼充各工商机关之经理董事等职以期逐渐肃清贪污并防止资本官僚化案》，国民参政会秘书处编印：《国民参政会第四届第一次大会纪录》，1946年1月，第186页。

经查发现"中国农业公司似有套取行款牟利之嫌疑"。武肇煦的提案被"交财政、经济、交通、内政暨社会各部办理"①，具体情形无从得知。

第三节　促进地方自治

实施地方自治有助于改变"注重形式而忽略实质"及官吏"自成为一特殊阶级，与人民中间，自不免隔阂"的行政运行模式②。国民政府成立后，按照孙中山的政治设计，对地方自治较为重视，并做了一些工作③。1934年后，鉴于"自治的进展非常迟缓，其结果徒供土劣愚弄，而无若何的成绩"④，加上压制中共的考虑，蒋介石决定"缓办自治，实行保甲"。保甲制与孙中山的地方自治理念大相径庭，在当时遭到了人们的诟病。全面抗战爆发后，随着国民参政会的成立，一些有西方民主理念的国民参政员对推行地方自治再次燃起了希望。

---

① 行政院秘书处编:《国民参政会第四届第一次大会决议案行政院办理情形报告表》，1946年2月，第81页。

② 陈柏心:《地方自治与新县制》，商务印书馆1942年版，第7—8页。

③ 国民政府成立后，宣布进入"训政"模式，并于1928年9月，颁布了《县组织法》，正式启动"县自治"。次年3月，国民党召开第三次全国代表大会，确定地方自治为政治建设的基础，"不特确立县以下之自治制度，而尤当扶植地方人民之自治能力"（荣孟源主编:《中国国民党历次代表大会及中央全会资料》（上），光明日报出版社1985年版，第638页），并规定训政期限为6年，地方自治的完成期限为1934年。随后，一系列与"县自治"有关的法规陆续出台。如1932年8月10日，国民政府公布了《县参议会组织法》、《市参议会组织法》及《市参议员选举法》，对县、市参议会的职权及行使、参议员的任职资格及产生方式等作了规定（见孔庆泰编:《国民党政府政治制度史档案史料选编》（上），安徽教育出版社1994年版，第665—673页）。

④ 冷隽:《地方自治述要》，正中书局1935年版，第198页；转引自曾绍东:《南京国民政府地方自治研究——以赣南（1939—1949）为中心的考察》，西南政法大学2011年博士学位论文，第4页。

一、建立地方民意机关

地方民意机关的建立及其职权的行使是地方自治的基础，也是地方自治的主要表现形式。国民政府成立后到 1934 年，在推行地方自治的过程中，也成立了一些省县参议会，但保甲制度实施后，"无论从县作的，从省作的，所有地方自治统同失败，所有地方自治机关统（同）取消了！"①全面抗战爆发后，为充分动员人力、物力与财力，国民政府允诺要"加速完成地方自治条件"②，这给期望通过地方自治推动中国走上民主道路的国民参政员以乐观期待。他们借助国民参政会这个公开议政的平台，就成立地方民意机关问题提出了提案，这些提案主要集中在第一届国民参政会前两次大会中。

在国民参政会一届一次大会上，有关内政问题的提案 38 件，要求建立地方民意机关的有 5 件。除了国民政府交议的《拟请省参议会推进行政完成自治案》外，其他 4 件由国民参政员个人提出。从提案人的身份来看，既有国民党参政员，亦有中间力量参政员。这些提案都指出成立地方民意机关对改善国民政府政治弊端、推动抗战的极端重要性。曾琦指出成立地方民意机关，有利于改变"民间意见，愈下层愈遭漠视，卒至政令纷纭，一至下层，即统皆搁置"，造成"政府意旨，无由贯澈，民间情意，无从上达"的上下脱节情形③。王造时指出成立地方民意机关有利于推动国民政府澄清吏治，"各级民意机关成立之后，下情可以上达，行政官吏有所顾忌，而不至于贪赃枉法"④。程希孟指出成立地方民意机关，有利

---

① 梁漱溟：《中国之地方自治问题》，中国文化书院学术委员会编：《梁漱溟全集》（第 5 卷），山东人民出版社 1993 年版，第 310 页。

② 荣孟源主编：《中国国民党历次代表大会及中央全会资料》（下），光明日报出版社 1985 年版，第 486 页。

③ 曾琦：《克期设立省县市参政会案》，国民参政会秘书处编印：《国民参政会第一次大会纪录》，1938 年 9 月，第 167—168 页。

④ 王造时：《设立省以下各级民意机关案》，国民参政会秘书处编印：《国民参政会第一次大会纪录》，1938 年 9 月，第 169 页。

于"巩固全国团结，加强抗战力量"①。许德珩认为成立地方民意机关有利于政府与民众互动交流，"加紧政府与民众间更密切的联系，增强政府与民众间更深一层，使政府法令，能更迅速确切的执行，民众意见，能充分的宣达"。②

从建议成立民意机关的层级看，鉴于在中央层面已有国民参政会，提案大都主张从省到保各层级都成立民意机关。对地方民意机关的具体职权，不同党派参政员之间既有共识，亦有分歧，但总体来说，共识大于分歧。如对于省参议会，国民政府倾向于将其界定为"省政府之建议及咨询机关"③，主要职权有省政府重要施政方案提交省参议会决议后施行，省政府对省参议会的决议认为不当时，应提请行政院核定，向省政府提出建议案，听取省政府施政报告并向省政府提出询问。这一点也得到了其他党派参政员和国民党参政员的认可。救国会参政员王造时认为省参议会的职权主要有听取省政府施政报告暨提出质问之权，提出建议案于省政府，通过决议案，省政府认为碍难执行时，得提交复议，复议时如有出席议员三分之二仍执原议时，即由中央政府予以核夺。又如他指出，县（市）议会的主要职权有听取县政府施政报告暨提出质问之权，提出建议案于县政府、通过决议案请县政府执行，弹劾不称职县（市）长④。国民党参政员程希孟也指出县参议会的职权主要有"对于县（市）财政及其他行政有听取报告提出质问建议及决议之权，但县政府认为碍难执行时，得请求复议一次"；"对于县（市）行政人员认为违法或溺职时，有提出弹劾之权"。但国民政府及国民党参政员的提案体现了国民党要主导民意机关的思想。如程希孟指出，当县参议会通过了弹劾县长

---

①　程希孟：《设立各级地方民意机关案》，国民参政会秘书处编印：《国民参政会第一次大会纪录》，1938 年 9 月，第 172—175 页。

②　许德珩：《从速设立省县及县以下民意机关案》，国民参政会秘书处编印：《国民参政会第一次大会纪录》，1938 年 9 月，第 171 页。

③　国民政府交议：《拟省参议会推进行政完成自治案》，国民参政会秘书处编印：《国民参政会第一次大会纪录》，1938 年 9 月，第 166 页。

④　王造时：《设立省以下各级民意机关案》，国民参政会秘书处编印：《国民参政会第一次大会纪录》，1938 年 9 月，第 169—171 页。

的提案后，县长应即免职，但"省政府如有异议时，得提交复议"①。国民政府交议的提案也体现了这种思想，它认为县参议会的主要职权有审议县政设施、县经费预算及县单行法规；对县政兴革事宜提出建议质问，对县政府不执行县参议会决议或执行不当时，呈请上级机关核定等②。中间力量参政员更倾向于赋予地方民意机关更大的权限，以体现地方自治的色彩。

除了对地方民意机关的职权有所建议外，提案对民意机关的人选、资格及产生方式也提出了一些意见和建议。曾琦主张省县市参议员，"应兼采地域代表制，与职业代表制"③。王造时和程希孟建议省县市参议员代表由地域代表、职业代表及特选代表（本省县市籍信誉卓著人士不分住居职业及性别）三部分组成。许德珩认为"各级民意机关，均应由民选构成"。与此同时，考虑到实际情况，他们认为省民意机关也可"引用国民参政会组织条例略加变通，以产出代表，但其分子，必须能代表支持抗战建国的各方面和声望素著之农、工、商、学、妇女以及自由职业的各团体领袖"，"至于县及县以下的民意机关，以由人民直接选举为原则，才能符合真正的民意"④。这些设计基本上吸收了西方议会民主制的思想，倾向于把民意机关设计成为一般民主国家的代议机关。

国民参政会要求设置县各级民意机关的提案，被认为"为党外各派最重要之要求"⑤。社会舆论对此也有强烈关注⑥。国民政府亦进行了积极回应。

---

① 程希孟：《设立各级地方民意机关案》，国民参政会秘书处编印：《国民参政会第一次大会纪录》，1938 年 9 月，第 174 页。

② 国民政府交议：《拟省参议会推进行政完成自治案》，国民参政会秘书处编印：《国民参政会第一次大会纪录》，1938 年 9 月，第 167 页。

③ 曾琦：《克期设立省县市参政会案》，国民参政会秘书处编印：《国民参政会第一次大会纪录》，1938 年 9 月，第 168 页。

④ 许德珩：《从速设立省县及县以下民意机关案》，国民参政会秘书处编印：《国民参政会第一次大会纪录》，1938 年 9 月，第 172 页。

⑤ 林美莉编辑校订：《王世杰日记》（上），台北"中央研究院"近代史研究所 2012 年版，第 139 页。

⑥ 《建设地方参政机关》，《大公报》1938 年 7 月 15 日。

1938 年 8 月，国防最高会议召开专门会议，制定了《省（市）参议会组织条例原则草案》。9 月 26 日，《省临时参议会组织条例》《市临时参议会组织条例》同时公布，对省、市参议员的名额分配、资格、产生方法、任期以及省参议会的会期、召开程序等都作了明确规定[①]。10 月 22 日，国民政府颁布了《省（市）临时参议会秘书处组织规则》《省（市）临时参议会议事规则》，对省、市参议会秘书处的职能、职权行使及运行机制等作了详细规定。1939 年 2 月 6 日，行政院又为各省参议会候补参议员情况致函国防最高会议秘书厅。4 月，国防最高委员会通过了这一决议。至此，省市民意机关的成立完成了法律上的准备。国民政府"顺势而为"的举动，受到了各抗日党派的肯定，被认为"政府能顺应全国舆情，谋民主政治之实现"[②]。

在建议成立地方民意机关特别是县以下民意机关的提案中，乡村保甲制度的存废问题成为国民参政员关注的重要问题。如上所述，1934 年，蒋介石决定缓办地方自治，实行保甲制度，但国民政府实施保甲制度的根本目的并非为了推行地方自治，而在于阻止中共在广大乡村的活动，这就改变了地方自治的实质，使地方自治名实不副，对地方自治颇有研究的陈柏心就指出，国民政府的保甲制度是"以所谓一条鞭式的官治制度，代替原来的自治制度"[③]。

对于主要用于防范中共的保甲制度，中共当然有着更为深刻的体会。在国民参政会一届一次大会上，吴玉章指出："保甲制度由于过去内战时期的需要所组成"，在执行过程中不得其人，保甲制度的许多地方中心骨干"系由土劣分子所担任"，直接领导核心联保主任或区村长，由"很多为昏庸恶劣的分子担负"，导致"任何好的法令，都有被一部分区乡保甲长曲解和破坏的危险！""都变成被这些分子利用来作升官发财的新工具"[④]，实有改革的

---

① 中国第二历史档案馆编：《中华民国史档案资料汇编·第五辑·第二编：政治》（一），江苏古籍出版社 1998 版，第 937 页。

② 曾琦：《克期成立县参议会》，国民参政会秘书处编印：《国民参政会第二次大会纪录》，1938 年 12 月，第 62 页。

③ 陈柏心：《地方自治与新县制》，商务印书馆 1942 年版，第 41 页。

④ 吴玉章：《改善县区政治机构与保甲办法案》，国民参政会秘书处编印：《国民参政会第一次大会纪录》，1938 年 9 月，第 181 页。

必要。与中共参政员的认识有所不同，国民党参政员李中襄虽然也认为保甲制有诸多弊病，但他认为原因在于保甲制被视为是国民政府下层之行政机构，而非人民之基层组织，造成了保甲长难得其人，保甲制度因而"流弊滋多，为世诟病"。[①]王造时也认为保甲制不能得到顺利推行，原因在于保甲长待遇过低，好人不愿担任这一职务，致使地痞游民混迹其间，舞弊取利，这与国民党的认识有相似之处。

对于如何革除保甲制的弊病，国民参政员提出了不少意见和建议，他们虽没有强烈要求取消保甲制，但主张实施基层民主，改革保甲制的人选资格及产生方式。孔庚提出废除现行的区署制度，以联保办公处为每一乡镇的政治核心，改联保主任为乡长，负责地方自治事务。王造时认为应尽快成立地方民意机关，早日完成地方自治。褚辅成主张由民众直接选举保甲长。吴玉章基于中共重视动员民众的一贯优势，建议各地乡长完全由乡民大会民主改选，保甲长由保甲民众大会民主选举，通过这种发动民众力量实施乡村自治的方式，使选出的乡长、保甲长能够代表民众意愿。这一认识也得到了社会舆论的认可。有人就指出："假使我们对于乡镇长、保甲长仍然采用指派或由地方豪绅包办的办法，并让他在乡村中间横行无忌，肃清贪污土劣便只是句空话。反之，如果我们采用民选办法，并由乡镇首事会和保民大会、甲民会议时时加以监督，贪污土劣便不能在乡村行政机构中间立足。"[②]遗憾的是，在国民政府对基层缺乏强大控制力的情况下，他们不得不继续通过委任的方式依靠保甲长来落实国民政府的方针政策，这部分人"遂得乘间侵夺国家合法权力"[③]，"县政府所委任之乡镇保长，大半凭借地位，作奸残民，乡镇长权力愈大，其罪行亦愈多"[④]。保甲长既是国民政府权力在基层的体现和代表，又是

---

① 李中襄：《改善保甲制度树立自治基础案》，国民参政会秘书处编印：《国民参政会第一次大会纪录》，1938 年 9 月，第 178 页。

② 薛暮桥：《如何建立地方民意机关》，《薛暮桥文集》（第 2 卷），中国金融出版社 2011 年版，第 78 页。

③ 转引自王春英：《民国时期的县级行政权力与地方社会控制——以 1928—1949 年川康地区县政整改为例》，四川大学 2004 年博士学位论文，第 7 页。

④ 褚辅成：《地方建设两点意见》，《中央周刊》第 4 卷第 15 期，1941 年 11 月 20 日。

保甲组织的直接领导者，素有声望的保甲长尚能体恤民情，大部分则乘机滥用权力，营私舞弊，引起民众的强烈不满。新县制实施后，保甲组织成为最基层的地方自治团体，行政工作与自治工作均由其达于人民，保甲长权力大大扩张，由此导致的保甲长滥用职权、大捞好处的现象更为严重。国民政府愈来愈失去民心，与保甲长滥用权力，严重败坏了国民党的形象有很大关系。

二、促进实施新县制

1939 年 9 月 18 日，在国民参政会一届四次大会闭幕的当天，国民政府颁布了《县各级组织纲要》，规定以三年为期，全国各县除特殊情形外，一律实现地方自治①。《县各级组织纲要》明确县为地方自治单位及法人，标志着以县为单位的地方自治进入了一个新的阶段。在此情形之下，国民参政会提案也转向了对新县制问题的关注。

在国民参政会一届五次大会上，有两件提案涉及了新县制的实施问题，全部由国民党参政员提出。王亚明认为地方自治之所以不成功，"实施者及一般民众，对于新县制无深刻之了解与信仰，不能以绝大的勇气去克服困难，实为一最大之原因"。要实施新县制，"必须全国上下对于新县制均有深刻之了解与信仰"，具体方法就是通过政府、学校及文化机关团体的研究、宣传、进入教科书、公共场所等方式，使民众注意新县制。②李元鼎针对《县各级组织纲要》中有"县设县参议会，由乡（镇）民代表会选举县参议员组织之"的规定③，主张迅速设立县参议会，解决"地方政

---

① 《县各级组织纲要》分为总则、县政府、县参议会、县财政、区、乡镇、乡（镇）民代表大会、乡（镇）财政、保甲与附则，共 10 章 60 条。其中较为重要的规定有："县为地方自治单位"；"县以下为乡（镇），乡镇内为保甲"；"县为法人，乡镇为法人"。（见《县各级组织纲要》，徐秀丽编：《中国近代乡村自治法规选编》，中华书局 2004年版，第 215—222 页）

② 王亚明：《加强推进新县制办法案》，国民参政会秘书处编印：《国民参政会第五次大会纪录》，1940 年 8 月，第 81 页。

③ 《县各级组织纲要》，徐秀丽编：《中国近代乡村自治法规选编》，中华书局 2004 年版，第 216 页。

令之推行，如征兵，如购粮，县长责成保甲，壹（一）意孤行，保长受命县长，旁无顾忌，往往弊窦百出，怨声鼎沸，虽有公正士绅知识分子，亦各退处于无权过问"的基层政治不得民心的情形，以便"民意可渐宣泄，政治可渐改善"①。这反映出国民党参政员希望通过实施新县制，"用党的力量来透过政府，实现地方自治的理想"②，改善基层不良政治，以树立国民党执政形象的迫切愿望。

实施新县制无疑是国民政府通过加强控制基层组织以获取执政资源的新契机。但是，方针政策从文本形态落实到实践形态，中间会有许多意想不到的问题。新县制的实施也是如此。尽管国民政府已明确规定要迅速成立县各级民意机关，但由于各地域的特殊情形，到1941年，距离三年期限已近，成立县各级民意机关的省份并不多。对此，国民党也颇为着急，一再催促各县尽快成立民意机关。国民参政员也深以为忧。在国民参政会二届一次大会上，他们在审查国民政府社会报告时指出："各省实施新县制，有已达一年以上者，但民意机关多未设置，殊有背促进地方自治之本旨，应即通行各省，定期设置。"③部分国民参政员提出了尽快成立县各级民意机关的提案。如邵从恩要求国民政府尽快制定县市临时参议会组织法，"限于本年内，各省之县市临时参议会完全成立"。④刘家树建议至迟到1941年底，全国各省市县以下民意机关要全部成立。陆宗骐也主张"各级民意机构，统限于三十年度内组织完成"。⑤

---

① 李元鼎：《请政府从速成立县参议会案》，国民参政会秘书处编印：《国民参政会第五次大会纪录》，1940年8月，第82页。

② 陈之迈：《中国政府》，上海人民出版社2012年版，第542页。

③ 秦孝仪主编：《中华民国重要史料初编——对日抗战时期·第四编：战时建设》（一），台北中国国民党中央委员会党史委员会1988年版，第982页。

④ 邵从恩：《限期各省成立县临时参议会以促新县制之实施而树地方自治初基案》，国民参政会秘书处编印：《国民参政会第二届第一次大会纪录》，1941年10月，第136页。

⑤ 陆宗骐：《拟请政府从速完成各级民意机关以利民生政治之推进案》，国民参政会秘书处编印：《国民参政会第二届第一次大会纪录》，1941年10月，第141页。

不仅如此，提案还围绕县及以下民意机关的组织原则、职权范围、人选资格、产生方式等问题提出了建议。蒋继伊指出要按照《县各级组织纲要》中县政府、县参议会权责分明的原则，明确县参议会的职责。具体来说，包括县政计划、县预算决算暨县单行规则之拟定等事项，均须经县临时参议会之决议或审议；县临时参议会对县政之兴革，有建议质问县政府之权；县临时参议会对县政府延不执行议案或执行不当，得呈请省政府核定；县政府对于县临时参议会之议案认为不当，经送交复议而仍认为不当时，得呈请省政府核定。褚辅成提出，省政府年度预算提交临时参议会审议。这表明了国民参政员希望县参议会能真正发挥作用以推动新县制实施的良好愿望。

如前所述，国民政府推出新县制的本意，内含着国民党通过向基层渗透权力以改变其对基层控制力软弱并借以获取执政资源的逻辑，因此，对于上述提案，它虽没有积极回应[1]，但在国民参政会二届一次大会结束后不久召开的国民党五届八中全会上，则明确指出："对于县各级机关之机构职权以及人选各种问题，根据以往之经验与当前之事实，悉力改善。"[2]1941年8月9日，它公布了《县各级参议会组织暂行条例》，县参议会的职权、会期、县参议员的资格、任期及产生方式等自此有了较为明晰的遵循，县各级民意机关的成立及运行有了法律依据[3]。

新县制的实施是以县为自治单位，因此，县长起着至关重要的作用，"假如一县的行政长官，是一个懦弱无能，或是愚而好用的人，纵有健全的县行政人员，也没法展开县政"[4]；"县长为亲民之官，国之所托，民之所依，地方治安，赖以保障，全县事务，皆集中于其一人之手，有好县长则其余县行政工作人员以及种种问题，皆迎刃而解，一切困难，皆可克服，不得人则

① 秦孝仪主编：《中华民国重要史料初编——对日抗战时期·第四编：战时建设》（一），台北中国国民党中央委员会党史委员会1988年版，第1008—1010页。

② 荣孟源主编：《中国国民党历次代表大会及中央全会资料》（下），光明日报出版社1985年版，第685页。

③ 中国第二历史档案馆编：《中华民国史档案资料汇编·第五辑·第二编：政治》（一），江苏古籍出版社1998年版，第943页。

④ 陈柏心：《地方自治与新县制》，商务印书馆1942年版，第83—84页。

根本谈不到县政建设，更议不到新县制之实施"①。对于这一点，国民参政员也非常清楚。在国民参政会一届一次大会上，王造时建议选择那些品行端正、富于才干之人任县长及县佐治人员。在国民参政会一届二次大会上，杭立武在分析县级行政组织的缺点时，也认为"县政不得优良人选"②是重要原因之一。在国民参政会一届三次大会上，李元鼎指出："县长如不得其人，则一般正绅及爱国青年，均各洁身自好，不愿参与，而下级工作人员，势必依赖地痞流氓，同流合污，肮脏一气，无论政府如何之善法良规，亦将变为扰害人民之工具"③，要求国民政府对县长人选要严加整饬。

新县制实施后，县长人选问题再次引起国民参政员的关切。在国民参政会三届一次大会上，严立三指出，"在各级行政负责干部中，县长职位诚最低，然其责任却最重"。鉴于过去社会轻视县长，"自爱者往往鄙薄而不肯为，卑劣者则群趋而竞进"的情形，他呼吁将那些"曾受优良高等教育，事上较有历练，厚重朴实，深明革命主义，富有革命热情，而为全国后起最优秀之人才中慎重拣选，加以训练，评定甲乙，分发各省候用"。不仅如此，他还要求提高县长待遇，"一切待遇均当优厚，临时开支尤不应束缚太紧"。④该案指出了新县制要取得成效的关键所在，但没有引起国民政府的重视⑤。

到1943年以来，因物价高涨导致各阶层民众生活水准下降的情形愈发严重。为了使县长把心思用于推行新县制，在国民参政会三届二次大会上，

---

① 伍受真：《新县制之实施与县长问题》，《民意》第184期，1941年6月25日。
② 杭立武：《拟请政府迅速制定并实施充实县政府组织法规提高县长任用资格官等待遇切实考察县行政并遴选各项人才酌量资送县政府协助工作俾抗战建国之大业诚能以县为单位确立稳固基础案》，国民参政会秘书处编印：《国民参政会第二次大会纪录》，1938年12月，第63页。
③ 李元鼎：《拟请政府对于县长慎重人选并提高待遇确定任期严厉监督以修明县政而利抗战建国案》，国民参政会秘书处编印：《国民参政会第三次大会纪录》，1939年4月，第76页。
④ 严立三：《慎重县长人选提高县长地位及健全县政府机构案》，国民参政会秘书处编印：《国民参政会第三届第一次大会纪录》，1943年8月，第151页。
⑤ 行政院秘书处编：《第三届国民参政会第一次大会决议案行政院办理情形报告表》，1943年8月，第9—10页。

王吉甫再次主张提高县长生活待遇，要求国民政府"查照各地方生活物价情形，分别从优给予生活补助及办公必需费"。①国民政府当然知道提高县长待遇对新县制意味着什么，因此，对改善县长待遇问题也有所重视。它先是将县长俸禄提高至简任六级，后又公布了《改善县行政人员待遇办法》，对提高县长待遇作出了明确规定。它还制订了《试行县长养廉金制度》，由内政部将其通行各省政府"查照办理"。据行政院后来回复说，四川、甘肃、陕西等省已试行该办法②。但在战乱的环境下，经费筹措面临着许多困难，捉襟见肘的财政状况使国民政府不可能大量筹拨县自治经费，推行新县制的经费大都由各县自行解决，改善县长待遇的规定在大多数情况下亦限于纸面，真正能够落实的县份并不多。在此情形下，县长对推动新县制的积极性可想而知。没有了县长的推动，新县制的实施效果亦不难想象。

三、提高民意机关职权

国民参政员在呼吁国民政府尽快成立民意机关的同时，也强烈希望提高民意机关的职权以使其真正发挥作用。与国民政府对国民参政员主张成立民意机关进行积极回应不同的是，在提高民意机关职权的问题上，国民政府表现出了保守和滞后的一面。如《省临时参议会组织条例》规定省临时参议会的职权主要有：讨论省政府重要施政方针、向省政府提出决议案、听取省政府施政报告、对省政府工作提出质询③。市临时参议会的职权与省临时参议会的职权大体类似④。可见，省临时参议会和市临时参议会的职权与国民参

---

① 王吉甫：《请改善县长待遇提高薪公各费以资养廉一面加强监察制度以防贪污而杜奸邪案》，国民参政会秘书处编印：《国民参政会第三届第二次大会纪录》，1944 年 8 月，第 136 页。

② 行政院秘书处编：《第三届国民参政会第二次大会决议案行政院办理情形一览表》，1944 年 8 月，第 12 页。

③ 秦孝仪主编：《中华民国重要史料初编——对日抗战时期·第四编：战时建设》（二），台北中国国民党中央委员会党史委员会 1988 年版，第 1844 页。

④ 秦孝仪主编：《中华民国重要史料初编——对日抗战时期·第四编：战时建设》（二），台北中国国民党中央委员会党史委员会 1988 年版，第 1846 页。

政会大体相似，对政府没有硬性约束。这对希望通过提高民意机关职权以使民主政治真正有所体现的国民参政员来讲，当然是不愿意看到的。到抗战中后期，随着新县制的推行，国民参政员一方面继续呼吁尽快成立县各级民意机关，一方面则强烈要求提高民意机关职权。

在国民参政会三届一次大会上，国民参政员在提出"望于民国三十二年度一律成立县参议会，或临时参议会，至乡（镇）民代表会议、保民会议等之召集，在乡保人选极不健全之今日，尤属刻不容缓"的同时①，就提高民意机关的职权提出了提案。蒋继伊指出，对于地方官吏的贪赃枉法，国民参政员曾通过国民参政会进行过呈诉，但行政院大都以"各民意机关之组织条例，无检举明文，仅允民意机关之个人，对违法失职或有犯罪嫌疑之公务员，得依法呈诉或告发，并不得以决议之方式实施检举"为借口②，对民众向民意机关的检举不予受理；对于县参议会呈报的县长贪污咨请省政府查办的案件，省政府亦大都不甚重视。他主张国民政府授权省参议会以监察之责，收受人民或民众团体请愿查办违法失职官吏案件，并将之转送当地监察机关依法办理，同时加强省参议会与监察机关的联系，使之监察案情办理结果。行政院后来回复对该案"存备参考"③，该案未能达到应有的目的。

在中国抗战史上，1944年是极为重要的一年。这一年，日寇发动了全面抗战爆发以来对中国最大规模的豫湘桂战役。由于对日作战的巨大消耗及国民党军队的腐败、军纪涣散，导致中国在这场战役中"惊心动魄"的大溃败，对国民政府的执政权威造成了空前的冲击④，也使国民参政员更为希望通过提高民意机关职权以减少国民政府执政弊害。在国民参政会三届三次大

① 秦孝仪主编：《中华民国重要史料初编——对日抗战时期·第四编：战时建设》（二），台北中国国民党中央委员会党史委员会1988年版，第1173页。

② 蒋继伊：《请行政院特准省参议会实行民主监察制度以肃吏政而利抗战案》，国民参政会秘书处编印：《国民参政会第三届第一次大会纪录》，1943年8月，第146页。

③ 行政院秘书处编：《第三届国民参政会第一次大会决议案行政院办理情形报告表》，1943年8月，第6页。

④ 闻黎明：《第三种力量与抗战时期的中国政治》，上海书店出版社2004年版，第260页。

会上，国民参政员一方面指出："县各级民意机关，必须及早成立"，县市民意机关到 1945 年底一律完成，于理于势，"亟应依法加紧切实办理，以期设立普遍，组织健全"①；一方面再次主张提高民意机关职权。赵和亭要求给予省临时参议会以审核预算之权、弹劾地方官吏之权与议决地方政府临时增加人民负担之权；徐炳昶主张民意机关可查办官吏，可向司法机关检举公务员贪污或违法侵害人民身体财产自由之案件，法院检察要要及时受理民意机关的检举，如检察官搁置不理，检举者可径请监察院或司法行政部提付惩戒；各日报或期刊记载公务员贪污及违法侵害人民身体自由等事件，上级官长及法院应即注意密查，并于一定期间内将密查结果及处置办法摘要发表；新闻检查机关对于日报或期刊记载前条所列事件不得扣留。阳叔葆提出，国民参政会对于中央官吏之贪污违法者、省临时参议会对于本省官吏之贪污违法者、县临时参议会对于本县官吏之贪污违法者，都有检举之权。可见，在国民政府自身监督监察职能未能有效发挥作用的情况下②，国民参政员希望赋予民意机关这方面的职权以推动政治进步。

国民参政员要求增加民意机关监督权的呼吁及基层政治呈现出的诸多弊病，也引发了时人对该问题的关注。以自由主义知识分子为主体的中国民主政团同盟积极呼应国民参政会的主张，认为地方民意机关"接受人民的请愿

---

① 秦孝仪主编：《中华民国重要史料初编——对日抗战时期·第四编：战时建设》（二），台北中国国民党中央委员会党史委员会 1988 年版，第 1348 页。

② 有研究指出，国民党建立的监察院独立制度虽体现了政治现代化和制度化的要求，但实际上，它实行的是人治而非法治，在人治下，监察院对高级官员的监察十分软弱，"打虎"无力。而且监察院制度设计本身也存在着诸多问题，如弹劾与惩戒完全分离，监察院只有弹劾权，无审判权，破坏了监察权的完整性和强制性；监察对象过于广泛，监察院力不从心，造成对高级官员实际上的失控失监；监察院组织设计头重脚轻，地方缺乏有效的组织和人员，对地方监察失控；监察院实行委员制，在中国官僚制度下，委员的官僚性质必然使他们在工作中难以抵挡各方面压力，顾虑重重，造成监察不力；监察院内部缺少对监察委员有效和有力的奖惩机制；等等。见刘云虹：《国民政府监察院研究（1931—1949）》，生活·读书·新知三联书店 2012 年版，第 285 页。

一层，为沟通民意的切实办法之一，在目前更有其必要"①。国民参政会三届三次大会结束后不久，它再次发表宣言指出："在宪法颁布前赋予国民参政会以各民主国家议会具有之主要职权；并扩大省参议会之职权"②。这与国民政府将国民参政会和省临时参议会定位为"咨询或建议"性质的机构是相悖的。因此，在回复上述提案办理情形时，对要求增加省临时参议会职权的建议，内政部指出省临时参议会"系过渡性质，其职权似无更张必要"③；对要求增加检举公务员贪污违法殃民事宜，则指出"不问何人，均有此权，尚无修改各级民意机关组织法之必要"④。这等于拒绝了国民参政会的建议。此后，国民政府公布的《省参议会组织条例》和《市参议会组织条例》，虽然将省、市参议会的职权以法律形式确定了下来，但没有赋予它们实质性权力，国民政府推行的地方自治在某种程度上已成为应付社会舆论的"水中月""镜中花"，不仅没有达到其向基层渗透权力的目的，反而成为民众认清国民党政治本质的一种方式，与国民党的政治离心力也越来越大，对抗战胜利后中国政局的演变产生了不可忽视的影响。

第四节　动员救助民众

中国的抗战是落后的农业国与先进的工业国在军事、政治、经济、文化等诸多方面的较量，只有动员所有爱国力量参与抗战，才有可能取得最后的

---

① 《中国民主政团同盟对目前时局的看法与主张》，中国民主同盟中央文史资料委员会编：《中国民主同盟历史文献（1941—1949）》，文史资料出版社1983年版，第20—21页。

② 《中国民主同盟对抗战最后阶段的政治主张》，中国民主同盟中央文史资料委员会编：《中国民主同盟历史文献（1941—1949）》，文史资料出版社1983年版，第32页。

③ 行政院秘书处编：《国民参政会第三届第三次大会决议案行政院办理情形报告表》，1945年6月，第6页。

④ 行政院秘书处编：《国民参政会第三届第三次大会决议案行政院办理情形报告表》，1945年6月，第31页。

胜利。由于看到了民众中蕴藏着的巨大的抗战力量，国民参政员就动员民众参加抗战提出了很多有价值的意见和建议。与此同时，在抗战过程中，产生了一些需要救助的特殊群体，国民参政会提案也有所关注，并就如何救助提出了主张和建议。

一、动员妇女群体

全面抗战爆发后，有人主张动员妇女为抗战贡献力量。擅长动员民众的中共很早就意识到了这个问题。全面抗战爆发后不久，在中共广州党组织推动帮助下，广东省成立了由省、市妇女抗敌同志会以及省女界联合会、市妇女会、女权大同盟、车衣女工会、中山大学女同学会等组成的妇女团体联席会议。联席会会议成立后，在协调妇女团体的行动、抗日宣传、募捐献金、医护慰劳、救济收容等方面做了大量的工作。对此有人指出："抗战以来，广东的妇女运动非常蓬勃表现出惊人的飞跃的进度。"[①]国民党也认为："训练妇女，俾能服务社会，以增加抗战力量。"[②]但在实际中，如何动员妇女参与抗战仍然面临着很多问题。

在国民参政会一届一次大会上，伍智梅指出，妇女的力量是全部人力的一半，"动员妇女是抗战建国中很重要的工作"，"如能善为领导，加以训练，妇女必能胜任更多的工作，表现更好的成绩"。她主张在政府层面成立领导妇女运动的统一机关；选择体力强健的妇女参加训练，"以备必要时从事警卫地方、协助军事等工作"；动员妇女参加工业、农业、军事、国防等生产事业；实施妇女战时教育；救助救济战区妇女；废除对妇女的封建束缚，改善妇女生活等[③]。国民政府对该案非常重视，将其提交中央社会部、军委

[①] 麦浪：《广东妇女的参政问题》，广东妇女运动历史资料编纂委员会编：《广东妇女运动历史资料汇编（1937—1945）》，中国妇女出版社1991年版，第212页。

[②] 荣孟源主编：《中国国民党历次代表大会及中央全会资料》（下），光明日报出版社1985年版，第488页。

[③] 伍智梅：《动员妇女参加抗战建国工作案》，国民参政会秘书处编印：《国民参政会第一次大会纪录》，1938年10月，第196页。

会政治部、教育部、内政部等相关部门。从对该案办理的回复情况看，除了没有成立专门的妇女动员机构外①，其他建议都得到不同程度的重视。如在救济战区妇女方面，社会部制定了疏散与救济战区妇女和引导妇女参加各种生产活动等两种办法，行政院救济委员会设立了救济区，派专员"主持办理"妇女救济事宜②；在战时教育方面，教育部制定了《妇女战时教育实施办法》，训练妇女参与救护、消防、交通（如无线电收发，电话，司机，传递信息等）、教养及生产技能、宣传（文字、口头、戏剧、歌咏）及情报传递等工作③。

随着抗战的进行，妇女在抗战中的作用更为重要。为了解除其后顾之忧，让她们全身心投入抗战，在国民参政会一届四次大会上，刘王立明建议在各地普遍设立托儿所，解决儿童养育问题，以使妇女安心参加抗战事业。她提出根据各地实际情况，可将托儿所分为三种：一是经常的（或称全部的），即儿童入托儿所后，其饮食、睡眠、教养事宜全部由托儿所负责；二是部分的（或称白天的），即母亲在工作时间内，将儿童寄托入所，母亲工作结束后，将儿童领回；三是临时的，在农事、蚕事或其他时间繁忙时，将儿童入所，繁忙结束时，此种托儿所即可停办。至于托儿所的地点，她认为每个城市的中心据点至少要设立一所规模较大的托儿所，在城市周围设立若干规模较小的托儿所，有的可设于规模较大之工厂或机关内，临时的可设在乡村中。该案考虑到了妇女照顾儿童的不同需要，有利于妇女更好地投入到抗战事业中，后来转交内政部办理。内政部于1940年1月3日拟定了《托儿所办法大纲草案》，吸纳了该案的建议。后来，内政部又召集教育部、振济委员会及中央社会部讨论该案，决定"在重要都市与工业区域女工较多之

---

① 国民政府虽对妇女动员工作有所重视，但并没有成立专门的机构，当时的妇女运动团体在中央由社会部负责，在地方由地方党部负责。后来在对该案执行情况的回复中，也未明确要成立妇女运动机关。1940年，由国民党领导的妇女运动指导委员会成立，这距离伍智梅提案提出的时间已经过去了三年。

② 国民参政会秘书处编印：《国民参政会提案实施情形报告表》，1939年6月，第36页。

③ 中华全国妇女联合会、妇女运动历史研究会编：《中国妇女运动历史资料（1937—1945）》，中国妇女出版社1991年版，第125页。

地方应即筹设托儿所","私人及公私团体筹设之托儿所政府机关，应严加督导使臻健全"①。内政部还颁布了《私立托儿所监督及奖励办法》，提倡奖励民间力量兴办托儿所事业。

太平洋战争爆发后，抗战形势对中国日渐有利，但在战争的巨大消耗下，进行抗战所需的各种物资却渐呈竭蹶态势。因应这种形势的变化，12月15日至23日，国民党在重庆召开了五届九中全会，制定并通过了《加强国家总动员实施纲领案》，决定加强国家总动员工作，"集结全国任何一人一物"，"加以严密组织与合理运用，使成为一坚强之战斗体系"②。次年5月1日，国家总动员会议成立，吴铁城、陈仪、贺耀祖任常委，并指定了秘书、人力、物力、财力、粮盐、运输、军事、检查、文化各组人选。在此情形下，动员妇女参与抗战的任务也更为迫切。遗憾的是，对于如何动员妇女参与抗战，国民政府并没有制定具体办法。

针对这一问题，在国民参政会三届一次大会上，唐国桢指出，抗战爆发以来，后方农、工生产及运输、通信、宣传、情报、防空、救护、教育各业务已渐感人力不足，在中国沿海口岸及国际路线被封锁、物质资源来源日益减少且男丁大都上前线、后方缺乏劳动力的情况下，"欲求充实兵源，增加人力，则动员妇女，刻不容缓"，因此，"应动员妇女力求增加生产，以期自给自足"。她提出了七点具体建议，主要包括在国民总动员会下设立动员妇女部门，制定动员妇女具体办法，动员妇女参加教育、邮电、金融、运输、情报、防空、救护、警察等能胜任的工作；举办妇女职业训练班，培养妇女职业技能，家庭妇女参加农产品制造及军用民用物品的制造；加强农村妇女教育和地方妇女组织等③。

---

① 行政院秘书处编：《国民参政会第四次大会决议案行政院办理情形一览表》，1940年3月，第51页。

② 荣孟源主编：《中国国民党历次代表大会及中央全会资料》（下），光明日报出版社1985年版，第745页。

③ 唐国桢：《请政府实施妇女动员加强抗战力量案》，国民参政会秘书处编印：《国民参政会第三届第一次大会纪录》，1943年8月，第122—123页。

该案较为系统地提出了动员妇女参与抗战的指导原则，国民政府根据自身能力对该案进行了选择性回应。后来，该案设立动员妇女机构的建议被以"已设有人力组，掌理人力动员事项，可不必增设部门"为由没有采纳；对于妇女参与各领域工作、教育妇女、开办妇女职业培训班等建议，国民政府指出社会部"正会商教育、交通、财政、经济、内政各部暨军事委员会办理"；制定动员妇女具体办法及动员妇女生产抗战物资等则以"俟国民义务劳动服务法令公布后再行办理"为由没有采纳[1]，反映出国民政府在动员妇女参与抗战问题上的诸多困境。

值得注意的是，国民政府尽管举办了一些托儿所，但与妇女参与抗战的实际需求相比还有不小差距。在国民参政会三届一次大会上，刘蘅静指出："目前各地之轻工业工厂已多雇用妇女，惟大都无托儿所之设备，以致一般乳母将幼小儿童携进厂旁，置于机器之下，对于儿童健康，损失殊甚"[2]，要求各地工厂普遍设立托儿所，经费由厂方负担，政府酌量加以补贴，解决妇女参加工业劳动的困难。对此，1944年，社会部公布了《普设工厂托儿所办法》，要求各省、市政府在工商业发达区域普设工厂托儿所，以利于职工妇女参加工业生产，所需经费由职工福利金项内动用或在管理事项下列支[3]，对于动员妇女参与抗战发挥了一定的作用。

尽管国民政府努力推动托儿所事业的发展，但由于受动乱形势的影响，其发展还是非常缓慢的。在国民参政会四届一次大会上，张之江主张在地方小学、全国大都会都要"普遍筹设"幼稚园、托儿所等机构，并"鼓励私人兴办，政府奖助"[4]。从社会部和教育部后来的回复情况看，国民政府做了一

---

[1] 行政院秘书处编：《第三届国民参政会第一次大会决议案行政院办理情形报告表》，1943年8月，第84页。

[2] 刘蘅静：《请政府从速普设工厂托儿所以动员妇女参加工业生产案》，国民参政会秘书处编印：《国民参政会第三届第一次大会纪录》，1943年8月，第175页。

[3] 岳宗福：《近代中国社会保障立法研究（1912—1949）》，齐鲁书社2006年版，第328页。

[4] 张之江：《健全托儿所机构增加托儿所数量切实保婴便利妇女工作案》，国民参政会秘书处编印：《国民参政会第四届第一次大会纪录》，1946年1月，第250页。

些工作，如在重庆北碚设立了儿童福利实验区、实验托儿所，并"着重研究实验示范推广工作"；它还"督饬各省市社会机关分别设立示范托儿所"，据此，云南、贵州、广东、广西、江西等省都设立了示范托儿所；对于工厂托儿所，社会部"通令各省市社政机关依照普设工厂托儿所办法，督饬限期设立"；它还按照《奖惩育婴幼事业暂行办法》的规定，鼓励发展公私立托儿所机构，并按规定补助了胜利托儿所、新运会托儿所、桂林博爱托儿所、成都基督教会托儿所、江西大庚托儿所、军政部妇女工作托儿所、教育部妇女工作队托儿所及云南、贵州、江西、广东等十几所示范托儿所①，对于解除妇女的后顾之忧，参与抗战不无裨益。

二、组织沦陷区力量

全面抗战爆发后，沦陷区范围日渐扩大，组织沦陷区力量进行抗战成为亟待解决的问题②。要解决这一问题，必须有强有力的国民党党政组织作基础，但国民党在沦陷区的影响力极为薄弱却是不争的事实③，加上它与中共、地方实力派及日本势力角逐中的劣势地位，更使其在沦陷区的影响力呈弱化之势。为此，1937年8月，国民党五届中央全会第51次会议决议成立华北党务办事处，"指挥华北省市党部组织训练民众，使其协助军队抗敌自卫"④。次年3月的国民党临时全国代表大会也通过了《拟请在已沦陷区域树立新政

① 行政院秘书处编：《国民参政会第四届第一次大会决议案行政院办理情形报告表》，1946年2月，第39—40页。
② 军事提案中就有利用沦陷区武装力量的提案提出，但大都侧重于如何利用沦陷区军事武装力量，内政领域有关这一问题的提案大都从政治层面进行考量，建议主要是针对国民政府在沦陷区的政治效能缺陷而提。
③ 有研究指出，全面抗战爆发前后，"华北地区的国民党党务组织还是相当薄弱，难以有效发挥作用"。见刘志鹏：《华北沦陷区国民党研究》，山东大学2014年博士学位论文，第27页。
④ 中国第二历史档案馆编：《中国国民党中央执行委员会常务委员会会议录》(22)，广西师范大学出版社2000年版，第147页。

治机构案》，提出"建树政、军、民一体之新的政治机构于一切沦陷地方"①，体现出国民党通过加强党政机构建设增强在沦陷区政治影响力的考量。根据这一规定，一些沦陷区纷纷成立或恢复国民党党务机构②。但由于沦陷区特殊的环境，加之国民党自身的局限性，这些机构或根本就未成立，或虽成立但作用有限。

在国民参政会一届一次大会上的38件内政提案中，与沦陷区有关的有4件，建议主要集中在督促国民党加强沦陷区的政治建设。王幼侨、冷遹、黄炎培、钱公来分别以密案形式提出了《请政府在失地及战区内对政治机构变通成例以策实效对被灾民众多方救济以维人心案》《建议关于实施〈沦陷区行政统一办法〉时应行注意各要点及补充办法案》《安慰陷落各地人心案》《重建东北四省政治机构案》。这几件提案虽以密案式出现，但从标题可以推断主要内容大体集中在建议国民党在沦陷区的党政组织要关心沦陷区民众生存、加强沦陷区政治建设、注意凝聚沦陷区民众力量进行抗战等方面。加强国民党在沦陷区的政治建设，既有利于利用沦陷区力量进行抗战，也契合了国民党增强沦陷区控制力的需要，因此，它们都在不同程度上受到了重视。如对冷遹的提案，国防最高会议认为"本案所提办法，大体妥洽，交军委会、行政院察酌施行"；对钱公来的提案，认为"本案可以采纳，惟该机构必须确实设立于该五省境内。其组织权限等交行政院参酌核办"，并据此拟定了在东北四省设立行政机构的四项原则③。后来，国民党还召开专门会议讨论

---

① 荣孟源主编：《中国国民党历次代表大会及中央全会资料》（下），光明日报出版社1985年版，第490页。

② 1938年6月，国民党河北省党部在河南洛阳正式成立，中断三年的河北党务重新恢复。1938年9月，山东省党部在山东寿张县张秋镇（今属山东阳谷县）重新成立，由省主席沈鸿烈兼任主任委员，后由范予遂、何思源接任。1939年1月，国民党山西省党部在陕西省三原县东里堡召开代表大会，省政府主席赵戴文兼任省党部主任委员，山西省党部正式恢复。见刘志鹏：《华北沦陷区国民党研究》，山东大学2014年博士学位论文，第40页。

③ 国民参政会秘书处编印：《国民参政会提案实施情形报告表》，1939年6月，第32—33页。

通过了《沦陷区域党部组织及工作指导办法》，规定"沦陷区域各党部，除斟酌情形恢复原有组织外，并得依军事地势及交通等情形，为适当之划分或联结"①。

但是，《沦陷区域党部组织及工作指导办法》只是提出了国民党在沦陷区恢复党政组织的指导性、方向性原则，如何具体操作需进一步研究。在国民参政会一届二次大会上，江恒源就这一问题提出了提案。该案以密案形式出现，具体内容无法知晓。沈钧儒则提出了设立专门机构管理沦陷区政务的主张。他提议在"在军事委员会下专设沦陷区域政务委员会，管理全国沦陷区域之行政与军事"，"政务委员会应充分认识各沦陷区域之特殊条件，承认其政治实施，不必强制形式之齐一"；"政务委员会并应切实负担传达中央政令，呈报地方政治实况，为战时中央与沦陷区域间经常有效的政治联络"②。国民参政员主张通过沦陷区政治建设加强沦陷区抗战力量的建议，不失为国民党在沦陷区努力的一个方向。可惜的是，由于种种原因，国民党的回应不甚积极。对于前者，它对实施情形的回复以"密"字形式出现，提案落实情况无从知晓。对于后者，由于国民党对沈钧儒亲共立场的不满，该案在大会讨论时即被"原案保留"，未能提交国防最高会议③。这也是国民参政会被保留的为数不多的提案之一④。

当然，国民政府也深知加强沦陷区政治建设对于抗战和自身政权的重要性。1939年1月的国民党五届五中全会通过了《对于政治报告之决议案》，指出"在敌人后方地区之政治工作，更有急切注意之必要"⑤；针对因经费过少导致国民党在沦陷区宣传工作极为薄弱的情形，大会通过了《切实推进沦

---

① 中国第二历史档案馆编：《中国国民党中央执行委员会常务委员会会议录》(23)，广西师范大学出版社2000年版，第293页。

② 沈钧儒：《专设管理沦陷区域政务机关案》，国民参政会秘书处编印：《国民参政会第二次大会纪录》，1938年12月，第79页。

③ 国民参政会秘书处编印：《国民参政会第二次大会纪录》，1938年12月，第36页。

④ 在抗战时期召开的11次国民参政会大会中，经大会讨论决议被保留者23件。

⑤ 荣孟源主编：《中国国民党历次代表大会及中央全会资料》（下），光明日报出版社1985年版，第557页。

陷区域宣传工作并确定其经费案》，决定在冀鲁晋区域、苏浙皖区域、闽粤沿海区域、豫鄂皖区域、东北各省及天津、上海、香港、汉口等地"酌量划区"，每区设特派员一人，"主持一切"，"训练冒险犯即之大量青年同志，或追随最前线作战部队工作，或参加游击队工作，或深入敌后方工作，务必利用一切时机环境，从事一切文字宣传和口头宣传，并与中央所派一切特务机关取得密切联系"①。

1941年前后，中国抗战胜利的前景日趋明朗，收复包括东北在内的所有沦陷区也成为萦绕在国人心头的问题。在此情形下，部分国民参政员对加强沦陷区政治建设的关注转向了设立东北沦陷区政务机构以收复东北沦陷区问题。在国民参政会二届一次大会上，王卓然和王寒生分别提出了请政府制定东北四省工作纲领和成立东北青年招收机构招致东北青年以备反攻的建议。其中，王卓然的提案以密案形式出现，具体内容不得而知，但从大会决议该案"通过，送请政府参酌实际情形详筹实施，务使东北四省政府，集中力量，发挥最大效能，完成抗战建国应负之使命"②的情况看，该案指出了国民党在东北沦陷区党政组织薄弱的现实。王寒生指出在东北收复时，会需要很多青年干部，建议国民政府"除收容流亡关内之青年加以训练外，对于现居关外之青年，亦应广为招致，既免敌人利用，又可备作将来收复失地之干部"③。两案对东北收复至关重要，国民政府也较为重视，对于前案，它"饬吉林、热河两省政府核议意见"；对后者，国民政府决定由三民主义青年团负责东北战地青年招致事宜，并制定了具体计划，"积极进行"④。在国民

---

① 浙江省中共党史学会编印：《中国国民党历次会议宣言决议案汇编》（第2分册），第423—424页。

② 国民参政会秘书处编印：《国民参政会第二届第一次大会纪录》，1941年10月，第155页。

③ 王寒生：《速成立东北青年招收机构以招收东北青年备作将来收复失地之干部案》，国民参政会秘书处编印：《国民参政会第二届第一次大会纪录》，1941年10月，第155—156页。

④ 国民参政会秘书处编印：《国民参政会第二届第形一览一次大会决议案实施情行一览》，1941年，第19—20页。

党五届八中全会上，国民党还决定对国民党党部组织实施"分区督导制度"，并特别规定在"接近战事之区及沦敌区域，则督导人员及县党部工作人员，更由上级考查其实在工作情况，以免工作潦草，有名无实"①。

其实，国民政府虽承诺要加强东北沦陷区党政组织建设，但在当时的条件下，很难取得实质性效果。然而，在国民参政员看来，加强东北沦陷区党政组织建设却是保证顺利收复东北的先决条件。在国民参政会二届二次大会上，莫德惠再次建议"设置规复东北之作战机构，确定收复东北失地具体计划，简选并配合适当人员，负责执行"，"充实辽、吉、黑、热四省府实力，限期移近东北，以便协同军事进展，负责招抚安辑工作"②。这种愿望虽好，国民政府却没有能力采择，因此它在回复该案办理情形时说，提案所提办法可行，但须"随军事情形为进展，将来当审度环境逐渐充实"③。

国民参政员对于这样的回复显然是不满意的，在国民参政会三届二次大会上，王寒生再次主张国民政府设立东北战区机构，以"统筹全局，庶各项工作相互配合，以加强效率"，并要求设立东北战区长官部和东北复员研究处④，以为收复东北早作准备。刘风竹则提出了"政府应设立复员委员会并应重视东北四省复员工作之特殊性质"的建议⑤。这些提案反映出国民参政员期待在东北沦陷区尽快设立政治机构，为收复东北创造条件的迫切愿

---

① 荣孟源主编：《中国国民党历次代表大会及中央全会资料》（下），光明日版出版社1985年版，第678页。

② 莫德惠：《请设置东北战区并充实辽吉黑热四省政府实力案》，国民参政会秘书处编印：《国民参政会第二届第二次大会纪录》，1942年9月，第71页。

③ 行政院秘书处编：《第二届国民参政会第二次大会决议案办理情形报告表》，1942年10月，该文件为油印字，没有编排页码。

④ 王寒生：《请政府设立东北战区机构俾积极准备以利反攻案》，国民参政会秘书处编印：《国民参政会第三届第二次大会纪录》，1944年8月，第125页。

⑤ 刘风竹：《政府应设立复员委员会并应重视东北四省复员工作之特殊性质案》，国民参政会秘书处编印：《国民参政会第三届第二次大会纪录》，1944年8月，第163—164页。

望。对于这两案，国民政府以"存备参考"[1]与"军委会函复以设立东北战区为时尚早"[2]作为答复，并未采取具体举措。

当然，国民政府也知道，"非积极准备收复沦陷地区之政治设施，无以配合军事之反攻及战后之复兴"[3]。1943年9月的五届十一中全会指出，"接办将来收复各省，县、市政治人才机构及一切手续，亦应预为备用，用赴事功"[4]。1944年5月的国民党五届十二中全会通过了《收复沦陷地区政治设施之准备案》，明确规定"中央各部会署应分别调查敌伪在沦陷区内对于其主管事项之各项措施，就现有行政及技术人员中指定专人从事研究，拟定计划，准备于收复时派赴各地协助及督导省市政府实行各收复区之善后复兴工作"[5]。

由于国民政府对国民参政员成立东北战区机构为收复东北早做打算的建议没有回应，在国民参政会三届三次大会上，国民参政员再次就这一问题提出了提案。李锡恩认为，国民政府应提前编排各沦陷省市之行政交通工矿教育人员设置，以利收复工作顺利进行，并建议在东北四省首先试行；莫德惠指出东北沦陷区政治与其他沦陷区有重大差异，建议国民政府在"中枢特设一统筹指挥机关，一面集中志力，期以共赴事功，一面划一军政所属各有关东北部门之事权，推动其工作，整齐其步骤，以求其效率提高"，并提出在军事委员会下设置东北复员委员会，以便于"中央研究调查设计训练宣传

---

[1] 行政院秘书处编：《第三届第二次国民参政会大会决议案行政院办理情形报告表》，1944年8月，第13页。

[2] 行政院秘书处编：《第三届第二次国民参政会大会决议案行政院办理情形报告表》，1944年8月，第18页。

[3] 荣孟源主编：《中国国民党历次代表大会及中央全会资料》（下），光明日版出版社1985年版，第873页。

[4] 荣孟源主编：《中国国民党历次代表大会及中央全会资料》（下），光明日版出版社1985年版，第839页。

[5] 浙江省中共党史学会编印：《中国国民党历次会议宣言决议案汇编》（第3分册），第394页。

等机关所属之有关东北部门，集中管理指挥"①；马毅建议国民政府成立东北复员的统一指挥执行机构，调查"伪军派别数目"，弄清楚何者可在必要时进行反攻，"以促敌伪瓦解"；加紧训练青年及军事政治干部，以备复员时使用；注意保护东北铁路及工业建设；研究东北伪币处理、"逆产及人民土地财产"②。

这几件提案再次被"呈报国防最高委员会，并分交有关各部暨函中央设计局参考"③，之后没有了下文。国民参政会三届三次大会驻会委员会在报告此次大会提案实施情形时，也指出国民政府对于加强沦陷区工作的提案，虽"业已采纳，并拟定有关计划及办法，惟实施方面，似欠积极"，话虽然说得较为委婉，但不满之情表露无遗；对于训练东北四省各级干部案，报告指出，虽据政府报告"东北行政干部训练，由中央干部学校合并办理。惟办理情形如何，不得其详"④。针对这种情形，在国民参政会四届一次大会上，王寒生指出："东北四省政府内部组织，仅有主席及秘书室三数人而已，如欲推动各项工作，自有人力不足之感"，建议"充实东北四省政府机构"⑤。抗战胜利后，国民党基于它在东北地区力量极为薄弱且与中共争夺东北的考量，仓促颁布了《收复东北各省处理办法纲要》，并设立了军事委员会东北行营，总管东北一切政务，但由于对东北地区的收复工作没有提前规划，致使"接收机关林立，名目繁多，接收大员满天飞"⑥，对它的统治造成了严重

---

① 莫德惠：《速设东北复员机构以统一事权集中力量而利东北收复案》，国民参政会秘书处编印：《国民参政会第三届第三次大会纪录》，1945 年 3 月，第 196 页。

② 马毅：《请政府从速决定东北四省复员计划案》，国民参政会秘书处编印：《国民参政会第三届第三次大会纪录》，1945 年 3 月，第 197 页。

③ 行政院秘书处编：《国民参政会第三届第三次大会决议案行政院办理情形报告表》，1945 年 6 月，第 7 页。

④ 国民参政会秘书处编印：《国民参政会第四届第一次大会纪录》，1946 年 1 月，第 15 页。

⑤ 王寒生：《请政府充实辽吉黑热四省政府机构以便加强准备而利反攻案》，国民参政会秘书处编印：《国民参政会第四届第一次大会纪录》，1946 年 1 月，第 209 页。

⑥ 绕品良：《抗战胜利后国民政府筹划接收东北的部署》，《广西社会科学》2012 年第 8 期，第 101 页。

的冲击，这也从侧面反映出国民参政员对收复东北所提建议主张的重要性。

三、救济救助难民

据大略统计，抗战时期国民参政会有关内政问题的 566 件提案中，关于难民救济救助的有 68 件①，表明因战乱及天灾人祸形成的难民问题已成为严重的社会问题。一些关心民瘼国运的国民参政员对此非常关注，就如何救济救助难民，纷纷发表意见和看法。

在国民参政会成立前，全国抗战已进行了整整一年，已经形成了数量庞大的难民。据相关资料统计，"当时华北一些乡镇的逃亡人数占当地总人口的 50% 左右。平汉铁路沿线的河北省邯郸县由于战争和灾荒，县城原有的 1.6 万名居民中有 6000—7000 人逃往外地"②。面对"波涛汹涌"的难民潮，国民政府先后颁布了《非常时期救济难民办法大纲》《非常时期运送难民办法》《非常时期难民服役计划大纲》等，暂时缓解了难民的燃眉之急，但其长远的生计发展问题并未得到有效解决，而且由于抗战的特殊环境，上述规定中的一些措施在实践中难以落实。

在国民参政会一届一次大会上，一些国民参政员认为难民是战争动员资源而非国家累赘，主张采取积极措施从根本上解决他们的生存发展问题。从具体建议看，提案大都指出移殖垦荒不失为救助难民的根本之策。如喻育之指出，移送难民垦荒，"虽不能立竿见影即可著效"，但"较之收容救济，徒作消极的花费，已不可同日而语"，建议中央成立垦殖机关，颁布垦殖法令，划定垦区，指拨专款，"凡沦陷区域不堪敌人蹂躏之同胞，以及散处四境之难民，除可直接参加作战者外，均移送垦区从事生产事业，即非战区平民，如志愿参加垦殖事业者，亦尽量予以收纳"③。潘

---

① 所谓难民，是指"由于战乱、自然灾害等原因而流离失所、生活困难的人"。见《现代汉语词典》第 7 版，商务印书馆 2016 年版，第 939 页。

② 孙艳魁：《苦难的人流——抗战时期的难民》，广西师范大学出版社 1994 年版，第 44 页。

③ 喻育之：《移送难民垦荒以裕国力而增生产案》，国民参政会秘书处编印：《国民参政会第一次大会纪录》，1938 年 9 月，第 200—201 页。

秀仁亦建议国民政府"指定垦区","遴派熟悉当地情形之妥员，分途举办"，以使"难民有所趋向，不至盲目奔跑"①。李洽也主张国民政府"通盘筹划，精密调查，划分难民移垦西北地广人稀之甘、宁、青、康、新、陕诸省"，"路费农具耕牛籽种即移用振款，由政府资送前往垦殖"②。这几件提案经合并讨论形成决议：一、由主管机关速派专门人员驰赴边疆各省，勘察荒地，划定垦区，移送难民垦荒。二、由中央指拨大宗专款作为垦殖经费，必要时发行垦殖公债。三、主管机关参酌提案办法拟定垦殖计划及实施办法③。该决议被交经济部、内政部、财政部、交通部及振济委员会联合商讨。国民政府据此制定颁布了《非常时期难民移垦规则》，规定"难民移垦事宜，由经济部会同内政部财政部振济委员会管理统筹，并督促各省政府办理之"，"各省得设垦务委员会办理全省难民移垦事宜"；规则还规定了垦殖的方式、移垦难民的资格、输送方式、每户难民移垦的亩数。为了鼓励难民积极移殖，该规则还规定："垦民垦种成绩优异及各地方办理难民移垦具有特殊劳绩者，得由中央或地方政府予以奖励。"④ 这不仅有利于从根本上解决难民生计，而且一定程度上推动了四川、陕西、广西、贵州、云南、甘肃等边远省份的经济发展⑤。

　　在这次大会上，国民参政员还针对难童救助提出了提案。儿童是国家的未来，是一个国家民族得以延续的命脉，但生存能力比成年人的差，因此更需要及时救助。彭允彝建议按照内政部颁布的各省区及市县救济院规章普

①　潘秀仁：《利用难民垦殖西北以固边防案》，国民参政会秘书处编印：《国民参政会第一次大会纪录》，1938 年 9 月，第 201 页。

②　李洽：《有计划的移殖战区难民到边区去垦荒案》，国民参政会秘书处编印：《国民参政会第一次大会纪录》，1938 年 9 月，第 206 页。

③　国民参政会秘书处编印：《国民参政会第一次大会纪录》，1938 年 9 月，第 204 页。

④　《非常时期难民移垦规则》，《经济法规汇编》（第 2 集），1938 年 12 月，第 37—42 页。

⑤　孙艳魁：《苦难的人流——抗战时期的难民》，广西师范大学出版社 1994 年版，第171—175 页。

设孤儿所的规定，"因势利导，照章已设者，督令整理；未设者督令设立"①。周星堂要求"由中央政府设立全国难童救济机关，专司其事，以统筹各省县"，"各省县均分别设立难童救济机关，以相承转联络，各战区则设立难童运输机关，办理接收运送事宜"；中央指拨巨款，由全国难童救济机关直接办理成立国立儿童教养院，各省县难童救济机关，分别设立该省县儿童教养院②。两案经讨论交行政院"切实办理"。国民政府亦非常关注难童救助工作。1938 年 8 月，它颁布了《振济委员会救济难童团体申请补助经费办法》。10 月，《抗战建国时期难童救济教养团指导改进办法》颁布实施，难童救济机构的成立及运作自此有了法律保证。与此同时，重庆设立了儿童教养院，国民政府还"督饬各省市政府参酌财力，分别筹设。督促后方各县迅速依照战区儿童教养团暂行办法，各自成立战区儿童教养团，督促各县孤儿院、孤儿所或育婴所分别改为儿童教养院或儿童保育所，增收难童及阵亡将士遗孤，协助各难童救济团体，设立教养院或保育院"③。次年 3 月 8 日，修正后的《难童救济实施办法大纲》也予以颁布，规定难童之救济及教养由振济委员会会同中华慈幼协会、中国妇女慰劳自卫抗战将士总会、战时儿童保育会、中国战时儿童救济协会、汉口市难民儿童教育委员会共同办理；接收 1.5 岁至 16 岁难童；难童临时给养费由各救济区特派委员或运送配置难民总分站拨发；救济及教养经费由各该团体自行筹措，振济委员会酌量给予补助④。

随着抗战的进行，沦陷区的范围愈来愈大，难民数量也越来越多。为了从根本上解决他们的生计问题，在国民参政会一届二次大会上，姚仲良提出，接受过现代教育、具有一定的知识或专门技能且身体健康、性情善良的难民，"应如其能力兴趣，分别介绍于私家或团体，担任业务。并依需要

---

① 彭允彝：《拟请中央责令各省区及市县救济院实行增设孤儿所加收阵亡军人子女及各地难童实施教养案》，国民参政会秘书处编印：《国民参政会第二次大会纪录》，1938年 12 月，第 207 页。

② 周星堂：《抗战建国期间拟请由中央政府设立全国难童救济机关以资统筹而固国本案》，国民参政会秘书处编印：《国民参政会第一次大会纪录》，1938 年 9 月，第 208 页。

③ 国民参政会秘书处编印：《国民参政会决议案实施情形一览》，1939 年 8 月，第 39 页。

④ 万仁元等编：《中国抗日战争大辞典》，湖北教育出版社 1995 年版，第 580 页。

情形，安插于一切协助抗战之集团服务，俾能得薪自给"；接受过普通教育且身体健壮的青年，"应如其能力志愿，分别编入各种军官、军士、军佐等训练班，受相当训练，以充实抗战力"；对于妇女，"应依其年龄之高下，知识之有无，身体之强弱，分别介绍安插于公私事业或施以特种训练，辅助抗战"；身体强健而知识缺乏，没有谋生技能的群体，"应编入壮丁队训练，或分置于特设之农场、工厂、垦殖区，从事战时必须之生产"；老病无以为生者"应置于特设之养济院，毋使失所"①。这种对难民进行分门别类，根据其优长予以使用的思想，远比仅给予其生活救助更有利于问题的解决，也得到了国民政府的重视。1938 年 12 月 9 日，振济委员会公布的《办理难民职业介绍办法》成为抗战时期难民职业介绍的指导性文件。它规定难民职业介绍事宜由振济委员会或该会各救济区事务所、难民运送配置总分站、各省市县振济会、素著声誉之社会团体办理；难民职业介绍之机关团体应调查登记各机关、团体、工厂、商号等需要员工情形及难民职业技能状况，从速为难民介绍适合其技能的职业，不得向请求介绍职业之难民及征求员工者征取费用②。

在这次大会上，国民参政员还针对花园口决堤事件③ 对河南造成的严重危害，提出了救助河南灾民的建议。马乘风指出，花园口决堤使河南 300 万民众"流离失所饥寒交迫"，政府虽已进行救济，但"灾民多而振款少，两端相衡，终不免有'杯水车薪'之憾"。他指出国民政府的救济办法，"均系只顾一时之消极的糊口工作，而未计及永久之积极的生产设施"，"不免有治

---

① 姚仲良：《拯抚难民办法案》，国民参政会秘书处编印：《国民参政会第二次大会纪录》，1938 年 12 月，第 73 页。
② 万仁元等编：《中国抗日战争大辞典》，湖北教育出版社 1995 年版，第 161 页。
③ 1938 年 6 月，日军侵占开封逼近郑州，并准备围攻武汉。为阻止日军西进，蒋介石下令炸开了郑州以北花园口黄河大堤。花园口决堤暂时阻滞了日军西进的步伐，但也由此造成了 1250 万人受灾，其中，89 万人被淹死，50 万人流离失所。河南、安徽及江苏三省所属 44 个县土地被淹没。大水过后，5.4 万平方公里的土地变为荒凉贫瘠的黄泛区，不仅极大地改变了当地的生态环境，也给当地民众的生活带来了极大的困难。

标忘本之感"，建议国民政府"拨赐巨款，实行以工代振之法"，在河南兴修水利灌溉工程，以增进河南农业生产，支持长期抗战。① 花园口决堤事件尽管是"军事上不得已的举措"，但本质上是人为制造的一场灾难，因此事件发生后，国民政府的救助措施也较为积极，拨发了不少资金，但对"以工代振"这种救助方式运用得还比较少。该案这一建议则既有利于解决难民的燃眉之急，亦有利于灾后河南地区的重建，无疑是治本之策。可惜的是，国民政府对河南灾民的救助措施大体上还是以拨款为主，"以工代振"的方式使用较少。②

花园口决堤事件不仅给河南民众带来了巨大灾难，决堤之后黄河水流经的豫皖苏3省44个县都成为黄河泛滥区，严重影响了民众的生产生活。在国民参政会一届三次大会上，张君劢指出，花园口决堤流经豫东南13县到达皖北苏北，最后流集苏北，构成黄淮之合流，"所有沿淮河下游，及运河堤防，均告溃决，附近数百万人民，困处水中，束手待毙，情极可惨"，"灾民百万，待哺嗷嗷"，希望国民政府指派精干大员，立拨巨额振款，调查灾区户口确数，"施以有效之救济"，具体方法或为移地垦殖，或为教以工艺，或为扶助其原有事业，或设法为其提供劳动服务等。他还建议在黄河水泛滥区域兴修堤防，赶建水闸③。该案交行政院后，引起了国民政府的重视，派出了专员专门办理这一区域的灾民救助事宜，江苏省政府也着手调查灾民户口，并先后拨付大量费用安顿民众，同时也积极赶修堤防工程④，这对于解决该地区民众的生计发挥了一定的作用。

尽管国民政府在力所能及的情况下，积极救助因花园口决堤事件产生的难民，但由于灾区面积大，灾民人数多，加上国民政府入不敷出的财政收

---

① 马乘风：《为建议政府请速拨巨款以振济黄灾难民案》，国民参政会秘书处编印：《国民参政会第二次大会纪录》，1938年12月，第67页。

② 国民参政会秘书处编印：《国民参政会决议案实施情形一览》，1939年8月，第109页。

③ 张君劢：《请迅速拨巨款振济苏北黄水泛滥区域案》，国民参政会秘书处编印：《国民参政会第三次大会纪录》，1939年4月，第79页。

④ 国民参政会秘书处编印：《国民参政会决议案实施情形一览》，1939年8月，第175—176页。

入，它的救助措施只能是"杯水车薪"，无法满足庞大难民的实际需要。在国民参政会一届四次大会上，光昇针对"黄水泛滥，淮北数十县区，皆成泽国，人民牲畜，漂浸不可数计"的惨重灾情，请求国民政府速令"振济委员会迅拨巨款，先行施放急振"①。王幼侨、胡石青、马乘风等联名提出了《为黄灾惨重振济未周拟请指拨巨款澈底救济案》，国民参政员来自同一省份且联名提出提案，这在国民参政会的历史上还是第一次，由此反映出该省灾情的严重。该案指出，国民政府虽为救助难民做了大量工作，但真正"得到救济暂时能自存者不过二三十万人"，漏振灾民，除了饥寒瘟疫而死、参军入伍、觅工求食、沿门乞讨者外，"至少仍在三十万"以上。他们除了要求将黄灾专款"发足"以外，还建议采纳马乘风在国民参政会一届一次大会上所提"以工代振"的建议，指定荒地由灾民"领受荒地试垦"，救助不能移垦的灾民，他们还建议将山东、河北"或并入华北水灾或并入黄灾一体振救"②。

　　这两案都被行政院交给振济委员会"查核具复"。从后来的情形看，国民政府作了一定的努力，采取了一定的措施。如对皖北淮河流域灾民的救助，它在财力顾此失彼的情况下，依然责成振济委员会先后五次拨款90万元予以救助③；对于拨足专款救助黄泛区灾民的建议，振济委员会先后拨发2836007元，其中，仅河南一省就拨发了1938073元；对于"以工代振"的建议，它在回复中也声称在可实施"以工代振"地区"拟具切实可行"办法；振济委员会还先后拨款328000余元推动19000多河南难民移垦陕西黄龙山、黎平、宝鸡等地④。这对于救助黄泛区灾民发挥了一定作用。

---

① 　光昇：《请政府速拨巨款救济淮北水灾以拯战区遗黎案》，国民参政会秘书处编印：《国民参政会第四次大会纪录》，1939年11月，第109页。

② 　王幼侨：《为黄灾惨重振济未周拟请指拨巨款澈底救济案》，国民参政会秘书处编印：《国民参政会第四次大会纪录》，1939年11月，第108页。

③ 　行政院秘书处编：《国民参政会第四次大会决议案行政院办理情形一览表》，1940年3月，第5页。

④ 　行政院秘书处编：《国民参政会第四次大会决议案行政院办理情形一览表》，1940年3月，第53页。

或许是从花园口决堤事件中得到了"灵感"，抗战相持阶段到来后，鉴于军事上遭遇"扫荡"华北失败后的报复心理，日军也"如法炮制"，在其占领的河北安国以南的猪龙河、安平以北的滹沱河以及北运河、龙凤河、枢马河、沙河、卫河等处掘堤放水，致使这些地区"洪水泛滥，尽成泽国"。对此，在国民参政会一届四次大会上，河北籍参政员张申府和王葆真联名提出了《建议加紧救济河北灾民案》，要求国民政府迅速设立华北或河北振灾委员会，中央选派大员联合当地公正士绅，共同办理振灾事宜；地方政府及各游击队"详报灾情，以便拟定周密救灾计划，并筹措救济巨款"；"速派专员赶至灾地，斟酌当地情形，收集壮丁，及老弱妇孺，移至后方"；"进行合作事业，雇佣灾民推进小工厂"[①]。中共参政员吴玉章则在建议国民政府拨给河北灾区巨款，办理急振贷振及合作事业的同时，主张"发行救济河北水灾公债"及"收集敌寇残暴兽行及水灾情形，向国内外广为宣传，暴露敌寇之凶残，引起国内外人士对灾民之同情"[②]。发行水灾公债的主张蕴含着积极的现代救灾理念，通过宣传手段揭露日寇暴行则表明中共把灾民救助工作放置到抗战动员这样一个更高的层面上予以认识，有利于激发中国民众同仇敌忾的抗战意志。河北属于沦陷区，也是中共领导的游击战活动的重要区域。在当时的条件下，救助国统区灾民都是一个很大的负担，更遑论要顾及中共占主导力量的沦陷区了，因此，两案虽经决议"并案通过，送请政府切实办理"[③]，但国民政府没有采取具体举措。

1940年前后，全国发生了大面积灾荒，山东、山西、甘肃、湖北等省尤为严重，天灾加上战争造成的人祸，使这些省份的民众生活更加艰难。针对这些问题，在国民参政会一届五次大会上，国民参政员再次提出了提案。从具体内容看，主要是要求国民政府"迅拨巨款"，以解决难民迫在眉睫的

---

① 张申府：《建议加紧救济河北灾民案》，国民参政会秘书处编印：《国民参政会第四次大会纪录》，1939年11月，第107页。

② 吴玉章：《请政府设法从速救济河北水灾以安民生以慰民心以利抗战案》，国民参政会秘书处编印：《国民参政会第四次大会纪录》，1939年11月，第107页。

③ 国民参政会秘书处编印：《国民参政会第四次大会纪录》，1939年11月，第107页。

生计问题。傅斯年、杨振声、范予遂、张竹溪等联合要求"政府迅拨巨款，普遍振济"山东灾民，要求按每人 2 元数目计算，拨款数量不能低于 260 万元①。骆力学针对日机轰炸兰州后灾民嗷嗷待哺的悲惨情景，也建议"请政府再拨巨款，派员散放，以资救济，藉安后方秩序"②。黄建中等亦临时动议"迅拨巨款分别振济"，以惠湖北灾黎③。李鸿文、梁上栋、韩克温等也临时动议"请中央迅拨巨款，或仿河北水灾成例，发行救灾公债，派员监放，以宏救济，而活灾黎"④。这几件提案经讨论决议，都送交振济委员会"核办具报"。

从振济委员会的回复情况看，国民政府对这些问题有所重视。对于山东，振济委员会先后拨款 695000 元；针对出征军人家属及失业失学青年的问题，它又拨发了 20000 元寒衣费和 50000 元小手工业贷款。对于山西，振济委员会除拨发急振款 150000 元之外，又先后五次共拨发 617000 元用于对陵川、闻喜、夏县、翼城、阳城、晋城、河曲、新绛等县灾民进行救济。对于兰州，振济委员会共拨发了 130000 元救助款⑤。对于湖北，振济委员会将该省救济工作由原属于第五、第八两救济区增加到第十、第六战区配合办理，设置了宜少、襄阳两总站办理难民运送事宜，并先后 15 次拨款共计 1588770 元救助灾民难民⑥。

---

① 傅斯年：《为鲁省去岁迭遭水旱风雹蝗蝻之害灾情严重民不聊生拟请政府迅速拨巨款从事振济案》，国民参政会秘书处编印：《国民参政会第五次大会纪录》，1940 年 8 月，第 90 页。

② 骆力学：《请政府迅拨巨款救济兰灾案》，国民参政会秘书处编印：《国民参政会第五次大会纪录》，1940 年 8 月，第 91 页。

③ 黄建中等临时动议：《湖北灾情惨重拟请政府迅拨巨款振济案》，国民参政会秘书处编印：《国民参政会第五次大会纪录》，1940 年 8 月，第 91 页。

④ 李鸿文等临时动议：《拟请中央迅拨巨款振济晋省灾民以利抗战案》，国民参政会秘书处编印：《国民参政会第五次大会纪录》，1940 年 8 月，第 91 页。

⑤ 行政院秘书处编：《第一届国民参政会第五次大会决议案行政院办理情形一览表》，1941 年 2 月，第 18—21 页。

⑥ 行政院秘书处编：《第一届国民参政会第五次大会决议案行政院办理情形一览表》，1941 年 2 月，第 51 页。

在这次大会上，李鸿文还就筹设难童教养院收容战区难童问题提出了提案。他指出，敌人在晋、陕、鲁、豫等搜掳难童运到国外，此种情形若放任自流，"后患殊为堪虑"，建议国民政府"多设难童救济院，广为收容，教养兼施，以固国脉"①。由于此前国民参政会已有救助难童的提案提出，因此该案的作用在于进一步督促国民政府重视难童救助事宜。该案经行政院决议交振济委员会办理②。后来，振济委员会根据各地实际，会同教育部及各省政府在安徽、福建、广东等地陆续增设了一些难童救济机关。到 1944 年设立的难童救济机构达到了 20 多处，收容难童 10853 人③，对于抗战时期难童的成长生活起到了一定的作用。

尽管国民政府对难民救助给予较多的关注，并给各地难民救助机构拨发了一定的费用，但与庞大的难民数量相比，加上通货膨胀带来的货币购买力下降，所拨经费远远不能解决难民的基本生计。在这种情况下，部分国民参政员对国民政府的难民救助措施进行了反思。在国民参政会二届一次大会上，王枕心指出，政府对于难民救助，"虽尽极大之努力"，但"多偏重于消极方面"，"未能达到预期之结果"，建议国民政府改变以往仅给难民生活补助的消极救助思路，改为使难民具有独立生存能力的积极救助思路，如"筹拨义民救济基金"，吸收义民从事生产；"组织义民垦荒团"，进行移民垦荒；"扶助并保障义民自动经营之事业"；"统筹供给"战地、耕牛、种子及设立义民学校培养生产技能等④。郭仲隗、燕化棠、王公度、王隐三、马乘风等也建议国民政府在增加救助款的前提下，注重增强民众自力更生的能力，如移垦、增加工厂从事生产等。

---

① 李鸿文：《拟请筹拨巨款多设难童救济院收容战区难童教养兼施以固国脉案》，国民参政会秘书处编印：《国民参政会第五次大会纪录》，1940 年 8 月，第 86 页。

② 行政院秘书处编：《第一届国民参政会第五次大会决议案行政院办理情形一览表》，1941 年 2 月，第 20 页。

③ 孙艳魁：《苦难的人流——抗战时期的难民》，广西师范大学出版社 1994 年版，第 215 页。

④ 王枕心：《改善济（义）民救济事业案》，国民参政会秘书处编印：《国民参政会第二届第一次大会纪录》，1941 年 10 月，第 162—163 页。

使难民具有独立的生存能力的救助方式有助于从根本上让难民摆脱困境，但这种方式很难在短期内取得成效，而且，要使难民具有独立的生存能力需要系统的规划和培训，远不如拨发振济款项更有立竿见影的效果，因此，在这次大会上，部分国民参政员依然主张国民政府拨发振款救助灾民。如光昇、陈铁、梅光迪、马景常等就针对安徽"疮痍满目，十室十空，哀鸿遍野，嗷嗷待哺"的悲惨景象，临时动议国民政府"从速拨发振款百万元，交中央振济委员会驻皖办事处会同安徽省政府妥为发放"①。孔庚、彭介石、李廉芳、李荐廷等指出湖北灾情异常严重，"实较其他各省为更甚"，"恳请中央加拨巨额振款，依沦陷区域灾情与流亡状况，分别振济，以惠灾黎而靖秩序"②。

面对国民参政员的强烈呼吁及救助难民工作中的缺陷，国民政府一方面追加拨发振款③，一方面逐渐改变了难民救助工作的思路。1941年12月的国民党五届九中全会提出了由振济委员会与社会部合作分工救助难民的构想，指出"难民之教养、救济、小本贷款等项，以划归社会部主管为宜"，振济委员会则"专司紧急振济事项，并宜延揽国内外人士参加专任劝募工作"④。这次大会通过的《确立社会救济制度以济民生而利建国案》还决定"调整并统一社会救济之行政机构，不分消极积极临时经常统一规划与实施，以宏救济之效用"；"积极整顿并扩充各种救济事业"；"奖励个人及团体办理社会救济事业"等⑤，社会建设与临时救助相结合的难民救助

---

① 光昇：《请中央速拨振款百万元巨救济安徽灾黎案》，国民参政会秘书处编印：《国民参政会第二届第一次大会纪录》，1941年10月，第163—164页。

② 孔庚：《为鄂省灾情奇重拟请中央加拨巨款澈底救济案》，国民参政会秘书处编印：《国民参政会第二届第一次大会纪录》，1941年10月，第164页。

③ 秦孝仪主编：《中华民国重要史料初编——对日抗战时期·第四编：战时建设》（一），台北中国国民党中央委员会党史委员会1988年版，第1027—1028页。

④ 荣孟源主编：《中国国民党历次代表大会及中央全会资料》（下），光明日报出版社1985年版，第741页。

⑤ 浙江省中共党史学会编印：《中国国民党历次会议宣言决议案汇编》（第3分册），第253页。

构想逐步呈现。

尽管国民政府对救助难民采取了一定的措施，但由于支撑战争的能力相当有限，它救助难民的措施大部分都是象征性的，难民的基本生存需要不可能得到满足。尽管如此，国民参政员作为来自各地方的精英力量，对灾情民意有着切身的体会，特别是随着战争造成的战乱区域的扩大，难民的数量越来越多，也更加成为国民参政会员关注的重要问题之一。在国民参政会三届一次大会上，在有关内政问题的62件提案中，涉及难民救助的有16件之多。建议主要集中在六个方面：一是拨款救助难民。褚辅成要求对浙江省的救助在已有的基础上，再拨发500万元。傅斯年再次吁请"中央加拨巨款，迅速运鲁，施放急振"①。二是派员勘察抚慰灾区民众。伍毓瑞针对浙赣会战后江西临川、南城、上饶、贵溪、崇仁、宜黄、鄱阳、玉山、广丰、余江等20多县"庐舍为墟"，"衣被器皿，无一存留"的惨重景象，建议国民政府在速拨振款的同时，"速派大员前往抚慰"②，以安慰民心。黄钟岳也提出了"中央对于报灾省份，应从速迅派大员前往实地勘察"的主张。③ 三是提高难民自救能力。伍毓瑞提出了四联总处增加工贷农贷款以利于难民生产的主张，孔庚建议"请中央扩大鄂省农贷以便发动冬耕及春耕以利生产而资救济"④。四是减轻灾情严重地区民众的负担。黄钟岳提出请国民政府对湖北"受灾区

---

① 傅斯年：《鲁省灾情惨重拟请中央加拨巨款迅方急振并实施根本救济办法以拯灾黎而固国本案》，国民参政会秘书处编：《国民参政会第三届第一次大会纪录》，1943年8月，第178页。

② 伍毓瑞：《此次浙赣会战赣省灾情特重请特派大员前往灾区抚慰并从速指拨巨款办理急振工振农贷以苏劫黎而固国本案》，国民参政会秘书处编印：《国民参政会第三届第一次大会纪录》，1943年8月，第176页。

③ 黄钟岳：《拟请政府对各省水旱灾情派员实地勘察其灾情重大者分别振济其有妄报灾情者应予惩处以示政府重视民瘼之意案》，国民参政会秘书处编印：《国民参政会第三届第一次大会纪录》，1943年8月，第180页。

④ 孔庚：《湖北省本年春收及秋收荒歉灾情惨重请中央迅予设法救济以恤灾黎而固国本案》，国民参政会秘书处编印：《国民参政会第三届第一次大会纪录》，1943年8月，第179页。

域，分别轻重，将应征粮额酌量核减"①。郭仲隗也主张减少对河南的粮食征购征实数目，"请政府再予核减以苏民困"②。五是养教结合，鼓励难民移垦边疆地区。唐国桢提出了将难民移往西北边疆进行垦殖的主张。张作谋也建议国民政府制定措施，奖励难民迁移西北。李文珍提出设立移民机构，调查登记各地失业游民，制颁奖励条例，鼓励其移往西北开发西北。郭仲隗也主张"请政府迅拨巨款，筹设移垦机关，并派大员，分赴各灾区，办理移民西北事宜"③。六是增设儿童教养设施收容难童。张之江建议"在后方各省及时普遍增设"教养院，大量收容战区儿童。他还要求"除战区外，倘系后方贫苦无告，经过调查属实之儿童，以及阵亡军人之子弟，亦得入院教养，或择其优异者，完全免费升学"④。刘百闵针对"浪迹失依之儿童几触目皆是"的惨状，主张"指拨专款救济童婴"，由社会部统筹规划积极办理⑤。

从振济委员会对这些提案的回应情况看，国民政府在基本延续以拨款救助为主的救济思路的同时，也减免了一些灾区民众的负担。如对山东、江西、浙江，振济委员会在分别拨振济款 500 万元、350 万元和 510 万元的同时，分别降低和豁免了这几个省份粮食征实的数额⑥，这对于减轻这些地区民众的负担具有一定的作用。与此同时，1942 年 11 月的国民党五届十中全

---

① 黄钟岳：《拟请政府对各省水旱灾情派员实地勘察其灾情重大者分别振济其有妄报灾情者应予惩处以示政府重视民瘼之意案》，国民参政会秘书处编印：《国民参政会第三届第一次大会纪录》，1943 年 8 月，第 180 页。
② 郭仲隗：《河南灾情惨重请政府速赐救济以全民命而利抗战案》，国民参政会秘书处编印：《国民参政会第三届第一次大会纪录》，1943 年 8 月，第 178 页。
③ 郭仲隗：《请移送灾区难民于西北各省垦殖以固国本而救灾荒案》，国民参政会秘书处编印：《国民参政会第三届第一次大会纪录》，1943 年 8 月，第 183 页。
④ 张之江：《奖励生育并救济战区及扶助贫苦儿童以延揽民族命脉而固国本案》，国民参政会秘书处编印：《国民参政会第三届第一次大会纪录》，1943 年 8 月，第 174 页。
⑤ 刘百闵：《拟请政府增扩童婴教养机关尽量收容孤苦童婴及抗属子弟加教养以重人道而固国本案》，国民参政会秘书处编印：《国民参政会第三届第一次大会纪录》，1943 年 8 月，第 175 页。
⑥ 行政院秘书处编：《第三届国民参政会第一次大会决议案行政院办理情形报告表》，1943 年 8 月，第 87—91 页。

会通过决议，指出"凡关各地义民、灾民、难童及归国侨民之救济，应多采用积极方法，分别予以从事生产与教养之机会"[1]。这表明在救助难民的措施上，国民政府在寻找除拨款之外的其他救助方法，以使难民问题从根本上得到解决。遗憾的是，这些措施的成效并不尽如人意，各项措施在操作中与文件上的规定有较大差距。

在国民参政会三届二次大会上，救助难民问题虽不像在国民参政会三届一次大会时那样受到关注，但依然是提案关注的重要内容之一。从具体建议看，所提主张与之前相差无几，基本上集中在请国民政府筹拨救济款项和减轻受灾区域民众负担方面。就前者来看，郭仲隗建议国民政府"拨付巨款"，一方面"以救灾黎"；一方面"以工代振"，修筑黄泛区新堤[2]。马景常主张"政府速派大员，携带巨款，赴灾区施放"[3]。就后者来看，伍智梅提出"请政府对于粤粮征购部分，特准豁免征购一年"[4]。连瀛洲建议"改善征实征购办法，凡灾情最重之区，本年无粮可收者，可以豁免。灾情次重之区，应按情形减征"[5]。另外，随着战区扩大及自然灾害的频发，以前没有出现的要求救助广东、绥西民众的提案，也出现在了这次大会中。如荣照针对绥西因黄河泛滥形成的灾害，临时动议希望国民政府救助绥西难民。连瀛洲针对广东"亢旱，灾情惨重"的实际，吁请政府拨款救济广东灾民。伍智梅也提出了类似的主张。

面对国民参政员对救助难民问题的多次强烈的"聚焦"，国民政府在可

---

① 荣孟源主编：《中国国民党历次全国代表大会及中央全会资料》（下），光明日报出版社 1985 年版，第 789 页。

② 郭仲隗：《请增拨巨款培养黄泛新堤以安灾黎而固国防案》，国民参政会秘书处编印：《国民参政会第三届第二次大会纪录》，1944 年 8 月，第 158 页。

③ 马景常：《拟请中央迅拨款救济淮北水灾并派遣水利专家根本治理案》，国民参政会秘书处编印：《国民参政会第三届第二次大会纪录》，1944 年 8 月，第 162 页。

④ 伍智梅：《广东沿海各地灾情惨重应请政府迅拨巨款救济案》，国民参政会秘书处编印：《国民参政会第三届第二次大会纪录》，1944 年 8 月，第 162 页。

⑤ 连瀛洲：《请政府派员调查粤省灾情并筹善后办法案》，国民参政会秘书处编印：《国民参政会第三届第二次大会纪录》，1944 年 8 月，第 161 页。

能的条件下，采取了一定的措施。如财政部在1943年先后拨款修筑黄河缺口工程及黄河防修工程款3950万元，整修河南境内黄泛区工程款3000万元及预防1944年黄泛储备材料费1000万元，也都拨付到位；粮食部亦核准将河南省的征实征购总额减为300万市石，将广东省征实数额150万市石、征购数额100万市石，分别减至130万市石和90万市石；对于淮北及绥西，国民政府在1942年先后向这两个地区拨款850万元和200万元；对于"以工代振"募集民众修筑黄泛区堤坝的建议，黄河水利委员会亦采取了一定的措施①。1943年9月的国民党五届十一中全会还通过了《战后社会救济原则案》，规定"对于遭受战事或天灾及其他非常灾变之灾民难民，流亡在外者，应由政府资助其回籍，或移送人口稀少地区，及配置于各种建设部门辅导其复业、就业或改业"②。

在国民参政会三届三次大会上，由于国民参政员将注意力放在了反思豫湘桂战役失利的原因上面，救助难民的提案数量不多，共有4件。这4件提案或针对旱灾、或针对水灾、或针对蝗灾等问题，分别提出了救助难民的建议。从具体内容看，仍不外是对此前所提建议主张的呼吁与强调。如郭仲隗提出，请国民政府派大员前往河南宣慰，"并携巨款，施放急振"。他还指出，河南已成沦陷区，"军粮负担，应减至最低限度，或完全豁免"③。张难先也要求振济委员会"迅拨巨款，依灾情轻重，立时分发救济"。他也提出应"豁免各被灾县份田赋征实征借，及应配军粮，以苏民困"④。国民政府对这几件提案的办理大体延续了此前的拨款救助的思路。如对于河南、湖北，

① 行政院秘书处编：《第三届第二次国民参政会大决决议案行政院办理情形报告表》，1944年8月，第115—117页。

② 浙江省中共党史学会编印：《中国国民党历次会议宣言决议案汇编》（第3分册），第365页。

③ 郭仲隗：《请政府速拨巨款办理豫灾善后以苏民困而固国本案》，国民参政会秘书处编印：《国民参政会第三届第三次大会纪录》，1945年3月，第193页。

④ 张难先：《请政府迅派大员查勘湖北光化等二十县蝗灾害并立拨巨款救济以惠灾黎而利反攻案》，国民参政会秘书处编印：《国民参政会第三届第三次大会纪录》，1945年3月，第199页。

它都拨了一定数量的经费用于救助难民的生计，同时也将"豫省征实征借配额核减为 140 万"，湖北的原配征额亦核减了 30 万市石，它还"电饬鄂田赋管理处将各县灾情迅速查报"，并要求"财政部派员查勘及规定减免办法，电请鄂省府转饬各县遵照办理"①。

当然，国民政府所采取的难民救助举措与难民的实际需要相比远远不够。在国民参政会四届一次大会上，难民救助问题再一次成提案的重要内容之一。这次大会共提出 143 件内政提案，专门要求难民救助的有 16 件。建议主要集中在三个方面：一是向灾区继续拨放振济款。张炯提出："请政府迅拨三万万元，办理湖南工振农贷，以救遭受寇灾、旱灾、匪灾各县人民。"②李中襄建议"政府请迅拨急振款二亿元，救济赣灾，并派员会同地方政府妥为办理"③。王芸青、李永新、王普涵、赵雪峰等也都呼吁政府向他们提案中提到的灾区迅速拨款。二是减免受灾区域田赋征购征实数额。张守约指出陕西夏田受灾，"收成不及一成"，建议对于该省粮食的"征实征借数额，必须加大核减，而各战区不敷军粮，勿再委托陕省代购"④。赵和亭提出由陕西承担的两战区军粮采购任务，改在它省购买。吴望伋针对"浙省田赋素高"且"非灾即荒"、"游杂匪伪，乘隙滋扰，不肖团队，需索无度，县区乡镇，苛征勒派，实有十室九空"的悲惨景象，提出请"查照浙江省参议会历次请

---

① 行政院秘书处编：《国民参政会第三届第三次大会决议案行政院办理情形报告表》，1945 年 6 月，第 28—29 页。

② 张炯：《为湘省灾情惨重拟请政府迅予救济并豁免本年度田赋严禁非法摊购以苏孑遗案》，国民参政会秘书处编印：《国民参政会第四届第一次大会纪录》，1946 年 1 月，第 264 页。

③ 李中襄：《为赣灾惨重赣祸未已际兹赣州克复赣民渴望昭苏拟请政府迅拨巨款从事急振以安民心而利反攻案》，国民参政会秘书处编印：《国民参政会第四届第一次大会纪录》，1946 年 1 月，第 265 页。

④ 张守约：《山西省灾情严重前途实堪忧危兹就考察所得拟具补救办法拟由政府执行以资救济案》，国民参政会秘书处编印：《国民参政会第四届第一次大会纪录》，1946 年 1 月，第 268 页。

求重定征实标准数额，务期与全国各省平允负担，并停止征购及征备"①。周素园也主张减免被灾县份军粮田赋。张作谋也建议对灾害特重区域，应征军屯田赋各粮，全数豁免。三是给难民发放生产资料。孔庚建议给湖北民众"补助耕牛、种籽，建立简单住宅"②，以增强自救能力。李治建议"贷放现款籽种，拨放农贷，预备明春施种"③。这些提案经讨论"送请国民政府迅速办理"，后被提交"战后救济总署及四联总处迅速办理具报"④。抗战胜利后，救助难民的压力暂时得以缓解，国民政府对这些提案没有回应。

四、救济公教人员

全面抗战爆发后，为了支撑庞大的军事开支，国民政府大大减少了政务费用的支出。在此背景下，公教人员的薪俸未能随着物价的上涨作相应调整。从 1937 年到 1943 年，公教人员的实际收入降低了 85%⑤，直接导致了公教人员生活水平的下降。梁实秋在后来的回忆中曾指出："讲到抗战时期的生活，除了贪官奸商之外，没有不贫苦的，尤以薪水阶级的公教人员为然。"他还说，"在物质缺乏通货膨胀之际，发财易如反掌。有人囤积螺丝钉，有人囤积颜料，都发了财。跑国际路线带些洋货也发了财。就是公教人员没有办法，中等阶级所受打击最大"⑥。

全面抗战爆发后，公教人员的生活水平虽受到了影响，但由于民族主义

---

① 吴望伋：《浙省连年遭敌蹂躏灾患频仍今夏匪旱交逼情势严重拟请迅筹有效救济以苏民困而利反攻案》，国民参政会秘书处编印：《国民参政会第四届第一次大会纪录》，1946 年 1 月，第 270 页。

② 孔庚：《请政府迅筹的款并以有效方法救济鄂灾案》，国民参政会秘书处编印：《国民参政会第四届第一次大会纪录》，1946 年 1 月，第 272 页。

③ 李治：《请政府轸念边民迅予救济青海灾荒案》，国民参政会秘书处编印：《国民参政会第四届第一次大会纪录》，1946 年 1 月，第 274 页。

④ 行政院秘书处编：《国民参政会第四届第一次大会决议案行政院办理情形报告表》，1946 年 2 月，第 6—7 页。

⑤ 张公权：《中国通货膨胀史》，文史资料出版社 1986 年版，第 81 页。

⑥ 梁实秋：《回忆抗战时期》，古耜选编：《浴血的墨迹——中国抗战散文选》，中国言实出版社 2015 年版，第 305 页。

情绪的感召，而且这一时期物价上涨不是特别剧烈，他们的基本生活还可以维持，因此并未对生活水平的下降表现出过多的怨言。但到了抗战中后期，特别是1940年以后，在粮价上涨的带动下，其他物价亦跟随上涨①，公教人员的薪金虽然也上涨了一些，但"待遇如与物价赛跑，总是赶不上物价的"②。公教人员的收入已不能维持基本的生活需求。在此情形下，为了改善生活条件，有些公教人员开始诉诸行动，1940年，西南联大的年轻教师发动了"加薪风潮"的运动。后来部分教授也加入到了要求加薪的行列③。这种情形也反应在了国民参政会二届一次大会中。

这次大会共提出44件内政提案，涉及救助公教人员的有4件，基本上倾向于通过人性化的制度设计，保证公教人员的收入随物价上涨而上涨，以使其能够正常生活，安心工作。王卓然指出，薪俸的制定要"发扬共甘苦共患难"的精神，"不应只以官职等级作标准，同时要兼顾各个人家庭生活状况之需要"④。钱用和认为各机关学校虽制定了生活津贴办法，但"物价高涨之程度往往超过于津贴之数"，有些公教人员为了谋生，不得不"设法兼职"，有的甚至"辞去职务而别谋出路"。他建议国民政府尽快调查各机关团体学校津贴办法，制定统一的标准，使"津贴标准随物价提高之指数按时增加"，"由政府广设平价推销处，或严格规定物价，使不再提高"⑤。陆宗骐指出，各省公务员的薪金存在着"不平""不足"两大缺点，建议国民政府根据工作性质，改订薪给标准，"工作之繁杂者，危险者，重要者，专门者，

---

① 《抗日战争时期国民政府财政经济战略措施研究》课题组：《抗日战争时期国民政府财政经济战略措施研究》，西南财经大学出版社1988年版，第312—313页。
② 伍启元：《公教人员的待遇怎样才能得到真正的改善》，唐靖华选编：《〈观察〉文选》，福建教育出版社2015年版，第158页。
③ 闻黎明：《论抗日战争时期教授群体转变的几个因素——以国立西南联合大学为例的个案研究》，《近代史研究》1994年第5期。
④ 王卓然：《公务员待遇应按生活指数及地区差别给薪案》，国民参政会秘书处编印：《国民参政会第二届第一次大会纪录》，1941年10月，第152页。
⑤ 钱用和：《拟请设法救济薪水阶级人员使安心服务案》，国民参政会秘书处编印：《国民参政会第二届第一次大会纪录》，1941年10月，第150—151页。

目前所应提倡者，其薪可高，而不受工作地位之限制"①。王家桢主张仿照欧美各国成例，按照各地日常生活指数，"不论薪额，按公务员家庭数目（最多不得过十人且限于直系亲属），加给战时津贴，数目之多寡，悉随指数之升降而定"②。

公教人员是国家的精英阶层，对国家前途有重大影响。面对这一群体生活水平不断下降，甚至影响正常工作的情形，1941 年 3 月的国民党五届八中全会通过了《改善公务员生活并力求平等待遇俾使安心工作以利抗战建国案》。随后不久，行政院就公务员薪给调整办法召开了专门会议，决定给公务员加薪。7 月，国民政府公布了《非常时期改善公务员生活办法》，决定采取平价供给的方式提高公务员的生活水平。如它规定中央公务员及其眷属（本人连眷属以四口为限），每人每月得购平价米二斗，每斗仅收基本价款六元③。对于国民政府旨在提高公务人员生活水平的举措，时人指出"其法固不尽美，其事则至善"，但也认为措施"仍嫌偏于治标之补救，犹非根本办法"，主张"中央地方一致，同位同级人员之待遇力求均匀，俾无高下歧异之别"，"按生活必需之基数改发食米或粮食券"，避免粮价上涨过快造成实际购买力下降；"实行公务员保险制"，使公务员养老退休、伤残病废都可得到"合理有效的救济"④。可见，为改善公务员生活质量，国民政府采取了一些措施，但舆论并不满意。

进入 1941 年以来，由于物价上涨过快，大部分公教人员的生活陷于困

---

① 陆宗骐：《拟请中央改订公务员薪给制度及给予标准以安定公务人员生活案》，国民参政会秘书处编印：《国民参政会第二届第一次大会纪录》，1941 年 10 月，第 151 页。

② 王家桢：《按照物价指数发给公务员役战时津贴保障生活安定增进行政效率以安人心而利抗战案》，国民参政会秘书处编印：《国民参政会第二届第一次大会纪录》，1941 年 10 月，第 152 页。

③ 转引自崔国华：《抗日战争时期国民政府财政金融政策》，西南财经大学出版社 1995 年版，第 73 页。

④ 邵介：《改善公务员生活问题之根本对策》，福建《中央日报》1941 年 7 月 31 日，转引自张志智主编：《福建中央日报评论集》（下），福建中央日报社论编辑委员会 1942 年版，第 15—19 页。

境，部分教授为生活所迫，甚至"纷纷自谋出路"①，以至于出现了"教师荒"的现象。在国民参政会二届二次大会上，国民参政员在审查国民政府内政报告时再次指出："各级教员待遇，在此生活急剧高涨时期，无以为仰事俯畜之资，故改业之事，时有所闻，而教师荒为不可讳言之事实，对于国家民族前途，至为可虑，应请设法优给薪水补贴，以维生活，俾能专心从事教业。"黄同仇基于他了解到的实际情况，建议根据公平、公正的原则，"不分军事与政治，不分财政、金融、教育与交通，各机关待遇应一律平等"；政府要给予公务员生活补助费，但他同时指出要注意"各机关不能各自为政。同一地区应求统一，不同之地区亦应按照各地物价情形，拟定补助办法及数额，呈请中央核定，以求划一，而昭公允。"他还提出了建立年功加俸、养老金、残废恤金、津贴等制度的主张②。席振铎也主张"战时津贴由政府规定统一办法，公布全国实行"，并依据物价指数规定登记津贴制，"物价上涨，津贴则随之增加"，"直系亲属一律给予津贴"，"每三个月核定一次"③。国民政府当然知道公教人员对抗战胜利意味着什么。对于上述提案，它虽以"存备参考"作为回复④，但还是根据物价指数调整了公教人员的生活津贴⑤。遗憾的是，由于物价上涨过快，公教人员所得生活津贴很快就被"稀释"掉了。

与公教人员生活的清贫生活形成鲜明对比的是，一些政府官员利用掌握要害部门的便利之机大捞好处，花天酒地，引起了国民参政员的不满。在国

---

① 闻黎明：《第三种力量与抗战时期的中国政治》，上海书店出版社 2004 年版，第 271—280 页。

② 黄同仇：《改善各级公务人员待遇以增行政效率案》，国民参政会秘书处编印：《国民参政会第二届第二次大会纪录》，1942 年 9 月，第 74 页。

③ 席振铎：《请政府改善公务员待遇并统一待遇标准实行同级同薪同工同酬以增进工作效率案》，国民参政会秘书处编印：《国民参政会第二届第二次大会纪录》，1942 年 9 月，第 75 页。

④ 行政院秘书处编：《第二届国民参政会第二次大会决议案办理情形报告表》，1942 年 10 月，该文件为油印字，没有编排页码。

⑤ 崔国华：《抗战争时期国民政府财政金融政策》，西南财经大学出版社 1995 年版，第 73 页。

民参政会三届一次大会上，黄宇人指出，国民政府虽然制定了战时生活补助办法，但"按之实际，则在同一地区服务之中央与地方公务人员，其所得之战时生活补助，相差常以若干倍计，而在同一地区服务之中央公务人员，其在金融、交通、资源、盐务及其他自身有收入之机关供职者，又较其他中央机关公务人员所得之战时生活补助多，以至于金融等机关之低级职员，其待遇常常高于地方机关之高级职员，甚至各银行、邮政等机构之主管人员，不仅薪俸及特别级办公费与其他名目众多之收入，已属洋洋大观，动人视听，且其全家之衣食住行，以至于其公子小姐之化装交际娱乐等费，亦无不由公家供给"。他强烈主张"同地同酬""同工同酬"。他还提出，"银行、邮政等机关之负责人员，除照规定领取薪俸等外，其个人及其家属之各项私费，不得再由公家供给，违者以贪污论罪"；"如各机关主管人有巧立名目擅自违反同地同等，同工同酬之原则者，以违法舞弊论，并明令奖励秘密及公开检举"。① 社会舆论亦主张由立法院制定两种法案：一种是禁止各部会首长不能有任何的无形收入，他们的衣食住行都要按市价自行负担（如有优待也不得超过任何其他中小公教人员）；一种是规定各部首长于就任时应将一切财产及薪津以外的所得（包括董事红利等）全部由国家封存，任内不得支用。舆论指出："如果监察院再尽力监督这两个法规的实施，则我们相信公教人员的待遇立刻就会得到改善。"② 该案触及到了部分国民党官员的权益，后被"存备参考"③，没有办理情形。

1943 年前后，中国抗战进入了更为艰苦的阶段。一方面，由于战争的持续消耗、交通要道的阻滞及部分贪官污吏大发"国难财"，国民政府能够支配的资源更为短缺；另一方面，中国经济形势每况愈下，各地天灾人祸频

① 黄宇人：《各级各项公务人员之战时生活补助应平等待遇案》，国民参政会秘书处编印：《国民参政会第三届第一次大会纪录》，1943 年 8 月，第 160—161 页。
② 伍启元：《公教人员的待遇怎样才能得到真正的改善》，唐骋华选编：《〈观察〉文选》，福建教育出版社 2015 年版，第 160 页。
③ 行政院秘书处编：《第三届国民参政会第一次大会决议案行政院办理情形报告表》，1943 年 8 月，第 10 页。

发。1941 年的"田赋征实"政策虽暂时缓解了通货膨胀对公教人员生活的影响，但由于日军支持汪伪政权发行伪币，加上国民政府滥发纸币，通货膨胀"很快又卷土重来"①，这对只靠薪资维持生活的公教人员而言无疑是雪上加霜。如《申报》就发表文章指出，"全体公务员的俸饷，都不足以维持其最低限度生活，上焉者只足以糊口，欲言赡家，已感困难；中而下者，即本身之生活亦不能维持，更谈不到赡养家属，教育子女"。面对这种情况，社会舆论强烈呼吁"应该重定各级俸饷与津贴数额，以各地物价指数为标准，至少最低限度使各级公务员能赡养家属，教育子女"②。这些问题在国民参政会三届二次大会上也有反映。

在这次大会上，张之江注意到了家庭成员人数过多、负担过重公教人员的生活问题，提出"凡有眷属在随任住所者，应确实调查其直系亲属实际人数，实行计口授粮"③。胡庶华针对"各院部会，同级同工之公务员，其待遇之差别太大，公营机关，及有业务收入之机关，与金融机关，其服务员之待遇，更达于一般行政机关数倍之多"的不公平现实，再次要求"划一各部院会同级同工公务员之待遇，不使有畸轻畸重之弊，以昭平允"；"公营事业机关，及有业务收入之机关，与金融机关，其服务员之待遇，应与普通行政机关公教人员一律平等，不得巧立名目，提高待遇"。④ 国民政府虽也认识到，"对于公教人员生活之安定，仍然妥筹切实有效之办法，以资救济"⑤，但它

---

① [英]拉纳·米特：《中国，被遗忘的盟友——西方人眼中的抗日战争全史》，蒋永强等译，新世界出版社 2014 年版，第 270 页。

② 《改善公务员生活》，《申报社评选》（第 1 集），上海申报社 1943 年 5 月，第 53 页。

③ 张之江：《请政府严格审核公教人员之随任住所直系亲属之实际人数实行计口授粮并对家庭负担较重人口众多之公教人员特予救济津贴补助安定其生活案》，国民参政会秘书处编印：《国民参政会第三届第二次大会纪录》，1944 年 8 月，第 136 页。

④ 胡庶华：《请政府澈底改善公教人员待遇并划一各部院会及其附属机关薪给以昭平允案》，国民参政会秘书处编印：《国民参政会第三届第二次大会纪录》，1944 年 8 月，第 137 页。

⑤ 荣孟源主编：《中国国民党历次全国代表大会及中央全会资料》（下），光明日报出版社 1985 年版，第 839 页。

却无法在垄断行业和普通行业任职的人员中间找到有效的薪资平衡办法，因此，胡庶华的提案依然以"存备参考"作为回复；张之江的提案则于左支右绌的财政能力，也未被采纳①。

1944 年是中国抗战史上具有转折意义的一年，也是最为困难的一年。这一年重庆物价的上涨率已达到了战前的 274%，远远超过了公教人员薪资的上涨速度，公教人员的生活待遇问题再次成为舆论关注的焦点。在国民参政会三届三次大会上的 59 件内政提案中，专门建议救济公教人员的有 6 件。具体主张集中在三个方面：一是要求国民政府按照已有规定，发给公教人员及其家属油、盐、柴、米、糖、布等实物。如唐国桢主张，应切实规定公教人员及其直系亲属数量，制定颁布按工发给油、盐、柴、米、糖、布等实物办法；二是提高家庭成员人口过多的公教人员的补助津贴。张之江主张取消超额人数购买代金米办法，由各机关学校负责调查该机关学校所属人员之直系超额人数，并由保甲证明，转报粮食部核定，由各机关学校所在地粮食供应站凭单购买；三是制定公教子女教育津贴办法，使其免费入学。

值得一提的是，陆宗骐从维护学术研究正常开展以维国本的高度，提出了改善大学教授待遇的提案。全面抗战爆发后，由于人力、物力、财力等方面的巨大消耗，大学教授的生活水平比抗战前有了不同程度的下降，但"他们在民族主义的感召下对此报以极大的宽容"②。然而，这是一批以追求学术独立与延续中华民族文化血脉为志业与追求的阶层，要让他们整天为生计操心，未免有些残酷。但实际情形则是到了抗战中后期，一些大学教授为了生存不得不在教书之余，寻求赚钱养家的门路。著名民主人士闻一多就曾卖过书、卖过衣服，也替人刻过章，甚至还兼职做起了中学教员；罗隆基为了生计也曾去卖茶叶。陆宗骐在提案中描述了大学教授待遇低下的令人担忧现象：一是生活窘迫，"冬暖和儿呼寒，年丰而妻啼饥"；二是没有多余钱财购

---

① 行政院秘书处编：《第三届国民参政会第二次大会决议案行政院办理情形报告表》，1944 年 8 月，第 14 页。
② 许纪霖等：《近代中国知识分子的公共交往（1895—1949）》，上海人民出版社 2008 年版，第 348 页。

置研究所需书籍；三是子女无法求学，"有教人之子女，而自己之子女反失学者"。他认为应提高大学教授待遇，使其"薪给收入足以养家教子"，"供应以适当住宅及研究用具"，"免费教育其子女至大学教育"①。国民政府也注意到了大学教授生活水平堪忧的状况。1944 年 11 月，国民政府调整了国立学校教职员的薪金，并承诺"再予设法改善"；关于教授住宅及研究用具的供应问题，它明令各学校"注意办理"；对于大学教授子女教育问题，它要求按照公立学校子女免费升至中等学校办法及公费生办法切实办理②。但这些措施大多限于纸面上说说而已，未能真正得到落实，这也使这一群体对国民政府的态度逐渐发生了转变，对国民党疏离、不满的情绪日益增加③。

国民参政会三届三次大会结束后，中国经济形势进一步恶化，一些地区因战争影响，粮价持续上涨。特别是 1945 年以来，黔、滇、川、陕等省粮价再次上涨，公教人员的生活受到严重威胁。在国民参政会四届一次大会上，国民参政员就这一问题再次提出了提案。就具体内容看，其建议主张基本上延续了此前提出的提高公教人员待遇的办法，如马景常提出请政府"按照实际米价发给"米代金数目，并建议米价有变动时，米代金数目"亦应变动"④。张丹屏针对一般依赖薪给维持生活人员收入有限、谋生无方的现实，建议政府"澈底改善公教人员待遇，或就家口生活酌发实物，或权衡物价再折代金"⑤。张之江要求国民政府根据五届九中全会的议决，对公教人员兑现承诺，"家庭所生子女，除三人外，其余子女之各级教育费用，由政府

---

① 陆宗骐：《拟请政府改善大学教授待遇提倡学术研究以培国本案》，国民参政会秘书处编印：《国民参政会第三届第三次大会纪录》，1945 年 3 月，第 209—210 页。

② 行政院秘书处编：《国民参政会第三届第三次大会决议案行政院办理情形报告表》，1945 年 6 月，第 25 页。

③ 闻黎明：《论抗日战争时期教授群体转变的几个因素——以国立西南联合大学为例的个案研究》，《近代史研究》1994 年第 5 期。

④ 马景常：《公教人员待遇应随时随地调整案》，国民参政会秘书处编印：《国民参政会第四届第一次大会纪录》，1946 年 1 月，第 225—226 页。

⑤ 张丹屏：《拟请澈底改善公教人员待遇以消弭贪污案》，国民参政会秘书处编印：《国民参政会第四届第一次大会纪录》，1946 年 1 月，第 226 页。

完全负担"①。张金鉴也提出了类似的建议。张志广则基于沦陷省份"公务员之待遇，远较中央一般公务员为低。而以服务边远沦陷省份留置后方行政机构之公务员为尤甚，殊欠公允"的情形，主张"对服务边远沦陷省份之公务员，立即提高其待遇，并订定优待办法，使其生活有余裕，工作有保证，以便招揽人才，鼓舞人心"。② 但是，此时的国民政府，"能够支配调拨的用于维持政府运作的产品，只占全国产品总值的3%"③，不可能对提高公教人员生活水平推出任何有实质意义的举措，因此，它对这几个提案的回复，只是说要执行此前已制定的公教人员待遇办法，没有就改善公教人员的待遇提出新的措施④。

本章小结

综上所述，可以得出如下几点认识。

1. 本章的内容主要围绕四个层面展开：一是维护团结和统一，声讨投敌叛国行为；二是推动国民政府政治进步；三是关注地方自治；四是动员救助民众。就维护团结和统一，声讨投敌叛国行为来看，主要集中在拥护国民政府领导抗战到底、严惩汉奸伪逆组织、争取党派合法地位和保障各党派言论自由等方面。这些问题是中共和中间力量参政员极为关注且迫切希望国民党解决的，也集中体现了他们的政治诉求。就推动国民政府政治进步来看，主要集中在要求国民政府调整行政机构、培养法治意识、强化监察机关监察职

---

① 张之江：《请政府对公教人员尽先实施九中全会所议决凡一家庭所生子女除三人外其余子女之各级教育费用由政府完全负担案》，国民参政会秘书处编印：《国民参政会第四届第一次大会纪录》，1946年1月，第228页。

② 张志广：《拟请提高边远沦陷省份公务员待遇以便复员工作案》，国民参政会秘书处编印：《国民参政会第四届第一次大会纪录》，1946年1月，第227页。

③ 转引自［美］易劳逸：《毁灭的种子：战争与革命中的国民党中国（1937—1949）》，王建朗等译，江苏人民出版社2009年版，第28页。

④ 行政院秘书处编：《国民参政会第四届第一次大会决议案行政院办理情形报告表》，1946年2月，第58—59页。

能及惩治贪污腐败等方面。这些提案既有就国民政府如何变革以因应抗战形势发展的宏观思考，亦有针对某个领域普遍存在问题的中观主张，还有针对某个方面具体问题的微观建议，也隐含着中共和中间力量通过推动国民政府政治进步争取自身发展权利的强烈愿望；就关注地方自治来看，提案的关注点经历了从督促国民政府成立各级民意机关，到推动实施新县制，再到提高民意机关职权的转变，这种转变是因应国民政府对地方自治在不同时期采取不同政策措施出现的问题，随时调整提出的，表现了国民参政员对这一问题的关注；就动员救助民众来讲，动员妇女参与抗战和组织沦陷区力量的提案贯穿于抗战时期召开的历届历次国民参政会大会中，体现了国民参政员始终重视集聚全民族力量进行抗战的诚挚希望。救助灾民难民和公教人员提案的数量者比较多，主要是因为战争、天灾及国民政府有限的社会保障机制给民众生活带来了巨大不幸，也体现了国民参政会作为民意机构反映民情、表达民意的重要功能。

2. 就提案的领衔者来看，内政问题复杂、多维，涉及范围广泛、杂乱，但却是抗战顺利进行必须解决的核心问题，因此，所有政治力量都对这一领域的问题有所关注。从具体内容来看，在一些重要问题如拥护政府领导抗战、严惩汉奸组织、惩治贪污腐败等与军事问题密切相关的问题上，所有政治力量都有提案提出。当然，在具体的建议主张上存在着细微差别，表明了不同政治力量对抗战建国重要问题的不同政治诉求。主张党派合法、争取言论自由、推动政府政治进步、促进地方自治、动员民众力量的提案大都由中共和中间力量参政员提出，体现了他们对国民党一党训政体制的不满和通过政治民主化实现参与国家政治生活的强烈渴望。值得注意的是，在中共和中间力量参政员就这些方面所提建议主张多次不被重视的情况下，国民党参政员中的一些有识之士就如何解决这些问题继续提出提案，表明在抗战的特殊条件下，作为社会精英力量的代表，部分国民党参政员已经超越了党派立场，站在民族大义的角度提出了有利于抗战的建议主张，同时也表明由于国民党一党训政体制给抗战带来的不利影响，其强调国民党在国民参政会中要遵从国民党蒋介石的主张及政策，"俾便遵照促其实现"的训示未能被全部国民党参政员遵照执行。救济救助不同省份、不同区域民众的提案，大都由来自该省的国民参政员提出，这表明国民参政员作为地方精英力量的代表，承担着代表该省民众向国民政府表达利益诉求的功能。另外，内政领域的几乎所有提案都涉及了国民政府执政过程中的"短板"，指出了需要亟待改进的问题，触及了国民政府的痛处，表现了国民参政员敢说实话、敢于指出国民党不足的担当精神及推动国民政府政治进步以利抗战顺利进行的迫切愿望。

3. 从国民政府的回应情况看，国民政府基于政治利益的考量，对不同内容的内政提案回应的方式亦有较大差别，产生的效果亦有较大差别。具体来说，对拥护国民政府抗战到底、动员妇女力量及救助灾民难民和公教人员方面的建议主张，国民政府的回应较为积极，亦取得了一定的成效，对于抗战的顺利进行发挥了重要作用。如对拥护国民政府抗战到底的提案，不管由哪方面的政治力量提出，国民政府都进行了积极回应，彰显了其通过国民参政会塑造其政治合法性和权威形象的意图；对成立托儿机构以使妇女更好参与抗战的建议，国民政府制定了相关文件，采取了一些措施，力图推动这一事业，成效也较为明显；对于救助难民的建议，国民政府本着把灾民难民作为战争资源而非战争累赘的考虑，在财政非常紧张的条件下，对于这项工作投入了较大的精力和财力，构建起了一套相对完整系统的战时救助体系，对于缓解难民的燃眉之急，解决难民的基本生计发挥了一定的作用；救助公教人员的提案也是如此。当然，在这部分提案中，有的不具备实施条件，特别是由于国民政府相形见绌的财政能力和低效的社会动员能力，它虽然采取了一些措施，但成效并不明显，大多数的措施只是为了应付民意，象征意义大于实际意义。对于那些政治色彩较浓、明显要求开放政权及政治民主化，如主张党派地位合法、给予各抗日党派言论自由、调整行政机构、培养法治意识、强化监察效能、提高民意机关职权等内容的提案，国民政府的回应甚为消极。有的在大会讨论时即以"保留"的方式不送国防最高会议，如对沈钧儒保障人身自由的提案，在大会讨论阶段就令其不予通过，更遑论提交到国防最高委员会供其采纳施行了；有的提案提出后，不仅没有起到应有的积极作用，反而朝着国民参政员期待的"反方向"发展；有的提案虽在大会中讨论通过，并提交给了国防最高会议，但没有被提交行政院相关执行部门，行政院对这部分提案亦没有具体实施情形的回复，这部分提案实际上也没有发挥应有的作用；有的提案虽有回复，但搪塞、应付的意味颇浓，没有体现出采择施行推动政治进步以真正利于抗战顺利推进的诚意。这在某种程度上反映了国民党政权与国民参政会所代表的民意之间的巨大隔膜，成为影响国民参政员对国民政府政治态度的一个重要因素。有些建议主张可以说是对国民政府在抗战过程中需要解决的问题的重要提醒，其能否及时回应国民参政员的这些关切，能否有效解决这些问题，在相当程度上决定了国民参政员对国民党政治态度、政治立场的远、近、亲、疏，进而影响到了中国政局的演变趋向，对战后国民党的政治命运产生了直接影响。如有的国民参政员多次提出主张建议相同的提案，但不仅不被重视，反而产生了相反的效果，因而对国民政府产生了不满、疏离乃至公开声明拒绝"合作"的态度。邹韬奋愤然辞去国民参政员就是很好的例证；中国民主政团同盟及之后中国民主同盟的成立，亦可视为是中间力量对国民党回应他们政治诉求不满意之后所采取的"激进"举措；中共对国民参政会的态度亦由最初的积极拥护转向了后来的不满疏离乃至公开对抗。如在"皖南事变"后，中共参政员就没有出席国民参政会二届一次大会，此后到国民参政会三届三次大会之前，中共虽为了维护抗日民族统一战线，每次都派中共参政员出席国民参政会大会，但这种出席只是象征性的，并不再在大会中提出提案。而且中共参政员在大会中也表现出了与国民党"针锋相对"的对立情势，与国民参政会成立初期国共两党团结合作、共同对敌的情形成了极大的反差。到了抗战胜利前夕召开的国民参政会四届一次大会之前，中共公开发表声明拒绝出席此次大会。这虽然是抗日民族统一战线内部的一种斗争形式，并不意味着要关闭国共合作的大门，但对国民党政权的执政权威则不啻是一个巨大的打击。

第五章　财经提案分析

在国民参政会大会中，有关财经问题的提案数量最多[①]，讨论的问题也相当广泛、庞杂，举凡财政金融、税制改革、田赋征实、贸易管制、平抑物价、物资统制、反对发"国难财"以及工业、民营企业、农业发展等问题等都有涉及。这些提案的提出，表现了国民参政员努力推动战时经济良性健康运转，以为抗战提供人力、物力、财力最大保证的良好愿望，其提出的一些建议主张对于纠正国民政府的战时财经政策，支撑抗战的顺利进行发挥了一定的作用。

第一节　调整财经政策

全面抗战爆发后，中华民族进入了战时紧急状态，财政经济也转入战时

---

① 学术界对国民参政会财经提案已有一定研究，陈国勇的《抗战时期国民参政会财经提案研究》（西南大学 2010 年硕士学位论文）将国民参政会财经提案的主要内容分为五个方面：一是改善财政、巩固金融，增加抗战力量；二是发展工业、农业，夯实抗战基础；三是稳定物价，保障军需民用；四是打通国内国家交通线，开发后方利源；五是增强内外贸易管制，坚持对敌经济作战。但该文在分析国民政府对财经提案的采纳实施情形时，仅以秦孝仪主编的《中华民国重要史料初编——对日抗战时期·第四编：战时建设》（一）、（二），（台北中国国民党中央委员会党史委员会 1988 年版）作为国民政府对提案采纳实施情形的基本依据，资料搜集很不完整。本部分将围绕与抗战顺利进行较为密切的、引起社会舆论反响比较大的且对国民政府施政方针有一定影响的财税政策、稳定战时经济、推动经济建设等方面的提案进行重点考察。

状态。为保证战争所需的庞大的人力、物力、财力，维护后方社会稳定，国民政府采取了紧急调整措施。它先是在军事委员会下组设"军事化的经济机构"①，后又在 1938 年 3 月的国民党临时全国代表大会上提出了"经济建设应以军事为中心，同时注意改善人民生活"②的指导思想，并在随后通过的《非常时期经济方案》中，将上述指导思想进行了具体化阐释。但在此过程中，如何既能维持战时财政经济的正常运转，保障抗战所需，又不"竭泽而渔""杀鸡取卵"，给民众生产生活带来沉重的负担，保持民众支持抗战的热情，成为战时财经政策迫切需要解决的问题，也是国民参政会提案关注的重点问题。

一、调整财税政策

与财经提案在其他问题上的提案数量相比，要求调整财税政策的提案数量并不多，但内容较为烦琐，系统性不强，涉及了财税政策的方方面面。大体来看，提案主张可以归为两大方面：一是增加税源，扩大政府财政收入；二是减轻民众税收负担，维护民众正常生活。

全面抗战爆发后，随着沦陷区的扩大，国民政府能够控制的地方日趋减少，三大主税源关、盐、统税(生产环节征收的税)中的大部分被日寇夺占，国民政府的财政收入骤降。到 1939 年，国民政府关、盐、统三税收入只有 4.32 亿元，是 1936 年全面抗战爆发前的 42.6%③。但因战争导致的各项开支却急剧增加，仅 1937 年下半年和 1938 年一年半的战费支出就达到了 3219 亿元，由此导致的国民政府财政赤字也达到了 2512 亿元④。这一严峻的现实，迫使国民政府不得不想方设法开辟税源，提高税收，增加财政收入。

---

① 姜鲁鸣、王文华：《中国近现代国防经济史》，中国财政经济出版社 2012 年版，第 170 页。

② 荣孟源主编：《中国国民党历次全国代表大会及中央全会资料》（下），光明日报出版社 1985 年版，第 486 页。

③ 叶振鹏主编：《中华财政通史·第 8 卷：中华民国财政史》（下），湖南人民出版社 2013 年版，第 869 页。

④ 魏宏运主编：《民国史纪事本末》（第 5 册），辽宁人民出版社 1999 年版，第 73 页。

国民政府深知要增加税源，提高税收，若能得到带有民意色彩的国民参政会的支持，推行起来阻力会小很多。在国民参政会一届一次大会上，它主动向大会提交了《推行战时税制案》，提出了"酌增旧税，举办新税"的设想，具体来说，就是在整理转口税、加征印花税、酒类税及烟丝税等旧有税种的基础上，"扩充所得税范围并提高税率"，动产不动产都予课税；"举办战时消费税"，奢侈品课税从重，消费品课税略轻；采取分级累进税率，"举办战时利得税""筹办遗产税"，并拟从速制成条例，公布实施①。大会在讨论该案时，除了在提高税率方面，希望"仅以扩充课税范围为限，不宜提高税率"② 外，对其他方面的提议都极为支持。不仅如此，这些提议也得到了国民参政员的积极响应。如担任中国实业银行总经理的奚伦就提出了"整顿旧税，创办新税，以适应战时财政之需要"的具体设想：一是创办战时消费税，凡属消耗品，均予课税，含有奢侈性的消费，更尽量课税；二是创办战时利得税；三是创办遗产税，用累进税率，且"亟应即速施行"；四是整顿所得税；五是整理关、盐、统等税，"严行缉私"，增加税收；六是烟酒公卖；七是国营事业如电政邮政铁道航道，"酌量加价"③。这表明国民参政员是深明大义的，对国民政府开辟税源、增加税收的政策是支持的。

1938 年 10 月 6 日，《遗产税暂行条例》颁布，规定"遗产总额在五千元以上者"一律征收遗产税④，并经立法院审议通过，1940 年 7 月 1 日正式实施。10 月 28 日，《非常时期过分利得税条例》也予以颁布，规定"凡公司、商号、行栈，工厂或个人资本在一千元以上之营利事业，官商合办之营利事业及一时营利事业，其利得超过资本额百分之十五者"、"财产租赁之利得超

---

① 政府交议：《推行战时税制案》，国民参政会秘书处编印：《国民参政会第一次大会纪录》，1938 年 9 月，第 218—219 页。

② 国民参政会秘书处编印：《国民参政会第一次大会纪录》，1938 年 9 月，第 220 页。

③ 奚伦：《整理税制以充裕战时财政增加准备以稳定战时金融案》，国民参政会秘书处编印：《国民参政会第一次大会纪录》，1938 年 9 月，第 221 页。

④ 中国第二历史档案馆编：《中华民国史档案资料汇编·第五辑·第二编：财政经济》(二)，凤凰出版社 1997 年版，第 7 页。

过其财产额百分之二十者"，都要征收过分利得税①。1939年1月这一政策开始实施。国民政府又扩大统税范围，并将统税改为货物税，对食盐、食糖、火柴等与民生息息相关的重要物品实行专卖制度，仿效欧美发达国家举办直接税。自此，关、盐、货、直成了国民政府的四大税收体系②。这些税收政策实施后，国民政府的财政收入一时之间有较大增长，暂时缓解了入不敷出的财政收支局面，较为有力地支撑了抗战的顺利进行。

但是，任何一项政策的推出都是一把"双刃剑"。国民政府扩大税源、提高税率的措施在增加其财政收入的同时，也加重了民众的负担。特别是随着抗战的进行，地方政府在执行税收政策的过程中，借机向民众摊派名目繁多的苛捐杂税，有的私设税收项目③，一些已经废止的税目甚至"死灰复燃"。这引起了国民参政员的担心。在国民参政会二届一次大会上，阳叔葆指出，中央政府已严禁地方征收货物通过税，但实际情形却是"各省往往对于出入省境货品，一律征收专税"，甚至中央统制及结售外汇的土产品、卫生医药交通器材等必需品的进口，"亦不免于重征。"他指出这是已废除的厘金制度④的变

---

① 中国第二历史档案馆编：《中华民国史档案资料汇编·第五辑·第二编：财政经济》（二），凤凰出版社1997年版，第9页。

② 余启四等：《新税制：理论·政策·实践》，中国经济出版社1994年版，第13页。

③ 1942年，据四川省训练团在华阳等18个县的调查，苛杂摊派达616种之多，名称五花八门，各式各样，给民众造成了沉重的负担。这虽是1942年的调查材料，但可以想见之前的摊派负担也不会太轻。见叶振鹏主编：《中华财政通史·第8卷：中华民国财政史》（下），湖南人民出版社2013年版，第869页。

④ 厘金制度是清朝后期实行的一种新的以商品为征收对象的赋税制度，所谓厘金，是指一种额外加征的以货物通过税为主的商品税，分行厘和坐厘两种。行厘是向过路行商抽过境税，坐厘是对坐商抽交易税。前者属于通过税性质，后者属于交议税性质。厘金本为临时性筹款助饷，不算正税，但太平天国起义被镇压后，清政府并未予以撤销，继续举办并成为定制，并为其后的北洋军阀政府和国民党政府所沿用。厘金制度推行的多年间，局卡林立，以至在全国"五里一卡，十里一局"几成普遍现象，且名目繁多，税率极不一致，更不限于1%，遂成为官府勒索人民的一种手段，亦大大加重了人民的负担，阻碍了国内工商业的发展。1931年，国民政府开征统税时，厘金与子口税同时裁撤。见游光中等主编：《世界经济大事典》，中国经济出版社1995年版，第525页。

种，"不特违反中央集（命）令，妨碍货物烈（流）通，且使他省人民增加不合理之负担，促成一般物价之高涨，于整个国计民生，影响甚巨"，要求国民政府对这些"违法苛税"，"统筹兼顾，严加取缔"①。

对于该案，财政部后来回复声称，有的省征收货物通过税与中央税制抵触，且加重了人民负担，已"经本部于审核各省地方总概算时，分别详加指示或予删除"，亏短之处"另筹合法税源或由中央酌予补助"。1941 年 3 月召开的国民党五届八中全会通过了《改进财政系统统筹整理分配以应抗战需要而奠自治基础藉使全国事业克臻平均发展案》，决定把原来的中央、省、县三级财政改为国家财政系统和自治（地方）财政系统两级，将省级财政纳入国家财政体系，"通盘筹划，统一支配"；设置统一稽征机关，"相度（似）地域之宜分区设置统一稽征机关，于中央设置管理机关，现有各项税务机关一律裁并，务使系统分明，机构单纯。"② 同年 6 月，国民政府召开全国第三次财政会议，通过了《各省地方货物通过税产销税及其他对物征收之一切捐费应一律裁废改办战时消费税案》，规定自 1942 年起各省一切收入支出都列入国家预算内，由中央统筹处理③。这对于遏制地方政府乱列税收名目、乱征税、增加中央财政收入有一定作用。

与此同时，为解决日益严重的通货膨胀问题，国民党五届八中全会决定将各省田赋暂归中央，并改征实物。据此，第三次全国财政会议通过了田赋收归中央改征实物的具体办法。另外，为使民众负担不至于过重，7 月 23日行政院颁布的《田赋改征实物办法暂行通则》规定："田赋改征或加征后，所增人民负担，不得超过物价增加数百分之六十"；"田赋改征或加征后，所

---

① 阳叔葆：《请中央严格取缔各省征收货物通过税以减轻人民不合理之负担案》，国民参政会秘书处编印：《国民参政会第二届第一次大会纪录》，1941 年 10 月，第 221—222 页。

② 浙江省中共党史学会编印：《中国国民党历次会议宣言决议案汇编》（第 3 分册），第172 页。

③ 行政院秘书处编：《第二届国民参政会第一次大会决议案行政院办理情形报告表》，1941 年 10 月，第 43—44 页。

有未经中央核准之省县地方捐税，应一律撤销。"① 但是，田赋征实在具体执行中，"不顾农民死活，无度征收"的现象相当普遍②。不仅如此，由于财政层级由原来的中央、省、县改为国家和自治县两级后，县级政府为了筹措推行地方自治的庞大开支，不得不进行各种附加、摊派和各种苛杂，有的地方苛杂甚至到了"莫名其妙、随心所欲"的地步③，广西田赋就出现了正赋1元、附税8元的极不合理现象。

在国民参政会二届二次大会上，蒋继伊指出，福建各县田赋赋税大都由于一时一事之需要，"期限长短，税率高低，漫无准则"，"有昔有而今无者，有旧无而新有者，其情事之复杂，历史之沿革，不特省与省不同，县与县不同，即一县之中，今年与去年亦不同"；各县附税"有一二倍者，有七八倍者，有不收附税另筹土地增益捐者，有土地已经测量陈报改征地价税"，以至于"无一家不陷于穷困"。他建议将田赋附税征实"根本撤销"④。该案指出了田赋附税征收的混乱现象及给民众带来的巨大痛苦。后来粮食、财政两部在回复该案办理情形时指出，已"电饬福建省粮政局遵照。"⑤ 但由于基层政权被地方豪绅把持，没有他们的同意，"县长是执行不了命令的。"⑥ 在中央层面没有能力承担中央和地方两大层级财政开支的情况下，国民政府虽要求地方政府遵照执行中央法令，但实际效果可想而知。

---

① 《田赋改征实物办法暂行通则》，陈明编：《田赋改征实物论集》，福建省银行经济研究室1941年版，第118页。

② 潘国旗：《第三次全国财政会议与抗战后期国民政府财政经济政策的调整》，《抗日战争研究》2004年第4期，第117页。

③ 叶振鹏主编：《中国财政通史·第8卷：中华民国财政史》（下），湖南人民出版社2013年版，第929页。

④ 蒋继伊：《请政府撤销附税征实办法以昭苏民困安定后方案》，国民参政会秘书处编印：《国民参政会第二届第二次大会纪录》，1942年9月，第112页。

⑤ 行政院秘书处编：《第二届国民参政会第二次大会决议案办理情形报告表》，1942年10月，该文件为油印字，没有编排页码，有一些字迹已无法辨认。

⑥ 转引自［美］易劳逸：《毁灭的种子：战争与革命中的国民党中国（1937—1949）》，王建朗等译，江苏人民出版社2009年版，第51页。

1943 年前后，国民政府在经济上面临的困难更为严重。国内发生了大面积的旱涝灾害，国外与外界相联系的滇缅路被日寇封锁，外国物资无法运到国内。然而，国民政府的财政支出却有增无减，这使它不得不再次调整税收政策。1943 年 1 月 28 日，《财产租赁出卖所得税法》颁布，规定出卖或租赁土地、房屋、堆栈、码头、森林、矿场、舟车、机械等所得均被纳入课税对象，且根据财产租赁、出卖、农业用地等所得数额，采用超额累进税率，税率从 30% 到 50% 不等[①]。国民政府还颁布了《新非常时期过分利得税法》，对 1938 年税法作了修改。新税法与旧税法最大的不同是增加了税源，并对营利事业过分利得税则做了重新规定：第一，营利事业利得在资本 35% 以下者，维持原税率；第二，利得在资本 35% 以上至 100% 以下者，以缩短级距的方式酌增税率；第三，利得在资本 100% 以上者，提高税率，以课征 60% 为最高限额。经过修改，营利所得税和过分利得税，最高可达利润的 80%[②]。由于该税法规定起征点低，累进税率级距小、最高税率小等因素，在一定程度上有利于大企业和高收入者，中小企业和劳动者的负担反而大大加重，造成了"有钱者不出钱，无钱者出钱，钱多者出钱少，钱少者出钱多"的畸形现象。在国民参政会三届二次大会上，调整税收政策再次成为财经提案关注的重要问题。

在这次大会上，专门主张调整税收政策的提案有 6 件，建议主要体现在三个方面：一是调整税率，修改直接税征收办法。刘明扬建议，将现行战时利得税、遗产税、战时奢侈品税率"累进率之最高限度宜提高"；征收城市地价税及土地增值税[③]。马毅要求区别对待工商两业，"由中央明令财政部妥

① 叶振鹏主编：《中国财政通史·第 8 卷：中华民国财政史》（下），湖南人民出版社 2013 年版，第 899—900 页。
② 参见马金华主编：《中国赋税史》，对外经济贸易大学出版社 2012 年版，第 181 页。
③ 刘明扬：《请改进财政政策及经济统制办法以稳定战时公私经济争取最后胜利并为战后民生主义建设建立其基础案》，国民参政会秘书处编印：《国民参政会第三届第二次大会纪录》，1944 年 8 月，第 210 页。

慎修订税法"，使商业资本转向工矿资本，推动中国工矿产业发展①。他还呼吁简化征收手续，以合乎公平合理的原则，杜绝直接税征收机关"利用地位任意估计"，致使商人因缴税过多而导致营业停顿②。王公度指出，过分利得税主管征收机关"对于利得税额的决定，每多不按商民申报之购货销货及捐益情形，而依据其他条件，加以估计"。他认为征收过分利得税额，"应以商民申报购货销货及损益情形为根据，以期切合事实而免发生弊端"③；二是缓办《财产租赁出卖所得税法》。《财产租赁出卖所得税法》的规定大大超过了民众的实际承受能力。该法颁布后，"一般人民议论纷纷，呼吁之声，不绝于耳"。陈志学主张"从缓实施"该法，如不能全部缓行，亦"将土地房屋之出卖所得税，一律免征"④；三是增加酒税"以裕国库"。马景常指出酿酒每年所需粮食约为万石，大都由富裕阶层消费，在粮食供应极为紧张的情况下，"似宜节饮增税，节饮可以节粮，增税可以充裕国库"，建议把酒税增至50%至100%⑤。

对于上述提案，国民政府采取了不同的回应方式。对马毅要求直接税征收工商两界应区别对待的建议，财政部在回复时指出："所得利得两税之征收，系根据纯益课税所得，多者多课，少者少课。商业资本周转快，利益厚，课税自重；工业资本周转慢，利益薄，课税自轻。其不及课税标准者，即予免税。是则税率虽同而其负担纳税义务并不相同，仍寓有诱导商

---

① 马毅：《改订各种直接税法规定工矿业与商业之税率分别计算减低工业税率以期诱导商业资本转为产业资本以利建设而裕生产案》，国民参政会秘书处编印：《国民参政会第三届第二次大会纪录》，1944 年 8 月，第 244 页。

② 马毅：《改进直接税征收方法以培养税源而平民怨案》，国民参政会秘书处编印：《国民参政会第三届第二次大会纪录》，1944 年 8 月，第 271—272 页。

③ 王公度：《请政府改善非常时期过分利得税征收办法以抒商艰而利税收案》，国民参政会秘书处编印：《国民参政会第三届第二次大会纪录》，1944 年 8 月，第 272—273 页。

④ 陈志学：《请缓办财产租赁出卖所得税以恤民艰而固后防案》，国民参政会秘书处编印：《国民参政会第三届第二次大会纪录》，1944 年 8 月，第 245—247 页。

⑤ 马景常：《限制饮酒与增加酒税以裕国库而节粮食案》，国民参政会秘书处编印：《国民参政会第三届第二次大会纪录》，1944 年 8 月，第 249—250 页。

业资本转为产业资本之意"①，从而拒绝了马毅的建议。他的另一案则仅"交财政部切实注意"，没有办理情形②。王公度的提案亦没有办理。对于陈志学的提案，财政部回复说："《财产租赁出卖所得税法》只是系按照纯利所得计算，征免起点甚高，税率递进亦缓，非大户业主多不及课征标准，对一般国民生计无何影响"③，等于拒绝了陈的建议。但是，《财产租赁出卖所得税法》开征后，遭到了农村地主的坚决反对和抵制，它不得不于 1943 年 12 月令饬财政部将其中的土地部分"暂行缓征"④。对增加酒税的建议，财政部决定从 1944 年开始将酒税额"多数增加百分之五十至一倍以上"⑤。1944 年 7 月，国民政府又将《国产烟酒类税暂行条例》修订为《国产烟酒类税条例》，将酒税提高为 60%⑥。

到抗战后期，国民政府税收政策中的弊端日趋明显，征税手续繁杂、征税机关各行其是的现象也日趋严重。针对这种情形，1943 年国民政府再次决定调整税务机构，具体办法为：各直接税局与各区税务局合并改设税务管理局；同一地区之直接税分局或税务分局，或直接税查征所，或税务员办公处，相互合并组成税务征收局；同一地区之直接稽查征所或税务员办公处合并组成查征所。到 1943 年年底，全国已有 17 个省区合并改组成

---

① 行政院秘书处编：《第三届国民参政会第二次大会决议案行政院办理情形报告表》，1944 年 8 月，第 25 页。
② 行政院秘书处编：《第三届国民参政会第二次大会决议案行政院办理情形报告表》，1944 年 8 月，第 27 页。
③ 行政院秘书处编印：《第三届第二次国民参政会大会决议案行政院办理情形报告表》，1944 年 8 月，第 25 页。
④ 叶振鹏主编：《中国财政通史·第 8 卷：中华民国财政史》（下），湖南人民出版社 2013 年版，第 900 页。
⑤ 行政院秘书处编：《第三届第二次国民参政会大会决议案行政院办理情形报告表》，1944 年 8 月，第 20 页。
⑥ 项怀诚主编：《中国财政通史·第 9 卷：中华民国卷》，中国财政经济出版社 2006 年版，第 99 页。

立了税务管理局，329 个税务征收局，636 个查征所①。但是这一办法未能扭转征税手续繁杂、征税机关各行其是的趋势，而且在此过程中，征税人员大捞油水、纳税人不堪重负被迫逃税的现象比比皆是，有的甚至达到了触目惊心的程度。

在国民参政会三届三次大会上，喻育之指出，由于税收过于繁重，一些纳税人为生活所计，被迫"逃税"，"伪造假账"，他认为应该"简化稽征弃其繁，酌减税率"，使纳税人"无庸违法逃税，瞒心造帐，自堕人格，自寻烦恼"。②韩汉藩认为税务行政多有"未能尽如人意之处，实行上一般效果与理想相去甚远"，主要表现为税收机构不统一，人事制度不健全，纳税手续烦琐，不肖税吏乘机作弊等，"不仅影响国库收入，妨碍新制度之推行，抑且影响抗战前途与国民生计。"他主张"统一税务行政机构"，各省统一于税务管理局；简化纳税手续；"税额应公平公开"，避免不肖者"从中作弊"。他还主张设立税额评议委员会，作为人民对税局决定不满时的诉愿机关，成员在各县市参议员或商会及其他法团公正人士中聘任组织③。

后来国民政府对这两案逐一进行了回应，但没有采择其中的建议。就前者来看，它认为直接税、所得税税率已较"法定累进税为低"，货物税除奢侈品及半奢侈品较高外，"凡民生及工业必需品，均甚低微"，因此，"未便再予减低"，实际上拒绝了提案的建议。对于后者，它指出在简化征税机关方面，曾将省级直接税与货物税稽征机关合并，但"合并以来，办理业务诸感困难"，不得不再次分开；在纳税手续简化方面，它指出已按 1944 年度所得税及利得税简化稽征办法办理，且稽征较为烦琐之战时消费税，已全部取消，没有简化必要；在税额公平公开方面，它虽认为税额本应公开，但同时

---

① 叶振鹏主编：《中国财政通史·第 8 卷：中华民国财政史》（下），湖南人民出版社 2013 年版，第 774 页。

② 喻育之：《请政府简化稽征酌减税率案》，国民参政会秘书处编印：《国民参政会第三届第三次大会纪录》，1945 年 3 月，第 225 页。

③ 韩汉藩：《拟请统一税务行政机构公定税额而利税收案》，国民参政会秘书处编印：《国民参政会第三届第三次大会纪录》，1945 年 3 月，第 226 页。

又指出"如纳税义务人不满税务机关所订之税额，尽可依法请求救济，非无改正之机会"①，没有必要成立税额评议委员会。

尽管国民政府不愿采纳国民参政会的建议，但它也深知税收实施过程中的弊端。面对税收弊病及其产生的"涣散人们的精神，动摇国家的根基"的现象，加之有些"税收微少，手续烦琐，不无苛扰"，它决定取消一些统税和战时消费税。1945年1月23日，国民政府行政院召开第684次会议，讨论了调整税制、简化税收机构等问题，决定取消茶叶、竹木、皮毛、磁陶、纸箔、麦粉、水泥、火酒、饮料品等的统税；取消棉花、夏布、麻布、丝织品、植物油、药材、爆竹、焰火、金针菜、笋干、黑木耳、香菌、干制果品、玻璃制品及神香、神香末等的战时消费税。这虽然不能从根本上解决税收过高、贪腐丛生及民众负担过重的问题，但对于改善上述问题多少能发挥一点作用。

二、改善田赋征实办法

在各种税收政策中，1941年实施的田赋征实政策对抗战的影响最大。1941年4月1日，国民党五届八中全会通过了《各省田赋暂归中央接管案》，决定"将各省田赋收归中央整顿征收"②。5月20日，行政院增设粮食部，徐堪被任命为部长。22日，蒋介石召集粮食会议，通过了征收实物纲领。6月16日，全国第三次财政会议通过了田赋征实的原则、办法及实施程序。从8月1日起，各省相继成立了田赋管理处。9月16日，田赋征实正式实施。田赋征实政策是中国在特殊的条件下对田赋制度实施的重大变革，目的在于运用政治与行政的手段解决战时军食、民食的供应，保障抗战的顺利进行。对此，有研究指出，到抗战后期，"若无田赋征实来解决军公教人员的粮食

---

① 中国第二历史档案馆编：《中华民国史档案资料汇编·第五辑·第二编：财政经济》（二），凤凰出版社1997年版，第66页。
② 浙江省中共党史学会编印：《中国国民党历次会议宣言决议案汇编》（第3分册），第175页。

问题，战争实无法进行下去"。①

但是，田赋政策实施伊始，由于各省份实际情况参差不齐、监管措施未能及时跟进、执行人员借机营私舞弊等因素，政策在实际执行中严重变异。粮食部督导室视察袁逸之曾指出："局部粮政贪污，已为人民司空见惯之事"，"各地经办人员浮收冒斗勒派等影响之普遍，如未身临各地者，几难置信。"②这引起了民众的强烈不满。到抗战后期，很多国统区都发生了农民的剧烈反抗和起义现象③。国民参政员作为各地方精英力量的代表，对田赋征实实施后的弊端也深有体会。

国民参政会二届二次大会是田赋征实制度实施后召开的第一次国民参政会大会。在这次大会上，国民参政员共提出了6件改善田赋征实的提案，从内容来看，主要关注两个问题：一是田赋征实后的军粮摊派问题；二是田赋征实过程中的弊病。就前者来看，建议主要集中在军粮由田赋征实解决后，军队不能再私自征收。孔庚指出："征收实物及定价购粮之法，虽已由省县政府分别布告施行，而各地驻军，仍各向民间直接征购，瓜再摘而无存，鱼竭泽而殆尽，有军食，无民食，其何以堪。"他要求国民政府"电令各省政府及各地驻军，以后军粮，务须由省粮政局统一征购，各地驻军不得直接向民间购办，违者以抗令论"④。曾省斋指出，中央已有征购军粮计划，但湖南驻有军队各县却私自代派军米，且价格极低，有的甚至令民众将军米送到目的地后，只"给以空头收据一纸，丝毫不予贷价"，这种行为无异于强取豪夺。他提出"一切巧立名目及军队直接征购之机关，应请中央严令撤销之"；"严禁驻军直接征购摊派，如驻军或机关因一时之亟需，须向地方挪借之事，

---

① 侯坤宏：《抗日战争时期粮食供求问题研究》，团结出版社 2015 年版，第 188 页。

② 中国第二历史档案馆编：《中华民国史档案资料汇编·第五辑·第二编：财政经济》（二），凤凰出版社 1997 年版，第 195 页。

③ ［美］易劳逸：《毁灭的种子：战争与革命中的国民党中国（1937—1949）》，王建朗等译，江苏人民出版社 2009 年版，第 54—55 页。

④ 孔庚：《请切实施行统一征粮办法严厉制止地方驻军个别贱价购粮强夺民食以纾民困而利抗战案》，国民参政会秘书处编印：《国民参政会第二届第二次大会纪录》，1942 年 9 月，第 103 页。

应经由主管粮政机关依法办理并由粮政机关负责归还。"①

　　就后者来看，建议基本集中在三个方面：一是确定征收数额，禁止随意摊派。郭仲隗指出，河南田赋征实标准本来就比其他省份重，加上临时摊派性质的农民捐、富户捐等，人民负担"无形中增重三分之一"。他认为田赋征实标准及其他以土地为独享所摊筹、派募之数项，应遵照战时田赋征实暂行通则相关规定"严厉禁止"②；二是提高征实价格。曾省斋指出，湖南田赋征实数额很多，但"遇事抑低其价格"，"农民赔累不堪，已有相率辍耕之现象"，主张"酌情提高征购价格"，以鼓励农民"继续生产"③；三是改善运粮办法。梅光迪指出，政府向人民购粮，应自筹运输办法，但现实却是"一律迫人民自送"，有时甚至不问路途远近，随意指定地点，以致"征购一石，人民加倍一二石之费，尚难运到"，及至运到，"又横加批剔留难"，甚至有搁置三五天，仍不能缴纳者；还有的"大斗满量，抑压需索"。他要求政府下令"各省自筹运粮办法，不得迫令人民自送"；民众交粮选近便地点，随到随收，平斗平量，"不得任意挑剔留难，及一切抑压需索情事。"④ 李芝亭建议将粮食运至县政府所在地，其余事宜如仓储、运输费用由中央统筹办理，不再增加农民负担。

　　国民政府当然知道田赋征实"困难极多，流弊亦大"及民众怨声载道的实际⑤，因此，它对这几件提案的回应还是比较积极的。对于孔庚的提

---

① 曾省斋：《请严禁湘省非法征购粮食改善粮政管理以利民生而固抗战资源案》，国民参政会秘书处编印：《国民参政会第二届第二次大会纪录》，1942年9月，第105页。

② 郭仲隗：《河南军粮及征实负担过重民不堪命崩溃可虞请政府速予减轻以维地方而利抗战案》，国民参政会秘书处编印：《国民参政会第二届第二次大会纪录》，1942年9月，第107页。

③ 曾省斋：《请严禁湘省非法征购粮食改善粮政管理以利民生而固抗战资源案》，国民参政会秘书处编印：《国民参政会第二届第二次大会纪录》，1942年9月，第105页。

④ 梅光迪：《为各省征购粮食弊端百出苛扰不堪请政府迅速申明禁令以纾民困而维系战区人心案》，国民参政会秘书处编印：《国民参政会第二届第二次大会纪录》，1942年9月，第104页。

⑤ 侯坤宏：《抗日战争时期粮食供求问题研究》，团结出版社2015年版，第78页。

案，粮食部在回复中指出，各战区及各省驻军1941至1942年所需军粮已经粮食部按照呈准办法在田赋征实项下指拨，不得"再在各地自行购粮，以免刺激粮价紊乱"。它还要求军政部通令各战区司令长官、各省主席及鄂东、鄂北部队"严务遵办"。对于梅光迪的提案，粮食部在回复中指出："已分电各省政府切实注意改善"。军政部在回复中亦指出："已通电各军粮局，关于人民解缴军粮，务须迅速验收，一切手续力求简捷，不得藉端留难。"[1] 在1941年11月的国民党五届十中全会上，经济组审查委员会审查粮食工作报告时也提出："切实筹划改善办法"，"订定惩治营私舞弊办法"，一旦违反，"按军法处办"；"禁止地方政府藉粮食管理以营利。"[2] 这次大会通过的《田赋征实征购宜兼顾民力以培国本案》明确规定，田赋征实要"体谅人民经济力量，规定最高税率，或准以现金折实，严禁地方巧立名目任意附加"[3]。这对于一定程度上缓解农民负担、遏制地方任意摊派，在一定时期还是较为明显的。

国民政府虽承诺要减轻民众负担，但面对庞大的军粮、公粮供应及巨额的财政支出，它除了超额发行货币、内外公债之外，还是要靠田赋征实来支撑。在此情形下，民众的负担很难减轻。特别是到了抗战中后期，国民政府对基层政权的控制力更为薄弱，田赋征实过程中执行人员玩忽职守、贪污渎职等现象也更趋严重，引起了国民参政员的不满。在国民参政会三届一次大会上，专门建议改善田赋征实的提案有3件。王亚明指出了田赋征实过程中存在的普遍问题，如征缴粮食容器不统一、仓库过少且缺乏科学管理、缴粮手续过繁农民不胜其苦、办理人员时常扰民、配额数额不确实、若干大户余粮未能征购、无余粮户反被征购等问题。他认为，要解决这些问题，需要"健

---

① 行政院秘书处编：《第二届国民参政会第二次大会决议案办理情形报告表》，1942年10月，该文件为油印字，没有编排页码，有一些字迹已经无法辨认。

② 浙江省中共党史学会编印：《中国国民党历次会议宣言决议案汇编》（第3分册），第314—315页。

③ 荣孟源主编：《中国国民党历次全国代表大会及中央全会资料》（下），光明日报出版社1985年版，第809页。

全保甲及征实机构","澈底实施征购法令","严密监督确实调查"等①。韩兆鹗和张作谋分别代表本省人民就田赋征实中的弊端向国民政府提出建议。韩兆鹗指出,陕西省因涝灾导致小麦腐烂,"收成顿减",如果强行征收小麦,则农民不得不卖杂粮买麦,会导致征购"费时费事困难滋多,甚至买卖之际,牙宦剥削斗箕苛诈"等情事发生,建议国民政府"搭征杂粮,以纾民困",并提出在征收过程中,要杜绝"扣称扣斗等苛诈情事"发生②。张作谋指出甘肃省地瘠民贫,所承担的田赋数额已远远超过了民众的承受能力,主张在征购数额上,以该年度实际征获数额为准,最高不得超过160万石,他还建议县级公务员所需食粮,应包含在军粮征购数额内,不能由地方自行摊派。

对于这3件提案,国民政府的回应方式是不同的,财政部后来在回复王亚明提案的办理情形时,指出对他指出的田赋征实弊病已逐一改正,如统一了粮食征收标准,全国都以市石为单位;拨发费用建造仓库便利粮食储存;改进征收手续使民众便于运送粮食;训练实际征收人员以免扰民事件发生;派监察人员防止舞弊情形发生③。韩兆鹗田赋征实"搭征杂粮"的建议,也被财政部采纳,但"以征购粮食数额六分之一为限"④,提案本身多少发挥了点作用。张作谋的提案则"交财政粮食两部参考",没有具体办理情形。这主要是因为"分配给各省的定额取决于中央政府和省府之间的谈判,国民政府对一个省的政治控制的程度很可能是一个决定性的因素。"⑤在国民政府能

---

① 王亚明:《澈底实施田赋征实及公购余粮案》,国民参政会秘书处编印:《国民参政会第三届第一次大会纪录》,1943年8月,第224页。

② 韩兆鹗:《提请征购征实杂搭征杂粮以纾民困而利抗战并从严查办收粮人员之渎职案》,国民参政会秘书处编印:《国民参政会第三届第一次大会纪录》,1943年8月,第224页。

③ 行政院秘书处编:《第三届国民参政会第一次大会决议案行政院办理情形报告表》,1943年8月,第28—29页。

④ 行政院秘书处编:《第三届国民参政会第一次大会决议案行政院办理情形报告表》,1943年8月,第82页。

⑤ [美]易劳逸:《毁灭的种子:战争与革命中的国民党中国(1937—1949)》,王建朗等译,江苏人民出版社2009年版,第47页。

够控制甘肃省政府的情况下，不愿意在此问题上作出过多让步。

当然，如同国民政府在其他领域采取的措施成效不彰一样，改善田赋征实制度实际上也没有明显改观。王世杰就曾在他的日记中指出："湖南、河南、江西等省参政员，对于当地办理征粮情状，率表不满。"①这种情形也反映在了国民参政会三届二次大会中。在这次大会上，罗麟藻对田赋征实过程中"弊端百出""民众遭受不必要之痛苦"的现象进行了淋漓尽致的揭露。他主张按照"调整组织，划一人事，清除贪污，顾全民力，参考旧日田赋科则成规，使民众负担克臻公允"的原则，改善田赋征实制度，具体而言，一是不论征收何种食粮，统应一次征收，不得有复加；二是征收粮额标准，应以土地生产量五年或三年之平均额计算，以期符合民力，而免偏枯；三是政府征收粮额，每年应按岁收丰歉核定数额，并应事先征求省参议会之同意；四是政府如认为所需粮额有增加或减少之必要，可就军粮额内伸缩，田赋粮额不应稍有变动；五是粮政机构应求简单，俾事权集中，指挥便利；六是粮食集中地点应事先作精确计划，指定集中地点，由人民一次运缴，不必数次征发民众力量，迁移转运，加重民众痛苦；征购军粮时应尽量减少征借数额，以"顾全民力"②。李培炎指出云南山多田少、地广人稀，平时食粮尚难自给，又加上歉收，要求国民政府"取消加征之额"，并酌量减少原有征额，"以留农民一线生机"。他还针对田赋征收过程中弊窦丛生的现象，要求国民政府"指定监察人员，每期验收粮食及发给征购粮价时，拟请政府明令规定以市县参议会之议长副议长，县参议会未成立者，以县党部书记长，为办理征实征购之监察员，发现弊端，得斟酌情形，以书面向县长或省粮政高级机关举发，请求法办。"③

---

① 林美莉编辑校订：《王世杰日记》（上），台北"中央研究院"近代史研究所2012年版，第390—391页。

② 罗麟藻：《请改良征收田赋军粮办法案》，国民参政会秘书处编印：《国民参政会第三届第二次大会纪录》，1944年8月，第231—232页。

③ 李培炎：《云南农民对于征实征购遭受特殊惨苦拟请政府亟图挽救以苏民困案》，国民参政会秘书处编印：《国民参政会第三届第二次大会纪录》，1944年8月，第233页。

　　国民参政会和社会舆论对这些问题的关注、田赋征实引发的政府与民众的矛盾及造成的社会混乱局面①，使国民政府不得不在可能的条件下着手减轻民众负担。后来国民政府对这两案均有回应。如对于罗麟藻的提案，它要求"绝对严厉禁止"县市以下地方基层行政人员未经中央核准擅自派粮；土地陈报人员"如有舞弊情事，一经查觉从严究办"。对于李培炎的提案，粮食部决定将云南省1943年的田赋征实减为米90万石，并将其中的30万石改为采购，全部发给现款②。对此，有学者指出，主要是由于中央与云南的特殊关系导致国民政府对云南非常"仁慈"③，但国民参政会的作用亦不能忽视。

　　面对田赋征实中的弊病，国民政府更多的采取了头痛医头、脚痛医脚的思路。由于缺乏足够的资源，很多措施都成为纸面上的文字，未能在实践中贯彻执行。在国民参政会三届三次大会上，由于对豫湘桂战役失利的强烈不满，国民参政会某种程度上已成为国民参政员发泄不满的场所，田赋征实中的弊病也成为被抨击的对象。张丹屏愤懑地指出："陕西田粮处当局对于军赋粮配运，事前缺乏全局之统筹"；"驻军之县无粮，有粮之县无军，抑或调运配拨，朝令夕改，致交粮机关，无所适从，往返请示，不得解决，应运之粮，任其霉烂"；"配运失当，人民痛苦……交接繁杂，人民巡回负荷，怨言丛生，以致痛苦烦恼，无门可诉。"他要求国民政府明令陕西田粮处当局统筹配运军粮，"务求慎密合理，仓粮颗粒归仓，不得周转市场"；统筹军粮民食，兼筹并顾，不得因军粮过于掠夺民食④。李芝亭指出，田赋征实实行后，

---

① ［日］笹川裕史、奥村哲：《抗战时期中国的后方社会：战时总运员与农村》，林敏等译，社会科学文献出版社2013年版，第25—27页。

② 行政院秘书处编：《第三届第二次国民参政会行政院办理情形报告表》，1944年8月，第95—97页。

③ 郝银侠：《抗战时期田赋征实之制度研究》，华中师范大学2008年博士学位论文，第74页。

④ 张丹屏：《粮食管制应以军粮民食兼筹并顾为原则请对今后配运军赋各粮及调节民食分别改善达到前方抗战后方生产分工合作之目的案》，国民参政会秘书处编印：《国民参政会第三届第三次大会纪录》，1945年3月，第238—240页。

省、县正杂赋所收实物都归中央，留给地方的仅为正赋赋额的15%，后来又以现金代替，在此过程中，中央所发现金与实际相差悬殊，如中央发现金时，以小麦每市石250元折算，但实际上小麦的市价已经达到了每市石1750元。这导致民众生活困苦，严重影响了他们的生产积极性。他建议在"征实项下，拨付地方百分之十五赋粮，应全部留给实物，或按食粮市价拨发代金"①。王普涵也主张"将田赋正附征实项下，留拨地方百分之十五实物即迳划拨实物，勿再折发名实悬殊之代金"，"以减轻人民额外负担。"② 褚辅成和赵和亭则提出核减其所在地浙江省和陕西省的田赋征实数量，原有核减的田赋数额不再征收。

对于上述提案，国民政府进行了选择性回应。如对张丹屏的提案，它指出已经由粮食部令饬陕西田赋粮食管理处，"切实纠正过去各种弊端，分别改善"。对于李芝亭和王普涵的建议，国民政府行政院也指出："先尽实物分配，其无实物获补助者，照上年12月份各区平均米代金标准折价核拨现款"③。当然，考虑到国民政府对此类提案的回复，提案的实际效果不难想象。对于褚辅成和赵和亭减轻浙江、陕西等省田赋征收数额的建议，国民政府只是明令地方政府不得额外摊派，并未像对云南那样为其开绿灯，而仍照旧征收④。不仅如此，国民政府在五届十二中全会上还提出："田赋征实征购数额应酌予提高，俾政府能掌握更多粮食。"⑤ 在此情形下，面对国民政府施

---

① 李芝亭：《田赋征实后陕省地方预算不堪甚巨请中央将拨付百分之十五赋粮仍留实物或按市价拨付代金并将拨补地方营业税提增至百分之五十以资弥补案》，国民参政会秘书处编印：《国民参政会第三届第三次大会纪录》，1945年3月，第240—241页。

② 王普涵：《请政府将田赋正附征实项下留拨地方百分之十五实物即迳划拨实物勿再折发名实悬殊之代金以免地方预算不敷重向人民摊派案》，国民参政会秘书处编印：《国民参政会第三届第三次大会纪录》，1945年3月，第241—242页。

③ 行政院秘书处编：《国民参政会第三届第三次大会决议案行政院办理情形报告表》，1945年6月，第17页。

④ 行政院秘书处编：《国民参政会第三届第三次大会决议案行政院办理情形报告表》，1945年6月，第18页。

⑤ 浙江省中共党史学会编印：《中国国民党历次会议宣言决议案汇编》（第3分册），第413—414页。

政方针和民意诉求之间的巨大鸿沟,民众的不满情绪愈加不满。一些国民参政员甚至指出:"我们试站在任何一角窥测国事,经济呀,财政呀,内政呀,粮政呀,乃至军政、外交呀,几无一件可以使人完全满意"①,对国民政府的失望溢于言表。

在抗战胜利前夕召开的国民参政会四届一次大会上,要求纠正田赋征实弊端已不是财经提案关注的重点问题。在这次大会上,共提出156件财经提案,只有3件是专门要求改善田赋征实制度的,建议主要集中在对提案人所在省份田赋征实数额的减免。孔庚针对湖北"连年荒歉,产量减少",且"委购粮价"与实际粮价相差太远的情形,提出减少湖北省1945年田赋征实和征借数额②。王枕心指出江西临近抗战前线,"三面陷敌",加上水旱频仍,灾情惨重,"人民痛苦更不堪言",要求减少对江西省的粮食征收数额③。王芸青指出河南连年灾荒,粮食收入尚不够全省人民"两月之需",已无力承担中央摊派田赋数额,要求"澈底减免河南省田赋军粮配额"④。这3案经合并讨论交粮食部办理。抗战胜利后,随着战争压力的暂时缓解,国民政府决定免征鄂、豫、赣等收复区省份1945年的田赋征实数额,免征地区历年所欠田赋停止催征;核减下来的数额亦不再补征⑤,从而暂时缓解了这些地区民众的负担。但是,总体来看,在整个抗战期间,田赋征实在支撑抗战、为抗

① 《从这次参政会看政治前途》(社评),重庆《国讯》第377期;重庆市政协文史资料研究委员会、中共重庆市委党校编:《国民参政会纪实》(下),重庆出版社2016年版,第759页。

② 孔庚:《请政府减少三十四年度湖北省田赋征实征借配额并提高委购粮价案》,国民参政会秘书处编印:《国民参政会第四届第一次大会纪录》,1946年1月,第412页。

③ 王枕心:《请政府减低赣省粮食征收数额以苏民困而利抗战案》,国民参政会秘书处编印:《国民参政会第四届第一次大会纪录》,1946年1月,第412页。

④ 王芸青:《为河南连年灾祲今春遭敌寇窜扰益以蝗旱民穷财尽农村枯竭应请政府分别减免河南省三十四年度征实征借应配军粮及三十四年度旧欠粮额以苏民困而增反攻实力案》,国民参政会秘书处编印:《国民参政会第四届第一次大会纪录》,1946年1月,第413页。

⑤ 行政院秘书处编:《国民参政会第四届第一次大会决议案行政院办理情形报告表》,1946年2月,第115页。

战做出重大贡献的同时，也逐步演变成为扰民、害民的苛政，由此也造成了民众对国民政府的强烈不满。有学者甚至指出，这为抗战胜利后"国民政府的覆灭埋下了伏笔"[1]。

三、改善贸易管制手段

在战争状态下，加强进出口贸易管制，不仅有利于战时金融稳定，而且有利于获取更多的抗战物资，支持抗战的顺利进行。抗战时期国民政府采取的一系列贸易管制措施，在一定程度上增强了战时经济基础，但由于存在着与民争利、官员贪污腐败、监守自盗等问题，导致贸易管制政策在实施过程中出现了很多问题，引起了国民参政员的关注。

在贸易管制措施中，汇率问题是一个非常重要的问题，对稳定战时经济具有重要作用。全面抗战爆发后，中国市场汇率出现了一定程度的波动，形成了外汇黑市不断上涨的局面。为稳定汇价，1938年3月12日，财政部公布了《购买外汇请核办法》三条与《规则》六条，限制国民对外汇的支配权和使用权，并成立外汇管理委员会，提出公私款项一律须经核准，再交中央银行结售。但这一办法因中央银行不能提供足够的自由流通的资金而使"法规的约束力失其效能。"一些请购外汇未获批准者私自向外商银行洽购外汇，获准请购外汇获准者乘机进行投机倒卖，借以获得非法利润，导致"法令形同具文"。针对该情形，6月中旬，国民政府又颁布了《进口汇兑办法》三条，规定进出口外汇请购时须缴法币[2]，但效果亦不甚明显。另外，日伪在华北成立联合准备银行，发行伪钞，套取外汇，也给稳定中国战时金融造成了巨大冲击。

在国民参政会一届一次大会上，张振帆提出了推进对外贸易调整金融汇率，稳定国民经济的提案。该案非常简单，仅有寥寥数语，目的在于提醒国

---

[1] 潘国旗：《第三次全国财政会议与抗战后期国民政府财政经济政策的调整》，《抗日战争研究》2004年第4期。

[2] 王红曼：《中国近代金融法制史研究》，上海人民出版社2013年版，第360页。

民政府关注这一问题，未提出具体建议①。郑震宇的提案较为详细，它着眼于通过"重新估定一切对外贸易关系，加以严格统制，与灵敏运用"，使"国际间对我态度，亲者愈亲，疏者为谋保持其已有贸易利益计，亦不能不有所顾忌。"② 这两案被交内政部、财政部等相关部门办理。由于涉及经济秘密，实施情形以"密"字代替③，具体情形不得而知。后来，交通、中国、汇丰三行在国民政府的支持下，使法币对英镑的汇率在 1938 年 8 月之后的半年中基本上稳定在 8 便士左右，考虑到沦陷区日渐扩大，华北日伪政权又在天津大量收购外汇，故意扰乱市场，能够取得如此成绩，实属不易④，亦表明国民政府对汇率的控制政策发挥了一定作用。

　　战争的严峻形势迫使国民政府加紧推进贸易统制政策。1938 年 10 月 15 日，贸易调整委员会成立，它的主要任务是"总揽一切有关对外贸易的行政管理之权，加以财政部复授以管理出口外汇之权"⑤，这标志着战时贸易政策向统制方向的转变。但该委员会成立伊始，在资金规模和调整范围上过于狭小，对保证抗战的作用不大。为进一步适应战争形势的变化，1938 年 2 月 16 日，贸易调整委员会被改组为贸易委员会，主要任务为管制进出口贸易；推动国营、民营对外贸易的发展并考核其效绩；管理外汇借款和易货偿债；向国外购货；对敌封锁以及抢购敌占区物资等。它还成立了富华贸易公司、复兴商业公司及世界贸易公司和中国茶叶公司等业务机构，直接从事实际的经济经营。这些公司直接由国民政府控制，占有先天的竞争优势，直接与民争利，给本来已极为脆弱的民营企业造成了巨大的冲击，严重影响了民营企

① 张振帆：《推进对外贸易调整金融汇率以稳定国民经济案》，国民参政会秘书处编印：《国民参政会第一次大会纪录》，1938 年 9 月，第 218 页。

② 郑震宇：《拟请统制国际贸易以增进外交奥援案》，国民参政会秘书处编印：《国民参政会第一次大会纪录》，1938 年 9 月，第 223 页。

③ 国民参政会秘书处编印：《国民参政会决议案实施情形一览》，1939 年 8 月，第 46—47 页。

④ 《交通银行史》编委会编著：《交通银行史》（第 3 卷），商务印书馆 2015 年版，第 165 页。

⑤ 唐润明主编：《抗战时期国民政府在渝纪实》，重庆出版社 2012 年版，第 94—95 页。

业的生存和发展。为了争取到有利的发展环境，部分民营企业家向他们或认识、或熟悉的国民参政员写信，希望通过国民参政会使国民政府关注并解决这一问题，这在国民参政会一届二次大会上体现了出来。

在这大会上，有两件提案涉及调整贸易及外汇管制办法，都是国民参政员代表民间向国民政府反映诉求。胡景伊一方面建议调整贸易委员会的职能，一方面指出其下属公司富华公司所经营大多为有利可图的产品，"其无利可图者系不接受"，"有与民争利之嫌"，以"行政机构而又为企业经营"，"未免贻民众以口实。"他认为，"工商业已有组织经营者，政府尽可从旁赞助，不必与之竞争"，建议撤销富华公司，或使其与贸易委员会截然分开。他还把两位民间人士要求调整和改进贸易委员会的建议作为附件提交给了大会。两个附件都对贸易委员会"只顾私利，罔顾大局，长此以往，贻误国家"及"与民争利"，"渐成营利机关"，"置整个国民经济于不顾"，"障碍输出增加，阻止商业活动，且有破坏农村情形"的行为进行了淋漓尽致的揭露①。

钱端升代表四川丝业公司经理范崇实向大会提出了《管理贸易及外汇方法改进案》。该案针对贸易管制措施实施后出现的诸多弊端提出：一、针对外汇高于法价、出口货价下跌、工商业无利可图的情形，要求"由国家以奖金或津贴等名目，补偿其（工商人士）汇价上之损失"；二、管理贸易机关应有"各省产业界人士"参加，以便于政府了解经济实况；三、政府不应直接参与贸易经营。这主要是指贸易委员会直接经营部分商品的进出口贸易，严重压制了民间力量在这一行业的正常经营；四、为鼓励生产，请政府"不择贵贱，普遍收买"；五、努力增加外汇；六、外汇收买价格应就"战前内地为市价标准，不应就目前海外市价之外汇折合法币之法价为标准。"②为使国民政府切实注意这个问题，钱端升还联合其他国民参政员向大会提议"设置特种审查委员会以审查外汇管理及对外贸易案"。

---

① 胡景伊：《调整贸易提案》，国民参政会秘书处编印：《国民参政会第二次大会纪录》，1938年11月，第80页。

② 钱端升：《管理贸易及外汇方法改进案》，国民参政会秘书处编印：《国民参政会第二次大会纪录》，1938年12月，第83—84页。

国民参政员中有一部分人本身就是实业界人士，他们对贸易委员会及贸易管制中的弊病深有体会，这两案提出后，也得到了他们的积极响应。大会经过对这两案讨论，认为贸易管制及汇兑管理应以"一方面增加对外贸易之数量，同时减少生产者及一般商民之痛苦"为指导思想，并提出了三点具体建议供国民政府采择：一是扩大进口贸易统制，以军事需要、改善人民生活、促进民族工业发展为原则，"规定入口货品之种类"。该建议是为了限制奢侈品及与军事无关物品的进口，将有限的外汇用于保证抗战及维持人民生存需要；二是"酌量提高收买出品之价格，或用补偿金或给还外汇一部分"，以奖励出口及增加外汇收入，鼓励生产者的生产积极性；三是通过政府开源与节流双重方式，维持法币正常的购买力[1]。

国民政府设立贸易委员会的目的在于由其控制一部分经济资源，以应对战争和满足自身需要，因此，它对这两案的回复含糊其辞的意味很浓。如针对胡景伊要求调整贸易委员会的建议，国民政府仅把贸易委员会常委人数修改为 15 人，并未有实质性调整举措；针对钱端升要求管理贸易及外汇交易的建议，财政部的回复是"关于管理外汇及对外贸易，政府早经定有维护生产促进外销办法，原已相当周密，现又经加以改进，原建议各点，与政府现行办法大体相同。本案交主管机关参考"[2]。当然，国民政府也深知贸易管制中的问题。为减少弊病，国民党五届五中全会通过的《改善对外出口贸易及售结外汇办法以维持生产加强持久抗战力量案》提出了三点改善措施：一是加紧进口统制，管制不必需的消费品；二是以国际市场为标准，提高外销特产的收买价格，以促进生产，提高生产者积极性，杜绝走私；三是对物资交通运输予以便利与辅助[3]。

尽管国民政府注意到要提高出口产品收购价格，以免因生产者积极性降

① 国民参政会秘书处编印：《国民参政会第二次大会纪录》，1938 年 12 月，第 33 页。

② 国民参政会秘书处编印：《国民参政会决议案实施情形一览》，1939 年 8 月，第 115—116 页。

③ 中国第二历史档案馆编：《中华民国史档案资料汇编·第五辑·第二编：财政经济》（九），凤凰出版社 1997 年版，第 422 页。

低导致对出口造成不利影响，但在此过程中，它为了减少财政赤字，压低收购价格的现象还是相当普遍，民众的生产积极性也大大降低，生产力亦因之大大萎缩。不仅如此，有限的外汇亦没有用到刀刃上，一些与抗战关系不大的奢侈品竟然被输入进来。这对外汇储备本来就少，急需外汇换取抗战物资的中国来讲，无疑是不利的。在国民参政会一届四次大会上，李培炎指出国民政府不顾及生产者利益，强制"勒价收买"矿产、茶叶、猪鬃、桐油等特定商品，且收买价格"不能与外汇之涨落保持平衡收缩"，影响了生产者的积极性，也导致商人裹足不前。他还指出，有些非抗战绝对需要的奢侈品，并没有"绝对禁止输入"，有限的外汇未能最大限度地发挥作用。他提出将矿产、茶叶、猪鬃、桐油等主要外销产品的管制放开，"恢复自由贸易"，使生产者及商人都有利可图；出口商品除有关国防绝对禁止出口外，一律实行跟单押汇，并主张外汇利益归商人，以刺激出口；而"非必要品，绝对禁止输入"①。马君武以密案形式提出请国民政府注意改善土货收买价格及外汇售结办法。两案所提建议一旦实施，既有利于稳定汇价，亦有利于经济良性发展，受到了国民参政员的广泛认同。大会在讨论两案时，不仅完全同意两案所提建议主张，还提出了改善汇价管制的具体措施：一是参考国际市场售价及法币汇市行情，提高对矿产、茶叶、猪鬃、桐油等产品的收购价格；二是其他土产品的出口，一律向政府指定之银行请结外汇；三是照顾商人利益，使其"不致因行市之剧烈变动，担当营业之风险"；四是给予出口商人运输保险垫款等便利与协助；五是千方百计抢购沦陷区及战区物资，"以免资敌"；六是统一管理出口贸易机构，简便手续，提高效率；七是实行限制进口办法，保证外汇用于军事需要②。

严峻的经济形势及贸易管制措施实施后出现的诸多弊病，迫使国民政府开始正视国民参政会提案中的一些建议。国民政府对这次大会讨论通过的七

---

① 李培炎：《改善现行贸易制度促进出口节制入口以苏民困而固金融案》，国民参政会秘书处编印：《国民参政会第四次大会纪录》，1939 年 11 月，第 130 页。

② 国民参政会秘书处编印：《国民参政会第四次大会纪录》，1939 年 11 月，第 130—131 页。

项建议的采纳情形进行了逐一回复。经济部在回复中指出，虽然要继续对矿产、茶叶、猪鬃、桐油等四种战略物资实行"统筹购运"，但也承认要"规定公布价格收购"；"政府对于出口商人，应予运输保险垫款等种种便利与协助"；"沦陷区及战区各地之物资，应由政府设法竭力抢购输出"；"政府应统一办理出口贸易之机构，增进其效率，并力求手续之简便"；"对于限制进口办法，应切实施行"；"对于发展后方工业及人民日用必需品之进口，应尽量供给外汇。"财政部在回复中也指出，"对于统销货物收购价格，现饬由贸委会重行考订各地收购之标准价格"；"关于银行挂牌汇率，现拟斟酌情形减少应结外汇货物为十四类，并拟改订实结外汇数额，较之原办法，商人所得外汇，已增加一成。其由后方辗转运出，须经外国口岸者，准减至七成为止"；对于进出口物品，已组织"特许购运禁止进出口物品审核委员会"专门负责①。

尽管国民政府注意到了贸易管制措施中的弊端，并注意参考借鉴将国民参政会提案的部分建议，但相对于通过税收获得财政收入来支撑庞大的财政开支而言，通过物资管制更便于控制一定的经济资源，更有利于国民政府的正常运转，因此，它虽提出要改进贸易管制政策，但仍然继续由贸易委员会具体负责对重要物品的收购、运输和出口。然而在此过程中，与其他领域一样，贸易委员会也不能有效遏制具体负责人员的监守自盗、贪污腐败行为，导致"主其事者""已变统制为国营"，"又将国营进而为独占"，由此造成的经办人员滥用公权力、与民争利的现象日趋严重。特别到了抗战中后期，随着贸易管制措施的继续实施，有限的经济资源基本上被政府垄断，民众生产积极性大大降低，对抗战的顺利推行产生了严重影响。

在国民参政会二届一次大会上，共有3件提案涉及了贸易管制的问题。周德伟分析了贸易管制政策与实际相背离的弊病。他指出，贸易统制应着眼于增加社会生产，但政策效果却与此背道而驰：一是统制物资的官定价格大

① 行政院秘书处编：《国民参政会第四次大会决议案行政院办理情形一览表》，1940年3月，第59—60页。

大低于市场正常价格，民众付出了沉重的代价，生产积极性大大降低，生产急剧减产甚至衰落①；二是混淆了适于统制和不适于统制的界限，有的统制"分散在无数单位之手"，靠私人资本支持，不利于生产；三是农业生产分散在千千万万农民手中，对其实施统制，易造成"劳资逃避""相率罢耕"的现象；四是统制单位应以国为单位，但实际情形却是"各省常假借统制之名，干涉或收夺人民之物资。于中央统制之下，割裂统制之权，或争取统制之权，甚至省际之间利益冲突，省与中央利益亦冲突"。在他看来，这种情形"岂止人民痛苦颠连，社会生产亦必遭受严重影响而趋没落，动摇抗战根本"。他主张重新确定统制范围，对于那些不适宜统制的物资，只要不流入敌伪区，可不加干涉以促进生产；裁撤中央及各省粮食统制机关，奖励农业生产以补救粮食生产不足的缺陷②。马毅针对国民政府进行交通管制后，运输车辆过少且只知唯利是图，"利之所在，虽走私偷运，在所不惜"的现象，主张将各运输车辆分配于国内所有路段，"不准将车辆集中于运价高昂，有利可图之一线上"；各路线运价一律相同，不能出现抬高或降低的情形；淘汰营私舞弊、规模较小的运输公司③。张维桢针对国民政府某"特许之某种运输机关，车不过千余辆，而职员达二千余人，加司机及工人七八千人，总数近万人"，浪费物资金钱且运输效率甚低的畸形现象，主张统一运输机关，减少运输机关费用，对走私勒索等弊端，加以军法惩治④。

---

① 有学者指出，抗战期间国民政府统购价格，"收购的成本非常低廉，收购价格近乎半没收手段，民众付出沉重代价，而其收益几乎都为政府所掌握。"见叶振鹏主编：《中国财政通史·第8卷：中华民国财政史》（下），湖南人民出版社2013年版，第799页。
② 周德伟：《请政府改善统制物资办法并撤销各省贸易局及省营贸易公司案》，国民参政会秘书处编印：《国民参政会第二届第一次大会纪录》，1941年11月，第193—194页。
③ 马毅：《改进运输统制办法以发展交通而利抗战案》，国民参政会秘书处编印：《国民参政会第二届第一次大会纪录》，1941年11月，第195页。
④ 张维桢：《改善公路运输俾抗战物资得以流畅案》，国民参政会秘书处编印：《国民参政会第二届第一次大会纪录》，1941年11月，第196页。

　　面对民间贸易乏力、各种物资大大减少、严重影响抗战的严峻形势，国民政府不得不调整贸易管制措施。4月1日的国民党五届八中全会，对于舆论最为关注的改善桐油统制办法通过了决议。国民政府在对这几件提案的回复中，也表达了改善贸易管制措施的思想。如对于周德伟的提案，它提出只统制桐油、茶叶、猪鬃、矿产等四类货品，钢铁、水泥、燃料的生产、运销则实施监督管理，日用物资实行市场管理。它还通令各省政府迅将贸易局及贸易公司等要遵照《非常时期省营贸易监理规则》彻底改组①。对于马毅的提案，军事委员会在回复中声称已拟就了具体办法：一是拟取缔小型运输公司，"先从加强或调整商车机构着手，并商讨具体办法"；二是"规定商车行驶区域，轮流服务"或"划一运价，托运者只须按照运输计划所定范围，与各运输机关迳洽实施"②。

　　遗憾的是，国民政府虽调整了贸易统制政策，也力图保护生产者的积极性，促进生产的扩大，但由于政策与实际结合的程度不紧密，政策的积极效果很难体现出来，大多数情况下只是"画饼充饥"。特别到了抗战中后期，随着经济形势的日益严峻，国民政府更为倚重贸易委员会，由其负责收购桐油、生丝、猪鬃、茶叶、羊毛、药材等原料的运销业务，其下的复兴、富华及中国茶叶等公司作为实际的负责经营的业务机构，更是借助官方优势，乘机敛财，导致官僚资本更呈泛滥之势，民营企业生存空间大大压缩，严重阻碍了战时经济的正常运转，加上吏治腐败渗透其间，更加引起了国民参政员的担心。在国民参政会三届一次大会上，国民参政员再次要求调整贸易委员会。

　　邵从恩痛心疾首地指出，贸易委员会成立的目的本为调整出口贸易，鼓励后方生产，借以获取外汇，维持金融，但主事者不明国家对内对外贸易政策的目的，"本乎商人眼光，希图小利，能赚钱则统制，不赚钱复放任"，目

---

① 行政院秘书处编：《第二届国民参政会第一次大会决议案行政院办理情形报告表》，1941年10月，第77—78页。
② 秦孝仪主编：《中华民国重要史料初编——对日抗战时期·第四编：战时建设》（一），台北中国国民党中央委员会党史委员会1988年版，第1045—1046页。

光短浅，与民争利，从而导致"既放任，又统制，人民皇（惶）惑，难于应付"。他以贸易委员会统制桐油购销造成桐油生产严重萎缩的事实，指出抗战伊始桐油外销顺畅，贸易委员会就"抑价勒买不择手段"，造成桐油"生产成本受亏，因之有砍伐桐树，停止生产之举"；后因交通梗阻，无法外运，"自身不愿少忍亏累，遂即停止统制放任买卖"，"今见桐油炼成代汽油，以畅销国内，有利可图，生产渐次恢复，又出而重新统制"。其他如猪鬃、蚕丝无不如此，他认为贸易委员会此种行为，"眼光短浅与民争利，殊失国家扶助特种产品，竞销国际市场之远大宗旨。"他主张重新规定贸易委员会的业务，使其"不在内销而在外运，不在赚取人民之小利，而在竞争的国际市场"，收购外销物资应照内地市价收购，"不得限价勒收"，国库所拨收购费用不得充作运营资本①。

在国民参政会三届二次大会上，国民参政员再次提出了类似的提案。彭革陈指出，贸易委员会原为对外维持海外市场，换取外汇，对内扶助生产，充裕民生，其性质应为国民经济机构，而非政府营利机关，应避免与民争利，但其自成立以来，"对于统购物资，限价贱买，致使农、工、商各阶级生产成本，节节亏蚀，遂致生产数量，年年减少，数量既少，成本更高，因之其所收之货量，为数甚微，而国库之负担，反而增巨，丧失外汇，不知凡几"；"数载以来，限价以求增产，统购以广招徕，南辕北辙，结果适得其反，致令农村凋敝，元气已伤"。他也指出桐油经贸易委员会统制后，"几于断绝"，"近因提炼汽油，稍呈复苏之机，乃又复宣布定价，致桐油生产，更逐年减缩"。他还指出，蚕丝经贸易委员会统购统销后，"几减产一半"；羊毛、猪鬃经其统制后，"数量日益减少"，建议撤销对桐油、蚕丝、猪鬃、羊毛等物资的统购统销办法，要求内销的羊毛、蚕丝、猪鬃等物资在省内买卖运转时，"无须向复兴公司请领转运证，以利通行。"②

---

① 邵从恩：《请改正贸易委员会之贸易目的以维后方生产而利对外贸易案》，国民参政会秘书处编印：《国民参政会第三届第一次大会纪录》，1943年8月，第215—216页。
② 彭革陈：《请改善贸易政策以安后方而杜纠纷案》，国民参政会秘书处编印：《国民参政会第三届第二次大会纪录》，1944年8月，第261—262页。

　　龙文治严厉批评了贸易委员会与"商业行为混而为一"的不合理行为。他指出，贸易委员会应为行政管理机关，为国民经济辅助机关，但其成立以来，"一切措施，皆系站在商业利益立场，致与政府贸易政策不相配合"，由此造成"后方生产，逐年减缩，出口数量，随之降低，不特市场繁荣受其影响，抑且社会经济发生动摇"。他以贸易委员会下设的中国复兴公司为例，指出该公司成立以来，在对四川外销物资的统制过程中，"川产桐油，在战前每年约产五万吨，今则至多不过三万吨，川产蚕丝，战前每年为二万担至三万担，二十八年出口改良蚕丝七千担，其后有降至二千担者，川产猪鬃，战前每年约三万担，今则不过一万余担。"他认为，四川如此，其他各省亦然。之所以造成这种现象，他认为主要原因有两个方面：一是贸易委员会的政策错误，"贸易政策原以奖励生产发展经济为依归。但复兴公司对于各种外销物资，则必抑价勒费，阻运指收，致使相关之农、工、商各阶段（级）生产成本，节节亏蚀，因之农、工废弃，商贾裹足，出口数量，日益减削"，"有利可图时，则统制唯恐不严，一旦售价无利，则委弃唯恐不速"；二是本身资力有限，"统购生丝、桐油、及猪鬃等大量物资，不啻杯水车薪。"他虽没有明确提出要调整贸易委员会，但建议撤销贸易委员会下的复兴公司。此外，他还从维护生产、促进外销的角度，建议贸易委员会对外销物资的统制应作"通盘筹划，以实施管理"，"不必全由政府勉为经营"[1]。

　　国民参政员要求调整贸易委员会，使贸易委员会回到行政管理机构性质的主张，触及了国民政府中一部分官员的利益，自然而然遭到了他们的抵制。1944年5月的国民党五届十二中全会并未涉及这一问题，国民政府对于这两案的回复也带有应付的意味。对于彭革陈的提案，国民政府仅"交财政部参考"，没有办理情形[2]；对于龙文治的提案，财政部在回复中颇有"强词夺理"的色彩，它指出"贸易委员会秉承中央贸易政策办理对

①　龙文治：《改进对外贸易政策以利民生而维国本案》，国民参政会秘书处编印：《国民参政会第三届第二次大会纪录》，1944年8月，第186—188页。
②　行政院秘书处编：《第三届国民参政会第二次大会决议案行政院办理情形报告表》，1944年8月，第25页。

外贸易及易货偿债工作、经办统购统销货物。向以维护生产促进外销为目的，与原建议案所揭战时对外贸易政策重在增加出口数量，奖励后方生产一点实相符合"。回复还指出自太平洋战争爆发以来，贸易委员会遵照中央所订方针，"一面照常统制外销，一面扩展国内销场，以期利用物力维护生产。两年以来，因应时变，管制法令多经修正。惟其维持生产基础促进国产销路之目的则始终如一。"当然，强词夺理并不意味着它没有真正认识到问题所在，它随后换了一个语气表示，"原案认为应行改善各节在不变更现行法令政策之前提下，饬由本部贸易委员会随时督饬复兴公司切实改善。"①

尽管国民政府对国民参政会提案调整贸易委员会的建议置若罔闻，但部分国民参政员还是抱着"明知不可为而为之"的悲怆心态，希望国民政府能够重视并解决贸易委员会存在的问题。在国民参政会三届三次大会上，黄炎培基于自己从事经济活动的感受，指出贸易委员会成立以来，"绝未达到预定目的"，"因方针错误，办理不善，以致毫无成绩，只构成商民唯一之怨府"。他认为贸易委员会犯有四种根本性错误：一是隶属不合。明明是经济行政部门，反隶属于财政行政系统；二是职权不清。隶属于财政行政系统又侵犯工商行政、农业行政职权；三是滥用职权。利用行政权力与民争利，甚至勾结大商压制小商；四是认识错误。为扩大本机关业务，争取本机关利益，不惜"剥民以肥己"。他主张将国际贸易业务"脱离财务行政系统，归入经济行政系统"；对外贸易政策在不违反国家利益前提下，允许商人自由输出，政府予以提供便利扶植；对内废止统购统销等"有害无益之消极管制"措施②。考虑到黄炎培的社会影响力，加之在国民参政会三届三次大会前后国民政府遭受社会舆论严厉批评而又无法回避的尴尬情形，国民政府对这一提案的回应还是较为积极的。但从回复内容看，它

① 行政院秘书处编：《第三届国民参政会第二次大会决议案行政院办理情形报告表》，1944 年 8 月，第 19—20 页。
② 黄炎培：《重订国家贸易政策并调整贸易委员会组织案》，国民参政会秘书处编印：《国民参政会第三届第三次大会纪录》，1945 年 3 月，第 320—323 页。

并没有接受该案的建议，回复指出，贸易政策与外汇外债业务关系密切，"仍维持现状"；对于调整贸易委员会的建议，国民政府将生丝、茶叶、桐油三项统购统销业务拨归农林部接办，没有对贸易委员会的其他业务做出调整；对于要求废除统购统销办法的建议，则直接以"未便予以废止"作为回复①。

　　在国民参政会四届一次大会上，改善贸易统制弊端已不是财经提案关心的重点问题，但还是有部分国民参政员注意到了这方面的问题。但懋辛指出："本会第三届第三次大会决议咨请政府重订国际贸易政策，并调整贸易委员会组织，去后迄今，时逾一载，未见改弦更张。"他再次要求"明令撤销复兴公司，其业务以经办国家偿债物资与代政府购运器材为限，不得兼营普通商业行为，以杜流弊而防垄断。"②黄钟岳再次揭露了统购统销办法造成的工商百业"自戕生机，促使溃灭"的惨况，"后方各省桐油生产每年在七八十万担，自被统制以来，产量锐减，几等于零，无可统购；蚕丝每年可产二三万担，自被统制以来，减至二千余担，不及十分之一；至于广西富贺、钟恭一带之锡、钨，云南个旧之锡，以及陕豫各省之原棉，无不以实施统制之后，生产日蹙，几濒绝灭。"他亦要求调整贸易委员会下设的复兴公司③。抗战胜利后，面对民怨沸腾的严峻形势，国民政府废除了对桐油、猪鬃、生丝、羊毛、茶叶等物资的统购统销办法，贸易委员会亦经行政院决议"撤销"④，国民参政员撤销贸易委员会的呼吁，随着抗战胜利终于成为现实。

---

① 行政院秘书处编：《第三届国民参政会第三次大会决议案行政院办理情形报告表》，1945 年 6 月，第 25 页。

② 但懋辛：《请政府迅予废除统购统销并撤销复兴公司以维对外贸易案》，国民参政会秘书处编印：《国民参政会第四届第一次大会纪录》，1946 年 1 月，第 335 页。

③ 黄钟岳：《请政府顺应潮流体察民情废除统购统销办法以纾民困而利工商事业之发展案》，国民参政会秘书处编印：《国民参政会第四届第一次大会纪录》，1946 年 1 月，第 336 页。

④ 行政院秘书处编：《国民参政会第四届第一次大会决议案行政院办理情形报告表》，1946 年 2 月，第 19 页。

第二节　稳定战时经济

全面抗战爆发后，经济能否稳定发展至关重要，它既关系到抗战能否顺利进行，亦关系到民众对抗战前途的信心。作为社会各阶层精英力量的代表，国民参政员对这一问题也深有认识，并着重就遏制物价过快上涨、改进物资管制方式及反对发"国难财"等问题提出了提案，表现了国民参政员对国计民生等重要问题的关注和希望稳定战时经济的良苦用心。

一、遏制物价飞涨

物价问题是关系国计民生的大问题。物价的平稳与波动，反映了一个社会政治、经济的成败得失。全面抗战爆发后到 1938 年底，由于大后方粮食丰收，加上原有的物资积累，物价波动不大。但随着抗战相持阶段的到来、沦陷区的扩大、各种资源的巨大消耗，国民政府手中掌握的资源越来越少，能够流通的物资也越来越少，物价开始上涨。与此同时，部分奸商故意囤积居奇，抬高物价，加上国民政府为应对巨额财政支出滥发纸币引起的货币贬值、供需失调、生产成本增加及交通运输阻滞、劳动力减少、心理恐慌等因素，大后方物价开始迅速上升。

国民参政会对物价问题的集中关注始于国民参政会一届五次大会。此前，虽有个别国民参政员注意到了这个问题，但由于物价上涨的趋势还不是很快，国民政府没有给予相当的重视。如在国民参政会一届三次大会上，喜饶嘉措指出："各地物价逐日飞涨，无有止境"的现象，希望政府"饬令今后方各省专设货物粮食评（平）价机关，评（平）定当地物价粮食，使人民一律遵守"；"对于后方地价物价及房租等，亦应斟酌情形，定一标准，使不得任意抬高。"[1] 对于该案，行政院以"业经令饬各省遵照"作为回复，没有

---

[1] 喜饶嘉措：《请注意后方物价及粮食等问题以防危机案》，国民参政会秘书处编印：《国民参政第三次大会纪录》，1939 年 4 月，第 91 页。

采取具体措施①。

进入 1940 年以来，全国大面积水旱交乘、多灾并发。河南黄泛区发生了春荒，7、8 月份又连降大雨，河南全省 41 个县市发生涝灾，灾民达到150 万；安徽北部黄泛区亦遭水灾，20 个县被淹，同时该省还有 23 个县受旱，灾民达 600 万以上；陕西春夏之间有 57 个县市遭受旱、雹、霜、风等灾；山西水虫灾害并袭；山东部分地区亦遭水、雹、蝗灾；湖北 21 个县市发生回归热病，死数万人；江西、湖南、广东等省水、旱、风、虫各灾也是交错不断，其中江西灾区几遍全省②。这严重影响了农业生产，"由于农业连年歉收，战局发展，商品进口更加困难；再加上政府开支急剧增加，入不敷出，银行信贷继续扩张，货币发行过量，导致通货膨胀日趋严重，物价大幅度上涨。"③遏制物价过快上涨也成为国民参政会一届五次大会提案的重要内容。

在这次大会上，共有 25 件财政提案提出，与平抑物价有关的有 8 件。胡景伊、黄炎培、张澜等联名提出的《请政府从速确定平抑物价计划改进统制物价方法并调整主管物价机构案》从宏观层面对抑制物价上涨过快提出了三点建议：一是确定平抑物价计划，主要包括计划目标在相对安定物价，不在绝对压抑物价；平抑物价计划须包含平价购销，取缔各种囤积居奇，奖励生产，节约消费，紧缩局部的过多通货，推行储蓄券及公债，收缩出口物品之过度高价；平抑物价计划包含全国各重要市场在内，不可只着眼于一地方一都市的平价；二是改进统制物价方法。使物价统制发挥增资增产等积极作用，不可仅从消极方面限制价格及限制购买。使统制对象普及于一切相关的经济单位，不可有例外。使统制程度依被统制物品的性质及生产状况而有差别，不可一律等量齐现，亦不可只是孤立统制一二物品；三是调整主管物价机构。经济部为执行平价政策的唯一主管机关，于

① 国民参政会秘书处编印：《国民参政会决议案实施情形一览》，1939 年 8 月，第188—189 页。
② 朱汉国、杨群主编：《中华民国史》（第 10 册），四川人民出版社 2006 年版，第 358 页。
③ 周春主编：《中国抗日战争时期物价史》，四川大学出版社 1998 年版，第 13 页。

国防最高委员会之下设一平抑物价设计机关，使各相关机关及同业团体都有代表参加设计。中央及各地方军事机关担任协助执行物价政策，并严格稽查违背物价禁令者之责①。

其他几件提案都从微观层面提出了具体建议。在加强消费管制方面，罗衡主张"迅速设立或加强现有粮食统制机关，以中央为中心，拟定统制全国各地粮食生产、消费、调查及分配办法"；"设立各地粮食运输站，扩充运输工具，减低粮食运费，调剂各地盈亏，俾得以有济无。"②在疏通流通环节方面，沈钧儒主张立法院或国防最高委员会迅速制定特种条例，"严惩商人公务员及机关银行操纵垄断之事情"；不论私人或商业机构或公家机关，凡囤积货品在千元以上者，须向政府呈报登记；国民政府尽快抛售国家银行农本局及各地方银行各地仓库所收屯之米谷；后方各重要城市尽快成立平价公卖处，政府奖励成立运销合作社及消费合作社③。王世颖指出民生日用品价格飞涨，商人之囤积居奇实为主因，建议国民政府多方筹划，严密清查存货，调查商品成本并明令各地同业公会切实奉行法令，以制止物价上涨。光昇指出平抑物价的关键在于"疏通雍滞"，他主张政府先拨出部分掌控储存的生活必需品，"定价尽量出售，至市价抑平为止"；再令私立银行、私人将所囤积之物品"限期登记，由公家验明确数，各照官定价格尽行出售"④。在增加供给方面，褚辅成认为，要从"生产、分配、消费三方面整个计划，切不可偏重于交易"；对于日用必需品，只可取缔囤积居奇，不宜抑价，尤其不可限制零售商市价。他还对如何增加粮食、食盐、燃料、棉纱数量等提出了具

---

① 胡景伊：《请政府从速确定平抑物价计划改进统制物价方法并调整主管物价机构案》，国民参政会秘书处编印：《国民参政会第五次大会纪录》，1940 年 8 月，第 96—97 页。

② 罗衡：《请政府迅速采取有效办法调节粮食供求藉以平衡物价而安定人心案》，国民参政会秘书处编印：《国民参政会第五次大会纪录》，1940 年 8 月，第 95 页。

③ 沈钧儒：《请政府严格取缔投机垄断并抛售囤积米谷平抑物价以救民困而固后方案》，国民参政会秘书处编印：《国民参政会第五次大会纪录》，1940 年 8 月，第 95 页。

④ 光昇：《请政府迅速采行疏通平价办法以安定抗战后方案》，国民参政会秘书处编印：《国民参政会第五次大会纪录》，1940 年 8 月，第 100 页。

体建议。罗衡则提出了"移殖难民屯垦"以增加粮食供给数量的主张①。

大会对这几件提案经合并审查，认为"所举之各项及审查会中各参政员所陈述之主要意见，均属平定物价之当前要务，应请政府从速切实实行"。除此之外，他们还另外提出了一些意见和建议，一并送国民政府参考执行，如成立平定物价行政机关，审慎选择负责人员；注意财政金融措施对物价的影响；设法使商业及地方银行资金用于生产，推销公债及建国储金吸收游资；裁并骈枝机关，停止与抗战无关之建设事业，以节公帑；厉行节约运动，尤其注意都市中上层阶级；交通机关应设法疏通各地积存物品，如必要时，政府应补助运费；严惩囤积居奇，查获照军法惩办；选派大员督察（或兼试行经济警察制度），对于扰乱平价与奉行法令不力者，予以严惩②。

这些建议标本兼治，对于通过解决消费、流通、生产等领域的阻滞情形，实现遏制物价上涨过快的趋势具有重要作用。但从国民政府采取的具体措施看，它将注意力放在了加强消费管制及疏通流通环节上，而对增加生产供给环节未给予较多的关注。1940 年 8 月，全国粮食管理局成立，"所有军民粮食供应事宜，即由该局统筹办理"。10 月，重庆市成立了粮食管理委员会，负责重庆军民的粮食供应。粮食部还对重庆、成都、贵阳、桂林各地积存的货物先后进行调查，"所有查出囤积未售之货，均已饬由主管机关限期责令应市销售，其确系囤积居奇而物品本身又为战时急切需要者，则饬由物资管理或平价供销机关"，"以公平价格收买。"粮食部还会同财政部、社会部拟定了《非常时期取缔重要日用品囤积居奇办法草案》，并呈请国防最高委员会核定；为取缔重庆棉纱投机买卖，粮食部特制定了单行章则，"以取缔投机操纵"。对于调整平价机构的建议，国防最高委员会设立了物价审查委员会，作为"物价问题设计审查之机关"，财政部亦组织了经济会议，并在经济会议下设立了秘书处分组办事，作为"执行平定粮物工价之最高

---

① 罗衡：《请政府迅速采取有效办法调节粮食供求藉以平衡物价而安定人心案》，国民参政会秘书处编印：《国民参政会第五次大会纪录》，1940 年 8 月，第 95 页。

② 国民参政会秘书处编印：《国民参政会第五次大会纪录》，1940 年 8 月，第 101 页。

机构。"① 这对平抑物价发挥了一定作用。

但是，由于国民政府未能在扩大生产、增加供给方面采取更多措施，特别是在取缔奸商囤积居奇、抬高物价及操纵垄断的行为方面措施不力，平抑物价的措施效果并不明显。据当时成都《新中国日报》记载，四川省政府在查封新都米栈时，单单四家私家银行就囤积了 8 万石左右的粮食，并以高于收购价的二倍向外出售②。因此，在国民参政会二届一次大会上，平抑物价依然是提案关注的焦点问题。在这次大会上，共有 53 件财经提案提出，与平抑物价有关的有 13 件，反映出国民参政员对物价问题的持续且强烈的关注，亦表明物价问题已成为严重的社会问题。从具体内容看，既有对平抑物价政策的宏观检讨，亦有针对平抑某种物品价格的微观建议。许德珩指出，政府出台的平抑物价举措，不仅没有将物价降下来，反而使物价上涨之风愈演愈烈。他认为，"今日之事，不仅仅在于对策之多，而在于对策之能切要与实行"，希望政府从速确定管理物价的政策，严格物价管理；统一管理机构，加强工作效能，经济、交通、金融三部门密切合作；大力增加生产、吸取游资用于工业生产、实行米谷国有政策，在城、镇、乡推广消费合作社，"减少不急之务以平抑工价，使都市的游工归农"等③。陈经畲从两个方面提出了建议：一是针对商业汇价大大高于黑市，导致日用必需品进口受阻的情形，提出"请政府在不妨碍金融政策下，对商业汇率予以提高"，"凡属政府规定许可入口之日用品及必需原料，申请商业汇率，予以特别之便利，以使物价低落"；二是认为交通运输阻滞、统制不合理是造成物价奇涨的重要原因。他以滇越滇缅两路出现问题后，政府为补充军需，停运了商货，统制车辆，导致私人车辆停滞滇黔者甚多为例，要求政府在可能范围内，"对于私

① 行政院秘书处编：《第一届国民参政会第五次大会决议案行政院办理情形一览表》，1941 年 2 月，第 42—43 页。

② 郑楚云：《取缔宴会说到平抑物价》，郑椰影编：《郑楚云文选》，世界图书出版广东有限公司 2013 年版，第 184 页。

③ 许德珩：《对于平抑物价问题之基本建议案》，国民参政会秘书处编印：《国民参政会第二届第一次大会纪录》，1941 年 10 月，第 180—181 页。

人之车辆酌予归还，俾公私物品畅运无阻"，使"物价不平而自平"①。冷遹则指出，国民政府设立平抑物价机关、粮食管理委员会等平抑物价、管理粮食，"凡此措施，洵属法良意美。奈执行数月，成效犹微"。他从民众做工役给予粮食作为津贴、改善与整理交通以货畅其流、撤销内汇限制、命令银行吸收社会游资、生产消费减少商人环节等方面提出了平抑物价的具体对策②。

面对物价与粮价不断高涨及由此带来的社会不满情绪，1941 年 3 月的国民党五届八中全会决议，"推行粮食管理与各种人民生活必需主要物品之公卖，及统制经济政策，以期均衡人民生活需要之分配"；同时要求在执行统制经济政策时，"必须立严峻之法律为周密之管理，以造成廉洁之官吏，杜绝流弊之滋生。"③ 这种思想也体现在对上述提案的回复中。但从回复的情况看，政策执行的效果并不理想。如对褚辅成要求组织民食调剂委员会统筹米盐供销的建议，行政院声称："盐米交换，因产销情形供需数量之不同，施行颇多阻碍。只有先从余粮甚多之处，由粮食部会同财政部于不影响管制食粮产运销之原则下，统筹办法，局部施行，再行随时相机推进。"④ 对萧一山提议设立不准商人投资、取缔银行从事投机事业法令的建议，财政部直接指出"尚难即付实施"⑤。对江一平治标治本平抑粮价的主张，行政院指出国民政府已有规定，并承诺要"会商呈核""妥拟呈核""洽商办理"⑥，前后矛

① 陈经畬：《为提高币值改善交通平抑物价而安民生案》，国民参政会秘书处编印：《国民参政会第二届第一次大会纪录》，1941 年 10 月，第 182 页。

② 冷遹：《调节劳力整理交通改善金融与粮食管理以平物价案》，国民参政会秘书处编印：《国民参政会第二届第一次大会纪录》，1941 年 10 月，第 182 页。

③ 荣孟源主编：《中国国民党历次代表大会及中央全会资料》（下），光明日报出版社1985 年版，第 675 页。

④ 行政院秘书处编：《第二届国民参政会第一次大会决议案行政院办理情形一览表》，1942 年，第 27 页。

⑤ 秦孝仪主编：《中华民国重要史料初编——对日抗战时期·第四编：战时建设》（一），台北中国国民党中央委员会党史委员会 1988 年版，第 1041 页。

⑥ 秦孝仪主编：《中华民国重要史料初编——对日抗战时期·第四编：战时建设》（一），台北中国国民党中央委员会党史委员会 1988 年版，第 1037—1038 页。

盾之处颇多，实际效果亦可想象。

在国民参政会二届二次大会上，由于距离国民参政会二届一次大会召开时间不长，且国民政府对平抑物价已在采取一些措施，提案对这一问题的关注不是特别强烈。这次大会共提出 37 件财经提案，有 4 件涉及这一问题。彭允彝从五个方面提出了建议：第一，裁并同类机关以节省财力；第二，建设事业分清轻重缓急，以期"款不虚糜，归诸实在"；第三，适时增加战时所得税以富税源；第四，"不急之消费，如烟酒及其他奢用品，皆用统筹管制"；第五，加强交通监管杜绝舞弊[1]。奚伦认为要平定物价，"一方须控制通货，一方须控制物资"。在具体建议方面，他与彭允彝的主张有很多相同之处，如厉行过分利得税，停止一切不急要及一时不易收效之建设，裁并骈枝及不急要之机关，增加生产，设法解除金融运输等方面的困难，禁止奢侈品及限制非必需品之输入生产运销与消费，改进公路运输检查手续及运输统制办法等[2]。他还提出要扶植民营企业发展，抢购沦陷区物资。沈钧儒认为物价上涨过快与政府发行通货量过多有很大关系，主张控制商业银行的游资，减少通货发行量；发行土地债券，防止土地资本过度膨胀。王志莘也认为大后方游资推动了物价高涨，希望国民政府借鉴英国节约资本的做法，扩大节约建国储蓄运动的范围，以"一面以法令严格限制消费，一面积极鼓励储蓄，集中游资以发展生产"，以调剂战时经济，挽救经济危机[3]。

其实，国民政府对平抑物价已采取了一些措施，国民参政员提出提案的目的在于督促国民政府落实已有举措。但从国民政府对这几件提案的回复情况看，它虽指出有些措施已在实施，但实际效果不容乐观。如对沈钧儒发行土地债券的建议，内政部在回复中指出，《土地债权法》已经国民政府公

① 彭允彝：《平定物价应先改进各事项案》，国民参政会秘书处编印：《国民参政会第二届第二次大会纪录》，1942 年 9 月，第 108—109 页。

② 奚伦：《平抑物价案》，国民参政会秘书处编印：《国民参政会第二届第二次大会纪录》，1942 年 9 月，第 109 页。

③ 王志莘：《请政府加紧推行节约建国运动以吸收游资发展生产安定物价案》，国民参政会秘书处编印：《国民参政会第二届第二次大会纪录》，1942 年 9 月，第 111—112 页。

布施行。对于王志莘提出的扩大节约储蓄运动范围的建议，财政部也说正在实施[1]，但没有说明实施的具体情况。国民政府还指出："囤积居奇之取缔，与粮食之供应管制，尤必严格执行；以安定军民之生活"[2]。但实际情形却是投机操纵及囤积居奇引起的物价高涨"尤堪骇异"[3]。后来，蒋介石先后两次手令国家总动员会议，就平定物价问题进行专门研究[4]。遗憾的是，这些问题并未得到有效解决。

到国民参政会三届一次大会召开时，平抑物价再次成为财经提案的重点内容。在这次大会上，国民参政员除了对国民政府《加强管制物价方案》表示"一致竭诚拥护"外，还提出了85件财经提案，其中，与平抑物价有关的有14件，建议主要集中在三个方面：

一是提出了平抑物价的具体主张。王寒生主张通过严厉执行统制经济的办法来平抑物价，具体包括"各重要城市之物价，应一律实施统制"；将统制物价分类，根据与民众的联系程度进行统制；减少统制机关的层级设置，加强工作效率；利用民众力量，发动民众成立经济检查网[5]。陈时认为平抑物价须从治标、治本两个方面入手，治标主要是加强政府与人民合作，实施孙中山的实业计划，发行实业建设公债等。治本主要是实施国家总动员法，节约行政经费，统一国库收支，鼓励技术人员参加生产建设，向民众宣传节约生产及蓄储之理念与方法。陈绍贤从调整管理物价机构和改进统制方法两方面提出了建议。在调整管理物价机构方面，他建议除保留盐务总局外，将食糖，烟类、火柴三专卖机构合并为一；物资局成立后，农本局原有的燃料管

---

① 行政院秘书处编：《第二届国民参政会第二次大会决议案办理情形报告表》，1942年10月，该文件为油印字，没有编排页码，有一些字迹已经无法辨认。
② 荣孟源主编：《中国国民党历次代表大会及中央全会资料》（下），光明日报出版社1985年版，第735页。
③ 刘振东：《平抑物价问题制商榷》，中国经济学社编辑：《战时经济问题续集》（第1册），商务印书馆1941年版，第285页。
④ 方勇：《蒋介石与战时经济研究(1931—1945)》，浙江大学出版社2013年版，第232页。
⑤ 王普涵：《请政府实施统制经济以安定物价而利抗战案》，国民参政会秘书处编印：《国民参政会第三届第一次大会纪录》，1943年8月，第191—192页。

理处裁并或缩小；撤销平价购销处，由物资局直接经营各日用必需品供应站的业务。在改进统制方法方面，主要有政府要加强对民生日用品的生产、贩卖、使用、储藏、消费、迁移或转让等；积极支持民营企业发展等。周士观主张合并平抑物价的机构，以便"事权统一"①。

二是增加生产加大供应量。胡秋原认为，"任何经济政策如不以增产为目的，而以财政为目的，结果必归失败"，他主张通过增加工、农各业生产、增加人力进行生产的办法来平抑物价②。王吉甫建议政府加大对私营工厂的支持力度，"确因采办原料或扩充工业，增加出品，需添资金时，应由银行办理工贷，放与相当借款，以补助其工业之进展。"③龙文治亦建议"督促厂商，增加生产"④。王普涵认为统制物资，"以奖励增加生产居第一位，而分配应求平均合理，评（平）定物价次之"⑤。

三是采用严刑峻法惩办投机牟利。马乘风大声疾呼，"治乱世，用重典，硬是要杀几个叫大家看看，才能使商界败类再不敢视法令如具文"⑥，主张严厉惩治奸商污吏。徐炳昶提出："设立特别法庭，订立临时法律"，使投机牟利者受到应有惩罚⑦。喻育之主张，"官吏违法舞弊与奸商猎买，对政府所统

---

① 周士观：《平定物价办法案》，国民参政会秘书处编印：《国民参政会第三届第一次大会纪录》，1943 年 8 月，第 203 页。

② 胡秋原：《实行积极经济政策动员资本人力增加生产以平抑物价案》，国民参政会秘书处编印：《国民参政会第三届第一次大会纪录》，1943 年 8 月，第 195—196 页。

③ 王吉甫：《请政府设法平定物价以安定人民生活案》，国民参政会秘书处编印：《国民参政会第三届第一次大会纪录》，1943 年 8 月，第 204 页。

④ 龙文治：《请政府严定物价督促生产限制消费案》，国民参政会秘书处编印：《国民参政会第三届第一次大会纪录》，1943 年 8 月，第 205 页。

⑤ 王普涵：《请管制物资宜有通盘筹划并应注意增加生产而评定物价更应以生产费为根据以维持后方生产案》，国民参政会秘书处编印：《国民参政会第三届第一次大会纪录》，1943 年 8 月，第 209 页。

⑥ 马乘风：《稳定战时经济案》，国民参政会秘书处编印：《国民参政会第三届第一次大会纪录》，1943 年 8 月，第 194 页。

⑦ 徐炳昶：《平定物价须设特别法庭制定临时刑章并发动社会制裁力始能有效案》，国民参政会秘书处编印：《国民参政会第三届第一次大会纪录》，1943 年 8 月，第 210 页。

制者不严格遵守，偷买偷卖操纵囤积，亦应严刑峻法，稍重者即处死刑，使震恶者知所回避。"① 周士观也认为应该"限期囤积，过期不卖，以致影响市价，或另求黑市者，应以居奇论。按情形轻重，或由政府照原价收买，或没收其物资，并罚以五年至十年有期徒刑"②。龙文治建议"对于提高物价，怠于生产及任意浪费者"，"定严重之罚法。"③

这些提案指出了国民政府平抑物价政策实施过程中存在的问题，所提建议主张也大体可行，后经讨论与蒋介石所提《加强管制物价方案》报告之决议案并交行政院采择实施，行政院决议交国家总动员会议遵照办理④。遗憾的是，1942 年 12 月的国民党五届九中全会通过的《推动民众协助政府管理物价案》，对国民参政员关注的不法官吏囤积居奇、操纵物价等行为如何惩治并未涉及，只是简单提出"在全国各大小城镇乡村普遍成立管理物价机构，以稳定物价为目的，并令各地党员就所在处发动民众组织，是项机构根据政府法令协助执行管理任务。"⑤ 在国民政府吏治败坏不能遏制的情况下，这种"隔靴搔痒"式的措施对平抑物价到底能发挥多大作用，不难想象。

国民政府应对物价上涨的无力举措，使国民参政员"心灰意冷"，不愿在此方面再提出提案。在国民参政会三届二次大会召开前后，尽管物价上涨并未有减弱的趋势，但在 80 件财经提案中，仅有 2 件与平抑物价有关。王普涵主张将物价管制成效作为各级政府年度考核大事，以管制物价成绩作为各级政府官员的黜陟标准；各级政府每月将管制物价进度情形报告上级以备

① 喻育之：《请政府对于统制政策的办法重加厘定案》，国民参政会秘书处编印：《国民参政会第三届第一次大会纪录》，1943 年 8 月，第 202 页。
② 周士观：《平定物价办法案》，国民参政会秘书处编印：《国民参政会第三届第一次大会纪录》，1943 年 8 月，第 203 页。
③ 龙文治：《请政府严定物价督促生产限制消费案》，国民参政会秘书处编印：《国民参政会第三届第一次大会纪录》，1943 年 8 月，第 205 页。
④ 行政院秘书处编：《第三届国民参政会第一次大会决议案行政院办理情形报告表》，1943 年 8 月，第 35 页。
⑤ 中国第二历史档案馆编：《中华民国史档案资料汇编·第五辑·第二编：政治》（一），江苏古籍出版社 1998 年版，第 581 页。

考核。陈志学建议实施限价以后，政府随时考察，如有波动，"应上涨者予以酌增，已下跌者，予以酌减"；"细微之物，不必限价，但须随时考查，如有不合理之飞涨，即应严厉抑制，并加以处分。"① 两案后提交国家总动员会议及财政部办理。要把物价管制成效作为考核各级政府的标准，遭到已从中获益的各级政府官员的抵制是毋庸置疑的。而且，制止物价上涨是一个系统工程，决非仅通过考核政府官员就能有效。因此，对于王普涵的提案，内政部以"原案业经通行各省政府查照，并转饬所述知照，于举办三十三年度考成时并案办理"② 作为回复，没有制定相应措施。

国民政府对国民参政会提案的漠视及应对物价上涨措施的无力，使国民参政员更加失望。在国民参政会三届三次大会上，共提出68件财经提案，直接涉及平抑物价的只有1件，就是张丹屏的《管制物价物资应注重人民生计案》。该案批评了平抑物价过程中偏重管制，"而于人民生计方面，未能兼顾，以致利民之政，反成为病民"的现象，指出管制物价物资，如与维护民生之道，不相配合，则"货不能畅其流，地亦不能尽其利"；他还指斥政府动辄指派商人免费运送物资，致使"商人莫可如何"，主张在接近敌占区的地方可以限制物资出境，而"后方物资，仍须自由流通"③。对于该案，行政院决议"交国家总动员会议、战时生产局暨财政、经济、教育、社会、内政部参考"④，没有具体采择情形的回复。此后，尽管物价上涨"一路高歌"，但国民参政员已不再关注该问题。到国民参政会四届一次大会召开时，在156件财经提案中，已经没有一件直接与平抑物价有关，这也从侧面反映出国民参政员对国民政府的失望到了何种程度。

---

① 陈志学：《请政府对于限制物价及专卖收买力求合理化以恤商艰而杜弊端案》，国民参政会秘书处编印：《国民参政会第三届第二次大会纪录》，1944年8月，第190页。

② 行政院秘书处编：《第三届国民参政会第二次大会决议案行政院办理情形报告表》，1944年8月，第11页。

③ 张丹屏：《管制物价物资应注重人民生计案》，国民参政会秘书处编印：《国民参政会第三届第三次大会纪录》，1945年3月，第289页。

④ 行政院秘书处编：《国民参政会第三届第三次大会决议案行政院办理情形报告表》，1945年6月，第20页。

二、改进物资统制方式

全面抗战爆发后，为了应对庞大的战争资源消耗，国民政府在工矿业、金融业、贸易和商业领域开始实施统制，并逐步加大了物资统制范围。1938年10月6日，《非常时期农矿工商管理条例》颁布，为全面抗战爆发以来首个"完整系统的经济统制法令"。根据该条例规定，有46种物品被纳入统制范围[1]。1939年1月，国民党五届五中全会宣布，"依于战时人民生活之需要，分别轻重，斟酌缓急，实行统制经济。"[2]"统制经济"一词首次出现在国民政府官方文件中。在此背景下，从国民参政会一届四次大会开始，围绕应该统制哪些物资、如何进行统制及统制成效如何保证等问题，国民参政员提出了不少建议主张。

在国民参政会一届四次大会上，有两件提案与物资统制有关。卢前指出，抗战以来，粮食连年丰收，但由于粮价过低，谷贱伤农，竟致"谷穗弥望，堆积未收"，"盈亩嘉禾，弃而不割"。他建议由政府"速作全部规划"，"收买过剩食粮"，注意"防止商贾操纵粮价"[3]。高惜冰认为，抗战以来，棉纱供应量大大减少，燃料、靛青等产量极少，导致"军队之服装，已成严重问题，遑论民间之需求"。另外，由于交通运输日益困难，"桂林之米，较湖南之米，竟贵至数倍"。他希望政府对纱布、燃料、米、食盐、铁钉等生活必需品，进行调剂，从事储藏，并注意"节制其消耗"[4]。两案经讨论通过交国防最高委员会。对于前者，国民政府认为可以参考已有的《非常时期粮食调节办法》与《非常时期平定物价及取缔投机操纵办法》等相关法规

①　邓力群：《延安整风以后》，当代中国出版社1998年版，第4页。

②　荣孟源主编：《中国国民党历次代表大会及中央全会资料》（下），光明日报出版社1985年版，第548页。

③　卢前：《请政府速定食粮政策以安农事而利民食案》，国民参政会秘书处编印：《国民参政会第四次大会纪录》，1939年11月，第135页。

④　高惜冰：《关于衣食住之必需品纱布靛青适量盐燃料及铁钉六项拟请政府节制其消耗并格外努力增加其产量案》，国民参政会秘书处编印：《国民参政会第四次大会纪录》，1939年11月，第135—136页。

办理①。对于后者，国民政府对节制食盐消耗及增进纱布生产有所重视②。

在国民参政会一届五次大会上，随着对物价上涨问题的重视，物资统制也成为提案关注的焦点问题之一。从具体建议看，有从整体上主张改善经济统制政策的，也有就某一方面物资统制提出具体建议的。

就前者来看，胡石青批评了国民政府实施经济统制政策以来"利日少而弊日多"的现象。他从如何增加出口、增强运输力量以及有利于发挥外汇作用等方面，提出了 18 条建议，主要有减少政府"强迫收买干涉私人营业之行动"，私人出口产品，除有关抗战品禁止出口外，其他应受国家保护并予以营业便利；交通机关对于公路及航线应尽力扩充，"以公私营运之用"，私人经营运输业，经合法登记后，可在公路行驶运输，在国外购买汽车进口时，政府应予以便利；商人出口所得外汇，除登记购入必要进口货外，应"尽量按市价售与政府"，以使政府获取更多外汇③。陶孟和认为统制经济离不开财政政策的配合，希望将经济与财政政策统筹考虑，"制定长期的通盘筹划的充实经济力量之计划"④。

就后者来看，主要集中在改善粮食、棉纱、食盐等的统制方式。罗衡认为，现有粮食管理机关，"因事权未能专一，规划未尽周详，故对于粮食价格，不惟不能调平，反而有逆转之趋势"，主张迅速设立或加强现有粮食统制机关，以中央为中心，拟定统制全国各地粮食生产、消费、调查及分配办法；严密统计人口，注意其随时变动，准备大量粮食，以便调解分配；设立粮食运输站，扩运粮食运输工具，降低粮食运费；限制粮食作非必需品之

---

① 行政院秘书处编：《第一届国民参政会第三、四次大会决议案继续办理情形报告表》，1941 年 2 月，第 11 页。

② 行政院秘书处编：《国民参政会第四次大会决议案行政院办理情形一览表》，1940 年 3 月，第 10 页。

③ 胡石青：《请政府改善经济统制办法以固抗战基础案》，国民参政会秘书处编印：《国民参政会第五次大会纪录》，1940 年 8 月，第 103—104 页。

④ 陶孟和：《请政府速作经济财政通盘之筹划确定充实经济力量办法付诸实施以利长期抗战案》，国民参政会秘书处编印：《国民参政会第五次大会纪录》，1940 年 8 月，第 103 页。

消耗等①。胡景伊主张："各乡富户农民，计口每名至少只准存留新粮十二石，已足食一年半有余。其多余之谷米，均应饬其悉数出售"；"凡各县乡镇于秋收新谷登场之时，应由各乡镇按照富农抽取百分之二，存储于公仓，如遇米价腾涨时，即以此项仓谷平粜。"②

高惜冰提出了救济棉纱恐慌的八条建议，如调整管理棉纱业机构；协助生产便利运输以广来源；禁止投机买卖，交易需举行登记以免操纵；配合各厂机器规定棉纱支数；给予棉纱生产者和运营商人以40%的利润；鼓励指导以手纺土纱与机纺棉纱交织以资调剂供求；推广业精式木纺机并大量仿造印度式纺纱机，以建树产棉纱区之棉纱基础等。孔庚等人则临时动议提高纱布、棉花的收购价格，改进棉纱由农本局专卖、民间商业"受害必巨"的现象。褚辅成提出奖励各盐场灶商，加工增加产量，如遇资本不足，政府积极扶持；实行官收官运办法，计口售盐。

面对国民参政员的强烈要求，国民政府有所重视。如对于增加运输力量的建议，经济部采取了"赶筑西公路"、成立工商车辆管制所、改良木船512艘、在重要河流险滩设置绞滩工程等措施；对于增加进口的建议，财政部将煤油、白糖等日常生活用品指定为特许进口商销货物，"由政府酌量国内需要情形随时核定数量，发给进口特许证。"但是，也有一些较为重要的建议主张，国民政府没有采纳。如在增加出口方面，国民政府在回复中虽声称拟"增加桐油、茶叶、丝绸、羊毛等生产经费六百五十万元，并聘请专家组织外销物品增产推销计划委员会，拟就外销物资增产计划大纲"，但未提出要如何解决强迫低价收买这些战略物资等核心问题；对于运输事业亦应为民营企业提供便利的建议，交通部指出，运输业"向采奖进政策，助其发展，从未强施统制"，对提案建议不置可否；对于要求进口物资以有利于军用及日用必需品为限，财政部则以政府已颁布《非常时期禁止进口物品办法》为

①　罗衡：《请政府迅速采取有效办法调节粮食供求藉以平衡物价而安定人心案》，国民参政会秘书处编印：《国民参政会第五次大会纪录》，1940年8月，第95页。

②　胡景伊：《拟请维持民食案》，国民参政会秘书处编印：《国民参政会第五次大会纪录》，1940年8月，第96页。

由，并未作出明确回答①。正因如此，国民参政员后来指出："经济部管制物资所定办法，在原则上亦所赞同。但自管制以来，问题甚多。"②

进入 1941 年以来，受大部分富庶地区沦陷、交通梗阻、自然灾害等因素的影响，物资供求不足的现象日渐明显，特别是粮食、棉花、食盐等与民生息息相关且消耗量极大的日用必需品的缺乏更为严重，锡、钨、桐油等主要用于换取外汇的战略物资亦因管制不当出现了不少问题。在国民参政会二届一次大会上，国民参政员就如何解决这些问题提出了提案。

在粮食统制方面，陆宗骐主张在各省粮管局下，县及乡镇速设管理机关，办理民间存粮登记事宜；粮食统筹权归上级，各省粮食由中央统筹盈虚，分别配给；各县粮食由省统筹盈虚，分别配给；米商须领营业许可证；地主存粮有超过该户人口所需之规定数额时，由政府征购；中央及地方银行设法提高利息，使地主愿意出售粮食，以平抑粮价。江一平主张标本兼治平抑粮价，其中，治标方法主要有：给予佃户最大合理利润；限制地主利润；惩办任令田地荒芜之地主；对于运米至需要地区者，政府予以运输上的便利；限制种植不必要的农产品；惩办囤积居奇之奸商等。治本办法主要有：清查各县市乡镇区现有农田亩数及地主、佃农花名，清查各省、市、县、乡镇、区之户口名额，据实呈报；实行户口迁移登记办法；设立专局管理全省米粮，监督生产；建筑自产米区到消费区的公路，疏通粮食来源；设立仓库存储米粮以平衡物价，但要杜绝囤积居奇。

在棉纱和钨、锡统制方面，由于这几类物资具有重要的战略地位，国民参政员虽然有这方面的提案提出，但都以密案形式出现。其中，高惜冰提出了《提议解除棉花、纱布来源困难之基本办法十项拟请政府迅速施行以广来源而苏民困案》，黄同仇提出了《拟请政府切实提高钨锡收买价格以维生产而利抗战案》，具体内容无从知晓。从提案标题来看，前者主要着眼于解决

---

① 行政院秘书处编：《第一届国民参政会第五次大会决议案行政院办理情形一览表》，1941 年 2 月，第 39—42 页。

② 秦孝仪主编：《中华民国重要史料初编——对日抗战时期·第四编：战时建设》（一），台北中国国民党中央委员会党史委员会 1988 年版，第 989 页。

棉花、纱布的来源困难问题，后者主要是请求政府提高钨、锡的收购价格。

在食盐管制方面，吴道安指出，抗战以来，"盐价飞涨，一日千里"，但实际上盐产是逐年增加的，问题在于"公盐量缺，私盐价高"，私盐"暗事充斥，高抬市价，使城市有贵食之虞，乡村感淡食之虞"。他从治标、治本两个方面提出了解决办法。在治标方面，主要有分配给各地的食盐数量不得短缺，"随需要而予以增配"；保障运输能力，"免因逃役之故，使盐运迟滞"；大量增加运输工具；在边关加强缉私，内地允许人民自由运销，以便调剂；上级机关密派官员调查食盐购买与运销情形，认真予以奖惩。在治本方面，主要是政府拨款向产盐各厂收购，以避免"操纵"；"在政府管制之下，准人民集资自购、自运、自销。免官商从中渔利，影响民生。"[1] 褚辅成提出了"以米易盐"的主张。他建议政府组织民食调剂委员会，负责"食盐之分配，食粮之征购、供给、及米粮之运输，并监督各地盐价与粮价"；各县责成各乡镇长，联合各保合作社，组织食盐分销处，严禁垄断物价；各县长责成乡镇长督率保甲长向粮户征购余粮，运交县政府，同时凭粮食收条，"向食盐购销处领同一重量之食盐"[2]。

在桐油管制方面，阳叔葆指出，财政部规定桐油统购统销办法实施以来，复兴公司享有大量特权，凡复兴公司设有收货机关之市场，其他任何机关商号或个人，均不得收购或贩运桐油，致使部分生产者因"不堪此等享有贩运特权之商号行栈或政府机关之操纵压迫而停止生产"；榨坊桐农存储桐仁、桐果，如查有囤积嫌疑者，得由复兴公司规定期限，勒令榨油授予复兴公司，以免妨碍生产。他建议，第一，按照香港价格三分之二归桐农，使有相当利益，以鼓励其生产。至少以港价半数给值，勿令亏折太甚，以能继续生产；第二，全国桐油统购统销办法中，关于限制购运存储条应即取消，复兴公司可择定若干集中地点收购，各省省境以内桐农行商得自由存储贩

---

① 吴道安：《请救济盐荒以维民食案》，国民参政会秘书处编印：《国民参政会第二届第一次大会纪录》，1941年10月，第187—188页。

② 褚辅成：《建议政府组织民食调剂委员会统筹米盐供销平准市价案》，国民参政会秘书处编印：《国民参政会第二届第一次大会纪录》，1941年10月，第175页。

运①。

面对因物资管制方式不当引起民众怨声载道，影响抗战顺利进行的情形，国民政府采取了一些改善措施。如对陆宗骐要求重新确立粮食平价政策的建议，财政部在回复中声称，决定理顺征粮机构，"省设粮政局，县设粮政科，另由地方士绅组织平抑监察团体"，"拟定粮商登记注册办法，督促各省粮政机关限期办竣"。对于江一平提出的粮食管制标本兼治的办法，行政院在回复中指出，它正在拟定《保障佃农暂行农法草案》；交通部也通令"所属各运输机关尽量予以便利"，"铁路已订有五折特价，公路照军品同样待遇。水道按实情核定运价"；农林部还设立了粮食增产委员会，负责统筹粮食增产事宜②。对于吴道安治理盐荒的提案，财政部亦声称在治标方面，"近奉委员长手令，后方各省食盐应加限制，以后每人每月只准购买八两等因，已电饬遵办"，"斟酌需要缓急，随时设法添购或与他方面洽商，利用工具运盐"。在治本方面，它指出财政部已设置国家专卖事业设计委员会，"妥为规划"食盐管制事宜。对于提高钨、锡收买价格的建议，经济部回复说："自本年四月份起，赣钨收价连同补助金经增为每公吨三千四百元，五月份湘钨增为三千八百元，癸钨增为四千元，桂锡增为九千四百元。"③对于阳叔葆的建议，国民党五届八中全会通过了《请改善桐油统制办法以利生产而增进对外输出案》和《为统制桐油病农病商请速改善案》④，这对国民参政员来说多少有些慰藉。

尽管国民政府采取了一些改善物资统制的措施，但由于统制政策未能与

---

① 阳叔葆：《请政府提高桐油收买价格并改善桐油经购统销办法以维生产案》，国民参政会秘书处编印：《国民参政会第二届第一次大会纪录》，1941 年 10 月，第 215—216 页。

② 行政院秘书处编：《第二届国民参政会第一次大会决议案行政院办理情形一览表》，1942 年，第 28—30 页。

③ 秦孝仪主编：《中华民国重要史料初编——对日抗战时期·第四编：战时建设》（二），台北中国国民党中央委员会党史委员会 1988 年版，第 1043—1044 页。

④ 荣孟源主编：《中国国民党历次代表大会及中央全会资料》（下），光明日报出版社 1985 年版，第 715 页。

实际紧密结合，且统得过多，管得过死，导致统制效果并不理想，有的统制政策不仅没有彰显应有的积极效果，反而造成了物资流通的迟滞，进一步加剧了物资的匮乏。在国民参政员二届二次大会上，国民参政员就如何改善这方面的问题再次提出了提案，内容主要集中在食盐、粮食、矿产、桐油统制等方面。

在食盐统制方面，朱之洪指出："鄂、川、黔等省，均呈食盐恐慌"，而"川省产盐之区，又苦盐无销处"。他建议通过奖励产盐区生产、奖励商家设法转运等措施，"切实设法推销川省积盐，畅往缺盐之区"。[①] 李洽指出，青海产盐十分丰富，足够供应陕甘等邻近省份食用，但食盐统制自归财政部后，因办理运输不善等因素，中央税收既未增加，而邻近省份亦时常闹盐荒，形成了"生产之地，货弃于地，需求之区，反感缺乏"的畸形现象。他提出办理盐政人员必须与地方政府"深切联络合作"，鼓励增加运输力量，以解决缺盐区盐的消费问题[②]。陆宗骐指出，粤省虽是产盐区，但主要集中在它的东部，且已"或半沦陷，或全沦陷，已无盐斤可配"，致使属粤东配属的粤北，"有淡食之苦"。他建议合并粤东、粤西两场盐务机构，"统一配销，不足之数，再请以洋盐接济"，以解决民众食盐不足之苦[③]。

在粮食统制方面，钱用和提出了一个非常具体的问题，他指出陪都重庆糙米承碾权仅给 10 余家工厂，其余 20 余家"虽提供种种有利于公家之条件，如不收碾费，自任运力，及提高熟米成色至九一折以上"，"结果亦无法获得承碾权，多怀怨望。"而得到承碾权的厂家，却"粗制滥造，米粒碾碎占三四成以上"。一般市民购得此官供米，无不怨声载道。他主张直接售给

---

① 朱之洪：《为调剂米荒盐荒助成盐粮管制并奖励民间投资生产事业以裕国计民生案》，国民参政会秘书处编印：《国民参政会第二届第二次大会纪录》，1942 年 9 月，第 116 页。

② 李洽：《拟请政府改进青海盐政案》，国民参政会秘书处编印：《国民参政会第二届第二次大会纪录》，1942 年 9 月，第 116—117 页。

③ 陆宗骐：《请政府统一粤东粤西盐务机构以利配销而济民食案》，国民参政会秘书处编印：《国民参政会第二届第二次大会纪录》，1942 年 9 月，第 124 页。

市民糙米，由其自行决定应碾与否，决定选择其信赖之米厂①。张之江指出，抗战以来，到四川的人口虽然增加了不少，但是四川被征的壮丁，为数亦甚巨，两者可以抵消，"纵偶有不等之处，其问题亦决不致相差严重"。他认为四川粮价上涨不止，最大原因"显系有人暗中操纵"，建议政府要"具有最大决心"，"除因时因地计划设施外，尤须注重执行与考核"②。

在矿产统制方面，黄同仇指出，政府实行矿产统制以来，"由于矿产收购价格之未臻妥善，致使矿业大半停顿，生产日见减少"。他以广西钨、锡两矿为例，指出1938年时，广西钨、锡产量为3400余吨，到1940年减至2000余吨；富贺、钟恭、四县钨、锡矿业机采公司1938前有38家，到1941年仅存15家。之所以如此，主要原因是"物价激增，工价高昂，而政府收价，常有不及成本，导致业矿者，因不堪亏拆（折），被迫倒闭，产额大行减少"，"米价飞涨，物价随增，矿商益陷艰苦之境"。这种情形"若任其推演下去，势必使全国矿业停顿，生产减少，不独影响外汇之换取，动摇我法币之信用，且影响战时之物资，尤为重要"。他主张，第一，收价标准应照各地物价之起落，维持生产成本，并加以相当利润；第二，遴选公正人士组织平价委员会调查物价变动情况，根据物价变动情况拟定矿产收购价格；第三，政府同意购入的采矿所需机器、机器配件、铸造所需生铁滑油、油渣及采矿所需燃料如煤、碳等，"平价转售与各矿商领用，以减轻其生产成本。"③

在桐油统制方面，阳叔葆再次指出，他在国民参政会二届一次大会建议提高桐油收购价格、改善桐油统购统销办法的提案虽已通过，但"桐油购价迄未有何增加"，而且"复兴公司之收购桐油，百般挑剔，多方为难"。他指

---

① 钱用和：《粮食部陪都民食供应处应迳以糙米供给市民案》，国民参政会秘书处编印：《国民参政会第二届第二次大会纪录》，1942年9月，第127页。

② 张之江：《解决粮食问题以济民生而固抗建基础案》，国民参政会秘书处编印：《国民参政会第二届第二次大会纪录》，1942年9月，第128页。

③ 黄同仇：《调整矿产收购价格以维生产而利抗战案》，国民参政会秘书处编印：《国民参政会第二届第二次大会纪录》，1942年9月，第120—121页。

出到 1942 年，一般物价有涨二三十倍者，有涨五六倍者，而桐油价格所增不过五六元。广西桐油之公司，牌价仅 107 元，"当过磅时，又复种种挑剔，或以油不定力，应予低价，或以油瓶生锈，应换新瓶，且不能到市即售，往往须耽搁数月之久，外县油商或桐农因急于周转，遂不得不将油贬价，售与少数资本雄厚之商人，通常只得国币 70 余元，亏折更巨，是以弃果不拾，伐桐作薪，已成普遍现象"，而在香港，桐油的平均价为港元 162 元，折算成国币为 980 元，"能不令人怀疑复兴公司之剥削过甚乎。"他主张"准许商人自行营运出口，同时出口外汇所生之差价，概归生产者及出口商所有"①。

遗憾的是，面对国民参政员的强烈呼吁，与国民参政会二届二次大会几乎同时召开的国民党五届十中全会没有就物资管制问题作出任何决议。国民政府对这几件提案的回复，大都是"交行政院参考""交粮食部参考""粮食部备存参考"等，没有具体实施情形。有的回复则直接拒绝了国民参政员的建议，如对陆宗骐统一粤东、粤西盐务机构解决民众"淡食之苦"的建议，财政部指出由于措施得当，民众未有"淡食之虞"。有的则以政府早已颁有相关政策，不必另行采纳提案主张为由予以了拒绝②。对于阳叔葆的提案，经济部在回复时虽指出，准许商人营运出口事宜，等外销物资主管部公布办法实施后，"不成问题"；桐油商人领证出口"业经本部函请外汇管理委员会酌办"；商人交贷不得留难③，但实际效果不容乐观。

进入 1942 年，中国抗战形势更为严峻。这一年春季，日寇在太平洋、东南亚等地区相继发动了大规模的军事进攻，菲律宾、马来亚、新加坡、缅甸等相继失守，中国接收外援的通道进一步被阻滞。为了支撑抗战的顺利进行，国民政府不得不进一步加大物资管制力度，民众负担更为沉重，民怨沸

---

① 阳叔葆：《建议改善桐油统制办法以抒民困而利国计案》，国民参政会秘书处编印：《国民参政会第二届第二次大会纪录》，1942 年 9 月，第 120 页。
② 行政院秘书处编：《第二届国民参政会第二次大会决议案办理情形报告表》，1942 年 10 月，该文件为油印字，没有编排页码，有一些字迹已经无法辨认。
③ 行政院秘书处编：《第二届国民参政会第二次大会决议案办理情形报告表》，1942 年 10 月，该文件为油印字，没有编排页码，有一些字迹已经无法辨认。

腾。在国民参政会三届一次大会上，改善物资统制办法也成为财经提案关注的焦点问题之一。在这次大会上，共有 85 件财经提案提出，专门要求改善物资统制方式的有 8 件，考虑到一些平抑物价的提案内容也与此有关，应该说数量还是比较多的。从具体内容看，主要是围绕改进与民众生活息息相关的物资统制方式提出了建议。

在食盐管制方面，何人豪建议由国民政府命令湘、赣两省盐务处，速向闽、粤、川、贵各产盐区，依照人口需要之数额，加强运储配销；在湘、赣两省投资开采盐矿；改善闽赣、粤赣运盐路线，做到供应无缺。彭允彝痛斥了押运商人"互相串通，食盐掺和泥沙多在七分之一"，使人民"既食贵盐，又食劣物"的情形，要求国民政府适当提高盐价；以就近运输为原则改进运输；简化运盐手续；改革盐制，"以杜掺和"；"照条例制止辞职盐官不得为盐商，以免利用以往地位，与盐官勾结。"[1] 李毓尧指出，由于运输机构不健全、销盐区划分琐碎、管理盐务机构叠床架屋等原因，盐价越来越高，主张"澈底革新"盐务行政机构，删除重复机关；奖励运输技术；除归官收之外，允许各地销盐及人民自由购用。

在棉花、棉纱、棉布管制方面，马毅指出，管制棉纱政策实施以来，"价格不惟不见平抑，而生产日形停滞"，政府严格统制纱价，"驯致生产者所费生产成本超过其所得产品售价"，以致"不得不停止营业，避免亏蚀"。他以河南土布为例，指出抗战以来，河南供给豫、晋、陕、甘等各省的土布，因为"严受统制，全部停顿"，"至棉植纺织以及各小手工业等，亦莫不同样，每况愈下"。他建议统制要"合理化"，"统制生产而不统制物价"[2]。徐炳昶亦指出，自土布实施管制以来，河南"布价不能随一般物价上涨，布质限制较严，禁止商人收购，妇女纺织，不仅不能盈利，且至亏本。以致家

---

① 彭允彝：《平定盐价杜绝食盐掺和泥沙以重民生案》，国民参政会秘书处编印：《国民参政会第三届第一次大会纪录》，1943 年 8 月，第 248 页。

② 马毅：《改善统制棉纱办法以奖励生产而策经济繁荣案》，国民参政会秘书处编印：《国民参政会第三届第一次大会纪录》，1943 年 8 月，第 211 页。

家停机，人人失业"。他主张土布应按市价收购①。高惜冰指出，抗战以来棉价上涨不及一般物价上涨速度，"农人种棉一亩反不及种麦一亩之收入，且须以棉易麦，以应政府建设之需"，棉农于是相率改种其他农作物，致使棉田减少，数量减低。他主张由农林部、农本局会同陕、豫两省建设处查明实情，提高棉价，恢复原有棉作区域，并制订奖励办法，增加棉产；使棉花运输畅通；物资局对棉纱限价，视原料、工资及管理费用等价格变动情形，随时予以调整②。彭允彝、薛明剑、李芝亭、王普涵等也提出了类似的建议。

在面粉管制方面，黄炎培指出，1941 年重庆发生米荒以来，波及了面粉，面粉工业乃受管制，政府购运小麦，分拨各厂制粉，以低价发售给用户。他认为这一措施"表面似极妥善，而事实适得其反"，因为政府购麦手续繁复呆板，不如商人简洁灵活，廉则购进，贵则停止；政府运输亦不如商人小心，导致出现了霉变、掺杂等弊端，而且一味压低面粉价格，厂商无利可图，影响了面粉增产与质的改进。他主张，第一，管制机关贷款与厂商，发给购运护照由其购买小麦，同时严定贩运办法，以杜绝囤积居奇；第二，由管制委员会会同各厂商组织平价委员会核定面粉成本，加以适当利润核定物价；第三，规定办法奖励各厂比赛提高面粉产量，改进面粉质量；第四，向厂商购买面粉配售权，严禁囤积居奇；第五，如有过剩面粉，由政府收购，以为日后储备③。

对于战时物资统制政策，当时即有人指出："在一个经济发展落后的国家，实行统制是很困难的"；"我们的行政机构不严密，人口与物资没有可稽的统计，生产的区域不集中，大部分的人民还是为自给自足而生产，产业分工的程度很是有限，要有效的实行计口分配物资，统制生产与交易，的确

---

① 徐炳昶：《请政府改善河南土布统制办法以利民生案》，国民参政会秘书处编印：《国民参政会第三届第一次大会纪录》，1943 年 8 月，第 236 页。

② 高惜冰：《恢复棉产调整纱价以维军民被服案》，国民参政会秘书处编印：《国民参政会第三届第一次大会纪录》，1943 年 8 月，第 231—232 页。

③ 黄炎培：《拟请政府改进陪都面粉工业管制案》，国民参政会秘书处编印：《国民参政会第三届第一次大会纪录》，1943 年 8 月，第 211—212 页。

是很困难的。"①物资统制本身极具复杂性，加上国民政府缺乏有效的统制经济能力，它虽力图减少物资管制弊病，但无奈心余力绌，统制政策不仅没有达到稳定战时经济的目的，反而加剧了生产的萎缩和物资供应的匮乏。如在对何人豪改善盐政统制办法的回复中，财政部指出，政府对缺盐省份努力扩充盐源，但受到了敌人的骚扰，粤南受到严重影响，后经盐务机关抢运，才"得以勉渡"，承诺日后"当继续努力"；对禁止掺杂泥沙一事，财政部则指出，已"迭饬盐务总局转饬严厉查禁掺杂，并函请湘、赣两省府转饬各县政府随时协助检举"，具体实施情形不得而知②。对于高惜冰、薛明剑、李芝亭、彭允彝的提案则没有实施情形的回复。

在国民参政会三届二次大会上，改善物资管制方式依然是财经提案关注的重要问题之一。这次大会共提出80件财经提案，涉及物资统制的有16件。从提案关注的主要问题看，除了继续要求改善矿产、棉纱、食盐等的统制方式外，还出现了要求重视重庆肉市的问题。

在矿产统制方面，阳叔葆指出由于成本激增与运输费用增加，加上统制机关统制不善，"各地管制钨、锡机关组织庞杂，开支浩大，矿业虽日渐萧条，而矿官则日见阔绰，且此等机关对于民营矿业，不但不加援助，反而故意摧残"，导致钨、锡产量日渐减少。他认为这种现象不利于"开拓国内市场"，不利于"政府对统销统购物资所定之收购价格"，主张，第一，请政府按照物价指数，每两个月改订各矿收价一次，改订手续务求简单迅速，决定收购价格时须顾及矿产成本与矿业应得利益；第二，令饬各地管制机关对于民营矿业应尽保护扶植之责，收购矿产不得任意挑剔，更不得延不付款。如有对于民营矿业故意摧残者，应即严加惩处；第三，开拓国内市场，以利矿商资金周转，同时救助政府无款收购之穷；第四，政府拨款应令国家银行依照公平利率，尽量借款与各矿公司，对于资金紧迫之公司应予贷款；第五，

---

① 陈振汉：《战时经济统制与放任》，陈振汉：《社会经济史学论文集》，经济科学出版社1999年版，第132页。

② 行政院秘书处编：《第三届国民参政会第一次大会决议案行政院办理情形报告表》，1943年8月，第33页。

各运输及检查机关对于矿场物料与产品运输尽量予以便利，不得留难；第六，尽量紧缩各地矿业管制机关开支，裁汰中间冗沉人员与重叠机构，以减轻矿商、矿工之负担；第七，必要时，对于矿工准予免役，以使多数矿工安心工作①。

在棉纱统制方面，大多数提案和此前大会所提建议主张大体相同，但有的提案也提出了新的主张，如但懋辛主张把政府的统购机关，设在距离沦陷区域较远的地方，"以免敌人注意与妨害"②。居励今指出，鄂东、鄂北及湘鄂接连之地点接近沦陷区域，可以设置收购分机关，专收商人抢运的物资；凡是商人由沦陷区域内抢购运出的物资，达到相当地点时间，应由收购机关备足款直接收购，价格参酌当地物品市价随时订定；政府充分利用诚实可靠的商人充分发挥其抢购能力，以应后方需要；商人抢运货物出口时，政府应给予免税凭证，宽免一切捐税，运输方面亦应予以相当便利。马毅和刘景健分别再次提出了救济陕西纺织业和河南土布产业的主张。薛明剑与高惜冰则主张设置纱厂，增加纱布产量。

在食盐统制方面，提案数量不少，有 5 件，建议主张与国民参政会三届一次大会所提大体一致。龙文治指出食盐成本上涨，但盐价却未随时比照提价，导致食盐产量下降，"长此以往，不特国家专卖事业有破产之虞，且存盐用罄后，一旦军事开展，将无以供应军糈、民食之需要"。他建议以行政手段限制食盐价格，施行严密管制，禁绝囤积操纵；配合经济需要，核计制盐原料、成本、运费，随时调整售价，维持再生产再运输③。萧一山指出由于食盐官收价格过低，川中民众"负累不堪，日有倒毙之虞"，而"转运商人，私售高价，坐获厚利"。他主张政府管制食盐产收运销，严格

---

① 阳叔葆：《请改善钨锡管制办法以维生产案》，国民参政会秘书处编印：《国民参政会第三届第二次大会纪录》，1944 年 8 月，第 177—178 页。

② 但懋辛：《请政府对于棉花管制重加厘定案》，国民参政会秘书处编印：《国民参政会第三届第二次大会纪录》，1944 年 8 月，第 179 页。

③ 龙文治：《合理调整盐价促进生产以裕民食而利抗建案》，国民参政会秘书处编印：《国民参政会第三届第二次大会纪录》，1944 年 8 月，第 195 页。

取缔走私，官收价格以实际成本为准，加以利润，不应任其赔本①。张丹屏指出蒙盐天然丰富，产量大，成本低，供销西北及豫西、鄂北应该不成问题。但陕、甘两盐务局，"因人事关系不同，所定办法互异"，有的甚至利用职权，"私运出境，藉获厚利"，造成黑市怪象百出，"同类盐有在一家公卖店内，而价格竟有相差数倍者，城内与城外盐价不同，限价区与非限价区，不特盐价相去更远，且无买处，偏僻乡村人民多受淡食之苦。"他建议"政府对西北盐务人员，务须选派老成贤达者，主持统筹大计，精明干练者，充任干部，庶于加强工作效率，防止发生盐荒，两有裨益"②。其他如李洽的《拟请政府澈底改进青海盐政案》、张振鹭的《提议改革盐务积弊以节国币而利民生案》，其建议主张在提高官收盐价价格、惩戒经办人员的营私舞弊行为等方面。

在这次大会上，第一次出现了要求改善肉市管理的提案。孔庚在此方面提出了两件提案，建议主张体现在两个方面：一是监察院、审计部彻底调查、清算重庆屠业股份有限公司及社会局主管业务人员营私舞弊、假公济私、贪污违法造成黑市肉荒及亏折的情形；二是由社会局饬令重庆屠宰公司，统筹供应办法，"负责切实供应"，并严厉取缔军警人役非法"抢购强买"行为，保证肉的正常供应③。

面对举步维艰的经济形势及社会舆论的强烈不满，国民政府不得不采取办法。在稍早于国民参政会三届二次大会召开的国民党五届十一中全会上，蒋介石一方面掩过饰非，指出中国的"经济的危机实已过去"，一方面又告诫"对经济，对军事，此时万不可以国际形势好转，而过存奢望，过存乐观，万事全要自力更生。"他指出："中国并不是没有物资，问题只在我

---

① 萧一山：《救济川北盐业案》，国民参政会秘书处编印：《国民参政会第三届第二次大会纪录》，1944 年 8 月，第 196 页。

② 张丹屏：《请调整西北食盐运销以济民食案》，国民参政会秘书处编印：《国民参政会第三届第二次大会纪录》，1944 年 8 月，第 198—199 页。

③ 孔庚：《请严肃取缔重庆市肉荒情形责成市社会局饬令重庆屠业股份有限公司按日负责供应并取缔军管拦购强买造成黑市以维民食案》，国民参政会秘书处编印：《国民参政会第三届第二次大会纪录》，1944 年 8 月，第 192 页。

们有了物资，如何发挥它的功效。""如果我们能运用得法，一面实行节约，一面增进生产，实行战时法令，则战时经济就没有问题。"① 对于上述提案，它也有所重视。如针对马毅救助陕西纺织业的建议，财政部声称已"按照生产成本加合法利润，并比照粮食价格征集有关各方，妥为核定公布，以棉花价格之合理提高收购三十二年度棉花"②；针对要求改革盐务积弊的建议，财政部亦指出，已"督饬盐务总局察酌实情分别裁并"，据报于1942年一年撤并大小盐务机关179处，1943年撤并大小盐务机关195处③；针对合理调整盐价的建议，财政部制定了《改善管制盐价办法》，将盐价分为限价与议价两种，并电准国家总动员会议提请第52次常会备案实施；对于严密管制、禁止囤积操纵的建议，财政部也督饬盐务总局及所属机关"切实执行"④。遗憾的是，这些回应大都仅限于纸面，政策虚化、"决而不行"、"行而更差"的问题非常严重，表明国民政府在解决与国计民生息息相关问题上的无力与无奈。

1944年是中国抗战史上非常困难的一年，也是国民党统治危机空前严重的一年。欧洲战场上，苏联红军到1944年夏已将德军逐出国境；英美军队在诺曼底登陆，并开辟了欧洲第二战场。太平洋战场上，盟军跳岛战术亦节节取胜。而在亚洲战场上，日本发动的"一号作战"却使中国陷入了极度恶化的形势。在这场战役中，尽管国民党个别将领进行了坚决抵抗，但五六十万兵力的损失与20多万平方公里土地的相继陷落，却使这场战役成为全面抗战爆发以来中国损失最为惨重的一场战役，直接引发了大后方民众对国民党领导抗战能力的怀疑，并在国民参政会三届三次大会上体现了出

① 荣孟源主编：《中国国民党历次代表大会及中央全会资料》（下），光明日报出版社1985年版，第829—830页。
② 行政院秘书处编：《第三届国民参政会第二次大会决议案行政院办理情形报告表》，1944年8月，第21页。
③ 行政院秘书处编：《第三届国民参政会第二次大会决议案行政院办理情形报告表》，1944年8月，第101页。
④ 行政院秘书处编：《第三届国民参政会第二次大会决议案行政院办理情形报告表》，1944年8月，第103页。

来，改善物资统制方式也成为提案关注的重点问题之一。这次大会共提出68 件财经提案，涉及改善物资统制方式的有 16 件。在这其中，改善食糖、食盐、羊毛价格的各 1 件，改善粮食管制的有 3 件，其余全为改善棉花、棉纱管制的。

改善食糖管制的提案在国民参政会大会中第一次提出。曹叔实指出，食糖由统税改为专卖以来，弊端百出，产量大减。他认为食糖不比征谷简单，食糖种类繁多，有白糖、红糖、冰糖等，每种又有上、中、下色泽之不同；征收集中，有远近之别，运费之多少不一，征收时间亦不一，或按年，或按月；集中储存需要建设仓库，需费甚巨，官仓、强征、押运，无处不需用人员，各类开支亦非常庞大；商人缴纳亦有困难，"于公、于私均多耗费而少便利。"他主张征实不以各种糖精为对象，而以糖渍为标准；减少糖价征收税收①。

要求提高羊毛收购价格的提案也是第一次提出。罗麟藻指出，抗战爆发以前，西北各地所产羊毛多由黄河东运至包头，转输天津等地销售。抗战爆发后，政府为防止资敌，并控制对外贸易起见，规定羊毛由国家贸易机构统购统销，但所定收购价格与一般物价相差过巨，以致"民间所收之羊，渐次宰卖，非但大好牧场，渐失生产价值，即一般牧羊民众之经济，亦均陷于绝境"。他主张：一是收购羊毛价格最低以棉花之价值为标准，并以市价计算；二是由地方组织平价委员会负责具体工作。②

棉花、棉纱的管制提案，在国民参政会大会中已多次提出，就这次提案的情况看，以王普涵的提案反映的问题最有代表性，该案被作为"特一第一号"案提出。他以陕西、河南棉花大量减产为例，痛斥了花纱布管制局"佯藉管制之名，厉行剥削之实，致棉农不胜亏累，产量减少"的情形，并剖析了出现这种现象的原因：一是给予棉农价格太低，"该局所订官

---

① 曹叔实：《改善食糖征实办法以利税收而增生产案》，国民参政会秘书处编印：《国民参政会第三届第三次大会纪录》，1945 年 3 月，第 233—234 页。

② 罗麟藻：《请中央提高收购羊毛价格以利民生案》，国民参政会秘书处编印：《国民参政会第三届第三次大会纪录》，1945 年 3 月，第 271—272 页。

价，每市斤为五十八元，而实际黑市价每市斤一百五六十元，相差至为悬殊"，在此情形下，"官商两方固可从中渔利，而棉农则受损非浅"；二是买卖价格悬殊，管制局成为事实上的与民争利机关，实施"先以官价买进而后照市价卖出"的独占垄断政策。他主张应严格落实蒋介石关于物资管制的指示，并在治本和治标方面分别提出了建议主张。在治本方面，"自生产而分配均须使其合理。对于棉花征购，最低限度亦应仿效粮食征实与征购余粮办法"；在治标方面，"必使官价及市价以及收入与卖出，不宜相差过远"，以杜绝黑市之风①。薛明剑也指出，陕西棉花价格"经常是黑市低于限价，予商人剥削之机会。"他建议，第一，花纱布管制局对于陕、鄂两省棉花收购办法应迅即订定公布，办法须与局方本身人力、财力相配合；第二，如本身能力不能适当配合所订办法之施行时，应预为筹谋补救之道，或在不妨害管制原则之可能范围，尽量利用民间力量配合政府需要以收管制之效。②

面对沸腾的舆论及因战役失利带来的负面影响，国民政府不得不采取措施以减少物资统制流弊。对于薛明剑的提案，财政部在回复中指出，已要求豫、陕花纱布管制局依其本身人力财力缜密拟定计划，"由陕、豫、鄂三省将棉花统筹管制要点分电陕、鄂、豫三省府公布施行，并令饬该局转饬各该省办事处遵照于 33 年 10 月 1 日起开始收购。"③对于曹叔实改善食糖征购办法的建议，财政部指出，食糖征收改征糖精已在川康试行，并承诺减少食糖

① 王普涵：《为财政部花纱布管制局对于西北棉产管制失当无异直接受其摧残应请行政院切实查究严办亟谋整顿而维军民服用由》，国民参政会秘书处编印：《国民参政会第三届第三次大会纪录》，1945 年 3 月，第 262—265 页。
② 薛明剑：《管制花纱布办法应注意实际情形及管制能力以期运用适宜而免发生弊害案》，国民参政会秘书处编印：《国民参政会第三届第三次大会纪录》，1945 年 3 月，第 262 页。
③ 行政院秘书处编：《第三届国民参政会第三次大会决议案行政院办理情形报告表》，1945 年 6 月，第 16 页。

附加税①。但是，提案中的大部分建议并没有得到有效回应，有的虽声称已在采纳，实际效果也很难彰显，国民参政员对国民党政权的不满与疏离感也因此日趋明显。在这次大会上，驻会委员在审议上次大会提案办理情形时指出："主管机关答复，对所指摘仅予以空泛之否认，而不尽能提出确实证明者。例如改革盐务积弊案，国防最高委员会决议'交行政院切实改进'，乃院据财政部报告办理情形，将原案九款中二十余点，一一否认"②，不满之情于此可见一斑。

在国民参政会四届一次大会上，改善物资管制方式不再是提案关注的重点问题，但部分国民参政员还是注意到了这个问题。从具体内容看，他们除继续关注食盐和棉纱统制问题外，在茶叶、商营汽车管制方面也有提案提出。朱惠清指出，随着抗战胜利的到来，国民政府应废除茶叶统制办法，制定奖励茶叶民营规则，"以利外销"；举办茶叶贷款，促进茶叶购销，以"刺激生产"；"保护商人合法利润，奖励出口"；"厉行出口检验，藉以提高品质，维护国际信誉"③。张定华认为，商营汽车统制机关"将商车完全统制，不顾商人困难，以低价强制商车为公服务"，提出"放宽商营汽车尺度，使商营汽车在为公服务一定限度之下，得自由运输商货"；"合理增加商车运费，俾商人在不亏成本之下，乐于为公服务"；商营汽车遇有困难，"应由国家运输机关给予合理援助。"④

从食盐和棉纱管制提案的建议看，除延续此前提案提出的适当准许自由买卖、提高收购价格、照顾生产者利益等建议外，更多的是要求惩治营私舞弊、中饱私囊的政府官员。刘启瑞建议彻底改革盐政局人事与会计制度，杜绝官吏牟利；李鉴之要求对盐务机关，"随时派员明密察访，敢有贪污不法

---

① 行政院秘书处编：《第三届国民参政会第三次大会决议案行政院办理情形报告表》，1945年6月，第14页。

② 国民参政会秘书处编印：《国民参政会第三届第三次大会纪录》，1945年3月，第20页。

③ 朱惠清：《请政府确定今后茶叶政策以维国产而利对外贸易案》，国民参政会秘书处编印：《国民参政会第四届第一次大会纪录》，1946年1月，第347页。

④ 张定华：《请改善管制商营汽车办法流畅货运以平物价案》，国民参政会秘书处编印：《国民参政会第四届第一次大会纪录》，1946年1月，第377页。

者，严予惩处。"① 张邦珍明确提出要"依法严惩"云南前盐务管理局局长邓健飞，"以平民愤。"② 明确提出惩办人具体姓名，在国民参政会中提案中还是不多的，由此也可以看出国民参政员对政府官员的不满情绪。张金鉴再次陈述了花纱布管制局"贬价强购""佯藉管制之名，厉行剥削之实"，"致棉农不胜亏累，产量减少"，"祸民有余，利国不足"的不合理现象，要求惩处违法舞弊人员，撤销该机构③。

与国民参政员强烈呼吁惩治负责经办人员渎职的愤慨态度相比，国民政府的回应则显得苍白无力，敷衍搪塞的意味多于对建议主张的真诚采纳。如对张邦珍要求彻查滇盐管局长邓飞健贪污渎职的建议，行政院在回复中说，经多方调查并未发现舞弊实据④。对于其他的建议，也大都以"现况逐步改进""明令限期停止"等类似的回复予以敷衍。当国民参政员看到这样的回复时，心情可想而知。

三、反对发"国难财"

全面抗战爆发后，国民政府运用国家政权的力量，对国民经济实行直接干预，管制生产、流通和分配等各个部门、环节，以集中一切人力、物力和财力为战争服务。这种政策在一定程度上保障了战时军需民用的物资供应，有利于抗战的顺利进行，但却形成了国民党官僚利用职权参与投资、经营并

① 李鉴之：《改善盐政以裕税收并利人民案》，国民参政会秘书处编印：《国民参政会第四届第一次大会纪录》，1946 年 1 月，第 345 页。

② 张邦珍：《请取消食盐专卖制度听人民自由运销并请澈查滇盐管局长邓飞健以平民愤而苏民困案》，国民参政会秘书处编印：《国民参政会第四届第一次大会纪录》，1946 年 1 月，第 343 页。

③ 张金鉴：《为花纱布管制局无能推行国家管制政策玩法扰民摧残防止棉业生产本会历届建议改善迄今如故已难救药应请政府迅予裁撤业务划归省建设厅办理以解倒悬而平民愤案》，国民参政会秘书处编印：《国民参政会第四届第一次大会纪录》，1946 年 1 月，第 351—354 页。

④ 行政院秘书处编：《国民参政会第四届第一次大会决议案行政院办理情形报告表》，1946 年 2 月，第 38 页。

从中牟利的官僚资本①。他们利用垄断优势大发"国难财"。国民参政员对此深恶痛绝，极力反对。就国民参政会员对这一问题的关注情况看，专门建议惩治发"国难财"的提案数量并不多，但与惩治贪腐、平抑物价、改进物资统制方式有关的提案，则大都涉及了这方面的内容②。

全面抗战爆发初期，官僚资本对国民经济的干扰还不那么严重，到1940年前后，官僚资本的危害日渐显现。为避免官员从中牟利，1940年7月的国民党五届七中全会通过了《严防官僚资本主义之发展以影响民生主义之推行案》，严格规定"严禁官吏经营商业"③，但实际上这一原则未能真正贯彻。在国民参政会二届一次大会上，刘家树指出，物价上涨，"固由海口封锁，外来货物，内销路断，供求不能相应所致"，但"不肖官吏，凭藉权位，经营商业，或则挪移公家资力，死囤货物，垄断居奇。或则利用公家交通工具，私运货物，操纵物价"；"或则抑低法币价格，收买金银，偷运海外"。他认为，"此辈分子破坏社会安宁，罔顾国家民族利益，似非置诸重典，不足以儆奸邪，而振颓风。"具体而言，第一，"通令各监察机关严密检举，加重惩办"；第二，"奖励群众告密"；第三，"加强交通监查工作，严禁利用公家交通工具私运商货。"④该案经讨论决议"送请政府切实施行"。后

---

① 经济学家王亚南曾将国民党政权控制下的官僚资本分为三种类型：一是官僚所有资本，即由官僚自己参股或经营的企业；二是官僚使用或运用的资本，即名为国营企业但由官僚处置；三是官僚支配资本，即既非自己经营，也非通过国营形式运用，但却因种种原因在多方面受官僚支配的私人资本（见王亚楠：《官僚资本之理论的分析》，《文汇报》1947年3月25日，转引自《非经营性国有资产监管与廉洁政府建设》课题组编：《非经营性国有资产监管与廉洁政府建设》，社会科学文献出版社2013年版，第308页）。其中，国民参政会关注的中央信托局、中国茶叶公司属于第二种形式。

② 本部分对前面没有涉及的相关提案进行分析。

③ 中国第二历史档案馆编：《中华民国史档案资料汇编·第五辑·第二编：财政经济》（五），凤凰出版社1997年版，第42页。

④ 刘家树：《请政府重申前令严禁官吏利用权位私营商业操纵物价一经查获加重严处以利民生案》，国民参政会秘书处编印：《国民参政会第二届第一次大会纪录》，1941年10月，第187页。

被"通饬各部会署局及各省市政府公署遵照"，没有具体办理情形①。

1942年以来，国民政府进一步加大了物资统制的范围，盐、糖、酒、茶叶、火柴、烟等6项生活必需品实行专卖。专卖机关官员借机以廉价取之于生产者，而以高价卖给人民，从中牟取巨额利润。在国民参政会三届二次大会上，以仗义执言著称的傅斯年指出，专卖政策实施以来，"所表现之遗憾情况，其内容固非局外人所能尽悉，其紊乱情形，实不可谓非今日之重大事件"，他认为中国"今日所谓专卖，事实上只是收税之代名词，其去专卖之本义远矣"。他批评了财政部长孔祥熙所著《专卖政策及其条例要旨》的小册子所列举的各项政策，"几无一不与事实所表现者相反。"他还指出，1941年蒋介石在国民参政会二届一次大会中提议限价办法通过实施之后，财政部所办专卖不在限制之列，导致其他物价虽有下降，而专卖品价格暴涨，市面上很少见到的专卖品也因经办人员的操纵流入了黑市。他建议，第一，由检察院会同有关军警机关彻底清查，如有商人舞弊，应制以法律，有官吏不职，宜衡以国典，其主管机关要负重大责任；第二，专卖政策只是收税之别名，建议取消专卖之虚名，制定征税办法，以减少机关，节省国币②。傅斯年要求取消专卖制度的呼吁，也引起了社会舆论的强烈反响。《大公报》发表社评指出："这次参政会'澈查专卖真相'及'改革盟（盐）务积弊'两案，帮助政府施政，甚有贡献。"③面对社会舆论的呼吁，国民政府承诺，"官绅商民违法囤积投机，应予法办。并严禁公务人员经商，其有利用地位营利之行为，切实坚决，依法严办"④，但考虑到它此前对这一问题所采取的措施及实际效果，不免让人怀疑其承诺能在多大程度上发挥作用。

在国民参政会三届三次大会上，由于豫湘桂战役导致的全国上下对国民

① 行政院秘书处编：《第二届国民参政会第一次大会决议案行政院办理情形报告表》，1941年10月，第6页。
② 傅斯年：《请政府澈查专卖真相如有弊窦依法惩处各级负责人员案》，国民参政会秘书处编印：《国民参政会第三届第二次大会纪录》，1944年8月，第248—249页。
③ 《可喜的民主风度》，重庆《大公报》1943年9月28日。
④ 荣孟源主编：《中国国民党历次代表大会及中央全会资料》（下），光明日报出版社1985年版，第891页。

政府失望情绪的笼罩，部分国民参政会员也将矛头对准了发"国难财"者。黄钟岳指出，中央银行有特殊职责，不应与普通银行竞争业务。但中国中央银行自身"各种职责尚多未履行，平常所经营之业务，仍与普通银行无异"，"影响所及，流弊丛生"。他提出了五条改善建议：第一，根本改变中央银行的业务，重心放在代理国库推行重贴现、主持清算等，放弃目前收受私人存放及汇兑等业务，避免与普通银行竞争；第二，各地中央银行应增设专司大小票交换人员，使民众及同业交换大小票不受限制，随到随换，不得以任何理由推诿卸责；第三，遇金融紧迫尤其在战争发生时期，提收存款绝对不能限制；第四，切实履行重贴现及转抵押职责；第五，慎重选择主管人员，不应以只图私便锱铢计较，形同市侩，染有官僚习气的人员主持，以免影响国家银行荣誉而失去商民信仰①。王隐三指出，在战争消耗大量物资，国民生活"茹苦含辛，节衣缩食，甘苦相共"之际，竟有少数人"贪污敛财，实不知人间羞耻。"他认为，必须用"惩治贪污之严刑峻法以济其不足"，并且要限制私人资本，确定私人最高财产额，"颁布限制私有财产法通告全体国民一致遵行。"②孔庚指出国家总动员会议设立经济检查队，本为"防止囤积居奇，以及违反限价议价，造成黑市，影响物价波动"，但经办人员"奉公守法者固多，而假公济私者亦所不免"，要求政府明确规定监察队及检察人员守则，不得无故欺压人民；人民由囤积或违法买卖情事，经人告发者，政府自应派员并持公文前往检查；如人民有囤积或违法买卖情事，系据检查人员风闻者，亦应由政府据情备文派员前往检查，不应由检查人员私擅检查；政府派经济检查人员前往检查时，应将所奉公文出示被检查之人员③。

面对豫湘桂战役失利造成的执政危机，国民政府表现出了少有的开明姿

① 黄钟岳：《督促中央银行切实履行职责案》，国民参政会秘书处编印：《国民参政会第三届第三次大会纪录》，1945 年 3 月，第 228—230 页。

② 王隐三：《请政府制颁限制私有财产法藉便推行民生主义根绝贪污案》，国民参政会秘书处编印：《国民参政会第三届第三次大会纪录》，1945 年 3 月，第 237—238 页。

③ 孔庚：《请政府对经济检查人员明令加以限制案》，国民参政会秘书处编印：《国民参政会第三届第三次大会纪录》，1945 年 3 月，第 275—278 页。

态。在 1945 年 5 月召开的国民党六大上，蒋介石承诺要"要防止资本垄断的发生"[1]。大会指出，抗战以来国民政府在财政、经济、金融、贸易等领域的弊病，导致了"社会财富日趋于畸形之集中"的现象，指出要"严切注意，力挽颓风"[2]。大会通过的《本党政纲政策案》明确规定，要"登记并限制各级官吏及公营事业从业人员之资产，并彻底执行各级官吏不得经营商业之规定。"[3] 但是，正如时人所说，国民政府稳定战时经济的方法，"似偏重在政治方式的镇压和硬性的管制"，而不是运用经济的法则。但是如从政治入手，则需要打破或制止政治上的阻力或恶势力，不让它危害国民经济和扰乱经济法则的正常运行，但国民政府根本不具备这样的能力[4]。到抗战胜利前夕，中国"经济崩溃的面貌确已露出来了"[5]，这是国民政府不愿看到但没有办法改变的。

第三节　推动经济建设

"重视经济因素对战争胜败的关键性作用，将经济力量视作坚持抗战的基础，是抗战时期国统区的一个重要思想倾向。"[6] 全面抗战爆发后，为了支

---

[1] 荣孟源主编：《中国国民党历次代表大会及中央全会资料》（下），光明日报出版社 1985 年版，第 906 页。

[2] 荣孟源主编：《中国国民党历次代表大会及中央全会资料》（下），光明日报出版社 1985 年版，第 916 页。

[3] 荣孟源主编：《中国国民党历次代表大会及中央全会资料》（下），光明日报出版社 1985 年版，第 936 页。

[4] 易劳逸指出，国民党政权"是和社会脱节的"，国民党的政权机制有很多弊端，其中一些弊端"来自中央政府"。见［美］易劳逸：《毁灭的种子：战争与革命中的国民党中国（1937—1949）》，王建朗等译，江苏人民出版社 2009 年版，第 2—3 页。

[5] 杨西孟：《论经济崩溃》，平新乔等编：《北京大学经济学院先贤经典文集》（下），北京大学出版社 2012 年版，第 648 页。

[6] 阎书钦：《国家与经济：抗战时期知识分子关于中国经济发展道路的争论——以〈新经济〉半月刊为中心》，中国社会科学出版社 2010 年版，第 81 页。

撑抗战的顺利进行，国民政府一方面实行经济统制政策，力图把中国经济纳入战时轨道，集中全国的人力物力财力支持抗战，一方面则努力发展战时经济，扩大抗战的经济物质基础。对此，国民参政员积极响应，并就如何推动工业、民营企业及农业发展等问题提出了不少建议和主张，在一定程度上推动了战时经济的发展。

一、努力发展工业

全面抗战爆发后，部分沿海地区的工业遭到了日寇的沉重打击，实业界人士不愿在日寇铁蹄下苟延残喘，他们拆卸设备，运送材料至大后方，虽颠沛流离，但保存了国脉。然而，这些企业内迁到重庆后，要复工运转，却面临着诸多困难。在国民参政会一届一次大会上，国民参政员围绕解决内迁企业发展中的资金筹措、工业动员及纺织工业、轻工业发展等问题提出了提案。

张剑鸣指出，内迁企业"实际复工者，为数极少，而此少数之复工厂家，亦仅恢复其一小部分工作而已"。他建议国民政府"明定借款协助办法，指拨专款，仿照银行放款之例，估计各工厂机件存料之价值折成借款"，助其复工；复工后的资金保障，"由政府敕令经办机关（假定中央信托局）订一工厂战时保险办法，取特低之保险费用，以负赔偿损失之全责。"[1] 高惜冰认为，"纺织工业之重要性，直与国防工业相等，殊不应以一般工业视之"，但由于受战事影响，"全国现在纱锭数目，尚不及战前百分之八。布机数目，尚不及战前百分之六"。他提出由国民政府统筹战时纺织工业，协助武汉纺织厂家迁至重庆；在川滇各省大力推广种棉区域；推行木制纺纱机[2]。王志莘

---

① 张剑鸣：《请政府对于迁移到后方之各工厂切实协助予以保障并督饬早日复工俾便充实物力增加抗战力量而利民生案》，国民参政会秘书处编印：《国民参政会第一次大会纪录》，1938 年 9 月，第 228 页。

② 高惜冰：《纺织工业与国防及民生日用有密切关系将来产量太少供不应求拟具补救办法以供军用而裕民生案》，国民参政会秘书处编印：《国民参政会第一次大会纪录》，1938 年 9 月，第 232—233 页。

认为，为保证长久抗战计，应实行国民生产总动员，可先从轻工业生产着手，"藉以增加生产，适应需要"。具体来说，就是由经济部颁布轻工业生产合作暂行办法，发动组织轻工业生产合作协会，"此会之性质应具社会性，以协助政府增强战时工业生产，充实战后经济机构，及改善劳工之生活为宗旨；亦即为促成民众普遍生产运动之主动力"；利用战区失业技术人员及熟练工人组织各种轻工业生产合作社，从事各种军用及日用必需品之制造；创办轻工业生产合作银行，解决经费问题①。

要支撑抗战的顺利进行，当然离不开强大工业的支持。对于上述提案，国民政府较为重视，如对于张剑鸣提到内迁工厂资金短缺的情形，国民政府也注意到了这个问题。在1938年10月颁布的《非常时期农矿工商管理条例》规定："由战区或邻近战区自动迁移之企业或物品，经济部应随时予以协助及便利，并得予以保障。"②对于高惜冰的提议，经济部将武汉的裕华等五家纱厂迁往陕、川等地，并拟在川、滇、黔等省推广棉花种植，以供迁川纱厂及西南军民需要。它还责成中央工业试验所，试验简单纺织机；对于王志莘提倡工业生产合作事业的建议，经济部组织了协会，由国民政府拨款补助运行③。

国民政府对国民参政会提案的重视，激发了国民参政员的积极性。在国民参政会一届二次大会上，高惜冰提出了筹备西北、西南实业公司作为轻工业生产中心的建议。他指出，抗战以来，政府重视发展重工业，这无可厚非，但对于那些"或无利可图而私人不为者，或虽有利可图而恐仅恃私人经营，足以阻碍工业之发展与引起高抬物价之流弊"的轻工业，政府亦应经营之。他特别指出，西南、西北"舟车运输，殊感不易，原料之供给，外汇之

---

① 王志莘：《推进轻工业生产合作事业以增强抗战力量案》，国民参政会秘书处编印：《国民参政会第一次大会纪录》，1938年9月，第237—239页。

② 中国第二历史档案馆编：《中华民国史档案资料汇编·第五辑·第二编：财政经济》(五)，凤凰出版社1997年版，第13页。

③ 国民参政会秘书处编印：《国民参政会决议案实施情形一览》，1939年8月，第49—52页。

申请，又复日趋困难"，在此情形下，"私人经营工业，纵目前有利可图，亦必将因畏难与种种疑虑观望之故，以致裹足不前"，希望政府选择合适地点，筹办西北与西南两实业公司，举办各种轻工业，经营机器及其金属制造品、化学产品、饮食品、造纸印刷、造船造车、土石制造、纺织工业等各种工业产品①。该案经讨论决议"交主管机关斟酌办理"，后来经济部回复声称，"轻工业种类繁多，筹设公司，集中办理，是否适宜，似不无考虑余地"，但指出要筹拨 1000 万元经费，"督促协助人民分别举办"②。

尽管国民政府对内迁企业提供了一定的便利与资金支持，但对急需资金发展的厂家来讲，仍有"杯水车薪"之感，而且一些企业虽得以开工，但后续发展资金难以保障。在国民参政会一届三次大会上，迁川工厂联合会、上海机器厂等 59 个团体联合提出《请政府拨定专款速办工厂战时保险案》，并以专门负责审查财经问题提案的第四审查委员会全体成员作为提案人提出该案，这也是国民参政会大会以审查委员会名义提出的第一件提案。该案陈述了举办战时保险办法的重要性和迫切性，"迁川各工厂，过去已蒙极大损失，在此复工之后，如遇空袭及种种损害，若无救济办法，各厂势必有所顾忌，而致影响全部复工之计划"；"迁川各工厂之经理，无不于艰苦环境中，力主尊奉政府之命令，此项迁移复工工作，如各厂于复工之后，政府方面，未能予以保障，则经理其事之人，对于股东方面，责任太为重大，或因此稍存顾虑，致碍进行。"在具体建议方面，该案提出："请政府拨定专款，速办工厂战时保险，以保障各厂之安全，其保险费用，应特许低廉，以符保障之原旨。"③该案用意甚好，但国民政府以"照原决议案交行政院办理"作为回复，没有具体办理情形④。

---

① 高惜冰：《筹办西北西南两实业公司作为轻工业生产中心以应军事与民生日用必需案》，国民参政会秘书处编印：《国民参政会第二次大会纪录》，1938 年 12 月，第 89—90 页。

② 国民参政会秘书处编印：《国民参政会决议案实施情形一览》，1939 年 8 月，第 123 页。

③ 第四审查委员会提：《请政府拨定专款速办工厂战时保险案》，国民参政会秘书处编印：《国民参政会第三次大会纪录》，1939 年 4 月，第 89 页。

④ 国民参政会秘书处编印：《国民参政会决议案实施情形一览》，1939 年 8 月，第 185 页。

抗战相持阶段到来后，日寇确定了"以战养战"的方针，在沦陷区积极抢购物资，吸收中国法币，以套取中国外汇资金。为了遏制这种现象，国民政府停止了按原定法价供给外汇的办法。这虽有助于稳定中国的外汇汇率，但对于需外汇购买外国机器原料的企业则是一个不利因素。有的企业为了购买外国原料，不惜将资金转向黑市，因而造成了国内资金不必要的外逃。在国民参政会一届四次大会上，王云五分析了这一现象对企业发展的不利因素：一是新兴工业因原有资本不能按原预算购结外汇，遂多停顿；二是原有工业因购买必要之外国原料，过高则使社会承受非必要之负担，过低又使企业无法维持生产；三是经营工业者见外汇高涨不已，政府又未能按法价继续供给外汇，乃纷纷以余资向黑市尽量预购外汇，因而促成国内许多资金不必要的逃避。他建议国民政府在财力许可范围内，向与国防工业、文化教育工业及西南、西北各省建设有关的工业，"另订一种法价"，以使其能够及时购买外国机器与原料[①]。对此，国民政府有所重视，财政部和经济部经商讨决定，以中国银行和交通银行"牌价定为七便士"，这与王案所提"按一先令二便士对折或相近之汇价售给"，"用意正相符合"，且明令公布了享受此汇价的工业种类[②]，对国内企业及时向国外购买所需原料不无裨益。

随着战争的继续及通货膨胀的加剧，部分不法商人借政府管理漏洞，趁机囤积居奇。一些社会闲散资金或购存货物，囤置待卖，或向企业贷款，以谋取利益。有的工业资本甚至流通到了商业领域，对本来就缺乏资金的企业来讲，可谓是雪上加霜。这一问题引起了国民政府的关注。在国民参政会一届五次大会上，它就如何解决这一问题提出了提案，并交全体国民参政员讨论。提案指出，抗战爆发以来，政府虽尽了很大努力使资金留在工业领域，但"银行钱庄，所收存款，为数颇多，资金用途，集中于生产事业者，实居少数，而购存货物，囤置待价，或以存货抵押放款者，数实较巨"的现象依

---

① 王云五：《请政府另定一种法价供给外汇于特定之工业案》，国民参政会秘书处编印：《国民参政会第四次大会纪录》，1939 年 11 月，第 137 页。

② 行政院秘书处编：《国民参政会第四次大会决议案行政院办理情形一览表》，1940 年 3 月，第 8 页。

然较为普遍，此种趋势若"过分发展，则在此物品缺乏之时，既不能促进生产，以收增加供给之效，复以斥资囤货，反酿成物价高涨之虞，用力方向之不甚适宜，实足以影响于整个经济之发展"，希望国民参政员就解决这一问题"加多贡献"，以"使有用之资力人力向生产事业"。

国民参政员在审查该案时，本着发展战时经济积极支持抗战的态度，都非常支持国民政府提出的举措，不仅如此，他们还提出了八条具体建议，较为重要的有：建议政府"拟定各种切实可行之企业方案，以备人民选择投资"；颁布保障企业发展的办法，"对于已有之工业保息及补助条例加入利率，并于冒险性较大之工矿事业，减轻其过分利得税，进一步使收普遍之效"；政府召集各地实业家华侨召开会议，专门讨论供给问题；政府给予技术人员提供便利；"由财政部经济部指定确实担保，发行实业债券，以便吸收游资，专款存储，办理工矿事业。"[①] 从这些建议的具体内容看，主要在于为工业发展创造良好环境，随后7月的国民党五届七中全会着重讨论了工业发展问题，通过了《加强经济统制力量以应非常局势案》，决定设立战时经济部，加大对工业的支持，这对战时工业的发展有一定作用。

1940年前后，工业化理念经由中国知识界的讨论，已成为"抗战时期的一项重要成果"，"走工业化道路，成为抗战时期知识界讨论中国经济问题的基础。"[②] 因应这股潮流，在国民参政会二届一次大会上，陆宗骐指出："今后之建国基础，应在工业。即现有之农业，亦应工业化，亦（以）免再为工业国之附庸。故将来之新工业政策，决不能任其自然发展，而应由政府及早设计准备以树基础。"他提出了三点主张：一是吸取教训，摆脱以往工业多集中在沿海，"原料之外运，产品之内销，所耗运费及捐税，为数极大"的畸形状况，在国内选择若干地点树立工业中心，"如同网形之向内发展"；二

---

① 政府交议：《后方生产正在积极促进应如何集中资金及经营能力以期益见恢宏请讨论商榷案》，国民参政会秘书处编印：《国民参政会第五次大会纪录》，1940年8月，第92页。

② 阎书钦：《国家与经济：抗战时期知识分子关于中国经济发展道路的争论——以〈新经济〉半月刊为中心》，中国社会科学出版社2010年版，第168页。

是加强动力建设网，"廉价供给一切制造及运输所需之'光'、'热'、'电'等动力，俾能减轻工业成本"；三是立足于自给自卫原则提倡乡村工业，"使平时用以发展国民经济者，即战时可变为供给前方需要。"①国民政府也认识到中国应该走工业化的发展道路，因此，它对该案虽没有回复，但在这次大会结束后随即召开的国民党五届八中全会上，通过了《本党应成立工业核心组织案》及《积极发展国营事业特种工会组织借以促进生产完成国防建设案》，以推动战时工业建设。

进入 1941 年以来，随着战争的消耗和沦陷区域的扩大，中国经济形势日益艰难，沿海港口城市全被日寇占领，海上对外贸易管道全被堵塞。国民政府被迫将中国香港、越南、缅甸仰光作为对外贸易的转运中心，但这些贸易通道不断受到日寇威胁②。对外贸易渠道的严重受阻，推高了工业生产成本，加上国民政府政策的失当，相当部分资本转向金融业，大后方工厂企业缺乏资金的情形日趋严重，只有少部分可以勉强维持开工，绝大部分或仅能维持现状，或已濒临破产境地。在国民参政会二届二次大会上，孔庚指出，抗战爆发以来，迁川及后方新建各工厂，因经济环境日趋恶劣，"已成大不景气现象，除有少数工厂可以勉强继续支持外，约有三分之一仅能维持现状，约有三分之一已临破产地位，此为抗战前途发生无限隐忧"。他主张成立工业仓库，具体职责为：一是积极办理工厂成品抵押事宜，防止工厂停工，工人失业；二是储备工业生产原料，使操纵居奇者无利可获；三是在工业仓库中成立成品审核组，审核工业成品是否合格，并规定优者给予奖励，劣者督促改良；四是在工业仓库中成立设计组，"规定每种成品之生产数量"，"考察各工厂之机器工人性能"，以保障产品不滞销，工厂能用其所长；五是扶持新厂以成套现货供给新厂；六是设立存放贷款专门机构保证厂家资金充裕；七是从各金融机构中提出 50% 以上资金，再由国家银行加以数倍以上之

① 陆宗骐：《拟请政府确立新工业政策以树建国基础案》，国民参政会秘书处编印：《国民参政会第二届第一次大会纪录》，1941 年 10 月，第 213 页。
② 孙玉琴编著：《中国对外贸易史》，清华大学出版社 2013 年版，第 254 页。

接济，减少市面游资操纵商品，保证厂家生产正常运转①。

国民政府当然知道资金对工业发展的重要性，对于孔庚的提案，它虽没有提出要成立工业仓库，但指出对于增加工业的资金贷款，四行已有具体措施②。1942年1月，行政院颁布了《战时重要经济设施原则》，一方面规定"内地生产及制造为国防及民生所必需者，应尽量加强，增加产量"；"燃料事业如煤焦、油料、酒精等物品，应加多生产，以资供给"；"生产事业所必需之电动力，应加速装设"；另一方面指出要"利导商业资金，办理生产事业，由政府给予保障。"③ 但该文件的出台较为仓促，一些规定仅是原则性内容，如何操作还需具体研究。在国民参政会三届一次大会上，国民参政员就这些问题提出了提案。

这次大会共提出85件财经提案，与工业有关的有8件，是关注工业发展较多的一次大会。从具体内容看，建议主要围绕确立工业基础、为工厂提供生产动力、筹措工业资金等方面展开。在确立工业基础方面，李汉珍认为，"无工业即无国防，无国防即无国家。"他指出世界各国工业发展"莫不藉关税壁垒之保护"，中国正处于"海洋交通，完全断绝，外货无法侵销造成无关的壁垒，实为我国工业，最好的自卫环境"，"宜乘此时机，普遍提倡一般工业之设立"；至于已有的幼稚工业，"应积极扶植其发展"，借此既满足战时部分，亦树立战后工业基础④。在为工业发展提供生产动力方面，丁基实指出，如允宜利用国有器材，普设小型水力发电厂及工业厂供工业或灌溉之用，则发电机械"由数千万匹马力，增至数万匹马力之巨，裨益国防工

---

① 孔庚：《请政府调整工业建设举办工业仓库以利抗战建国案》，国民参政会秘书处编印：《国民参政会第二届第二次大会纪录》，1942年9月，第121—123页。

② 行政院秘书处编：《第二届国民参政会第二次大会决议案办理情形报告表》，1942年10月，该文件为油印字，没有编排页码，有一些字迹已经无法辨认。

③ 中国第二历史档案馆编：《中华民国史档案资料汇编·第五辑·第二编：财政经济》(五)，凤凰出版社1997年版，第19页。

④ 李汉珍：《为建议在此抗战时期海洋交通断绝外货不易侵入政府应加强提倡和保护一般工业以建树工业国家基础而固国本案》，国民参政会秘书处编印：《国民参政会第三届第一次大会纪录》，1943年8月，第250—251页。

业，及经济建设，良非浅鲜。"他主张由"四联总处指拨专款，作为循环基金，至进行步骤，可采国营、民营及官民合营等方式，分投（头）并进，以收速效。"至于水利工程调查规划，应责成水利委员会妥拟具体计划，统筹实施①。在筹措资金方面，陆宗骐指出政府的金融政策导致民间资金与生产资金脱节、商业资本过分活跃，政府的财政支出不能大量投入生产。他建议政府组设国家事业信托公司，"一方藉以生价游资，导生产于正轨，一方藉以收缩通货，平稳物资。"②

值得一提的是，江一平从促进生产发展的角度，建议各地工业公司脱离商会，组织独立的工业会。他指出，抗战时期的工业发展，实为战后经济复兴的基础，为工业发展"日趋繁荣起见，非仿各国先例另有独立之组织，不足以收统筹策进之效"。他建议让旧有的工业同业公会脱离商会，另行组织工业会，以应时势需要；工业会组织采取二级制，以各省市为基本单位设立工业会，为各该省市工矿各业公会的总机构，全国设工业会联合会，为全国工业会总机构。工业会的主要使命与任务为：研究与改良产品；生产标准化；增加劳工福利、调整与公断劳资纠纷；技术员工补习教育；提倡与实施事业保险；矿产品的竞赛与展览；工业调查与统计；器材原料及技术合作；协助政府办理生产事业，维护发展与管制等事宜③。

上述提案都是工业发展中亟待解决的，有些甚至体现了世界工业的发展趋势，可惜的是，随着战争的巨大消耗和经济环境的进一步恶化，国民政府的战时工业政策与国民参政员的热切期待形成了巨大反差。如对李汉珍和陆宗骐的提案，行政院仅"交财政、经济两部遵照切实注意"，没有具体办理

① 丁基实：《指拨专款作为工贷基金扩展水力工程事业以裕工农业动力案》，国民参政会秘书处编印：《国民参政会第三届第一次大会纪录》，1943年8月，第253页。
② 陆宗骐：《拟请政府组设国家实业信托公司发行产业债券以大量吸收游资开发轻重工业案》，国民参政会秘书处编印：《国民参政会第三届第一次大会纪录》，1943年8月，第265页。
③ 江一平：《为发展工业应使各地工业公司脱离商会另组织工业会以利推行案》，国民参政会秘书处编印：《国民参政会第三届第一次大会纪录》，1943年8月，第270—271页。

情形。丁基实的提案虽有办理情形的回复，但仅指出水利委员会正与中国农民银行合组中国农村水力实业公司，"正在筹组进行中"①，具体情形不得而知。1943 年 9 月的国民党五届十一中全会虽提出要"采取近代科学与工业之方法，发展基本工业，增加制造机械之能力，推广机械之应用，使农工矿各业之生产，能达机械化标准化之目的"②，但对工业发展中亟待解决的问题如原料、资金、动力等问题如何解决并未提出具体办法。在国民参政会三届二次大会上，国民参政员就这些问题提出了提案。

就具体内容看，这次大会所提建议主张与国民参政会三届一次大会大体相同，如但懋辛指出，中国钢铁工业基础虽已确立，但面临着"周转资金缺乏及销售困难"两大问题，建议在解决销售困难方面，"成立一强有力钢铁产销管制分配机构"，处理各厂钢铁产量、销售、运输事宜；在解决周转资金方面，提高钢铁企业贷款额度、降低原料价格③。徐炳昶鉴于河南矿业发展的窘境，要求国民政府对该省工矿企业予以 1.5 亿元的贷款。李汉珍针对企业发展缺乏资金的状况，提出请国民政府重新制定中外合资经营条例，以大量吸收外资。

与此同时，国民参政员还提出了中国工业要标准化的问题。王亚明指出，随着抗战胜利临近，国人"亟应把握时机，务期以最节约之人力物力，于最短期完成工业建设之使命，欲达是项目的，实非厉行工业标准化不为功。"他认为，所谓工业标准就是工业制造的准则，"意义在于规定工业产品之定义、品质、尺度、式样、功用等"，效果在于"使产品之互换性能加大，产品之种类减少，制造之时间缩短，原料、人工大量节省，储存、交议、运输，增加便利等"。他主张：第一，由国民政府从速设置办理工业标准机关

---

① 行政院秘书处编：《第三届国民参政会第一次大会决议案行政院办理情形报告表》，1943 年 8 月，第 77 页。

② 浙江省中共党学会编印：《中国国民党历次会议宣言决议案汇编》（第 3 分册），第 374 页。

③ 但懋辛：《解决钢铁工业目前危机案》，国民参政会秘书处编印：《国民参政会第三届第二次大会纪录》，1944 年 8 月，第 176—177 页。

以专责成，考察各国办理工业标准；第二，全国度量衡局已经编制的标准草案，应急付审查从速公布实施，因为工业建设工作亟待展开，需要标准极为迫切，应早颁标准以供需求；第三，政府颁布标准后，以其最重要的部分，强迫适应；第四，将工业标准订为办法以利推进；第五，公务机关采购物品尽先采用适合标准的产品，以资倡导。第六，必需遵守的标准，由教育部采用为教材[1]。该案颇具眼光，有利于减少工业发展中因标准不统一，造成人力、物力和财力浪费的现象。

国民政府也认识到要未雨绸缪，准备战后经济的建设，经济部后来对战后工业建设计划、利用外资发展实业及沦陷区敌产处理及工矿整理等问题进行过专门研究，并提出了具体发展方针[2]。在上述提案中，它对王亚明的提案回复比较明确，指出"经济部已草拟各项标准，一俟次第核定，即着手搜集适合标准之产品编印工厂名录，以供各方采购之参考，再由教育部陆续编入教材。"1943年经济部工业标准委员会改组后，即"积极进行各项工作标准之厘定工作"，并公布了18类工业标准[3]，这对于中国战时工业和战时贸易的发展都发挥了一定作用[4]。对于其他提案的回应则较为模糊。如对但懋辛要求救济钢铁工业的提案，行政院指出将其所提建议"已报陈国防最高委员会"，没有后续措施。对于徐炳昶要求贷款给河南工矿企业的建议，行政院在回复中指出："查工矿事业贷款向由各该业按照规定申请，由本处（四行联合办事处）量为贷助，豫省工矿事业仍请按规定手续办理"[5]，等于拒绝

① 王亚明：《请政府厉行工业标准化以奠工业基础案》，国民参政会秘书处编印：《国民参政会第三届第二次大会纪录》，1944年8月，第229—230页。
② 中国第二历史档案馆编：《中华民国史档案资料汇编·第五辑·第二编：财政经济》（五），凤凰出版社1997年版，第352页。
③ 中国第二历史档案馆编：《中华民国史档案资料汇编·第五辑·第二编：财政经济》（五），凤凰出版社1997年版，第401—402页。
④ 侯德础主编：《抗日战争时期四川及周边地区的经济与文教》，四川人民出版社2005年版，第114页。
⑤ 行政院秘书处编：《第三届国民参政会第二次大会决议案行政院办理情形报告表》，1944年8月，第28—29页。

了该案的建议。

到抗战后期，特别是 1944 年以来，大后方工业发展陷入举步维艰的窘境。在国民参政会三届三次大会上，李芝亭指出，中国的面粉工业面临着巨大的发展障碍，他主张，第一，责成经济部转饬工矿调整处，调查统计各厂需要之机器零件及五金材料之数量，协助各厂向国外配购；第二，军粉制造费应按实际所需成本予以合法合理之费用，议定制造费数目后，每月仍先借给厂方款若干，以便预备材料，每月清结一次，不得拖欠；第三，各厂所得税利得税应由财政部转饬所属直接税局，税额不得超出于食产粉量；第四，通饬各机关团体于储蓄公债、兵役国防工事、救济灾荒等一切杂捐酌减分配，借恤商艰，使其继续为公努力。薛明剑提出了战后中国纺织工业发展的设想：在原则上，立足于自力更生，以国人自造纺织机器为原则，采用外国机器，以不摧毁国造机器为原则；在向国外订购机器方面，由政府担保，向外国纺织机器制造厂签订整批机器，协定分期付款办法；在分配纺织机器方面，由纺织厂商联合会主持通盘筹划；在培养人才方面，除由专门学校每年培养 2000 人外，由每厂收容中学生各设一训练所，每年训练 500 人，十年内培养纺织专才 25000 人。

在国民参政会四届一次大会上，随着抗战胜利的迫近，战后工业如何发展振兴成为财经提案关注的重要问题。刘明扬认为要确立战后工业化基础，国民政府应从改善税制、调整奖励民营企业办法、提高工业品收购价格及整顿国营事业等方面入手，积极发展生产事业。具体而言，在改善税制方面，国民政府改变以往以增加收入为目的的税制政策，废除买办商业资本、高利贷资金、土地资本及官僚资本的羁绊；在提高收购价格方面，政府在取消专卖制度的基础上，提高收购价格，以使企业"能维持其扩大的再生产"；在整顿国营事业方面，使企业独立经营，以提高生产效率①。叶道渊从扶持经济发展的视角，要求国民政府金融机关积极对企业厂家放款，积极"扶植

---

① 刘明扬：《请改进财政经济政策以加强反攻力量并建立战后工业化之基础案》，国民参政会秘书处编印：《国民参政会第四届第一次大会纪录》，1946 年 1 月，第 294—295 页。

农、工、矿及交通等业，不可任各省银行轻重倒置"[①]。薛明剑提出尽速规定器材进口条例及申请购料外汇手续，并发行特定外汇，向国外订购新式机器，"请政府予以合理之协助及相当之便利"[②]。抗战胜利后，国民政府需要处理的问题千头万绪，对工业发展亦有自己的思考，这些提案"提交行政院采择施行"，没有引起应有的重视[③]。

二、重视民营企业

全面抗战爆发后，国民政府虽然采取了一系列统制经济的举措，并举办了一些国营事业，但对民营企业也承诺要协助、鼓励发展，并专门颁布了鼓励民营企业发展的具体规章制度，如保息、补助、押借资金、供给材料、加入官股、协助运输等[④]。随着战争的持续进行、沦陷区域的扩大、原料来源逐渐减少、交通运输日益困难等问题不断出现，加上国民政府把主要精力用于支持国营企业发展，民营企业的发展面临着很大的困难。

国民参政员专门针对民营企业发展问题提出的提案最早出现在国民参政会二届一次大会上。在这次大会上，胡子昂基于对民营工业"之建设终难树立基础，循序迈进"的情形，提出了他在国民参政会大会中的唯一一件提案。他指出，国民政府虽有一面抗战一面建国之决心，但大都将资金投向金融领域以获丰厚利润，以至于"民营各厂矿及其设备，大都因陋就简杂凑而成，或则规模太小不合经济原则，或则配合不宜不能兼顾产销之合理条件"，"有战事平息难免崩溃之虞"。他要求国民政府制定各种办法，奖励民营企业发

---

① 叶道渊：《改善金融政策以利经济事业之建设案》，国民参政会秘书处编印：《国民参政会第四届第一次大会纪录》，1946 年 1 月，第 309 页。

② 薛明剑：《拟请政府协助生产界规定统一办法代向国外订购战后新式机械而利国家迅速趋向工业化案》，国民参政会秘书处编印：《国民参政会第四届第一次大会纪录》，1946 年 1 月，第 323 页。

③ 行政院秘书处编：《国民参政会第四届第一次大会决议案行政院办理情形报告表》，1946 年 2 月，第 26—27 页。

④ 中国第二历史档案馆编：《中华民国史档案资料汇编·第五辑·第二编：财政经济》（五），凤凰出版社 1997 年版，第 5 页。

展：一是凡已依法立案的民营工业组织，其投资取得的正式股票，可以向四行折扣押现，以便筹措资金发展；二是根据 1938 年国民政府颁布的奖励工矿发展办法，加强对民营工业保息补助的范围，并制订战时战后维持产销减免纳税的永久办法，以使民营工业的发展有制度保证；三是民营工业与政府主办的各项工业"切取联络，使之集力合作，增产供用"①。

李黎洲指出，中国地域辽阔，物力亟待开发，而民族资本积蓄相当薄弱，必须"公营民营分工协进"，才"足以适应国民经济发展之要求"。他认为国民政府虽注重扶植民营企业，但各省政府"感于地方需要"，"积极扩充省营企业"，经营范围"漫无限制"，"辄与民营企业抵触，且多任意征收民营企业改为省营，甚至有普通进出口贸易亦不许商人经营者"，从而造成民营企业生产萎缩，政府税收因之减少。他认为，中央应规定不同企业经营范围，并"通饬遵照"，"俾免与民营抵触"，对于现有的民营企业，"非迫于军事之必要并经中央核准者，勿得任意征收"；中央制订的各种奖励民营企业发展的办法，"严饬地方政府切实执行。"②

国民政府也知道民营企业发展中亟待解决的问题。针对胡子昂的提案，从财政部、经济部的回复情况看，它虽然在采纳的过程中困难颇多，但也决定给予购买动力、原料、物料及雇佣技术员工等方面的优惠；责成中央工业试验所具体联络民营工业以解决困难③。针对李黎洲的提案，经济部拟定了《非常时期省营贸易监理规则》及《非常时期省营工矿业监理规则》，明确规定了省营企业的经营范围和经营方式，此外，还成立了省营公司监理委员会

---

① 胡子昂：《请政府明令奖助民营基本工业并准投资工矿之公司股票得向国家银行折扣现以资周转案》，国民参政会秘书处编印：《国民参政会第二届第一次大会纪录》，1941 年 10 月，第 210 页。

② 李黎洲：《请中央妥定省营企业范围俾免与民营抵触以利后方生产案》，国民参政会秘书处编印：《国民参政会第二届第一次大会纪录》，1941 年 10 月，第 211 页。

③ 行政院秘书处编：《国民参政会第二届第一次大会决议案办理情形报告表》，1941 年 10 月，第 30—32 页。

执行省营企业的调整①。

但是，在划分国营企业和民营企业的范围上，到底什么应该国营，什么应该民营，国民政府并没有明确的认识。不仅如此，在战争的巨大消耗下，国民政府进一步加强了经济统制的力度，也更为倚重国营工业。国民党五届八中全会通过的《积极发展国营事业特种工会组织借以促进生产完成国防建设案》指出："根据民生主义发达国家资本之原则，此后无论在战时或战后，国营事业，日益扩展，殆为必然趋势。"该案还针对过去国营事业主管当局"偏重于业务与技术管理，而对工人组训事宜，类皆漠视放任，甚或采取禁止干涉政策"的方针，提出要在国营事业中发展工人组织，"予以经济上之补助，政治上之指导。"②但是，该案对于如何发展民营企业则没有涉及。在国民参政会二届二次大会上，国民参政员就民营企业发展再次提出了提案。

陈石泉指出，随着物价上涨，成本增加，民营企业出现了资金周转不足的现象，一般游资多去经营贸易，有的甚至用以囤积物品获取利益，规避投入生产事业，加剧了"资源日缺，物价益高"的现象。他主张，第一，凡是后方民营生产事业已经准予立案经营的公司工厂，如纺织、矿业、伐木、垦殖、畜牧、农场等类事业，"政府应颁布奖励办法，切实辅助其发展，解除其困难，以谋产量之增加"；第二，政府命令国家银行、地方银行及民营银行，对于已经立案的民营公司工厂，当"资金不足周转，请求贷（贷）款时，应尽量予以便利，手续应力求简单，利率应酌予减低"；第三，政府机关采购大批产品时，得向生产该产品的民营公司"照取当时市价优先承购，预付价（定）金，以扩大其生产量"；第四，当已准予立案的民营公司工厂需要原料、机器、工具等时，政府要命令运输管理机关，"视如军用物品同样重要，尽先运送"；第五，鼓励民营工厂公司发展，"俾供求相应，物价渐趋

---

① 秦孝仪主编：《中华民国重要史料初编——对日抗战时期·第四编：战时建设》（二），
　台北中国国民党中央委员会党史委员会 1988 年版，第 1053 页。

② 孙彩霞主编：《柏文蔚文集》，黄山书社 2011 年版，第 407 页。

安定"①。

陆宗骐指出，工业品价格飞涨影响甚大，工业要素为资本原料与销售市场，如政府能用有效办法，使工业原料不因运输困难而供应缺乏，产品推销又能有办法，则"不待工业前途，裨益不少，即物价平定，亦意中事"。他建议，第一，由国民政府调查公营、民营企业之轻工业工厂，预测其一年产量；第二，命令各银行大量投资，将工厂一年所需原料，"代为一次购足备用"；第三，政府订购的工厂产品一律按照平价规定，按期发售；第四，定购包销；第五，除机器及工业原料外，对于一般制成用品，非必要时，应限制输入，以为国内企业打开市场②。

面对民营企业缺乏原料、资金、市场影响其正常发展的情形，1941年12月召开的国民党五届九中全会通过了《工厂生产原料与器材，政府应作有计划之购储分配，以增加生产安定物价案》，规定政府择定数种工厂所需之生产原料与器材，进行统筹购运供给；政府向各产地沦陷区域或海外直接购储，或奖励商人购运，由政府储存；政府以原料与器材供给工厂，收矿工厂成品配销；正确确定一个救助工矿预算，交由主管机关统筹办理；政府对于由沦陷区抢购之物资，免征消费税，减轻营业税；政府对于运送生产原料及器材予以便利③。后来，陈石泉的提案被交"运输统制局核办具报"。陆宗骐提案的第一、第三两项建议由经济部"分令工矿调整处及物资局参考"；第四项建议由财政部"函请四联总处参考"④。这对于民营工业的发展多少有些促进作用。

---

① 陈石泉：《请政府切实奖助民营生产事业调剂资金减轻税收俾便增厚物资而裕国力案》，国民参政会秘书处编印：《国民参政会第二届第二次大会纪录》，1942年9月，第121页。

② 陆宗骐：《拟请政府以有效方法扶植民营工业平衡物价案》，国民参政会秘书处编印：《国民参政会第二届第二次大会纪录》，1942年9月，第125—126页。

③ 浙江省中共党史学会编印：《中国国民党会议宣言决议案汇编》（第3分册），第265页。

④ 行政院秘书处编：《第二届国民参政会第二次大会决议案办理情形报告表》，1942年10月，该文件为油印字，没有编排页码，有一些字迹已经无法辨认。

随着战争的进一步扩大及中国经济形势的日趋窘迫，民营企业面临的困难越来越多，特别是国营企业依托强大的政治优势，将触角伸向经济领域的各个方面，大大压缩了民营企业的生存发展空间。在国民参政会三届一次大会上，薛明剑指出，国营企业应"纯为求达需供相应之目的，绝非与民争利"，然而，中央政策"经由中下级执行办理后，莫不大变其质。不特与民营工业争夺市场，且与民营工业竞购原料，利用国家赋予之便利，致使民营工业无法抗衡"。他建议国民政府对国营、民营工业的经营范围进行明确界定，"厘定国营事业与民营事业划分标准，并经制颁法令，送由政府转饬切实执行"；"根据国营与民营事业划分标准，详订物资统制方案，藉以纠正目前缓急不分之现象。"① 黄炎培从加强国营、民营企业在矿业中合作的角度，提出了"将官办民营之厂矿澈底调整，全面合作，盈掘互补，有无相通"的主张。他认为矿产企业生产需要大规模的人力、物力、财力，在战争条件下，不要说民营企业没有这个能力，就是国家经营也面临着诸多困难，这就需要国营、民营企业发挥各自长处，二者合作共同推动中国矿业发展②。

国民政府也了解国营、民营企业经营范围不清导致民营企业发展遭受极大阻碍的情形。为解决这一问题，1943年9月的国民党五届十一中全会通过了《战后工业建设纲领》，确定了"国营民营同时并进之政策"，并指出"凡工业之可委诸个人，或其较国家经营为适宜者，应归民营，由国家奖励，而以法律保护之"。它还规定，"民营工业合乎工业建设计划之规定者政府应特别奖掖资助之，并予以技术上及运输上之便利，使之依照计划，如期发展。"③ 但该案并没有列出民营企业和国营企业的具体经营范围，而实际上真正厘清二者的界限也颇为不易，因此这一纲领在实践中很难落实。在牟利

---

① 薛明剑：《请切实规定国营与民营事业之界限并改进及加强统制以符发展战时生产之本旨案》，国民参政会秘书处编印：《国民参政会第三届第一次大会纪录》，1942年9月，第214页。

② 黄炎培：《官办民营工矿业应全面合作以利生产案》，国民参政会秘书处编印：《国民参政会第三届第一次大会纪录》，1942年9月，第249—250页。

③ 浙江省中共党史学会编印：《中国国民党历次会议宣言决议案汇编》（第3分册），第375页。

思维的主导下，国营企业借助资金筹措和政治上的独特优势，进一步挤压民营企业发展空间的现象并未有所改变，民营企业的发展也因此更为萎缩。

但是，因为经营种类繁多、组织庞大、经办人员贪腐横行、缺乏高效的运行机制等因素，国营企业也产生了很多流弊。在国民参政会三届三次大会上，王晓籁痛斥了国营企业的三大弊端，可谓针针见血，"观各公司章程之规定，无不以开发本省经济，调剂民生供需为宗旨，冠冕堂皇，无与伦比，然考其实际，则各谋垄断本省之经济利源，造成割据局面，妨碍地域分工之利益，加重民生之疾苦，其弊一。营业范围漫无限制，而以营利为目的则同。利之所在，虽小不遗，无利可获，虽要不办，直等与民争利，无怪怨声载道，其弊二。此等公司大都以官商合营为名，而仗官营之势力，每居操纵地位，利用职权，营私舞弊，指不胜屈，其弊三。"他认为欲去其弊，"必须确实划分公营与私营企业之范围，奠定分工合作之基础"，具体来说，就是以孙中山实业计划中"可以劳诸个人或较国家经营为适宜者，应任个人为之，由国家奖励，而以法律保护之，至其不能委诸个人及有独占性质者，应由国家经营之"为原则，对目前各级政府经营的事业"重加检讨"，不宜公营者，划归民营，"其应归公营，而效率低微者，则澈底加以调整，务使经济原则，普遍实行，国利民福"[1]。

国民政府对这一提案的回复是"交财政、经济、交通各部参考"[2]。1945年5月的国民党六大通过了《工业建设纲领实施原则案》，规定"凡工业之可以委诸个人或其较国家经营为适宜者，应归民营，由国家奖励而以法律保护之。至其不能委诸个人及有独占之性质者，应归国营"，并明确了工矿交通事业中不能委诸民营的具体种类。该案还指出："民营工业建设计划之规定者，政府应特别奖掖资助之，并予以技术上及运输上之便利，使之依照计

---

① 王晓籁：《确实划分公营与民营企业之范围以利工商之发展案》，国民参政会秘书处编印：《国民参政会第三届第三次大会纪录》，1945年3月，第277—278页。

② 行政院秘书处编：《国民参政会第三届第三次大会决议案行政院办理情形报告表》，1945年6月，第18页。

划，如期发展。"①另外，该案将那些关系到国防秘密、涉及垄断性质及与国际贸易密切相关的特种矿产归到了国营企业范围；手工业、家庭工业、农村小工业等则归入到了民营企业范围中，基本上符合国际惯例。至此，国民政府从法令上基本厘清了国营、民营各自经营的范围。当然，在实践中，它未能真正做到这一点。不仅如此，由国民政府主导的国营企业借助独特优势进一步膨胀，民营企业的生存空间进一步萎缩。国民参政会四届一次大会的财经提案就反映出了这一问题。

在这次大会上，甘绩镛指出，抗战以来，政府对民营与国营事业的支持力度，"不可同日而语"。从待遇看，国营事业不仅没有税捐，还享受各种平价物品如煤、米、油、布、盐等，民营企业对于这一切则都没有享受到，成本增高；但成品的价格，国营企业不但不低于民营企业，且有昂贵超过民营企业者。就管理而言，"民营管制之严，自中央以至地方，层层监视，节节留难"，而国营企业，"只须上级一机关允许，即可便宜行事"。他还指出，政府不愿对民营企业进行补贴，据说是因为"恐刺激物价，增加人民负担"，而国营交通线、公营电厂，则任意加价。他建议给予国营、民营企业同样支持，"同样课税"，"同样予以不课税"，"民营事业之管制，不宜较国营者特加严酷"，"补贴与加价，无论国营民营，须同一律"等②。

吴蕴初认为，民营工矿企业对支撑抗战发挥了重要作用，但受轰炸、迁移、物价管制、高利贷等因素影响，它们"已不胜其工料高涨成本不敷之苦，罗掘俱穷，朝不保夕"。有的因军事原因一迁再迁，损失特别严重，已无法继续维持，而"投机囤积甚或资敌而致富之辈，反可购机建厂，做以享成"。为了国家的工业化前途，应迅组后方民营工矿战后复兴委员会，由民营工矿代表参加，从事调查，并制定奖励办法，奖励办法主要包括：优先配给；

① 中国第二历史档案馆编：《中华民国史档案资料汇编·第五辑·第二编：财政经济》（六），凤凰出版社1997年版，第71—73页。
② 甘绩镛：《关于经济建设事业拟请国营与民营者同等待遇及管制以期增产而裕国力案》，国民参政会秘书处编印：《国民参政会第四届第一次大会纪录》，1946年1月，第321—322页。

优先承制供应善后救济案内之物资；准予法价购取外汇；如能取得国外借款或进口信用担保，由国家银行予以担保；优先承办没收敌伪之工矿产业；政府发行公债拨助工矿企业建厂所需；在战后经济建设计划中，准予优先择定设厂区域①。其另一案指出，美国民营企业家多表示愿与我国民营企业合作，为国家工业化建设考虑，政府不应"再存国营民营之畛域，有所歧视，以致影响整个工业化之进步"，"应从速大量派遣我民营事业家赴美，作有效之接洽"。他认为可以分批陆续出国，政府对出国人员予以旅费之结汇及其他各种便利②。

陆宗骐认为，国民政府"对于民营生产事业，除与税收有关者外，尚少切实之指导研究"，他建议，第一，调查统计各地的生产状况，贸易情形及社会状况等，并将调查结果加以编辑统计，"俾能成为研究指导之事实根据"；第二，关于研究指导方面，一方面训练指导人员，一方面组织指导机关。人才应该既是生产事业的人才结合，同时又是生产事业的领袖集团。组织指导机关一定要负责解答各种及各地生产事业的询问事项；负责解决各种及各地生产事业的设计，如农田、水利、工业、矿业、运输、贸易、畜牧、植林等；负责报告各种生产事业的最近情形；帮助各种生产事业的进行等③。

抗战胜利后，在国内暂时出现和平局面的情形下，国民政府对上述提案有所重视。如对于甘绩镛要求国营、民营企业同等待遇的主张，经济部承诺对于民营企业"略予补助"，对于少向民营企业征税的主张，财政部回复说"所得税法现正在拟议修改之中，对于征免范围之扩充，税率高低之调整，均为注意之点"；战时生产局回复说，关于国营、民营同样课税或同样不课

---

① 吴蕴初：《请政府对于抗战建设著有绩效之民营工矿事业切实筹谋善后复兴办法以奖有功而维国本案》，国民参政会秘书处编印：《国民参政会第四届第一次大会纪录》，1946 年 1 月，第 322—323 页。

② 吴蕴初：《请设法鼓励民营事业家大量出国考察技术及管理并接洽国外资本技术之合作以表示国营民营事业并重之精神并谋工业化之迎头赶上案》，国民参政会秘书处编印：《国民参政会第四届第一次大会纪录》，1946 年 1 月，第 326—327 页。

③ 陆宗骐：《拟请政府加强民营生产事业之研究指导以促进生产效率案》，国民参政会秘书处编印：《国民参政会第四届第一次大会纪录》，1946 年 1 月，第 328—329 页。

税，"似可采行，用昭公允"，"自抗战胜利后，各项事业公务似可渐趋正常，贴补与加价等事当可减少。"[1] 吴蕴初的前一提案被"交财政经济两部暨战时生产局采择施行"，具体情形不得而知。他的后一提案经济部在回复时指出，依据1944年10月17日颁布的《经济部审核民营工业高级人员出国考察办法》规定，民营企业家出国考察可"予以审核"[2]。对于陆宗骐的提案，经济部也调查了民营企业的相关资料；对于指导机关的职责范围，它则指出正在"分别推进"属于工矿商业范围者，"随时予以充分解答并予指示。"[3] 遗憾的是，随着国内政治形势的骤变，和平局面转瞬即逝，这些措施失去了实施条件。

三、关心农业发展

全面抗战爆发以后，中国农业遭到了沉重打击。据统计，七七事变后一年半的时间中，随着华北、华东、华南等省份相继陷落，50%以上的耕地、48%的森林、接近40%的耕畜都相继丧失，农产品产量亦随之骤降，"如以1936年全国农产品数量为100，1938年国民党控制区的农产品数量，稻谷为81，小麦为45，大麦为58，小米为20，大豆为34，高粱为23，甘薯为76，棉花为29，花生为42，烟叶为69。"[4] 但民食、军粮、衣被的需求不仅没有减少，反而随着战争的进行日益扩大。为此，1938年3月的国民党临时全国代表大会通过了《战时土地政策草案》，决定成立土地利用指导机关和垦务机关，指导和改善农业生产技术，组织公私荒地的开垦，并决定成立土地银行，增加农业贷款，活跃农村金融等[5]。

---

[1]　行政院秘书处编：《国民参政会第四届第一次大会决议案行政院办理情形报告表》，1946年2月，第24页。

[2]　行政院秘书处编：《国民参政会第四届第一次大会决议案行政院办理情形报告表》，1946年2月，第26页。

[3]　行政院秘书处编：《国民参政会第四届第一次大会决议案行政院办理情形报告表》，1946年2月，第29页。

[4]　杜恂诚主编：《中国近代经济史概论》，上海财经大学出版社2011年版，第131页。

[5]　荣孟源主编：《中国国民党历次代表大会及中央全会资料》（下），光明日报出版社1985年版，第506—508页。

在国民参政会一届一次大会上，共提出 4 件有关农业发展的提案，其中 1 件由国民政府提出。国民政府的提案注意到了农村农业组织"上层博杂而寡要，下层空虚而无力"的弊端，主张予以调整，调整的办法是"中央以及各省农业改进机关，合作指导机关，县农业推广场所农业推广员与合作指导员，应使指臂相使，系统井然"；"宜使各地合作社与合作金库及农业仓库交相为用，以更宏其效力。"① 梁漱溟也认为农村"下级行政机构之不能充实健全"，"内地乡村空乏，几同一片荒原沙漠"，无法适应抗战建国的需要。他建议行政院召开战时农村问题会议，根据农村实际进行制度设计，使主管部门在农业工作上互相联络配合②。徐柏园建议理顺并增加各级农业指导机构，在中央设立农业部统筹农业行政事宜；现有中央各种农政机关归属农业部；中央及地方农业金融机关受农业部监督；各省增设农业厅或农业局，负责地方农业行政事宜。

齐世英注意到了调整土地政策的重要性。他认为抗战以来，"原有之土地政策，不容顺序推进，同时战区扩大，难民日增，生产锐减，为培养国力，救济难民，垦殖荒地，补充物力计，战时土地政策之推行，益不容缓"。第一，行政院设置地政委员会，负推行战时土地政策之总责，各省现有地政机关充实力量，迅速采取有效办法推行战时地政；第二，依照战时需要，实施耕地及资源出产地使用统制；第三，设立土地金融机关调剂土地分配，注重抗敌战士家属及接近战区地带民众土地分配；第四，设置垦区，开辟荒地，增加生产，救济流亡民众；第五，已经整理地籍的地方，或重要地税区域，迅速实行累进土地税③。

这几件提案都指出了战时农业发展亟待解决的问题，由于国民政府通

---

① 政府交议：《建设内地农业以促进后方生产充实抗战力量案》，国民参政会秘书处编印：《国民参政会第一次大会纪录》，1938 年 10 月，第 245 页。

② 梁漱溟：《召开战时农村问题会议并于政府中设置常设机关案》，国民参政会秘书处编印：《国民参政会第一次大会纪录》，1938 年 10 月，第 255—256 页。

③ 齐世英：《推行战时土地政策以增加抗战力量案》，国民参政会秘书处编印：《国民参政会第一次大会纪录》，1938 年 10 月，第 263—264 页。

过的《抗战建国之经济建设工作报告》已经规定了改善农业组织、移殖难民垦荒的具体措施①，且正在施行，因此，对于这几件提案没有采取具体举措，如对于梁漱溟的建议，经济部回复称"似尚可采"，另两件提案"送政府参考"②，没有实施情形。

在国民参政会一届二次大会上，有3件有关农业问题的提案提出。王世颖指出："自抗战以还，农村资金之需要，既日益增加，但供给方面，反因各银行之信用收缩，以及国内外贸易之失调，而呈日渐枯竭之象。"他认为，中国农业银行和农本局两个机关业务相同，但一个隶属财政部，一个隶属经济部，各立门户，各不相谋，导致"恣意竞争，驯生磨擦"，且"用人行政，多增浪费"，容易"诱致土豪劣绅，折冲于二大金融机关之间，图谋私利，坐使合作社与农仓之素质日趋败坏"。他主张把两个机关隶属一个行政部门主管，并建议把农本局改名为中央合作银行，厘清两个机关的业务分工以避免交叉竞争；两部门之间设立一个常设联络委员会，使双方消息与业务及时沟通③。

史良提出了成立农村农业指导机关发展农村工业的设想。她指出，发展农村工业是落实《抗战建国纲领》"以全力发展农村经济"及"发展各地手

---

① 1938年6月，经济部颁布了《抗战建国之经济建设工作报告》，规定农业建设的目标为：食料、衣料力求自给；尽量增加农产出口，并规定战时农业建设要从四个方面着手：1.改良农业技术。以中央农业实验所为倡导机关，同时督促各省农事机关，致力于改良种子，指导施肥，防除病虫害。2.健全农业金融，由经济部农本局建立农业金融机构，办理农业生产贷款，筹设农产运销制度。3.改善农业组织，中央及省设立农业改进所，县设立农业推广部门，农民自身组织应着重设立、推广农业合作社。4.移殖难民开垦荒地，促进林业与畜牧业发展，在陕、川、桂、赣等拥有大面积荒地省份，由中央补助经费，派人指导垦殖，对各省小面积荒地，积极招领开垦，减少周折手续，并给予资金接济。见中国第二历史档案馆编：《中华民国史档案资料汇编·第五辑·第二编：财政经济》(八)，凤凰出版社1997年版，第4页。
② 国民参政会秘书处编印：《国民参政会决议案实施情形一览》，1939年8月，第60、62页。
③ 王世颖：《调整农业金融机构案》，国民参政会秘书处编印：《国民参政会第二次大会纪录》，1938年12月，第86页。

工业"的重要途径。她主张：第一，在国家层面成立"全国农村工业指导所"或"全国农村工业督导专员"，担负策动全国农村工业之专责，主管研究、设计、宣传、调查、督促、指导及打通销路等事项；第二，在省设立"某某省农村工业指导所"，担任发展全省农村工业之专责，由全国农村工业指导所或"全国农村工业督导员"辅导进行一切调查、研究、设计、推动等工作；第三，根据农村人情习惯及物资环境，分区提倡各种农村工业；第四，在某区域选定某种工业后，成立"农村合作工场"，由省政府指定专款，扶植"农村合作工场"发展，力求事业"当地生根"；第五，由省政府指定专款作为发展农村工业的"周转基金"，由"农村工业指导所"负责经营；第六，扶植"农村合作工场"，使之成为农民自给自主之生产组织，"农村合作工场"加工的产品既可以是棉、麻、肉等农产品，也可以是都市工厂中简单零件的制造等；第七，由政府备款收买准备销售海外出口和销售国内的产品，可在指导所指导下，由各合作工场组成推销机关自行推销①。

　　国民参政员不仅关注战时农业行政机构调整问题，而且对通过改善农业教育支撑农业发展问题亦有思考。在国民参政会一届四次大会上，王幼侨指出，中国农业行政与农业教育机关是截然分立的，各省的农林局、农场、苗圃、农业推广所等属于农业建设范围，农学院、职业学校则属于教育范围，导致二者"各自为政，互不相谋"。他建议：一、设立全国农业督进指导委员会，主要职权有：对全国宜农、宜牧、宜林、宜特产的地区及抗战时期必需物品作通盘统筹。登记考询全国农林、牧畜、水利、工程各项专门人才以备遴用。确定全国荒地面积，筹划开垦。确定农产自给，增加特产输出计划。提倡副产品如蚕丝，牧场、药材及各种农产品的制造。与合作委员会、农贷会、农民银行等金融机构联系促进全国农业发展；二、由省主席、建设厅长、教育厅长、主管处科及各省农学专家组织成立各省农业督进指导委员会分会。具体职权有：由中央农业督进指导委员会就总会职权所列条文，

---

① 史良：《请政府从速发展农村工业以应抗战建国之需要案》，国民参政会秘书处编印：《国民参政会第二次大会纪录》，1938年12月，第88—89页。

确定各省农业情形及物产品类，分别规定，以建教合作，人尽其才，地尽其利①。国民政府对该案有所重视，由教育部转饬各公私立大学、农学院及国立专科学校协调农业人才培养事宜，但对各省设立农业督进指导委员会的建议，则以中央各部会及中央建教合作委员会已"分别办理"为由，认为"暂无另设委员会之必要"②。

在对发展农业问题的思考过程中，有些国民参政员看到了现代化国营农场、合作农场对提高农业生产效率的作用。在国民参政会一届五次大会上，孔庚指出，各人自耕，各家自耕，不能机械化、组织化的农业生产方式，是一种落后的小农制度，"不足为今日之农业政策"。他认为应效法苏联、德、意、英、美等国农业组织方式，"以国营农场或合作农场，为我国今后确定之农业政策"，使农业工业化、机械化。第一，政府明令规定以国营农场、合作农场为今后农业唯一政策；第二，农林部聘请专门人才成立设计委员会，确定三年或五年计划，以为政策推行之轨线；第三，依照全国合作农场所需各种专门技术人才，迅速分期造就，以供应用；第四，迅速设立农业机械器具制造厂、各种农业化学品及肥料制造厂；第五，多制宣传刊物宣传合作农场的办法及好处③。该案契合了国民政府试办国营农场及实验集体农场的想法，得到了国民政府的重视，决议筹办国营农场及实验集体耕作农场④。

国民政府虽决定筹办国营农场及实验集体耕作农场，但对如何落实这一政策并未有具体措施。在国民参政会二届一次大会上，陆宗骐提出了推行集体农耕制度的设想：一、试验阶段。由政府开辟交通，整顿水利，办理与农

① 王幼侨：《提议协调农业行政机关及农业教育机构以厚民生而利抗战案》，国民参政会秘书处编印：《国民参政会第四次大会纪录》，1939年11月，第135页。
② 行政院秘书处编：《国民参政会第四次大会决议案行政院办理情形一览表》，1940年3月，第12页。
③ 孔庚：《请先确定农业政策并先着手准备工作以实现民生主义案》，国民参政会秘书处编印：《国民参政会第五次大会纪录》，1940年8月，第108—109页。
④ 行政院秘书处编：《第一届国民参政会第五次大会决议案行政院办理情形一览表》，1941年2月，第13页。

业有关的工业建设，指导合作农场从事引水、泄水、蓄水等灌溉合作事宜；也可由政府择约为"代用试验场"，教以耕作方法，租给改良种子、新式农具及充分肥料等，俾资改良。如收获能超出某种程度者，予以现金奖励；二、经试验有效的农场，由政府或农会指导实行土地整理，使道路、沟渠、农具、畜力以及一切农业经营方法更适合需要；三、将合作农场扩大联合阶段。由政府或农会指导以使农产品种单纯化、品质标准化，使能适应推销，同时改良农产品包装方法，使免意外消耗而轻运输负担，提倡农产品加工制造，增加农民收入[①]。

随着战争的巨大消耗，国民政府急需提高农业水平以增加供给，因此，对该案非常重视。农林部就落实上述建议采取了多项措施。如在集体耕作方面，它制订了《集体耕作农场暂行规则》提交行政院讨论，并决定在甘肃岷县的国营农场试行集体耕作方法，1942年又选择西南、西北边疆等地两处试验集体耕作方法；在合作农场方面，到1941年，参加重庆南岸合作农场的农户有34户，耕地面积700余亩，且成立了三个共同耕种区，负责耕地、播种、除草、施肥等，达宁合作农场参加的农户有106户，耕地面积688亩，主要负责棉花播种及其他农具合作、轧花合作、购运及农场经营、农民教育等。巴县歇马场为农林部农村建设委员会与私立中国乡村建设育才院合作办理的一个农场，有农户9户，但耕地面积达到了330多亩，主要进行农具改良、农家记账及民众生活改善等工作。农林部农村建设委员会与私立金陵大学农学院经济系合办的成都合作农场，亦在积极筹备[②]，这对推动战时农业的发展具有一定的作用。

"耕者有其田"是孙中山1924年在广州农民运动讲习所第一期结业典礼上提出来的。国民政府成立后，一直强调要解决民生问题，主张"平均地权"、"耕者有其田"，并颁布有多项法规章则。但由于国民政府承认土地私

---

① 陆宗骐：《拟请政府切实推行合作耕种制度以改进农业生产案》，国民参政会秘书处编印：《国民参政会第二届第一次大会纪录》，1941年10月，第218页。

② 行政院秘书处编：《第二届国民参政会第一次大会决议案行政院办理情形报告表》，1941年10月，第87页。

有，要达到平均地权的目标，只能通过征购方式先将土地收归国有，但依国民政府的财力，根本没有能力承担征购土地所需的庞大资金，而且土地征购之后，如何分配也有很多问题。因此，全面抗战爆发前，这一问题未能得到有效解决①。全面抗战爆发后，随着沦陷区的扩大及不法地主"抗拒责任义务"②，农民手中的土地越来越少，已无法承担起抗战所需的各种负担。为此，国民党五届九中全会通过的《战时土地政策实施纲要》规定："私有土地之出租者，其地租一律不得超过报定地价百分之十"；"土地之使用应受国家之限制，政府并得依国计民生之需要限定私有农地之耕作种类"；"农地以农民自耕为原则"③。但这一政策的落实缺乏相应的制度设计，再加上田赋征实、征购和征借政策相继实施，地主以田赋征实、征购、征借为由，竭力提高地租，原来收钱的改收实物，正租之外又增加押租和附租，农民生存状况更加不容乐观，改革土地政策，实现"耕者有其田"的呼声日渐高涨。

在国民参政会二届二次大会上，李中襄指出，国民政府虽在《土地法》中明确提出要保障佃农权益，且规定租额不得超过耕地正产物收获总额的千分之三百七十五，但各地在具体执行起来，"仍系奉行故事，视若具文"，他主张，国民政府应将《土地法》中关于耕地租用的规定和租额的限制，通令各省市，切实推行；各地农会约集地主佃农商议，依据《土地法》规定，更定租额，如出现纠纷由地方政府裁定④。齐世英则对地主剥削佃农的情形进行了深刻揭露，建议国民政府迅速颁布法律，"实行耕者有其田"，"凡现由佃农耕作之土地，悉令地主限期报价，由国家发行低利土地债券照价收买，分授佃农耕种"；"佃农受田后，分年以谷缴归国家，国家逐年出售实物，即

---

① 薛暮桥：《抗战时期的土地政策》，《薛暮桥文集》（第 2 卷），中国金融出版社 2011 年版，第 47 页。

② ［日］笹川裕史、奥村哲：《抗战时期的后方社会——战时总动员与农村》，林敏等译，社会科学文献出版社 2013 年版，第 103 页。

③ 中国第二历史档案馆编：《中华民国史档案资料汇编·第五辑·第二编：财政经济》（八），凤凰出版社 1997 年版，第 184 页。

④ 李中襄：《积极实施土地法之规定厉行保障佃农政策以增益农产案》，国民参政会秘书处编印：《国民参政会第二届第二次大会纪录》，1942 年 9 月，第 87—88 页。

以所获资金收回土地债券"；"土地债券收回之日，佃农即完全取得其土地之所有权。同时由国家制定法律限制其处分，并继续施行金融政策，予以经济上之援助，俾免再度因负债而丧失土地。"①

国民政府虽倡导"耕者有其田"，但不具备大刀阔斧推行这一政策的决心，因此，对于齐世英的提案，它仅以交"内政及农林两部存备参考"作为回复。当然，为减轻民众负担，缓和佃农与地主的阶级矛盾，它也采取了一定的措施。如陈诚任湖北省主席后，就在1941年颁布了《湖北省减租实施办法》，尝试"二五减租"的土地政策，激发农民生产积极性，缓解地主与佃农的矛盾。《广西省推行土地法耕地租用条款实施办法》《绥远省限制租息暂行办法》及《安徽省改善租佃关系实施办法》等也相继出台②。这对于改善农民处境发挥了一定作用。此外，国民党五届九中全会通过的《土地政策实施纲要》要求，主管地政机关"加强整理地籍工作，限期完成"；"私有土地之出租者，其地租一律不得超过报定地价百分之十"；"农地以归农民自耕为原则"③。当然，在大多数地区，这种措施触及到了大地主的利益，他们极力阻挠，国民政府的措施又软弱无力，导致这些措施很难普遍推行开来。

1944年以来，随着豫湘桂战役失利对国人心理造成的巨大冲击，国人在反思战役失利原因的同时，也将目光投向了国民政府的土地政策。在国民参政会三届三次大会上，王普涵痛心地指出："新政最失民心者，莫过于土地行政"。他重点指出了在地籍整理的土地测量环节中，有人通过行贿，"上地可以报中地，中地可以报下地，多地可以报少地"，反之，"则中地成上地，下地成中地，少地成多地"，主张健全各级土地行政机构，将地籍与户籍一元化，以防化名购地，使土地不能成为资本投机之对象，并呼吁厉行孙

---

① 齐世英：《积极实施土地政策改革租佃制度以期根本解决粮食问题与社会问题案》，国民参政会秘书处编印：《国民参政会第二届第二次大会纪录》，1942年9月，第88页。

② 行政院秘书处编：《第二届国民参政会第二次大会决议案办理情形报告表》，1942年10月，该文件为油印字，没有编排页码，有一些字迹已经无法辨认。

③ 荣孟源主编：《中国国民党历次代表大会及中央全会资料》（下），光明日报出版社1985年版，第753页。

中山照价收买遗教，由国家掌握大部分土地，逐渐实现"耕者有其田"①。

为了平息沸腾的社会舆论，国民政府承诺对该案所提建议，"当根据有关法令切实办理"，并要求就《土地法》中的弊病向社会征求意见进行修改②，1945年5月的国民党第六次全国代表大会通过了修正后的《土地政策纲领》，要求"凡土地租赁契约，必须经主管地政机关登记，并依法限制其租率"；成立专业土地银行，"特许发行土地债券，实行扶植自耕农"。另外，大会通过的《农民政策纲领》还规定，要"调节农地分配，规定标准地租，限制耕地之使用、招租、分割、承继及公私土地所有权之转移"；"保障佃农，扶植自耕农"；"实行合理负担，严禁高利贷款，澈底取缔对农民之一切剥削"③。鉴于此前国民政府实施农业政策的一贯效果，这个纲领被认为"没有多少新东西，不过是过去有关政策纲要、通则的一个翻版而已"④。

尽管如此，随着抗战胜利的临近，国民参政员对实现"耕者有其田"的愿望更为迫切。在国民参政会四届一次大会上，赵舒指出："耕者有其田"有四大好处：一、这是国民党一贯提倡并努力实施的土地政策，是解决中国土地问题"唯一有效的和平政策"；二、农民在抗战中承受了太多的劳役，若解决不好，将会导致"四野为之骚然，社会更见动荡"，"耕者有其田"有利于"使动荡者复归于宁静"；三、有利于战后复员战士的安置；四、有利于提高农业生产和生产技术的改进。他建议区分轻重缓急，在经过精审调查统计的基础上，研究平允的分配法规，他还将耕地分配分成四期：第一期调查统计河朔一带及关外各地可耕之地，准备安置复员战士；第二期调查已经清理过的黄河废址及江、淮、汉各水之无冲积地或淤地所形成的可耕之地，授

① 王普涵：《请政府调整土地行政实行土地政策以增加农村生产改善农民生活案》，国民参政会秘书处编印：《国民参政会第三届第三次大会纪录》，1945年3月，第191—193页。

② 行政院秘书处编：《国民参政会第三届第三次大会决议案行政院办理情形报告表》，1945年6月，第8页。

③ 荣孟源主编：《中国国民党历次代表大会及中央全会资料》（下），光明日报出版社1985年版，第926—927页。

④ 姜爱林：《土地政策学引论》，华龄出版社2012年版，第87页。

给当地没有土地的农民；调查冀、鲁、苏、浙、粤各省海滨及海中各岛屿所有荒废淤塞之无主土地，先收归国有，再分配给失业的渔盐民户，并教授他们改进种植及经营渔盐的科学办法；第四期是各省成立地政机关，整理地籍，规定地价，各县限期完成自耕地、非自耕地与雇农、佃农及半自耕农的人数及其所需耕地的调查、统计与登记，作为分配耕地的依据[①]。

国民政府也尝试解决"耕者有其田"的问题，并着手对土地进行统计与登记。但是，在土地陈报环节就出了问题。在国民参政会四届一次大会上，饶凤鸣对湖北土地测量田亩上报数目与实际数目差距过大的情形进行了痛斥。他指出，湖北秭归全县地亩共有99027亩，经丈量达到了150多万亩，恩施全县有166000多亩，一跃而为967000多亩。其余各县，"无不陡增十倍上下"，田赋随之骤增，人民更加不堪重负。办理土地陈报本来是为了"耕者有其田"，结果却因土地亩数丈量误差过大导致农民负担更重。他建议各县以乡为单位，由所在乡议员、乡长、保甲长、公正绅耆及各业主组织厘正田亩委员会，公开招聘技术人员，勘察审定各户田亩，在此基础上，编注图表册籍，应纳田赋，依据厘正后的数字重新规定[②]。吴望伋也认为国民政府在土地测量中弊端甚多，提出利用航空测量，完成平面摄影，制成平面图。在测量技术难以准确，测量人员瞒上欺下的情况下，连土地的确切数量都没有办法保证，更遑论后面的进行土地分配，实现"耕者有其田"了。

本章小结

综上所述，可以得出如下几点认识：

1. 财经提案主要关注三个方面的内容：一是调整财经政策，二是稳定战时经济，三是推动战时经济发展。就调整财经政策来看，主要围绕调节税收

---

① 赵舒：《实施土地政策使耕者有其田以利民生兼以增进农业生产案》，国民参政会秘书处编印：《国民参政会第四届第一次大会纪录》，1946年1月，第403—404页。

② 饶凤鸣：《厘正地亩扶持自耕农监视收粮以协平地权增进生产之义案》，国民参政会秘书处编印：《国民参政会第四届第一次大会纪录》，1946年1月，第402—403页。

政策、改善田赋征实办法、改进贸易管制措施展开。就稳定战时经济发展来看，主要围绕遏制物价飞涨、改进物资统制方式和反对发"国难财"等展开。就推动战时经济来看，主要围绕推动工业、民营企业和农业发展等提出了不少有价值的意见。从具体内容看，提案主要着眼于解决三个问题：一是提高国民政府的财政收入，夯实抗战的经济基础，保证抗战的顺利进行；二是注意爱护民力，减轻民众负担，不要"竭泽而渔"，使民众负担过重；三是就财经政策运行过程中亟待解决的问题提出意见建议，努力推动战时财政经济的顺畅发展。

2. 就提案的领衔者来看，主要分为两大类：一是对财经问题有较多关注或本人即从事实业经营的中间力量参政员；二是来自不同地域对战时财经政策及实际效果有较多了解的国民党参政员。中共参政员在该方面没有提出提案，这一方面是由于国共之间巨大的政治分歧直接影响了国共双方在国民参政会的合作①，另一方面也表明中共参政员更为关注国民党的政治政策，对其财经政策的关注相对不够②。就中间力量参政员和国民党参政员对财经问题的关注情况来看，由于财经问题政治色彩较淡，且大都围绕着亟待解决的问题展开，他们之间能互相合作，互相支持，有时所提建议主张也颇为相近。而且，由于他们来自不同地域，分属不同政治力量，对各地域财经政策的实施情形及实际效果较为熟悉，亦能看出其中的问题症结所在，所提建议主张也大都有针对性和可操作性。

3. 就国民政府的回应情况看，财经工作千头万绪，非常繁杂，它虽然是抗战顺利进行的基础条件，且政治色彩较淡，有些建议主张也颇为可行，但

---

① 1941年的皖南事变之后，由于国民党对皖南事变的善后没有诚意，中共没有出席国民参政会二届一次大会，国共之间的裂痕呈现于广大国民面前，"国民参政会标志着团结更彻底的涣散。"见［英］方德万：《中国的民族主义和战争（1925—1945）》，胡允桓译，生活·读书·新知三联书店2007年版，第423页。

② 后来，中共虽参加了国民参政会二届二次和第三届大会，但没有提出提案，只是在国民参政会三届二次大会召开期间，在《新华日报》撰文支持国民政府在国民参政会中提出的管制物价方案，从统一行政机构、扶助工矿各业、注意囤积居奇、简练管制手续、慎选廉洁人员、争取民众支持等方面提出了具体建议。

由于受战争的拖累及国民政府低下的适应战争的能力及掌握的资源有限等因素的限制，使其在回应财经提案的过程中，显示出了迟钝、僵硬、固执、无力、无奈与采取措施低能、无效的一面。具体而言，在调整财税政策方面，面对国民参政员减轻民众负担、减少征税流弊的呼吁，它虽采取了一些措施，但在庞大财政支出的压力下，又不断增加新的税种，在此过程中，民众负担并未减轻。在改善田赋征收办法方面，它虽注意到了田赋征实制度设计的弊端并采取措施予以改进，但缺乏有效的保障手段，未能解决田赋征实中摊派过多等不良现象，使田赋征实变成了扰民、害民的苛政。在改善贸易管制手段方面，面对国民参政员提出的贸易管制措施造成的生产者生产积极性下降、调整贸易委员会职能使其回归贸易行政管理机构的建议，它未能拿出切实有力的举措，贸易委员会的撤销得益于抗战的胜利，而非国民政府的主动所为。在遏制物价飞涨方面，国民参政员倾向于从生产、流通、消费三个环节同时入手，而受战争的影响，国民政府则将注意力更多地放在了以政治手段管制流通和消费环节上，对增加生产增加供给来源则考虑较少，也未杜绝囤积谋利的官员贪腐行为。到抗战中后期，为了解决庞大的财政支出，国民政府不得不大量发行货币，从而加剧了物价上涨的趋势。在改进物资统制方式方面，总体上看国民政府在这方面采取的一些举措，在一定程度上保障了抗战的顺利进行，但存在问题颇多，影响了民众的生产积极性，它虽然对国民参政员的建议主张有所回应，但大多数的回应没有实质性内容。在反对发"国难财"方面，国民参政员聚焦于贸易委员会压榨民众营利和国民政府专卖制度引发的民众痛苦，国民政府的回应可以说是"雷声大，雨点小"，政策的积极效果很难体现出来。在努力发展工业方面，面对国民参政员主张为工业发展提供便利环境的建议，国民政府作出了一定的努力，也取得了一定的成效，但由于客观条件的限制，并未从根本上解决工业发展面临的资金困境问题。在民营企业发展方面，国民政府采取了一些措施支持民营企业发展，但国营企业借助先天优势，在原料、器材、销售等方面享受特殊待遇，极大地压缩了民营企业的生存空间。在国民参政员一再要求对国营企业与民营企业的经营范围进行明确界定的呼吁下，到1945年，它终于就该问题作出了明确界定，但由于抗战胜利后政局的急剧变化，这一规定在实践中并未得到贯彻。在农业发展方面，国民政府和国民参政员都认识到要调整农业机构，并为此做了一些尝试和努力，但效果不明显，"耕者有其田"更是停留于口号的宣传，没有落实在实践中。如同对内政提案的回应效果一样，国民政府对财经提案的回应及效果不彰的情形，也引起了国民参政员对它政治态度、政治立场的变化，并直接影响到了国民党的执政权威，影响到了抗战胜利后中国政局的走向。当然，不可否认，国民政府对财经提案的一些建议主张也进行了积极的采纳，国民政府和国民参政员之间在这些问题上形成了一定程度的良性互动，并取得了明显成效，这方面的提案数量虽然不多，但积极作用不应抹杀。

第六章　文教提案分析

在抗战的特殊形势下，文化教育工作承担着塑造民族意识和国家观念，赓续中华文化命脉，为抗战建国提供政治认同和民族凝聚力的重要功能。对此，国民参政员也颇有认识，并围绕如何实现这一目标提出了不少提案。这些提案表现了国民参政员推动中国教育发展、复兴民族文化及推动边疆文化教育工作的殷切期望，对于构筑中华民族的精神长城发挥了重要作用。

第一节　推动教育发展

1938 年 3 月的国民党临时全国代表大会通过了《抗战建国纲领》，提出把改订教育制度及教材、训练青年、妇女及各种专门人才作为战时教育的指导原则[①]，大会还同时通过了《战时各级教育实施方案纲要》，确立了"三育并进"、"文武合一"、"教育目的与政治目的一贯"、"对于吾国文化固有精粹所寄之文史哲艺，以科学方法加以整理发扬，以立民族之自信"等教育方针，并就如何落实这些方针提出了原则性意见。[②] 这些思想体现了国民政府"战时教育平时看"的认识，较好的顾及了民族抗战和精神文化传承的双重需要，成为抗战时期教育工作的基本指导思想。但是，要把这些思想原则落到

[①] 荣孟源主编：《中国国民党历次代表大会及中央全会资料》（下），光明日报出版社 1985 年版，第 487—488 页。

[②] 中国第二历史档案馆编：《中华民国史档案资料汇编·第五辑·第二编：教育》（一），凤凰出版社 1997 年版，第 13—14 页。

实处，却并非易事。对此，国民参政员提出了不少建议和主张。

一、培养各类人才

要支持抗战取得胜利，各类人才的涌现是必不可少的。《抗战建国纲领》明确提出，要"训练各种专门技术人员……以应抗战需要"[①]。国民参政会对此问题也较为重视。大体来看，国民参政会提出人才培养的提案数量虽然不多，但就建议培养的人才类型来说，则涉及工、农、商、法等方方面面。

在国民参政会一届一次大会上，张伯苓指出，抗战爆发后，我国技术人才虽然供过于求，但是，"一旦战事告终，百业待举，无处不需用技术之建设，必愈觉人才之匮乏"。他建议国民政府在湖南、广西、云南、贵州、甘肃等边疆省份各设一所实科高级中学，培养造就工科、矿科、农科等方面的人才。[②] 国民政府也认识到了培养技术人才的重要性，在对该案实施情形的回复中，它指出为落实该案所提建议，已将南京的国立中央工业职业学校，分为机械、电机、土木、化学等科，迁到重庆上课；在广西、贵州、甘肃三省各设立了一所初级实用学校，并准备尽快在陕西、四川、西康、云南等省设立初级实用职业学校；办理机械、电讯及汽车驾驶、修理等职工培训班，训练熟谙机械技能的车工、钳工、铸工、锻工、模型工等人才；它还选择了 10 所各省办理较有成绩、设备较有基础的机械科职业学校，"予以补助，充实设备，增设科系及学生"[③]。这对战时技术人才的培养具有重要作用。

随着抗战形势的发展，职业技术人才缺乏的问题日趋严重。在国民参政会一届四次大会上，江恒源指出，抗战以来，普遍筹设职业教育机关已不可

---

① 荣孟源主编：《中国国民党历次代表大会及中央全会资料》（下），光明日报出版社 1985 年版，第 487—488 页。

② 张伯苓：《为造就大量技术人员应设立实科高级中学案》，国民参政会秘书处编印：《国民参政会第一次大会纪录》，1938 年 9 月，第 304—305 页。

③ 国民参政会秘书处编印：《国民参政会决议案实施情形一览》，1939 年 8 月，第 74—75 页。

能。他建议"发挥建教合作精神"，在公私立工厂农场设立职业教育机关，实施职业教育。具体来说，由教育部会商经济部规定办法，由国内公私立工厂农场担任培养任务：一、附设职业补习学校或补习班，以教育工厂农场职员艺徒及附近从事或有志于从事农工业务之成年及青年；二、接受政府商托，办理短期职业训练班；三、受主管行政机关洽商支配，设立职业学校或职业教育班。① 该案同样受到了国民政府的重视，教育部拟具《公私立工厂农场推行职业补习教育并利用设备供给职业学校学生实习办法纲要》，与经济部会商，决定将原办法纲要研究修改实施。②1941 年 8 月，经济部和教育部共同制定的《公私营工厂矿场农场推行职业补习教育并利用设备供给职业学校学生实习办法纲要》颁布。办法对承担职业教育任务的公私营矿场的规模、办法及职业学生如何实习等内容进行了较为翔实的规定。③ 这对战时职业教育的发展是一个较大的推动。

1939 年 3 月，国民政府决定实施国民精神总动员。这项运动亟须能够动员民众、组织民众的社会人才。此前，国民政府虽指出，社会教育应"充分利用各种政治的及社会的一切现存组织，并应与各级学校联络实施"④，但对社会教育人才的培养不甚重视。在国民参政会一届五次大会上，卢前指出，"抗战建国必须动员民众，而动员民众必先推行社会教育"，"举凡新生活，国民精神总动员，民众组织训练，抗战宣传，民众失学补习教育，电化教育，播音教育，艺术教育，图书馆，博物馆，体育行政，社会服务等，皆须有专门人才，方足以资推行"。但现实却是"全国尚无一完善培养社教人

---

① 江恒源：《为增加生产改进职业请政府规定办法勒令国内公立私立各工厂农场进力所能及利用设备供给实习以期增设职业机关养成大量技术人员适应国家需要案》，国民参政会秘书处编印：《国民参政会第四次大会纪录》，1939 年 11 月，第 144 页。

② 行政院秘书处编：《国民参政会第四次大会决议案行政院办理情形一览表》，1940 年 3 月，第 12 页。

③ 中国第二历史档案馆编：《中华民国史档案资料汇编·第五辑·第二编：教育》（一），凤凰出版社 1997 年版，第 656—658 页。

④ 中国第二历史档案馆编：《中华民国史档案资料汇编·第五辑·第二编：教育》（一），凤凰出版社 1997 年版，第 38 页。

员之学校", 以至于"影响社教之推行甚巨"。他建议国民政府"从速设立国立社会教育学院, 以养成社会教育专业人才"①。该案被交"行政院参考"②。在1941年12月的国民党五届十中全会上, 由于国民总动员"迄未达到吾人之理想"③, 国民政府要求"必使今日之各级政治成为战时之政治, 全国经济成为战时之经济, 社会与教育皆成为战时之社会与战时之教育"④, 表明国民政府对培养战时从事社会工作人才有了认识。

　　抗战进入中后期以后, 一些有远见的国民参政员开始思考战后中国发展问题。在国民参政会二届一次大会上, 马宗荣指出, 大后方为民族复兴根据地, 推行大后方教育为义不容辞的责任。但由于种种原因, 大后方中等学校"所聘请之教员, 在抗战以前, 合格者已属稀少, 致中等教育之成绩, 距最低之标准, 尚属遥远";"抗战以后, 中等学校数量较增, 又因物价暴腾, 生活程度奇涨, 中等学校教员, 所得之薪金, 不足以资仰事俯畜, 多改业他就", 这在事实上造成了"师荒"。他建议于1941年秋在师资缺乏的后方各省, 各设立一所国立师范学院, "按照中学师范学校职业学校课程, 酌设各系及社会教育系, 以培养中学师范学校职业学校之师资及社会教育专才";拟定中等学校教员及社会人员待遇的最低标准, 明令各省政府提高中等学校教师待遇。⑤ 国民政府也看到了师资缺乏给中等学校人才培养带来的障碍, 在同年4月召开的国民党五届八中全会上通过了《增设师范院校造就健全中等教育师资俾能实施三民主义教育案》, 决定"分区增设师范学院(或大

---

① 卢前:《请政府设立国立社会教育学院以养成社会教育专门人才而利抗战建国案》, 国民参政会秘书处编印:《国民参政会第五次大会纪录》, 1940年8月, 第119页。

② 秦孝仪主编:《中华民国重要史料初编——对日抗战时期·第四编:战时建设》(一), 台北中国国民党中央委员会党史委员会1988年版, 第871页。

③ 荣孟源主编:《中国国民党历次代表大会及中央全会资料》(下), 光明日报出版社1985年版, 第730页。

④ 荣孟源主编:《中国国民党历次代表大会及中央全会资料》(下), 光明日报出版社1985年版, 第736页。

⑤ 马宗荣:《请积极培养后方各省中等师资及社会教育人才案》, 国民参政会秘书处编印:《国民参政会第二届第一次大会纪录》, 1941年10月, 第235—236页。

学添设师范学院）计划中学师资之需要，予以积极之培养"[1]。后来，国民政府还设立了7所师范院校专门培养师资。[2] 它还要求从1942年起，凡是未成立国立师范学院的省份要分别设立，凡是依附于各大学之内者，"应逐渐分离"[3]。这对战后师范人才的培养，有一定的积极作用。

魏元光则提出了培养战后工业及国防人才的建议。他指出，抗战胜利后，国家建设需要大量的工业及国防人才，政府应未雨绸缪，提前规划，"对全国各级工业教育，有整个计划"，"使其组织健全，分配普遍，在中央统制下，造就工业及国防技术人才，以促进建设国防"。具体来说，第一，各级工业教育，与其他各院校划分，独立设置，实行工业技术人才训练一元化；第二，将全国各省市划为若干工业教育区，使各地区工业教育及工业建设得以平均发展；第三，各工业教育区应就其环境及出产情形，分别担负各项国防工业技术之研究与改进；第四，中央设立大规模之工业学院从事高深工业学术之研究；第五，由中央设立工业教育总机关统筹一切。[4] 该案被"交行政院采择实施"，没有具体办理情形。

太平洋战争爆发后，国人对抗战胜利的信心更为坚定，对战后建国所需人才问题的思考也更为深入。在国民参政会三届一次大会上，陈霆锐指出，战后中国法治亟待改进，"不但沦陷区之法院，须澈底改造，而且割让地如台湾，琉球等地，政府尤须遴选大批法律人才，前往组织新式法院，以宏法治"。他主张，第一，撤销1933年限制法科招生之限制；第二，设法加强当前各大学已有的法科，在可能范围内添设法律专科及法官养成班培养法

---

[1] 浙江省中共党史学会编印：《中国国民党历次会议宣言决议案汇编》（第3分册），第189页。

[2] 行政院秘书处编：《第二届国民参政会第一次大会决议案办理情形报告表》，1941年10月，第55页。

[3] 浙江省中共党史学会编印：《中国国民党历次会议宣言决议案汇编》（第3分册），第272页。

[4] 魏元光：《请调整全国各级工业教育以利建国案》，国民参政会秘书处编印：《国民参政会第二届第一次大会纪录》，1941年10月，第255—256页。

治人才。① 黄炎培指出，抗战以后，中国水产教育停顿，人才不易寻找，"后方水产人才，仍感非常缺乏"，他建议国民政府集中全国水产师资力量，设立国立水产专科学校，培养在水产行政、航业、渔业、化学工业、食品工业等各部门工作的人才。②

国民政府对于上述两件提案都有回应。就陈霆锐的提案而言，教育部后来指出，对于第一项建议，教育部对于大学法科招生名额已规定与商、工、农、师范各科招生名额相同；对于第二项建议，教育部已与司法部商定，令饬国立中央大学第九院校法律系增设司法组，考试合格者可做法官。③ 对于黄炎培的提案，教育部在回复中指出："水产专校本年拟暂设置，本部拟于第二、四、五年各设水产专校一所，已列入战后五年国防经济建设计划。"④ 这对于水产人才的培养不无裨益。

需要指出的是，对于陈霆锐的提案，教育部虽在回复中指出，要增加法科招生名额、培养法官，但在实际中效果并不明显。在国民参政会三届二次大会上，陈霆锐再次就这个问题提出了提案。他指出，培养法律人才有利于推进宪政、工商实业的发展，但现有法科人才"已不够应付当前司法审判方面之需要"，更遑论满足抗战胜利后司法改良、法院激增的需要了。他建议，公私立大学法律科系之公费生数额及种类应与师范、理、医、农、工学生享受同样权利；法科学生出国留学与理、医、农、工学生享受同等权利；在各个大学增设法律学科；多拨经费补助法科办有成绩的私立大学。⑤ 对于该

① 陈霆锐：《请政府加强培植法律人才以备将来收复失地及割让地后之用案》，国民参政会秘书处编印：《国民参政会第三届第一次大会纪录》，1943年8月，第272—273页。
② 黄炎培：《设立国立水产专科学校案》，国民参政会秘书处编印：《国民参政会第三届第一次大会纪录》，1943年8月，第275页。
③ 行政院秘书处编：《第三届国民参政会第一次大会决议案行政院办理情形报告表》，1943年8月，第55页。
④ 行政院秘书处编：《第三届国民参政会第一次大会决议案行政院办理情形报告表》，1943年8月，第62页。
⑤ 陈霆锐：《政府对于法律教育应与其他教育平等提倡不得歧视案》，国民参政会秘书处编印：《国民参政会第三届第二次大会纪录》，1944年8月，第281—282页。

案，教育部后来在回复中指出："已指定中央大学等十校于法律系增设司法组"；并决定选派留学生出国深造，扶助私立学校法律系发展①，具体情形不得而知。

在国民参政会三届三次大会上，尽管豫湘桂战役失利使国民参政员对国民政府有了更多的怨气，但部分国民参政员基于抗战胜利后国家建设的考虑，还是提出了人才培养的提案。吕云章指出，抗战胜利后，按照孙中山先生制定的建国大纲及实业计划，各项事业都要发展。根据孙中山先生的设想，所需人才十年中大约为250万，而自民国以来，全国各大学毕业生，只有12万多人，"人才之缺乏问题，实属异常严重"。他建议：一、进行人才登记，通饬各专门学校，将历年毕业学生名单、近况，详报政府，摸清人才情况；二、对于医务、农、工、商矿各项人才，实行统制；三、通过增设专门学校、较大规模之工厂、矿厂、农场等，积极训练人才；四、选拔各种专门人才，送往外国实地练习。② 王宇章指出，东北沦陷甚久，文化思想已与祖国脱节，倭寇遗毒甚深，因此，东北四省收复后，需要很多师资加强中小学民众教育，但"今日后方已感师资缺乏，各省复员后将为普遍现象，东北四省，将特别严重"。他建议国民政府，第一，"在北方适当地点，设立东北师范学院附设师范学校，招收东北青年及有志东北教育之各省青年"；第二，建立东北师范学院，研究并编辑收复后使用教材，加强史地公民伦理等课程的教育；第三，学生毕业后在东北教育界服务。③ 这些建议虽好，但国民政府没有能力顾及。对于吕云章的提案，以"交教育、经济等部参考"④作为

---

① 行政院秘书处编：《第三届国民参政会第二次大会行政院办理情形报告表》，1944年8月，第38页。

② 吕云章：《请政府培养专门人才以利建国案》，国民参政会秘书处编印：《国民参政会第三届第三次大会纪录》，1945年6月，第309—310页。

③ 王宇章：《请政府设立东北师范学院以培植训练东北收复后之教育人才案》，国民参政会秘书处编印：《国民参政会第三届第三次大会纪录》，1945年6月，第312页。

④ 行政院秘书处编：《国民参政会第三届第三次大会决议案行政院办理情形报告表》，1945年6月，第23页。

回复；对于王宇章的提案，则"俟经费有余再行筹设"①，拒绝了提案建议。

到国民参政会四届一次大会召开时，鉴于抗战胜利在望，战后建设更加需要人才，关于人才培养的提案被纷纷提出。就具体内容看，主要集中在培养法律人才和工业技术人才两个方面。

就前者来看，田培林指出，抗战以来，法律教育方针几经变迁，初则偏重于理工，学校停止招收法律新生，继则侧重司法，添班设组，而"专事司法人才之培养，因重心之无定，致措施之偏颇"。他认为，抗战胜利在望，必须要：第一，确定法律教育宗旨，凡是立法、行政等部门所需之法学人才，都要兼筹并顾；第二，增设法律教育机关，大学未设立法学院系者，应添设法学院系，已有法学院者，以法律教育为主；第三，调整法律课程，凡是研习法律之学生，除宪法及民刑商诉等基本课程外，须按照就业趋向，选择实际所需科目；第四，培养师资，充实队伍；第五，规定法律学生的出路；第六，推行民众法律教育；第七，奖励中国本位法系之研究及法学之著述。②萧一山指出，中国法律教育虽举办多年，但可用人才为数甚少。他主张，第一，就我国以后 10 年或 20 年间所需法学人才，按其性质分别计划。第二，就现有可用之法学人才，按其性质进行调查。第三，根据上述估计，制定分期培养数量及种类。第四，自 1945 年实施具体举措，主要有扩充原有法律科系之招生名额；在各大学增设法律科系；设立独立学院培养法学人才；充实并增设研究所研究法学；奖励并资送研究法学人才出国深造；改善法学课程，提高师资标准，使培养的人才适合现代国家社会需要。

就后者来看，魏元光再次指出，战后中国工业建设，规模浩大，业务纷繁，急需大量技术人才，但中国"过去已有之工业技术人才，及今后就现制扩充各级工科学校可能训练之学生之总数而论，仍去所需要之目标尚远"。他主张，大量增设高级工业职业学校，招收初级中学毕业学生；工业专科学

---

① 行政院秘书处编：《国民参政会第三届第三次大会决议案行政院办理情形报告表》，1945 年 6 月，第 22 页。

② 田培林：《改良法律教育促进法治案》，国民参政会秘书处编印：《国民参政会第四届第一次大会纪录》，1946 年 1 月，第 470—471 页。

校分二年制、五年制两种。二年制专收高级工业职业学校毕业学生；增设独立工业学院；各大工厂增设专科补习班；设立各级职工补习教育机关，选拔优秀学生予以训练。① 张之江基于中国战后工业化发展趋势的考虑，也认为"工业化之建设，自为我国今后之中心工作"。他提出全国各省市要大量增设土木、电机、机械、矿冶、化学、纺织、水利、建筑、航空、兵工、造船等专科学校及高级职业学校，培养造就大批工业建设人才；利用社会力量，奖励公私企业机关成立工业学校及训练班，分别训练人才；为奖励学生踊跃参加研习工科教育，应一律公费待遇，并按其成绩给予奖励；提高专科以上学校工科科目水平；提高各种工业各级技术人员之待遇等。②

这些提案基于战后国家建设的考虑，要求国民政府尽速培养各方面人才，反映出其对国家强大、民族复兴的强烈期待。抗战胜利后，百业待兴，各方面人才极度缺乏，国民政府也一度采取了一些培养人才的措施。③ 但可惜的是，随着国共内战重起战火，国民政府的重心转向了战争，人才培养、战后重建已不可能。因此，在对这几件提案的回复上，都是"交据教育部呈复留备参考"④，"交教育部及司法行政部参考"⑤，没有实质性内容。

二、筹措教育经费

要推动教育发展，没有一定的经费支撑是难以想象的。国民政府对此有

---

① 魏元光：《调整我国工业教育学制以加速训练工业技术人才而应建国之需要案》，国民参政会秘书处编印：《国民参政会第四届第一次大会纪录》，1946年1月，第442页。

② 张之江：《积极培植大量国防民生工业人才并提高各种工业各级技术人员待遇以利工程建国案》，国民参政会秘书处编印：《国民参政会第四届第一次大会纪录》，1946年1月，第475页。

③ 行政院秘书处编：《国民参政会第四届第一次大会决议案行政院办理情形报告表》，1946年2月，第96页。

④ 行政院秘书处编：《国民参政会第四届第一次大会决议案行政院办理情形报告表》，1946年2月，第38页。

⑤ 行政院秘书处编：《国民参政会第四届第一次大会决议案行政院办理情形报告表》，1946年2月，第103页。

清醒的认识。1935 年 11 月，国民党在五大宣言中把"增加教育经费"作为教育指导原则之一。① 全面抗战爆发后，国民政府把财政收支的绝大部分用于军事方面，教育经费的开支则相形见绌，有所下降②，严重影响到教育的正常运转。在此情形下，筹措教育经费保持教育事业正常运转，成为文教提案关注的重要问题。

在国民参政会一届三次大会上，刘蘅静指出，中国教育经费支出比例远低于英、美、德、法，她主张，"请政府根据管教养卫并重之原则，于编造下年度预算时，充分增加教育经费，以期国家根本事业得有合理之发展"③。其在另一案中指出，七七事变后，国民政府对战区各省停拨义务教育经费，战区各省的义务教育"更陷于停顿状态"，认为"中央义教经费，应继续予以补助"，"后方各省关于义教补助费，尤应按照历年增拨比例，加倍支拨。俾全国义务教育加紧实施，早日普及，以巩固抗战建国之基础"。具体而言，"中央对于仍可推行义务教育之战区各省，应仍参照历年补助额数及各该省实际需要，尽量给予义务教育补助费"，"自二十八年度起，中央对于后方各省，应仍照历年增拨比例，加倍"；"对于边区贫瘠省份，尤应考虑其实际情形，特别优予支配"。④ 从两案的办理情况看，国民政府有所重视，如在1939 年预算案中，义务教育经费增加到了 437 万元，比 1938 年度"增加甚多"；它还指出，增加教育文化经费，"究应按照比例增加或逐渐增加，由行

---

① 荣孟源主编：《中国国民党历次代表大会及中央全会资料》（下），光明日报出版社1985 年版，第 294 页。

② 从 1937 年到 1945 年整个抗战期间，国民政府教育文化经费支出占国家岁出总预算的比例分别为 4.58%、2.21%、3.27%、2.72%、1.94%、2.17%、1.84%、3.13%、3.01%。见中国第二历史档案馆编：《中华民国史档案资料汇编·第五辑·第二编：教育》（一），凤凰出版社 1997 年版，第 349 页。

③ 刘蘅静：《请中央于编造下半年度国家岁出总预算时增加普通教育文化经费以便积极推行国民教育案》，国民参政会秘书处编印：《国民参政会第三次大会纪录》，1939 年4 月，第 98 页。

④ 刘蘅静：《中央义务教育经费映照原定计划逐年加倍增拨以推进战区及后方各省义务教育案》，国民参政会秘书处编印：《国民参政会第三次大会纪录》，1939 年 4 月，第98—99 页。

政院令知财政部、教育部注意商酌办理"①。

小学教育是各类教育的基础，保证其最低限度的经费，是维持其正常运转的重要条件。全面抗战爆发前，小学教育经费由地方自筹，"保国民学校之经费，应以由保自行筹集为原则"；乡（镇）学校之"办公费及设备扩充等费，应由所在地方自筹"②。然而，在战争环境下，小学教育经费若仅由当地政府自筹解决，对小学教育的发展是极为不利的。在国民参政会一届四次大会上，欧元怀指出，全面抗战爆发以来，不仅各省小学校舍师资不能适应发展，而且教师待遇也极为微薄，小学教育发展遇到了严重困难。他认为在筹措小学教育经费问题上，要改变以往仅由地方政府筹措的局面，改为由"中央及省与地方政府共同负担"，将小学教育经费列入年度预算，保证小学教育经费的充足来源。③ 遗憾的是，小学教育所需经费巨大，国民政府决定仍以地方自筹为原则，但承诺中央适当予以补助。④

1939 年 9 月，《县各级组织纲要》公布后，以管教养卫为基础的地方自治开始推行。为配合这一运动，1940 年 3 月颁布的《国民教育实施纲领》决定推行国民教育制度，以"谋全国国民教育之迅速普及"。对于经费的筹集，纲领规定："保国民学校之经费，应以自行筹集为原则，不足时应由县市经费项下支给之"；"保国民学校应由保在一定期限内筹集相当之基金，为扩充学校设备之用"；"各县市筹设国民学校及中心学校经费不足时，应由省在省经费及中央拨助之经费项下，酌予补助之"；"贫瘠省份及其他有特殊情形之省市推行国民教育，得由中央酌量增加其补助经费"。⑤ 可见，国民教

---

① 国民参政会秘书处编印：《国民参政会决议案实施情形一览》，1939 年 8 月，第 198 页。

② 中国第二历史档案馆编：《中华民国史档案资料汇编·第五辑·第二编：教育》（一），凤凰出版社 1997 年版，第 424 页。

③ 欧元怀：《小学经费应由中央及省库补助以奠定国民教育基础案》，国民参政会秘书处编印：《国民参政会第四次大会纪录》，1939 年 11 月，第 145 页。

④ 行政院秘书处编：《国民参政会第四次大会决议案行政院办理情形一览表》，1940 年 3 月，第 13 页。

⑤ 中国第二历史档案馆编：《中华民国史档案资料汇编·第五辑·第二编：教育》（一），凤凰出版社 1997 年版，第 421—424 页。

育经费的筹集延续了以地方自筹为主、中央适当补助的原则。

随着战争的进行，由以地方自筹为主的教育经费筹措方式遇到了极大的困难，国民教育经费短缺的现象日趋严重。在国民参政会一届五次大会上，江恒源就这个问题提出了两件提案。其中，《为从速普及国民教育请中央筹拨巨款经费并组织委员会筹划其事以期完成五年计划实施案》指出新县制实施后，国民教育经费由教育行政机关自己编制的办法已不合适，"实施国民教育，所需经费，数量过巨，此项严重问题，决非教育行政机关一方面所能自力解决"，必须由财政、内政与教育行政机关等几方面密切合作，"加以缜密之计划，决定中央省县经费之来源，以便依照筹措"。他建议由行政院命令财政、内政、教育三部门派出专员，组织"国民教育经费计划委员会"，将五年内普及国民教育所需经费，编制一较精密的概算，并决定中央省县乡保之分担数量；委员会划定中央省县教育经费之来源；财政部按照计划筹措中央经费，省市政府各自筹措经费；委员会决定各乡保自筹基金办法，订定乡保自筹教费办法，并切实施行。①

其另一案指出，根据《国民教育实施纲领》的规定，要从1940年8月到1945年7月完成普及义务教育及成人补习学校，"须增设保国民学校六十万校，训练师资百余万名"，"所需经费，异常之巨"。他认为要完成这一任务，除每年由中央及省库拨款补助外，地方应自筹学校经费的半数，并应筹集相当基金，以其子息当作经常设备等费，"俾经费来源稳定，学校基础，得以巩固"。他同时指出："筹集如此巨额经费，仅恃公家之力，恐有不胜，似应发动全国各地民众，群策群力，一致奋起协助，俾校产与校数，可以同时并增"，主张由国民政府制定《保学造产奖励条例》，由中央党部制定《校造产运动纲要》，并颁布至各省市领导、各县区党部及地方政府、地方自治文化团体、学校教师，进行广泛宣传，以鼓励社会兴学，使有资力的人愿

---

① 江恒源：《为从速普及国民教育请中央筹拨巨款经费并组织委员会筹划其事以期完成五年计划实施案》，国民参政会秘书处编印：《国民参政会第五次大会纪录》，1940年8月，第115页。

出资为校造产。①

教育部在回复两案实施情形时指出："江参政员恒源等提案中所提各项办法，大都已经采用，本部当再参照原案意见拟定保国民学校及乡（镇）中心学校筹集基金奖助办法，准备公布施行。"② 据此，1940 年 6 月公布的《保国民学校及乡镇中心学校基金筹集办法》，要求通过劝勉当地寺庙、祠会等拨捐财产、经营公有生产事业、公耕田地、分工生产、搜集出售天然物品、劝募等方式筹集学校发展资金。③ 这对筹措国民教育经费有一定作用。

随着战争形势的发展，以地方筹措为主、中央拨助为辅的教育经费筹措方式越来越不现实。在国民参政会二届一次大会上，刘百闵指出，到 1945 年 7 月，全国需要成立国民学校 80 万所，每校经费平均最少需年支 1200 元，共需 96000 万元，而校舍设备、师资训练各费尚未计算在内。"此项经费数额颇巨，应由各省市地方，分年确筹，以利推行。在未筹足以前，应由中央补助。"但是，1941 年中央国民教育补助费，连原有义务教育经费 600 万元在内，仅列 1000 万元，与 1940 年相比，经费不仅没有增加，"反逐年减列"，"似与政府实施方针不符"。他提出政府应依照原定计划，增加补助，并如期筹款；各地方县乡镇中心学校及保国民学校，应筹集相当基金，以其租息足以维持学校开支的全部或一部。具体来说，第一，请行政院通令各省市政府，依照该省市预定的五年普及国民教育计划，将各年所需全部经费，分年筹足；第二，中央在各省市国民教育经费未筹足以前，仍应尽量予以补助，逐年增加；第三，中央政府要按照 1940 年义务教育经费及国民教育经费增加一倍的计划，照数筹拨；第四，凡已设立乡镇中心学校及保国民学校之处，依照已规定的基金筹集办法，分年筹集限期完成，以维持

---

① 江恒源：《为助成国民教育普及特拟定增置校产运动办法提请公决案》，国民参政会秘书处编印：《国民参政会第五次大会纪录》，1940 年 8 月，第 116 页。

② 秦孝仪主编：《中华民国重要史料初编——对日抗战时期·第四编：战时建设》（一），台北中国国民党中央委员会党史委员会 1988 年版，第 867—868 页。

③ 中国第二历史档案馆编：《中华民国史档案资料汇编·第五辑·第二编：教育》（一），凤凰出版社 1997 年版，第 431 页。

学校正常运转。① 对此，行政院在回复中指出："国民教育补助费本年度已列一千四百万元，又补助各省市本年度暑假训练国教师资经费二百五十万元，补助贫瘠省份办理国教费五十万元，两项共计拨补三百万元"②，省市县的实施情形则没有报告。

尽管国民政府从数额上提高了对国民教育经费的拨助，但由于物价上涨，增加部分很快被"稀释"掉了。为此，1942 年 3 月，国民政府召开了全国国民教育会议，任务之一便是商讨国民教育经费的筹措问题。陈立夫在大会闭幕式上，就保国民教育经费保证问题专门作了说明。他指出，在前两期建设 28 万所保国民学校时，其所需经费，中央、省市各补助 25%，县及保自筹 50%；在第三、四期建设 22 万所保国民学校时，中央、省市各补助 20%，县及保自筹 60%；在第五期建设 10 万所保国民学校时，中央、省市各补助 15%，县及保自筹 70%；明确要求"各省市应负担之国民教育经费，应每年列入预算"③。这一规定明确了中央、省市应该承担的义务，但县及保自筹的经费比例显然过重。由于县及保的财政收入情况不一，这部分资金很难得到保证，另外，各省政府财政收入情况不同，对教育的重视程度也不尽相同，由省市筹措的资金也难以保证。

针对上述问题，在国民参政会二届二次大会上，马宗荣指出，按照《国民教育实施纲领》的规定，国民教育"所需经费，数额过巨，决非县地方之财力，所能胜任"，希望国家财政收支系统改变后，由"中央补助各省市之国民教育经费，应依照各省市实施计划，逐年递增，不应完全责成地方担负"；同时要求以"八中全会及本会历次关于国民教育经费之决议为依据"，将国民教育经费列在国家概算内；"在可能范围内，中央列支之国民教育经

---

① 刘百闵：《请政府确筹国民教育经费俾得如期普及国民教育案》，国民参政会秘书处编印：《国民参政会第二届第一次大会纪录》，1941 年 10 月，第 231—232 页。

② 行政院秘书处：《第二届国民参政会第一次大会决议案办理情形报告表》，1941 年 10 月，第 50 页。

③ 中国第二历史档案馆编：《中华民国史档案资料汇编·第五辑·第二编：教育》（一），凤凰出版社 1997 年版，第 514 页。

费，应以各省市国民教育会议所决议之筹款比额为原则"。① 其另一案则针对地方当局以统收统支为名，将学校校产收归"移作地方一般公产"，学校经费大大减少的做法，要求"各地方（包括各省市乡镇村）教育专产，只能用作该地方教育基金，不准移作他用"；"各地方（包括各省市乡镇村）教育专产之生产品之代价或息金，只能作为办理该地方教育之用，不准移作他用"。②

对于前案，国民政府采取了一些措施，1941 年，它在川、黔、滇、湘、桂、粤、闽、浙、赣、鄂、豫、陕、甘、渝等 14 个省市积极推行国民教育中央补助费，全年共计 1700 万元，"虽与事实相差尚远，然中央已尽全力"，在筹拨 1941 年各省市国民教育设校经费时，中央补助的 1700 万元，"业已斟酌分配，大致勉可应付"③。对于后案，国民党五届九中全会强调："地方学款学产租息因物价增高之溢收，及原指定教育经费各种赋税，因征实之溢收，均应全部拨充地方国民教育经费，绝对不得藉口统收统支，挪移别用。"④ 行政院和国防最高委员会则联合颁布了《制止地方政府挪用教款案》，将国民教育经费列为"特种教育基金"纳入预算，不得挪作他用，"由教育部通令各省遵办，"并呈经本院通饬各省切实遵办，以收实效"⑤，国民教育经费的来源有了制度上的保证。

客观地说，尽管遭遇到了抗战的严峻困难，但在国民政府的努力与推动下，战时国民教育还是取得了一定的发展。到 1943 年底，全国已有 19 个省市实施了国民教育，根据各省市的报告情况，19 个省市的 301637 保中，共

① 马宗荣：《请中央切实增筹国民教育经费以利普及案》，国民参政会秘书处编印：《国民参政会第二届第二次大会纪录》，1942 年 9 月，第 129—130 页。

② 马宗荣：《各地方原有教育专产及其生息不得移作他用案》，国民参政会秘书处编印：《国民参政会第二届第二次大会纪录》，1942 年 9 月，第 130 页。

③ 国民参政会秘书处编印：《第二届国民参政会第二次大会决议案办理情形报告表》，出版年月不详，第 23 页。

④ 浙江省中共党史学会编印：《中国国民党历次会议宣言决议案》（第 3 分册），第 271 页。

⑤ 国民参政会秘书处编印：《第二届国民参政会第二次大会决议案办理情形报告表》，出版年月不详，第 21 页。

建了 219857 所学校；沦陷区各省市亦设立了 19496 所学校。其中，达 1 保 1
校目标的有湖南、河南、广西、四川、陕西等省；达 2 保 1 校目标的有江西、
广东、甘肃、贵州、安徽、青海、重庆等地区。对于国民教育经费的筹措，
它也要求"各省县市社会教育经费，应切实增加"；"社会教育经费，应有充
分保障，不得任意挪用"。[①] 但是，随着田赋征购实物后，这些学校原有的
学产收入"不免发生动摇，各校收入，亦随之减少"[②]。

　　面对这种情形，在国民参政会三届一次大会上，胡庶华指出，国民教
育经费耗费巨大，1941 年中央和各省市补助的国民教育经费只有 1700 多万
元，国民教育所需经费远远不能满足需要。他提出请中央在 1943 年指拨专
税 1 万万元，作为"补助各省市国民教育及短期师资训练经费"，并免除各
地学产的各种附加杂税及征购粮食。[③] 这对学校自筹教育经费具有一定的作
用，但由于国民政府面临着巨大的财政压力，该案仅以"交教育部参考"作
为回复[④]，没有具体实施情形。

　　到抗战后期，国民政府的财政收入已陷入极大困境。为此，它不放过任
何一个可能增加收入的机会，私立学校仅有的一点"自留地"亦被收归国
库。不仅如此，面对庞大的各类教育支出，国民政府采取了不同的措施，私
立学校的发展空间被进一步压缩。在国民参政会三届三次大会上，江恒源指
出，政府虽已明确规定对于职业学校学生按照师范生配给公粮，实行公费待
遇，国民政府第 645 次行政院会议也决议各省在 1944 年对职业学校给予支
持，但实际上，"对于职业学校未经说明公立及私立字样，执行者往往避重
就轻，专指公立而私立者遂至向隅"。这与中央"私立专科以上农工医学生
亦得享受公费待遇"，"其他职业学校之农工医等科学生准以其总数百分之

① 浙江省中共党史学会编印：《中国国民党历次会议宣言决议案》（第 3 分册），第 273 页。
② 中国第二历史档案馆编：《中华民国史档案资料汇编·第五辑·第二编：教育》（一），
　凤凰出版社 1997 年版，第 546—547 页。
③ 胡庶华：《宽筹国民教育经费以利普及案》，国民参政会秘书处编印：《国民参政会第
　三届第一次大会纪录》，1943 年 8 月，第 279—280 页。
④ 行政院秘书处编：《第三届国民参政会第一次大会决议案实施情形报告表》，1943 年
　8 月，第 51 页。

八十商科学校以其百分之四十给予公费待遇"的规定是矛盾的。他建议"政府明令各省市所有公私立职业学校一律待遇以昭公允而励来兹"①。此时国民政府的财政收支已接近崩溃边缘，在公立学校教育经费都不能做到基本保证的情形下，它不愿也没有能力为私立职业学校提供发展经费了。因此，在回复该案时，它指出："公私立学校学生已实施公费待遇，对于已立案之私立职业学校，因经费困难暂缓实施"②。江恒源看到这样的回复，无奈、失望的心情可想而知。

到抗战胜利前夕，教育经费短缺的问题更为严重。在国民参政会四届一次大会上，张定华指出，国民教育五年普及计划虽已近届期满，但由于教育经费短缺，"学校设备简陋，教师待遇菲薄，几致不能维持个人生活"，一些教师为了生存，纷纷改业另谋出路，直接导致"全国六十余万教师内，不合格者占半数以上，形成地方教育上绝大之危机"。他认为，要改进教育质量，应提高小学教师待遇，"而此项工作之施行，必需大量经费，方能配合办理"。他主张，国民学校及中心国民学校经费，应依照普及计划的需要数额列入县级预算，不再由乡镇自筹；成立特种基金专款存储，专门用于地方教育事业，"绝对禁止移用"，"整理地方原有教育款产，其收入尽先作提高小学教师待遇及充实学校设备之用"。③

赵舒指出，国民政府实施统收统支以来，地方政府有意无意误解这一政策，"既以管理收支之财务上统一，误会为各级教育经费之支配，教育基金之挪用，乃至教育款产权之移转，皆可任其自由施行"，因而造成"在县预算中减低成数，甚至不及训政时期约法第一三七条所载'县教育经费应占县预算百分之三十'之规定之半"的现象非常普遍。他指出，关于地方教育经

① 江恒源：《拟请政府对于公私立职业学校一律实行公费待遇案》，国民参政会秘书处编印：《国民参政会第三届第三次大会纪录》，1945年3月，第300页。

② 行政院秘书处编：《国民参政会第三届第三次大会决议案行政院办理情形报告表》，1945年6月，第24—25页。

③ 张定华：《请宽筹地方教育经费以配合今后国民教育之推进案》，国民参政会秘书处编印：《国民参政会第四届第一次大会纪录》，1946年1月，第447页。

费之挪用问题，国民参政会二届二次大会及国民党五届九中全会都曾提请政府纠正，后经行政院令饬成立特种基金，专账保管。但事实上，这一现象未能得到有效纠正，"近且变本加厉，新添内在之剥削，使国民教育益加萎缩，学校前途愈形暗淡"。他建议成立县教育经费保管委员会及乡（镇）教育经费保管委员会，保管地方教育经费，以免被挪作他用；县教育经费用途以国民教育为主，不得因扩充中等教育而侵蚀国民教育；县预算内指定之教育经费成数逐年提高，达到政府规定之 30%。[1]

抗战胜利后，国内形势发生了急剧变化，两案后被交教育、财政两部"核办具复"[2]，没有实施情形。

三、关心青年学子

青年是祖国的未来。他们受过相当的文化教育，接受能力很强，又具有高昂的热情，在抗战中的作用尤为重要。如何发挥青年学子对抗战的作用是文教提案关注的重要问题。

全面抗战爆发后，国民政府虽宣称要"发动全国民众，组织农工商学各职业团体，改善而充实之"[3]，但出于防范人民抗日团体和与中共争夺青年的考虑，又对青年救亡运动采取了种种压制措施。如1938年3月，教育部颁布了《中等以上学校导师纲要》，要求导师在学生毕业时出具训导证书，对学生的思想、行为及学业详加考语。[4] 国民政府还实施"训育制"，要求青

① 赵舒：《地方教育经费应予独立保管并就各级教育应占之成数视其需要妥为支配庶免挪移而资保障案》，国民参政会秘书处编印：《国民参政会第四届第一次大会纪录》，1946年1月，第448页。
② 行政院秘书处编：《国民参政会第四届第一次大会决议案行政院办理情形报告表》，1946年2月，第54页。
③ 荣孟源主编：《中国国民党历次代表大会及中央全会资料》（下），光明日报出版社1985年版，第487页。
④ 中国第二历史档案馆编：《中华民国史档案资料汇编·第五辑·第二编：教育》（一），凤凰出版社1997年版，第213页。

年"信仰三民主义"、"信仰并服从领袖"、"为主义、民族、国家而牺牲"。①
在此情形下，同年6月，国民党陕西省党部查封了西北青年联合会等13个
进步团体②；11月，国民党河南省党部特派员李宗黄下令解散了河南青年救
亡协会③。国民政府还成立了各种青年训练班，使青年"好像置身反省院中，
被人时时刻刻当作嫌疑犯看待！"④

在国民参政会一届一次大会上，邹韬奋指出，成立青年训练班有利于将
受训青年"整千数万的增加起来"，但由于训练方法不当，使"许多受训的
青年都在苦闷着"。他认为青年苦闷的原因有两种：一是对受训生活的不满；
二是对未来工作的渺茫。他指出要消除青年的苦闷，"只有积极改善训练办
法，满足青年的希望"。具体来说，由军委会政治部设立青训督导专员，对
青年训练事宜负总责，并慎重选择青训主持人选。他还指出，政治部可就失
业的大学教授暨中学教员中选拔优秀人才，"施以训练，充任青训的政治教
官"，"聘请青年信仰的专门学者或教育专家主持青训"，了解青年学子的精
神状态，消除他们的苦闷，使其更好地为抗战服务。⑤军委会对于该案仅以
"交政治部参考"作为回复。⑥

随着战争形势的进一步发展，失学青年日益增多，如何安置他们，不仅
关系到抗战能否顺利进行，而且关系到中华民族的前途命运。在国民参政会
一届二次大会上，孔庚指出："鄂东、鄂南既早成战场，鄂中近又放弃，鄂

① 中国第二历史档案馆编：《中华民国史档案资料汇编·第五辑·第二编：教育》（一），
凤凰出版社1997年版，第152—153页。
② 中国第二历史档案馆编：《中华民国史档案资料汇编·第五辑·第二编：政治》（三），
江苏古籍出版社1997年版，第679页。
③ 中国第二历史档案馆编：《中华民国史档案资料汇编·第五辑·第二编：政治》（三），
江苏古籍出版社1997年版，第689页。
④ 邹韬奋：《对国民党的恳切希望》，中国韬奋基金会韬奋著作编辑部编：《韬奋全集》
（第8卷），上海人民出版社1995年版，第419页。
⑤ 邹韬奋：《改善青年训练以解除青年苦闷而培植救国干部案》，国民参政会秘书处编
印：《国民参政会第一次大会纪录》，1938年9月，第310—312页。
⑥ 国民参政会秘书处编印：《国民参政会决议案实施情形一览》，1939年8月，第73页。

北、鄂西已成前线，人民流徙，庐舍荡然，父兄求免死之不暇，子弟欲上学其何能。"他建议国民政府派出专员急赴宜昌，"协同湖北省政府，对于流亡教员与学生为应急之救济，并筹商整个救济方案"；设立一所国立中学，收容湖北战区员生；给予湖北省境战区学生贷款，使其维持学业，形式为政府举办或与湖北省政府合办皆可。[1] 该案在讨论时引起广泛关注，认为"此事本会认为甚关重要，请政府迅速设法妥为安置"。后来国民政府明令相关主管机关分别办理救助湖北失学青年事宜，教育部也较为重视，不仅根据国民政府的统一部署积极救助湖北青年学子，还特别指定由国立第二十中学专门接收湖北失学青年[2]，这对于解决湖北失学青年燃眉之急发挥了一定作用。

　　到抗战中后期，因沦陷区扩大导致的青年学子们的失学问题更加严重。到 1941 年前后，先后有东北、河北、山东、察哈尔、绥西等地区相继沦陷。这些地区与大后方几乎完全断绝，且经济被敌伪政权控制，百姓倾家荡产、嗷嗷待哺已成普遍现象，在此过程中，国民政府虽然采取了一些措施，但青年学子因"失学而徘徊无所适从"的现象依然非常普遍。在国民参政会二届一次大会上，范予遂建议由教育部与沦陷区域各省政机关妥商建立学校办法，"从速着手建立战区各级学校"；在接近沦陷区的地方多建临时流动学校，接纳大批学生；对于优秀学子，运送后方升学或就业，并妥善解决其生活问题。[3] 对于该案，教育部后来回复时指出："高等教育部分，苏、皖、陕各省已设置临时政治学院。中等教育部分，除设立国立中学及中山中学班三十二校班外，复令战区各省就原有中学，添设班级，并增设临时中学。关于战区青年学生指导处，并于接近战区之重要地点，设登记分处及接待站。至战区保送优秀学生来后方升学或就业者，亦经妥筹办法，并按路程远近，

---

① 孔庚：《请从速救济鄂境战区失业教员及失学青年案》，国民参政会秘书处编印：《国民参政会第二次大会纪录》，1938 年 12 月，第 103 页。

② 国民参政会秘书处编印：《国民参政会决议案实施情形一览》，1939 年 8 月，第 138 页。

③ 范予遂：《拟请教育部统筹沦陷区域之青年教育问题案》，国民参政会秘书处编印：《国民参政会第二届第一次大会纪录》，1941 年 10 月，第 244 页。

补助旅费。"① 这对沦陷区青年学子的升学就业有一定作用。

随着沦陷区的扩大，"为期青年招训及其使用能收统筹之效"②，1940 年 3 月，国民政府成立了"战地失学失业青年招致训练委员会"，收容、组训、救助流亡到后方的青年学生。1941 年，各战区在邻近战区的地方，成立了战区学生登记处、接待站，办理战区学生的救济、登记、分发事宜；在敌后或邻近战区要道设置了招致站，给战区失学失业青年提供食宿，甄审其体格、学历和志愿，然后对其进行军事训练或续学。据统计，从 1940 年到 1945 年，共招致战地青年 249571 人，"均经分发就学就业"③。但由于种种原因特别是受财力、物力所限，一些战区招训分会未能及时开展工作。④ 在国民参政会三届二次大会上，黄范一指出，设立"战地失学失业青年招致训练委员会"招致沦陷区青年，加强抗战建国力量，"非有整个计划大量经费，则治理零碎，徒有其名，虽收实效，不仅失却一般青年信仰，且恐招致反感"。他认为要对战区青年招致事宜全盘考虑，统筹规划，设置统一的招致机关，具体负责招致事宜，第一，充实各战区失学失业青年招训分会机构并大量增拨招训青年之事业费；第二，设立分会招致站或派遣干练人员深入敌后争取青年，照片、保证等事实上无从照办的手续，一律免除；第三，分会从速与有关机关合作，举办各种短期职业训练班；第四，政府从速举办各种

① 行政院秘书处编：《国民参政会第二届第一次大会决议案行政院办理情形报告表》，1941 年 10 月，第 95 页。
② 中国第二历史档案馆编：《中华民国史档案资料汇编·第五辑·第二编：教育》（二），凤凰出版社 1997 年版，第 325 页。
③ 中国第二历史档案馆编：《中华民国史档案资料汇编·第五辑·第二编：教育》（二），凤凰出版社 1997 年版，第 341 页。
④ 1943 年 4 月 15 日，教育部就招训机构的设置与活动情况给国民党中执会训练委员会的函中，列出了战地失学失业青年招致训练委员会机构一览表，共有 9 个战区的招训分会和 26 个招致站。其中，第四、第五招训分会"正在筹备"；第七、第八招训分会"工作正展开中"。26 个招致站中，已收容战区学生的仅有 7 个，声称"工作正展开中"的有 14 个，声称"正在筹备"的有 5 个。见中国第二历史档案馆编：《中华民国史档案资料汇编·第五辑·第二编：教育》（二），凤凰出版社 1997 年版，第 336—338 页。

大工厂、大农场，或初级军事干部学校，以配合招训分发工作；第五，通令各级机关切实协助招训工作，优先录用战地青年。① 对于该案，教育部后来追加了 3000 万元的招训费用以调整及充实各地招训机构，并督导战区教育督导人员深入敌后招致青年。在这些措施的推动下，从 1943 年 7 月到 1944 年 7 月一年的时间，战区招训会共招致战区青年 95000 多人。② 后来，国民政府又认识到党、政、军、三青团多部门负责的地方招训会工作难以提高效率，决定"改由地方政府机关负责办理"③。

战区青年招训会改由地方政府机关办理后，河南省政府也设立了国立第一中学至第廿二中学、汉中中学与宝鸡高级职业学校等，专门收容战区广大青年。但是，到 1944 年，河南沦陷的面积已占全省总面积的 50%，沦陷区的人口达到了全省总人口的 64.8%④，河南省政府的这些举措显然不能满足青年学子的实际需要。而且招训机关工作方式也存在很多问题。在国民参政会三届三次大会上，刘次萧指出，河南省青年招致机关"未甚健全，招致方法亦尚欠周到。故行抵该处之青年，每感有投止无门之苦"，"致废然失望仍返原籍者有之，流离无着愤而投河者有之，青年女生沦为娼妓者亦有之，已来者为之寒心，未出者因而裹足"。他主张，第一，增加招致青年应需经费；第二，令附近之国立中学及临时中学临时师范学校等增加班数，广事收容；第三，严令各招致站改"坐待其来"之消极收容，为"多方诱导"之积极招致；第四，招致机构应设法与青年外出必经各地之旅馆、食店及乡村民众建立秘密关系，指导外出青年前往招致站；第五，详密规定外出青年之安插及分配办法，使其随到随行，以免拥挤而感困难；第六，密令我方现在敌后之工作人员及游击部队，务必尽量鼓励并协助青年早来后方；第七，青年之中可以

---

① 黄范一：《加紧招训战地青年以增强抗战力量案》，国民参政会秘书处编印：《国民参政会第三届第二次大会纪录》，1943 年 8 月，第 286 页。

② 行政院秘书处编：《第三届国民参政会第二次大会决议案行政院办理情形报告表》，1944 年 8 月，第 37 页。

③ 中国第二历史档案馆编：《中华民国史档案资料汇编·第五辑·第二编：教育》（二），凤凰出版社 1997 年版，第 339 页。

④ 陈传海等编：《日军祸豫资料选编》，河南人民出版社 1986 年版，第 68 页。

深造者，务必予以继续求学之机会，不愿继续求学者，予以适当之训练，以在反攻收复失地时，随军前进，在各地方担任下层工作。[①]

郭仲隗也指出，河南沦为战区后，"原有学校，几全机构破坏，荡然无存。即能在后方安全地带，筹谋复课者，亦为数不多"，造成"河南中学青年，流落后方无学可读者，将十万人，小学生且数倍焉"。他指出，政府虽早有招致之所，收容训练，"惟僧多粥少，难收如斯之多。坐使莘莘学子，投奔无路，流离失所"。他主张国民政府速拨巨款进行救济，并建议在河南西峡口、陕西西安、宝鸡等地筹设国立中学，收容战区青年；在一些地区设立战区青年登记处与救济站，供给食宿设法运送，俾流亡青年得以转来后方入学。[②]

从国民政府对两案的回复情况看，尽管它的一些政策备受社会舆论诟病，但在这一问题上还是用了一些心思。如针对刘次萧的提案，战区青年招训会就在邻近战区处设置了 45 处招致站，招致战区青年 84673 人；为扩大招训规模，国民政府还补拨 2400 万元招训费用用于安置招训青年；通过考试或扩大班额等形式，使战区青年继续就学；对于郭仲隗的提案，国民政府除分别向河南省政府拨款 2000 万元外，还命令豫、陕、甘各地中学"收容豫境退出之学生"，并在河南沈丘设置战时师范学校、陕西西乡设立战时中学、甘肃天水设立进修班、充实第一招训分会及边区招训分会等形式，收容河南失学青年。[③]

在国民参政会四届一次大会上，战区青年招致问题已不再是文教提案关注的重点问题，但依然有个别国民参政员就这一问题提出了提案。孔令灿认为，敌人已没有能力对中国发动大规模进攻，接近战区各地已较为安全，他

---

① 刘次萧：《请政府扩大招致战区青年以宏救济而维国本案》，国民参政会秘书处编印：《国民参政会第三届第三次大会纪录》，1945 年 6 月，第 301 页。

② 郭仲隗：《请政府从速设法救济河南战区青年案》，国民参政会秘书处编印：《国民参政会第三届第三次大会纪录》，1945 年 6 月，第 302 页。

③ 行政院秘书处编：《国民参政会第三届第三次大会决议案行政院办理情形报告表》，1945 年 6 月，第 25—26 页。

认为，"此后对于战区青年，已不必鼓励其远来后方；就近设校增班，从事收容，已可凑效"，建议在接近战区或战区内较为安全的地方，增设国立中学及临时中学、临时师范；增加班次，扩大收容战区青年的数量。[①] 张金鉴指出，政府对战区青年招致工作，"未能为切实有效之推行，以致其流落沦陷区者不可胜数"。他认为，中国即将进入军事反攻，应借机派员"前往各沦陷区内，会同各省府及有关军事机关，大量招致一般知识青年及农工商矿各业青年"，并将招致来之青年，"分区集中，予以思想上及技术上之训练"，使其能胜任随军宣传、抚慰、联络、调查等工作。[②] 抗战胜利后，随着形势的改变，这两案被交教育部"存备"[③]，失去了采纳的价值。

第二节　复兴民族文化

全面抗战爆发后，不少人通过对历史的观察得出结论："抗日战争是中国复兴的机会"，"是中国的复兴时期"。由抗战所引发的民族复兴思潮的高涨，也为各界人士思考、探索在"敌人炮毁过的废墟上重新建筑起我们文化的堡垒"[④]，实现中国文化的复兴，提供了一个契机。国民参政员也对这个问题进行了积极的探索，并提出了很多有价值的提案。

---

① 孔令灿：《请政府就接近战区或战区内较为安定之地点增设中等学校或就原有各校增加班次以资收容战区青年案》，国民参政会秘书处编印：《国民参政会第四届第一次大会纪录》，1946 年 1 月，第 457 页。

② 张金鉴：《请政府派员深入战区大量招致青年施以思想及技术训练授予适当任务配合军政实行反攻而宏作战效能案》，国民参政会秘书处编印：《国民参政会第四届第一次大会纪录》，1946 年 1 月，第 457—458 页。

③ 行政院秘书处编：《国民参政会第四届第一次大会决议案行政院办理情形报告表》，1946 年 2 月，第 42 页。

④ 沈钧儒：《为维护世界和平正义文化而斗争》，周天度主编：《沈钧儒文集》，人民出版社 1994 年版，第 355 页。

一、激发民族意识

抗日战争不仅是中日之间在人力、物力、财力等方面的比拼，亦是两国国民在民族意识和国家观念方面的较量。1938 年 3 月召开的国民党临时全国代表大会指出："民族主义于抗战期间能充分发挥其精神与力量，则此精神与力量，为今日捍御外侮之要素，亦即他日复兴民族之基础也。"[1] 然而，由于种种原因，当时民众的民族意识和国家观念还比较缺乏，"当抗战初起时，沿边一带，一闻有征调兵役之举，亦相率迁逃"的情形还比较普遍。[2] 在此情形下，如何唤起民众的民族意识，凝聚民族精神，以为抗战胜利提供强大的精神动力，成为国民参政会复兴中国文化提案首先关注的问题。

在国民参政会一届一次大会上，一些国民参政员注意到了激发民众意识对确保抗战胜利的重要作用。陈希豪提出了《建立沦陷地带之文化机构宣扬民族思想以为政治之外围案》。由于该案是密案，内容不得而知，但通过标题可知是建议政府在沦陷区域建立文化机构以宣扬民族精神。该案经讨论通过后，被"送请主管机关参考"，后转交教育部采纳施行。该案的实施情形，虽然以"密"字代替[3]，但应该说还是引起了国民政府的重视。

1938 年 10 月，正值武汉沦陷、中国抗战压力最大的时期。在国民参政会一届二次大会上，卢前指出，民族精神关乎中华民族的存亡，而民族精神的发育和生长又得自中国文化传统的长期浸润。自抗战以来，"大都名区，相继沦陷。公私岁弃，未及迁者，悉遭劫掠。鼎彝器物，不独书编。画山文澜，散佚殆尽，瞿丁潘刘，叶吴顾许，善本宝货，载归海舶。百年所聚，一

---

① 荣孟源主编：《中国国民党历次代表大会及中央全会资料》（下），光明日报出版社 1985 年版，第 467 页。

② 江应樑：《边疆行政人员手册》，林文勋主编：《民国时期云南边疆开发方案汇编》，云南人民出版社 2013 年版，第 34 页。

③ 国民参政会秘书处编印：《国民参政会决议案实施情形一览》，1939 年 8 月，第 80 页。

旦摧残，燕去楼空，言之可恫"①。他建议由教育部设立战区文献征存机关，聘请有学术声望年长之人，采访地方文献，编写传记，编述中华儿女御寇抗战的英勇史迹，以激励国人。钱公来认为："近代帝国主义者，亡人国家，除解除其武装，夺取其政权，垄断其经济，而尤在灭绝其固有之文化。"他以日本为例，指出日本占领东北后进行文化侵略，禁止当地人学习汉语，目的就是使东北人"数典忘祖"、"认贼作父"。他认为乡土地理、人物志及弥足珍贵的先烈英雄事迹对激发民众民族意识具有重要作用，建议国民政府在教育过程中，注重运用这些资源。②两案经讨论修正通过交教育部斟酌办理。遗憾的是，对于卢前成立战区文献征存机构的建议，国民政府认为条件不具备，"暂缓设立"③；对于钱公来的建议，教育部以"原建议案所列办法，其宗旨既与教部所拟办法及宗旨完全相符，无须另拟办法"④予以回复。

在抗战过程中，涌现出了很多英勇感人的事迹，这些事迹对于激发民众的民族意识不无裨益，但在动荡的环境下，这些抗战事迹却因为没有记录下来而被湮没了。在国民参政会一届三次大会上，高惜冰指出："在此抗战过程中，前方之浴血苦战，壮烈牺牲，后方之加紧建设，各尽其力，实开吾国有史以来之新纪元，亦为五十余年国史中最光荣之阶段，凡今日所不甚注意之事迹，皆为异日极可珍贵之史料，又因不甚注意目前事迹之故，致极可珍贵之史料，湮灭而不可传者，不知凡几，异日虽欲多方搜求，或竟不能得（到）其仿佛（仿佛二字应去掉）是（这）则（些）搜集（搜集二字应去掉）抗战史料，随时整理编纂，以为异日修史之准备，乃为当前之一要务。"他

---

① 卢前：《请教育部拟订经费早日设立战区文献征存机关延聘耆旧主持并藉以表扬义烈振作士气案》，国民参政会秘书处编印：《国民参政会第二次大会纪录》，1938年12月，第104页。
② 钱公来：《为持久抗战当注重本国固有之文化提高民族意识案》，国民参政会秘书处编印：《国民参政会第二次大会纪录》，1938年12月，第106页。
③ 秦孝仪主编：《中华民国重要史料初编——对日抗战时期·第四编：战时建设》（一），台北中国国民党中央委员会党史委员会1988年版，第432页。
④ 秦孝仪主编：《中华民国重要史料初编——对日抗战时期·第四编：战时建设》（一），台北中国国民党中央委员会党史委员会1988年版，第437页。

建议由各国立大学史学系、中央研究院国立编译馆等教育文化机关，努力搜集前方军事长官的报告、各机关或各报馆所派人员到战地查勘的报告通讯、各通讯社各报馆的每日电讯及国际消息、敌人宣传及其他后方的政治工作、经济建设等资料，"以期得整个抗战之真相"①。

张一麐着眼于战争史对于"阐发抗战之意义"、"奋励士气"的重要性，提出如果能对战役作战中的所有因素，如任务、时间、空间、天时、地利、指挥程序、战斗兵力、装备、编制、训练、补给、军风纪、精神、体格、将领能力，士众特性等，一一进行叙述纪录，则对于以后"无论草拟一整个之作战计划，或系规划某一部队之战斗，自必依据之而谋正确运用之道"，总结每次战役的成败教训，意义重大。他还提出了编纂战史必须具备的条件：一是能以极细密之注意，分析纷歧之情势；二是能以简练之手段，整理复杂之战况；三是对本军作战计划及军事行动之错误或缺点，能明白指出，不涉主观。②

两案在提交讨论时，被一致认为"战史编纂，异常重要，两案一并通过，送请政府设立专管机关，迅速参照办理"。据后来的回复情况看，尽管国民政府对战史资料的搜集工作在一定程度上有所关注，行政院和军委会也搜集了一批关于战争史的史料，但设立战史编纂机构的建议没有被采纳，"俟战事结束后，再行组织战史主持编纂机关，汇集各部门之史料，编修战史"③。

尽管国民政府无意采纳国民参政会的建议，但在一些国民参政员看来，设立战史编纂机构不仅必要，而且急迫。特别是到抗战中后期以后，随着抗战的进行，涌现出了许多可歌可泣的抗战事迹和英雄人物。在国民参政会三届三次大会上，马乘风特别分析了编纂抗战史的重要意义。他指出，抗战以来，一方面，"各阶层之忠贞干部与一切无名英雄，或肉弹杀敌，或骂贼惨

① 高惜冰：《从速编纂抗战史以重战时文献案》，国民参政会秘书处编印：《国民参政会第三次大会纪录》，1939年4月，第70—71页。
② 张一麐：《编纂战史体例意见提请公决案》，国民参政会秘书处编印：《国民参政会第三次大会纪录》，1939年4月，第71—72页。
③ 国民参政会秘书处编印：《国民参政会决议案实施情形一览》，1939年8月，第169页。

死，或送独子以从军，或毁家产以纾难，或殚精劳思于新事物之发明，以应战时之紧急需要，种种可泣可歌之事迹，实足以惊鬼神而动天地"；另一方面，"或卖国求荣，或临阵不前，或操纵居奇，或贪污受贿，利用国家大战之空隙，以肆行卑鄙无耻之伎俩，种种背谬行为，又使发指皆裂"。他认为，对于这些忠奸行为，"诚不可不大书特书，以为后代子孙告也"，以"怀于善恶之别，忠邪之辨，知所警惕，而自勉于忠臣义士之途"。① 遗憾的是，该案被交"内政部参考"②，没有实践层面的落实。

　　总体来说，国民参政会提出编纂抗战史以激发民众民族意识的建议主张，并没有引起国民政府的重视。这主要是因为抗战史的编纂是一项集众人之力、花费巨大的工作，在军事开支极为庞大且财政收入捉襟见肘的情况下，国民政府很难再抽出财力和物力来推动这项工作。另外，这方面的提案也不是国民政府特别关心和关注的，这也成为其不受重视的一个重要原因。需要指出的是，尽管国民政府没有直接回应国民参政会编纂抗战史的建议和主张，它还是做了一些搜集、整理抗战史料的工作。1939 年 7 月，国民政府行政院颁布了《抗战损失调查办法》及《查报须知》，要求中央所属各部门及各省市县分别调查具报；后来又要求自 1940 年起，每隔半年即就所收到的报告及以前所获得的数字，累积汇编一次。1943 年，国民政府决定在行政院成立抗战损失调查委员会，并由行政院副院长孔祥熙兼任主任，下设四组，负责对教育文化事业、公司财产等损失的调查。1945 年 2 月，抗战损失调查委员会改隶内政部，名为"内政部抗战损失调查委员会"。这个调查委员会日后对日寇侵华的罪证的搜集做了一些工作，总体来讲并不理想。

　　二、荡涤落后思想

　　在主张编纂抗战史以唤起民族意识为抗战胜利提供精神动力的同时，国

①　马乘风：《请政府设立抗战史实编纂机构以昭来兹而保永久案》，国民参政会秘书处编印：《国民参政会第三届第三次大会纪录》，1945 年 6 月，第 312—313 页。
②　行政院秘书处编：《国民参政会第三届第三次大会决议案行政院办理情形报告表》，1945 年 6 月，第 8 页。

民参政会员还非常关注通过荡涤愚昧落后的思想，转移社会风气来培养民众的抗战精神，借以复兴中国文化。

封建迷信作为一种社会文化现象，在一定程度上给民众提供了某种心理慰藉，减轻了他们对贫困、动荡、死亡等灾难的焦虑与恐惧。但抗战爆发后，面对日寇的疯狂进攻，部分民众"委之于劫数运命"、"憧憬未来之真命天子出现"，甚至"制造幻想任何世界乐土"，对抗战的顺利进行造成了极大的障碍。在国民参政会一届三次大会上，钱公来主张国民政府制定战时教育文化法令，压缩封建迷信思想的生存空间，例如，经常向民众宣传"人为自然界之主人"，以坚定抗战必胜、建国必成、自力更生等观念；宗教教义要以弘扬正常教义为主旨，不得涉及旁门左道，淆乱人心；在会馆、茶社等公共场所禁止邪教歪说传播。[1] 封建迷信活动一旦大行其道，不仅极不利于抗战的顺利进行，而且不利于国民党正在推行的国民精神总动员运动。对此，国民政府高度重视并指出："各地时有迷信传单散布，刊载诐辞，煽惑人心，不仅贻害社会，尤足以阻碍国民精神总动员之工作。"[2] 它明确规定，禁止刊印散布封建迷信的传单，一经发现有散布此类传单者，随时拘禁，并按违警法进行处罚。它还要求各省严格执行这一政策，在此情形下，浙江、江西、江苏等省先后回复，已按政府要求随时查禁迷信传单。1939 年 9 月 5 日，国民政府又颁布了《加强查禁社会群众神权迷信办法》，指出一旦发现邪教组织，即予严密迅速取缔，这对于破除各地封建迷信活动起到了积极作用。

复兴中国文化离不开国民文化素质的普遍提高，但在当时的中国，绝大多数民众都没有受教育的机会，"我们只要跑到都市的任何角落里，或者

---

① 钱公来：《为克服后文化水准下社会群众幼稚的神权迷信与劫数运命的宣传请实施战时教育文化法令案》，国民参政会秘书处编印：《国民参政会第三次大会纪录》，1939 年 4 月，第 82 页。

② 《奉令注意国民参政会第三次大会建议利用战时教育文化法令查禁社会群众之神权民心与劫数运命之宣传一案咨请查照——咨各省政府》，《内政公报》1939 年第 4—6 期。

到内地乡村里去一看，就可看到不识只字的人正还不知有多少"①。在国民参
政会一届三次大会上，邹韬奋指出："扫除文盲，普及民族意识"，"增强广
大民众对于抗战建国之认识与参加，实为动员民众中所应急起直追的重要
工作"。他建议由教育部拟定具体方案实施扫盲教育，具体内容包括：动员
广大知识分子承担扫盲教育的主力军；教育部负责编订适合扫盲的教材，把
有关公民基本教育的历史、地理、公民责任、三民主义浅说及抗战建国要
义等作为主体教材；机关、公私立学校、教育机关、工厂、农场、商店、公
司、庙宇祠堂，乃至空场都可作为扫盲场所。他还主张，由负责机关规定
经常视察、分期考核及制定奖惩办法，责令相当机关切实执行，按期具报；
负责机关并须分期就所得结果作统计数字之公布，以提高社会注意与竞赛
热情。② 国民政府也非常重视扫盲教育，并就该案提出的如何发动知识分子
进行扫盲拟定了实施办法。③ 随后的国民党五届六中全会通过了《限期扫除
文盲完成民众识字教育案》，提出"于最短期内，肃清全国文盲，完成民运
识字教育"④，各地扫盲教育随之陆续展开。1944 年 12 月，国民政府又颁布
了《普及失学民众识字教育规划纲要》，要求在 3—5 年内普及识字教育，扫
除文盲。到 1946 年底，四川、云南等 19 个省市设立的国民学校及小学校数
已达到 268898 所，入学儿童达到 24201911 人，占学龄儿童的 39.2%，对于
提高民众文化素质，转移社会风气影响深远。

　　近代中国战乱频繁，天灾人祸绵延不断，人民群众生活极度穷困，充满
迷信淫祀色彩的宗教活动也随之兴起，并逐渐成为一种巨大的社会势力。比
如，一些宗教宣扬"灾难将了世界大国"、"修道可邀老祖，保佑飞机不炸"、

① 沈钧儒：《合力扫除文盲》，周天度主编：《沈钧儒文集》，人民出版社 1994 年版，第
　 446 页。
② 邹韬奋：《动员全国知识分子扫除文盲普及民族意识以利抗战建国案》，国民参政会
　 秘书处编印：《国民参政会第三次大会纪录》，1939 年 4 月，第 99—100 页。
③ 国民参政会秘书处编印：《国民参政会决议案实施情形一览》，1939 年 8 月，第
　 200—201 页。
④ 中国第二历史档案馆编：《中华民国史档案资料汇编·第五辑·第二编：教育》（二），
　 凤凰出版社 1998 年版，第 63 页。

"兵不临身"等鬼神迷信的教义，有的政府官员竟然也参与其中，不信"抗战必胜建国必成"，而向其崇奉之"老祖"询问避灾求免之道，严重影响了抗战的顺利进行。在国民参政会一届五次大会上，傅斯年建议严加取缔不利于抗战的设坛扶乩行为：通令各级学校及办理社会民众教育之人，广作破除迷信摧毁邪教之宣传；严予查禁各类邪说文件；严禁公务人员参加邪教儒道院等活动，并将提倡者加以严重惩罚。[①] 该案提出的问题关系到抗战人心的稳定，国民政府高度重视，决定对"设坛扶乩，严予查禁"。后据行政院的回复情况看，该案基本被国民政府相关部门所采纳，如行政院要求各部会及各省市政府严密查禁设坛扶乩，内政部通令各省市政府对于邪说文件及迷信传单随时严密取缔，密切注意各省市道院的活动，振济委员会也开展了清查"红卍字会"与道院、道院及"红卍字会"与汉奸关系的调查。[②] 这对于荡涤愚昧落后的迷信思想，推动抗战发挥了积极作用。

三、传承中华学术

注重对中华民族学术的研究、传承和弘扬与加强对珍贵文物的保护是复兴中华文化的重要基础，国民参政员对此有清醒的认识。

以经史子集为主要载体的中国传统文化，是中华民族几千年来社会价值观与道德伦理观的集大成者，是从古至今无数国人智慧与汗水的结晶。近代以来，中国传统文化的命运几经沉浮。一些人深陷文化虚无主义的泥潭难以自拔，进而彻底否定中国传统文化；一些人希冀通过重新整理、发掘中国传统文化中与时代相契合的思想因素使其重新焕发时代光彩。国民政府成立后，在借助传统文化建构其政权的合法性方面作了尝试和努力，但它更多的是将其作为一种政治资源加以利用，未能在学术上给予它应有的地位。以国民政府最高学术机关国立中央研究院为例，当时该院设有物理、化学、工

---

① 傅斯年：《请严禁邪教以免动摇抗战心理案》，国民参政会秘书处编印：《国民参政会第五次大会纪录》，1940 年 8 月，第 81 页。

② 行政院秘书处编：《第一届国民民参政会第五次大会决议案行政院办理情形一览表》，1941 年 2 月，第 37 页。

程、地质、天文、气象、历史语言、心理、社会科学及动植物等十个研究所，却没有专门的国学研究机构。为此，在国民参政会一届五次大会上，陈其业主张，第一，由国民政府拨款命令教育部筹设中央国学研究院；第二，中央研究院"以研究国学，发扬我国固有文化为宗旨"，内设经史子集四学系，必要时得增设其他科目；第三，研究院的教授、特约讲师及助教，由教育部聘请全国通儒或深谙于国学者担任；第四，研究院招收曾受高等教育对国学确有根底者，招收为研究员；第五，研究员应以终身研究国学为原则，将来国内公私立各大学文学院之教授、讲师等，应从研究员中择优派充；第六，研究员应将研究所撰论文或专著，按月、按年报送教育部审查以定奖励等。[①]

近代以降，中国逐渐置身于世界文明的大潮中，要复兴中国文化，当然离不开对外国文化的吸收与借鉴。在国民参政会二届一次大会上，萧一山指出，要复兴中国文化，必须发扬本国固有文化和吸收外国文化同时并行。他认为，就吸收和借鉴外国文化而言，"其道固有多端，而扩充国立编译机关，汲汲从事编译，以促进学术，提高文化，实不可稍缓之事也"。在他看来，国人的接受水平，"读外国书难，读外国译本易，能读外国书者少，能读外国译本者多"，因此，需要发展翻译事业，培养翻译人才，"使少数人有译外国书之能力，从事翻印，以应社会需要"。具体来说，是扩充编译机构；扩大机关组织；拟定编译事项；延揽编译人才；规定考核办法；规定审稿办法；公开征集作品等。[②] 由于该案提出之前，国民政府已有扩充中央编译馆计划，因此对于该案没有回复。

祖先留下来的文物古迹是中华优秀文化与中华民族精神的象征和体现，对于增强文化认同，实现文化复兴具有不可或缺的作用。全面抗战爆发后，国民政府虽然制定了一些措施保护文物古迹，但由于战乱的影响、日寇的蓄

---

① 陈其业：《请中央设立国学研究院发扬我国固有文化以促进民族复兴案》，国民参政会秘书处编印：《国民参政会第五次大会纪录》，1940 年 8 月，第 122 页。

② 萧一山：《为适应建国需要宜扩充国立编译机关案》，国民参政会秘书处编印：《国民参政会第二届第一次大会纪录》，1941 年 10 月，第 252—253 页。

意破坏，加上保护经费不足，一些文物古迹破败衰落，成为残垣断壁的现象相当普遍。在国民参政会二届一次大会上，钱公来建议国民政府采取切实措施保护文物古迹，如在军队方面，禁止军队借助当地的寺庙、道观等宗教场所，如不得已时，带队的长官应严饬部下，借住庙中隙地空房时，对于原有建筑物及神像壁画，不得毁损及涂抹；在学校方面，如不得已借住时，校方当局对寺观中的器物，应视为学校历史博物馆参考资料，不得毁损及封闭与迁移；在寺观方面，不允许寺庙主持不经地方许可擅动工程进行改造；在学术研究方面，要把古代寺观残存稀有的建筑物，已损的塑像，将残的壁画，视为研究古代社会、宗教、政治、文化等的稀有资材，不能斥为封建文物与神权迷信。① 该案后来被交"行政院及军事委员会，分饬所属注意"，"行政院军委会先后复称，已通饬所属一体注意"。②

部分国民参政员还注意到了日寇对中国沿海地区文物的破坏。在国民参政会二届二次大会上，张其昀指出，日寇对中国文物古籍的破坏，使沿江、沿海一带的文物荟萃之地遭到了严重打击，"若不亟图补充建设，实可断丧国脉，而影响于民族之元气"。他认为，中华民族两千年来，迭遭丧乱，而民族精神愈久愈奋，实有赖于对文物的保护。他主张：第一，国民政府成立国立印书局，将名贵古籍、孤本稿本、各省各县的方志、现代的著作译本、定期刊物及课本读物等对民族文化传承有重要作用者，由国立书局进行印制刊行，廉价发售，广为传布；第二，责成国立及各省市图书馆善为搜罗名贵古籍孤本稿本，珍藏保存。国立印书局所印之古书，应以普及嘉惠读者为本旨；第三，将全国现存的古今志书，迅速整理，统一刊布，各省分别印行，以切于实用。③ 该案被"交行政院酌采实施"，行政院后决议"筹设印书局"

---

① 钱公来：《请政府通令各省市地方重申保护古代寺观神像壁画及其他陵寝坊表有关历史文化公共纪念物以备考古者历史博物教材而发皇（扬）民族精神案》，国民参政会秘书处编印：《国民参政会第二届第一次大会纪录》，1941 年 10 月，第 160 页。

② 秦孝仪主编：《中华民国重要史料初编——对日抗战时期·第四编：战时建设》（一），台北中国国民党中央委员会党史委员会 1988 年版，第 1025 页。

③ 张其昀：《现时文物补充整理应有整个计划以资恢宏案》，国民参政会秘书处编印：《国民参政会第二届第二次大会纪录》，1942 年 9 月，第 136 页。

刊印珍贵文献。[①]

随着战争的进一步扩大，文物被毁坏的情形更加严重。在 1942 年 9 月的国民参政会三届一次大会上，金曾澄进一步指出，沿江、沿海为我国文化荟萃之区，但因日寇的侵略，"古籍之淹没既多，文物之损失亦大，其影响于国家命脉，民族精神"。他再次建议"由政府设立大规模之编印局，广招各种专门及技术人员，从事大量编印，或改组编译局，从新增建印刷机器部门，以供印刷之用"[②]。具体而言，一是招致富有经验之中小学教员，从事修改或编订各级中小学教科书，印刷机器及使用材料，以自给自足为主；二是招致各种专家，审查各种出版物，编成各种刊物大量印行；三是设法搜集名贵图书珍藏古本，由国立编印局予以翻印或缩印，以保存文献。行政院决议将该案"交教育部及中央图书杂志审查委员会参考"[③]，具体情形不得而知。从实际情况看，教育部、行政院及一些著名高校、文化名人在抢救文物方面还是做了一些工作，对于保护文物古籍，延续中华民族的文化命脉发挥了一定作用。

第三节　推动边疆文教工作

全面抗战爆发以后，随着国民政府迁至重庆，西南、西北等边疆地区成为"民族复兴"和"抗战建国"的基地和后方。"边疆教育为艰难繁重之工作，对内有关乎文化之交融、民族之团结，对外关乎国防之建设、国际关系

---

① 行政院秘书处编：《第二届国民参政会第二次大会决议案办理情形报告表》，1942 年 10 月，该文件为油印字，没有编排页码，有一些字迹已经无法辨认。

② 金曾澄：《请政府设立大规模宏大之国立编印局以供给当代读物及整理现存文物案》，国民参政会秘书处编印：《国民参政会第三届第一次大会纪录》，1943 年 8 月，第 293 页。

③ 行政院秘书处编：《第三届国民参政会第一次大会决议案行政院办理情形报告表》，1943 年 8 月，第 56 页。

之调协。"① 如何推动边疆文化教育发展成为国人关注和思考的重要问题。在此背景下，跟随国民政府迁至重庆召开的国民参政会，也以提案方式对这一问题进行了探索。②

一、激发爱国热情

全面抗战爆发后，随着沿海省份先后沦陷，特别是国民政府决定迁至重庆以后，西南、西北等边疆地区不仅从军事上，而且从经济、政治、文化等诸多方面，都关系到抗战的最终胜利和中华民族的生死存亡。但是，边疆民众"国家观念与民族意识，较为薄弱，中央政令，亦多未能遵照推行"③ 的现实，却使边疆地区一时之间很难承担起抗敌御侮的重任。为解决这一问题，国民参政员提出了一些建议和主张，这些提案主要集中在国民参政会前三次大会中。

1938 年 10 月，国民参政会一届二次大会在重庆召开，这是国民参政会迁渝后召开的第一次大会。在这次大会上，喜饶嘉措指出，当内地各省多数沦为沦陷区之际，"安定后方与继续抗战建国之工作，实属刻不容缓"，但是，"边民知识幼稚，不知中央之组织与设施者，其数实不可思议"，"且封建旧习积重难返"，敌人利用边民的这种弱点以建立"满洲佛国"相号召，直接、间接从事煽惑活动，边人识浅，不辨真伪，极易受诱惑，"若不亟图补救，从事团结，其危机不堪设想"。他建议政府在边疆地区设立宣传机关，派遣熟悉边情、忠实可靠、热心爱国的人士，赴边疆地区宣传中央旨意，同

---

① 朱家骅：《论边疆教育》，汪洪亮等编：《民国时期边疆教育文选》，黄山书社 2010 年版，第 10 页。

② 目前学术界对抗战时期国民参政会边疆提案已有一定的研究，如孙宏年的《国民参政会中的藏族参政员与国民政府治藏政策》（《西藏研究》2001 年第 4 期）和《国民参政会与国民政府的治藏政策——以治藏议案为中心》（《中国边疆史研究》2002 年第 3 期）、黄利新的《抗战时期国民参政会对边疆少数民族问题的关注》（《兰台世界》2013 年第 31 期）。

③ 李永新：《集中训练蒙藏回干部人员案》，国民参政会秘书处编印：《国民参政会第一次大会纪录》，1938 年 9 月，第 315 页。

时把最高领袖及国内名人有关国计民生及抗战建国的言论，译成边疆民族文字，使广大边疆民众知晓、明白抗战建国的真义，"以引其内向之心"①。

席振铎指出，边疆问题向来被国人所忽视，国民政府奠都南京后，虽有人注意到了这个问题，但对民族宣传工作，"仍未能彻底进行"。他认为，边疆民族成分虽然复杂，教育文化也较落后，风俗习惯或有不同，但对于精诚团结拥护中华民族，却"均极热烈忠恳"。他建议国民政府改进对边疆民众的宣传工作，促进民族感情，以"得完成抗战必胜、建国必成之伟大使命"。具体而言，第一，请国民政府通令边疆各省转饬县、乡地方，切实施行促进民族感情之宣传工作，并随时制止破坏民族感情之流言，及讥讽卑视之文字；第二，请国民政府派遣宣慰人员到边疆各地宣达中央德意，增加中央与边疆间切实联络之机会。②

两案被交国民政府中央执行委员会办理，提案中的建议主张不同程度被国民政府采纳实行，如在边疆地区设立宣传机关、训练宣传人员，派驻边疆调查组具体负责边疆宣传事宜，都"颇有成效"③，蒙藏委员会还把领袖及国民党名人的言论译成蒙、藏、回、苗等少数民族文字，分发给边疆民众，还派人赴甘、青、宁等边远省份进行专门视察慰问，对于推动边疆民众与内地的交流、联络发挥了重要作用。

宗教信仰在边疆民众的生活中占有重要地位，各地喇嘛寺庙、清真寺院，"不仅为信仰之中心，且为政治之中心，为经济之中心，尤为教育之中心"④。在国民参政会一届二次大会上，喜饶嘉措提出了《请注意佛教文化以增进汉藏感情案》，该案虽以密案形式出现，但通过标题可知是建议政府

① 喜饶嘉措：《请团结边民意志以增加抗战力量案》，国民参政会秘书处编印：《国民参政会第二次大会纪录》，1938年12月，第66页。
② 席振铎：《积极改进边疆宣传工作以促进民族感情而利抗战建国案》，国民参政会秘书处编印：《国民参政会第二次大会纪录》，1938年12月，第66页。
③ 国民参政会秘书处编印：《国民参政会决议案实施情形一览》，1939年8月，第107—108页。
④ 朱家骅：《论边疆教育》，汪洪亮等编：《民国时期边疆教育文选》，黄山书社2010年版，第9页。

利用佛教增进汉藏民族感情的内容。谢健也注意到了这个问题。他指出，蒙藏两民族文化建立于佛教基础之上，"藏蒙所赖以与汉族胶合为一者，截至今日唯仗佛教而已"。但是，来游内地者却发现，"各处对于佛教之寺院及僧众放任甚至摧残之状况，不免怀疑政府乃至各界匪有尊崇佛教之诚意"；未来内地者，"情形隔膜，无从了解中央情形"。不仅如此，日寇还派出间谍深入这些地区，大肆挑拨离间，宣扬中国内地不信佛教，这对于民族团结极为不利。他建议政府，在各省市"最少应保全一规模完整、戒律严明、庄严清洁之佛寺"，以表示对佛教的尊崇；由社会部、内政部组织成立"改进佛教委员会"，整理有利于汉藏蒙沟通的教义，以备中央及地方主管机关采择施行；由教育部组设成立"国立佛教学院"，选聘汉藏蒙佛教大德培养汉藏青年佛教徒；政府遴派汉藏蒙佛教大德前往安南、缅甸、暹罗、菲律宾、锡兰、印度，乃至南洋群岛等地区，以"联络各该地之主政各界领袖暨一般佛教徒"[1]。后据相关部门回复，两案所提建议在不同程度上得到了落实，如在西康建立五明佛学院，在国立编译馆增添佛教文化编译工作，在大学设置佛教哲学等课程，在重庆设立中国佛教会重庆办事处等。[2] 这不仅有利于维护边疆民众的宗教信仰自由，而且对于通过宗教交流增进内地与边疆民众的感情，增强民族团结，具有重要作用。

国民政府虽就激发边疆民众爱国热情做了一些工作，但这与边疆的"抗战大后方"、"民族复兴根据地"的地位相比，依然显得微不足道。在国民参政会一届三次大会上，李永新指出，当中国进入第二期抗战之际，广大边疆，"应如何急起收拾，勿资为敌用，如何招徕安抚，勿任其裹挟以去，从而抚辑流亡，培植忠干，号召团结，使成劲旅，此则尤有赖于中央之善为怀抚，进而部勒严整，以增强我抗战之实力"。他主张，一是切实训练能真正深入边疆各地工作之专门人才；二是审慎遴选派赴边疆各地的工作人员；三

---

[1] 谢健：《为建议推行佛教以加强民族团结开拓国际援助案》，国民参政会秘书处编印：《国民参政会第二次大会纪录》，1938 年 12 月，第 95—96 页。

[2] 国民参政会秘书处编印：《国民参政会决议案实施情形一览》，1939 年 8 月，第131—133 页。

是中央主管边疆各机关要尽量网罗边疆忠诚干练人士，以便与该地方发生极密切之联系；四是随时随地设法救济安插因抗战而流离失所的边疆人士及民众；五是随时随地拔擢边疆（蒙、藏、回等）之忠诚干练人员，使有机会发挥所长，效命国家；六是边远省县与蒙旗族户地方，如遇有发生利害争议不能就地解决时，应由中央斟酌情势，直接秉公处理，避免双方情感破裂，事态扩大；七是对反正归来之蒙伪军队，应随时随地设法优予安置编练，使为反敌先锋，增强我军声势，削弱敌伪力量。① 该案后被交行政院"办理具复"②，没有具体实施情形。

二、注重发展教育

随着国民参政会在重庆召开次数的增多，国民参政员对边疆地区有了更多的认识与了解。如由蒋介石指定组成的国民参政会川康建设视察团，就曾对川康地区的兵役、吏治、治安、民生等诸多问题进行过调查。在调查过程中，部分国民参政员认识到，仅通过宣传教育和宗教工作培养边疆民众的国家观念和民族意识远远不够，还必须从教育入手，"灌输民族国家所需的统一文化与现代文化"，以缩小边疆与内地文化差异，达到交互融合，"渐求其同"③ 的目的。

在国民参政会一届三次大会上，有三件提案涉及边疆教育发展问题。居励今指出，抗战转入第二期之后，开发西南西北实为"急切工作"，但这需要解决蒙回苗各族团结问题，因为"若在其地开发实业，而不能得当地多数人民之协助，匪特不能得政治力量之便利，恐将不免惹起土著人民之反感。况际此全面抗战时期，政府对于所有领土，不应仅用其物力，尤应并用其人力"。他指出，要团结蒙、回、藏、苗等少数民族共同致力于抗战，必须"国

① 李永新：《提请加紧边民团结增强抗战力量案》，国民参政会秘书处编印：《国民参政会第三次大会纪录》，1939 年 4 月，第 75 页。
② 国民参政会秘书处编印：《国民参政会决议案实施情形一览》，1939 年 8 月，第 170 页。
③ 朱家骅：《论边疆教育》，汪洪亮等编：《民国时期边疆教育文选》，黄山书社 2010 年版，第 3—4 页。

化其语言，革除其弊俗"。他主张"以国语语文统一蒙藏回苗各种语言文字"，以"融化彼此间之意识与感情"。①

马亮指出，抗战以来，开发边疆充实抗战力量，"已成为全国一致之呼声，审时度势，实已不容再缓"。但是，边疆与内地语言不通，"若不设法沟通，难免误会隔膜，久而久之，影响开发边疆富利以及抗战建国大业"。他主张，由中央主管机关聘请蒙回藏各民族道高德众、学识渊博及群众信仰的人士成立蒙回藏文化教育促进会，负责办理各民族文化教育及民族沟通工作；成立蒙回藏文编译馆翻译经典与书报；各地图书馆搜集蒙回藏文经典文献以备浏览研究；已有蒙回藏之各级学校，政府应以全力扩充，并斟酌实际情形设法添立以应需要；内地及边省各大学应添设蒙回藏文讲座及酌添蒙回藏文语言研究班或速成班；内地各级学校对于蒙回藏族学生入学，切实予以便利并奖掖；内地学生有志于学习蒙回藏文及语言者，亦应切实予以便利并奖掖；等等。②

罗衡指出，中国幅员广大，边疆辽阔，但与邻国接壤之区，"皆无从充分军事及政治之之设防，以致外人混迹入境，随意考察，窥我堂奥，招来侵略之渐者有之，甚至数十年来始终未规定所有权者亦有之，每有边务纠纷，政府即不能应付裕如，凡此皆因平日未注意边务之重要及缺乏专门之边务人才之所致"。她提出在台闽、越滇桂、缅甸、印藏、新疆、外蒙、东北等7区各设立1所边务学校，招收大学或专门学校毕业生，教授外交学、侦察学、警察学、军事学、地方行政组织、国际公法、地理学、造林学、教育学、外国语、各地方言、地质学等科目。学生毕业后，根据成绩优良及体格加以任用，以"负责维持边境治安，考查当地地形地质，发展当地文化卫生教育，指导改良生产推进造林事业及调查"等工作，以推动边疆文化卫生教

① 居励今：《开发西北与西南先应团结蒙藏回苗各族案》，国民参政会秘书处编印：《国民参政会第三次大会纪录》，1939年4月，第83—85页。
② 马亮：《为沟通各民族间情感积极开发边疆富利加速完成抗战建国大业应广泛建设蒙回藏特殊教育及训练大量内地人士娴熟各民族语言文字案》，国民参政会秘书处编印：《国民参政会第三次大会纪录》，1939年4月，第100—101页。

育发展。①

　　国民政府对这几件提案都较为重视。如针对马亮提出成立蒙回藏文化教育促进会的建议，教育部成立了边疆教育委员会，各边省也成立了各省边疆教育委员会；再如针对马亮提出大学设立少数民族语言讲座、培养语言人才的建议，中央政治学校、蒙藏学校设立了边疆语文专修科，蒙藏委员会还设立了蒙藏政治训练班，专门进行人才培养训练工作。② 对罗衡的提案，国防最高委员会训令教育部，要求"令仰遵照"③，并拿出切实实施办法，落实提案中的建议。这些政策的实行，较为有力地推动了边疆教育文化的发展。

　　难能可贵的是，一些国民参政员考虑到边疆地区的特殊性，提出了在边疆地区发展"特种教育"的提案。在国民参政会一届三次大会上，胡石青认为，边疆特种教育虽不在普通学制系统之内，但对"与大中华民族各族部、各宗派间之了解及团结关系至为重要"。他指出发展边疆地区的特种教育主要包括6项内容：1.内蒙古一带设立以沟通蒙汉文化感情为目的的各种学校；2.急需设立的边疆教育编译机关；3.佛教学校；4.西北畜牧（兽医）学校；5.西南各省边民急需设立的特种学校及乡村学校；6.为改良学制或改良教学方法而设立的试验学校或研究机关。④ 国民政府对此也较为重视。在扎萨克旗设立伊盟中学并扩充各旗小学，在国立编译馆设立边疆教育编译机关，在西康省内筹设五明佛教学院，在兰州筹设国立西北技艺专科学校，设立农学、森林、畜牧、兽医、农业、经济、水利、机械、纺织、化学、制造等科，在西

① 罗衡：《请培植边务人才以固国防案》，国民参政会秘书处编印：《国民参政会第三次大会纪录》，1939年4月，第97—98页。
② 中国第二历史档案馆编：《中华民国史档案资料汇编·第五辑·第二编：教育》（二），凤凰出版社1997年版，第132—134页。
③ 中国第二历史档案馆编：《中华民国史档案资料汇编·第五辑·第二编：教育》（二），凤凰出版社1997年版，第137页。
④ 胡石青：《请政府增拨专款维持并扩充特种教育以发挥教育效能增强抗战力量案》，国民参政会秘书处编印：《国民参政会第三次大会纪录》，1939年4月，第108页。

南边省添设特种学校及乡村学校等[1]，这对于改变边疆文化教育落后的状况，提高边疆民众思想文化水平具有重要作用。

抗战进入相持阶段后，日本虽不再对中国发动大规模的军事进攻，但加大了"欲灭其国，必先灭其史"的"釜底抽薪"的文化侵略政策。如它通过满洲政府，成立蒙古学院、各蒙部师范学校、青年学校，在各旗建立小学，在包头建立回教大学，"极挑拨离间之诡计"。在国民参政会一届三次大会上，居励今指出："抗战以来，蒙人之被倭寇鼓惑者不少。德王之附逆，尤为显著之事实，我人若以此时犹不能亡羊补牢，力行团结，一任倭寇对于我之蒙藏回苗各族欺骗与诱惑。民族自行分化，同室互相操戈，不幸而为东北之续，则将来之收复失地，又不知要耗多少人力与物力耳。"[2] 在国民参政会一届五次大会上，卢前指出，敌人"在西北极挑拨离间之诡计，伪府既立，有所谓蒙古学院之筹建，各盟部师范及青年学校各旗小学相继创设"；"近复立'善临学僚'于东京，开回教大学于包头，文化侵略之野心已昭然若揭"。他恳请国民政府积极推进边疆教育，如"尽量扩充既有学校，并建立及补助边教研究机关"；"延揽边教专家，切实计划"；"召集边疆中小学校长职教员，施以训练，并共筹推进边疆教育事宜"。[3] 该案以"留备参考"作为回复[4]，没有实施情形。

尽管国民政府无暇顾及边疆教育发展问题，但国民参政员仍旧非常关心这一问题。在国民参政会二届一次大会上，马宗荣指出，贵州等边远省份虽有医学及农工学院，但并非国立，以致造成吏治人才及中等师资缺乏。他提出请国民政府在边远省份设立高等学府，培养农、工、医与法、

---

① 国民参政会秘书处编印：《国民参政会决议案实施情形一览》，1939 年 8 月，第205—206 页。

② 居励今：《开发西北与西南先应团结蒙藏回苗各族案》，国民参政会秘书处编印：《国民参政会第三次大会纪录》，1939 年 4 月，第 84 页。

③ 卢前：《请中央从速推进边疆教育以利抗战案》，国民参政会秘书处编印：《国民参政会第五次大会纪录》，1940 年 8 月，第 119 页。

④ 行政院秘书处编：《第一届国民参政会第五次大会决议案行政院办理情形一览表》，1941 年 2 月，第 16 页。

商等各类人才。具体来说，第一，请政府照战时各级教育实施方案，迅速设置各省之大学，除设农、工、医学院外，并注意设置法商及师范学院，培养吏治、会计人才及中等师资；第二，请政府任命专家至边远各省，协助地方教育行政当局整理并扩充其中等学校；第三，请政府设法促成各地方当局注意其中等教育的发展。[1] 李永新则提出了发展边疆教育的具体主张。第一，在蒙藏各旗宗设立一中心小学，以开发其教育，激发其爱国心，并随时宣扬中央德意及领袖之伟大，以确立其坚固不拔之中心思想；第二，请政府准备一批专款，专门救济蒙藏失学失业青年。[2] 国民政府注意到了李永新的提案。教育部在回复时指出，自 1940 年起，国民政府已在边地适中地点设立了实验中心学校，并酌增了部分中心学校，并计划从 1942 年起，明令各省区在国民教育经费内确定一部分作为发展边地国民教育之用。[3]

与此同时，1941 年 4 月的国民党五届八中全会通过了《设置边疆语文系与文化研究所以利边政施行案》，规定由教育部指定中央大学、中山大学、西南联大等校分别增设边疆语文系，并规定这些学校"每年招收学生若干名，并酌设免费学额，以资提倡"；由中央研究院设置西北文化研究所及西南文化研究所，"其研究之对象应分语言、文化、地理、经济，每年将研究所得，提供有关党政及教育机关参考"。[4] 根据这一要求，后来国立西北、云南、中山等大学及西北、贵阳两师范学院、私立大夏、华西、金陵等大学及西陲

---

① 马宗荣：《请迅速设置边远各省之大学以提高其文化而利抗战案》，国民参政会秘书处编印：《国民参政会第二届第一次大会纪录》，1941 年 10 月，第 237—238 页。

② 李永新：《请政府加强蒙藏政治机构积极发展蒙藏教育与开辟蒙藏交通线以把握蒙藏人心巩固国防而增强抗战力量案》，国民参政会秘书处编印：《国民参政会第二届第一次大会纪录》，1941 年 10 月，第 171 页。

③ 行政院秘书处编：《第二届国民参政会第一次大会决议案行政院办理情形报告表》，1941 年 10 月，第 50 页。

④ 中国第二历史档案馆编：《中华民国史档案资料汇编·第五辑·第二编：教育》（二），凤凰出版社 1997 年版，第 142 页。

文化院都设置了边疆语言科目①，较为有力地推动了边疆语言人才的培养和边疆文化教育事业的发展。

在国民参政会二届二次大会上，莫德惠指出，西康宁属铁煤藏量非常丰富，可与东北相颉颃；铜、铅、锌、镍之庶饶，亦为我国他地所罕有，且宁属处全国中心安全地带，有成为永久国防工业区的条件。但是，该地区文化落后，人才极少，只有一所技艺专科学校，而无一所大学或独立学院，"既不足以言领导，又不足以资推动"，建议将西康技艺专科学校扩充为国立西康农工学院。② 马毅指出，西北在历史上为商业文化中心，此后应当更重要，为增强国防力量，应设置学院，储备专门人才，他主张在西安选择适当地点设立商学院，延聘教授招收学生，研究边情；学院内分设俄文、蒙文、回文（缠文）各系，以语文为主，以商业、政治、经济、外交、领事等科为辅。③ 对于前案，教育部指出国立西康技艺专科学校原为培养农、工各科专门人才以适应康省开发需要，刚创办不久，应照原有宗旨，"力谋充实内容，暂缓扩充"，"将原案留备参考"④。对于后案，教育部指出，陕西省境内西北大学已设有法商学院，且准备在西安设立一所商业专科学校，"战时不再于西安设立商学院"，"就现有设施计划注意建设边疆各项专门人才之培养"。⑤

---

① 中国第二历史档案馆编：《中华民国史档案资料汇编·第五辑·第二编：教育》（二），凤凰出版社 1997 年版，第 147 页。

② 莫德惠：《为建议改国立西康技艺专科学校为国立西康农工学院案》，国民参政会秘书处编印：《国民参政会第二届第二次大会纪录》，1942 年 9 月，第 133—134 页。

③ 马毅：《建议于西安设立工商学院并设置俄文蒙文回文（缠文）藏文各系以造就边疆商业人才案》，国民参政会秘书处编印：《国民参政会第二届第二次大会纪录》，1942 年 9 月，第 138 页。

④ 国民参政会秘书处编印：《第二届国民参政会第二次大会决议案办理情形报告表》，时间不详，第 16 页。

⑤ 国民参政会秘书处编印：《第二届国民参政会第二次大会决议案办理情形报告表》，时间不详，第 15 页。

三、涵养文化元气

到抗战中后期，中国抗战胜利的前景日渐明朗。在此情形下，人们开始思考战后边疆的建设问题。然而，当时国人对边情的了解却面临着一个相当尴尬的局面，"我们研究中国的边疆问题，反而要到外国去搜集材料，这该是多么的惭愧，多么的危险啊！"[1] 胡秋原指出："蒙新藏为我国不可分离之领土，南洋为我国国防生命线。惟吾人今日研究边疆及南洋，尚须赖欧美以及倭国之资料，言念及此，令人惭悚。"[2] 对边疆史颇有研究的顾颉刚也认为："我国古今人士怀乡之情过深，对于边疆向少调查研究，故其详细情状，殆如黑漆一团，不但内地人不知之，即当地土著亦未必能知之也。百年以来，列强宰割我边疆，发之于言论，形之于事实，迫使国人变更昔日之态度。然而文字记载过于稀少。只得乞灵于各国来华之传教师及专门学者之著作，而外人所见往往有所偏畸，甚且别有图谋，造作不经之论以削弱我国之主权。"[3]

为了改变这种局面，一些国民参政员曾提议组织边疆考察团，对边情进行考察。在国民参政会一届三次大会上，王葆真指出，抗战以来，边疆在团结边民、开发富源、开通国际交通线方面日趋重要。他主张国民政府"组织一边疆服务团"，罗致地质学家、天文学家、生物学家、社会学家、畜牧专家、农林专家、矿业专家、教育家、军事家、各种工业家、报馆记者以及医生、兽医、测量人员、党务工作人员等，分赴各边地，考察地理、物产、民俗等，测量道路，测验气候，采集生物，研究牧、林、农、矿之富源；"实施社会教育，宣传三民主义，并抗战之意义，与敌人分化政策之阴谋"。具

---

[1] 张廷休：《边疆教育与民族问题》，汪洪亮等编：《民国时期边疆教育文选》，黄山书社 2010 年版，第 85 页。

[2] 胡秋原：《推广边疆及南洋语文教学训练边疆及南洋经营人才案》，国民参政会秘书处编印：《国民参政会第二届第一次大会纪录》，1941 年 10 月，第 264 页。

[3] 顾颉刚：《请扩大并加紧边疆学术考察工作俾建国工作早日完成案》，国民参政会秘书处编印：《国民参政会第三届第一次大会纪录》，1943 年 8 月，第 283 页。

体来说，一是由行政院或蒙藏委员会主持组织，经费由行政院筹拨；二是人员由行政院有关各部会如蒙藏委员会、教育部、交通部、经济部、内政部等机关，暨研究边疆之团体如新亚细亚学会、西北建设协会等推荐；三是暂分甘、宁、新与青、康及滇、黔、桂三组，其中，甘、宁注重有蒙藏民族之边区，滇、黔、桂注重有苗瑶民族之边区等。[1] 该案被国防最高委员会决议"照原决议案交行政院酌办具复"[2]，没有具体实施情形。

对边疆地区政治、经济、文化、民族信仰、风土人情等有了更为深入的了解后，一些国民参政员认识到，只有涵养边疆文化元气，培育边疆文化氛围，才能真正推进边疆地区的发展。在国民参政会三届一次大会上，张其昀指出："边疆文教当着眼于现势，究虑于久远，为建国事业树立宏模。"他建议，第一，边疆教育在中学阶段以独立设置为原则，高等教育则至少有一部分边疆优秀青年直接保送至各国立大学肄业，以使内地与边疆学子有互相结识之机会；第二，组织一联合委员会对边疆地区进行实地调查与科学考察；第三，培养高深翻译学人才，从事于汉文与边疆诸族语文之相互译述；第四，筹备全国风土文物展览会，在陪都重庆设立博物馆，在内地设立分馆，保存边疆地区的风土人情；第五，国营电影在制片过程中，要尽量摄取以边疆地区的自然环境为背景，以内地山川风物为题材的电影，要尽量让边疆民众看到，以"增进国民对于国土之认识"，"藉为爱国思想之源泉"。[3] 赵和亭则指出："抗建须以文化为基础"，"无文化，即无民族精神，根本无立国之可能，自无从再谈抗战建国也"。但是，承担着民族复兴使命的边疆地区，则"印刷传递，困难日增"，"旧有图书，多散失折损，新兴读物，又断绝供给"，民众文化生活相当贫乏。他建议国民政府筹拨巨款，责成教育部策划建设西北图书馆，地址设在西安或兰州，以"证明西北有用作文化大本营之

---

① 王葆真：《组织大规模的边疆服务团体以考察边情团结边民开发边地增加抗战力量案》，国民参政会秘书处编印：《国民参政会第三次大会纪录》，1939 年 4 月，第 75 页。
② 国民参政会秘书处编印：《国民参政会决议案实施情形一览》，1939 年 8 月，第 170 页。
③ 张其昀：《边疆文教应早定大计以固国基案》，国民参政会秘书处编印：《国民参政会第三届第一次大会纪录》，1943 年 8 月，第 282—283 页。

必要"①。

对于前案，教育部在回复中指出，已按照"三民主义教育实施原则"及第三次全国教育会议通过的《推进边疆教育方案》，先后制订了《补助蒙藏回学生升学内地专科以上学校办法大纲》及《待遇边疆学生暂行规划》两个办法，自施行以来，"对于边地青年之升学尚著鼓励成效"；对于筹设边疆文物馆事宜，由于奉令裁撤骈枝机关，教育部已将所征文物移交中央民众教育馆，"将来拟饬该馆主办全国风土文物展览"；在电影片设置方面，虽由于胶片来源问题难以解决未被采纳，但国民政府也注意到了这个问题，命令中华教育电影制片厂注意拍摄此类电影。② 对于后案，国民政府有所重视，拨款60万元在兰州筹设国立西北图书馆。③ 这对于改变边疆地区文化教育发展落后的局面、缩小边疆与内地文化差距具有一定的作用。

到国民参政会四届一次大会召开前后，在抗战形势更为明朗的情形下，国民参政员就战后边疆的文化涵养问题提出了更为具体的意见和建议。王普涵指出，西安是中华民族文化历史的发祥地，是西北军事、政治、经济、文化、交通重心，对建国前途关系至巨，为"奠定西北高等教育之基础"④，他建议把在城固的国立西北临时联合大学迁至西京。陆锡光指出："西北甘、宁、青、新、四省过去以交通闭塞，列为边远省份，其面积约占全国四分之一，而至今竟无一国立大学"，不利于边疆地区的文化发展。他认为在这四省中，甘肃的政治、经济、文化各项条件均较完备，可以先设立国立甘肃大学，树立西北各省高等教育之基础，"实建设西北根本之要图，亦即为国家

---

① 赵和亭：《请创建国立西北图书馆以资保存文物发扬文化案》，国民参政会秘书处编印：《国民参政会第三届第一次大会纪录》，1943年8月，第280页。

② 行政院秘书处编：《第三届国民参政会第一次大会决议案行政院实施情形报告表》，1943年8月，第68页。

③ 行政院秘书处编：《第三届国民参政会第一次大会决议案行政院实施情形报告表》，1943年8月，第64页。

④ 王普涵：《请速将西北大学迁设西京以便学子而宏教育并奠定西北高等教育基础案》，国民参政会秘书处编印：《国民参政会第四届第一次大会纪录》，1946年1月，第444页。

储才百年之大计"①。萧一山认为，西北陕晋豫各地为中国古代文化之宝库，民族发祥地所在，古物艺术蕴藏丰富，中华儿女的卓越气质及创造力都蕴含其中。但由于"经过数千年天灾人为之损害，已多残毁弃置，际此战乱时期，尤易没灭"②。他提出筹设国立西北博物馆，将古代建筑雕刻、壁画碑刻及史迹文物等收藏保存，以延续中华民族之文脉。王维之在听闻国民政府拟择地建立罗斯福图书馆以纪念罗斯福在世界反法西斯战争中作出的重大贡献时，则提出将馆址定在西安。③

对于这几件提案，教育部采取了不同的回应方式。对王普涵的提案，在回复中指出："西北大学速设西京已列入本部复员计划"④；对陆锡光的提案，在回复中指出："查西北师范学院、甘肃学院及西北医学院三校业经核定，合并改组为国立兰州大学，甘肃大学自不必再行设立。"⑤对萧一山的提案，在回复中指出："查西北古代文化之阐扬确属重要，惟复员期中设立新机构似有困难，拟俟还都后再行组织筹备委员会筹备。"⑥对王维之的提案，在回复中指出："本案经交据教育部呈拟，筹备计划及筹备委员会组织规程，到院规定馆址设于首都业已令准备案。"⑦

---

① 陆锡光：《请政府从速筹设国立甘肃大学培植建设人才案》，国民参政会秘书处编印：《国民参政会第四届第一次大会纪录》，1946 年 1 月，第 445 页。

② 萧一山：《为阐扬西北古代优美文化应积极筹设国立西北历史博物馆案》，国民参政会秘书处编印：《国民参政会第四届第一次大会纪录》，1946 年 1 月，第 465—466 页。

③ 王维之：《请中央将罗斯福图书馆设于西北以发展西北文化案》，国民参政会秘书处编印：《国民参政会第四届第一次大会纪录》，1946 年 1 月，第 477 页。

④ 行政院秘书处编：《国民参政会第四届第一次大会决议案行政院办理情形报告表》，1946 年 2 月，第 43 页。

⑤ 行政院秘书处编：《国民参政会第四届第一次大会决议案行政院办理情形报告表》，1946 年 2 月，第 52—53 页。

⑥ 行政院秘书处编：《国民参政会第四届第一次大会决议案行政院办理情形报告表》，1946 年 2 月，第 35 页。

⑦ 行政院秘书处编：《国民参政会第四届第一次大会决议案行政院办理情形报告表》，1946 年 2 月，第 104 页。

本章小结

综上所述，我们可以得出几点认识：

1. 文教提案主要关注 3 个方面的问题：一是推动战时教育发展；二是复兴民族文化；三是推动边疆文教工作发展。其中，在推动战时教育发展的提案中，主要建议有呼吁国民政府培养各种建设人才、努力筹措教育经费、关注青年学子的身心健康和沦陷区青年的出路等问题；在复兴民族文化的提案中，主要主张有建议国民政府通过编纂抗战史、荡涤愚昧落后思想及自觉传承和研究中国学术等方式，维系中国文化命脉和筑牢中华民族的精神长城；在发展边疆文化教育的提案中，随着对边情了解的逐步加深，国民参政会提案对这一问题的关注经历了一个转变。在国民参政会前期，较为关注激发边疆民众的国家观念和民族意识；在抗战中后期则转向注重边疆人才培养和涵养边疆文化元气。

2. 就提案的领衔者来看，主要是从事文化教育工作的实际工作者、大学教授、自由主义知识分子及来自边疆地区的国民参政员，中共在该方面没有提案提出。这依然与中共更为关注国民党的政治方针且到后来仅象征性参加国民参政会有关。国民参政员更为关注国民政府文化教育施政方针中的一些亟待解决的问题，但不如内政和财经领域的提案系统和具有持续性。如有的问题虽然比较重要，但在提案中只出现过一次，没有对该问题进行持续关注。由于国民参政员都是来自不同党派、不同阶层、不同地域、不同行业的精英力量，有的本身就是从事文化教育工作的实际工作者，对文化教育发展情形较为了解，亦能看出问题症结所在，所提建议主张大都有较强的针对性和实效性。

3. 就国民政府的回应情况看，文化教育工作是百年大计，承担着赓续中华文化血脉、筑牢中华民族精神长城的重大使命，且这一问题上党派纷争的意味较淡，因此，国民政府对大部分文教提案建议主张的回应都较为积极，有的虽然没有积极回应，但也在教育方针中得到了一定的体现，取得了一定的成效。具体来说，对于培养各种人才的建议，国民政府几乎件件都有积极的回应；对于筹措教育经费的建议，尽管国民政府的财政状况入不敷出，但也在可能的情况下，增拨了教育经费，对于教育发展给予了较为有力的支持；对于要求关注青年学子的提案，国民政府在运用强制手段加强对其控制的同时，也针对沦陷区失学失业青年采取了一些措施，尽量为其升学就业提供条件；在激发民族意识方面，它虽然没有采纳国民参政会成立编纂机构编纂抗战史的建议，但也做了一些搜集抗战史料的工作，为编纂抗战史提供了重要史料；在荡涤落后思想方面，国民政府及时颁布了《加强查禁社会群众神权迷信办法》，并注重扫盲工作，对于破除封建迷信，提高民众素质觉悟不无裨益；在传承中华学术方面，面对国民参政员要求研究中华学术、保护古迹文物的建议，国民政府颁布了一些法令，对于延续中华民族文化命脉发挥了一定作用。在激发边疆民众爱国热情方面，国民政府采取的一些措施对于增强民族团结，推动抗战顺利进行有重要作用；在推动边疆文化教育和涵养边疆文化元气方面，国民政府对国民参政员的这方面提案几乎都有实施情形的回复，有的虽然没有体现在国民政府的文教方针中，但也引起了国民政府对该问题的重视，从而推动了边疆文教事业的发展。抗战时期中国文化教育工作之所以能在动荡的环境中取得了一定的成绩，是与国民参政员的呼吁与推动分不开的。

第七章　中共参政员与国民参政会

中共人士参加国民参政会的工作，是抗日民族统一战线下国共合作的标志，也是国民参政会的最大亮点。因此，本书单列一章阐明中共参政员与国民参政会的关系。①

国民参政会的成立，是中共推动的结果。它容纳了国民党、共产党及其他抗日党派和无党派人士，是以国共第二次合作为基础的抗日民族统一战线的产物，体现了抗日民族统一战线的某种组织形式。根据《国民参政会组织条例》，中共方面的毛泽东、陈绍禹、秦邦宪、林伯渠、吴玉章、董必武、邓颖超等七人以文化团体"著有信望"者的名义被聘为参政员。② 中共不是单纯的文化团体，而是"武化团体"，是在规模上仅次于国民党的第二大政党，国民党当然是知道的。中共以文化团体"著有信望"人士被聘，是国民党要避免国共两党政治不得已的结果。中共中央决定这七人接受国民政府的聘请参加国民参政会，当然不是自居于"文化团体"，而是以中共领导人的名义，所以中共参政员将国民参政会视为维护、巩固和扩大抗日民族统一战线的重要场所，将抗日民族统一战线的理论、方针和政策体现在国民参政会的工作中。事实上，中共参政员在会中的提案、发言或者会外活动，都是代

---

① 该部分内容已收录到李细珠、赵庆云主编《张海鹏先生八秩初度纪念文集》（社会科学文献出版社 2018 年版）中。

② 周恩来到第四届国民参政会时也被遴选为参政员，由于中共拒绝出席，他没有与会，但也没有拒绝参政员名义。他先是中共长江局负责人，后来又是中共南方局负责人，负有直接指导中共参政员在国民参政会中工作的责任，因此可以把七参政员加上周恩来看成是中共在国民参政会中的代表团成员。

表中共的，而不是代表"文化团体"的。目前学术界对这一问题的研究，大都偏重于从文本到文本的简单罗列①，没有探讨中共参政员在国民参政会中运用抗日民族统一战线方针、政策的具体表现及变化过程，缺乏对中共参政员、国民参政会与抗日民族统一战线三者之间复杂互动关系的历史把握。本章对这一问题进行较为系统的考察和分析，以期深化丰富抗日战争史、统一战线史及国共关系史的研究。

第一节　坚持抗日民族统一战线，围绕抗战建言献策

第一届国民参政会期间，即从1938年7月到1940年5月前后，是中国抗战压力最大的时期，也是国际国内形势剧烈变动的时期。从国际上看，日本先是以密集的军事进攻企图迫使国民政府屈服，后又扶持以汪精卫为首的汉奸伪组织，以打击国民政府的抗战意志；英美等西方国家对中国抗战虽有少量物质帮助，但也通过大量对外贸易支持了日本的侵略野心。从国内看，不同党派、不同阶层的爱国力量表现出了万众一心、共赴国难的决心，但抗

---

① 期刊论文主要有张毛毛的《国民参政会与中国共产党争取民主政治的斗争》（《近代史研究》1986年第2期）、陈明钦的《围绕二届一次国民参政会的斗争》（《西南师范学院学报（人文社会科学版）》1985年第3期）、李冬春和周保华的《中国共产党人与抗战时期的国民参政会》（《山东社会科学》1992年第2期）、梁华栋的《董必武与抗日战争时期的国民参政会》（《中共党史研究》1993年第4期）、苟翠屏的《邓颖超与抗日战争时期的国民参政会》（《西南师范大学学报（哲学社会科学版）》1997年第1期）、王启华的《抗战时期的国民参政会与中共统战策略》（《上海市社会主义学院学报》2005年第5期）、筱蕾的《毛泽东与访问延安的国民参政会参政员》（《党史博览》2013年第12期）、余俊的《董必武在国民参政会的宪政思想与革命实践》[孙琬钟、杨瑞广主编：《董必武法学思想研究文集》（第十一辑·上册），人民法院出版社2009年版]；学位论文主要有杨五星的《中国共产党在国民参政会的工作与斗争》（中共中央党校2005年硕士学位论文）、杨立志的《国民参政会与国共两党关系论析》（东北师范大学2006年硕士学位论文）、牛赛的《中国共产党与国民参政会研究（1938—1945）》（郑州大学2016年硕士学位论文）等。

战阵营中也出现了以汪精卫叛国投敌为标志的动摇抗日民族统一战线的逆流，因抗战相持阶段到来导致的国共矛盾也再次凸显。面对复杂的国际国内局势，中共参政员通过拥护政府领导抗战，与汪逆叛国投降行为作斗争、围绕抗战建言献策等方式，坚持并维护了抗日民族统一战线。

第一，拥护蒋介石领导抗战。全面抗战爆发后，蒋介石虽决定抗战，但由于缺乏国际援助和足够的战争准备，又不发动民众进行抗战，致使战场节节失利，并因此表现出了对抗战的动摇。为维护来之不易的全民抗战局面，表示对国共团结抗战的诚意，在 7 月 6 日召开的国民参政会一届一次大会上，陈绍禹呼吁全国军民拥护"在蒋委员长领导之下"进行抗战。① 该案经 67 位参政员联署，成为此次大会中"联署人数最多、代表性最广的提案"②，达到了"对于团结御侮之意甚诚，亦足使敌寇知畏也"的目的。③ 在 10 月 28 日召开的国民参政会一届二次大会上，陈绍禹进一步提出："蒋委员长为领导抗战建国的民族领袖，国民政府为领导抗战建国的最高行政机关，我全国军民一致信任和拥护。"④ 该案与另外两案合并讨论，形成了在蒋介石领导下进行抗战的决议："拥护蒋委员长所宣示全面抗战持久抗战争取主动之政府既定方针，今后全国国民应在蒋委员长领导之下坚决抗战，决不屈服，共守弗渝，以完成抗战建国之任务。"⑤ 中共参政员的这一立场和主张在当时颇具象征意义。全面抗战爆发后很长一段时间内，"政府中人仍对抗战全局多作悲观"，日寇则以蒋介石下野为诱饵分化中国抗战阵营。⑥ 在十年内战时期一直被国民党"围剿"的中共，此时却表示坚

---

① 陈绍禹：《拥护国民政府实施〈抗战建国纲领〉案》，国民参政会秘书处编印：《国民参政会第一次大会纪录》，1938 年 9 月，第 101 页。

② 周勇主编：《国民参政会》，重庆出版社 1995 年版，第 64 页。

③ 《蒋介石日记》（手稿），1938 年 7 月 16 日，美国斯坦福大学胡佛研究院档案馆藏。

④ 陈绍禹：《拥护蒋委员长和国民政府加紧民族团结坚持持久战争取最后胜利案》，国民参政会秘书处编印：《国民参政会第二次大会纪录》，1938 年 12 月，第 49 页。

⑤ 国民参政会秘书处编印：《国民参政会第二次大会纪录》，1938 年 12 月，第 21 页。

⑥ 林美莉编辑校订：《王世杰日记》（上），台北"中央研究院"近代史研究所 2012 年版，第 156 页。

决拥护蒋介石领导抗战，这对于压力重重的蒋介石而言，不啻是巨大的鼓舞，"乃重修告国民书"①，并指示张群在重庆以其名义发表，"示敌以我之决心"②拥护蒋介石抗战，拥护国民政府抗战，这无疑是坚持抗日民族统一战线的重要宣示。

但是，拥护国民党蒋介石领导抗战，并非意味着放弃与国民党的斗争原则。在中共看来，抗日民族统一战线是"在对立的斗争中"，"在磨擦中发展与巩固"的③，以斗争求团结，则团结存；以妥协求团结，则团结亡。特别是抗战进入相持阶段后，因抗战路线不同导致的国共矛盾再次凸显，加上国民党抗战积极性的减弱，中共更为重视通过运用斗争策略维护抗日民族统一战线。如面对国民党企图操纵国民参政会使反共行为合法化的企图，中共就进行了坚决反对。在1939年9月的国民参政会一届四次大会上，救国会参政员沈钧儒领衔提出了组织华北视察团，了解国共冲突真相，找出解决国共冲突办法的提案。在国民党的控制下，根据这一提案成立的华北慰劳视察团，既没有提案人沈钧儒，亦没有政治立场较为公正的张一麟、黄炎培、江恒源、张澜等人，而是由亲日的梁实秋、余家菊及国民党参政员李元鼎、邓飞黄、于明洲等成员组成。这显然不符合沈钧儒提案原意。对此，中共虽谨守"明确的团结抗战的原则立场"④，但考虑到"对磨擦如逆来顺受，则将来磨擦逆流必更大"⑤，对华北慰劳视察团表明了坚决反对的态度，指出该团的真实目的为赴华北战场搜集材料，证明国共摩擦"其咎均在共产党八路军与陕

① 台湾政治大学人文中心主编：《民国二十七年之蒋介石先生》，台湾政治大学人文中心 2016 年版，第 563 页。
② 《蒋介石日记》（手稿），1938 年 10 月 30 日，美国斯坦福大学胡佛研究院档案馆藏。
③ 《王稼祥在延安高级干部会议上关于抗日民族统一战线与其内部磨擦问题的报告提纲——主要的根据华北华中的材料》，中央统战部、中央档案馆编：《中共中央抗日民族统一战线文件选编》（下），档案出版社 1986 年版，第 219 页。
④ 毛泽东等：《我们对于过去参政会和目前时局的意见》，《新华日报》1939 年 9 月 9 日。
⑤ 《中央关于我党对国民党防共限共对策的指示》，中央统战部、中央档案馆编：《中共中央抗日民族统一战线文件选编》（下），档案出版社 1986 年版，第 194 页。

甘宁边区"①，迫使该团最终"将原定陕北之行作罢"②。

第二，坚决反对汪精卫妥协投降。全面抗战爆发后不久，抗战阵营中出现了以国民党副总裁、国民参政会议长汪精卫为首的妥协投降逆流。汪精卫早就公开主张抗战"低调"，并暗地与日寇进行妥协和谈，他还利用国民参政会议长的身份，主使亲信陶希圣在国民参政会一届一次大会上提出《对德意外交采取分化方略案》，企图继续让德国调停中日关系。为了与这股妥协投降言论作斗争，中共参政员指出在德、意与日本联系日益密切，与中国日渐疏远的情况下，建议加强与德、意等国外交，无疑是表示向日本妥协。为此，双方"争执甚力"，"几闹翻"③。广州、武汉失守后，中国抗战进入更艰难的阶段，汪精卫也更"倾向于和平"④。为此，周恩来和凯丰联名致电中共中央书记处，指出为"避免被亲日派所乘"⑤，要求中共参政员出席国民参政会一届二次大会。在这次大会上，林祖涵就反对投降言论提出了专门提案，呼吁对与日言和的"为虎作伥之辈"，要"加以严惩"，"削除其国籍，并公告全国人民，人人得诛之"⑥。

尽管中共参政员和社会大多数舆论反对对日言和，汪精卫不久还是逃离了重庆，并于1938年12月29日公开发表"艳电"响应近卫声明，成为中华民族的头号汉奸。对此，中共一方面指斥他是继李完用、郑孝胥之后的东

① 《毛泽东等参政员为华北视察团事致参政会秘书处电》，重庆市政协文史资料研究委员会、中共重庆市委党校编：《国民参政会纪实》（上），重庆出版社2016年版，第422页。

② 《国民参政会华北慰劳视察团报告书节要》，台北国民参政会编纂委员会编纂：《国民参政会史料》，1962年版，第181页。

③ 中国社会科学院近代史研究所整理：《黄炎培日记》（第5卷），华文出版社2008年版，第323页。

④ 林美莉编辑校订：《王世杰日记》（上），台北"中央研究院"近代史研究所2012年版，第154页。

⑤ 中共中央文献研究室编：《周恩来年谱（1898—1949）》（修订本），中央文献出版社1998年版，第430页。

⑥ 林祖涵：《严惩汉奸傀儡民族叛徒以打击日寇以华制华之诡计而促进抗战胜利案》，国民参政会秘书处编印：《国民参政会第二次大会纪录》，1938年12月，第72页。

亚第三"杰"，要求国民政府"明令通缉"①；另一方面在1939年2月12日召开的国民参政会一届三次大会上，由林祖涵领衔提出了《拥护蒋委员长严斥近卫声明并以此作为今后抗战国策之唯一标准案》，指出蒋介石驳斥近卫声明的训词，"不仅为全国军民所一致拥护，且亦为国际舆论同情"，提议将其作为"今后我国抗战国策之唯一标准"②。这对于响应近卫声明的汪精卫无疑是沉重的一击。董必武还在同年9月9日召开的国民参政会一届四次大会上领衔提出了《拥护抗战到底反对妥协投降声讨汪逆肃清汪派活动以巩固团结争取最后胜利案》。该案在提出与揭露汪精卫叛国本质、声讨其"认贼作父"行为、肃清其妥协论调等建议的同时，又主张拥护蒋介石在抗战二周年纪念日发表《告全国军民书》中所提"反对中途投降，坚持抗战到底"的口号。③ 由于国民党内部此时已经出现了反共与对日妥协的苗头，采用这种"顺水推舟"式的统战策略，无疑使其不敢公开与投降汉奸同流合污。这虽与拥护蒋介石领导抗战不同，但亦是坚持抗日民族统一战线的重要宣示，有利于维护抗日民族统一战线的发展。

第三，围绕抗战胜利建言献策。这方面的工作主要围绕两大主题展开：一是主张民主，主张各抗日党派合法存在。没有民主，抗日民族统一战线凝聚民心、集聚民力的优势就无从发挥。中共认为，"详细地讨论和决议关于保障人民出版言论集会结社之自由"和"保障各抗战党派合法存在"这两大问题，"直接关系着抗日民族统一战线的巩固和发展，直接地

---

① 《中央关于第三届参政会提案问题给南方局的指示》，中央统战部、中央档案馆编：《中共中央抗日民族统一战线文件选编》（下），档案出版社1986年版，第205页。

② 林祖涵：《拥护蒋委员长严斥近卫声明并以此作为今后抗战国策之唯一标准案》，国民参政会秘书处编印：《国民参政会第三次大会纪录》，1939年4月，第54页。其实，董必武原拟在这次大会上提出"惩汪案"，但由于国民党对汪没有明确态度，董必武在与蒋介石协商是否提出该案时，结果被"取消"。见林美莉编辑校订：《王世杰日记》（上），台北"中央研究院"近代史研究所2012年版，第182页。

③ 董必武：《拥护抗战到底反对妥协投降声讨汪逆肃清汪派活动以巩固团结争取最后胜利案》，国民参政会秘书处编印：《国民参政会第四次大会纪录》，1939年11月，第124页。

关系着全国人民的动员和组织，直接地关系着抗战胜利的争取"①，因此也成为中共参政员在国民参政会中争取民主的重点。针对前者，它主要是督促国民党采纳中间势力参政员的建议。如它认为救国会参政员邹韬奋提出将原稿审查办法由出版前审查改为"实行出版后审查"的提案，"表示国民参政会诸君对于民主政治的推进与民权自由的保障，是在尽一切很大的努力"②。对于救国会参政员沈钧儒的《切实保障人民权利案》，它也呼吁"令各军政机关切实执行，并限期呈报执行情况"③。针对后者，鉴于国民党颁布《防止异党活动办法》以来，国共军事磨擦增多，非国民党派爱国青年遭受压迫甚至无端失踪的现象，陈绍禹要求"明令保障各抗战党派之合法权利"，"明令取消各种所谓防制异党活动办法"，严禁对人民和青年"施行非法压迫之行为"。④ 该案不仅代表了中共的利益诉求，也说出了广大中间势力的心声，以至于"许多中立的、过去不表态的人都积极表示同意"⑤。二是提出争取抗战胜利的其他主张。在国民参政会一届一次大会上，针对征兵过程中区联乡镇保甲长贪污受贿、徇私枉法、强拉硬抓壮丁等流弊，董必武提议在地方自治未完成、征兵流弊甚多及沦陷或邻近沦陷区省区，注重发挥民众的积极性，改义务兵役为志愿兵役。⑥ 针对国民党注重阵地战与日寇拼实力导致军力损失过大的现象，在国民参政会一届二次大会上，陈绍禹认为可以借鉴中共的做法，"采取运动战游击战为主而辅之以必要的阵地战略方针，以疲敝敌人打击敌人消耗敌人和歼灭敌人，使敌人

---

① 《祝国民参政会成功》，《新华日报》1938年7月6日。

② 《第二届国民参政会议的总结》，《新华日报》1938年11月8日。

③ 董必武：《加强民权主义的实施发扬民气以利抗战案》，国民参政会秘书处编印：《国民参政会第三次大会纪录》，1939年4月，第24页。

④ 陈绍禹：《请政府明令保障各抗日党派合法地位案》，国民参政会秘书处编印：《国民参政会第四次大会纪录》，1939年11月，第92页。

⑤ 《董必武年谱》编纂组编：《董必武年谱》，中央文献出版社2007年版，第150页。

⑥ 董必武：《改善兵役法案》，国民参政会秘书处编印：《国民参政会第一次大会纪录》，1938年9月，第118页。

不能继续前进深入"①。在国民参政会一届四次大会上，秦邦宪还就如何加强敌后游击战争提出了具体建议。② 对于外交，在国民参政会一届二次大会上，吴玉章建议国民政府摆脱过于注重官方外交的模式，将注意力放在影响普通民众以争取其支持上面，选派农工商学妇女职业民众代表及世界知名人士，搜集日寇暴行及中国英勇抗战的事迹，分赴英法美等国家，"切实联络，实行国民外交"，供各友邦民众阅览。③

第二节　维护抗日民族统一战线，争取中间势力同情支持

第二届和第三届国民参政会前两次大会期间，即从 1941 年 3 月到 1943 年 9 月前后，是中国抗战形势比较平稳的时期，但却是抗日民族统一战线内部斗争相当激烈的时期。从外部条件看，随着苏德战争和太平洋战争的相继爆发，中国逐渐成为国际反法西斯阵营中的重要力量，引发了英、美、苏对中国抗战态度的变化，支持中国抗战成为这些国家的重要战略。从内部条件看，国民党在抗日的大原则下，继续实行"防共""限共"乃至"溶共"的两面政策，并发起了两次反共高潮。在此阶段，中共参政员通过灵活运用多种策略，既维持了国共"斗而不破"合作抗战的局面，又通过与中间势力参政员遇事协商、积极支持等方式，赢得了他们的同情与支持，抗日民族统一战线在曲折中得到了进一步发展。

1940 年 4 月 1 日召开的国民参政会一届五次大会结束后不久，国民党发动了第二次反共高潮，在华中不断发动针对中共的军事磨擦，同时企图通

① 陈绍禹：《关于克服困难渡过难关持久抗战争取胜利问题案》，国民参政会秘书处编印：《国民参政会第二次大会纪录》，1938 年 12 月，第 56 页。
② 秦邦宪：《加强敌后游击活动以粉碎敌寇以战养战之阴谋案》，国民参政会秘书处编印：《国民参政会第四次大会纪录》，1939 年 11 月，第 85—86 页。
③ 吴玉章：《加强国民外交推动欧美友邦人士敦促各该国政府对日寇侵略者实施经济制裁案》，国民参政会秘书处编印：《国民参政会第二次大会纪录》，1938 年 12 月，第 58 页。

过谈判限制中共发展。1941年1月6日的皖南事变则标志着国民党发动的这次反共高潮达到了一个最高点，它把国共关系推向了濒临破裂的边缘，成为"抗日民族统一战线内部空前的严重事变"①。事变发生后，如何因应国共关系的重大变化，保持国共继续合作抗战，维护抗日民族统一战线的继续发展，成为中共亟待解决的问题。基于皖南事变是国民党对中共从背后捅的"沉重一刀"和民族矛盾依然是国内主要矛盾的考虑，中共经过反复权衡，决定以"政治上取全面攻势，军事上取守势"作为事变善后的基本原则②，并将之体现在了围绕出席国民参政会二届一次大会与国民党和中间势力参政员的复杂互动上面。

随着国民参政会二届一次大会召开的临近，毛泽东敏锐地意识到，随着军事反共的终结，加上日寇发动晋南战役造成的军事压力，国民党"非想个妥协办法"缓和国共关系不可，因此决定用中共参政员拒绝出席国民参政会二届一次大会的方式给国民党施压。③恰在此时，黄炎培、沈钧儒、章伯钧、左舜生、张君劢等中间势力参政员在与周恩来商讨中共参政员出席国民参政会问题时，提出了两条建议：一是将中共"十二条"提交国民参政会讨论，作为中共参政员出席的条件；二是成立各党派委员会讨论国共关系和民主问题，中共"十二条"在此会上提出。④ 中共认为皖南事变善后"经过参政员来调解是必要的"，"如此可以拉住小党派，争取民主，以为难国民党"⑤，因此决定接受这一建议。1941年2月15日，中共七参政员致函国民参政会，

①《中共中央关于皖南事变的指示》，中央档案馆编：《皖南事变（资料选辑）》，中央党校出版社1982年版，第173页。

② 中共中央文献研究室编：《毛泽东年谱（1893—1949）》（修订本）（中册），中央文献出版社2013年版，第262页。

③《毛泽东关于蒋介石政治动向的估计给周恩来的通报》，中央档案馆编：《皖南事变（资料选辑）》，中央党校出版社1982年版，第206页。

④ 中共中央文献研究室编：《周恩来年谱（1898—1949）》（修订本），中央文献出版社1998年版，第503页。

⑤《周恩来关于提出十二条和张冲交涉情况给中共中央的报告》，中央档案馆编：《皖南事变（资料选辑）》，中央党校出版社1982年版，第213页。

指出在国民政府对皖南事变善后"十二条"办法未予采纳前，将拒绝出席国民参政会。18日，周恩来将此函送交国民参政会秘书处王世杰，同时向国共两党以外的20多位中间党派参政员送去了内容相同的抄件。

对中共而言，将采纳皖南事变善后"十二条"办法与出席国民参政会联系起来，目的"不在于蒋承认十二条或十二条之一部分"[1]，而在于以这种方式使国民党退到防御地位，求得国共关系的缓和。对国民党而言，采纳中共"十二条"办法无疑是"自打耳光"，承认发动皖南事变是错误的，它不可能接受，但迫于当时国际国内希望国共合作抗战的舆论压力，它又特别希望中共参政员出席国民参政会。对中间势力而言，中共参政员出席国民参政会既可以保持国共合作抗战的最高民族利益，又可以成立蒋介石此前承诺的党派委员会以实现其政治抱负，因此，它虽同情共产党的遭遇，但也希望其能够出席大会。由此，在围绕出席国民参政会这一问题上，中共、国民党和中间势力展开了纵横捭阖式的复杂互动。[2] 后来的事态是国民党没有采纳中共"十二条"办法，中共参政员坚持了原则，没有出席这次大会，但为了争取中间势力，它又提出了皖南事变善后的"十二条"临时办法。

有研究指出中共参政员拒绝出席国民参政会二届一次大会，"令中间党派不免感到悲观"，并在"客观上给中共带来了不利影响"[3]，理由是这次大会通过了一些不利于共产党的决议和提案。这当然是问题的一个方面。实际上，中共参政员虽未出席这次大会，收获却远高出参会。有学者指出："共产党在军事上受挫，但在政治上提高了威信，得分不少；国民党在军事上占

---

[1] 《毛泽东关于在国共关系僵局中对国民党的策略致周恩来》，中央档案馆编：《皖南事变（资料选辑）》，中央党校出版社1982年版，第208页。

[2] 学术界对此已有较多研究，如陈明钦的《围绕二届一次国民参政会的斗争》（《西南师范学院学报（人文社会科学版）》1985年第3期）、闻黎明的《皖南事变时期的中间党派——关于中间势力的研究》（《抗日战争研究》2002年第4期）、王凤青的《抗战前期黄炎培在国民参政会调解国共争端的努力》（《抗日战争研究》2008年第2期）等。

[3] 闻黎明：《皖南事变时期的中间党派——关于中间势力的研究》，《抗日战争研究》2002年第4期。

了便宜，政治上丧失人心，失分甚多。"① 为了摆脱政治困境，在中共参政员没有出席的情况下，蒋介石指示国民党参政员要"本一贯宽大方针"，对中共予以"容忍"。② 王世杰建议继续选举董必武为驻会委员。③ 国民参政会二届一次大会闭会后不久，蒋介石确立了"以政治解决为先"的对共方针④，并主动约见周恩来表示要提前解决国共问题。而且，中共的军事遭遇还引起了国际势力的同情。美国学者约翰逊指出："在整个中日战争中，没有一件事比新四军军部在'忠实执行命令'时被消灭更能提高共产党对国民党的威望了。"⑤ 可见，中共把国民参政会这个小舆论场扩大成了大舆论场，不仅使全国人民，也使国际势力认识到，破坏抗日民族统一战线的是国民党，而不是中共，意味着中共"更加成为了中国团结抗战的重要因素"，"象征着抗日民族统一战线内部阶级力量对比的变动"⑥，抗日民族统一战线在此过程中进一步发展。

在调解国共争端的过程中，鉴于因国民党军事灭共引起的对自身命运的担忧，中间势力在一些重大问题上加强了与中共的沟通和交流。⑦ 中共也认识到"争取中间势力是我们在抗日统一战线时期的极严重的任务"，"中间势力有很大的力量，往往可以成为我们同顽固派斗争时决定胜负的因素"，⑧ 因

① 张海鹏：《论皖南事变之善后》，《近代史研究》1995 年第 5 期。

② 吕芳上主编：《蒋中正先生年谱长编》（第 6 册），台北"国史馆"、中正纪念堂管理处、财团法人中正文教基金 2015 年版，第 509 页。

③ 林美莉编辑校订：《王世杰日记》（上），台北"中央研究院"近代史研究所 2012 年版，第 333 页。

④ 《蒋介石日记》（手稿），1941 年 8 月 22 日，美国斯坦福大学胡佛研究所藏。

⑤ ［美］费正清、费维恺编：《剑桥中华民国史（1912—1949）》（下卷），刘敬坤等译，中国社会科学出版社 1994 年版，第 763 页。

⑥ 《中央一九四一年三月政治情报》，中央档案馆编：《中共中央文件选集》（第 11 册），中共中央党校出版社 1986 年版，第 626 页。

⑦ 中共中央文献研究室编：《周恩来年谱（1898—1949）》（修订本），中央文献出版社 1998 年版，第 509 页。

⑧ 中共中央文献研究室编：《毛泽东年谱（1893—1949）》（修订本）（中册），中央文献出版社 2013 年版，第 178 页。

此开始支持其争取利益诉求的行为。1941年7月24日，针对在港各党派参政员酝酿拒绝出席国民参政会二届二次大会，以向国民政府施加压力，要求政治民主化的想法，周恩来建议廖承志"对此可给予帮助"①。9月，周恩来电告廖承志，"对下届参政会（国民参政会二届二次大会——引者注），国方以外各党派参政员（除在重庆的）都不出席，对此应予支持"②。不仅如此，中共参政员还以实际行动支持中间势力。在国民参政会二届二次大会上，中间势力参政员提出了两件较有分量的提案。其中，张澜领衔提出的《实现民主以加强抗战力量树立建国基础案》是中国民主政团同盟成立后首次在国民参政会中实践自己政治主张的宣言。蒋介石看到该案后，"烦扰躁急"③，经会议主席团决定"予以保留"④；黄炎培领衔提出的《如何减除民众痛苦加强抗建心力案》从减轻民众痛苦的角度提出了救济公务员、教育人员及采取有效措施制止物价上涨的具体建议。⑤董必武参与了该案的连署⑥，这也是中共参政员连署的为数不多的提案之一。中共参政员对中间势力的支持声援及共同的利益诉求，引发了中间势力对国共政治态度的转变，这就是与中共日益接近，与国民党日渐疏远。对此，蒋介石虽然认为中间势力是"卑劣政客"，"比汉奸更为可怜、可恶"⑦，却又无可奈何。

国民参政会二届二次大会闭会后不久，太平洋战争爆发。在苏、美、英

---

① 中共中央文献研究室编：《周恩来年谱（1898—1949）》（修订本），中央文献出版社1998年版，第523页。

② 中共中央文献研究室编：《周恩来年谱（1898—1949）》（修订本），中央文献出版社1998年版，第528页。

③ 吕芳上主编：《蒋中正先生年谱长编》（第6册），台北"国史馆"、中正纪念堂管理处、财团法人中正文教基金2015年版，第661页。

④ 李勇、张仲田编著：《抗日民族统一战线大事记》，中国经济出版社1988年版，第323页。

⑤ 黄炎培：《如何减轻痛苦加强抗建心力案》，国民参政会秘书处编印：《国民参政会第二届第二次大会纪录》，1942年9月，第100页。

⑥ 中国第二历史档案馆藏：《国民参政会第二届第二次大会建议如何减除民众痛苦加强抗建心力案（1942年2月）》，全宗号：4（经济部），案卷号：24589。

⑦ 《蒋介石日记》（手稿），1941年11月21日，美国斯坦福大学胡佛研究院档案馆藏。

三国联合作战态势的影响下，中国抗战前景日趋明朗。中共着眼于战后考虑，认为"中国各抗日党派不但在抗战中应是团结的，而且在抗战后也应是团结的"①。本着这种理念，1942 年 7 月，董必武与王世杰见面时，指出国民参政会应成为国内团结的标志，并与邓颖超参加了 10 月 22 日召开的国民参政会三届一次大会。在这次大会期间，中共参政员主要做了两方面的工作：一是面对何应钦污蔑八路军"各自为政"及国民党一些参政员要求"加强军事统一"的反共言论，据理力争，以理服人。如董必武在大会上就指出，八路军在华北敌后英勇顽强、艰苦卓绝进行抗战，但十八集团军抗战五年多没有得到国民政府一支步枪的补充，重兵器完全没有。三年多没有得到一粒子弹和一点药品的补充，两年多没有领到一文军饷。十八集团军不是天神，它的兵要吃饭，要穿衣，要作战，处在这种情况下怎能责怪八路军"各自为政"呢？②二是在《新华日报》撰文支持国民政府在国民参政会中提出的管制物价方案，并从统一行政机构、扶助工矿各业、注意囤积居奇、简练管制手续、慎选廉洁人员、争取民众支持等方面提出了具体建议。③这种会中会外不同策略的运用，表明了中共坚持国共合作抗战的诚意，达到了维护抗日民族统一战线的目的。

抗日战争进入到 1943 年，国际国内形势进入了一个新的时期。除国际反法西斯战争进入决胜阶段和中国抗战前景更为明朗之外，有两件大事对中国抗战产生了重大影响：一是鉴于各国共产党面临的情况非常复杂且变化迅速，需要各国共产党根据本国情况独立解决面临的问题，共产国际决定解散；二是近代以来国人废除不平等条约的呼吁终于变成了现实，国民党的执政权威空前提高，并利用这一时机发动了第三次反共高潮。面对国民党新的军事围攻，加之国民参政会三届二次大会即将召开，中共决定"发动宣传反

---

①　中共中央文献研究室编：《毛泽东年谱（1893—1949）》（修订本）（中册），中央文献出版社 2013 年版，第 391 页。

②　《董必武年谱》编纂组编：《董必武年谱》，中央文献出版社 2007 年版，第 176—177 页。

③　《措理物价问题的一些条件》，《新华日报》1942 年 10 月 31 日。

击，同时准备军事力量粉碎其可能的进攻"①，以维护抗日民族统一战线：第一，借国民党五届十一中全会决议于抗战结束后一年召集国民大会，制颁宪法之机，建议国民参政会"对于如何充实政治上的民主生活这个问题能有一些具体的决定"，以为战后宪政实施做必要的准备。② 同时它又提醒"小党派不要过于乐观，要静观国民党事实表现"，"不要上当"③，因为国民党每遇一次危机，即来一次宪政欺骗，毫无诚意。第二，与国民党反共言行进行斗争。由于得知国民党利用国民党参政员占多数的优势，企图通过反共决议，董必武本不打算出席国民参政会三届二次大会，后经王世杰"告以中央全会现决议以'政治方法'求解决，共产党不应续有拒绝出席参政会"后④，于开会当日报到出席。然而，国民党自食其言。1943 年 9 月 21 日下午，何应钦在做军事报告时，指责八路军、新四军"煽动叛变，分化军力，实行割据，擅立政权、反抗政府，破坏政令，残杀人民，残害官吏"。对此，董必武针锋相对，予以"驳斥和回击"⑤，并且退席表示抗议。第三，在国民参政会大会闭会后继续抨击国民党的反共言论。10 月 5 日，毛泽东撰写的《评国民党十一中全会和三届二次国民参政会》指出国民党"把一个表示团结抗日的国民参政会，变成了制造反共舆论准备国内战争的国民党御用机关"⑥，呼吁一切爱国的国民党人、一切爱国的抗日党派、抗日人民团结起来，推动国民党走放弃法西斯独裁内战走民主合作的道路。

　　中共参政员的这些努力不仅使抗日民族统一战线进一步发展，也使中共

---

① 《中央决定发动宣传反击》，中央档案馆编：《中共中央文件选集》（第 12 册），中共中央党校出版社 1986 年版，第 263 页。

② 《对于三届二次国民参政会的期望》，《新华日报》1943 年 9 月 19 日。

③ 中共中央文献研究室编：《周恩来年谱（1898—1949）》（下），中央文献出版社 2007年版，第 579 页。

④ 林美莉编辑校订：《王世杰日记》（上），台北"中央研究院"近代史研究所 2012 年版，第 537 页。

⑤ 周勇主编：《国民参政会》，重庆出版社 1995 年版，第 183 页。

⑥ 毛泽东：《评国民党十一中全会和三届二次国民参政会》，《毛泽东选集》第三卷，人民出版社 1991 年版，第 923 页。

在政治上争取了主动。董必武在给中共中央的电文中指出，国统区一些爱国人士认为中共参政员的"宣传大成功，乘机把要说的话都说了"；"国民党人士也认为我们胜利，他们失败。几个老头都认为很好，向来没听到的话都听到了"。王世杰甚至发牢骚说，"对共产党既不用武力解决，又不愿政治解决，这是自告党的政策破产"。① 在此情形下，尽管董必武在参政会召开期间即已宣布不再出席，但为了平抑舆论压力，国民党仍将其选为驻会委员。大会闭会后，蒋介石又嘱咐王世杰"向董必武询问改善目前国共关系之方法"②。另外，基于中间势力要求设置宪政实施机构，作为与国民党合作条件的顾虑，这次大会决定成立宪政实施协进会，第二次宪政运动由此兴起，周恩来和董必武亦被指定为会员。在这次运动中，中共本着"吸引一切可能的民主分子于自己周围，达到战胜日寇与建立民主国家之目的"③ 的想法，进一步加强了与张君劢、黄炎培、左舜生等中间势力参政员的合作和沟通，中间势力的政治立场也更为倾向中共。如在中间势力中颇具影响力的黄炎培，就"到处宣传新四军在华中实行民主与经济建设的成绩"，一些教授、学生、工业家，也"都不满现状，要求民主"④。

第三节　提出联合政府主张，扩大抗日民族统一战线基础，争取抗战胜利

国民参政会三届三次大会到四届一次大会期间，即从 1944 年 9 月到 1945 年 7 月抗战胜利前夕，是国际反法西斯战争进行战略反攻的时期，也是中国抗日民族统一战线内部斗争更为激烈的时期。豫湘桂战役的大溃败，

---

① 《董必武年谱》编纂组编：《董必武年谱》，中央文献出版社 2007 年版，第 186 页。
② 林美莉编辑校订：《王世杰日记》（上），台北"中央研究院"近代史研究所 2012 年版，第 542 页。
③ 毛泽东：《关于宪政问题》，《毛泽东文集》第三卷，人民出版社 1996 年版，第 90 页。
④ 《董必武年谱》编纂组编：《董必武年谱》，中央文献出版社 2007 年版，第 203 页。

引起了美国的极大不满，它要求国民党进行政治改革以容纳各党派，并开始关注中共。为了应对军事政治的双重危机，国民党再次提出召开国民大会。对此，中共参政员提出了成立联合政府以扩大抗日民族统一战线基础的主张。为此，它采取了拒绝出席国民参政会的方式反对国民党强行召开国民大会；它还欢迎中间势力参政员访问延安，并与其在重要问题上达成了一致意见。抗日民族统一战线在此过程中继续发展，并保证了抗战胜利的最终到来。

进入 1944 年以来，国际反法西斯战争进入到了反攻阶段。欧洲战场上，苏联红军到 1944 年夏已将德军逐出国境。英美两国军队在诺曼底登陆，并开辟了欧洲第二战场。太平洋战场上，盟军跳岛战术亦节节取胜。而在亚洲战场上，日本发动的"一号作战"却使中国战场陷入了极度恶化的形势。在这场战役中，尽管个别国民党将领也进行了坚决的抵抗，但五六十万兵力的损失与 20 多万平方公里土地的相继陷落，却使这场战役成为全面抗战爆发以来中国损失最为惨重的一场战役，也直接引发了大后方民众对国民党领导抗战能力的怀疑及国民党统治的空前危机。对中共而言，如何扭转国民党这种"腐化达于极点"走向崩溃的趋势以继续抗战[1]，成为维护抗日民族统一战线不得不面对的关键性问题。联合政府的口号正是在这样一个背景下提出的。

从目前掌握的资料看，中共提出联合政府这一口号经过了仔细斟酌，主要是为了争取中间势力的支持。1944 年 8 月 17 日，毛泽东在董必武向周恩来请示如何对待增补国民参政员问题的电报上批示，"与张（澜）、左（舜生）商各党派联合政府"[2]。根据这一指示，18 日，周恩来致电董必武、林伯渠，请他们考虑与各党派商谈组织联合政府，向国民党提出提前召集各党派及各界团体代表会议，改组政府，并由此政府召开真正民选的国民大会，讨

---

[1] 毛泽东：《关于时局近况的通知》，《毛泽东文集》第三卷，人民出版社 1996 年版，第 196 页。

[2] 中共中央文献研究室编：《毛泽东年谱（1893—1949）》（修订本）（中册），中央文献出版社 2013 年版，第 536 页。

论反攻实行民主，"能否引起大后方（尤其是各党派）的响应和各地方实力派的同情？"① 这是征询意见的方式。9月4日，中共中央就成立联合政府问题给林伯渠、董必武、王若飞的指示中，再次指出向国民政府要求召集各党各派各军、各地方政府、各民众团体代表，开国事会议讨论改组国民政府废除一党统治的时机已经成熟，"如取得小党派及进步人士同意可将是项主张作成提案"②。但是考虑到将该主张作成提案在国民参政会中提出，可能行不通，因为"没有人敢连署"③。15日，毛泽东复电正在出席国民参政会的林伯渠、董必武，指出"小党派既不赞成我党单独向参政会提出改组政府，即请作罢"，这表明中共之前的顾虑并非没有道理，但他同时又要求斟酌在作国共谈判报告时可否"顺便提到此点"④。这是由中共参政员在国民参政会提出，以试探水深。根据这一指示，林伯渠同日在国民参政会所作《关于国共谈判的报告》中提出了"希望国民党立即结束一党统治的局面，由国民政府召开各党各派，各抗日部队，各地方政府、各人民团体的代表，开国事会议，组织各抗日党派联合政府"⑤。显然，林伯渠这次的报告，反应是好的。

对中共来说，联合政府主张的提出，意味着"国共力量对比，已由过去多年的国强共弱，达到现在的国共几乎平衡，并正在走向共强国弱的地位"⑥；标志着它对"抗日民族统一战线在政权上的最高形式"这一问题思

---

① 中共中央文献研究室编：《周恩来年谱（1898—1949）》（修订本），中央文献出版社 1998 年版，第 593 页。

② 《中央关于提出改组国民政府的主张及其实施方案给林伯渠、董必武、王若飞的指示》，中央档案馆编：《中共中央文件选集》（第 12 册），中共中央党校出版社 1986 年版，第 580 页。

③ 《董必武关于国民参政会的报告》，中央统战部、中央档案馆编：《中共中央抗日民族统一战线文件选编》（下），档案出版社 1986 年版，第 761 页。

④ 中共中央文献研究室编：《毛泽东年谱（1893—1949）》（修订本）（中册），中央文献出版社 2013 年版，第 545—546 页。

⑤ 林祖涵：《关于国共谈判的报告》，重庆市政协文史资料研究委员会、中共重庆市委党校编：《国民参政会纪实》（下），重庆出版社 2016 年版，第 803 页。

⑥ 中共中央文献研究室编：《毛泽东年谱（1893—1949）》（修订本）（中册），中央文献出版社 2013 年版，第 569 页。

考的成熟①，但就其本意而言，提出这一口号并非是要取代国民党统治，而是为了推动其进行政治改革，扩大抗日民族统一战线的基础，并争取抗战胜利后的有利形势。毛泽东指出，"联合政府仍然是蒋介石的政府，不过我们入了股，造成一种条件"②，这其实就很好地解释了中共这时的想法。它一再强调由国民政府召集讨论成立联合政府事宜也明显体现了这一思想。但是，这时的国共力量对比与人心向背、与全面抗战爆发初期相比，毕竟已经发生了根本性变化。因此，面对国民党以召集国民大会为由断然拒绝成立联合政府的态度，中共采取的措施更为坚决，也更为激烈：一是酝酿成立解放区联合委员会和解放区人民代表会议，以引起社会舆论注意和督促国民党改变态度。③ 二是面对国民党"不问共党是否就范，必照预定方案召开国民大会，组织民选政府"以对抗联合政府的态度④，中共发表的拒绝出席国民参政会四届一次大会的声明指出，"从去年九月以来，中共与中国民主同盟及其他广大民主人士，一致要求国民党政府，迅即取消一党专政，召开各党派及无党派代表人物的会议，成立民主的临时的联合政府"，这"实为中国大多数人民公意之反映，但在本党代表与国民党政府代表几次谈判之后，已被国民党政府所拒绝"。⑤

中共参政员拒绝出席国民参政会，是抗日民族统一战线内部的一种斗争形式，并不意味着要关闭国共合作的大门。对此，毛泽东指出，国共商谈的大门没有关闭，"只为了门外有一块绊脚石。是什么，就是国民大会问题"⑥。

---

① 周恩来：《论统一战线》，《周恩来选集》上卷，人民出版社 1980 年版，第 190 页。

② 中共中央文献研究室编：《毛泽东年谱（1893—1949）》（修订本）（中册），中央文献出版社 2013 年版，第 577 页。

③ 占善钦：《试析七大酝酿召开的解放区人民代表会议》，《中共党史研究》2005 年第 4 期。

④ 《蒋介石日记》（手稿），1945 年 2 月 18 日，美国斯坦福大学胡佛研究院档案馆藏。

⑤ 《中共中央负责人关于不参加本届国民参政会的声明》，中央档案馆编：《中共中央文件选集》（第 13 册），中共中央党校出版社 1986 年版，第 93 页。

⑥ 黄炎培：《不堪回忆的国民参政会》，重庆市政协文史资料研究委员会、中共重庆市委党校、中国第二历史档案馆编：《国民参政会纪实》（续编），重庆出版社 2016 年版，第 353 页。

可见，中共是通过拒绝出席国民参政会的方式抵制国民党召开不具民意的国民大会。因为，只要中共参政员不出席，国民党六全大会通过的由国民参政会讨论召开国民大会具体办法的行为，就失去了政治合法性。国民党如果一意孤行，非要这样做，就意味着国民党而非中共要承担国共决裂的责任。而"不出席参政会，跟着也就不参加国民大会，不参加好处很多"，可以揭露国民党以民主为招牌，借召开国民大会，玩弄民主、伪装民主、继续独裁的两面手法。

中共在发表拒绝出席国民参政会四届一次大会的声明后，为了争取中间势力，对褚辅成、黄炎培、冷遹、王云五、傅斯年、左舜生、章伯钧等七参政员要求访问延安，以便了解情况，恢复国共和谈，对奠定"建国新基石"的要求予以了积极回应。1945年6月18日，毛泽东、周恩来在致褚辅成等参政员的电文中，在批判国民党拒绝党派会议、联合政府、民主改革，准备召开一党包办的国民大会制造分裂、准备内战阴谋的同时，指出"倘因人民渴望团结，诸公热心呼吁，放弃一党专政，召开党派会议，商组联合政府，并立即实行最迫切的民主改革，则鄙党无不乐于商谈"①。这就有了后来的六参政员（王云五因病未去）延安之行。如同皖南事变的善后一样，在国民党不做根本改变的情况下，参政员的一次延安之行不可能说服中共参政员出席国民参政会。但是，这次延安之行却给了参政员们意外的收获，他们了解了延安的实际情况，了解了中共的政治主张和精神风貌，部分参政员甚至由此改变了对中共的看法。以温和持中著称的黄炎培，后来就承认延安之行改变了他对中共的认识，增加了他对中共的信仰，并认为中共的前途无限。②

另外一点，就是中共和六参政员经过协商讨论形成的《延安会谈录》，在停止召开国民大会和从速召开政治会议这两点上达成了一致意见③，这对

---

① 《毛泽东、周恩来复电褚辅成等七参政员》，重庆市政协文史资料研究委员会、中共重庆市委党校编：《国民参政会纪实》（下），重庆出版社2016年版，第855—856页。

② 黄炎培：《八十年来》，文史资料出版社1982年版，第102页。

③ 金城：《六参政员延安去来》，重庆市政协文史资料研究委员会、中共重庆市委党校、中国第二历史档案馆编：《国民参政会纪实》（续编），重庆出版社2016年版，第307页。

意欲在国民参政会四届一次大会上讨论通过召开国民大会决议的国民党而言，决非是一个利好消息。1945 年 7 月 14 日，按照既定程序，大会的议题是讨论国民党六全大会通过的关于召开国民大会的决议。由于已与中共达成了一致意见，黄炎培指出国民大会的职责在制定宪法，树立中华民国百年大计，"若各方主张，尤其是有组织者之意见尚未融通，而遽欲仓促召集，仓促制定，则其后患将不堪设想"①，声明不参加大会的讨论。章伯钧希望国民党"顺适世界民主趋势，容受人民的要求，以壮士断腕之决心，作悬崖勒马之毅行，实施民主改革，放弃原定举行国民大会之决定，迅速召开政治会议"②。左舜生领衔的提案则指出"必须先实行民主措施，协调全国意见，始可再行定期召集国民大会"③。

对于中间势力参政员的表现，蒋介石非常气愤，斥责其为"无耻政客"④，"挟共党以自重，必使是非不明，邪正倒置"⑤，但中共参政员的拒绝出席也取得了一定的效果。在讨论国民大会问题时，国民党参政员"虽亦间有超出范围之言语"但"秩序尚好"。⑥ 大会讨论通过的《国民大会问题审查委员会审查报告》在一定程度上体现了他们的主张，这就是"继续采取可能之政治步骤，及协调之精神，求取全国之统一团结"，国民政府在召集国

---

① 黄炎培、冷遹、江恒源：《关于不参加国民大会问题讨论的书面声明》，重庆市政协文史资料研究委员会、中共重庆市委党校编：《国民参政会纪实》（下），重庆出版社 2016 年版，第 875 页。

② 《章伯均发表谈话主张停开国民大会，立即召开政治会议》，重庆市政协文史资料研究委员会、中共重庆市委党校编：《国民参政会纪实》（下），重庆出版社 2016 年版，第 876 页。

③ 左舜生：《请先实现民主措施从缓召集国民大会以保团结统一而利抗战建国案》，国民参政会秘书处编印：《国民参政会第四届第一次大会纪录》，1946 年 1 月，第 132—133 页。

④ 吕芳上主编：《蒋中正先生年谱长编》（第 8 册），台北"国史馆"、中正纪念堂管理处、财团法人中正文教基金 2015 年版，第 121 页。

⑤ 《蒋介石日记》（手稿），1945 年 7 月 14 日，美国斯坦福大学胡佛研究院档案馆藏。

⑥ 林美莉编辑校订：《王世杰日记》（上），台北"中央研究院"近代史研究所 2012 年版，第 714 页。

民大会前，先承认各党派合法地位，继续寻求中共问题合法解决，保障人民的身体、言论、出版、集会、结社等基本权利，限期完成后方各省各级民意机关的设置，以树立地方自治基础。[①] 在此情形下，蒋介石虽认为民盟主席张澜"朽而不可救药"，还是在大会闭会后的第三天，就国民大会问题与之进行了交流[②]，原定于11月12日召开的国民大会亦未如期举行，因国民大会造成的国共分裂局面暂时得以避免，抗日民族统一战线延续到了抗战胜利的最终到来。

本章小结

综上所述，我们可以得出几点认识：

1. 中共参政员将国民参政会视为维护巩固和扩大抗日民族统一战线的重要场所，将抗日民族统一战线的理论、方针和政策体现在了对国民参政会的工作中。在第一届国民参政会期间，中共参政员积极提议拥护蒋介石领导抗战，坚决与汪逆投降逆流进行斗争，围绕抗战积极建言献策；在第二届和第三届国民参政会前两次大会期间，中共参政员既维持了国共"斗而不破"合作抗战的局面，又通过与中间势力参政员遇事协商、积极支持等方式，赢得了他们的同情与支持；在国民参政会三届三次大会到四届一次大会期间，中共参政员提出成立联合政府的主张，拒绝出席国民参政会四届一次大会，欢迎中间势力参政员访问延安。在此过程中，中共发挥了它作为抗日民族统一战线的倡导者、实践者、推动者、维护者的巨大作用。

2. 中共在国民参政会中的工作表现了其政治上的成熟。全面抗战爆发后，在中共的多次倡议下，以国共第二次合作为基础的抗日民族统一战线得以形成。但是，在抗日民族统一战线内部，既有资产阶级也有无产阶级，既有地主也有农民，存在着阶级矛盾。对于中共而言，如何处理抗日民族统一

---

① 《国民大会问题审查委员会审查报告》，国民参政会秘书处编印：《国民参政会第四届第一次大会纪录》，1946年1月，第72页。

② 《蒋介石日记》（手稿），1945年7月23日，美国斯坦福大学胡佛研究院档案馆藏。

战线内部的阶级矛盾，是其政治上是否成熟的重要标志。国民参政会成立后，中共参政员通过会前会后、会上会下、会内会外的努力，运用各种策略和手段妥善处理民族矛盾和阶级矛盾的关系，使国民参政会成为中共宣传抗战主张、展示自身形象的重要渠道，同时使对中共了解不多的其他政治力量对其有了更多的了解和认识，也为抗战胜利后政治的天平逐渐倾向于中共奠定了一定的基础。

3. 对国民党而言，它在内心深处并不愿意中共作为一个政党力量参加国民参政会，让其参与其中是迫不得已的选择，它让中共参加国民参政会的名义是"文化团体"的代表。抗战相持阶段到来后，随着民族危机压力的暂时缓解，它把国民参政会作为对中共参政员进行打压的重要场所。但是，中共维护抗日民族统一战线的政策符合国家民族的根本利益，符合中国人民的根本利益，因此，国民党对中共参政员的压制不仅没有达到其所希望出现的局面，反而使更多的人认识到国民党和共产党谁对国家民族的前途更为有利，中共参政员在国民参政会中赢得了更多力量特别是中间力量的认同、拥护与支持，中国的政局向着愈来愈有利于中共的方向发展。

结　语

全面抗战爆发后，面对日寇入侵引发的空前严重的民族危机，作为全国在形式上唯一合法的执政党，国民党必须建构起强大的战争动员体制，以确保全民族所有力量用于抗战，国民参政会的设立则是国民党构建战争动员体制的重要形式之一。从国民党对国民参政会制度设计的初衷来看，是要将不同党派、不同阶层、不同行业、不同领域的精英力量笼络在由其领导的抗战旗帜下，使其成为集聚人心、维护抗战的重要象征，并在此过程中构建起其执政所需要的意识形态，以巩固它的执政权威和执政合法性。但是，这一目标能否实现，从国民参政会的视角来审视，主要取决于国民政府与国民参政会之间能否实现良性互动，表现在国民参政会提案方面，就是国民政府对提案建议主张的采纳施行程度及实际效果。

从纵向上来看，在 1941 年之前，国民政府对国民参政会提案的回应还是比较积极的，其中的一些建议也取得了良好效果[1]，而到了抗战中后期，回应则比较消极，能够发挥作用的提案数量不多。从横向上来看，经过对前几章提案内容和国民政府回应情况的系统考察与梳理，可以发现，国民政府对国民参政会提案的回应及效果，基本上可以分为这样几类：

第一，对提案所提建议主张基本上进行了采纳，并体现在了国民政府的施政方针中。这类提案虽然数量不多，但并非没有。如在外交提案中，国民政府较为重视调整外交机构、充实外交人才等建议，并据此采取了一系列措

---

[1] 有学者指出："在 1941 年之前，国民党还是比较成功的。"这一点在国民政府对国民参政会提案的回应中也得到了体现。见［英］方德万：《中国的民族主义和战争（1925—1945)》，胡允桓译，生活·读书·新知三联书店 2007 年版，第 30 页。

施；对于抗战后期要求救助海外华侨的建议，国民政府也相当重视，并制定了相应的办法，对推动外交工作和侨民救助工作的积极开展具有一定的作用。在内政提案中，对利用妇女力量进行抗战的建议非常重视，几乎所有建议都得到了国民政府的回应；对于拥护国民政府抗战到底的建议，由于符合国民党塑造政治合法性的需要，更是得到了国民政府的积极回应；对于救助灾民难民、公教人员的建议，国民政府在尽可能的情况下，也采取了一定的救助措施，对于缓解民众的燃眉之急、稳定社会秩序发挥了一定的作用。在财经提案中，国民政府非常重视提案对遏制物价飞涨的建议，并根据提案建议加强了消费管制及疏通流通环节。遗憾的是，由于战时物资供应量不足、国民政府滥发纸币，加上未能有效遏制不法商人囤积居奇、政府官员借机牟利等因素，导致物价高涨的趋势一直没有得到有效遏制，对战时人民生活和战场形势的发展造成了不利影响；对于发展战时工业、民营企业的建议，国民政府基于抗战建国的考量，在抗战前期和中期都进行了积极地回应，对于稳定战时经济、推动战时经济发展起到了重要作用。在文教提案方面，国民政府对提案要求培养人才、筹措教育资金的建议比较重视，也较为有利地推动了战时教育的发展；对于复兴民族文化和发展边疆文化教育工作的建议，虽有个别提案所提建议主张未被采纳，但从总体上看，此类提案中的大部分引起了国民政府的重视，并在施政方针中得到了体现。

　　第二，对国民参政会提案所提建议主张进行了选择性回应，部分采纳了其中的一些建议主张。如在军事提案中，针对国民参政员提出改征兵制为募兵制及"纳金缓役"的主张，被国民政府所采纳；对于利用沦陷区游击力量的建议，出于防范中共的考虑，对要求加强沦陷区游击力量领导权、实行民主主义的建议没有采纳，而较多地采纳了加强沦陷区经济、文化建设方面的建议。在外交提案中，对于加强战后侨务工作的建议，引起了国民政府的重视，并在国民党六大上进行了专门讨论，形成了专门决议。在内政提案中，对于强化沦陷区党政机构建设的建议，国民政府根据提案人的不同身份，采取了不同的回应方式。大体来说，由于这有利于加强国民党在沦陷区的领导地位，因此它对提案所提建议主张大都较为重视，但由于国民党的地方党组织执行力、战斗力存在诸多问题，导致其在沦陷区的影响力较弱，未能发挥更大的作用。在财经提案中，针对提案对田赋征实中地方官吏中饱私囊、借机贪污、民众负担过重的揭露，国民政府从加强制度建设的层面，采取了限制地方官员贪污行为、减少征实数量等措施；对于改进物资统制方式的建议，国民政府在一定程度上也进行了回应，但由于缺乏有效的国家治理能力，政策的积极作用难以显现，制度的低效化、无效化问题比较严重。

第三，对国民参政会提案建议主张虽没有被采纳，但由于提案对该问题的关注，国民政府也开始关注并力图解决这些问题。如在军事提案中，对优待出征军人家属的建议，虽没有直接被采纳，但引起了国民政府对出征军人权益保障重要性的认识，并据此颁布了一系列优待出征军人家属的单行法规；针对要求严明严肃军事纪律的提案，国民政府也曾召开专门会议，并成立了各战区军风纪考察团；针对策动东北伪军反正和招致沦陷区青年学子的建议，国民政府颁布了《战地失学失业青年招致办法》，并在教育部战区教育指导委员会会议上专门提出要"招致东北青年予以救济"。在外交提案中，虽没有采纳由国民参政会组成访问欧美等国争取国际支援的建议，但却加强了对欧美等国的抗战宣传，引起了这些国家对中国抗战的同情。在内政提案中，国民政府对要求提高行政效率建议的回应虽不甚积极，但根据自身的逻辑，提出了构建行政三联制的行政架构，对如何提高行政效率进行了一定的探索；对于强化监察职能的建议，国民政府虽没有明确表示要接受国民参政会的建议，但制定了专门的文件，表现出了要强化监察职能的意识。在财经提案中，对于改进贸易政策的建议，在不影响整个统制经济政策实施的前提下，国民政府也采取了一定的改善措施。这些都是与国民参政会提案的要求是相呼应的，在此过程中，国民参政会提案的价值也得以呈现。

第四，对提案建议主张虽有重视，但由于国民政府自身面临的难以克服的困难及对政治利益的考量，建议主张未被采纳，即使被采纳，提案本应发挥的作用也未能显现，这些提案在数量上占很大比重。如在军事提案中，针对抗战后期军事提案中要求提高士兵待遇的主张，国民政府虽承诺要解决这一问题，但由于可支配的资源不多，这一问题并没有得到有效改善。在外交提案中，对于改善华侨处境的建议，由于国民政府实力有限，虽采取了一些措施，但实际成效不大；对于协助侨胞在国外发展的建议，实施效果亦不令人满意。在内政提案中，对于利用民众力量的建议，国民党出于防范群众运动和中共及执行片面抗战路线的考虑，对此不甚积极；对于惩治贪官污吏的建议，国民政府虽表达了惩治腐败的决心，并采取了相应的措施，但成效不大；对于建立民意机关、推动实施新县制、提高民意机关职权的建议，国民政府基于向基层渗透权力的考量，对此有所呼应，但由于缺乏有效的治理能力及自身力量的软弱涣散，这方面的成效亦不显著。在财经提案中，针对要求调节税收政策、减轻民众负担的建议，国民政府虽有所注意，但由于捉襟见肘的财政收入不能应付战争的巨大开支，民众的负担不仅没有减轻，反而有不断加重的趋势。

第五，对提案所关注的问题及所提建议主张基本没有关注，亦没有回应。这类提案分为三类：一是提案在国民参政会大会讨论时就没有通过，遑论提交国防最高会议，由之转交行政院办理了；二是提案交国防最高会议后，国防最高会议没有将之转给行政院；三是提案转交行政院后，没有实施情形的回复。由于提案未进入国民政府相关部门的视野，也就谈不上作用发挥的问题了。如在军事提案中，针对加强防空建设的建议，由于不具备这方面的实力，国民政府并未回应。在外交提案中，对加强泰国等南洋民族扩大宣传的建议，国民政府亦没有回应；对成立海外华侨善后救济委员会的主张，亦没有被采纳。在内政提案中，尽管国民参政员一再提出要加强东北沦陷区政务建设以利战后东北接收，但由于国民党在该地区的力量有限，对这方面的建议基本上没有回应；对于党派地位合法、言论自由及推动国民政府政治进步的提案，由于违背了国民党的核心利益，与国民党坚持"一党治国"、不允许其他党派染指政权的理念从根本上相背离，更是没有被国民政府所重视，有的提案提出后反而起了"反作用"。在财经提案中，提案虽然一再要求惩治那些借国难发财的人，但由于国民政府中的某些官员自身即是其中一员，他们是既得利益者，因此，国民政府尽管制定了一些政策，出台了一些制度，但理论与实践脱节的现象比较严重，这方面的提案基本上没有发挥应有的作用。在文教提案中，对于关心青年学子给其提供更多自由空间及招训战区青年的建议，国民政府基于与中共争夺青年领导权的考虑，不仅没有采取提案的建议主张，反而加强了对青年的思想控制。

由此可见，国民政府对国民参政会提案的回应方式是多种多样的，由此导致的提案实施效果也是多种多样的。有的提案引起了国民政府的重视，并体现在了其施政方针中，有力地推动了抗战的顺利进行。有的提案被国民政府部分采纳，也较为有力地推动了抗战的进行。有的提案进入了国民政府的视野之后，国民政府开始重视这些问题，虽然采取的措施不是提案提出的建议，但对抗战同样发挥了积极的作用。有的提案则未能发挥应有的作用，如提案提交国防最高委员会后，即石沉大海，没有了音讯。有的提案提出后不仅没有发挥应有的作用，反而起了"反作用"，成为国民党压制其他政治力量的有力借口。这些提案之所以不能得到很好的执行，主要有以下几个方面的原因：

第一，从提案本身来看，提案关注的内容非常广泛，议题非常广泛，既有宏观上要求国民政府进行"一揽子"系统改革的主张，亦有针对某个具体问题要求国民政府进行处置的建议。这些提案虽体现了国民参政员向国民政府建言献策、以备政府咨询参考的功能，但提案所提建议和主张，或过于抽象，或没有提出具体切实的办法，或不具备实施条件和环境，从而影响了提案作用的发挥。还有部分提案的建议主张之间就互相矛盾，但在讨论时都予以通过并提交给了国防最高委员会，国民政府只能采择其中的部分建议，也影响了未被采纳的提案作用的发挥。另外，从提案人的身份来看，国民参政员虽是不同党派、不同阶层、不同行业、不同领域的精英力量，但由于社会经历不同，政治立场不同，利益诉求不同，他们在分析同一个问题时，看问题的角度、提出解决问题的建议主张，相互之间有较大差异，有的建议主张之间存在着根本分歧，也影响了提案作用的发挥。

第二，从提案采择者的意图来看，提案作用能否得到发挥，关键在于作为政治主体的国民党的政治意愿和实际能力。有些提案虽然很好地契合了国民党的政治意图，但由于环境动荡及缺乏强大的社会控制力，国民政府没有能力采纳。对于这部分提案，它虽然有所重视，也体现在了施政方针中，但实施效果并不令人满意，提案建议主张"议而不决"、"决而不行"、"行而无效"甚至"行而更差"的现象比较严重。有些提案与国民党的政治意图有较大差异甚至完全违背国民党的心思。当提案所提建议主张与国民政府的政治意图有较大差距甚至存在根本分歧时，就很难得到国民政府的重视，遑论要采纳其中的建议主张了。如对于要求国民政府进行政治改革、主张党派地位合法及言论自由的提案，国民党基于"一党治国"、"以党统政"的固化思维，很少考虑提案主张的合理性及这些政治力量的利益诉求，而基本上采取了搪塞敷衍、不予理睬甚至使其在大会讨论时即想方设法不让其通过的方式。有的提案即使通过被提交到国民政府相关部门，也多采取搪塞敷衍的方式予以回复，而没有采取切实措施。在此过程中，国民党治理国家能力的低效化、无效化情形日渐显现，到抗战后期已呈积重难返之势，其政治合法性资源也逐渐流失。

第三，从国民参政会自身来看，国民参政会在国民政府政治架构中的尴尬地位，限制了其职权行使的效果。国民参政会是国民政府在日寇欲亡中华民族的空前严峻形势下，为应对民族危机进行政治选择的产物，但这种选择并非是发自内心，真心实意的，而是一种被动的选择。因此，它围绕国民参政会进行的制度设计在体现"集思广益，团结全国力量"进行抗战建国功能的同时，也设置了体现国民党政治意志、坚持一党专政、不愿与其他政治力量分享政权等不利于国民参政会积极功能发挥的障碍性因素。如它规定国民参政会提案提出后，经国防最高会议通过交相关主管机关采择施行，但同时又规定如遇有紧急特殊情形，国防最高会议可"以命令便宜之措施"实施。这意味着国民参政员没有约束手段保证提案能够被采纳。对此，在第一届国民参政会期间，中共就指出："政府对参政会之决议，绝大多数尚不能确切与有效地见诸实施，以致减少了参政会工作应有之成效，同时也就不能满足全国同胞对参政会之热切希望"①。后来，围绕国民参政员的产生方式、名额

---

① 毛泽东等：《我们对于过去国民参政会工作和目前时局的意见》，《新华日报》1939年9月9日。

分配及职权扩大问题,《国民参政会组织条例》进行过多次修订。从修订情况看,国民参政会虽然在组织形式上越来越趋于民主,而实际上的政治影响力却越来越下降。这也不利于国民参政会提案作用的发挥。

通过探讨,我们对国民参政员关注的与抗战建国密切相关的提案内容、国民政府的回应及实际效果有了较为清晰的认识,对国民参政会与战时政治、经济、军事国防、外交、文化及社会方方面面的复杂互动有了更为深入的了解。与此同时,通过本书的研究,还给我们带来一些新的思考。

第一,以往的国民参政会研究侧重于从国共关系史、统一战线史、民主党派史的视角探讨国民参政会内复杂的党派关系及激烈的党派斗争一面,这方面的研究展现了抗战时期中国政治发展演变的复杂面相及大体发展趋势。但通过本书的研究,我们发现无论是国民党参政员还是中共参政员、中间力量参政员,大都坚持以抗战胜利为目标,能够在抗战面前以民族大义为重,摈弃党派歧见,积极向国民政府建言献策,以有利于抗战的顺利推进。这使我们看到了各党派为抗战胜利团结合作的一面,有利于更加全面地认识国民参政会对维护第二次国共合作和抗日民族统一战线的重要作用。

第二,通过对国民参政会提案内容、国民政府的回应与实际效果的系统考察,我们发现,国民政府对国民参政会财经、文教领域的提案"比较合作",军事及内政领域的提案则"很难受到采用"的传统观点是值得商榷的。大体来看,对于抗战建国亟待解决、符合国民党政治需要、提案本身有针对性与可行性的提案,不论是哪个领域的提案,国民政府都有不同程度的重视和采纳,只是由于动乱的战争环境、国民政府掌握的资源有限、自身面临的困境和存在的不足等多种因素的制约,导致提案的实施效果不明显而已。

第三,通过对国民参政会提案与国民政府的回应及实际效果的探讨,我们可以发现国民党政权崩溃的引子。在整个抗战时期,国民参政员提出了很多富有建设性的与抗战建国密切相关的提案。对其中的一些提案,国民政府也有不同程度的采择,体现在了施政方针中,也取得了一定的成效。但因国民党始终坚持一党治国的理念及在政治上的窳败、缺乏强有力的国家治理能力,致使中共和中间力量参政员提出的反映其核心利益的建议主张不能得到充分重视与有效回应，也因此导致中共和中间力量对国民党的政治态度经历了国民参政会初期的妥协、合作到中期的不满、疏离再到后期的公开对抗与不合作这样一个转变，国民党借国民参政会加强自己的统治基础，构建自己执政所需要的意识形态的努力也以失败告终。可以说抗战的八年是国民政府巩固自己统治的最后机会，但遗憾的是，它未能顺应历史发展趋势，在抗战的同时进行政治、经济、社会等方面的全面革新，从而使其失去了主导中国历史发展进程的机会。

第四，关于国民参政会的性质。由于国民参政会在国民政府政治体制架构中的独特地位、职能和作用，学术界对它的性质至今没有定论。陈一容、张国镛曾对此问题进行过较为详细的梳理和考察。他们以 20 世纪 70 年代为界，把学术界对该问题的研究分为两个阶段：在此之前，主流观点认为国民参政会是代表人民参政的"民意机关"和供国民政府进行咨询的"咨询机关"。在此之后，主要形成了三种观点：一是代表人民参政的"民意机关"、"中央民意机关"、"最高民意机关"、"相当民意机关"、"准民意机关"等；二是供国民政府政策咨询的"咨询机关"、"最高咨询机关"、"中央咨询机关"、"临时咨询机关"等；三是认为国民参政会是一个"特殊机构"，或叫具有"咨询建议双重性质的机关"、"特殊政治机关"、"咨议机关"、"人民政协的萌芽"、"多党派合作的初步组织机构和组织形式"等[①]。通过本书的研究，倾向于认为国民参政会是"带有民意色彩的中央最高咨议机关"。原因如下：一是就国民参政员的产生方式来看，它虽然不是由人民投票选举产生，但国民参政会的制度设计保证了绝大多数国民参政员是来自不同党派、不同阶层、不同行业、不同领域的精英力量，他们在国民参政会中的言行表现在很大程度上反映了社会舆论和民众意愿；二是国民参政会在某种程度上是联系民众和政府的媒介，一些民众或向国民参政会写信，或通过私人关系向国民参政员提出自己的诉求，或在国民参政会大会召开期间，在报纸杂志上发表对某些问题的看法，使他们的诉求在国民参政会中得以呈现；三是就国民参

---

① 陈一容、张国镛：《国民参政会性质研究述评》，《抗日战争研究》2009 年第 2 期。

政会职权行使的实际情况看，《国民参政会组织条例》虽没有硬性规定政府对国民参政会的质询权、建议权、听取政府工作报告权、调查权（后又增加审核国家预算权）必须有所回应，但实际上，对于其中的部分内容，国民政府的回应还是较为积极的。这对国民政府战时各项方针政策的制定、实施产生了一定的影响，发挥了一定的作用。

国民参政会一届一次大会召开时，社会舆论给予了相当高的评价，认为它的成立实现和巩固了民族团结和统一，表示要诚心诚意拥护国民政府领导抗战建国，国民政府的威信达到了历史上的最高点，而到国民参政会四届三次大会召开时，社会舆论却认为"国家大局是一片黑暗的景象"。"参政员纷纷责难政府，指斥现状，声色俱厉，越说越激昂"①，对国民党的态度可以说发生了翻天覆地的变化。那么，考察国民参政会提案的主要内容及国民政府对国民参政会提案的采择实施情形、实际效果及由此引起的对国民党政权的影响，对当前的政治建设有哪些启发呢？

第一，通过制度创新让社会各方面力量有序参与国家政治生活。中国近代以来，随着民族危机的逐步加深及由此引起的社会结构的剧烈变动，以臣属型政治为主要特征的传统政治架构已不能满足社会变化的需要。因应这种形势的变化，国人先后成立了资政院、咨议局与国会，尝试将社会精英力量纳入到国家政治体制中来。但由于中国政治传统的巨大惯性，上层统治者不能适应政治近代化的潮流，不愿让精英力量参与国家政治生活，最终导致这些尝试以失败告终。国民政府成立后，为了解决精英力量参与国家政治生活的强烈要求，曾多次许诺召开国民大会，但由于其一党执政的惯性思维根深蒂固，直到全面抗战爆发前夕，国民大会也未成立。全面抗战爆发后，面对中共和中间力量成立民意机关以满足其抗战愿望的强烈呼声，国民党临时全国代表大会决定成立国民参政会，以"团结全国力量，集中全国之思虑与识见，以利国策之决定与推行"。然而，国民党虽邀请中共和中间力量代表参加了国民参政会，但并没有从根本上放弃一党执政的治国理念，不愿以平等

---

① 《国民参政会讨论停战》，《中美周报》1947 年第 239 期。

态度对待中共和中间力量。事实证明，在民族危机空前严重之时，为了动员全民族力量进行抗战，国民党显示出了一定的政治智慧，通过国民参政会这一制度化管道，让社会各方面力量有序参与国家政治生活，并较为重视回应他们对抗战建国重大问题的关切，对于推动抗战的顺利进行，维护国民政府的政治权威发挥了重要作用。但是，随着民族危机压力的减轻，国民党一党执政、压制其他党派发展的理念又占了上风，在对于国民参政会的制度化设计上，实质上却越来越不能发挥作用。

第二，积极谋求政治发展的动力与空间，及时主动回应民意关切和民众期盼。于执政者而言，在臣属型政治向参与型政治转型的过程中，必须放弃原有的统治性、压制性思维，积极谋求政治发展的动力与空间，及时主动回应民意关切和民众期盼，才能整合凝聚不同政治力量，充分发挥他们的聪明才智，真正实现政治发展的转型，从而构建起有利于执政者执政的意识形态。就国民党而言，它对国民参政会的制度安排，体现了其在一党执政的治国模式下，力图通过一定程度的回应民意关切和民众期盼，在不同意识形态和利益诉求的政党之间建立起一种共识机制的尝试与努力，这既是抗战形势的特殊需要，也是获取执政资源扩大政治基础的需要。在抗战前期，由于民族危机空前严重这一特殊条件的存在，国民政府的这种尝试和努力是较为成功的。但到抗战中后期，特别是1941年以来，随着战争的巨大消耗，国民党执政中的痼疾日益显现。在此情形下，国民党应当做的就是顺应政治近代化的潮流，积极谋求政治发展的动力与空间，及时主动回应民意关切与民众期盼。遗憾的是，正如有的学者所指出的那样，"蒋介石不理解现代多元政治的这套方式"[①]，不仅没有对非国民党参政员提出的建议积极回应，反而对他们的尖锐批评采取了敷衍搪塞的处理方式，有时甚至故意使这些提案在讨论时即不让通过，通过之后也不提交国防最高委员会，提交国防最高委员会后也不交办。当非国民参政员看到国民政府的这种政治态度时，其心情可以

---

① ［美］易劳逸：《毁灭的种子：战争与革命中的国民党中国（1937—1949）》，王建朗等译，江苏人民出版社2009年版，第30页。

想象，对国民政府的政治态度亦可以想象。

　　总之，在整个抗战期间，国民参政会通过行使提案权的方式，始终以一种建议、协商或备国民政府进行咨询的姿态存在。这些提案一方面与抗战建国等重大问题息息相关；另一方面则与民间所关心的日常生活密切联系，这较好地体现了国民参政会的民意性质。国民政府对国民参政会提案的回应，体现了国民党在以党治国的模式下，力图在不同意识形态和利益诉求的政党之间建立一种共识机制的尝试与努力。在此过程中，国民政府虽然表现出了捉襟见肘和低效无能的一面，但还是依靠民族动员与国家建设的努力及相对有利的政治环境，赢得了国家的存续和抗战的胜利。但由于国民党未能根据环境的改变与形势的变化及时调整执政理念，不能通过制度创新和建立健全民意反馈机制积极回应国民参政员的诉求，不能增强国民参政会对其他党派、社会阶层的包容力、吸纳力和整合力，导致国民参政会成立伊始具有的凝聚社会共识、群策群力共赴国难的积极功能也随着国民党自身体制痼疾的逐步加重而逐渐减弱。这与其强大的竞争对手中共通过执政理念的及时更新，制度变革、创新、修复能力的大大加强以获取广大民众的支持等形成了巨大的反差。从而不仅使其在与中共的竞争中，劣势日渐显现，而且也预示了日后两党竞争的最终结局。这些可为我们深入认识评价国民参政会在国民政府决策中的作用影响提供一个重要参照。

主要参考文献

一、关于国民参政会的原始文献

（一）各档案馆及图书馆馆藏文献

中国第二历史档案馆藏：国民参政会全宗（416）。

中国第二历史档案馆所藏经济部、社会部、内政部、教育部、国防最高委员会等档案。

重庆市档案馆馆藏相关档案。

台湾"国史馆"馆藏相关档案、台湾"中央研究院"近代史所所藏相关档案。

国家图书馆、重庆图书馆、南京图书馆、中国社会科学院近代史所图书馆、中国社会科学院经济学所图书馆等馆藏相关文献。

（二）档案资料汇编

国民参政会秘书处编印：《国民参政会第一次大会纪录》，1938年9月。

国民参政会秘书处编印：《国民参政会第二次大会纪录》，1938年12月。

国民参政会秘书处编印：《国民参政会第三次大会纪录》，1939年4月。

国民参政会秘书处编印：《国民参政会第四次大会纪录》，1939年11月。

国民参政会秘书处编印：《国民参政会第五次大会纪录》，1940年8月。

国民参政会秘书处编印：《国民参政会第二届第一次大会纪录》，1941年11月。

国民参政会秘书处编印：《国民参政会第二届第二次大会纪录》，1942年9月。

国民参政会秘书处编印：《国民参政会第三届第一次大会纪录》，1943年8月。

国民参政会秘书处编印：《国民参政会第三届第二次大会纪录》，1944年8月。

国民参政会秘书处编印：《国民参政会第三届第三次大会纪录》，1945年3月。

国民参政会秘书处编印:《国民参政会第三届第三次大会提案原文》,1945 年。

国民参政会秘书处编印:《国民参政会第四届第一次大会纪录》,1946 年 1 月。

国民参政会秘书处编印:《国民参政会决议案实施情形一览表》,1939 年 8 月。

行政院秘书处编:《行政院关于国民参政会第二次大会决议各案办理情形报告表》,1939 年。

行政院秘书处编:《国民参政会第四次大会决议案行政院办理情形一览表》,1940 年。

行政院秘书处编:《第一届国民参政会第三、四次大会决议案继续办理情形报告表》,1941 年 2 月。

行政院秘书处编:《第一届国民参政会第五次大会决议案行政院办理情形一览表》,1941 年 2 月。

国民参政会秘书处编印:《国民参政会第二届第一次大会决议案实施情形一览》,1941 年。

行政院秘书处编:《国民参政会第二届第一次大会决议案行政院办理情形报告表》,1941 年 10 月。

行政院秘书处编:《第二届国民参政会第一次大会决议案行政院办理情形一览表》,1942 年。

行政院秘书处编:《第二届国民参政会第二次大会决议案办理情形报告表》,1942 年 10 月。

行政院秘书处编:《第三届国民参政会第一次大会决议案行政院办理情形报告表》,1943 年 8 月。

行政院秘书处编:《第三届国民参政会第二次大会决议案行政院办理情形报告表》,1944 年 8 月。

行政院秘书处编:《国民参政会第三届第三次大会决议案行政院办理情形报告表》,1945 年 6 月。

行政院秘书处编:《国民参政会第四届第一次大会决议案行政院办理情形报告表》,1946 年 2 月。

国民参政会史料编纂委员会编:《国民参政会史料》,台北国民参政会在台历届参政员联谊会 1962 年版。

四川大学马列主义教研室编：《国民参政会资料》，四川人民出版社 1984 年版。

重庆市政协文史资料研究委员会、中共重庆市委党校编：《国民参政会纪实》（上、下），重庆出版社 2016 年版。

重庆市政协文史资料研究委员会、中共重庆市委党校、中国第二历史档案馆编：《国民参政会纪实》（续编），重庆出版社 2016 年版。

秦孝仪主编：《中华民国重要史料初编——对日抗战时期·第四编：战时建设》（一）、（二），台北中国国民党中央委员会党史委员会 1988 年版。

（三）民国时期相关研究

徐思平编著：《中国兵役行政概论》，文治出版社 1945 年版。

军政部兵役署编：《兵役法规》（上），1940 年 1 月。

郑涛：《修正兵役法中免缓役问题》，中华书局 1944 年版。

胡永龄编著：《战时国际公法》（下），中华书局 1948 年版。

陈柏心：《地方自治与新县制》，商务印书馆 1942 年版。

张九如：《战时言论出版自由》，独立出版社 1939 年版。

谷旸：《抗战中民主自由问题》，求实出版社 1940 年印行。

邹阳编：《国共之间》，历史资料供应社 1945 年发行。

张志智主编：《福建中央日报评论集》（下），福建中央日报社论编辑委员会 1942 年版。

陈明编：《田赋改征实物论集》，福建省银行经济研究室 1941 年版。

中国经济学社编辑：《战时经济问题续集》（第 1 册），商务印书馆 1941 年版。

吴钟第：《战时经济讲话》，出版社不详，1942 年。

二、相关档案资料

荣孟源主编：《中国国民党历次代表大会及中央全会资料》（上、下），光明日报出版社 1985 年版。

中国第二历史档案馆编：《中华民国史档案资料汇编·第五辑·第二编》，

凤凰出版社 1997—1999 年版；江苏古籍出版社 1997—1998 年版。

中国第二历史档案馆编：《国民党政府政治制度档案史料选编》（上、下），安徽教育出版社 1994 年版。

浙江省中共党史学会编印：《中国国民党历次会议宣言及重要决议案汇编》（第 2、3 分册）。

李云汉主编：《中国国民党临时全国代表大会史料专辑》（上、下），台北中国国民党中央委员会党史委员会、近代中国出版社 1991 年发行。

薛光前编著：《八年对日抗战中之国民政府（一九三七年——一九四五年）》，台北商务印书馆 1976 年版。

唐润明主编：《抗战时期国民政府在渝纪实》，重庆出版社 2012 年版。

重庆市政协文史资料研究委员会等编：《抗战时期国共合作纪实》（上、下），重庆出版社 1992 年版。

李勇等编著：《抗日民族统一战线大事记》，中国经济出版社 1988 年版。

夏新华等整理：《近代中国宪政历程：史料荟萃》，中国政法大学出版社 2004 年版。

世界知识出版社编：《中美关系资料汇编》（第 1 辑），世界知识出版社 1957 年版。

复旦大学历史系中国近代史教研组编：《中国近代对外关系史资料选辑（1840—1949）》上、下卷，上海人民出版社 1977 年版。

汪洪亮等编：《民国时期边疆教育文选》，黄山书社 2010 年版。

林文勋主编：《民国时期云南边疆开发方案汇编》，云南人民出版社 2013 年版。

彭明主编：《中国现代史资料选辑》（第 6 册），中国人民大学出版社 1989 年版。

徐秀丽编：《中国近代乡村自治法规选编》，中华书局 2004 年版。

中国民主同盟中央文史资料委员会编：《中国民主同盟历史文献（1941—1949)》，文史资料出版社 1983 年版。

蔡仁龙等主编：《福建党史资料：华侨抗日救国史料选辑》，中共福建省委党史工作委员会 1987 年版。

陈传海等编：《日军祸豫资料选编》，河南人民出版社 1986 年版。

中央档案馆、中国第二历史档案馆、吉林省社会科学院合编：《汪伪政权》，中华书局 2004 年版。

三、相关年谱、文集、文选、日记、回忆录

秦孝仪主编：《总统蒋公大事长编初稿》，台北，1978 年。

张其昀主编：《先总统蒋公全集》，台北中国文化大学出版部 1984 年版。

秦孝仪主编：《先总统蒋公言论总集》，台北中国国民党中央委员会党史委员会 1984 年版。

冯玉祥选集编辑委员会编：《冯玉祥选集》（下卷），人民出版社 1998 年版。

中国韬奋基金会韬奋著作编辑部编：《韬奋全集》（第 10 卷），上海人民出版社 1995 年版。

周天度主编：《沈钧儒文集》，人民出版社 1994 年版。

孙彩霞主编：《柏文蔚文集》，黄山书社 2011 年版。

周天度等编：《救国会史料集》，中央编译出版社 2006 年版。

穆家修等编：《穆藕初文集》（增订本），上海古籍出版社 2011 年版。

潘乃穆、潘乃和编：《潘光旦短评集》，群言出版社 2014 年版。

中国文化书院学术委员会编：《梁漱溟全集》（第 5、6 卷），山东人民出版社 1993 年版。

《赵超构文集》（第 2 卷），文汇出版社 1999 年版。

《薛暮桥文集》（第 2 卷），中国金融出版社 2011 年版。

欧阳哲生主编：《傅斯年全集》（第 4 卷），湖南教育出版社 2003 年版。

平新乔等编：《北京大学经济学院先贤经典文集》（下），北京大学出版社 2012 年版。

王依夏编：《王纪元文选》，世界图书出版广东有限公司 2013 年版。

陈振汉：《社会经济史学论文集》，经济科学出版社 1999 年版。

范忠信等选编：《为什么要重建中国法系：居正法政文选》，中国政法大学出

版社 2009 年版。

中央档案馆编:《中共中央文件选集》(第 7—15 册),中共中央党校出版社 1991—1992 年版。

林美莉编辑校订:《王世杰日记》(上),台北"中央研究院"近代史研究所 2012 年版。

中国社会科学院近代史研究所整理:《黄炎培日记》(第 6、7、8 卷),华文 出版社 2008 年版。

《白崇禧口述自传》,中国大百科全书出版社 2013 年版。

《张治中回忆录》,文史资料出版社 1985 年版。

梁漱溟:《忆往谈旧录》,金城出版社 2006 年版。

四、相关研究专著

(一)中文专著

蓝绸:《国民参政会对我国民主宪政的贡献》,台北黎明文化实业股份有限 公司 1988 年版。

周勇主编:《国民参政会》,重庆出版社 1995 年版。

马起华:《抗战时期的政治建设》,台北近代中国出版社 1986 年版。

王丰:《国民参政会与抗日民族统一战线》,华文出版社 2008 年版。

白寿彝主编:《中国通史纲要》,中国友谊出版公司 2012 年版。

张海鹏主编:《中国近代通史》,江苏人民出版社 2013 年版。

陈红民主编:《中华民国史新论》,生活·读书·新知三联书店 2003 年版。

张宪文主编:《中华民国史》,南京大学出版社 2006 年版。

张宪文主编:《中国抗日战争史(1931—1945)》,南京大学出版社 2001 年版。

周勇主编:《重庆抗战史》,重庆出版社 2013 年版。

周勇主编:《西南抗战史》,重庆出版社 2013 年版。

程舒伟等:《抗日战争重要问题研究》,东北大学出版社 1997 年版。

崔之清主编:《国民党结构史论(1905—1949)》,中华书局 2013 年版。

刘云虹:《国民政府监察院研究(1931—1949)》,生活·读书·新知三联书店 2012 年版。

王奇生：《党员、党权与党争——1924—1949 年中国国民党的组织形态》，上海书店出版社 2003 年版。

孔庆泰等：《国民党政府政治制度史》，安徽教育出版社 1998 年版。

黄仁宇：《从大历史的角度读蒋介石日记》，九州出版社 2008 年版。

张瑞德：《山河动：抗战时期国民政府的军队战力》，社会科学文献出版社 2015 年版。

李江胜：《美国对华军事战略》，时事出版社 2013 年版。

郑大华：《张君劢传》，中华书局 2007 年版。

周天度：《沈钧儒传》，人民出版社 2006 年版。

焦润明：《傅斯年传》，辽宁出版社 2003 年版。

石毕凡：《近代中国自由主义思潮研究》，山东人民出版社 2004 年版。

邓野：《联合政府与一党训政：1944—1946 年间国共政争》，社会科学文献出版社 2003 年版。

闻黎明：《第三种力量与抗战时期的中国政治》，上海书店出版社 2004 年版。

黄福寿：《中国协商政治发展与演变逻辑》，上海人民出版社 2009 年版。

赵祖平：《抗战时期的政治参与》，中国工人出版社 2011 年版。

祝天智：《战争·党争与"宪争"：抗战时期宪政运动研究》，中国社会科学出版社 2011 年版。

谢慧：《知识分子的救亡努力——〈今日评论〉与抗战时期中国政策的抉择》，社会科学文献出版社 2010 年版。

谢慧：《西南联大与抗战时期的民主宪政运动》，社会科学文献出版社 2011 年版。

张鸣：《乡村社会权力和文化结构的变迁（1903—1953）》，陕西人民出版社 2013 年版。

张祖癸：《蒋介石与战时外交研究（1931—1945）》，浙江大学出版社 2013 年版。

陶文钊等：《抗日战争时期中国对外关系》，中共党史出版社 1995 年版。

方连庆主编：《现代国际关系史(1917—1945)》，北京大学出版社1990年版。

陈雁：《抗日战争时期中国外交制度研究》，复旦大学出版社2002年版。

周春主编：《中国抗日战争时期物价史》，四川大学出版社1998年版。

李学通：《抗日战争时期后方工业建设研究》，团结出版社2015年版。

《抗日战争时期国民政府财政经济战略措施研究》课题组编：《抗日战争时期国民政府财政经济战略措施研究》，西南财经大学出版社1988年版。

郝银侠：《社会变动中的制度变迁：抗战时期国民政府粮政研究》，中国社会科学出版社2013年版。

姜鲁鸣等：《中国近现代国防经济史：1840—2009》，中国财政经济出版社2012年版。

郑汕：《中国边疆学概论》，云南人民出版社2012年版。

岳宗福：《近代中国社会保障立法研究(1912—1949)》，齐鲁书社2006年版。

孙艳魁：《苦难的人流——抗战时期的难民》，广西师范大学出版社1994年版。

齐海鹏等编著：《中国财政史》，东北财经大学出版社2012年版。

崔国华主编：《抗日战争时期国民政府财政金融政策》，西南财经大学出版社1995年版。

项怀诚主编：《中国财政通史》，中国财政经济出版社2006年版。

叶振鹏主编：《中华财政通史》，湖南人民出版社2013年版。

杜恂诚主编：《中国近代经济史概论》，上海财经大学出版社2011年版。

孙玉琴编著：《中国对外贸易史》，清华大学出版社2013年版。

马金华主编：《中国赋税史》，对外经济贸易大学出版社2012年版。

王红曼：《中国近代金融法制史研究》，上海人民出版社2013年版。

侯坤宏：《抗日战争时期粮食供求问题研究》，团结出版社2015年版。

方勇：《蒋介石与战时经济研究(1931—1945)》，浙江大学出版社2013年版。

王林主编：《山东近代灾荒史》，齐鲁书社2004年版。

（二）中文译著

[美] 杜赞奇：《文化、权力与国家：1900—1942年的华北农村》，王福明译，

江苏人民出版社 2008 年版。

[美] 塞缪尔·亨廷顿：《变革社会中的政治秩序》，李盛平等译，华夏出版社 1988 年版。

《费正清对华回忆录》，陆惠勤等译，知识出版社 1991 年版。

[美] 费正清主编：《剑桥中华民国史》（上、下），杨品泉等译，中国社会科学出版社 1993 年版。

[美] 费正清：《伟大的中国革命：1800—1985》，刘尊棋译，世界知识出版社 2000 年版。

[美] 易劳逸：《毁灭的种子：战争与革命中的国民党中国》，王建朗等译，江苏人民出版社 2009 年版。

[澳] 冯兆基：《寻求中国民主》，刘悦斌等译，江苏人民出版社 2012 年版。

[日] 笹川裕史、奥村哲：《抗战时期中国的后方社会——战时总动员与农村》，林敏等译，社会科学文献出版社 2013 年版。

[美] 易社强：《战争与革命中的西南联大》，饶佳荣译，九州出版社 2012 年版。

[美] 约瑟夫·W.埃谢里克编著：《在中国失掉的机会——美国前驻华外交官约翰·S.谢伟思第二次世界大战时期的报告》，罗清、赵仲强译，国际文化出版公司 1989 年版。

五、相关研究论文

（一）期刊论文

黄利新：《抗战时期国民参政员的政治外交思想——以参政会关于外交问题的提案为中心》，《湖北社会科学》2014 年第 2 期。

黄利新：《抗战时期的国民参政员对海外华侨的统战思想》，《华侨华人历史研究》2005 年第 3 期。

黄利新：《抗战时期国民参政会对东北问题的关注——以关于东北问题的提案为中心》，《辽宁大学学报（哲学社会科学版）》2006 年第 4 期。

黄利新：《抗战时期国民参政会对边疆少数民族的关注》，《兰台世界》2013

年第 31 期。

孙宏年：《国民参政会中的藏族参政员与国民政府治藏政策》，《西藏研究》2001 年第 4 期。

孙宏年：《国民参政会与国民政府的治藏政策——以治藏议案为中心》，《中国边疆史地研究》2002 年第 3 期。

周勇：《陈嘉庚斥汪电报提案考证》，《近代史研究》1987 年第 5 期。

肖用：《陈嘉庚在国民参政会上的电报提案》，《文史精华》1996 年第 6 期。

季橹：《陈嘉庚 1938 年给国民参政会的提案》，《钟山风雨》2002 年第 1 期。

赵映林：《傅斯年揭露孔祥熙鲸吞美金公债案》，《民国春秋》1997 年第 3 期。

马亮宽：《傅斯年揭露美公债舞弊案述论》，《聊城大学学报（社会科学版）》2005 年第 2 期。

张毛毛：《国民参政会与中国共产党争取民主政治的斗争》，《近代史研究》1986 年第 2 期。

鲍和平：《王造时在第一届国民参政会中的提案评析》，《淮南工业学院学报（社会科学版）》2002 年第 2 期。

苟翠屏：《邓颖超与抗日战争时期的国民参政会》，《西南师范大学学报（社会科学版）》1997 年第 1 期。

马学春、朱季康：《以斗争挽救国共合作的出色范例——毛泽东等拒绝参加二届一次国民参政会始末》，《江西社会科学》2003 年第 7 期。

陈明钦、杨淑珍：《国民参政会浅析》，《西南师范学院学报（人文社会科学版）》1984 年第 1 期。

俞曙民、孔庆泰：《论国民参政会的成立及其首届首次会议》，《历史档案》1988 年第 2 期。

梁华栋、孙远方：《论国民参政会初期的积极作用》，《东岳论丛》1988 年第 4 期。

王新生：《国民参政会在抗日战争中的作用》，《河南师范大学学报（哲学社会科学版）》1995 年第 4 期。

龙方成：《略论抗日战争时期国民参政会的历史作用》，《学术论坛》1995 年第 4 期。

    阎永增：《抗战初期国民参政会对抗日民族统一战线的积极作用》，《冀东学刊》1995 年第 4 期。

    章红：《国民参政会述论》，《抗日战争研究》1996 年第 3 期。

    吴海晶：《国民参政会若干问题探析》，《党史研究与教学》1999 年第 3 期。

    沈和江：《从国民参政会的成立看抗战初期国民政府的政治态度——兼谈国民参政会的局限性》，《河北师范大学学报（哲学社会科学版）》2002 年第 4 期。

    薛恒：《国民参政会性质之辨》，《南京社会科学》2003 年第 4 期。

    陈一容、张国铺：《国民参政会性质研究述评》，《抗日战争研究》2009 年第 2 期。

    詹松：《国民参政会是人民政协的萌芽初探》，《重庆社会主义学院学报》2005 年第 3 期。

    黄天华：《国民参政会川康建设期成会述论》，《四川师范大学学报（社会科学版）》2007 年第 2 期。

    汪朝光：《抗战与建国——国民党临时全国代表大会研究》，《抗日战争研究》2015 年第 3 期。

    陈雷：《略论国民党的战时体制》，《历史档案》2004 年第 4 期。

    闻黎明：《皖南事变时期的中间党派——关于中间势力的研究》，《抗日战争研究》2002 年第 4 期。

    闻黎明：《六参政员访问延安再研究》，《抗日战争研究》1999 年第 2 期。

    丁兆东：《中国访英团述评》，《抗日战争研究》2008 年第 1 期。

    谭翠：《国民参政会史料的研究及意义》，《晋图学刊》2018 年第 4 期。

    阎玉田：《国民参政会与汪精卫叛国投敌》，《河北大学学报（哲学社会科学版）》2009 年第 4 期。

    闻黎明：《王世杰与国民参政会（1938—1944)》，《抗日战争研究》1993 年第 3 期。

    熊飞宇：《冰心与国民参政会论略》，《福州大学学报（哲学社会科学版）》2015 年第 2 期。

张燕萍：《抗战时期国民政府兵员动员述评》，《抗日战争研究》2008年第4期。

印少云：《抗日战争时期的国民外交》，《东岳论丛》2008年第5期。

沈志华：《中苏结盟与苏联对新疆政策的变化（1944—1950）》，《近代史研究》1999年第3期。

潘国旗：《第三次全国财政会议与抗战后期国民政府财政经济政策的调整》，《抗日战争研究》2004年第4期。

刘大禹：《抗战时期国民政府行政院的机构调整与改革》，《抗日战争研究》2009年第3期。

汪朝光：《无奈中的低落——全国抗战时期国民党统治衰退的若干面向研究》，《澳门理工学报》2018年第4期。

（二）学位论文

吴永芳：《国民参政会之研究》，台湾政治大学历史研究所1983年硕士学位论文。

黄邦印：《国民参政会功能之研究》（民国二十七年至三十四年），台北政治作战学校政治研究所1984年硕士学位论文。

彭进来：《国民参政会与民主宪政之发展》，台湾大学三民主义研究所1994年硕士学位论文。

黄利新：《抗日战争时期国民参政会提案研究》，首都师范大学2005年硕士学位论文。

陈国勇：《抗战时期国民参政会财政经济提案研究》，西南大学2010年硕士学位论文。

李原昭：《三届三次国民参政会前后的国内政治走向》，兰州大学2006年硕士学位论文。

宿凌：《论皖南事变与国民参政会内政治格局的变化》，吉林大学2008年硕士学位论文。

刘春艳：《国民参政会川康建设视察团研究》，吉林大学2009年硕士学位论文。

董礼刚：《论抗日战争时期的国民参政会》，山东大学1991年硕士学位论文。

杨五星：《中国共产党在国民参政会的工作与斗争》，中共中央党校 2005 年硕士学位论文。

杨立志：《国民参政会与国共两党关系论析》，东北师范大学 2006 年硕士学位论文。

邓集珣：《国民党关于中间党派政策的演变及对中国政局的影响》，华中师范大学 2001 年硕士学位论文。

董朝霞：《抗日战争时期中国共产党与民主党派的团结合作关系》，西南交通大学 2002 年硕士学位论文。

周玉玲：《新县制下县各级民意机关研究》，苏州大学 2002 年硕士学位论文。

龚鹏：《试析抗战时期邹韬奋的民主政治观》，湖南师范大学 2003 年硕士学位论文。

唐长久：《试论中国民主同盟性质的三次历史转变》，湖南师范大学 2003 年硕士学位论文。

郎茂铎：《近代中国对民主的认识》，浙江大学 2003 年硕士学位论文。

王晓晖：《沈钧儒政治思想探析——以抗战为中心》，湖南师范大学 2004 年硕士学位论文。

范连生：《抗战时期国民政府惩治腐败问题研究》，河北师范大学 2005 年硕士学位论文。

田巍：《从傅斯年攻倒孔祥熙看国民参政会的民主监督作用》，中国政法大学 2010 年硕士学位论文。

王士广：《全面抗战初期国民政府战时经济建设述论》，东北师范大学 2009 年硕士学位论文。

许艳：《抗战时期湖北难民救济研究》，华中师范大学 2012 年硕士学位论文。

王人博：《中国近代宪政思潮研究》，中国政法大学 2001 年博士学位论文。

胡涤非：《近代中国政治变迁中的民族主义》，复旦大学 2004 年博士学位论文。

附　录

国民参政会大会会期、地点、出席人数（1938—1945）

届次	日期	地点	应出席人数	实际出席人数
一届一次	1938 年 7 月 6 日至 15 日	汉口	200	147
一届二次	1938 年 10 月 22 日至 11 月 6 日	重庆	194	140
一届三次	1939 年 2 月 12 日至 21 日	重庆	194	146
一届四次	1939 年 9 月 9 日至 18 日	重庆	193	141
一届五次	1940 年 4 月 1 日至 10 日	重庆	190	145
二届一次	1941 年 3 月 1 日至 10 日	重庆	240	203
二届二次	1941 年 11 月 17 日至 30 日	重庆	229	173
三届一次	1942 年 10 月 22 日至 31 日	重庆	240	218
三届二次	1943 年 9 月 18 日至 27 日	重庆	240	191
三届三次	1944 年 9 月 5 日至 18 日	重庆	226	186
四届一次	1945 年 7 月 7 日至 20 日	重庆	290	282

《国民参政会组织条例》修正要点（1938—1945）

时间	生效届次	修正要点
1938 年 6 月 21 日	一届一次	1. 国民参政员总额由 150 名增为 200 名；2. 丁项参政员名额由 50 名增为 100 名
1939 年 4 月 28 日	一届四次	会议间隔由每三个月改为每六个月召开一次大会
1940 年 4 月 16 日	一届五次	国民参政员任期，原规定为一年，必要时得延长一年，改为必要时得延长之
1940 年 9 月 26 日	二届一次	1. 国民参政员总额由 200 名增为 220 名；2. 甲项参政员的产生，原由国民党中执会遴选，改为由各省市临时参议会用无记名连记投票法选举，以得票较多者当选；3. 国民参政员职权增加了得组织调查委员会，调查政府委托事项；4. 国民参政会驻会委员会职权原以听取政府报告及决议案实施为限，增为可促进决议案之实施，并考核实施状况，在不违反决议案范围内，得随时执行建议权及调查权；5. 原规定现任官吏不得为国民参政员，增加担任各地方自治机关及各教育学术机关人员不在此限；6. 国民参政会置正副议长，改为置主席团
1942 年 3 月 16 日	三届一次	1. 国民参政员总额由 220 名增为 240 名；2. 原规定甲项参政员以具有各该省市籍贯者为限，改为不限制；3. 现任官吏不得为国民参政员，但各地方自治机关及教育学术机关人员不在此限。增加各省市临时参议会现任参议员，不得当选为本省市参政员的限制
1944 年 9 月 16 日	四届一次	1. 国民参政员总额由 240 名增为 290 名；2. 国民参政员职权增加审议政府总预算之权；3. 会期由 10 日改为 14 日

参政员个人情况及提案数量一览表（1938—1945）

姓名	籍贯	学历	主要经历	提案数量	党派	任届次
丁杰	西藏		班禅随从活佛，西陲宣化使公署处长，1942年任西藏驻京办事处代表	0		一、二、三
丁基实	山东	德国布莱斯德大学	同济大学教授、滇缅公路工程师、昆明市公务局局长、山东省政府委员兼建设厅厅长	5		二、三、四
于斌	黑龙江	罗马传信大学	《益世报》发行人、天主教南京区主教、总主教	0		一、二、三、四
于光和	宁夏	甘肃省立中学	宁夏省政府建设厅秘书兼林矿局局长、水利局局长、临时参议会参议员	2	国民党	三、四
于明洲	黑龙江	日本东京帝国大学	国民党东京总支部常委、热河省党务指导委员兼宣传部部长、黑龙江省常务指导委员	1	国民党	一
王又庸	江西	日本法政大学	江西黎川等县县长、江西省政府委员兼民政司司长、四川省政府委员兼民政司司长	1		一、二、三、四
王公度	河南	北平师范大学	河南大学讲师、三青团河南支部筹备干事、河南省政府委员兼教育厅厅长	4		三
王化一	辽宁	北京大学	东北中学校长、东北民众抗日救国会常务委员兼军事部部长、东北行辕政务委员会委员	0		二
王化民（女）	河北	北平女子师范大学	哈尔滨第一女子师范学校校长、保定女子师范学校校长、教育部第六服务团团委	2		四
王立哉	山东	山东省立师范学校	国民党山东省党部常委、国民党中央党部秘书处专门委员、国民政府行政院参议	4	国民党	四
王幼侨	河南		河南教育厅厅长、河南省政府委员	7	国社党	一
王世颖	福建	复旦大学	上海法政大学教授、南京中央政治学校教授、浙江大学秘书长、国防最高委员会教育专门委员	6	国民党	一、二、三、四
王吉甫	贵州		云南造币厂厂长、国民政府军事委员会昆明行营驻渝办事处处长、内政部总务司司长	3		三
王宇章	黑龙江	保定学校	国民党中央陆军军官学校要塞炮兵班上校主任、东北中山中学校长、中央军校教官	4	国民党	三、四
王仲裕	山东	莫斯科中山大学	国民党山东省党部执行委员会兼组织部部长、济南市党部监察委员、北平市党部执行委员会兼工人部部长、国民党中政会经济专门委员	2	国民党	一、四
王志莘	上海	美国哥伦比亚大学	《生活周刊》主编、江苏农民银行经理、上海新华银行总经理、中华职业教育社理事	3		一、二
王枕心	江西	日本东京农业大学	第三战区党政委员会委员、江西省临时参议员	8	国民党	二、四

（续表）

姓名	籍贯	学历	主要经历	提案数量	党派	任届次
王亚明	贵州	北京法政大学	《武汉日报》社长、《中央日报》社长、国民政府振济委员会委员、国民党贵州省党部监察委员	17	国民党	一、二、三、四
王芸青	河南	北京大学	北平女子师范学院讲师，国民党河南省设计委员、执行委员，河南省开封中学校长	4		四
王近信	山东	美国芝加哥大学	河南大学教授、山东教育厅秘书主任、乡村建设研究院副院长、长山县县长	0	乡村建设派	一、二
王卓然	辽宁	美国哥伦比亚大学	东北边防司令长官公署咨议、东北大学教授、代理校长、中国外交学会副理事长、《外交日报》社长	13		一、二
王若周	广东		北伐军副师长、师长、盐务缉私局局长、边防督办公署参议、第七战区司令长官部参议	2		四
王冠英	江西	美国多伦多大学	国民党赣南特别委员会委员兼青年部部长、中央军校政治教官、国民党江西省党部特派员、常委	20	国民党	一、二、三、四
王家桢	吉林	日本庆应大学	张作霖大元帅府秘书、外交部秘书、国联中国代表、中政会外交专门委员会委员	5	国民党	一、二
王启江	河北	德国耶拿大学	中央通讯社主任、国民党驻法支部指导委员、国民政府外交部参事、中央党部副秘书长	0	国民党	一、二、三、四
王造时	江西	美国威斯康星大学	上海光华大学文学院院长、中国公学教授、救国会常委、被捕七君子之一、国民政府军事委员会政治部设计委员、创刊《前方日报》	8	救国会	一、二
王国源	四川	日本广岛文理大学	国民政府行政院参议、财政部派驻四川银行监察人、中国农民自由党负责人	1	农民自由党	四
王云五	广东		南京临时大总统孙中山秘书、上海商务印书馆编译所所长、中央研究院社会科学研究所研究员	5		一、二、三、四
王寒生	吉林	东北大学	国民党奉天省党部青年部部长、中央组织部军人科总干事、三青团中央训练处秘书主任	12	国民党	二、三、四
王普涵	陕西	日本明治大学	陕西地方自治筹备处处长、陕西印花烟酒税局副局长、国民大会西京市代表	17	国民党	三、四
王葆真	河北	日本早稻田大学	国民政府立法院立法委员、国民党中央党史委员会名誉编纂、第五战区司令长官部顾问、第一集团军总司令部顾问	7		一
王维之	陕西	日本明治大学	《鲁光日报》社长、陕西善后清查处副处长、西安绥靖公署军需处长	2		四
王维新	热河	美国哥伦比亚大学	东北大学教授、西北经济研究委员会委员、西安北岭实业公司董事长、泰丰烟草公司总经理	0		四

（续表）

姓名	籍贯	学历	主要经历	提案数量	党派	任届次
王维墉	甘肃	中央政治大学	甘肃甘谷县县长、兰州师范学校校长、三青年团甘肃支团部干事	0	国民党	三
王凤喈	湖南	美国芝加哥大学	中央大学、中央政治学校教授、湖南省政府委员兼教育厅厅长	0	国民党	三
王德舆	江西		江西实业银行常务董事、中国工业协会江西分会常务董事、江西新生纺织厂董事长	1		四
王晓籁	浙江		上海商业银行、中央信托公司董事、上海市商会会长、上海总商会董、上海租界纳税华人会主席	9		二、三、四
王隐三	河南	北京朝阳大学	国民党河南省党部委员、河南省临时参议会参议员、河南《民国日报》社社长	10		二、三、四
孔庚	湖北	日本陆军士官学校	同盟会员、铁血丈夫团员、参与辛亥光复山西之役、国民党湖北省党部委员、湖北民政建设厅长	35	国民党	一、二、三、四
孔令灿	山东	山东优级师范	山东省府秘书、山东教育厅科长兼义务教育委员会委员	4		二、三、四
尹昌龄	四川	前清翰林	陕西长安县知县，凤翔、延安、西安知府，四川政务厅厅长，四川临时参议会参议员	0		二
尹述贤	贵州	北平朝阳大学	国民党中央宣传部科长、中央通讯社主任、《华北日报》社长兼中央通讯社北平分社社长、国民党贵州省党部委员	2	国民党	四
尹敬让	江西		国民政府军事委员会委员长南昌行营党政委员会委员、国民党江西省党部执行委员、赣东《民国日报》社社长	0	国民党	三
方青儒	浙江		国民党浙江省党部常务委员、浙江省临时参议会参议员	1	国民党	二
乌马尔	新疆		喀什区维文分会副会长、皮山县副县长、迪化地方法院院长、新疆警务处副处长	0		四
毛韶青	热河	法国工业专科学校	汽车工程师、清华大学讲师、重庆大学教授、中央工校机械工程主任	1		三
毛泽东	湖南	湖南师范学校	中共创始人之一、中共中央书记处书记、书记处主席、中共中央政治局主席、中共中央委员会主席、中共中央军事委员会主席	0	共产党	一、二、三、四
仇鳌	湖南	日本法政大学	同盟会员、湖南民政司内务司司长、北京《国民报》经理、国民党战地委员会委员兼民事处主任、湖南省政府委员、国民政府考试院铨叙部副部长	3	国民党	一、二、三、四
甘介侯	江苏	美国哈佛大学	东南、暨南、大夏等大学教授，国民政府外交部秘书长	0	国民党	一、二
甘家馨	江西	日本早稻田大学	曾组织孙文主义研究会、国民党中央党部总务处处长、组织部秘书长兼战地党政处处长	1	国民党	三、四

（续表）

姓名	籍贯	学历	主要经历	提案数量	党派	任届次
甘绩	四川	四川高等工业学校	四川省政府委员兼民政厅厅长、财政厅厅长、四川省振济委员会代理主任委员、川西北督粮特派员、川康食糖专卖局局长	2		四
石磊	福建	美国哥伦比亚大学	天津南开大学教授、国民政府交通部秘书、审计院审计、福建省临时参议会参议员	5		二、三、四
石信嘉	湖北	北京大学	南京《新京日报》社经理、《汉口日报》社经理，国民党湖北省党部执行委员、三青团干事	0	国民党	四
田培林	河南	德国柏林大学	西南联大、同济大学教授、国民党中央组织部训练处处长、河南大学校长	1	国民党	四
田毅安	陕西		新编第一师第一旅旅长，新编第十四师、六二师、十七师政训处处长、国民党陕西党部指导委员	0	国民党	一
史良（女）	江苏	上海法政大学	发起组织上海妇女救国会并任理事、上海文化界救国会执行委员会、全国各界救国会重要成员、救国会被捕七君子之一、战时儿童保育会设计主任委员	7	救国会	一、二
皮宗石	湖南	留学日本、英国	北平大学图书馆馆长、国民政府中央法制委员会委员、司法部秘书长、北京大学教授、武汉大学法学院院长、湖南大学校长	0		二、三
左舜生	湖南	法国巴黎大学	少年中国学会员，主编《中华教育界》《少年中国》《醒狮》等，中国青年党中执委，复旦大学、大夏大学教授，民盟秘书长	3	青年党	一、二、三、四
司徒美堂	广东	私塾	中国洪门致公党全美总主席，长期在美国华侨中致力爱国活动，发起纽约华侨抗日救国筹饷总会	2	致公党	三、四
朱之洪	四川		同盟会会员、四川省参议会参议长、川境绥靖公署顾问、国民党第一次全国代表大会代表	3	国民党	一、二、三、四
朱贯三	甘肃	北平中国大学	国民党郑州市党部执行委员、甘肃省党部组织科科长、执行委员、国民党第五次全国代表大会代表	2	国民党	三
朱惠清	浙江		浙江省建设厅工商管理处处长、浙江省粮食管理处副处长、浙江省政府驻渝办事处主任	4		四
江庸	福建	日本早稻田大学	北洋法政学堂、京师大学堂教习、北京政法大学校长、北京朝阳大学校长、驻日中国留学生监督	2	国社党	一、二、三、四
江恒源	江苏	北京大学	北京中国大学教授、江苏省教育厅厅长、中华职业教育社办事处主任、常务理事	21	职教社	一、二、三、四
江一平	浙江	上海圣约翰大学	上海律师公会常务委员会委员、东吴大学教授、复旦大学副校长、代理校长、国民政府外交部顾问	3	国民党	二、三、四

（续表）

姓名	籍贯	学历	主要经历	提案数量	党派	任届次
伍纯武	云南	法国巴黎大学	上海大夏大学、上海商学院、光华大学、云南大学教授，云南省财政厅科长	5		四
伍智梅（女）	广东	夏葛医科大学	国民党广州市党部执行监察委员、广州市党部妇女部部长、广东省党部委员	12	国民党	一、二、四
伍毓瑞	江西	日本陆军士官学校	护国军第二军第八旅旅长、国民党江西省党部委员、江西省政府委员兼南昌市市长	1	国民党	三
光明甫	安徽	日本早稻田大学	北京大学教授、安徽法政专门学校校长、安徽省政府委员	14		一、二、三、四
成舍我	湖南	北京大学	《民国日报》《益世报》编辑，创刊《世界晚报》、《世界日报》、《世界画报》，上海《立报》，北平大学教授，国民政府军委会第六部、政治部设计委员	0		一、二、三、四
任鸿隽	四川	美国康奈尔大学	中国科学社发起人之一、北京大学教授、东南大学副校长、四川大学校长、中华教育文化基金董事会干事长	1	国民党	一
李治	青海	中央政治学校	国民党新疆省党务指导委员、甘肃省党务整理委员、青海省政府顾问	15	国民党	一、二、三、四
李璜	四川	法国巴黎大学	中国青年党创党人之一、北京大学、四川大学、复旦大学、成都大学等教授，国防参议会参议员	0	青年党	一、二、三、四
李文珍	福建		缅甸华侨商会主席、国民党缅甸总支部常务委员	1		三、四
李元鼎	陕西	日本早稻田大学	陕西省咨议局秘书长、陕西省教育司司长、国民党中央编纂委员会编纂、国民政府监察院审计部副部长	4	国民党	一、二
李中襄	江西	交通大学唐山工学院	创办心远中学、国民党中央常务委员会委员、江西省政府委员兼民政厅厅长	22	国民党	一、二、三、四
李四光	湖北	英国伯明翰大学	同盟会会员、北京大学教授、中央大学校长、中央研究院评议员、湖北省临时参议会副议长	0		四
李仙根	广东		西南政务委员会委员、粤汉铁路局局长、广东省政府审计委员会专任委员	3		一、二
李永新	内蒙古	北京蒙藏专门学校	国民党内蒙党务指导委员、特派员、中央组织委员会蒙藏组织科科长、国民政府军事委员会政治部设计委员	18	国民党	一、二、三、四
李世璋	河南	北京大学	东南大学教授、黄埔军校教官、国民革命军第六军政治部代主任兼十八师党代表	0	国民党	二
李名章	河南	北平师范大学	河南省立洛阳师范学校校长、国民党河南省党部秘书、三青团河南支团部筹备处干事兼书记	0	国民党	三

（续表）

姓名	籍贯	学历	主要经历	提案数量	党派	任届次
李芝亭	陕西	北京大学	陕西省教育厅主任秘书、陕西省临时参议会参议员	11		二、三、四
李尚铭	广东	中央政治学校	国民党新疆、甘肃省党部指导委员、特派员、国民政府交通部香港电报局局长、救国公债劝募委员会香港分会委员	0		一
李星卫	广东		香港华商总会主席、国民大会香港侨民代表选举监督	0		二
李培炎	云南	云南法政学校	云南省政府顾问、富滇新银行行长、国民党昆明市党部委员、国民党第六届监察委员	5	国民党	一、二、三、四
李清泉	福建	香港圣约翰学堂	菲律宾中华商会主席、救国公债劝募委员会菲律宾分会主席、福建省政府委员	0		一
李琢仁	四川	中央大学	安徽大学讲师、重庆大学教授、国民党四川省党部常务委员	8	国民党	三
李圣五	山东	英国牛津大学	暨南大学、复旦大学教授、《中央日报》主笔、国民政府行政院参事、商务印书馆编译所主任	1	国民党	一
李廉芳	湖北	日本弘文学院	河南省教育厅厅长、河南大学文学院院长、湖北参议会参议员	0		二、三
李毓田	河北	日本东京帝国大学	北京朝阳大学、上海大夏大学教授、国民政府外交部研究室主任、香港国际通讯社主任编审委员	2	国民党	四
李钰	福建	广东大学	国民党福建省党部执行委员、教育局局长	2	国民党	四
李毓尧	湖南	英国皇家学院	国民党湖南省党务指导委员、中央研究院地质研究所专任研究员	2		三
李汉珍	河南	美国哥伦比亚大学	河南大学教授、河南省政府秘书长、河南全省商会联合会主席	2		三、四
李黎洲	福建	日本明治大学	国民党福建省党部委员、福建学院教授、福建省参议会参议员	2	国民党	二、三
李汉鸣	山东	北京大学	国民政府军委会特别党部科科长、北平市、青岛市党部委员	0	国民党	三
李德渊	青海	甘肃省第四师范	青海省财政厅秘书、青海省教育厅督学、青海省政府秘书	0		四
李树茂	绥远	北平大学	国民党五原县党部书记长、三青团绥远支团筹备处组长、绥远合作事业管理处副处长	4	国民党	四
李锡恩	吉林	德国柏林大学	吉林法政专门学校校长、吉林大学副校长、东北中山中学校长、中央政治学校训导处主任	1	国民党	三、四
李鸿文	山西	日本东京法政大学	直隶法政学堂教习、山西省财政厅厅长、河北省政府委员兼财政厅长、国民政府文管处参事	13		一、二、三、四
李荐廷	湖北	湖北法政专门学校	湖北第一纱厂厂长、广西平塘江盐税局局长、湖北省临时参议会参议员	3		二、三、四
李鉴之	云南		云南社会处秘书，国民党云南省党部科长、秘书，云南省临时参议会参议员	3		四

（续表）

姓名	籍贯	学历	主要经历	提案数量	党派	任届次
何永信	青海		新疆蒙古驻京代表、青海驻京代表、蒙古各蒙联合驻京办事处主任、国民政府军事委员会咨议	1		一
何人豪	江西	江西法政专门学校	江西东南中学校长、江西《民国日报》社社长、江西省临时参议会参议员、江西省党部设计委员	3	国民党	三
何春帆	广东	日本京都帝国大学	广州卫戍司令部军法处处长、广东省财政厅、教育厅秘书、广东省鹤山等县县长、琼海关监督	0		四
何基鸿	河北	日本东京帝国大学	国民政府考试院编撰、北京大学教务长、国民政府监察院监察委员、考试院考试委员	0		四
何葆仁	福建	美国伊利诺伊大学	侨居英属马六甲、国民党马六甲直属支部执委、南洋各属华侨筹赈总会常委	10	国民党	三、四
何鲁之	四川	法国巴黎大学	中国青年党创党人之一，成都大学、四川大学、东北大学、华西协和大学教授	0	青年党	四
何联奎	浙江	北京大学，留学法、英	北平大学、中央大学教授，《扫荡报》社社长，三青团中央干事会干事，国民政府军事委员会政治部设计委员兼秘书	0	国民党	二、三
杜秀升	河南	河南法政学校	河南商会会长	0		一、二
杜重远	辽宁	日本高等工业专门学校	辽宁肇兴窑厂总理，沈阳商会会长，景德镇瓷业管理局局长，《生活周刊》主编，国民政府监察院监察员，被盛世才暗杀	0	救国会	一
宋渊源	福建	福州师范学堂	南京国民政府委员兼侨务委员会委员、广东国民政府政务委员、福建省临时省议会议长	3		一、二
汪宝瑄	江苏	复旦大学	国民党中央组织部、宣传部委员、第三战区战地党政委员会委员、浙赣铁路国民党特别党部主任委员	0	国民党	四
余家菊	湖北	英国伦敦大学	中国青年党领导人之一、少年中国学会会员、武昌师范大学教育系主任、中国大学哲学系主任、《醒狮》周刊编辑、东南大学教授	1	青年党	一、二、三、四
余楠秋	湖南	美国耶鲁大学	东南大学教授、上海复旦大学文学院院长、中国公学教授、湖南商业专科学校校长	0		四
余际唐	四川	日本东京商船学校	四川水师司令、四川重庆镇守使、国民政府军事参议室参议	2		四
辛树帜	湖南	英国爱丁堡大学	国立中山大学教授、国民政府教育部编审兼编审处主任、国立编译馆馆长、西北农学院院长、中央大学教授	0		三
冷曝东	四川		国民党四川省党务设计委员、执行委员、西康省党部主任委员	2	国民党	四

（续表）

姓名	籍贯	学历	主要经历	提案数量	党派	任届次
冷遹	江苏	安徽武备学堂	中华职业教育社社员、全国经济委员会蚕丝改良委员会常务委员、江苏省商会执行委员	8	职教社	一、二、三、四
吕云章（女）	山东	北平女子师范大学	河北省、安徽省教育厅督学、国民党浙江省党部执行委员、北通女师校长	5	国民党	二、三、四
沈钧儒	浙江	日本东京法政大学	浙江军政府教育司司长、第一届国会参议员、上海律师公会主席、被捕七君子之一、民盟中央常委	15	救国会	一、二
但懋辛	四川	日本东斌学校	同盟会会员、代理四川省省长、上海吴淞中国公学总务长、国民政府军事委员会参议	10	国民党	三、四
林虎	广西	保定陆军学校	江西独立旅旅长、广东北伐师师长、总司令总指挥	2	国民党	一、二、三、四
林祖涵	湖南	日本中央大学、莫斯科共产主义大学	同盟会会员、国民党第一届中央委员会候补执行委员、国民政府农民部部长、参与南昌起义、中共苏维埃财政部部长、代苏维埃中央政府主席、中共陕甘宁边区政府主席	2	共产党	一、二、三、四
林学渊	福建		国民党福建省党务指导、监察委员、福建省参议院副议长、国民党第六区行政督察专员兼区保安司令	2	国民党	四
林庆年	福建	北京大学	新加坡华侨、新加坡中华总商会会长、马来亚闽桥各团体联席会议常务主席	7	国民党	三、四
吴玉章	四川	法国巴黎大学	同盟会会员、武汉国民政府委员、南昌起义任革命委员会委员兼秘书长、莫斯科东方大学教员	3	共产党	一、二、四
吴望伋	浙江	国民党中央政治党校	国民党浙江省党部执行委员、浙江省临时参议会议员	4	国民党	四
吴健陶	浙江		国民政府军事委员会委员长南昌行营党政委员会委员、江西兴业公司总经理、江西农民银行筹备委员	0		四
吴贻芳（女）	浙江	美国密执安大学	北京高等女师教授、金陵女子文理学院院长、太平洋学会中国代表、芝加哥国际妇女大会中国代表、中华基督教协进会执委会主席	1		一、二、三、四
吴道安	贵州	北京大学	国民党贵州省党务指导委员、贵州省政府秘书长	3	国民党	二
吴沧州	安徽		陕西督军署参谋长、河南省宣抚使、安徽省政府顾问	3		三、四
吴绪华	贵州	日本明治大学	贵州法政学堂堂长、贵州高等审判庭厅长、贵州黔西道道尹	4		一
吴锡九	山东	山东武备学堂	山东省全省动员委员会委员、国民政府军事委员会中将参议	3		二
吴蕴初	江苏	上海兵工专门学校	汉冶萍钢铁厂制瓶厂厂长，天津制币厂化验师，创立天厨味精厂、天原电化厂、天利氮气厂	7		四

姓名	籍贯	学历	主要经历	提案数量	党派	任届次
周览	湖南	法国巴黎大学	国民政府中央法制委员会委员、北京大学教授、中央大学政治学系主任兼教授、武汉大学教授兼教务长、中央研究院院士	2		一、二、三、四
周士观	宁夏	美国威斯康辛大学	宁夏省政府驻渝代表、第十七集团军驻汉办事处处长、民主建国会中央常务委员	8		一、二、三
周生祯	宁夏	前清贡士	宁夏省政府参议、临时参议会参议员、十七集团军总司令部参议、宁夏省政府委员	0		四
周星堂	浙江		汉口市总商会会长、武汉市府常务委员、汉口市政府参议、国民政府财政顾问	2		一、二
周炳琳	浙江	北京大学，留学英、美、法、德	国民党浙江省党务指导委员会委员、国民政府教育部次长、北京大学法学院院长、西南联大法学院院长、北平清华大学教授	0	国民党	一、二、三、四
周恩来	江苏	日本早稻田大学，留学法国	中共旅法支部宣传部部长、中共中央军事部部长、中共中央委员、中共驻共产国际代表、中共苏维埃中央军委副主席、中共驻渝办事处处长、中央南方局书记、中央革命军事委员会副主席	0	共产党	四
周素园	贵州		贵州光复政府民政部部长、贵州省长公署政务厅长兼秘书、川黔边防督办黔军总司令全权代表	1		四
周崧	广东		全国救国公债劝募委员会总会常务委员兼美国分会主席	0		一
周道刚	四川	日本陆军士官学校	四川武备学堂教习、陆军小学堂监督、总统府咨议、四川督军、四川省临时参议会参议员	0		二、三、四
周德伟	湖南	留学英国	湖南大学教授、经济系主任，湖南省临时参议会参议员	2		二
周谦冲	湖北	法国巴黎大学	武汉、中山、四川、东北、齐鲁、暨南等大学教授，中国青年党党报《新中国日报》《国论》编辑	0	青年党	四
金志超	蒙古	蒙藏专门学校	蒙古卓索图盟盟长公署科长、国民党内蒙党部特派员、蒙藏委员会编译员、战时公债劝募委员会委员	2	国民党	二、三、四
金曾澄	广东	日本高等师范	中山大学校长、国民党广东政治分会秘书长、广东省政府委员兼教育厅长	4	国民党	二、三
金维系	安徽	安徽法政学堂	同盟会会员，参与辛亥安徽之役、讨袁之役，广州大元帅府参议，国民党安徽省党部执行委员，安徽省政府委员	0	国民党	四
邱昌渭	湖南	美国哥伦比亚大学	北京大学政治系主任、东北大学教授、广西省政府委员兼教育厅厅长、民政厅厅长、国民党中央设计局副秘书长	1	国民党	四

（续表）

姓名	籍贯	学历	主要经历	提案数量	党派	任届次
阿福寿	青海	青海蒙藏师范	国民政府军事委员会咨议、蒙古各蒙旗驻京办事处副主任	5		二、三
阿旺坚赞	西藏		西藏驻京总代表、蒙藏委员会委员	0	国民党	三、四
武肇煦	山西	东京日本大学	国民党中央党部干事、铁道部专员、太原绥靖公署参议、察哈尔省政府顾问、国民政府蒙藏委员会参事	4		四
杭立武	安徽	金陵大学	国民政府考试院编纂室副主任，金陵大学、中央大学教授，庚款委员会总干事，三青团中央干事	4		一、二、三
邵从恩	四川	日本法政大学	四川法政学堂教习、四川省民政长、国务院法制局参事、四川省政府顾问、川康建设期成会常务委员	8		一、二、三、四
迪鲁瓦	蒙古		活佛、立法院立法委员、蒙藏委员会委员、国民党第六届中央候补监察委员	0	国民党	三、四
拉敏益喜楚臣	西藏	拉萨藏文学院	后藏扎什伦布秘书处秘书、班禅教下孝得巴列赞巴卓尼兼任巴细巴藏文秘书	2		四
官祎	广东	广东省陆军速成步科学校		1		四
居励今	湖北	法国里昂学院	湖北省立第一师范校长，武汉大学、中山大学教授	9		一、二、三
孟庆棠	山东		国民政府亚圣奉祀官	0		
胡适	安徽	美国哥伦比亚大学	北京大学教授、提倡白话文、主办《每周评论》《努力周报》、中国公学校长、北京大学文学院院长、创刊《独立评论》、驻美大使	0		一、四
胡霖	四川	日本帝国大学	《大共和报》主笔、《大公报》经理兼总编辑、吉林省政府顾问、《国闻周报》创办人	0		三、四
胡子昂	四川	北平农业大学	中国兴业公司总经理、四川省临时参议会参议员、四川省政府委员兼建设厅厅长	1		二
胡文虎	福建		侨居缅甸，研制永安堂虎标万金油，创办新加坡《星洲日报》、厦门《星光日报》、汕头《星华日报》	4		一、二
胡元俊	湖南	前清拔贡	创立长沙明德学堂、经正学堂，后合并成明德大学	5		一
胡木兰（女）	广东	莫斯科中山大学	香港妇女慰劳会常务委员、战时儿童保育会香港分会常务理事、国民党港澳总支部妇女会委员、致力战时慰劳救济工作	3	国民党	三、四
胡石青	河南	京师大学堂	北京大学、河南大学教授，国社党中央常委，安徽省政府委员	3	国社党	一、二
胡兆祥	福建	上海法政大学	福建省政府咨议、经济考察专员	1		一、二、三
胡仲实	四川	北京工业专门学校	国民政府交通部秘书、第二十军总参、四川工业试验所所长、中国兴业公司、华西兴业公司常务董事	0	国民党	一、二、三、四

（续表）

姓名	籍贯	学历	主要经历	提案数量	党派	任届次
胡秋原	湖北	日本早稻田大学	同济大学教授、福建《民国日报》社社长、《中央日报》主笔、国防最高委员会秘书	16	国民党	二、三、四
胡若华	云南	云南农校	云南第五混成旅少校参谋、第四军司令部中校参谋、云南省临时参议会参议员	5	国民党	二
胡庶华	湖南	德国柏林大学	冶金工程师，同济大学、重庆大学、西北大学、湖南大学校长，国民党第六届中央监察委员	11	国民党	三、四
胡健中	浙江	复旦大学	国民党浙江省党部委员，《东南日报》社社长、主笔，重庆《中央日报》发行人	1	国民党	一、二、三、四
胡景伊	四川	日本陆军士官学校	同盟会会员、四川武备学堂教官、总监、云南兵备处总办、四川都督	17		一
范锐	湖南	日本帝国大学	永利化学公司董事长、总经理	5	国民党	一、二、三、四
范予遂	山东	留学英国伦敦大学	国民党山东省党部委员，汉口特别市党部委员，国民党第四届中央候补委员	3	国民党	一、二、三、四
范承枢	云南		云南省参议会参议员、云南《民国日报》副社长、云南大学教授	3		四
侯树彤	河北	英国利物浦大学	燕京大学教授、北京大学教授、国民政府铁道部专员	1		一
段焯	甘肃	北京中国大学	甘肃大学教授、国民党中央组织部视察、国民党甘肃省党部执行委员	2	国民党	四
姚仲良	西康	北京大学	川康边防指挥部交通处处长、西康公路局局长、国民党西康省党部委员	1	国民党	一
姚廷芳	河南	北京大学	河南南阳中学校长、开封师范校长、国民党中央组织部总干事、河南省党部执行委员	3	国民党	四
柯与参	甘肃	甘肃第一师范	甘肃省教育厅编审委员、第八战区司令长官部参议、甘肃临参会秘书、国民参政会经济建设策进会西北办事处专门委员	6		四
哈的尔	新疆	留学叙利亚、美国	川康绥靖公署参事、中央军校教官、国民政府行政院谘议	9	国民党	三、四
马亮	辽宁	北京交通大学	国民党辽宁省党部指导委员，察哈尔省党部及天津市党部常务委员，江苏、上海、安徽、河南禁烟特派员	3	国民党	一、二
马毅	黑龙江	日本帝国大学	北平大学、中国大学、民国大学、朝阳学院教授，中央训练委员会专员，中央训练团训育指导员	24	国民党	二、三、四
马骏	山西	留学英国	山西教育厅长、山西河东盐运使、山西省政府委员	1		三
马元凤	甘肃	北京民国大学	国民政府军事委员会参议、甘肃省党派特派员	4	国民党	四
马兆琦	河北	保定陆军军官学校	察哈尔都统公署军务处处长、北平绥靖公署军务副处长	4	国民党	四

（续表）

姓名	籍贯	学历	主要经历	提案数量	党派	任届次
马君武	广西	德国柏林工业大学博士	同盟会秘书长，主持民报，中国公学教务长，参议员，广西省省长，大夏大学、北京工业大学、广西大学、中国公学等校长，西南政委会常委	6	国民党	一
马宗荣	贵州	日本东京帝国大学	浙江大学、上海大夏大学教授，国民党中央宣传部秘书，文通书局主编	9	国民党	二、三
马洗繁	河北	留学英、美	中央政治学校教授、国民党北平市党部委员、南京市社会局长中央大学法学院院长	0	国民党	三、四
马乘风	河南	北京大学	国民党河南省党部委员兼宣传部长，北平中国大学、民国大学教授，冀察政务委员会参议	8	国民党	一、二、三、四
马景常	安徽	美国哥伦比亚大学	中央军校政治总教官、安徽省临时参议会副议长	14	国民党	二、三、四
马愚忱	辽宁	奉天师范	辽宁省第一师范校长、国民党冀甘二省党部委员、军委会政治部设计委员	0	国民党	二
马腾云	青海	甘肃法政专门学校		0		四
徐谦	安徽	清进士	《益世报》总编、国民政府委员、国防委员会委员、福建人民政府司法部部长	1		一
徐炳昶	河南		北平大学女子师范学院院长、北平师范大学校长、北京大学哲学系教授、北平会研究院史学研究会考古学主任	18		二、三
徐柏园	浙江	留学美国	上海电气公司副总经理、邮汇总局副局长、交通银行北平天津分行经理、国民党浙江省党部书记长	2	国民党	一
徐傅霖	广东	京师法政学堂	同盟会会员、广东高等审判厅厅长、广东军政府司法部部长兼大理院院长	2	国社党	一
孙佩苍	辽宁	法国巴黎大学	里昂中法大学校长、东北大学教授	3		一、二
高文源	陕西	美国密西根大学	北平师范大学、辅仁大学、西北大学、西北师范学院教授，国民党陕西省党部委员	0		四
高廷梓	广东	美国哥伦比亚大学	中山大学教授兼政治系主任、国民政府教育部社会教育司司长、交通部航政司司长、国民党中政会教育专门委员	5	国民党	二、三
高惜冰	辽宁	美国麻省罗威尔理工学院	东北大学工学院院长、察哈尔省教育厅厅长、国民党察哈尔省党务特派员、指导员、新疆省政府委员兼建设厅厅长	12	国民党	一、二、三
奚伦	安徽	美国哈佛大学	上海商业银行南京分行副经理、中国实业银行总经理	8		一、二、三、四

（续表）

姓名	籍贯	学历	主要经历	提案数量	党派	任届次
奚玉书	上海	复旦大学	暨南大学、东吴大学、复旦大学教授，上海公共租界工部局董事、全国会计师协会常务理事、上海重庆会计师公会常务理事	11		三、四
秦邦宪	江苏	莫斯科中山大学	共产主义青年团中委会书记、中共中央委员、政治局委员、中央总书记、组织部部长、中共驻南京代表	2	共产党	一、二、三、四
秦望山	福建	上海大学	国民党福建省党部筹备委员，农民部部长，国民党四全、五全大会代表	8	国民党	一、二
桂芬	新疆	清监生	国民党中央训练团新疆分团、新疆学院讲师	0		四
耿毅	河北	保定武备学堂	河北省民政厅厅长、国民政府行政院驻北平政务整理委员会委员、司法院参事	0		一、二、三、四
韦卓民	广东	英国伦敦大学	中国基督教学者领袖、武昌中华大学校长	0		一、二
席振铎	察哈尔	北平辅仁大学	察哈尔省教育厅秘书、察哈尔省盟部主任秘书、审计部专员	8	国民党	一、二、三、四
茹欲立	陕西		陕西督军公署秘书长、国民政府审计院副院长、监察院审计部部长	2	国民党	一、二
唐国桢（女）	湖南	日本明治大学	宁夏省立女中校长、衡山县立女校校长、国民党南京市党部总干事、妇女慰劳会总干事	8	国民党	三、四
晏阳初	四川	美国普林斯顿大学	中华平民教育促进总会干事长，长期从事平民教育和乡村建设工作	2	乡村建设派	一、二、三、四
格桑泽仁	西康	雅安陆军军官学校	蒙藏委员会委员、国民党西康省党务特派员、军事委员会中将参议、西康省政府顾问	4	国民党	四
仓吉周威古	蒙古		章嘉活佛大堪布	0		一
张炯	湖南	京师大学堂	湖南省政府委员、教育厅厅长、国民党中央政治会议教育专门委员会委员	6	国民党	三、四
张钦	绥远	山西法政专门学校	绥远省政府委员兼教育厅厅长、绥远省参议会议长、绥远高等法院院长	0		二、三
张缉	西康	北京师范大学	四川第一女子师范学校校长、西康建设委员会委员、国民党西康省党部执行委员	1	国民党	三、四
张澜	四川	前清秀才	四川保路同志会副会长、成都大学校长、中国民主政团同盟、民主同盟主席	2		一、二、三、四
张一麟	江苏	前清举人	北洋大臣袁世凯文案、总统府秘书、教育总长、江苏省农民银行监理委员	8		一、二、三
张九如	江苏	日本早稻田大学	国防最高委员会教育专门委员会委员、国民党中央宣传部指导处处长	3	国民党	二
张之江	河北		国民政府军事委员会委员、国民政府委员、禁烟委员会委员长	30	国民党	二、三、四

（续表）

姓名	籍贯	学历	主要经历	提案数量	党派	任届次
张元夫	新疆	北京中国大学	天津兴业银行经理、新疆省政府驻京办事处处长、新疆边防督办盛世才派驻重庆代表	2	国民党	一、二、三
张申府	河北	留学法、德	广东大学、清华大学、北京大学教授，救国会分子、中国民主政团同盟、民主同盟常务委员	9	救国会	一
张丹屏	陕西	陕西武备学堂	陕西军警督察处处长、潼关卫戍司令、川黔边防第二路司令、川陕边防剿匪司令、陕西省政府参议	17		三、四
张守约	陕西	西北大学	陕西耀县县长、国民党陕西省党部执行委员	4	国民党	二、三、四
张竹溪	山东	山东矿业专门学校	国民党山东省党部监察委员、山东省政府参议	1	国民党	一、二
张良修	广东	法国帝雄大学	中央训练团训育干事、广州中山大学师范学院代理院长	3		四
张伯苓	天津	美国哥伦比亚大学	创立南开中学、大学，战时和北京、清华大学合为西南联大，中华教育文化基金委员会副董事长	3	国民党	一、二、三、四
张伯谨	河北	美国哥伦比亚大学	燕京大学教授、国民党中央政治委员会教育专门委员	1	国民党	一
张邦珍（女）	云南	法国巴黎大学	云南省菁中学校长、云南省临时参议会参议员	3	国民党	三、四
张肖梅（女）	浙江	英国伦敦大学	中国银行经济研究室代理主任、经济专门委员	0	国社党	一、二
张忠	湖北	美国霍普金斯大学	东北大学、南开大学教授，北京大学政治系主任，太平洋学会中国代表团代表，国民政府军事委员会参事	1		一、二
张志广	察哈尔	北京高等师范	察哈尔省立宣化师范校长、第四中学校长	5	国民党	二、三、四
张君劢	江苏	德国柏林大学	上海《时事新报》总经理，北京大学、燕京大学教授，创立国家社会党	4	国社党	一、二、三、四
张作谋	甘肃	北京师范大学	甘肃省立一中及兰州中学校长、三青团甘肃支团部干事、西北训练团政训处处长	15	国民党	三、四
张雨生	河南	中国公学	国民党河南省党部委员、国民党中央训练团党政班训育干事、指导员	4	国民党	四
张其昀	浙江	国立南京高等师范	中央大学教授、上海商务印书馆编辑、浙江大学史地系主任、文学院院长	3	国民党	二、三、四
张定华	贵州	北京大学	《前敌日报》总编、国民党贵州省党部委员、西南公路特别党部主任委员	7	国民党	三、四
张昌荣	青海	陆军速成学堂	新编第九师参谋长、青海省西宁县长、青海省政府顾问	0		三
张东荪	浙江	日本东洋大学	《大共和日报》、《中华新报》、上海《时事新报》主笔，国社党中常委负责《再生》杂志，燕京大学教授，中国民主政团同盟，民主同盟中央常务委员	0	国社党	一、二

（续表）

姓名	籍贯	学历	主要经历	提案数量	党派	任届次
张金鉴	河南	北京大学	国民党山东省党部常务委员、中央组织部党员训练处处长、中央政治学校教授	4	国民党	四
张振帆	福建		越南米绞联合会董事、救国公债劝募委员会安南分会委员、越南中华商会主席	5		一、二
张振鹭	辽宁	奉天工专	辽宁省政府委员、印花税局局长、北平政务委员会委员、冀察政务委员会经济委员会委员	3		一、二、三、四
张奚若	陕西	美国哥伦比亚大学	北京法政、中国大学、中央大学教授，清华大学政治系主任、西南联大政治系主任	0		一、二、三、四
张国焘	江西	北京大学	中共创始人之一、国民党一届候补中委、中共中央政治局常委、苏维埃临时中央副主席、陕甘宁边区政府代主席、1938年投靠国民党任国民党中央组织部专员	0	国民党	三、四
张彭春	天津	美国哥伦比亚大学	张伯苓之弟，南开大学、清华大学、西南联大教授，中国驻土耳其、智利公使，中国驻联合国代表	0		一
张遐民	绥远	日本早稻田大学	国民党绥远省党部委员兼书记长、蒙旗党务推进委员	0	国民党	二
张爱松	河北	北京大学	青海省政府委员、甘肃省政府秘书长、教育厅厅长、第二集团军驻渝办事处处长	0	国民党	三
张维桢（女）	江苏		金陵女子文理学院教授、太平洋国际妇女慰劳协会及中国妇女慰劳总会常委、儿童保育会常委	4	国民党	二、三、四
张凤翔	陕西	日本士官学校	陕西都督兼民政厅厅长、北洋政府将军府将军、临时参政院参政、陕西省临时参议会参议员	0		二、三、四
张乐古	山东	烟台会文书院	青岛《平民报》社社长、平民教育协进会委员长、新闻记者公会主席、《时事新报》经理	2		四
张潜华	吉林	北平法政大学	《东北日报》总编辑、哈尔滨第六中学校长、天津市政府秘书、国民党西北"剿总"战地党政委员会设计委员	1	国民党	四
张剑鸣	浙江	美国康奈尔大学	南京市政府参事、首都建设委员会专门委员	5		一、二
张季鸾	陕西	留学日本	《民立报》《大共和日报》主笔，《大公报》总编，主办《中华新报》	0		一、二
张翼枢	湖南	法国巴黎大学	北洋政府外交部秘书、云南省腾越道道尹、上海法租界工部局委员、国民政府司法行政部参事、法国哈瓦斯通讯社远东分社总经理	2		二、三、四
张难先	湖北	北京大学	国民政府考试院铨叙部部长、湖北省政府委员兼财政厅厅长	8		三、四
张耀曾	云南	留学日本	北京大学教授、上海中国公学社会科学院法律科主任	0		一

（续表）

姓名	籍贯	学历	主要经历	提案数量	党派	任届次
施肇基	浙江	美国康奈尔大学	南京临时总统府交通总长兼财政总长，中国驻古巴、秘鲁、墨西哥、英国、美国公使，巴黎和会代表，中国驻国际联盟代表	0		一、二
陈时	湖北	日本中央大学	国民党中央执行委员会地方自治推进委员、北京大学教授	7	国民党	一、二、三
陈源	江苏	英国伦敦大学	北京大学教授、武汉大学文学院长、江苏省立图书馆馆长、《现代评论》杂志社主编	0		二、三、四
陈铁	安徽	法国陆军飞机工程学校	国民党驻法国总支部执行委员、国民党安徽省党部委员、安徽省临时参议会参议员	0	国民党	二、三、四
陈石泉	江苏	金陵大学	国民党北平市、天津市党部常务委员、国民党中央政治会议专门委员	7	国民党	一、二、三、四
陈希豪	浙江	北平中国大学	国民党浙江省党部工人部部长、国民党上海市党部指导委员兼训练部部长、国民党中央训练部部长、国民政府内政部视察员	6	国民党	一、二、三
陈志学	四川	四川法政专门学校	四川川东道公署教育科科长、川康滇边防督办公署秘书、国民革命军第二十一军秘书、重庆市土地局局长	3	国民党	三
陈守明	广东		暹罗中华总商会会长	5		一、二、三
陈其业	浙江	留学日本	浙江省商会联合会主席、浙江自治推进会常务委员、国民会议代表	1		一、二、三、四
陈纪滢	吉林	北京民国大学	国民党中央设计局专门委员、汉口《大公报》主笔、储金汇业局局长	1		四
陈豹隐	四川	日本东京帝国大学	北京大学、北平大学教授，国民政府军事委员会参事	0	国民党	一、二、三、四
陈启天	湖北	东南大学	中国青年党领人之一，四川大学、中华大学教授，中华书局总编，上海知行学院院长，创办《铲共》半月刊、《国论》	0	青年党	一、二、三、四
陈绍禹	安徽	莫斯科中山大学	中共中央委员、政治局委员、中共驻共产国际代表、中共长江局书记	5	共产党	一、二、三、四
陈绍贤	广东	美国哥伦比亚大学	国民党广州市党部常务委员、同济大学教授、国民党中央党务委员会委员	4	国民党	三、四
陈陶遗	江苏		参与辛亥江苏光复之役、南京临时政府参议院副议长、考察欧美事业专使、江苏省省长	0		二
陈博生	福建	日本帝国大学	《中央日报》社社长、国民党中央通讯社特派员、总编辑	3	国民党	一、二、三、四
陈介生	四川	德国柏林大学	第九战区经济委员会主任委员、川康经济委员会委员兼副秘书长、重庆市政府秘书长、国民党重庆市党部委员	1	国民党	四
陈裕光	江苏	美国哥伦比亚大学	南京金陵大学校长、北京师范大学代理校长	2		一、二、三、四

（续表）

姓名	籍贯	学历	主要经历	提案数量	党派	任届次
陈复光	云南	美国哈佛大学	中俄会议督办署专门委员，清华大学、燕京大学教授，中央陆军军官学校教官	0		二
陈铭德	四川	北京法政大学	《新民报》创始人、总经理、重庆市临时参议会参议员	1		四
陈逸云（女）	广东	美国密西根大学	国民党南京市党部委员兼妇女部长、国民政府司法院秘书、三青团中央干事、国民党中央组织部妇女运动委员会委员	8	国民党	二、三、四
陈敬修	四川	成都高等师范	蒙藏委员会委员、总务处处长、四川省临时参议会参议员	0		二
陈经	江苏		汉口市商会主席、湖北征募委员会副主席、汉口市政府参议	1		一、二
陈荣芳	福建	私立法政学校	国民党菲律宾吕宋华侨支部执行委员、中国航空建设协会总会委员、菲律宾分会会长	0		四
陈嘉庚	福建		同盟会会员，在新加坡创建橡胶园、集美学校、厦门大学	2		一、二
陈赓雅	云南	上海沪江大学	香港《申报》总编辑、中央训练团教官、云南省临时参议会参议员、云南建设厅设计委员	2		四
陈辉德	江苏	美国宾夕法尼亚大学	中国银行顾问、上海银行总经理、江苏省政府委员兼财政厅厅长、中央银行常务理事	0		一、二
陈霆锐	江苏	美国密西根大学	东吴大学暨南大学、中国法政学校教授，上海纳税华人会秘书，上海公共租界工部局华人董事，上海律师公会主席	7		三、四
陈锡	广西	日本东京法政大学	国民党广西省党部委员、监察委员	0	国民党	一
许文顶	福建		国民党驻缅甸总支部常务委员、侨务委员会顾问、国民党外交协会驻仰光代表	6	国民党	三、四
许生理	福建		侨居马来亚华侨、南洋华侨筹赈总会副主席	2		三
许孝炎	湖南	北京大学	《国民新报》、上海《中央日报社》编辑，河北《民国日报》社长，国民党上海、北平市党部委员，中央宣传部副部长	0	国民党	一、二、三、四
许德珩	江西	北京大学	中山大学、暨南大学、北京大学、北平大学教授，九三学社创始人之一	6	国民党	一、二、三、四
陶玄（女）	浙江	北京女子师范大学	北平女子师范校长、国民政府立法院立法委员	2	国民党	一、二、三、四
陶百川	浙江	美国哈佛大学	国民党上海市党部委员、国民党中央宣传部委员、《民国日报》编辑、《中央周刊》社社长	5	国民党	一、二、三、四
陶行知	安徽	美国伊利诺伊大学	中华平民教育促进会发起人、中华教育文化基金会董事、创立中国战时教育协会、倡办晓庄师范	8	救国会	一、二

（续表）

姓名	籍贯	学历	主要经历	提案数量	党派	任届次
陶希圣	湖北	北京大学	上海商务印书馆编辑，国民党改组同志会成员，中央大学、北京大学教授，汪伪"国民党中央宣传部部长"，《中央日报》主笔	0	国民党	一
陶孟和	天津	英国伦敦大学	北京高等师范学校、北京大学教授，中华文教基金董事会社会调查所所长，中央研究院社会科学研究所所长，国民政府立法院委员	4		一、二、三、四
郭任生	新疆	北京法政专门学校	国民政府行政院参议、新疆省府驻京办事处副处长	1	国民党	一、二、三、四
郭仲隗	河南	河溯学校	中福公司董事长、国民党河南省党务指导委员会委员、河南省政府委员	11	国民党	二、三
郭英夫	陕西		陕西靖国军第七路副司令兼参谋长、国民党中央党史会编纂、陕西省党部常务委员	5	国民党	一、二
梁上栋	山西	留学英国	国民政府实业部商业司司长、北平市社会局局长、代市长、国民政府财政部财政整理委员	3	国民党	一、二、三、四
梁实秋	河北	美国哈佛大学	上海《时事新报》编辑，光华大学、暨南大学、复旦大学、中国公学、青岛大学教授，莎士比亚戏剧翻译，北京大学英文系主任	0	国社党	一、二、三、四
梁漱溟	广西	直隶公立法政专门学校	北京大学教授、创办河南村治学院、山东乡村建设研究院、实验区、组织中国乡村建设研究会、乡建派领袖之一	4	乡村建设派	一、二、四
梁龙光	福建		国民党厦门市党部筹备委员、国民党海外部侨民运动指导委员、福建省党部书记长	3	国民党	四
陆宗骐	广东	广东大学	国民党广东省党部委员、广东省政府设计委员、广东省动员委员会秘书	19	国民党	二、三、四
陆鼎揆	江苏	美国密西根大学	国立政治大学、上海商科大学、暨南学校、北京法政学校、上海光华大学、中国公学教授	0	国社党	一
陆锡光	甘肃	兰州中山大学	国民党甘肃省党部执行委员兼宣传部部长、组训处处长、甘肃《民国日报》董事长	4	国民党	四
陆费逵	浙江		汉口《楚报》主笔、昌明公司（后改文明书局）上海支店经理兼编辑、商务印书馆编辑及出版部部长、中华书局创办人、总经理	1		一、二
章桐	江苏	武昌高等师范	江苏省图书馆馆长、国民党中央部专门委员，中、中、交、农四联总处战时金融委员会委员	0	国民党	三、四
章士钊	湖南		北京大学、东北大学教授，北京农业学校校长，冀察政务委员会兼法制委员会主任	0		一、二、三、四

（续表）

姓名	籍贯	学历	主要经历	提案数量	党派	任届次
章伯钧	安徽	德国柏林大学	广州大学、武昌大学、中山大学教授；国民革命军总政治部秘书；和邓演达创办第三党，邓死后成为第三党领袖；民盟中央常务委员	0	第三党	一、四
常乃惪	山西	北京高等师范	燕京大学教授，创立爱国中学，中国青年党第一届中央执委，主办《醒狮》，燕京大学、四川大学、华西大学、中国公学教授	0	青年党	一、二、三、四
常志箴	河南	河南农业专门学校	第二十路军总指挥部经理处长、中原煤矿公司董事、河南省政府委员兼代财政厅厅长	3		三
常恒芳	安徽	日本大学	北京政府众议院议员、国民革命军安徽宣慰使、副军长、安徽省政府顾问	0		一、四
商文立	贵州	法国里昂大学	国民党驻法总支部里昂支部执行委员，贵州省党部筹备委员，中国公学、暨南大学教授，贵州省临时参议会副议长	0	国民党	四
寇永吉	甘肃	日本法政大学	甘肃省参议会参议员、国民党中央训练团青干班训育干事、三青团甘肃省支团部干事兼书记	0	国民党	四
盛世骥	新疆	莫斯科东方大学	新疆省立师范学校校长、驻苏联塔什干副领事	0		三
庄西言	福建		印尼巴达维亚中华商会会长、巴达维亚华侨捐助祖国慈善事业委员会主席	0		一、二
梅光迪	安徽	美国哈佛大学	东南大学、中央大学教授，哈佛大学中文系主任，浙江大学英文系主任，国民党安徽省党部委员	6	国民党	一、二、三、四
康绍周	福建	北平中国大学	国民党中央军校政治教官、国民党福建党部指导委员兼组织部部长、福建省参议会参议员	5	国民党	二、三、四
莫德惠	吉林	天津北洋高等巡警学堂	东北大学校长、东北政务委员会委员、东三省保安总司令部谘议	5		一、二、三、四
连瀛洲	广东		侨居新加坡，新加坡中华总商会会长	9	国民党	三、四
麦斯武德	新疆		国民党第五届、第六届中央执行委员，国民政府委员	0	国民党	一、二
黄元彬	广东	日本京都帝国大学	中央大学法学经济系主任、中央大学法学院院长	2	国民党	一
黄宇人	贵州	英国伦敦大学	国民党江苏省党部常务委员兼组织部长，贵州省党部执行委员	5	国民党	一、二、三、四
黄同仇	陕西	英国伦敦大学	国民党广西省党部委员、国民党广西邕宁县县长、梧州市市长	5	国民党	一、二、三、四
黄汝鉴	四川	日本东京帝国大学	北洋政府众议院议员、四川行政督察专员、西康省临时参议会秘书长	1		二、三、四
黄君迪	广东		国民党驻美总支部特派员、在美创航空学校	0	国民党	二

（续表）

姓名	籍贯	学历	主要经历	提案数量	党派	任届次
黄炎培	江苏	前清举人	同盟会会员，江苏省教育司司长，创立中华职业教育社，东南大学、青岛大学董事，上海《申报》设计部部长，发起组织中国民主政团同盟、民主建国会	15	职教社	一、二、三、四
黄建中	湖北	英国剑桥大学	暨南大学教务长，国民政府教育次长，湖北省政府委员，中央大学、四川大学教授	14	国民党	一、三、四
黄肃方	四川	留学日本	川东宣慰使、嘉陵道道尹、四川参议会参议员	6	国民党	二、三、四
黄范一	广东	陆军军官讲习所	国民党广州市党部特派员、执行委员、第四路总司令部少将参议	12	国民党	二、三、四
黄钟岳	广西	广西法政学堂	广西省政府委员兼财政厅厅长、广西银行董事长	5		三、四
彭介石	湖北		湖北省政府委员兼秘书长、湖北绥靖公署军法处处长、武汉行营秘书长	1		二
彭允彝	湖南	日本早稻田大学	民初统一共和党创办人、北洋政府众议院议员、国民政府振济委员会委员	8		一、二、三
彭革陈	四川	美国威斯康星大学	国民党中央新闻检查处处长、国民政府外交部条约委员会委员、国民党中宣部新闻处处长	2	国民党	三、四
彭国钧	湖南	明德学校	国民党湖南省党部特派员、国民政府铨叙部登记司司长、湖南省临时参议会参议员	0	国民党	二
曾琦	四川	留学日本	少年中国学会发起人，中国青年党创办人、主席，创《醒狮》，同济大学、法政大学、大夏大学教授	3	青年党	一、二、三、四
曾省斋	湖南	武昌师范大学	国民党湖南省党部执行委员、湖南省临时参议会参议员	1	国民党	二
曾宝荪	湖南	英国伦敦大学	创立湖南艺芳女子中学，湖南省立第一女师校长、第二中学校长，中国出席太平洋会议代表	0	国民党	二
冯灿利	广东		国民党驻暹罗总支部执行委员、《暹京日报》社长兼总编辑	7	国民党	四
程希孟	江西	英国伦敦大学	国民党驻英支部执行委员，上海大陆大学、北平大学教授，国民政府军事委员会设计委员	6	国民党	一、二、三、四
程思远	广西	意大利罗马大学	广西绥靖公署政治部主任、三青团中央干事兼社会服务处处长	0	国民党	四
傅常	四川	陆军速成学堂	四川江防第六司令、陆军第九师独立旅旅长、国民政府军事委员会参议	2		四
傅斯年	山东	北京大学，留学英、德	中山大学教授、文学院院长，创立中央研究院历史语言研究所，北京大学教授，社会科学研究所所长中央博物院筹备主任，中央研究院总干事	8		一、二、三、四

（续表）

姓名	籍贯	学历	主要经历	提案数量	党派	任届次
乔廷琦	察哈尔	中国大学	国民党察哈尔省党部秘书、委员，察哈尔第四中学校务委员	0	国民党	四
喻育之	湖北	日本大学	《革命日报》社长、湖北省政府委员会兼财政厅厅长、国民党湖北省党部执行委员	12	国民党	一、二、三、四
喻维华（女）	四川	上海法政大学	香港女子中学校长，会前被谋杀	0	青年党	一
喇世俊	甘肃		甘肃省政府委员、国民政府监察院监察委员	0		一
阳叔葆	广西	北平大学	国民党广西省党务整理委员会委员、广西省临时参议会参议员	9	国民党	二、三、四
童冠贤	察哈尔	日本早稻田大学	北京大学教授、安徽大学法学院院长、中央大学教务长、国民政府监察院监察委员	0	国民党	三
焦守显	绥远	美国麦迪逊大学	国民党绥远省党部委员、天津市特别党部整理委员、国民党西北公路局特别党部主任委员	0	国民党	四
贺楚强	湖南	北京大学	国民党北京市党部执行委员、湖南省临时参议会参议员、国民党中央党部设计委员	0	国民党	二
喜饶嘉措	青海		西藏佛学泰斗，在中央大学、武汉大学、中山大学、清华大学、北京大学讲授西藏文化	5	国民党	一、二、三、四
杨一如	湖北	武昌高等师范	国民党湖北省党部执行委员、汉口市教育局局长、武汉市政府委员兼秘书长	6	国民党	四
杨大乾	陕西	莫斯科中山大学	陕西长武县县长、陕西抗敌后援会组织部主任、国民党陕西省党部指导委员	2	国民党	四
杨子毅	广东	德国保列士流大学	国民政府财政部司长、广东中山县、番禺县县长，浙江宁波市市长	6		一、二、三
杨不平	江西	陆军军医学校	国民党江西省党部执行委员、江西医师公会理事长	4	国民党	四
杨振声	山东	美国哈佛大学、哥伦比亚大学	北京大学、武昌大学、中山大学、燕京大学教授，清华大学文学院院长，青岛大学校长，西南联大秘书主任	1		一、二、三、四
杨端六	湖南	英国伦敦大学	上海商务印书馆会计科科长，中央研究院社会科学研究所秘书兼经济组主任，历史语言研究所所长，武汉大学教授、院长，国民政府军委会第三厅厅长	3	国民党	一、二、三、四
杨荫南	云南	北京法政专门学校	云南督军署秘书、军法处处长、团务督练处处长、国民会议云南代表	1		三
杨赓陶	湖南	法国农业研究院	国防参议员	1		一、二
邹志奋	广东	中央政治学校	广东省民政厅科科长、曲江县县长、国民党中央党部秘书、国民政府军事委员会参议	1	国民党	四

（续表）

姓名	籍贯	学历	主要经历	提案数量	党派	任届次
邹韬奋	江西	英国伦敦大学	中华职教社编辑部主任、《生活周刊》《大众生活》主编、救国会执行委员、被捕七君子之一	9	救国会	一、二
溥侗	北平		蒙藏委员会委员、国民党中央候补监察委员	0	国民党	一
叶溯中	浙江	北京大学	暨南大学教授、国民党浙江省党部执行委员、浙江省教育厅厅长、国立编译馆馆长	0	国民党	二、三、四
叶道渊	福建	留学欧美	北京农业大学主任，中央大学、广西大学教授，福建省农林特种股份有限公司总经理	4	青年党	四
卢前	江苏	东南大学	在南京金陵大学、上海光华大学、四川成都大学、南京中央大学、上海中国公学、广州中山大学、上海暨南大学等校任教，四川大学教授，福建音乐专科学校校长	15		一、二、三
卢铸	江西		北洋政府农参部参事、湖北省政府委员、秘书长、代理主席	0		一
卢广声	辽宁	日本九州帝国大学	中央银行经济研究处编纂、振济委员会委员	0		四
董必武	湖北	日本法政专科学校	中共一大代表、中共中央南方局常委、统战委员会书记、陕甘宁边区政府委员兼最高法院院长	3	共产党	一、二、三、四
雷沛鸿	广西	美国哈佛大学	暨南大学、大夏大学、中央大学教授，国民党广西省党部委员，广西省教育厅厅长	5	国民党	三、四
勒拉卜旦	蒙古			0		四
达浦生	江苏	埃及爱资哈大学	北京广安门清真西大寺教长、阿文大学校长、甘肃省回教劝学所、上海大礼拜教长	14		三、四
褚辅成	浙江	日本东洋大学	北洋政府国会众议院副议长、浙江省政务委员、代理民政厅厅长、上海法学院院长、教授	21	国民党	一、二、三、四
靳鹤声	山东	日本明治大学	国民党南京市党部特别委员、国民政府国防最高委员会财政专门委员	3	国民党	三
赵舒	浙江		第二十六军国民党党代表、政治部主任、江苏淮阴行政督察专员	4		四
赵澍	云南	美国密西根大学	暨南大学、同济大学、云南大学教授，国民党上海市党部秘书，云南省党部委员、书记长	3	国民党	二、三、四
赵太侔	山东	北京大学	国民党山东省党部指导委员、青岛大学教务长、山东大学校长、国立编译馆编纂	2	国民党	三
赵公鲁	山东	北京商业专科学校	山东省建设厅秘书主任、代理厅长，国民党山东省党部委员，山东行政人员训练所主任	3	国民党	四
赵君迈	湖南	美国土木工程	国民政府财政部两淮缉私总队队长、财政部湖南盐务管理局局长、湖南明湖中学校长	0		三

（续表）

姓名	籍贯	学历	主要经历	提案数量	党派	任届次
赵和亭	陕西	日本明治大学	国民军第二军、河南督办公署中将参议、第二集团军总司令部少将参议	5		三、四
赵雪峰	山东	中央军校武汉分校	第二十八师八十四团中校政治辅导员、山东第三区保安司令部政训处处长、山东省民政厅社会科长	2		四
赵厉师	绥远	日本帝国大学	第八战区副长官部战地工作委员会秘书长	2		三
荣祥	绥远		土默特旗总管、蒙政会教育处处长、蒙旗宣慰使秘书长	0		一
荣照	绥远	莫斯科中山大学	国民政府军政部将校团政治教官、河北省政府科科长	5	国民党	一、二、三、四
翟纯	安徽	北平中国大学	苏鲁豫皖边区党政分会委员兼党政处长、国民党安徽省党部委员	2		四
翟仓陆	河南	日本大学	河南省临时参议会参议员、河南省政府财政厅主任秘书	2		四
齐世英	辽宁	德国海台山大学	国民党中央政治委员会秘书、国民党中央常务委员会委员	4	国民党	一、二、三、四
齐木棍旺扎勒坦	青海		青海霍硕扎特西后旗扎萨克	0		四
廖学章	四川	美国俄亥俄州立大学	四川省立外国语专门学校校长，成都大学、成都师范大学、四川大学教授	3		四
廖竞天	广西	日本东京商科大学	广西银行桂林分行副行长、广西省政府财政厅代理厅长、广西银行董事会委员	0		四
端木恺	安徽	美国纽约大学	复旦大学法学院院长、国民政府行政院参事、国家总动员会议秘书长	0		四
蒙民伟	广西	日本法政大学	北洋政府众议院议员、国民党广西省党部执行委员、监察委员	0	国民党	三
熊在渭	江西	北京工业大学	南昌开明电灯公司工程师、江西省合作事业管理处处长、国民党江西省党部监察委员、执行委员	0	国民党	四
刘哲	吉林	清优贡、京师大学堂	吉林法政专门学校校长、国会参议院议员、吉林省议会副议长、东北政务委员会委员	0		一、二
刘兴	湖南	保定陆军军官学校	国民革命军唐生智第三十六军军长、西南军事委员会委员	0		四
刘文龙	新疆	前清廪生	新疆省政府委员兼教育厅厅长、新疆省政府主席	0		四
刘百闵	浙江	日本法政大学	中央政治学校、中央大学、大夏大学教授、国民党东京支部执行委员，南京市党部特派员兼执行委员	6	国民党	一、二、三、四
刘次萧	山东	日本东京高师	山东省教育厅秘书、国民党中央党部调查统计局秘书、中央研究院总办事处科长、秘书	2	国民党	二、三、四
刘明扬	四川	北京大学	四川省立第四师范校长、四川公立法政专门学校校长、国民政府教育部专员	5		三、四

（续表）

姓名	籍贯	学历	主要经历	提案数量	党派	任届次
刘叔模	湖北	北京国立法政专门学校	国民党汉口市党部委员，河北《民国日报》社长，北平大学法学院、税务专门学校教员	2	国民党	一、二、四
刘风竹	吉林	美国密西根大学	东北大学副校长、中央银行经济研究处专门专员	8		三
刘真如	安徽	法国巴黎大学	国民党安徽省党部组织部部长、中央政治会议教育专门委员、《华北日报》社长、安徽省政府委员、河南省党部主任委员	1	国民党	四
刘家树	江西	中央政治学校	国民党江西省党部委员、江西《民国日报》社长、国民党江西省党部委员	2	国民党	二
刘启瑞	安徽	北京大学	国民党安徽省党部改组委员、指导委员，安徽大学秘书、文学院教授，军统局设计委员	1	国民党	四
刘景健	河南	德国柏林大学	国民党中央党部秘书、设计委员、青年科科长，河南省党部委员兼书记长	6	国民党	三、四
刘瑶章	河南	北京大学	国民党河北省党部委员、国民党中央训练委员会委员、河北省临时参议会议长、北平市市长	3	国民党	二、三、四
刘宪英	广东	上海法政大学	国民党中央妇女部股主任，训练总监部股长、中央党史编纂委员会总干事、设计科长、代理处长	0		四
刘蘅静（女）	广东	美国哥伦比亚大学	国民党中央党部妇女秘书兼江西党部妇女部长、江苏省立南京女子中学校长、国民党中央社会部妇女运动委员会委员	15	国民党	一、二、三、四
刘王立明（女）	湖北	美国西北大学	长期从事妇女运动，领导中华妇女节制协会，并在上海、香港、重庆等地创办女职业学校	11	救国会	一、二、三
郑振文	广东	德国柏林大学	新加坡华侨、中山大学教授，国民政府国防最高委员会参事，中国青年党中央常务委员会委员	1	青年党	四
郑揆一	福建	法国巴黎大学	厦门大学名誉教授、第三战区文化运动委员会委员、青年团军干部训练团东南分团政治教官、华侨兴业公司总经理	2		四
郑震宇	福建	英国伦敦大学	国民革命军团政治指导员、中央政治学校教授	3	国民党	一
蒋方震	浙江	日本陆军士官学校	奉天总督军事总参议、保定军校校长、北京大学教授、国民政府军事委员会高等顾问	0		一
蒋培英	广西	北平中国大学	广西省立第一高中校长、广西大学教务主任、国民党广西省党部监察委员	0		四
蒋继伊	广西	日本法政大学	广西银行总监督、广东省财政厅厅长、广西省政府委员会兼财政厅厅长	5		二、三

（续表）

姓名	籍贯	学历	主要经历	提案数量	党派	任届次
邓召萌	广东		广州市财政局局长、粤海关监督、国民政府立法院立法委员	0		二、三
邓飞黄	湖南	北京大学	国民党河南省党部常务委员、国民党第四届中央执行委员会委员、云南省党部主任委员、三民主义青年团中央干事	2	国民党	一、二、三、四
邓华民	四川		松泰实业公司总经理、通汇实业银行董事长、四川省临时参议会参议员	1		四
邓颖超（女）	河南	天津第一女子师范	中共中央南方局委员兼妇女工作委员会书记、中国战时儿童保育会常务理事	0	共产党	一、二、三、四
潘秀仁	绥远	北京农业专门学校	国民党绥远省党部执行委员、绥远省政府委员兼教育厅厅长、创办正风中学	2	国民党	一
潘昌猷	四川		重庆市银行公会主席、重庆市商会主席、四川省银行董事长	0		二、三、四
潘连茹	山西	英国伦敦大学	国民政府外交部参事、外交部特派察哈尔交涉员、山西大学教授、山西绥靖公署参事	0		四
钱公来	辽宁	东三省文会书院	同盟会会员、国民党奉天省党部委员、文会中学校长、奉天神学院、东北大学教授	21	国民党	一、二、三、四
钱用和（女）	江苏	美国哥伦比亚大学	创办江苏省立第三女子师范，北京师大、暨南大学、金陵大学、交通大学教授，战时儿童保育会常务理事，妇女慰劳总会常委	4	国民党	二
钱永铭	浙江	日本神户高等商业学校	中国银行无锡上海分行经理、国民政府财政部次长、中兴煤矿总经理、中兴轮船公司董事长、中法银行中国董事会主席、复旦大学校长	3		一、二、三、四
钱端升	上海	美国哈佛大学	中央大学、清华大学教授，北京大学法学院院长、西南联大政治系主任	7		一、二、三、四
萧一山	江苏	北京大学	清华大学、北京大学、北京师范大学、中央大学教授，著有《清代通史》，河南大学文学院院长	7	国民党	二、三、四
骆力学	甘肃	交通大学	兰州中山大学校长、国民党甘肃省党部常务委员、内政部科长	10	国民党	一、二
骆美奂	浙江	美国加利福尼亚大学	宁夏省政府委员兼教育厅厅长、国民政府教育部蒙藏教育司司长、国民党中央党部主任秘书	0	国民党	四
燕化棠	河南	日本大学	国民党青海省党部特派员、河南省党部常务委员会委员、河南省参议会秘书长	0	国民党	二、四
龙文治	四川	北京大学	重庆大学教授、国民党重庆市党部主任委员、重庆市临时参议会秘书长、三民主义青年团重庆支团部干事	8	国民党	三

（续表）

姓名	籍贯	学历	主要经历	提案数量	党派	任届次
欧元怀	福建	留学美国	厦门大学、政治大学、光华大学教授，上海中学校长，大夏大学副校长	7		一
谢健	四川	留学日本	国民政府文官处秘书、司法行政部常务次长	1	国民党	一
谢冰心	福建	美国卫斯里安大学	燕京大学、清华大学、北平女子文理学院讲师、教授	0		二、三、四
韩兆鹗	陕西	北京师范大学	陕西师范学校校长，陕西省政府教育厅代理厅长，米脂、安康、南郑、长安等县县长	9		三、四
韩克温	山西	北京大学	创办私立平民中学，山西省党部委员，国民党中央组织部党籍登记处处长	0	国民党	一
韩汉藩	广东	日本东京法政大学	中央军校教官，广东省政府参议，第三十五集团军驻渝办事少将、处长	4		三、四
薛明剑	江苏		江苏教育学院、民众教育学院、劳农学院教员，申新纺织一厂经理，无锡工商建设局局长，三战区司令长官公署办事处处长	25		三、四
邝炳舜	广东		旅美华侨统一义捐救国总会主席、国民党驻美总支部执行委员	4	国民党	二、三、四
钟荣光	广东	美国哥伦比亚大学	兴中会会员、格致书院教习、岭南大学校长、广东教育司司长、国民党纽约支部部长、国民政府外交部侨务局局长	1	国民党	一、二
魏元光	河北	美国耶鲁大学	河北工业学院院长、中央工业职业专科学校校长	14	国民党	二、三、四
颜任光	广东		北京大学物理系主任、光华大学副校长、国民政府交通部电政司司长、中政会交通专门委员	0		一
颜惠庆	江苏	清翰林、美国弗吉尼亚大学	上海圣约翰大学教授、清政府驻美使馆参赞官、外交部主事、参议左丞、驻美公使、驻俄大使、国防参议会参议员	0		一、二
萨孟武	福建	日本京都帝国大学	上海大学、政治大学、中山大学教授，中山大学法学院院长，法制专门委员会委员	1	国民党	二、三、四
曹叔实	四川		中华革命党四川负责人、广州军政府内务部总务司司长、国民党四川省党部常委	8	国民党	三
罗文干	广东	英国牛津大学	国民政府司法行政部长兼外交部部长、西南联大教授、国社党中央常委、国防参议会参议员	2	国社党	一、二
罗衡（女）	云南	法国巴黎大学	国民党云南省党部筹备委员、指导委员兼组织部长、国民党中央社会部妇女运动委员	8	国民党	一、二、三、四
罗家衡	江西	日本早稻田大学	江西法政学校校长、江西内务司长、国会众议院议员、国民政府外交部驻察哈尔特派员	0		一
罗梦册	河南	北平师大研究院	中央政治学校研究部研究员、中央大学教授	2		三

（续表）

姓名	籍贯	学历	主要经历	提案数量	党派	任届次
罗隆基	江西	美国哥伦比亚大学	光华、中国公学、暨南等大学教授，《新月》编辑，《益世报》《北平晨报》主笔，国社党中央常委，西南联大教授，中国民主政党团同盟执行委员	2	国社党	一、二
罗霞天	浙江	德国柏林大学	浙江省政府委员、国民党浙江省党部主任	0	国民党	四
罗麟藻	甘肃	中央政治学校	三青团兰州区团部干事、甘肃省临时参议会参议员	2	国民党	三
罗桑扎喜	西藏		西藏驻京办事处首席代表	0		二、三、四
谭光	湖南	同济大学	国民政府农矿部、实业部秘书、行政院参事	0		四
谭赞	广东		驻美芝加哥中国同盟会会长、国民党驻美总支部执行委员、芝城中华会馆董事、美中芝城救国后援会会长	3	国民党	二、三
谭文彬	热河	直隶公立法政专门学校	国民会议代表，国民党三全、四全、五全大会代表，国民党热河党务指导员、特派员	3	国民党	一、二、三、四
谭平山	广东	北京大学	同盟会会员；中共广东支部负责人；国民党一、二届中央执行委员；清党后创立第三党，失败后脱离第三党	0		一、二、三、四
庞镜塘	山东	山西大学	北京大学、中央政治学校教授，国民党六届中央委员，国民党山东省党部主任委员	2	国民党	四
陇体要	云南	复旦大学	内政部秘书，江苏宝山、无锡县县长，国民政府军事委员会第六部视察员，国民党上海市党部委员	1	国民党	一、二、三
苏珽	蒙古	美国印第安纳大学	美国印第安纳大学讲师，国立广东大学、中山大学、中央大学教授	10		四
苏希洵	广西	法国巴黎大学	国民政府外交部特派广西交涉员，司法行政部总务司司长，广西省政府委员兼秘书长、教育厅厅长	1	国民党	四
苏振甲	甘肃	甘肃法政专科学校	国民党甘肃省党部执行委员兼宣传部长、甘肃《民国日报》社社长、甘肃省党部整理委员会书记长、甘肃参议会参议员	0	国民党	二
苏鲁岱	蒙古	绥远陆军学校	绥远省政府禁烟专员、杀虎口台站管理局局长、蒙藏委员会编译、国民党中央党部秘书处总干事	1		二、三
严立三	湖北	保定军校	黄埔军校教官、国民革命军第一军师师长、湖北省政府代理主席、国民党中央政治委员会武汉分会委员	9	国民党	三
严鋆	云南	云南文书学院	云南省总商会会董、国民会议代表、云南省商会联合会理事长、云南粮食供应处副主任	4		四
顾子扬	江苏		创办徐州中学，国民党一、二、三、四全大会代表，江苏省党部委员兼党史会编纂	0	国民党	一

（续表）

姓名	籍贯	学历	主要经历	提案数量	党派	任届次
顾颉刚	江苏	北京大学	北京大学、厦门大学、中山大学、齐鲁大学、中央大学教授，编《古史辨》，创禹贡学会，中央研究院史语所研究员	1		三、四
饶凤璜	湖北	日本庆应大学	国民政府振务委员会秘书、湖北省长公署秘书长、政务厅厅长、湖北省鄂西观察使	7		四
于复光				0		四

备注：

1. 资料来源：本书对这一问题研究的资料来源自两方面：一是孟广涵主编的《国民参政会纪实续编》（重庆出版社 2016 年版），里面有 583 名国民参政员的生平简介，该著作对国民参政员的生平简介主要是根据中国第二历史档案馆馆藏资料中的《参政员履历》、《职员录》及相关资料综合整理而成，但没有对国民参政员党派背景的分析；二是吴永芳的《国民参政会之研究》（台湾政治大学 1983 年硕士学位论文），里面收录了 577 名国民参政员的背景资料。吴文指出，其所参考的国民参政员的背景资料：第一届来自台湾庄昆明的《国民参政会之初步研究》中的"附录"内容；第二、三届的甲、乙、丙三项国民参政员来自台北"国史馆"的档案记录；少数第四届及国民参政会四届三次大会的国民参政员的背景资料能在台湾"国史馆"查到，丁项参政员的背景资料只能从相关资料中寻找。因此，在他收录的 577 名国民参政员背景资料中，"不详者有 75 人，约占 13%"（吴永芳：《国民参政会之研究》，台湾政治大学 1983 年硕士学位论文）。本书综合两方面的资料，以尽可能对国民参政员的背景资料予以全面呈现。

2. 只记载最高学历，经历亦只记重要者。

3. 吴文在对国民参政员所属党派背景资料的统计中，共分了 11 个党派：国民党、共产党、青年党、国社党、救国会、乡建派、职教社、第三党、洪门民治党、农民自由党、民族革命同志会。其中，洪门民治党起源于明末反清组织，辛亥革命时期海外华侨的出钱出力，多为该组织策动。该组织于 1923 年在美国举行洪门大会，正式改名为"中国洪门民治党"，初以陈炯明为总理，后来司徒美堂为主席，并以华侨代表身份担任第三届国民参政员。1945 年 3 月，该党改名为"洪门致公党"，司徒美堂仍任主席；中国农民自由党为抗战胜利后，由"四川粮民索债团"演变而来，负实责的王国源被选为第四届国民参政员；民族革命同志会是由抗战期间阎锡山组织的"牺牲救国大同盟"演变而来，该会高级干部李培德被选为国民参政会四届三次大会参政员。

4. 国民参政员曾任届次一栏，一是代表第一届国民参政会；二是代表第二届国民参政会；三是代表第三届国民参政会；四是代表国民参政会四届一次大会。

5. 提案有多人共同提出者，归到首位人员。

后　记

　　本书是在国家社科基金项目《国民参政会提案研究》（项目批准号：16BZS073，鉴定等级为优秀）的基础上经过近两年的修改完善形成的。这次能够得以出版，是因为得到了中共山东省委党校创新工程的资助。

　　2011年，我的博士学位论文《黄炎培与国民参政会》由社会科学文献出版社出版后，考虑到我的工作性质，我决定转到社会学领域。在此想法指导下，我于2012年、2013年在申报国家社科基金项目时，都选择了社会学的题目。遗憾的是，一些专家学者在指导我的论证活页时，大都说题目选得不错，但不是社会学的论证语言，而是历史学的论证语言。我陷入了迷茫状态，转型怎么可能一两年就见到效果呢？

　　2014年5月，我的博士生导师张海鹏研究员到我单位做学术报告。有同事得知张老师是我的导师后，开玩笑似的说我怎么也应该立个国家社科基金项目。这提醒了我，我决定沿着原有的历史学的学术积累继续申请国家社科基金项目。在此过程中，我多次联系张老师，请求给予指导和帮助。张老师对我的请求表现出了极大的热情和耐心。张老师事务繁忙，能够在百忙之中及时给予我指导和帮助，我非常感激，并暗下决定，一定要成功立项国家社科基金，一定要给鼓励、帮助和指导自己的师长好友有个交代。那几个月，我把所有的心思都放在了申请国家社科基金项目上，我抓住一切能够抓住的时间，有时早上不到四点就起床看资料、思考论证，还到北京找张老师当面请教。可惜的是，2015年我的国家社科基金项目没有成功立项。

　　上天不会辜负每一个人，没有成功只能说明功夫没有到家。我决定把看过的资料梳理出来继续研究。在此过程中，我曾两次到南京图书馆、一次到中国第二历史档案馆、两次到中国社科院近代史所图书馆、一次到中国社科院经济学所图书馆查阅资料。这样，到 2016 年再次申请国家社科基金项目时，我已经写了 30 多万字的报告，论证起来有水到渠成、一气呵成的感觉，特别顺畅。当年我的国家社科基金项目得以成功立项。

由于有了研究基础，我决定把它做得质量高一些。在此期间，除了到重庆、南京、北京继续查阅资料，当遇到困惑的时候，第一个求助的就是张老师。现在想想，真是难为了他。我博士毕业那么多年，竟然还不能独立，还在占用他的宝贵时间，若是其他学生也像我这样，估计他会忙不过来。让我感动的是，张老师对我提出的问题总是及时解答，无论我提出的问题幼稚还是深奥，是不是有价值、值不值得回答，他都不厌其烦。他总是说给我敲敲边鼓，这让我觉得我应该更加努力。他还谆谆告诫我做学术研究要遵循的一些原则，比如要有国家和人民立场；要在把握历史发展趋势的基础上，抓住历史现象中最本质的东西；要尊重历史前进的大方向，尊重历史发展的基本规律；要从当时的历史实际出发，而不是从当前的中国国情出发，否则就不能正确解释历史现象；要关注现实，了解现实，注意从"以史为鉴"的角度研究历史问题。总之，要把唯物史观作为世界观和方法论加以领会。不知不觉中，张老师改变了我。在他的熏陶下，我慢慢找到了学术研究的乐趣，喜欢沉浸其中享受这个过程。在本书付梓之际，我要向张老师真诚地说一声：谢谢！刚上博士时，由于学术积累贫乏，我羞于在老师面前谈论学术，而现在我则敢于表达自己，敢于谈论对一些学术问题的认识，偶尔还能和老师辩论一番，我希望在今后的学术征程中能继续沿着这条路走下去。

本书得以问世与学术界的朋友和亲人们的鼓励支持分不开。本书在修改过程中，得到了西南大学周勇教授、山东大学赵兴胜教授、重庆大学杜俊华教授、聊城大学罗衍军教授的指导和帮助。齐鲁工业大学的许忠明教授也给了我很大支持，他是我通过网络搜索方式结识的一位学者，尽管我们至今未曾谋面，但在心里已经把他当成了老朋友。我所在单位中共山东省委党校是一个干事创业充满活力的大家庭，单位领导竭尽所能为每一个人成长成才创造机会，单位每一个同事都积极乐观进取。丈夫一如既往是我的大后方，为我进行学术研究提供了坚实保证。2005 年读博士时，我儿子还不到两岁，如今他已成长为一个有独立思想、为自己梦想拼搏的高中学生了，希望他在未来能够勇于接受各种挑战，感恩给予他力量的所有人，保持乐观向上的心态，做一个对社会有用的人。人民出版社的编辑老师为本书的出版付出了大量心血。这些都带给我很多感动，对此我将铭记于心，转化成为我继续前进的动力。

王凤青

2021 年 2 月 20 日

责任编辑：郭　娜

图书在版编目（CIP）数据

积极表达与消极回应：国民参政会提案研究(1938—1945) ／ 王凤青 著 . — 北京：
　　人民出版社，2022.7
ISBN 978－7－01－023896－8

I.①积…　 II.①王…　 III.①国民参政会－提案－研究－1938-1945　 IV.① D693.74

中国版本图书馆 CIP 数据核字（2021）第 212894 号

积极表达与消极回应：国民参政会提案研究 (1938—1945)
JIJI BIAODA YU XIAOJI HUIYING:GUOMIN CANZHENGHUI TI'AN YANJIU（1938—1945）

王凤青 著

人 民 出 版 社 出版发行
（100706　北京市东城区隆福寺街 99 号）

北京中科印刷有限公司印刷　新华书店经销

2022 年 7 月第 1 版　2022 年 7 月北京第 1 次印刷
开本：710 毫米 × 1000 毫米 1/16　印张：30.5
字数：451 千字

ISBN 978－7－01－023896－8　定价：98.00 元

邮购地址 100706　北京市东城区隆福寺街 99 号
人民东方图书销售中心　电话（010）65250042　65289539